国家哲学社会科学成果文库

NATIONAL ACHIEVEMENTS LIBRARY
OF PHILOSOPHY AND SOCIAL SCIENCES

人类命运共同体的
历史唯物主义沉思

刘同舫 著

人民出版社

责任编辑：赵圣涛

封面设计：石笑梦

版式设计：周方亚

图书在版编目（CIP）数据

人类命运共同体的历史唯物主义沉思 / 刘同舫 著 . — 北京：人民出版社，
　　2023.4

ISBN 978 - 7 - 01 - 025529 - 3

I. ①人…　II. ①刘…　III. ①国际关系 - 研究　IV. ① D81

中国国家版本馆 CIP 数据核字（2023）第 045902 号

人类命运共同体的历史唯物主义沉思

RENLEI MINGYUN GONGTONGTI DE LISHI WEIWU ZHUYI CHENSI

刘同舫　著

人民出版社 出版发行

（100706　北京市东城区隆福寺街 99 号）

北京中科印刷有限公司印刷　新华书店经销

2023 年 4 月第 1 版　2023 年 4 月北京第 1 次印刷

开本：710 毫米 × 1000 毫米 1/16　印张：40.75

字数：700 千字

ISBN 978 - 7 - 01 - 025529 - 3　定价：179.00 元

邮购地址 100706　北京市东城区隆福寺街 99 号

人民东方图书销售中心　电话（010）65250042　65289539

《国家哲学社会科学成果文库》
出版说明

　　为充分发挥哲学社会科学优秀成果和优秀人才的示范引领作用，促进我国哲学社会科学繁荣发展，自 2010 年始设立《国家哲学社会科学成果文库》。入选成果经同行专家严格评审，反映新时代中国特色社会主义理论和实践创新，代表当前相关学科领域前沿水平。按照"统一标识、统一风格、统一版式、统一标准"的总体要求组织出版。

全国哲学社会科学工作办公室

2023 年 3 月

目　录

Contents

序　言
人类命运共同体的构建意义及使命担当

党的十八大以来，习近平总书记以卓越政治家和战略家的宏大视野与战略思维，高瞻远瞩地提出构建人类命运共同体的重要思想，引发了国内和国际社会的强烈反响，成为中国引领时代潮流和人类文明进步的鲜明旗帜。党的二十大报告在阐述中国式现代化的本质要求时，明确提出要"推动构建人类命运共同体，创造人类文明新形态"[1]。加快推进人类命运共同体的建构，必须深刻领会构建人类命运共同体的理论意义和实践意义，明确人类命运共同体的历史使命和责任担当。

一、深刻领会人类命运共同体的构建意义

人类命运共同体思想产生于对一系列世界之问、时代之问的科学回答，寄托了世界各国人民对美好生活的共同向往，体现了对全人类前途命运的深邃思考，蕴含极为深刻的理论意义和实践意义。

人类命运共同体思想是对马克思共同体思想的继承、创新和发展，丰富了马克思主义的理论宝库。马克思在其著作中曾论述过多种形式的共同体，而"人类命运共同体"这一概念并未出现在马克思的任何文本之中，但正如马克

---

[1] 习近平：《高举中国特色社会主义伟大旗帜　为全面建设社会主义现代化国家而团结奋斗——在中国共产党第二十次全国代表大会上的报告》，《人民日报》2022 年 10 月 26 日。

思、恩格斯所多次强调的那样，他们的理论不是机械的、一成不变的"教条"，而是行动的指南，是实践的、发展的理论。人类命运共同体思想是习近平总书记在把握当前世界各国休戚相关、荣辱与共的整体势态和洞悉人类共同体形态嬗变规律的基础上，对马克思共同体思想精髓的科学继承和伟大创新。马克思在《1857—1858 年经济学手稿》中以时间为基础，以使用价值和交换价值的关系为主线，以人对共同体的依赖关系为标准，将共同体划分为"自然的共同体""抽象的共同体"和"真正的共同体"依次递进的三大形态。在共同体演进的历史脉络中，人类命运共同体作为体现马克思社会形态嬗变逻辑的全新世界图景构想，将为解决人类社会从"抽象的共同体"向"真正的共同体"转变过程中所产生的一系列阶段性难题和挑战提供科学的理论指导。

人类命运共同体思想生成了一种建构性世界观，是对历史唯物主义的创新和发展。人类命运共同体思想不仅是"解释世界"的哲学体系，更是一种力求"改变世界"的实践学说。较之于历史唯物主义对资本主义全球化的批判性研究而言，构建人类命运共同体将历史唯物主义的重心从"批判性世界观"转变、拓展和提升为全球化时代的"建构性世界观"。这种"建构性世界观"在批判当前资本主义全球化及其全球治理体系的基础上，有力地回答了"建设一个什么样的世界、如何建设这个世界"等关乎人类前途命运的重大课题，为人类社会擘画了光明的未来前景，标志着中国共产党人追求人类解放的视野和实践从国内延展到世界，必将成为引领人类社会发展的强大思想武器。

构建人类命运共同体是创造和平局势以及实现"中国梦"的重要支撑。中国人民的梦想同各国人民的梦想息息相通，中国梦的实现离不开和平的国际环境和稳定的国际秩序。进入新时代，我国社会主要矛盾已经转化为人民日益增长的美好生活需要和不平衡不充分的发展之间的矛盾。化解新时代社会主要矛盾，建设社会主义现代化国家，需要和平稳定的国际环境作为重要保障。构建人类命运共同体主张摒弃冷战思维和强权政治，以和平对话解决争端、以平等协商化解分歧；主张世界各国精诚合作，统筹应对传统和非传统安全威胁；主张构建以合作共赢为核心的新型国际关系，走"对话而不对抗、结伴而不结盟"的国家交往新路，这些主张致力于更好地避免区域冲突和化解局部矛盾，维护世界范围内的整体和平，为实现中国梦创造和平稳定的外部环境。

构建人类命运共同体拓展了现代化的发展道路，为发展中国家实现现代化提供了全新方案。实现现代化是发展中国家的共同愿望，西方社会向世界兜售的现代化发展方案通常伴随对他国主权的侵犯和利益的攫取，带有鲜明的霸权主义和强权政治色彩，其本质是以资本扩张运动为手段、以谋求最大剩余价值为目标、以西方中心主义为特征的一元性现代化模式，同时也是一种"以邻为壑"的道路：通过剥削压榨世界其他地区和人民以满足自身欲求。构建人类命运共同体立足世界历史发展普遍规律和民族历史发展特殊道路的统一，将尊重别国主权和多元文明作为实现互惠发展的重要原则，是对"西方中心论"与一元性现代化发展道路的深刻反思和有力回击。构建人类命运共同体开创了人类社会和谐共处与和平发展的新模式，给世界上那些既希望实现现代化又希望保持自身独立性的国家和民族提供了全新的道路选择，充分体现了现代化道路一与多、普遍与特殊之间的辩证关系，开辟了实现人类解放事业的新途径。

二、明确构建人类命运共同体的历史使命

构建人类命运共同体是基于现阶段世界总体发展状况而提出的全球治理方案，是走向"真正的共同体"的历史阶梯，也是中华文明反哺世界的时代写照。从人类向前发展的现实需求来看，构建人类命运共同体应在利益、价值和文化层面"求同存异、聚同化异"，从而推动人类社会朝着"天下为公、世界大同"的方向迈进。化解利益冲突以寻求共同利益、化解价值冲突以凝聚共同价值、化解文明冲突以推动文明互鉴是构建人类命运共同体需要完成的历史使命。

化解利益冲突以寻求共同利益。资本主义大工业将一切国家和民族都卷入世界市场，人类社会从区域性的"民族历史"迈向了全球性的"世界历史"。随着世界市场的广泛拓展，社会生产总过程遍布世界各地，人类社会跨入全球化的发展阶段。全球化极大增强了人类社会利益关联和相互依赖的程度，为构建人类命运共同体奠定了历史前提和现实基础。然而，资本主导的全球化是一种不均衡的全球化，发达资本主义国家与发展中国家在全球化进程中由于资源、技术、权力上的不对等，使得南北发展差距逐渐拉大，逆全球化和反全球化浪潮在全球化受挫的民族和地区高涨，发达资本主义国家和发展中国家的利益分化日益加剧，区域性冲突频繁爆发。为了争夺生存和发展权利，利益冲突不仅充斥于发达资本主义国家与发展中国家之间，也广泛存在于它们各自内部。唯有结成普遍的利益共同体，不断增强国家和民族之间的利益联系，才能切实化解利益冲突。构建人类命运共同体应当以利益共赢为纽带，推动和深化世界各个国家、地区和民族之间的经济往来，创造更多利益契合点和合作增长点，有效地化解各种潜在的利益冲突，为人类社会的和平发展创造条件。

化解价值冲突以凝聚共同价值。人类社会发展与人类对共同价值的追求互促互进、不可分割。通过凝聚共同价值推动人类社会有序运行，是构建人类命运共同体的重要使命。人类社会共享民主、平等、自由等价值理念，理应是具体的、现实的，并与民族国家的历史事实和文明特性相适应。西方社会从抽象的人出发，宣扬超阶级、超国家和超民族的"普世价值"，其实质是资本主义意图控制世界的思想工具。"普世价值"的宣扬不但未能消弭主体间的价值认识鸿沟，反而在全球化进程中盲目追求物质生产内容的绝对性、政治治理实践的排他性和价值理想预设的虚假性，导致更多的矛盾和冲突。归根究底，"普世价值"只是西方社会历史文化演进的结果，而不是各种文明在接触、对话、交融中凝聚而成的价值共识。人类命运共同体倡导的"共同价值"与西方社会推崇的"普世价值"存有根本区别，"共同价值"是从现实的人出发，承认基于阶级、国家和民族特性的人类价值，是在尊重世界文明多样性和差异性的基础上，世界人民共享发展成果的价值理念。构建人类命运共同体是在尊重价值认知差异的前提下，在人类思想的相互交流、碰撞和融合中获取价值最大公约数，凝聚价值共识，为人类社会走向"真正的共同体"夯实价值基础。

化解文明冲突以推动文明互鉴。文化并非仅仅是一种单纯的精神现象，更是国家综合实力的重要组成部分。随着信息技术的进步与人类生产力的高度发展，文化在经济社会发展中的地位愈加凸显。多样性的文明作为文化发展成果的精华，反映了不同国家、民族和地区的社会历史样貌。近年来西方学者鼓吹的文明优劣、文明冲突等论调一度甚嚣尘上，不遗余力地制造不同文明之间的对立和隔阂。在尊重世界文明多样性和坚持文明平等观的基础上，构建人类命运共同体超越了文明"优劣论"和"冲突论"的思维局限，并推动人类不同文明的交流和互鉴。坚持"以文明交流超越文明隔阂、以文明互鉴超越文明冲突、以文明共存超越文明优越"，树立"和而不同、兼收并蓄"的世界"文明共存"观，推动人类社会的整体融合与共同进步。

三、找准中国在构建人类命运共同体中的角色担当

习近平总书记指出，"让和平的薪火代代相传，让发展的动力源源不断，让文明的光芒熠熠生辉，是各国人民的期待，也是我们这一代政治家应有的担当。中国方案是：构建人类命运共同体，实现共赢共享"[1]。作为西方率先提出"全球化"概念的学者之一的英国社会学家马丁·阿尔布劳（Prof. Martin Albrow，1937—　）曾高度肯定了中国近年来取得的一系列历史性成就，认为中国已经展现出作为全球领导者的品质，即"执行力、效率、合理、尊重、对等互惠、尊崇、超越、创新"[2]。作为构建人类命运共同体的主要倡导者和推

1《习近平谈治国理政》第二卷，外文出版社，2017，第539页。

2［英］马丁·阿尔布劳：《中国在人类命运共同体中的角色：走向全球领导力理论》，严忠志译，商务印书馆，2020，第14页。

动者，中国需要扮演好"三重角色"：世界和平的建设者、全球发展的贡献者和国际秩序的维护者。

作为世界和平的建设者。和平是世界人民的永恒期望，脱离和平的环境，发展便无从谈起。中国是世界上最大的发展中国家，世界的和平离不开中国。作为一个有着"和"文化基因和底色的负责任大国，中国始终坚持走和平发展道路，致力于维护世界和平。中国的发展从不以侵占外部资源为手段，而是凭借人民的辛勤创造和自身的制度优势。在处理国际关系问题上，中国奉行"尚和"的文化理念与交往原则，致力于通过协商对话化解各种观念分歧和利益冲突，引领各国从对抗走向对话，从冲突走向合作，推动建设相互尊重、公平正义、合作共赢的新型国际关系，将打造持久和平、普遍安全、共同繁荣、开放包容、清洁美丽的世界，作为构建人类命运共同体的基本方向和总体目标。中国所走的和平发展道路对妥善解决世界范围内的生存安全问题具有重要的推进和示范意义，在构建人类命运共同体的进程中，中国将继续担当世界和平的坚决倡导者、有力推动者和全力建设者，为维护世界和平做出更大的新贡献。

担当全球发展的贡献者。发展是解决全球性问题的基础和关键，通过协调发展以缩小南北差距，优化全球经济结构，推动世界整体进步，这是全球应对挑战所应达成的共识。近年来，中国以"一带一路"建设作为构建人类命运共同体的重要战略举措，坚持"共商、共建、共享"的合作原则，通过资源共享和优势互补，将"一带一路"打造成为政治互信、经济融合、文化包容的利益共同体，为沿线国家和人民带来了切切实实的利益，成为推动区域乃至世界经济发展的动力引擎。"中国的建设性作用，一是要积极发挥'表率'作用，通过自身经济社会的不断发展来彰显中国道路的世界意义，通过承担力所能及的全球责任来彰显中国的国际道义精神；二是积极开展外交'实践'，全面推进中国特色大国外交，积极发展全球伙伴关系，在全球治理上发挥负责任大国作用。"[1]中国所倡导的人类命运共同体理念及其实践效应，表明中国有能力和责任扮演更为重要的国际角色。

担当国际秩序的维护者。人类命运共同体的思想光辉和实践效能在世界范围内充分彰显与释放，同时也引起了一些西方学者和政客的疑惧和紧张。有论者从地缘政治的视角出发，将构建人类命运共同体与"地缘扩张论""中国威胁论"联系起来，认为人类命运共同体是伴随中国崛起而必须警惕的"修昔底德陷阱"。习近平总书记对"扩张论"和"威胁论"曾做出过幽默的回应，他指出："中国这头狮子已经醒了，但这是一只和平的、可亲的、文明的狮子"[2]。中国并非世界秩序的挑战者，而是现行国际秩序的改进者。中国坚定拥护国际政治秩序中的主权独立、民族平等、集体安全等原则，反对单边主义和强权政治。人类命运共同体倡导建立的"新型国际关系"力求打破意识形态"挂帅"的冷战思维和传统地缘博弈的狭隘视角，强调超越少数国家以自身利益至上的个体主义和单边主义行为。构建人类命运共同体为国际政治交往注入尊重、平等、协商与合作的基本元素，是对第二次世界大战后形成的开放国际秩序和国际体系的继承、发展和时代性提升，将在推动世界共同发展的过程中建立更加公平合理的国际新秩序。

---

1 李君如、罗建波等：《人间正道：构建人类命运共同体》，外文出版社，2021，第96页。

2 习近平：《在中法建交五十周年纪念大会上的讲话》，《人民日报》2014年3月29日。

总　论
人类命运共同体的理论阐释及其效应[1]

　　构建人类命运共同体是习近平新时代中国特色社会主义思想中一项具有战略高度和现实紧迫感的理论命题与伟大构想，它以批判性重塑当代全球治理体系为旨归，充分彰显了当代中国共产党人的理想追求和智识精神。领会与把握这一伟大构想必须面对和承担的首要任务是：在历史唯物主义的理论视野下，全面深入地检审资本主义全球化所建构起来的世界秩序及其全球治理体系。对已有资本主义世界秩序的重审与反思，绝非只有历史唯物主义这一理论进路，但其理论视野无疑具有最为彻底的批判性取向。历史唯物主义之所以具有彻底的批判性，是因为它在人与世界的对象性关系中确立人的丰富的实践性和能动的自主性。马克思对历史唯物主义的阐述，不仅建立在对对象性实践这一本体论范畴的肯定之上，而且注重在对社会存在的深入剖析中达到对人的本质的内在切中与深层把握，澄明了人类的社会属性和自由全面发展的最终归宿。在历史唯物主义的理论阐述中全面深入地检视、反思和批判资本主义世界秩序是构建人类命运共同体的本质性前提。

　　为了化解全球化发展引发的危机，近现代的理论家和政治家提出诸多方案，但导源于西方资本主义的"零和博弈"思维和长期强制性霸权的世界秩序，

---

　　1 参见刘同舫：《构建人类命运共同体对历史唯物主义的原创性贡献》，《中国社会科学》2018 年第 7 期。

这些方案都带有明显的时代局限和阶级局限。人类若要超越资本主义全球化所建构的世界秩序，摆脱其意识形态的蒙蔽与束缚，就不能无批判地接受、分享全球资本主义体系的诸多预设前提，而应该不断迫使自身去迎接某种理论构想的挑战，这种挑战立足一种全新的思维方式和实践形态。资本主义全球化所建构的世界秩序及其全球治理体系，已经完全背离了启蒙时代以来人类孜孜追求的以人为主体的"共同体"发展道路。在由资本主义宰制的全球化进程中，全球范围内交换主体之间的行为失去了平等规则的保障，整个人类社会生产和交往实践的产物被催促着与资本逻辑发生关联。资产阶级创造出"虚假的共同体"并将其作为资本逻辑全球扩张的基本载体，与此同时，资本超越自身界限来获取无止境利益的欲望显露无遗，而人们自由的生产和交往空间必将受到资本逻辑的控制，导致人的社会关系被直接颠倒，即人与人形成的全球性社会关系反而成为反噬人自身生存价值的力量。在全球资本主义逻辑的主导下，一些伟大的思想家、政治家所殚精竭虑构想和追求的自由平等、公正合理的世界图景已逐渐暗淡，甚至悄然消逝。资本逻辑在与全球化的合谋中使得劳动力与生产资料的结合方式与条件发生了变化，不同国家在资本主义支配的全球化进程中以经济行为的交往形式展开斗争，劳动者的阶级意识被资本主义的国家机器和意识形态所掌控，很大程度上加剧了劳动者的生存困境及其相互之间的矛盾，最直接的表现是工人的生产活动遭受资本主义残酷的剥削和统治。在以资本的全球集聚和持续垄断为基础的"虚假的共同体"中，资本扩张的垄断手段减少了资本之间的恶性竞争，但这恰恰使其绝对控制的本性和贪婪的需要越发强烈，资本家对工人的剥削和控制也逐渐呈现出绝对态势。在此境况下，工人无法通过劳动证明自身价值，反而被固化在异化生产的桎梏中，成为资本在更广范围、更多领域实行统治的附庸和工具。

在资本主义意识形态的灌输和蒙蔽之下，当下时代逐渐形成了将资本主义永恒化的意识，以至排斥探索一套更符合人类发展的世界秩序及全球治理体系的主张。正因为停滞于资本主义永恒化的精神状态，我们时代的世界图景想象、发展道路探索一度陷入精神危机和智识衰败。资本主义的"虚假的共同体"与虚假的意识形态共同发挥作用，表现为将意识形态虚构成具有唯一理性的价值观念。这种意识形态声称自身不需要依靠一定社会存在和实践来证明自身的价值理念，实则无视自身存在的历史背景和生成的现实基础，即刻意掩盖其作为人类实践和历史发展产物的事实。马克思、恩格斯曾指出整个世界受到资本主义观念支配的真实现状，揭示资本主义意识形态的抽象人性论基础，同时也指明了资本主义意识形态植根于社会存在的客观本质。在资本主义所制造的假象世界里，资本被赋予自由的意识形态话语权的属性，将全球化的演进窄化为自由市场交换的平台，且将资本设定的交换规则粉饰为个体自主选择的结果，人们日渐被全球资本主义体系生产的意识形态所蒙蔽、束缚和奴役却难以自觉地冲破，这些意识形态裹挟着不证自明的"正当性"，并试图使人们"合理"地舍弃对某些世界图景和发展道路的设想与探索。但是，人们的"设想与探索"有益于促成一种更加符合人类本身的世界秩序的建构，能够推动全球化向合理良序的方向发展，其内在精神在现时代依然具有崇高性和吸引力。从历史唯物主义的角度来看，这些被湮没的"设想和探索"，可能恰恰是人类生活中最重要的问题，它们在深层意义上真正揭示和阐明了全球资本主义时代人类处境本身存在的问题。在历史唯物主义所涉及的社会存在与人类未来发展的重要议题中，工人最终能够通过劳动创造来消灭资本主义的分工和剥削，同时工人劳动解放的前提是充分保证其基本生存条件。资本主义在全球范围内的无限扩张所带来的客观后果则是，工人自觉意识到扩大相互之间联合的重要性，资本市场的扩展也在客观上推动了无产阶级更大规模的联合，工人通过劳动实现自由解放的意愿自觉展露出来，而工人联合的拓展能够引领全人类走出资产阶级制造的"虚假的共同体"从而实现普遍性交往和全球性合作。

　　人类命运共同体表面上看是中国提出的国际外交理念，实质上则是为破解全球性治理难题贡献的中国智慧和中国方案。这一方案秉持对全球资本主义体系的批判性立场，这种批判性不仅针对当代的国际政治经济秩序，而且针对当代的智识精神景观，是对 21 世纪历史唯物主义发展的原创性贡献。构建人类命运共同体的设想从历史性和时代性相统一的视角，对人类社会发展和人类文明演进形成了总体关切，为全人类正确认识自身的生产方式和生存格局提供了科学范式。以历史唯物主义的理论和方法为基础，人类命运共同体理念将全人类共同生存和发展的基础拉回到现实的人的实践这一客观物质性基础之上，把握了人类社会的物质生产实践在塑造国际秩序和推动人类社会发展中的决定性作用，这为新时代不同民族国家的和平共处、不同文明的交流互鉴以及不同秩序的合作对话延展了历史际遇和时代空间。

一、人类命运共同体的理论视域及其立场差异

马克思在《关于费尔巴哈的提纲》第十条中提出："旧唯物主义的立脚点是市民社会，新唯物主义的立脚点则是人类社会或社会的人类。"[1] 他从"立脚点"的角度区分了新旧唯物主义之间的差异。所谓"立脚点"，即是观察或判断事物时所处的地位、坚持的立场和采取的视域。马克思认为，以费尔巴哈为代表的"旧唯物主义"是一种"直观的唯物主义"，由于"不是把感性理解为实践活动的唯物主义，至多也只能达到对单个人和市民社会的直观"[2]，故其立脚点是"市民社会"。通过批判形而上学自然观和唯心主义历史观，马克思揭示了费尔巴哈旧唯物主义的"直观性"缺陷，他指明必须从具体的社会实践活动出发实现对旧唯物主义的改造和超越，从"现实的人"的感性实践出发去把握对象性世界，并在此过程中意识到旧唯物主义所强调的"感性的人"是现代

1《马克思恩格斯文集》第 1 卷，人民出版社，2009，第 502 页。
2《马克思恩格斯文集》第 1 卷，人民出版社，2009，第 502 页。

"市民社会"的产物，进而从现有的感性对象实践中考察现代资本主义社会，揭示现代社会的暂时性并对之进行彻底的批判。当马克思确定了人类解放的终极目标时，曾一度作为社会批判武器的"市民社会"则随着"人类社会"的出场而淡出他的理论视域。马克思的"新唯物主义"从主体方面去理解"对象、现实、感性"，把它们都当作感性的人的活动，因而能够超越"直观的唯物主义"，从社会关系的角度去理解人的本质及其现实性特征，展现出"新唯物主义"以"人类社会或社会的人类"为立脚点的理论特质。在对现代社会生产方式批判性审视的基础上，马克思认为要将对资本主义工业生产的分析作为终止一切抽象哲学思辨的有力武器，以此超越唯心主义历史观和形而上学自然观的争论，确立工业生产作为衡量社会发展的重要尺度，不仅为"人类社会"的理论视域奠定了现实基础，而且为"人类社会"的立脚点确立了科学的世界图景。在马克思看来，新旧唯物主义的区分在于它们之间截然不同的"立脚点"，也就是"市民社会"与"人类社会"的视域差异，这一视域差异深刻地揭示了资本主义经济全球化与人类命运共同体之间哲学立场的根本分歧。

（一）"市民社会"视域与资本主义经济全球化

从学术传承的意义上看，马克思最初对"市民社会"的批判考察源自于黑格尔的思想启迪。他肯定黑格尔对政治国家与市民社会的区分所突出的政治解放的历史意义，但又揭示出黑格尔囿于精神层面实现二者转化的方法，归根结底是无限地发挥精神的统摄作用以吞没一切存在。黑格尔在《法哲学原理》中主要从自由的理念及其现实表现的维度探讨市民社会的问题，他将伦理生活视为自由理念现实化的第三个阶段，而家庭、市民社会和国家又构成伦理生活的三个基本环节，其中市民社会表现为外在的伦理精神，国家则作为现实客观的伦理精神，构成了市民社会的终点。黑格尔通过对辩证法的阐释，实现了市民社会与政治国家的有机统一，呈现出市民社会不断分化和再生产的具体现实图景。在《法哲学原理》中，黑格尔指出："市民社会，这是各个成员作为独立的单个人在一个形式的普遍性中的联合，这种联合是通过成员的相互需要，通过法治作为保障人身和财产的手段，并通过一种外部秩序来维护他们的特殊利益和公共利益而建立的。"[1] 在黑格尔的理解中，"市民社会"包含两个原则：一是市民社会成员作为独立的单个人把自身作为特殊的目的，二是每个市民社会成员都必须通过普遍性形式的中介才能使自身得到满足。因此，有论者认为："黑格尔在此对市民社会的基本界定遵循的是斯图亚特、亚当·斯密这些古典经济学家的自由市场模式。"[2] 黑格尔的市民社会原则包含着正反两方面的内容：一方面，市民社会使具体的个人从古代或中世纪的共同体束缚之中解放出来，使自身作为特殊目的获得了合法性，也促使个人生活和主体意识获得了前所未有的自由空间；另一方面，市民社会是满足个人私利的自由市场社会，具体个人之间的关联只是一种普遍性形式的联合，即成员之间关联性的建立无非是为了满足彼此之间的需要或自然欲望。黑格尔从需求体系的角度来阐释市民社会，认为人类生存需要及其满足需要的手段远远超出自然的束缚，而人类生存需要及其满足手段只有成为"他者"存在的状态时，主体与"他者"之间才能构成相互满足需要的存在关系。黑格尔指出合目的性劳动在"需要—满足"过程中所发挥的中介作用，而人与人之间则在市民社会这个整体的需求体系中形成了全面交织的相互依赖关系，市民社会由此具备普遍持久的发展动力。黑格尔的"市民社会"概念实际上是对资本主义社会的另一种表述，旨在突出其与政治国家的对照以及同家庭的关联。市民社会的正反原则呈现出从家庭到市民社会和国家的推演逻辑，标志着以理性精神为载体的市民社会自我演进的跃迁和深化，体现了黑格尔对自由和政治哲学概念的抽象理解。

1　[德] 黑格尔：《法哲学原理》，邓安庆译，人民出版社，2016，第296页。

2　王小章：《从"自由或共同体"到"自由的共同体"：马克思的现代性批判与重构》，中国人民大学出版社，2014，第46页。

马克思批判性地吸收了黑格尔对于市民社会的描绘与理解。"马克思将市民社会看成是与人的共同本质相分离的、利己的人（homme）的权利领域"[1]，并用于指称作为近代政治革命结果而产生的近代市民社会，"其本身同时还存在着无政府性竞争和追逐营利体系的奴隶制（市民社会的奴隶制）"[2]，据此理解，整个市民社会就是一场露骨的追逐营利的"普遍运动"[3]。在这场"普遍运动"中，市民社会成员由于受到自身自然禀赋和后天条件的限制，必然会在市民社会内部形成区别和分化，也就是黑格尔指出的个体分属于各方面的特殊体系而形成了"等级的差别"，即人们享有市民社会普遍财富的可能性是由自然与客观精神所禀赋，也将受到偶然性因素的影响，这极有可能导致市民社会内部财富分配的不公正和等级差异。分配不公与等级差异构成了黑格尔市民社会的具体内容和必然结果，同时也意味着只有在市民社会中，人才有可能在抵达绝对精神的过程中获取外部现实性。黑格尔早已指明，作为精神特殊性的客观法"在市民社会中不但不消除人的自然不平等（自然就是不平等的始基），反而从精神中产生不平等，并把它提高到在技能和财富上、甚至在理智教养和道德教养上的不平等"。[4]基于此，马克思一方面承认市民社会是生产力与交往形式相互作用的经济基础，另一方面指认市民社会由于被资产阶级掌控而带有鲜明的阶级属性，并展开对市民社会存在的深层根源的探寻，认为市民社会伴随资产阶级的出场而发展起来，其本身蕴含着等级性，是从生产与交往的等级关系中生成的组织形式。马克思通过对异化劳动概念的分析，阐释了市民社会的劳动原则，并指责国民经济学遮蔽了私有财产与异化劳动的关系，认为他们不能准确把握私有财产作为异化劳动产物的事实，相反，却基于市民社会的资本原则解构劳动原则。在此基础上，马克思更为全面地揭示了工人真实的劳动方式和生

1　[日] 望月清司：《马克思历史理论的研究》，韩立新译，北京师范大学出版社，2009，第208页。
2　[日] 望月清司：《马克思历史理论的研究》，韩立新译，北京师范大学出版社，2009，第208页。
3　《马克思恩格斯文集》第1卷，人民出版社，2009，第316页。
4　[德] 黑格尔：《法哲学原理》，邓安庆译，人民出版社，2016，第342页。

存状况。

随着资本主义经济全球化的扩展和深入，市民社会的等级性结构也随之嵌入到"世界市场"的范围内。在资本主义经济全球化的意识形态叙事中，现代世界范围内的主权国家、国际组织、族群组织、跨国公司以及个体公民都是世界市场中普通的、平等的主体成员。但各层次的主体成员在经济实力、政治影响、生活水平等方面都现实地存在着等级差别，而且这些差别以它们固有的方式发挥作用，并表现出自身的特殊本质。全球化的发展不断重塑世界范围内的等级关系，促使传统的"民族—国家"型经济关系逐渐具有明显跨国性质的联合形式，资本全球化在此过程中起到决定性作用。资本主义的扩张在空间上实现商品生产对地域界限的突破，在发展领域上使得社会生活中诸多部分都受到资本逻辑的支配，资产阶级也越来越成为资本全球积累的主导者与受益者，工人则构成了资本全球化及其工业生产链条中不可或缺的组成部分，资本家与工人的等级差异愈益扩大。在资本全球化的过程中，资本家通过控制世界范围内的生产资料进行全球资本积累，在构筑全球生产链的同时形成对全球劳动力的绝对支配权力，使得分布在世界各地的工人均构成了资本全球循环体系的一部分。全球性的生产链同时也为全球社会各阶级提供了物质基础，工人阶级随着物质生产力的提高形成了更为广阔的组织与联合，逐渐成为潜在的反资本主义全球化体系的力量，全球化体系力量的形成对于抵制资本主义全球积累方式及其克服霸权统治手段具有重要意义。由此，资本主义全球化显示出两种既相互矛盾又相互关联的特征：一方面在形式上宣称所有主体成员都是平等的，另一方面又在实质上使不同的主体成员形成等级差别，在经济上形成"先进—落后"的发展格局，在文化上形成"文明—野蛮"的文明史观，在政治上则形成霸权主义的国际秩序。资本主义文明观和民主政治是资本主义社会发展到一定阶段的产物，也是资本逻辑不断扩展的价值基础和政治保障。在世界社会主义革命和无产阶级工人运动的冲击下，资本主义文明观与民主政治的形式在世界范围内不断扩展的动力得到推进，与此同时，其内在弊端也在不断显现。随着资本主义在世界范围内的持续扩张，其内在的社会矛盾逐渐尖锐，由此引发的经济危机也不断爆发。这些社会矛盾以及经济危机的出现一方面是源于资本主义国家的文化思维，资本逻辑使其不自觉地将民族国家的内部矛盾转换为全球性的冲突，另一方面也受到资产阶级国家内部民主运动的影响。资本主义危机的全球性爆发彻底暴露了全球资本生产攫取剩余价值的目的，现代工业文明或技术文明的畸形发展模式造成资源浪费、粮食危机等阻碍人类文明进程的负面结果，最终导致人类文明的现实困境，即这种危害已经由损害现代文明的发展转向危害人类文明的生存根基。资本主义全球化是资本主义在现代化进程中为了获得大多数人的普遍认同而进行的自我整合，尽管资本主义生产方式的发展带来了经济全球化，并历史性地建构出一个世界市场，但它并没有形成与之相应的民主化、法治化及合理化的全球善治秩序，在现实推进中通过全面的商品化和物化而制造了人与人在相对封闭空间内的疏离，导致全球社会中不同民族国家在非自主选择的交往实践中形成了不平衡的发展空间，使得经济全球化和世界市场始终只能是部分霸权主义国家的附属品。

根据马克思世界历史理论的观点，资本主义在全球范围内的扩张是人类社会生产力发展的特殊阶段。资本主义在全球化过程中不断拓展的历史可以从生产逻辑和资本逻辑两条路线进行把握，其中生产逻辑是按照人类社会自身生存和发展的内在逻辑，资本逻辑是资本在积累中无限追逐剩余价值的展开方式。随着认识和改造自然能力的增强，人类逐渐以社会生产和交往的方式获取自身生存与发展所需的物质生活、生产资料。然而，在资本主义经济利益和政治利益的驱使下，垄断组织开始形成，并进一步加剧了全球范围内资本积累和增殖的竞争。生产逻辑与资本逻辑在资本主义全球化扩展过程中并没有发生割裂，而是具体展现为资本逻辑完全支配生产逻辑，成为全球经济和政治活动中的通行规则，生产逻辑实则成为生产资本或资本生产的逻辑，其中金融资本成了当代资本主义全球化过程中的主要形态，由资本主义主导的全球政治秩序的现代化进程也暴露其政治文明的剥削性和利己性。资产阶级的剥削本性和阶级本质并没有消除，而是以调解世界范围内的资本主义矛盾为借口，实则以物质技术为动力，以隐性的制度条件和运作机制操纵着全人类文明的发展进程。资本主义借用科学技术的发展进一步扩张自身的统治力量，对政治生活和国际交往关系的各个方面进行强制干涉，但其对技术使用的控制仍然出于追求资本积累和剩余价值的目的。

全球化过程中所形成的霸权主义是市民社会等级性结构的政治表现，市民社会的殖民特性是霸权主义得以形成的重要原因。在《德意志意识形态》中，马克思、恩格斯就指出："市民社会包括各个人在生产力发展的一定阶段上的一切物质交往。它包括该阶段的整个商业生活和工业生活，因此它超出了国家和民族的范围，尽管另一方面它对外仍必须作为民族起作用，对内仍必须组成为国家。"[1]随同资产阶级发展起来的"真正的市民社会"内在地要求海外殖民，现代世界的市民社会不可能只是一国之内的自由市场社会，其伴随资本主义经济全球化的蔓延必然成为超出民族和国家的世界市场，催生这一结果的过程就是"殖民扩张"。黑格尔看到了市民社会对经济自由的趋附，认为市民社会能够彰显人的自我意识，进而促使人进入市民社会的生产环节以获致自由，他指出："市民社会受这种辩证法推动而超出自身之外，首先是超越这个特定的社会，以便向它之外的其他民族去寻求消费者，从而寻求必需的生活数据，这些民族或者缺乏它所生产过剩的物资，或者一般地在工艺等方面落后于它。"[2]诸如自由贸易、海外扩张以及随之而来的战争等体现市民社会殖民性特征的历史作为，正是黑格尔"世界历史"的现实起点。对市民社会殖民性特征及其作为"世界历史"现实起点的确立，是黑格尔市民社会思想的最终指向。在《法

---

1 《马克思恩格斯文集》第 1 卷，人民出版社，2009，第 582 页。

2 [德] 黑格尔：《法哲学原理》，邓安庆译，人民出版社，2016，第 375 页。

哲学原理》中，黑格尔将对市民社会中善与恶行为的判断归诸道德领域，市民社会中的劳动则是生产财富的源泉，他否定对财富进行道德审视的可能性，主张从方式和属性的角度对生产财富的劳动进行分析，将财富划分为普遍财富和特殊财富。普遍财富体现了人们在劳动过程中相互依赖的生产关系，特殊财富是少数人在生产过程中获得的技能或财产。黑格尔认为，特殊财富在现代市民社会中更具优先地位，原因在于人们能够凭借自己的兴趣自由决定从事何种劳动，并且人们能够在自身所从事生产领域中以特殊的技能分享普遍财富。通过对市民社会的组织和运行秩序的论证，黑格尔认为个体的特殊利益和普遍利益都能够得到充分发展，市民社会具备成为世界历史起点的资质。与此同时，黑格尔也意识到市民社会存在财富和利益分配不均衡、不合理的现象，其根源在于财富生产的需要主要从特殊利益的少数个体中产生，这造成了财富过剩和市民社会发展不够富足的现状。为化解这一困境，黑格尔主张促进市民社会的转型，克服满足个人利益的劳动分工所造成的市民社会分裂化，激活生产方式中人们的普遍联系和相互依赖，将这种能够激活普遍联系的生产关系凝练成世界历史运转的全新方式，进而奠定世界政治共同体的基础，即为世界历史的形成开掘自由精神。然而，黑格尔将世界历史的演进解读为民族精神的显现，强调人们只有把精神活动视为世界历史演进的动力，才能把握世界历史的形而上学本质。为了论证民族精神对于世界历史的主导作用，黑格尔以世界历史中每一阶段具有绝对真理的自我意识为例，表明世界历史的未来演进将由代表自由精神的民族来主导。

在黑格尔看来，一切发达的市民社会都必然被驱使走向殖民事业，它们之间只不过存在着零散与系统的区别。黑格尔的市民社会理论是从市民与社会的伦理关系向度揭示市民社会与政治国家之间的冲突，指出市民社会将原本在伦理世界中相互统一的实体与个体分离开来，澄清了市民社会作为"个人私利战场"的本性。在对市民社会与经济之间关系的考察中，黑格尔试图将市民社会视为满足人的生存需要的领域，以此展现实践的抽象化和社会财富的整体萧条与贫富差距的图景。马克思、恩格斯在谈论市民社会的问题时也重视实践发展的需要层面，尤其注重把握市民社会发展的多样性与单一化、殖民性与文明化的辩证关系。在他们看来，由资本主义私有制主导的市民社会，在反映人的生存需要不断增长的同时，又将一切需要都巧妙地转换为对资本与货币的需要，这种需要体现了满足物质生存的基础性以及无产阶级生活状况极度恶化的野蛮性。黑格尔从需要层面对市民社会的论述，尽管揭示了劳动制造需要这一基本关系，但他忽视了人通过劳动创造自身、实现自身的真实需要。马克思则在批判黑格尔的基础上进一步阐发了劳动创造需要和社会关系的基本原则，他认为劳动不仅产生了人满足自身生存和发展的特殊需要，而且创造了人类在世界范围内实现全面发展的需要。在揭示黑格尔市民社会的秘密之后，马克思继续从国民经济学中去寻求市民社会的私有制根源，不再将强调等级性的国家和殖民性的世界市场作为市民社会的唯一出路，而是将市民社会本身放置于人的劳动的现实与历史关系中加以考察，敞开人类未来的发展图景。在具有等级性和殖民性的世界市场中，所谓的"发展"其实只能是"片面发展"，而不可能是"共享发展"。这种发展模式不是将全人类都作为"命运共同体"的主体成员，不是为了满足所有主体成员的需要和促进所有主体成员的全面发展，而是为了满足一些拥有"资本"和"霸权"的主体成员的利己主义的需要与欲望。不同主体成员之间的普遍联合，无非就是一种形式上的联合，其普遍性也只是"抽象的普遍性"——"一种内在的、无声的、把许多个人自然地联系起来的普遍性"[1]，根本无法走向人类真正的联合与解放。

在对黑格尔市民社会和"世界历史"的批判性审视中，马克思逐渐形成了对市民社会研究的唯物史观范式，指责德国的世界历史研究由于受到黑格尔的

1《马克思恩格斯文集》第 1 卷，人民出版社，2009，第 501 页。

影响而走向了唯心主义的思辨哲学范式，反对任何主张从自身出发就能透视世界历史本质的观点，由此突破近代哲学观念论的世界历史阐释范式并将历史研究推至由人类社会构成的真实世界历史。黑格尔始终强调特殊意识的主权性，他由市民社会推向世界历史的论证范式具有极大的偶然性，实则将国家视为破解市民社会内在冲突的力量来支配世界历史，其历史必然性由此被马克思证伪成思辨终止的地方。在马克思看来，真实的世界历史是在现实生产力和生产关系的互动中演变而来的历史，而一切对世界历史的哲学阐释是为了揭示人类社会发展的基本规律，即探讨人类在现实世界中如何通过生产力和生产关系的矛盾演变形成不同的社会形态。马克思正是在探索这一客观规律和现实运动中实现了对黑格尔市民社会和世界历史理论的全面批判。在此基础上，马克思进一步探索世界历史与实现人类解放之间的内在关联，他虽然否定黑格尔将绝对精神当成世界历史演进的终极目的，但同时也认识到认识世界历史的最高目的的重要性，承认国家构成了世界历史的现实载体，世界历史与国家的命运密切相关，进而将世界历史的目的从绝对精神拉回到人类自身，最终实现人的解放和自由全面发展。马克思通过对黑格尔市民社会理论的批判，将其世界历史目的的偶然性改造为遵循客观规律的必然性，为正确认识全人类的生产和利益关系开辟科学路径，也提供了全面反思和彻底批判资本主义经济全球化的宝贵理论资源。社会化生产要求满足社会对商品的需要，但资本主义条件下的社会生产要求满足资本增殖与资本家的获利需求，在这一动机的驱使下，资本主义经济全球化造成全球生产过剩，而生产过剩的原因在于人们的需求和购买力不足，其根本在于资本增殖与劳动生产的两极分化。因而马克思关于资本主义在世界历史中爆发的经济危机及其扩张性生产方式必然消亡的前瞻性论述，表明资本主义社会的基本矛盾没有根除，经济全球化在当代世界依然具有产生危机的条件，必须重构世界市场经济发展模式来调节和控制危机、规避并防范风险。

(二)"人类社会"视域与人类命运共同体

马克思从对市民社会的现实批判到对人类社会的科学认知的过程，充分展现了认识世界的哲学理论和改变世界的思想武器的有机统一。马克思一方面指责国民经济学无视劳动体系之外的人的生存状态的狭隘性，认为其只考察劳作中的工人，而不顾工人在劳动之外的生活状态；另一方面他觉察到市民社会劳动系统的异化性，认识到市民社会归根究底是资本主义社会形态自我确认的特殊方式，它无力支撑共产主义的宏大理想。马克思认为，以市民社会为基础对世界历史和世界市场的理性阐释，实则是与资产阶级理论家的合谋，共同目的是服务资本逻辑的全球扩张。在马克思看来，这一理性阐释应当让位于对资本主义向世界范围内蔓延和殖民行为的现实批判，在此过程中逐渐明确未来社会发展的理想目标应当包括全人类社会的整体发展走向，而不仅仅局限于资本主义生产方式及其全球扩张的历史阶段。人类社会的理论功能在于认识和解决全人类社会的发展矛盾，形成通往未来理想社会的科学理论和合理路径，并在确立新的历史基础上强化对以物质内容为基础的社会关系的生产，最终构筑人类自主性和正义性相统一的共同体。

从马克思对市民社会的资本主义私有制根源的揭示可以看出，市民社会本身的局限性以及资本主义经济全球化存在的等级性和殖民性问题，导致了全球发展日益呈现出不平衡、不合理的矛盾状态：一方面，一切民族国家的生产和消费成为世界性现象，整个世界日趋一体化和同质化；另一方面，在资本关系所到之处，各种新的经济差异和政治等级被不断再生产出来。结果，"由跨国资本主导的特定全球化形式表现为一种'单向度的全球化'，即发达国家单方面主导、渗透和支配不发达国家的全球化模式"[1]。正是基于这种"单向度的全

---

[1] 郗戈：《超越资本主义现代性——马克思现代性思想与当代社会发展》，中国人民大学出版社，2014，第136页。

球化"的发展状况，西方资本主义国家主导形成了一套西方中心主义的全球治理体系。无论是世界市场的形成还是全球治理体系的出现，都有助于将整个现代世界更加紧密地联系在一起，并使得原本分散的国家、民族之间逐渐形成互相依存的结构性关系，通过集中整合资源使全球生产力获得更大提升，也形成把国际社会成员凝聚起来的精神"黏合剂"，由此客观地推动全球性共同体的发展。但是，资本控制全球化发展的基本逻辑没有发生根本转变。由于当前的世界市场和全球治理体系都是以具有高度逐利性的资本作为治理全球的主要手段，因而，在这种历史条件下所形成的全球性共同体不过是立足"市民社会"视域的"货币共同体"或"资本共同体"。随着全球化的发展，资本增殖和不断扩张的本性被进一步激发出来，跨国资本主义生产模式逐渐成熟，"货币共同体"或"资本共同体"成为资本全球化的载体。不同国家之间的社会和阶级结构在此过程中受到冲击，全球范围内的资产阶级逐渐从发达资本主义国家中分离出来，并形成跨国性的资本家阶级，他们在谋取最大限度利益的目标上达成一致，并在全球范围内的生产和销售等资本拓展环节中无视特定民族、国家的政治意见。这种共同体具有特殊的、客观的和局部的阶级属性与阶级利益，其以全球经济发展为基础，逐渐演变为行使世界霸权的代表。在资本全球化背景下，诸多发展中国家存在的主要功能被资本家视为能够为国内的资本生产和转化提供稳定的制度与政策环境，而为了维护世界市场的秩序稳定，他们还会采取强制性力量或利用意识形态机器来实行根本性的社会控制。"货币共同体"或"资本共同体"的形成有力证明了资本主义全球性拓展和深化的主要特征：民族国家生产的历史属性向世界历史的综合性生产发展，必然带来单一性的社会矛盾向全球性危机蔓延的不利后果。

　　马克思在《资本论》中曾探讨了资本逻辑在全球范围内扩张的现实特征，以物质生产过程为切入点揭示剩余价值的攫取对资本关系再生产的推动作用，阐释了资本生产方式与剩余价值积累模式随着世界历史的推进已经产生的新变化。在资本逻辑的推动下，通过世界市场和全球治理体系的运作，资本主义国家内部的利益结构扩展到全世界范围内。诚如马克思、恩格斯所说，资产阶级按照自己的面貌为自己创造出一个世界，而这个世界与资本主义国家的内部格局具有"同构性"：在国内，"资产阶级使农村屈服于城市的统治"；在世界范围内，资产阶级"使未开化和半开化的国家从属于文明的国家，使农民的民族从属于资产阶级的民族，使东方从属于西方"[1]。在资本共同体的逐渐扩展和成熟过程中，世界的政治、经济、文化和科技等领域活动规则的制定和执行都将受到发达资本主义国家的支配，主要因为在现有的国际秩序和全球治理体系中，西方发达国家的国际地位和政治话语权远远超过其他发展中国家，而且承担维持世界和平发展任务的一些国际组织在决策上也受到西方发达国家的影响。少数发达资本主义国家和国际组织利用全球化的有利条件为自身利益服务，结果不断加剧了不同国家和地区之间发展的不平衡。马克思在《资本论》中曾深刻揭示资本积累的本性。由于人类社会生产的自然环境、劳动力等生产要素和资源都是有限的，资本主义的扩张必将受到全球化的反噬，全球化也在与反全球化运动的反复拉锯中逐渐走向理性，发展中国家逐渐意识到在世界市场体系中合理定位自身的必要性。

尽管当代资本主义社会的生产方式及其私有制形式没有发生质变，资本对劳动的雇佣和剥削关系也没有发生根本改变，但在由资本主义主导的自我更新和自我调节的飞速变革时代，资本的积累和价值增殖形式却依随技术的发展产生了巨大变化。面对这种变化带来的资本主义社会各种矛盾的加深，其他发展中国家也为谋取和平发展的国际环境加快自身发展。全球性的"资本共同体"如同"国家"一样，本质上还是"虚假的共同体"，也存在着某些占据霸权地位的主体成员把自身的特殊利益伪装成人类普遍利益的现象。随着社会生产总

1《马克思恩格斯文集》第2卷，人民出版社，2009，第36页。

过程的全球化，一切民族国家的生产和消费都逐渐具备世界历史性特征，资本主义经济全球化所开拓的世界市场也不再只是某些霸权国家的附属品，而是越发成长为不由单一主体成员主宰的独立自主的世界体系。诚如习近平总书记指出的："新兴市场国家和发展中国家对全球经济增长的贡献率已经达到80%。"[1]这种深刻变化使得人类社会的发展有可能超越压迫性的全球资本主义再生产过程，克服"单向度的全球化"的发展状况，摆脱西方中心主义的全球治理体系，从而走向更平等、更合理、更多元的新世界秩序。在全球资本主义世界体系之后将有可能出现一个新的"世界体系"，它不再是西方中心主义式的"一国独霸"或"几方共治"，不再是为霸权主义国家利益服务的资本体系，而是奉行双赢、多赢和共赢的新理念，实现了对资本逻辑主导全球化过程的扬弃与超越，以人类公共利益为共同体发展的新的经济基础，力求打造出由各国共同书写国际规则、共同治理全球事务、共同掌握世界命运的人类共同体，从而在共同发展中最大限度地实现各方利益的最大公约数，共享经济全球化的发展成果。这就是中国倡导构建的人类命运共同体。

在历史唯物主义的理论视野中，"共同体"范畴在时空上的演进形态是从"自然形成的共同体"经由"虚假的共同体"走向"真正的共同体"（或称"自由人的联合体"）。在这一历史延展过程中，人类命运共同体作为体现马克思主义政治哲学逻辑的全新世界图景构想，为世界秩序的构成方式注入了一种新的实践观念，必将使人类的存在方式和思维方式发生深刻变革，从而极具针对性地回应从"虚假的共同体"向"真正的共同体"转变过程中所产生的一系列全球性治理难题和挑战。资产阶级国家"虚假的共同体"在历史上的特殊社会革命时期具有存在的必要性，它也曾流露出普遍利益发展的理念，但却在资产阶级将自身特殊利益伪装成普遍利益的理性狡黠中成为无产阶级的外在枷锁，从

---

1 习近平：《共担时代责任　共促全球发展——在世界经济论坛2017年年会开幕式上的主旨演讲》，《人民日报》2017年1月18日。

而失去现实存在的可能。经济基础对上层建筑的决定性作用是历史唯物主义的基本理论，是契合任何时代发展的一般规律，马克思所阐释的"真正的共同体"也遵循这一基本规律。马克思首先明确了"真正的共同体"与以往社会形态所共有的基本属性，包括以高度发达的生产力和物质条件为前提，以对现存社会创造的巨大物质财富进行合理分配为制度目标，但"真正的共同体"更高的理想是构建消灭分工和私有制、推动生产力朝着实现人的自由全面发展方向行进的社会形态，蕴含了构建个人以及个人与共同体之间和谐关系的价值意蕴，促使人们能够按照自身的本质进行自由的社会生产和交往，体现了推动个人利益与共同利益协调统一的价值旨趣。人类命运共同体理念在现实推行进程中，呈现出经济基础、实践方式、社会关系和价值观念等层面的多重内涵，具体表现为促进世界经济均衡普惠发展、推动多元参与主体之间实践关系的协调以及推进全人类共同价值的可持续发展。人类命运共同体在实践目标、价值理念和运思逻辑上都与"真正的共同体"具有高度一致性，但同时也具有一定的内在差异性。人类命运共同体理念的提出是为了解决全球性生存危机，在实际推行过程中包含资本主义与社会主义两种不同制度的国家，辐射发达资本主义国家和诸多发展中国家和地区，并有力解决当前国际社会面临的诸多问题，也对由西方发达资本主义国家推行的政治霸权及其所主导的全球治理体系形成一定冲击。与马克思"真正的共同体"理念相比，人类命运共同体具有强烈的现实目标性，而且是走向未来理想社会发展的阶段化和具体化实践。

虽然人类命运共同体和"真正的共同体"在现实基础和哲学理念上存在着一定的张力，但由于人类命运共同体本质上是对资本主义全球化历史进程的"拨乱反正"，充分昭示了"人类解放"的价值诉求和发展理念，故其基本立脚点或者说哲学立场必然是"人类社会或社会的人类"。这一立脚点决定了人类命运共同体能够在全球化时代引领各个个体、民族和国家的前进方向，为最终实现"真正的共同体"奠定世界历史性的基础。着眼于一带一路的国际合作和共商共建共享的基本原则所达成的诸多协议，凸显了人类命运共同体以合作共赢的方式为人类社会持续发展谋福利的主基调。与"真正的共同体"通过革命手段通向理想社会形态的路径不同，人类命运共同体通过合作共建的方式推动人类社会整体发展，以全人类在世界范围内的普遍生产和交往实践为基础，以达到个人利益与共同利益的统一为目标，通过一系列共同发展的举措来消除人的异化现象，协调人与世界的关系，进而保障世界共同发展的成果从关照单个人到全人类的多元主体、涵盖到所有社会发展领域。虽然从当前世界发展进程来看，人类命运共同体的构建并未实现人的自由全面发展的目标，但它始终以这一目标为旨归，并极大推动了人的现实发展。这种满足人的多元发展需要和丰富人与世界之间关系的建构效应，恰恰证明了人类命运共同体立足人类社会的现实挑战、在新时代中对"真正的共同体"思想进行时代拓展的思想智慧。

在社会理想的意义上，人类命运共同体以"人类解放"或"真正的共同体"为价值诉求，从"人类社会或社会的人类"的哲学视域出发对现存不合理的世界市场体系和全球治理体系进行反驳与批判。这种反驳与批判不是要把人类命运共同体当作完美的、固化的客体性存在，不是当作与资本主义全球化相分离的形态而同资本主义全球化相对立，而是要在批判资本主义全球化的过程中发现、阐释和建构出更符合人类社会发展规律及诉求的新世界图景。"马克思正是在现实逻辑失灵、步入自相矛盾的死胡同的情况下，找到了一个理想化未来的轮廓。未来的真正景象就是现实的破产。"[1]马克思对"真正的共同体"的阐释建立在对一切"虚假的共同体"的批判基础之上，包括对自然共同体、资本共同体等共同体形式的批判和革命，旨在通过消除特殊利益对共同利益的侵害以实现二者的平衡。人类命运共同体基于"真正的共同体"的唯物史观逻辑，尊重人类社会发展的客观规律，从世界历史发展进程中不同民族之间相互依存

---

1 [英] 特里·伊格尔顿：《马克思为什么是对的》，李杨、任文科、郑义译，重庆出版社，2017，第61页。

性逐渐提高的现实背景出发，立足历史唯物主义对全人类共同面临的生存危机和发展困境进行剖析，从现实问题中追问"人类从哪里来""将到哪里去"的哲学命题，以及我们如何应对发展困境的历史性课题。人类命运共同体思想的批判意义就在于把现行的世界市场体系和全球治理体系所掩盖的剥削性社会关系揭示出来，从而反抗与这种社会关系相适应的观念、概念和思维形式，打破这些意识形态制造的社会发展假象，切断这一虚假意识形态的再生产。人类命运共同体揭示了由资本主义主导的全球治理体系借治理之"名"行统治之"实"的霸权行径，进而倡导不同国家依据自身现实国情和文化背景等因素选择自身发展道路，并在这一过程中为全人类共同发展贡献独特智慧，唤醒全人类掌握自身命运和前途的主体意识，促使各国意识到人类本身就是天然的利益共同体，认识到现阶段主要任务就是探索如何谋取各方利益的最大公约数，在合作发展中合力消解被资本逻辑长期支配的单向全球治理秩序。人类命运共同体思想反对以往各种"共同体"形式将人类解放视为凝固的、脱离感性实践的实体存在的观点，将"真正的共同体"当成个人自我价值与自由实现的条件，有助于结束那种将资本主义永恒化的精神状态的产生方式，并在此基础上探索出一条更加符合人类社会发展的历史通道。

当前的国际形势处于百年未有的大变局中，对现存国际秩序和全球治理体系的调整势在必行，构建人类命运共同体正是在对全人类面临的发展困境和世界不稳定局势的深厚关切中提出的。尽管当今世界与马克思所处的时代已经发生了巨大变化，人类命运共同体理念与马克思"真正的共同体"思想也存在差异，但它们的理论立场和价值追求在整个历史唯物主义视域中都具有统一性。从整个世界历史的现实演进历程看，人类命运共同体是从资本共同体向"真正的共同体"过渡的时代产物，是致力于探讨实现人类美好生活发展愿望的中国方略，真正体现了人类社会历史发展的趋势。人类命运共同体理念在历史唯物主义视域下结合人的本质来审视当代人的生存方式和具体状态，强调新型社会关系的本质属性是公平正义，并且通过提高中国在世界中的综合实力来高举共同发展的旗帜，积极建立起不同国家之间及其与世界发展的平衡关系。人类命运共同体从对国际社会整合的角度展示其对现存全球发展模式和治理体系的批判与改造思路：在资本逻辑支配下形成的"虚假的共同体"中，只有在有限的资产阶级范围内才能实现个体的自由。对于被支配的阶级而言，自由和共同体都是虚假的口号，资本逻辑的殖民化导致国际社会不同阶级的分裂危机。人们在交往过程中不断产生的合作需要为克服危机提供驱动力量，利益共同体所蕴含的生产理性为克服危机提供基本路径，共同价值所显现的规范要求为解决危机提供内在保障，由此不同民族和世界之间能够逐步形成命运与共的社会形式。"真正的共同体"引申出在创造自由劳动的过程中实现人的自由个性发展的观点，人类命运共同体在实际推进过程中注重扩大不同国家和团体之间的利益汇合点，符合从资本共同体向"真正的共同体"过渡发展的现实规律，找到了一条促进共同利益与共同价值并驾齐驱的新道路。

构建人类命运共同体作为走向"真正的共同体"的世界历史性阶段，必须自觉地从"人类社会或社会的人类"的哲学立场出发，变革世界市场体系和全球治理体系，发展全球性社会生产力，即对全球范围内的物质利益关系进行革命性变革，逐渐把人们从全球资本主义的束缚中解放出来，并在促进生产力发展和深化普遍交往的基础上不断扩大人类的共同利益交汇点，提升人类利益的"共同性"水平，保持利益的"共同性"与人的个性解放之间的内在和谐，成为内在于人的现实实践并提升人的自我发展意识的本真力量，使人类在实践中认识到自身利益需要的根本性地位，减缓乃至化解不同主体成员之间的特殊利益冲突。人类命运共同体之所以能够走向"真正的共同体"，一方面是因为其有效地将历史唯物主义的基本理论与现实世界的客观发展需要相结合起来，另一方面还在于其形成了以全人类的现实实践取代物的操纵的思维方式，实现了对全人类具体实践的整体性把握。全人类的实践性思维不是简单地确立差异性，而是在明确差异性的同时又寻求共同性路径，这一辩证性的自我超越与人的生存特性相一致。人的实践性思维能够超越与其他物质的边界并主动建立统一性关系，这种关系实际上证明人与物、人与人之间既有差别又有共同本质属性的类关系。人类命运共同体理念在确立全人类实践性思维的基础上张扬人类自由自觉的本性，人与物、人与人之间的统一性关系并非自发形成，而是以实现共同发展为目的，并在自由的创造性活动过程中建构出来。这种类关系凸显了人类的自由、自觉的生存方式，使得不同民族和国家之间具有形成统一关系的可能性。面对当今世界全球化进程中出现的生存危机，人类命运共同体理念揭示了人与人的社会关系只有以个体的自由发展为前提才能走向和谐统一。事实上，人类社会的共同发展与个体的自由发展相辅相成，个体自由性得到充分发展的同时，人的社会化程度也得到极高体现，而人们在实践活动中生成的社会关系也为个人的自由发展提供条件。在此基础上，人类命运共同体理念超越了不同共同体之间的对立与分裂，引导人与人、民族与民族以及不同组织之间的自觉联合，不断摒除共同体生成中的抽象思维和敌对力量，为推进人类谋取共同发展的自主性实践创造现实条件。这在现实基础上与马克思"真正的共同体"的自由劳动具有深层一致性，即"真正的共同体"的实现是人类自由自觉劳动本质的客观显露。在构建人类命运共同体的实际进程中，全人类的共同世界不是简单执着于提高生产力的发展水平，而是致力于建成一种将全部生产力掌握在劳动者手中的社会组织形式和社会关系，因而其落脚点是全人类的社会。

二、人类命运共同体的现实指向

无论是立足"市民社会"的资本主义经济全球化，还是立足于"人类社会"的人类命运共同体，其现实表现和现实发展都是世界历史进程中的一部分。因此，构建人类命运共同体，超越资本主义全球化及其治理体系，必须把握马克思实践哲学中的物质生产和交往形式两大基本范畴，在世界历史的理论视野中审视与考察人类命运共同体的实践逻辑，并将人类社会不同的地域和发展阶段纳入共同发展的历史逻辑之中。在历史唯物主义视域下，"真正的共同体"理论克服了资本主义"虚假的共同体"的缺陷。资本主义扩张的本质是资本逻辑的无限延伸，资本逻辑以市民社会为现实载体，以商品市场和交往为纽带，将一切满足资本增殖需要的要素都纳入其生产过程之中。资本逻辑在世界市场中创造出"虚假的共同体"，以固化发达资本主义国家与发展中国家之间国际话语权的差序格局，导致不同民族国家自身追求自由发展价值理念的异化。"虚假的共同体"的缺陷在当今世界表现为全球系统性危机和生产方式的结构性矛盾，构建人类命运共同体对新自由主义下虚幻共同体的彻底祛除和取代成为历史的必然逻辑。在当今世界的全球化进程中，"虚假的共同体"的空间产生了结构性变革，这一变革的实质是资本的深度和广度不断加强，使得当今的世界市场除了为资本增殖逻辑提供前提条件外，还为虚幻共同体的扩展提供全球场域。全球现代化发展过程中的困境与马克思世界历史理论的预判相互印证，如何构建新世界的共同体成为必须解答的现实问题。在新自由主义的支配下，资本逻辑催促着世界市场优化资源配置，进而促进其资本积累和剥削程度达到最大化，"虚假的共同体"充斥着不同民族和国家之间的对抗性关系，以及对全人类共同命运的无视。人类命运共同体是"真正的共同体"思想的当代实践，致力于变革现存全球生产模式和国际秩序，打破"虚假的共同体"所赖以活跃的资本逻辑，从政治、经济、文化和生态等多领域，达到对"虚假的共同体"的全面性变革和系统性超越。人类命运共同体力求在现存世界生产和交往方式的变革中激活世界各国人民共同建构国际新秩序的主体意识，凝聚全人类共同的价值旨趣，在化解由资本逻辑导致的不平等、不均衡的利益划分以及贫富分化等冲突中，以全人类利益共享为基础唤醒各国参与并抓住创造自身发展机遇的能动性。

马克思、恩格斯在《德意志意识形态》中指出："大工业创造了交通工具和现代的世界市场，控制了商业，把所有的资本都变为工业资本，从而使流通加速（货币制度得到发展）、资本集中"，由此"首次开创了世界历史"，因为"它使每个文明国家以及这些国家中的每一个人的需要的满足都依赖于整个世界，因为它消灭了各国以往自然形成的闭关自守的状态"[1]。由此可见，全球化是社会生产逐渐发展而突破地域界限的产物，是民族历史转向世界历史发展的现实形态。随着资本主义工业化的全球扩展以及资本主义经济全球化的深化发展，世界范围内的个体、族群、民族和国家之间的交往联系更加紧密，人类历史也实现了从自然形成的地域性民族史向资本逻辑主导的世界历史的转变。在这一转变过程中，一方面，资本无限增殖、扩大和宰制的逻辑，必然要求打破一切民族国家的闭关自守状态，把一切自然形成的区域性生产和消费变成由资本支配的世界性生产与消费，这使得一切民族国家的发展越来越受到世界市场体系的结构性限制，受制于资本主义经济全球化的固有矛盾；另一方面，由于世界范围内相互影响的活动范围在演进发展中不断扩大，各民族的原始封闭状态在"日益完善的生产方式、交往以及因交往而自然形成的不同民族之间的分工"[2]的影响下也不断被消灭，从而形成了全球性的利益依赖关系以及全球性的经济、政治和文化的普遍交往。

马克思、恩格斯运用唯物辩证法分析并阐释了世界历史和世界市场的理论，他们首先揭示了资本主义生产力与生产关系的内在矛盾，指出这一矛盾与整个世界历史的形成和运动密切相连。资本主义维系自身生存的前提是资本逻辑的社会化大生产，即资本力图占有整个世界市场，具体表现为资本主义工厂手工业向机器大工业的转变以加快国际分工和世界贸易发展格局的形成。马克思、恩格斯在对资本主义生产过程的剖析中，发现资本主义的发展必然会造成

---

1 《马克思恩格斯文集》第1卷，人民出版社，2009，第566页。
2 《马克思恩格斯文集》第1卷，人民出版社，2009，第541页。

资本扩张，资本为了实现在全球范围内进行剩余价值的生产而推动资本生产的国际流动，因而世界历史和世界市场的推进是资本主义不断自我扩张的历史必然，资本主义也由此成为在世界中占据统治地位的生产方式。资本生产逻辑的全球化催促着世界范围内各经济要素和环节的全面联系，世界各国经济发展形成了一个融为整体的世界市场，资本逻辑通过强制统一的资本主义世界生产体系而获得世界的整体性存在。然而，在当代世界的全球化进程中，世界市场的构成要素随着国际交往的推进而愈益呈现出精细化和复杂化趋向，满足资本进一步扩张的市场要素迥异不同。世界历史的结构划分也越来越呈现出多层次化的特征，经济领域的区域化和集团化发展形势十分突出，同时由于发展不平衡也导致了日益激烈的竞争，反映了发达资本主义国家与发展中国家非合作的交往方式和不对称的制度形式。由于会侵害强国的既得利益，全球管理机构及其政策执行表现得宽松和随意，并阻碍了对全球治理体系的重新审视和构建。

在世界历史进程中，无论是全球资本主义矛盾的爆发，还是任何一国的经济动荡或政治冲突，都可能通过世界市场体系和全球治理体系蔓延到整个世界政治经济体系，扩展为对全体人类生存与发展的严重威胁。这无疑是以否定性的形式肯认了世界各国具有越来越广泛的共同利益和价值共识，其中最显著的就是各国共同面临诸多全球性治理难题。人类命运共同体理念将世界历史的理论逻辑与全球化的历史逻辑、人类社会实践的逻辑紧密结合在一起，其是对全球现代性和人类社会发展困境的反思所得出的时代产物。人类命运共同体不仅构成了当代世界全球现代性发展进程中不可或缺的组成部分，同时也为全球现代性演进拓宽了全新的维度和类型，为后发国家的现代化道路提供最为生动和丰富的实践经验。作为中国独特的智慧和方案，其体现了历史唯物主义所揭示的民族历史向世界历史转化的必然逻辑，同时深刻揭示了人类未来社会在多元发展路径中确立合理秩序的必然趋势。"这个世界，各国相互联系、相互依存的程度空前加深，人类生活在同一个地球村里，生活在历史和现实交汇的同一个时空里，越来越成为你中有我、我中有你的命运共同体。"[1] 就此而言，在现代世界历史进程中，构建人类命运共同体具有非常明确的现实指向：必须克服资本逻辑支配下的世界市场体系危机并在深化普遍交往中提升人类利益的"共同性"水平，从而为变革、完善世界市场体系与全球治理体系以及为实现共商、共建、共享和共赢的全球治理方案奠定坚实的物质生产基础和精神智识支撑。

（一）资本逻辑与异己力量的形成

从世界历史的演进历程来看，以资本逻辑为中心的资本主义大工业生产最终促成的世界历史不同于以领土占有和宗教统治为主导的古代或中世纪历史，它是以贸易自由和经济一体化为主导的现代历史。有论者指出："这一过程，超出了原有自然法基础上形成的以耕作（cultivation）为法理根据的殖民秩序，而将这种以基督教普遍性为基础的'文明化任务'转化成了以商业资产阶级为基础的'商业化运动'（commercialisation mission）。与前者不同，后者所形成的世俗化的世界秩序中，其格局不再是意识形态的冲突，也不需要寻求一种在神权意志下进行的平等教化。相反，则更希望在一种差序世界格局中，维持贸易的垄断与利益的最大化。"[2] 为了在世界历史中获取最大程度的财富和利益，资本逻辑惯于在不断扩张的世界范围内以自我调节的方式完善资本运行的结构，以掩饰其剥削本性来堵塞被控制对象的质疑和回击。马克思对这种"维持贸易的垄断与利益的最大化"有着更为深刻的认识。他指出，在现代世界历史进程中，资本的自我增殖本性必然推动资产阶级在全球范围内推行资本主义的生产方式，并形成一个以资本主义生产方式为主导的世界市场体系。这一世界

---

1 《习近平谈治国理政》第一卷，外文出版社，2018，第272页。

2 章永乐：《万国竞争：康有为与维也纳体系的衰变》，商务印书馆，2017，"序二"第29页。

市场体系构成了资本主义经济全球化的基本运作机制，也构成了现代世界历史的现实基础。因为以世界市场体系为基础而形成的资本主义全球化运动使人类摆脱了地域性的发展局限和对自然的宗教崇拜，突破了传统的政治、经济和文化方面的区隔与藩篱，整个世界由此呈现出一体化、同质化的发展趋势。但自20世纪以来，日益一体化的世界市场格局和同质化的世界历史发展趋势不仅没有实现人类社会的共同发展和人的主体性解放，反而成为压迫人类自身的异己性力量与强制力量，形成了世界市场的"异己性支配秩序"，出现了"抽象成为统治"的最根本事实。资本的本性是无限增殖，而资本为了增殖必然把一切都纳入资本逻辑的强大的抽象同一性之网中。"在资本主义社会里，这种'抽象的力量'是以资本增殖为核心的市场交换价值体系具体体现出来的。'交换价值'和'交换原则'成了压倒一切的主宰力量，在它的无坚不摧的强大同一性'暴政'下，人与物的一切关系都被颠倒了，不是人支配和使用物，而是物反过来控制和奴役人。"[1]受资本逻辑统摄的全球交换过程所奉行的价值原则在根本上与物质利益及经济效益增长的需要相迎合，而与现实主体之间基于生存和发展需要展开的交往实践相分离，结果直接导致了人的价值意识抽象统一于资本主义构筑的普遍价值体系中。

在马克思的理论阐释中，资本逻辑具有物质形态、自我增殖和社会关系三种规定性内涵，其中社会关系具有最为根本的意义，指向资本主义主导的世界中人与人的社会关系，这表明无论是作为物质形态还是自我增殖的资本，归根结底都是资产阶级对无产阶级剥削关系的体现。在认识到资本逻辑的内涵之后，马克思进一步展开了对资本逻辑的全面批判。马克思对资本逻辑的批判表现为对资本本身蕴含的内在矛盾及其自我否定之必然性的揭示。从马克思的相关论述可以看出，资本显露出不断否定的运动逻辑，从剩余劳动到剩余价值的

1　王庆丰：《〈资本论〉的再现》，中央编译出版社，2016，第212—213页。

积累，资本通过对劳动的否定从而积累更多的资本，这种否定性逻辑体现了资本主义社会制度的内在矛盾，预示着资本主义社会生产方式的灭亡。通过理解资本逻辑与资本主义世界性扩张的内在关联，马克思的政治经济学批判向世界历史深入展开，揭露了资本逻辑抽象统治世界的秘密，即资本主义通过资本增殖的逻辑使其社会关系在世界范围内全面铺展开来，资本主义社会的经济规律被奉为世界性的社会生产规则。从马克思对资本逻辑的批判来审视当今世界的全球化进程可以发现，为了促使资本主义在世界范围内广泛推行，全球性的政治权力机构的创立以及普世价值的盛行就成为必要条件。受制于资本逻辑的全球政治中心和普世价值，其最终都是服务于经济全球化的强权性秩序逻辑。但这并不代表世界历史运行的前景就陷入暗淡，马克思在对资本逻辑进行整体性批判的同时，提出了资本逻辑生产的归宿以及建立新型社会关系和组织形式的可能路径。尽管资本逻辑具有不断自我否定的运动形式，由于这种否定性运动只是在资本主义私有制度框架内展开，所以资本逻辑本身就蕴含着自身无法超越的历史局限，当生产力的发展不能满足资本增殖的需要，工人的活劳动就会产生对资本的反抗力量，未来社会的新形态也将随之显露出来。这恰恰体现了人类生存逻辑战胜资本逻辑的必然性，即人类一切活动都是为了人自身的生存和发展服务。

在《德意志意识形态》中，马克思、恩格斯指出，随着资本主义在欧洲的兴起以及交通和贸易的发展，特别是伴随这种发展而加速的殖民扩张，大规模的全球贸易活动将世界彻底联系在一起，原本分散的民族、国家与区域之间逐渐形成了相互依赖的关系，普遍联系的世界历史进程得以形成，人类历史也开始了向世界历史的转变，这种转变使得每一民族的变革都依赖于其他民族。这表明每个人的世界历史性活动已经成为经验事实，并且在这些内含世界历史性特征的个人活动之间能够产生经验上普遍的共同利益。"这种共同利益不是仅仅作为一种'普遍的东西'存在于观念之中，而首先是作为彼此有了分工的个人之间的相互依存关系存在于现实之中。"[1] 共同利益原本是社会生产力发展逐渐彰显人的本质力量和自由发展的表征，然而，在资本主义全球化的历史条件下，随着社会生产总过程的全球化以及生产分工的发展，"各个人所追求的仅仅是自己的特殊的、对他们来说是同他们的共同利益不相符合的利益，所以他们认为，这种共同利益是'异己的'和'不依赖'于他们的，即仍旧是一种特殊的独特的'普遍'利益，或者说，他们本身必须在这种不一致的状况下活动，就像在民主制中一样"[2]。马克思、恩格斯从资本主义的复杂社会生产过程中追溯并总结人类历史发展的基本规律，从唯物史观的理论基础出发揭示人类对共同利益需要的必然性。

　　马克思、恩格斯认识到共同利益在个人主义和利己主义普遍盛行的资本主义社会被遮蔽的现状，着力剖析共同利益被异化的现象和缘由。在资本主义社会制度下，国家以新型共同体的形式来解决个人利益与共同利益的冲突。但资本主义国家是阶级斗争的产物并受到资产阶级的统治，国家在解决个人利益与共同利益的矛盾过程中，将共同利益理解为统治阶级的所有利益，国家专门设置了服务资产阶级实现其共同利益的机构，这种共同利益在本质上是资产阶级的特殊利益，其借用共同利益的名义掩盖特殊利益的追求，因而它与资本家个人的利益并不冲突，并以隐蔽的方式化解了所谓个人利益与共同利益的矛盾，而工人的个人利益则被划分到这一利益论域之外。更为严重的是，资产阶级将被统治阶级成员的个人利益视为与共同利益相对立且需要被驱除的存在，通过国家机构的强制武器合乎"正义"地剥削被统治阶级的合法利益。如何实现真正的共同利益，这一问题成为马克思、恩格斯批判异化的主要动力和发掘人类社会发展规律的重要目标。他们发现私有制既是异化劳动的根源，也是造成共同利益异化现象的缘由，进而对共产主义社会与资本主义社会的两种不同性质

1《马克思恩格斯文集》第 1 卷，人民出版社，2009，第 536 页。

2《马克思恩格斯文集》第 1 卷，人民出版社，2009，第 537 页。

的分工进行比较，指出实现真正的共同利益，既需要高度发达的生产力，也离不开消灭现有的分工方式。共产主义社会基于坚实的物质财富将任何个体与共同体的联合视为不可分割的整体，因而共产主义社会的共同体能够为一切人自由发展和自由联合提供现实条件。

在现代世界历史进程中，虽然每一个主体成员在摆脱种种地域的、民族的、文化的局限之后，与整个世界市场的物质、精神生产都发生了实际联系，但在资本主义的世界市场体系中，这种实际联系却衍生出一种完全异己的力量，这种力量威慑和驾驭着发生实际联系的每一个主体，使得主体成员越来越受到世界市场力量的控制。世界市场存在于社会辩证发展的现实过程中，世界历史发展呈现出被压迫国家对资本的依附关系与实现自身解放诉求之间充满张力的运动，根本暴露出人类交往关系异化的弊端。马克思指出，这种完全异己的力量往往把对世界秩序的理论解释引向神秘主义的方向。但是，"凡是把理论引向神秘主义的神秘东西，都能在人的实践中以及对这种实践的理解中得到合理的解决"[1]。马克思在对社会形态演进历史的探索中确立了人类社会的逻辑落脚点，表明人类社会的理论语境不仅关涉社会现实的变化，而且指向人的思维观念的改变，而人的观念的转变在实践的促动下得以完成。人类历史的发展进程表明，"历史向世界历史的转变，不是'自我意识'、世界精神或者某个形而上学幽灵的某种纯粹的抽象行动，而是完全物质的、可以通过经验证明的行动，每一个过着实际生活的、需要吃、喝、穿的个人都可以证明这种行动"[2]。由此可见，构建人类命运共同体作为对世界市场体系和全球治理体系的变革与完善，并不仅仅是一种批判性、独享性的道德理想，更是一种建构性、共享性的交往秩序体系。在这一交往秩序体系中，人类对相互之间共同利益的意识及其发展的诉求愈益得到彰显，人类交往中出现的冲突也可以在一定的价值范围

---

1 《马克思恩格斯文集》第 1 卷，人民出版社，2009，第 501 页。
2 《马克思恩格斯文集》第 1 卷，人民出版社，2009，第 541 页。

内得以整合。

在促进普遍交往和建立合理交往秩序的过程中，人类命运共同体理念对普遍价值规范的理解、对特殊价值形态的包容以及对客观价值理念的确认，都是在全世界范围内的交往实践中逐渐形成的，并由此不断深化对自身的认知。世界各国不同的主体之间以寻求共同利益为目的、以不断完善的共同价值为依据展开全方位的交往，形成全人类共同的社会关系。以共同发展为价值旨趣的社会运行模式及其形成的社会关系，有利于促使一切冲突以更加合理科学的方式得到解决。因而人类命运共同体并不是在抽象的真空中塑造的，而是生成于人类共同生存和发展的世界历史背景。正是在共同的世界历史背景和条件下，以获取利益为目标的交往实践才得以将具有不同诉求和价值取向的主体密切联合起来，这就保证共同体既是包容个别性、差异性和多样性的整体，又是蕴含具体运行方向和规范的社会形态，并且不同主体在人类命运共同体中能够不断创造新的生存世界和新的社会关系。这种基于共同性生存世界的交往实践拓展了世界历史的维度，具体表现为在生产实践中形成的不断延展的历史共同体，使得整个世界形成丰富多样的合作力量。而人类命运共同体之所以能够摒除世界中的抽象力量并不断创造出现实条件，是因为其继承并发展了历史唯物主义的"类思维"，从人的"类本质"角度把握人与人、共同体与共同体之间相互促进的关系，在积极完善交往秩序中推动"类主体"的自觉生成，进而促使人与人、共同体与共同体之间的自由联合。因此，"人类"有可能实际地作为一个有机整体来进行生存和发展活动，即在普遍交往中所形成的共同利益基础上作为一个现实主体来实现自身本质的活动，从而规定和展示自身的"类本质"。

（二）普遍交往与共同利益的建构

在马克思对人类社会发展的历史唯物主义分析中，"交往"与"普遍交往"

占有独特的地位，构成了其分析社会历史的突破口之一。早在《穆勒评注》中，马克思对于"交往"就有深刻的认识，他指出："不论是生产本身中人的活动的交换，还是人的产品的交换，其意义都相当于类活动和类精神——它们的真实的、有意识的、真正的存在是社会的活动和社会的享受。"[1]在马克思看来，"交往"是一种"类活动和类享受"以及"社会的活动和社会的享受"，也就是人的"类本质"和"社会本质"，是人的本性或人的本真形态。对"交往"的认识，在马克思后来的思想中有更进一步的发展。他在1846年写给安年科夫的信中指出："社会——不管其形式如何——是什么呢？是人们交互活动的产物。"[2]这一论述表明作为现实生产过程的人类社会，其本身的发展离不开交往，"交往"构成了现实生产过程中不可或缺的环节，甚至在人类社会发展史上具有本质性的意义。随着人类生产方式和能力的进步，交往也逐渐从物与物的交换转变为以技术为中介的更为便捷的形式，且交往形式的多样化发展在人类历史向世界历史的进行中的作用越来越突出。有论者指出："人类历史的发展，只能以解放交往而不是束缚交往为根本路径，世界历史的变革根本性的就是要破解资本主义生产方式、社会制度等对人类的交往所造成的各种束缚，从而把人从资本主义的交往异化之中解放出来。"[3]人的生命存在的内在结构中的生产与交往维度是辩证统一的关系，其中，交往构成了表征人的生命存在固有特性的深层依据，这一依据的支撑作用在全球化的推进中更趋显明，形成了人与自然、人与社会以及人与人之间的交往在全球范围内共同展现的局面。在马克思历史唯物主义的理论叙事中，普遍交往与人们对共同利益的自觉意识，植根于资本主义社会生产中个人利益与共同利益的激烈矛盾，资本逻辑的生产对共同利益的强制把控，要求扼杀个人利益的需要，因而当个人利益有了一定独立的

1　《马克思恩格斯全集》第42卷，人民出版社，1979，第24页。

2　《马克思恩格斯文集》第10卷，人民出版社，2009，第42页。

3　王海锋：《历史唯物主义世界观的当代阐释》，中国社会科学出版社，2016，第249页。

意愿和需要时，必将遭到资产阶级共同利益的打压。随着资本主义在全球范围内的扩张，普遍的交往活动也逐渐突显出来，个人利益在全球化进程中备受推崇。尽管个人利益与共同利益的矛盾没有根除，但当今世界各国在普遍交往的过程中越来越倾向于通过合理的方式处理这一矛盾，尽可能促使二者相互推进，也使得共同利益更能够体现全人类社会成员的真实需要。当然，这只是马克思哲学从存在论层面对"交往"所作的剖析，而一旦将"交往"落实到历史的、具体的社会结构层面，则会呈现出不同的表现形式。

在资本主义全球治理体系中，"交往"的落实形成了一种理念与事实相背离的国际秩序：在理念层面宣称所有民族国家不论大小都是普遍平等的主体成员，但在事实层面却构筑出不平等的、霸权主义的等级结构，并且这一等级结构被资本主义国际分工不断地巩固加强。这种国际秩序通过生产力的发展和交往关系的变革，逐渐消灭了生产资料、财产和人口的分散状态，使得生产资料和财产聚集在少数人的手里，形成了少数资产者对多数无产者的统治。这一统治状态决定了它只能是小部分人的"美好世界"，却不可能是大部分人的"共同体"。大部分社会底层民众并没有充分共享到全球化的发展成果，他们在生物学意义上被当成"人类"的一员，却没有在共享发展成果的意义上成为"人类"的成员。虽然资本主义全球化打破了地域性、封闭性的生产方式，建立了人类之间的普遍交往，使得人类共同利益成为世界历史条件下"所有相互交往的人们的共同利益"，但资本主义阶段的"共同体"形式是其特殊的生产方式和关系的产物，其核心内容是获取与维护特殊利益。在资本主义生产方式占主导地位的社会状态中，每个主体成员追求的只是自身的特殊利益，共同利益则成为一种特殊的"普遍利益"，而且其"共同性"水平不仅没有超越特殊利益，反而受到特殊利益的制约，主体成员的劳动在追求这种特殊利益中从一般的形式表现为普遍的异化状态。在资本主义社会，一切社会生产和交往都被纳入资本增殖的庞大体系之中，人和物都必须遵循资本生产的逻辑。资本主义"虚假的共同体"具有极大的欺骗性,因为它是通过将自身的私有制和物质生产方式强加于全球而构建起的共同体,促使世界各国为了维护资产阶级的特殊利益而展开普遍交往,资本通过全球生产和交往实践不断实现自身增殖的目标,导致人的自由全面发展的价值旨趣被泯灭。马克思深入展开政治经济学批判并对资本主义交往现象进行分析,认为每个个体在交往中都是把其他个体当作实现自身利益的手段。围绕资本增殖逻辑展开的交往活动,无论个人作为目的还是被当成手段,均是为了实现私人利益,但私人利益的实现是以牺牲他人利益为代价。交往过程的双方都希望这一活动能够顺利展开,因而他们之间也存在某种共同利益的需要,只不过这种共同利益是他们谋取私人利益的附属品。马克思在政治经济学领域更为深刻地揭示了资本主义共同利益的假象,指出资本主义交往过程中产生的共同利益是以资产阶级为代表的特殊利益,其实质依然是个体的私人利益。在资本主义制造的"虚假的共同体",不仅全球生产和经济话语形成了"中心—边缘"的差序格局,而且不同国家之间的交往实践也产生了"中心—外围"的不平等关系,根本原因在于受资本主义私有制的支配,无论是生产活动还是交往实践都服从于资本逻辑。但基于特定的历史背景和有限的现实条件,马克思只是在总结人类社会历史发展基本规律的前提下,对人类普遍的交往方式和真正的共同体替代资本主义社会生产与交往实践的历史必然性的理论预判,而考察"虚假的共同体"和资本主义交往方式对于当代世界发展带来的现实困境,则成为建构符合全人类共同发展需要的交往方式所必须面对的现实课题。

为了超越特殊的、独特的"普遍利益"形式,人们必须在深化全球化发展过程中建立真正的"普遍交往",推动人类形成新的共同体,即一种将所有人都视为共享全球发展成果的主体成员的"人类命运共同体",使得具有更高水平"共同性"的"人类利益"成为具体的现实。"人类命运共同体不是根据个人的生命经验建立起来的命运意识,而是对他人处境与自我处境的总体性考察，意识到个人命运的背后，乃是真实的'人类命运'。"[1]人类命运共同体是在世界范围内由每个民族国家和地区组成的共同体形式，必定产生复杂的、多维的交往关系。因此，构建人类命运共同体需要对人们在全球交往关系中的现实地位进行具体分析，并在生产力发展的基础上重塑一种能够支持人类命运共同体的交往关系结构。在塑造新的交往关系结构的过程中，人类命运共同体作为一种新的世界图景构想，欲要实现凝聚集体认同、指导集体实践的历史愿景，就必须具备能够在不同的个体、族群、民族和国家等主体成员中唤起共同需要、共同向往的吸引力。这种"共同"并不意味着取消不同主体成员之间的差异，而是立足差异，坚持不断突破原有区域性的狭隘交往，借助世界交往的契机积极参与和拓展世界市场，并在不同主体成员的普遍交往中寻找更高层次的"共同性"，积极推动各民族国家的现代化历史进程。构建人类命运共同体要求自觉地从"人类社会或社会的人类"的哲学立场出发，基于"共同发展"和"合作共赢"的理念建立起真正的普遍交往，从中寻找和实现一种新的"共同性"，即从人类的生产关系和生活空间中寻找和实现更高水平的"共同性"。

从历史的现实性来考察资本主义在当代世界的新发展模式及其引发的全球性危机，人类命运共同体是"真正的共同体"在当代世界的现实图景。人类命运共同体在历史唯物主义视域中更加契合全人类的"共同性"意义，其遵循每个人的自由全面发展是一切人自由全面发展的条件，彰显出达到个人利益与共同利益有机统一的必要性。当每个个体在自由的联合中所获得的发展成为共同体得以存在的条件，而共同体以每个个体的自由全面发展作为自身存在的目标，此时人类社会就能确立起共同性的存在与发展逻辑。人类命运共同体的共同性意义具体体现在对全人类利益的共同认识、对全球治理体系的共同参与以及对全人类价值的共同认可，在本国、他国和国际社会的个体性中精准定位

1　周志强、刘骏：《人类命运共同体的三种阐释视野》，《学习与探索》2022 年第 4 期。

"共同性"的汇合点，促使世界各国能够有效参与对世界市场资源的优化配置，并在增进世界"共同性"中创造人类文明新形态。对全人类共同性的关切和强调决定了人类命运共同体在现实推进中能够超越零和博弈和恶性竞争的思维方式，聚焦于人类社会共同的发展议题，在不同的利益需要和意识形态之间构建起合作共赢的主要导向。如何提高共同性的水准？人类命运共同体将历史方法与阶级方法相结合，辩证看待以往世界所提出共同利益的真实性和短暂性，只有对任何特权阶级进行彻底的否定与革命，才能真正提高并维持全体社会成员的"共同性"，而人类共同的生存环境和发展成为提高"共同性"的中介，日益密切的生存方式和广泛的交往情势促使人类主动克服以往的片面发展，从而培育了扎根于实现全人类自由全面发展的"共同性"理念。在这种新的"共同性"中，人类的"交往实践"是平等、合理、多元的联合与共享，能够通过共同的实践努力推动人类解放的理想走向现实，进而实现人类价值的差异性与共同性的统一。从这个意义上说，构建人类命运共同体具有共同创造人类美好未来的伟大历史意义，它意味着坚持交流互鉴与合作共赢，意味着进一步发展社会生产力、释放社会创造力，从而推动建设一个开放包容和共同繁荣的世界，并使所有主体成员共享人类发展成果。

当然，我们必须清醒地认识到，构建人类命运共同体的中国方案不是要把现行的全球治理体系全盘推翻，而是要克服现行全球治理体系的缺陷，使之更加合理公正。在当前历史条件下，构建人类命运共同体是在资本主义全球化及其治理体系的基础上进行的世界秩序结构的改造与提升。对现行全球治理体系的改造与提升必须继承资本主义全球化所创造的物质生产基础和精神文明基础。全球化过程长期以来推动了世界市场生产和交往要素的流动，为构建和拓展人类共同实践的空间奠定了基础，人类在此过程中逐渐形成的相互依赖的关系为共同体成员的身份认同提供了现实条件。构建人类命运共同体旨在超越西方"主体—客体"之间对立的思维模式，承认"和而不同"的协作方式，彰显出更大的包容性，使全球治理体系更加合理公正。当今的全球化世界是西方资本主义现代化扩展不断延续的结果，而全球化的推进也为资本主义生产和交往方式的调整拓展了全新的空间。但资本追逐私利的逻辑不可避免，资本主义的基本矛盾及其影响在全球范围内不断积聚和蔓延，造成世界性的资产阶级与无产阶级之间的冲突。随着资本主义主导的全球化时代进一步走向后全球化时代，资本主义生产发展到极致，资本主义私有制的局限性和弊端暴露无遗。社会主义发展前景在这一全球化时代背景中逐渐显现，一些发展中国家出现了"新社会因素"，世界范围内的社会主义发展呈现出多样化趋势。中国特色社会主义所创造的现代化新道路有力证明了科学社会主义的广阔前景，反映了中国坚持以社会现实条件为基础，在剖析全人类共同发展的需要时，将共同利益与个体利益的矛盾、社会主义与资本主义的冲突置于具体的历史条件中予以解构，表明世界社会主义和资本主义将在相当长的历史阶段中处于竞争与合作并存的发展局面。因此，对全球化的构成内容进行历史性分析是构建人类命运共同体的内在要求，我们必须洞悉其产生危机的根源，揭示其历史文明价值，并在此基础上正确认识和处理全球化过程中社会主义与资本主义的关系问题。

三、人类命运共同体的实现路径

现代世界历史进程中的全球化问题，实质上是资本主义全球治理体系所导致的经济发展危机、霸权主义危机和西方文化中心主义问题。对于坚持马克思主义世界历史理论的全球化论者而言，面对一系列的治理难题首先需要回答的是，在资本主义全球治理体系产生危机之际，全球化本身所蕴含的世界历史价值、人类文明价值是否也应该一同受到质疑？我们必须追问和厘清资本主义全球治理体系产生危机的原因，同时还必须进一步追问，资本主义全球治理体系产生的危机是否会阻碍全球化的扩大与深化？即必须追问"全球化"之为"全球化"的根本原因，明确这一根本原因与资本主义全球化之间的相关性何在。为了回答这一系列问题，我们不能笼统地对待全球化，必须对全球化的构成内容进行具体分析，进而阐明全球化对于世界历史、人类文明的价值。

（一）用世界历史的眼光审视全球化

全球化在世界历史中日益呈现出复杂性特征，它不是意味着民族、国家或地区的独立性逐渐削弱的过程，也不仅仅是经济一体化的发展过程，而是世界各民族的多元化与一体化相互推进的过程。在此过程中，多元化与一体化的冲突也构成了全球化的基本矛盾，具体表现为中心与边缘之间的矛盾、文化普遍主义与相对主义之间的矛盾等。全球化进程包含着民族化的发展趋势，即不同民族和国家独立发展的势头。在世界历史中广泛推进的全球化以经济全球化为基础，而基于经济全球化而产生的政治和文化等其他领域的全球化是否也能广泛实现，这不能仅仅从经济的决定性逻辑来进行推演，还要从政治和文化等其他领域具体的发展历史进程加以理解。事实上，政治和文化等其他领域的全球化并非如经济全球化那样有效推进，它们本身存在着难以克服的障碍。政治全球化意味着在世界范围内建立起统一的中心政治权力机构，这种机构在本质上与资本主义国家的强制权力并无二致。而文化全球化企图在全球范围内建立起统一的价值理念，这种价值理念与西方发达资本主义国家所推行的普世价值观根本一致，它们都与人类社会历史发展的总体趋势相背离，无法产生与经济全球化等同的巨大影响。原因在于，全球化主要产生于资本主义通过市场经济的形式实现扩张的历史进程，并在特定的历史阶段形成了与人类生活相适应的规范方式，即为了协调不同民族国家的经济交往行为而建构一些国际组织与机构。但政治和文化生活等领域的发展逻辑并未形成完整的自主性，而是在很大程度上依存于经济领域发展逻辑的支撑，这种支撑是在不同民族国家范围内部实现的，在全球化进程中则受到冲击和破坏。如果强制性建构与经济全球化相适应的政治、文化等其他领域的全球化，那么这种政治中心或普遍文明由于缺乏真实的生活实践基础而必然产生对经济全球化的反作用。这说明全球化的演进并不是以系统的一体化模式推动向前，人类应该思考在世界历史中如何分辨资本逻辑的可能性和生存逻辑的合法性，探索全球化进程的一体化与多元化的辩证关系，进而明确在认知结构中的全球化与现实全球化的有机关联，在构建人类命运共同体中积极争取更加有利于全人类生存和发展的国际环境。

从历史唯物主义的理论视野出发，我们可以将全球化具体地区分为"作为承载生产力普遍发展的全球化"和"作为规范人类普遍交往的全球化"两个层次。前一个层次指的是社会生产总过程的全球化，是全球化的"物质内容"；后一个层次指的是世界市场体系和全球治理体系的形成与发展，是全球化的"社会形式"。这两个层次相互影响、相互作用：前者是后者的动力之源，具有根本性，为后者的形成和发展提供物质性支撑；后者是前者的阶段性文明结晶，具有衍生性，为前者的发展提供价值正当性论证。生产力的发展从根本上是为了解决人类自身的物质匮乏问题，它作为一种主动的创造性力量，在面对人类历史中的各种挑战时，既需要寻找、建构能够引领历史前进方向的交往形式，也必须根据不同的历史条件不断调整、变革交往形式，由此才能推动社会历史的持续、普遍发展，这一过程体现了生产力与交往形式相互作用的辩证法。"交往形式进一步发展，作为人的生活的'现实的条件'，它与人的活动之间会不断呈现这种'适应—矛盾—递进'的状态和过程。起初这些不同的交往形式，是自主活动的条件，后来却变成了它的桎梏，它们在整个历史发展过程中构成一个有联系的'交往形式'的序列：已成为桎梏的旧交往形式被适应于比较发达的生产力，因而也适应于更进步的个人自主活动方式的新交往形式所代替"[1]；新的交往形式又会变成桎梏，然后被更新的交往形式所代替。随着人

1　聂锦芳：《批判与建构：〈德意志意识形态〉文本学研究》，人民出版社，2012，第479页。

类交往空间的扩展，不同民族和国家的利益差异变得越发复杂并逐渐凸显出来，这种利益差异和冲突诱发了人类社会的诸多矛盾，并不断在全球交往过程中铸造社会系统的分化力量。世界范围内生产与交往的冲突在资本主义主导的全球化进程中已然成为常态，难以单方面依靠生产力的发展或交往秩序的完善得到一劳永逸的解决，但二者的冲突并不意味着总是处于分割状态，"物质内容"的全球生产始终对普遍交往的"社会形式"具有基础性作用，人类能够通过逐渐形成的共同发展意识在生产和交往实践的冲突中寻求和谐统一。因此，全球化的"物质内容"始终是世界历史中的一个自主性的力量趋势，而其"社会形式"既是"物质内容"的历史结果，同时也必须承受其"物质内容"的历史检验和历史变革。

基于全球化的两个层次区分，我们可以更深入地理解现代世界历史进程中的全球化问题。资本主义全球治理体系作为全球化的"社会形式"之一，其所产生的危机并不直接意味着全球化的"物质内容"应该被质疑或否定，辩证地看，它恰恰是全球化的"物质内容"所需要面对的新的历史挑战。资本主义全球治理体系的危机是资本主义生产方式以具有高度逐利性的资本作为治理全球事务之主要手段的发展性危机，也是这一治理体系不再适应全球化的"物质内容"的总体性危机，在深层次上根源于资本主义制度存在的基本矛盾。一旦由资本主义支配的全球治理体系爆发危机，那么，一切资本主义国家和具备资本主义生产条件的其他国家都将难以幸免。在美国等资本主义国家的主导下，全球治理体系一直朝着霸权主义的方向演变，这使得各民族国家参与全球治理体系的核心目标都是维护自身国家安全而不是共建共享普遍安全的世界。中国自身日益强大的影响力加剧了该体系的瓦解，但中国强大的影响力仅是其瓦解的重要因素之一，更为致命的或许还是该体系自身存在的问题。资本逻辑主导的全球治理体系在现实运行中必然维护西方资本主义国家在全球化中的利益和地位，在此过程中形成的国家权力结构惯于将治理精力投注在意识形态的斗争、权力范围的划分等行动策略上，在应对全球问题时就会显得无能为力。如果要消除资本主义经济全球化及其全球治理体系所产生的种种负面效应，就必须贡献更加符合作为承载生产力普遍发展的全球化的新构想，即构建一个更能推动全球生产力普遍发展，更为平等、公平和多元的人类命运共同体。

在历史唯物主义视域下，一切全球体系和国际制度的构建主体都是主权国家。在当代世界，全球治理体系的现实运行和调整需要依靠不同国家之间的协商及合作，这启示我们在全球化过程中应当积极发挥国家的主体作用。全球治理和国际秩序是当代世界发展中最为突出的议题，反映了当代世界人类社会发展的两大逻辑，即自由主义的全球化逻辑和制度性的民族化逻辑。这两大逻辑看似截然不同且充满对立，实则具有内在的一致性，因为民族国家的发展不仅为资本主义依靠市场建构的全球治理体系提供可能，而且也在客观上使得人类社会形成规范性的组织和机构。全球化逻辑表明人的自由发展需要最终能够促使全人类实现一体化，民族化的发展逻辑意味着人类社会在不同的民族、国家和区域能够得到新的整合和发展。由制度化保障的现代国家使得生活于其中的人们能够自觉将国内与国际社会有机联合起来，国家内部形成的制度化、区域化整合推动了全球治理体系的形成。人类社会历史演进的理想状态正是全球社会得到有序治理。中国以本国和全人类共同发展为基本目标，促使全球治理体系成长于民主的制度化和制度的民主化的双向运动并在此过程中不断适应和调整，这不仅激活世界不同国家参与全球制度和机制运行的社会主体性，而且培育了全人类的共同价值以促使共同发展成为维护人类持续生存的根本力量。人类命运共同体在努力化解全人类共同面临的生存困境中实现全球治理和人类秩序的构筑。由资本逻辑支配的全球治理体系的主要困境就在于缺乏规范的人类社会秩序。要克服这一弊端并形成合理的全球治理体系，必须以构建人类共同价值和人类社会秩序为依托。构建人类命运共同体之所以能够在共建全球治理体系中发挥核心作用，关键在于其为全人类共同价值的形成做出积极贡献。

"当今世界正面临百年未有之大变局，大变局的深刻涵义是从国际政治到世界政治、从国际秩序到世界秩序、从国际史到世界历史的演变，并塑造人类秩序的未来，这正是人类命运共同体的逻辑。"[1] 根据这种对世界历史进程中全球化问题的理解方式，则无须对全球化的暂时性兴衰抱以简单的"形而上学"态度，应当用历史的眼光来审视全球化的发展过程，进一步探索全球治理体系的变革之法，以求全球化的"社会形式"能够成为引领历史发展的交往形式，而不是在其成为阻碍和限制历史发展的同时，还通过生产资本主义意识形态来证明自身的存在价值。构建人类命运共同体应是通过建构新的全球治理体系以推动全球生产力普遍发展的世界历史过程，它指向的是一个保存民族独特性而又超越民族国家视域的全新世界体系。人类命运共同体与资本主义全球治理体系一样，面对的是全球化的发展与危机问题，但其处理方式却与资本主义全球治理体系截然不同，它着眼于社会主义意义上的共享共建和合作共赢，追求的是普遍安全和共同繁荣的世界。从"人类社会"的哲学视域来看，资本主义全球治理体系不仅无益于解决全球化问题，反而加剧了全球性的矛盾与冲突。这种全球治理体系试图依托资本逻辑主导的方案来应对与消解全球化发展所产生的各种跨国危机，企图在国际政治框架之内来解决新问题，认为全球化产生的新问题只是复杂化了的跨国问题，其方式并没有超越民族—国家体系，这一应对方案与错误认知正是全球治理体系的弊端所在。与此不同，人类命运共同体把人类的整体发展问题作为考量对象，通过切中全球化中诸多危机的要害，向世界传递出中国走和平发展道路的信号，为世界各国如何应对共同问题和复杂趋势提供全新的思路。以创造和保护人类共同利益作为自身目标，追求的是具有更全面、更高层次的"共同性"的全球治理体系。

---

1 王义桅：《人类命运共同体：新型全球化的价值观》，外文出版社，2021，第100页。

全球化只有在持续完善的全球治理体系中才能够不断成熟。全球化依靠不同国家共同协作得以推进，全球治理体系也是建构于国家之间的合作所营造的和平国际环境之中。而国家之间能否达成协商与合作的核心关键在于利益是否一致，即共同价值能否形成。然而，不同国家之间的协商与合作并不局限于某一国家的利益需要和得失，而是关系到全人类的共同利益，全球治理体系应当致力于保证全人类都能够从全球化过程中获益。这要求全球治理体系必须朝向人类社会的制度化和有序化方向发展，并且能够促进全人类形成对共同价值的认同。资本主义主导下的全球治理体系主要由各国之间的利益竞争和博弈促成，特别表现为强国之间经济实力和话语权的较量。全球治理体系之所以引发人类发展困境，根本原因在于单一的"普世价值"对共同价值的遮蔽和取代。构建人类命运共同体正是从人类社会最基本的共同价值出发，指明通过不同民族和文明之间的对话交流来挖掘和形成共同价值，进而完善由人权、基本伦理、人类社会基本理性法则以及人类生存与发展的路径等构成的全球治理体系。中国在推进构建人类命运共同体过程中不断继承并发展自身的传统文化，不仅为中国自身现代化建设提供精神文明支撑，而且为人类文明的发展和更新作出贡献。其促使人类认识到不同文明的交流与互鉴以及人类共同价值的创造能够赋予全人类共同生活以符合人性和人类本质的要素需要，进而关注不同民族和文明、历史文化和发展阶段的差异性和多样性，反对在世界范围内建立强制的、霸权的统一性全球治理体系，推动形成消解任何被统治阶级支配的新型世界关系。

（二）走向"共同性"的全球治理体系

全球治理是与全球化相伴而生，两者之间既是前后关系、因果关系，也是对立统一、相辅相成的关系。"全球化有利有弊，需要扶正祛邪，全球治理是对全球化弊端的纠正，是对全球化方向的引导——朝着更加开放、包容、普惠、平衡、共赢方向发展。"[1] 在当前历史时期，为了克服资本主义全球治理体系的弊端，构建人类命运共同体的关键在于发挥其对全球化的引领作用。这种引领作用至少表现在以下两个方面：一方面是人类命运共同体作为一种反思性、批判性的理论体系，为"作为承载生产力普遍发展的全球化"及其治理体系提供价值正当性论证，帮助人们应对和解决在"作为规范人类普遍交往的全球化"上已面临的资本主义危机问题；另一方面则是通过这种价值正当性论证形成一种公平合理的全球性有机公共生活，创造一种更加合理、平等和多元的世界秩序。为实现这一引领作用，构建人类命运共同体的根本任务在于从"人类社会或社会的人类"的马克思主义立场出发，自觉秉持一种更加能够丰富人的本质之现实性的全球治理观，坚持建构出能够驯服和驾驭资本、吸取资本主义一切肯定成就的共享型全球治理机制。人类命运共同体随着全球时代和形势的变化而不断调整构建方案的具体实施策略，体现中国促进世界民族国家尤其是发展中国家共同参与和实现进步的哲学视角与价值立场。

由资本逻辑主导的全球治理体系产生了诸多不平衡性发展的问题，这种不平衡性除了受到自然规律的制约，更多地受制于社会性力量的影响，其中影响最大的正是资本主义社会生产的世界性扩张。这种全球治理体系及其理念和方法不能适应人类对共同发展的需要以及新型全球化发展过程中引发的世界性挑战。西方发达资本主义国家在全球治理事务中充当强权者的身份，实际上也形成了对合力贡献的破坏，其将全球治理体系视为拓宽世界市场的公共产品，而诸多发展中国家在参与全球治理时则被置于边缘的非对称性地位，他们的全球治理话语权被严重削弱。发达国家无视发展中国家及新兴市场对世界经济增长的贡献，这就难以真正反映世界发展格局的现状，结果必然造成全球性发展问题被搁置。作为构筑新型市场和创造新文明形态的人类命运共同体，高度彰显

1　李丹：《构建人类命运共同体——中国的全球化理念与实践》，《南开学报（哲学社会科学版）》2022年第2期。

了全人类对共同性需要的发展诉求和治理属性，对全球化的时代发展和全球治理体系的完善具有引导功能。人类命运共同体的构建始终指向共同发展的新型全球化进程，以实现全人类共同追求的美好生活为根本价值目标，抓住了发展中国家对全球共同发展的贡献，发掘全球化发展中新旧动能的转换所引发的全球治理体系和国际秩序格局的变动，对变革由资本逻辑支配的全球治理体系势在必行。诚然，人类命运共同体承认全球治理对于谋取人类社会共同发展的必要性，努力规避原有全球治理体系携带的普适性价值理念，从全人类整体的视角出发来超越发展道路和价值观的差异性，最终超越资本主义构建的国家共同体的虚幻性和局限性，而把关系共同体作为全球治理体系的理论基础，包括把利益共同体与风险共同体、责任共同体统一于人类共同命运，旨在构建团结合作的发展共同体，推动全球治理体系向公正合理的方向转变。

有论者指出，马克思"将资本主义的基本矛盾尖锐化而导致的社会主义与跨越资本主义的'卡夫丁峡谷'而建立起来的社会主义严格地区别开来"，认为两者的主要区别就在于"前者是建立在'资本主义的一切肯定成就'基础上的社会主义，是'资本主义后'的社会主义，而后者则是有待于'吸取资本主义一切肯定成就'的'资本主义前'的社会主义，所以它处在资本主义生产方式同一序列上"[1]。就此而言，中国特色社会主义的实践道路在当前全球资本主义体系中与资本主义生产方式处于同一序列上，有待于吸取资本主义一切肯定的成就。根据这条实践道路贡献出来的人类命运共同体的伟大战略构想，其最重大的历史意义就是发展了马克思所揭示的另一条改造和变革全球资本主义体系的道路。这条道路同样是以生产力的普遍发展以及与此相联系的世界交往为前提，但它的逻辑立足点是"现实的人"广泛联合的、必然的实践活动，蕴含对资本主义主导的全球化中人类实践的普遍异化的扬弃；在吸收各个国家文明

1　陈学明等：《中国道路的世界意义》，天津人民出版社，2015，第228页。

成果的基础上所创立的能够凝聚不同民族、不同信仰、不同文化、不同地域人民的共识的社会主义道路，从而将所有民族国家都纳入更加平等、合理、多元的人类命运共同体之中。在当前的时代，这条道路不仅要求社会主义吸收一切资本主义的肯定成就，而且要求社会主义国家秉持平等共享的原则帮助其他落后的国家走上更加合理持续的道路。

在全球治理体系和全球化推进方式发生深刻变革的时代背景下，中国特色社会主义的现代化道路不仅提高了中国自身的国际综合实力，而且为世界上其他发展中国家实现现代化提供有益借鉴。以构建人类命运共同体为全球化发展契机，中国在国际社会上通过多方交往实践，通过参与国际制度的重构和全球治理体系的调整来贡献社会主义国家的独特智慧与经验，在国际社会中树立了以全人类为主体来实现共同发展的负责任形象，在传承中国传统治理观念和坚守社会主义制度的基础上，促使中国特色和中国方案融入全球共同发展与共同治理过程中，促进中国与世界大国之间进行良性的交流和互动，并将取得的有效治理成果在广大发展中国家或相对落后的国家进行分享。人类命运共同体致力于促成新型国际规范和秩序的构筑以维持资本主义与社会主义在发展需要和权力上的平衡，同时促使多边的全球治理体系因不同主权国家的参与而得以有效推进，形成了走向全球共治与全新规范的力量格局。这种全新格局的塑造是渐进式的展开过程，稳定的经济和政治制度环境是人类命运共同体得以顺利推进的前提，也是全球治理体系本身得以新陈代谢的关键要素，这也体现了对资本主义和社会主义二元对立局面的超越。在人类命运共同体的理念中，将任何一种政治制度或发展道路当作放之四海皆准的绝对真理并在世界范围内广泛推行的全球化模式终将以失败告终。全球化演进的历史表明，任何一种社会制度都要接受人类实践的检验，全球治理体系和国际秩序也要在实践中尽力改革与完善。无论是资本主义还是社会主义，都是充斥着繁荣与矛盾交错的社会制度和发展模式，但不断改革的路径最终能够克服资本主义难以根除的矛盾并显露社会主义的独特优势。

在构建人类命运共同体的历史过程中，社会主义与资本主义的关系问题以新的形式、新的作用展开。在人类命运共同体的实践旨趣中反思全球化问题，开辟出一个重新理解世界历史进程的新视角，即把世界历史进程理解为反资本主义全球化的全球化建设过程。"反"资本主义全球化的人类命运共同体构建恰恰构成了全球化的合理动力，而对资本主义全球化的"反"，不仅仅是理论生成上的"反思"，更是结合了中华文明优秀传统的马克思主义式的"拨乱反正"，其中"反思"是认清世界历史的发展进程和规律，"拨乱反正"则是发挥社会主义的力量以反作用于资本主义全球治理体系。正如有论者所指出的，必须"将资本主义世界体系同样视作可以在实践中发生变化，并现实地在不同经济制度与要素的博弈过程中蕴含着自我改造与扬弃可能的综合性主体，在这一体系通过资本逻辑对社会主义国家施加影响、进而将其内化于自身的同时，社会主义的逻辑也在这种为其摄纳的过程中促使这一体系发生重大而深刻的变化"[1]。资本主义被社会主义取代的历史进程是充满复杂矛盾斗争的辩证运动过程，全球化问题的爆发与全球治理体系变革的形势促使这一辩证运动呈现为更趋曲折和富有张力的实践过程。中国视角在世界范围的突显表达出其批判资本主义现代性路径和重塑全球治理体系理念的需要。在全球化日益推进的过程中，现代社会的存在形态和发展趋势比前现代社会呈现出更为复杂的性质。中国积极参与全球治理的行为注重达到对现代社会的总体把握，考察人类社会建设与治理对新的现代性生成的作用。在此过程中，中国揭示了全球现代性的存在论基础，通过对现代社会中现有治理体系和新的"资本"逻辑的批判性透视，完整呈现了人类社会现代生活的状态。因而人类命运共同体对现代性的批判是在重构世界发展模式和全球治理体系基础之上的全新道路探索。

---

[1] 鄢一龙、白钢、章永乐等：《大道之行：中国共产党与中国社会主义》，中国人民大学出版社，2015，第40页。

四、人类命运共同体的理论效应

马克思在《关于费尔巴哈的提纲》中指出："哲学家们只是用不同的方式解释世界，问题在于改变世界。"[1] 对于马克思来说，历史唯物主义不仅是一种"解释世界"的哲学体系，更是一种力求"改变世界"的革命学说。作为一种革命学说，它要求批判性地认识资本主义世界，也要求建构性地阐明一个新世界的性质、特点、构成和原则。就此而言，历史唯物主义本身就是马克思主义的"世界观"，通过对资本主义社会异化的批判和现实的人的感性实践的确定，其获得了建构性力量的现实基础和历史形态，展现了马克思主义关于人类社会发展的根本立场、总体观点和方法论，始终蕴含着批判性与建构性相统一的理论特质。对资本主义世界的批判性认识是阐明一个新世界的理论前提，而对一个新世界的建构性阐明则是批判资本主义世界的理论指向。但这一理论指向的呈现不仅与批判资本主义世界相关，也与社会现实的发展水平相关。马克思通过论证历史唯物主义来确认全新的哲学世界观，表现为对现存社会形态的批判和对未来理想社会的积极建构。与此同时，马克思从异化现象和不合理的社会制度视角展开的资本主义批判形成了独特的方法论体系，主要表现为以矛盾分析为基本方法的历史辩证法，其对社会制度和社会形态的阐述为马克思的社会现实理论奠定基础。马克思积极运用经济学、历史学和社会学等方面的理论知识来分析调查所得的材料，通过理论抽象与实证研究相结合的方式分析人类社会关系的发展历史，紧扣市民社会所造成的现代异化问题，逐渐发现从政治经济学中解剖市民社会的必要性，同时认识到以费尔巴哈为代表的近代唯物主义只是从直观的客体对象性存在理解社会现实，未能把握社会现实与人的感性活

1《马克思恩格斯文集》第 1 卷，人民出版社，2009，第 502 页。

动之间的关系，进而从现实的人的实践维度对社会予以全新考察。马克思反对将实体性存在作为现实，认为社会现实生成于不断展开的批判和革命活动，这就显示其改变世界的社会现实观。马克思首先揭示了为市民社会的现实性提供辩护的传统哲学立场所固有的弊端，以人类社会的整体实践为基点开启对感性对象性世界的革命，极力促进现实的人参与到对现实世界的革命实践当中，并通过革命实践的方式创造出人与社会的现实关系。随着对旧唯物主义世界观批判的深入，马克思、恩格斯在《德意志意识形态》中进一步指出直观的社会现实观没有遵循人类历史发展的客观规律，转而从物质生产和物质交往活动中阐述不同时代的社会现实。他们首先将物质生产视为历史基础，然后从物质交往过程中阐释各种社会现实关系，为无产阶级分析社会现实、把握社会历史规律、展开社会革命实践奠定了坚实的思想基础。马克思科学的社会现实观为其揭明从资本主义向共产主义道路的转变和发展规律提供了强大的理论武器。

构建人类命运共同体的提出与实践彰显了社会现实力求不断发展完善的内在要求，也为历史唯物主义建构性地阐明一个新世界奠定了基础。所以，重视在历史唯物主义视野下探讨人类命运共同体问题的同时，我们还必须思考人类命运共同体何以将历史唯物主义带入一个新的思想和历史高度的问题。人类命运共同体作为一种全新的人类文明成果和人类社会存在形态，"跨越了地域性与血缘性的门槛，扬弃了民族国家的中心意志，否弃了西方所谓的基于特殊利益之上的'普适性价值'，提取了人之'类'属性的共生性价值作为共同价值，它以共同体为本位和单元，把人类的命与运在全球性共生性关系的坐标系中联结起来，体现了批判性与建构性相统一的逻辑特质"[1]。这意味着历史唯物主义和人类命运共同体的关系问题包括两个密切相关的内容：历史唯物主义视野中

---

[1] 邵发军：《推动构建人类命运共同体的理论内涵与实践路径研究》，人民出版社，2021，第24页。

人类命运共同体的阐释问题和历史唯物主义自身在人类命运共同体中的创新发展问题。后一个问题实质上即是人类命运共同体的理论效应问题，其中最重要的是如何引导历史唯物主义成为全球化时代的一种"建构性世界观"，因为在当代全球化语境中人类命运共同体命题的出现构成了诠释历史唯物主义的新路径，也使得历史唯物主义具有了新的思想形态。

（一）历史唯物主义的批判性传统

随着资本主义全球化浪潮的兴起，人类社会的发展出现了世界历史性的变化。在全球资本主义出现以前，世界上不同民族和国家的人民基本处于相互隔离的状态，各民族的生产方式、交往实践也较为封闭。从社会历史的意义上看，"全人类"尚未作为有机整体进行各种生存和发展活动，人类并未作为一个主体获得逻辑规定性和相应的现实性内容。资本主义全球化的发展改变了这一历史状态，并推动人类历史向世界历史转变，形成"各个人的全面的依存关系"[1]，由此构成了历史唯物主义的重要研究对象。正是针对资本主义全球化的现实状况，历史唯物主义的研究视野超越了民族国家的地域性视界，更加注重从全球性的角度来思考和研究人类社会的发展道路问题，"改变只注重于从一个国家、民族的视野来观察和谈论问题的方法，转向用全球化的观点来思考和研究社会发展问题，用全球性思维来补充和完善民族性思维"[2]，这种研究视野的全球性拓展无疑更加符合历史唯物主义自身的要求。事实上，马克思的历史唯物主义本身就蕴含着全球性视野，世界历史理论的阐发也充分表明，人类的共同发展是一项全球性的事业。从历史唯物主义的存在论观点看，物质资料的生产方式在人类社会生活中具有基础性地位。现代社会的政治活动和精神生活同样可以从历史唯物主义视角加以阐释，即现代社会可以被视为由生产力与生

1 《马克思恩格斯文集》第 1 卷，人民出版社，2009，第 542 页。

2 丰子义：《全球化与唯物史观研究范式》，《北京大学学报（哲学社会科学版）》2005 年第 4 期。

产关系、经济基础与上层建筑以及社会存在与社会意识这三对范畴构成的社会实践系统。在这一系统中，全球范围内的生产和交往并不是并行关系，物质资料的生产方式构成了全人类所有活动的基础，在改造世界的对象性生产和交往活动中，人类全部历史都能够被阐释为全球范围内的生产与交往异化及其扬弃的辩证运动过程。历史唯物主义阐述了关于变化的现实世界的存在与发展的根本观点，在其理论叙事中，历史与现实时代总是在不断进展，而作为确证人现实存在的实践本身具有开放性特征，表现为主体在具体活动中与客观对象之间矛盾变化的展开过程，因而人类社会在实践基础上具有必然的生成性。在确立了历史唯物主义的世界观之后，马克思转向了对资本主义社会和以资本逻辑为核心的经济哲学的双重批判，揭开隐藏在资本主义基本矛盾背后的资本逻辑自我运动的悖论，同时在对传统经济哲学的清算中确立了生产劳动作为社会历史得以发展的主体性地位，并在对资本主义社会生产关系的本质批判中揭示资本导致作为社会存在基础的劳动发生根本性变化的现实，明确了符合人的本质劳动作为改造世界的基本动力。关于人如何通过现实劳动来批判和改造世界的论题，历史唯物主义表明，只有立足对现实的人的存在进行规定的各种社会关系，才能形成对人所生存的社会现实的具体认识，把握世界历史发展的真正规律，揭示由资本主义主导的世界进程的内在矛盾，进一步发掘批判和重构的动力。

历史唯物主义中的全球性视野的形成不是停留于全球性的生产和交往实践在世界历史中存在的事实，而是在这一全球性运作事实的基础上展开哲学批判与超越，澄明全球性事业发展的动力和规律，突出人类主体共同存在与发展的现实历史意义，以挖掘人类解放的现实根据和条件。然而，由于资本主义全球化及其构筑的世界市场和全球治理体系所带来的是一种不平等的、霸权主义的国际秩序，使得全人类在共享全球化发展成果的意义上不仅没有成为真正的"人类"主体，反而带来了巨大的经济压迫、政治冲突和生态危机，最终发展为全球性的"风险社会"。资本主义在全球范围内的无限扩张，导致西方国家的国内实体经济发展受到严重阻碍，进一步造成西方世界出现的发展困境和乱局，特别是西方发达资本主义国家为了保障自身在全球治理中的霸权地位，不断积蓄强大的军事力量，甚至动用武力来解决不同国家和地区的争端。与此同时，逆全球化或反全球化运动也开始在全球范围内上演，西方世界中的一些国家和地区支持民族主义，开始反对由发达资本主义国家支配的全球化进程，但他们的目的不是为了维护全球治理体系的稳定，而是希望将国内危机转移到其他国家或地区，并肆意给这些国家和地区发展所需要的稳定和平国际环境制造障碍，以此阻挠发展中国家从全球化进程中受益。西方发达资本主义国家内部长期积累的矛盾催促着其自身寻求变革，这种现状反映了由资本主义主导的全球治理体系的内在危机。资本在全球范围内的生产和积累的形式愈加呈现多样性，与之相伴随的是各种隐性剥削形式的产生和运行，这不仅导致全球范围内的劳动过剩问题以及劳动与资本之间的矛盾越发突出，而且由于西方资本主义国家在全球化过程中难以满足其无限的需求，他们可能会借用战争或意识形态渗透等手段将国内生产危机转换到国外。此外，非西方世界的发展中国家的兴起，在全球化过程中与发达资本主义国家形成一定的对抗力量，尤其是一些新的国际组织的成立和推进，不断改变着当前不合理的国际秩序和不平衡的国际社会关系，并在此过程中影响着全球化局面和治理体系的变革与调节，这一格局对西方资本主义国家的对外策略和发展方向也产生了冲击。自苏东剧变以来，全球化基本上就是资本主义全球化。时代境遇决定了以往的历史唯物主义针对全球化问题的研究更多是以批判性反思为主，虽然它在一定程度上也通过批判全球化的不合理之处揭示出了改造之道，但其主要理论态度还是批判性的。

人与世界的关系是人类社会发展的永恒命题，是历史唯物主义关注的主要对象。在历史唯物主义的辩证视域中，人总是在与现实世界的相互关系中寻求与其相互统一的生存方式，把对作为客体的世界的否定与对人自身主体肯定的过程融为一体，实践则被确立为人与世界共存的依据和基础。马克思正是从实践的立足点出发来把握人类世界中的社会存在和社会关系，认为人类通过实践不断批判并改造着现实世界，同时不断否定并创造着人类自身。正是在人类实践的对象化过程中，人与世界的关系转化成人为自身的生存和发展而主动形成的对象性关系，这种对象性关系是人类历史中最为深刻的矛盾关系，奠定了历史唯物主义批判性和革命性的历史基础。黑格尔虽然肯定人的能动性，但他仅仅将人视为实现绝对精神的工具，最终只能在形式上予以肯定，而在根本上遮蔽了人的主体能动方面。在黑格尔的哲学体系中，绝对精神是抽象存在的终极真理，因而他所创造的辩证法自我否定的框架最终为确证形而上学的本体论服务。当马克思对黑格尔的哲学进行批判时，他同时也批驳了全部传统形而上学，将全部历史演进的关注点聚焦到人类自身，使得抽离了人的存在和实践维度的形而上学威信扫地。历史唯物主义终结了形而上学的抽象本体论，作为一种批判性和革命性的观点，历史唯物主义关注人与世界以及人与人的关系在现代社会发生的异化现象，发掘资本在社会中的支配地位和权力，指认资本在改变人类社会存在形态和生产方式上的强制力量，并且明确了资本构成现代社会发展的基本建制和根本原则，在此过程中对作为特殊社会存在样态的资本本身进行批判。对资本秘密的揭示和资本主义社会制度的判断，进而从资本这一核心范畴展开对资本主义社会整体的批判，构成历史唯物主义的现实任务，在理论上表现为对资本主义形而上学本体论意义的批判。正是在理论与现实相结合的批判过程中，历史唯物主义揭示了人在资本主义社会中自我异化的逻辑，确立从人的实践活动出发探索对现存世界的革命路径。

革命性是马克思的历史唯物主义区别于其他一切"解释世界"之哲学的重要特征之一。经典作家指出共产主义者的历史使命在于改变现存世界。虽然共产主义者热衷于"使现存世界革命化"，但却并非试图描绘或建构所谓的"人

间天堂"或"乌托邦",因为"人间天堂"或"乌托邦"的永恒美好状态完全
违背了历史唯物主义的基本精神,必然会陷入诸如恩格斯所论述的"矛盾"之
中,即陷入黑格尔式的体系与方法之间的冲突:"黑格尔体系的全部教条内容
就被宣布为绝对真理,这同他那消除一切教条东西的辩证方法是矛盾的;这样
一来,革命的方面就被过分茂密的保守的方面所窒息。"[1]事实上,历史唯物主
义从诞生之日起,其所展开的关于诸多方面的理论研究、同各个学派的理论斗
争都展示了批判性和革命性的鲜明特征,因而被认为是一种诊断和解剖"社会
病理"的哲学构想和理论学说。无论是历史唯物主义本身的发展史,还是历史
唯物主义研究的演进史,都被认为是一部批判的、革命的历史。

历史唯物主义从诞生起就以革命性的学说开启了理论阐释的活动,其方法
论基础是唯物辩证法,其在批判性改造黑格尔辩证法的否定性特征基础上提出
了革命性本质,因而历史唯物主义既是批判的,也是革命的,指向在现存世界
的暂时性存在和不断运动中把握真实形态。历史唯物主义将哲学的主要功能指
向改变世界,这就明示了与以往哲学家的根本区别,即以往哲学家未能把握革
命性的根源在于他们不能理解主体的现实性和实践的物质性,也就未能把握哲
学对世界的解释归根到底是服务于人们更好地认识和改造世界的物质实践,最
终只停留在对世界进行或肯定或否定的分析与阐释。历史唯物主义在确立改变
世界的哲学功能过程中,不仅扬弃唯心主义和旧唯物主义的历史观,而且根本
变革了以往哲学家的实践观,论证科学的实践以指明改变世界的路径。立足科
学的实践观,历史唯物主义揭示了无产阶级的革命运动对于改造世界的主体性
地位和力量。无产阶级是资本主义社会生产的产物,他们不仅没有任何私有财
产,而且需要出卖自身劳动力才能够得以生存,其对资产阶级的完全依附迫使
他们酝酿反抗精神。但在此过程中,先进的工业生产方式和生产力在客观上也

1《马克思恩格斯文集》第4卷,人民出版社,2009,第271页。

促使他们生成反抗意识和动力。历史唯物主义始终关切无产阶级的前途命运，为无产阶级革命和解放事业提供理论指导，这决定了历史唯物主义理论的革命性。革命性是历史唯物主义发展的生命力，革命的前提是对人类历史上一切时代成果的积极扬弃，如果对现有成果持有完全批判的态度，容易将历史唯物主义的革命性推向极端，导致以往哲学理论与马克思主义之间的绝对对峙。革命性既是理论学说的特质，也是人类实践的品格，因而在强调历史唯物主义革命性本质特征的同时，必须将这一理论特质与现实实践紧密联合起来，通过实践对现实存在进行实事求是的辩证分析，对事物进行准确判断并通过革命手段促进其转化，具体表现为在当今世界的全球化过程中对形形色色的自由主义、民主政治、普世价值和虚无主义等错误思潮进行深刻批判和彻底革命。

在马克思的历史唯物主义发展进程中，始终贯穿着"问题—批判—解放"的基本线索，他自始至终都以问题开始，坚持批判精神而不断批判问题，最终达到解放的目的。没有深入挖掘社会问题，或者有问题而不经过透彻批判，都难以抵达真理的彼岸，无法登上通往未来的"渡船"。但若仅有对对象的批判，缺乏对对象归属的确认与解放，其批判就像是少了目标的船只，便会随波逐流。只有借助人类解放理论的引导，批判才能明晰前进的方向。按照马克思的阐述，批判性与革命性是辩证法的本质，也是辩证法合理形态的根基，而历史唯物主义正是蕴含这一合理形态的辩论法，历史唯物主义集中体现着辩证法的批判性和革命性。历史唯物主义关注的第一个问题是资本主义的根源，第一个否定和革命的对象是资本主义私有制及其现实占有方式；进而揭示资本主义自身否定的必然性，即资本主义社会的否定之否定的阶段；最终在否定的基础上重建人类依靠劳动共同占有生产资料的所有制。因而历史唯物主义的现实批判和革命创造了现实的人不为形而上学范畴所支配而不断具体化的历史条件，必然包含着对现存状态的普遍批判性，以及与之相伴而生的新制度或秩序的建立。正是借助于对现存社会的批判和革命，历史唯物主义不断促使现实的人从劳动异化的纠缠中解放出来，获得一定社会程度的独立性和能动性地位，人的创造性和主体性也逐渐被当作社会解放的基本动力。随着对资本主义社会生产过程中资本地位的深入认识，历史唯物主义揭示资本借助物质并在人的社会生活中普遍存在的秘密，即资产阶级理论家通过抽象的形而上学本体为资本本身的生产提供理论支撑。历史唯物主义在明确人的解放的历史任务后，确立了实践作为人的生存方式，将现实的人的存在阐释为在其自身活动中不断生成的社会存在。

马克思的历史唯物主义批判是在深入寻找问题的基础上，对资本主义社会及其内在矛盾进行彻底的、历史的批判，揭示了资本主义社会的历史规律，解析了人类社会发展的客观轨迹，并号召全世界无产阶级联合起来，以共同推翻资产阶级的残酷统治，从而逐步迈向共产主义理想社会。历史唯物主义的批判性和革命性体现了马克思对哲学与现实关系的深刻理解，即在现实层面揭示资本主义社会的私有制根源，在理论层面展现人对自我异化的扬弃以及对共产主义未来的趋赴。历史唯物主义的独到之处在于揭示了共产主义本身蕴含的人的"类本质"，在此基础上对现实社会的批判不仅涉及意识形态领域，而且延伸到对现实社会关系的批判和变革。通过对劳动这一中介范畴的阐释，发掘私有财产与人的社会性地位的关联，促使共产主义摆脱抽象性范畴的束缚，在政治经济学批判中将其论述为必须解决的现实的政治、经济和社会问题的理论。从历史唯物主义的视角阐明共产主义，马克思认识到无产阶级革命斗争的先进性，认为由共产党领导的无产阶级革命将是最彻底的社会活动，不仅会对资本主义社会生产方式和社会关系形成冲击力，而且能够促进社会在发展过程中不断解放生产力，人的社会活动的自觉能动性逐渐与历史运动融为一体。历史唯物主义从历史现实的维度为共产主义理想社会奠定物质基础，并在现实社会运动中抓住实现共产主义的历史机遇，通过政治经济学批判和社会革命的方式推动资本主义过渡到共产主义，科学解答了哲学理论如何与现实道路相统一的问题。

因而共产主义是比资本主义更加成熟和完善的社会存在，马克思对共产主义的论述既体现了对历史唯物主义的科学运用，同时也表征着共产主义代替资本主义这一现实道路的开启。

第一，寻找资本主义社会的问题。历史唯物主义批判的前提在于对时代问题的深刻把握和全面体悟。马克思将社会发展分为三大形态，其中第二大形态是人对物的依赖关系，这也是马克思对资本主义社会的根本性认识之一。在马克思看来，随着资本主义社会大机器、大工业时代的来临，整个社会变成了以物的依赖性为基础的社会。个体的活动已经不能由自身控制和掌握，即人对自身已经失去了控制权，取而代之的是人被自己生产出的劳动产品所支配，其实质就是马克思所阐述的人的异化问题。人已经不再是作为其本身而存在，而是作为物的对象而存在，在这种状态下人与物的关系被彻底颠倒。人与人之间所构建起来的社会关系，也不再由人自身来决定，而是由物在社会关系的搭建过程中充当起中介和桥梁的作用，并通过交换价值和货币将社会联系确立起来。物取代人获得了整个社会的统治权，人则被贬黜为物的奴隶，即使是作为资本持有者的资产阶级同样和无产阶级一样处于物的控制之下。无产阶级被异化，是迫于要进行生产以获取维持生命活动的物质资料的生存需要；而资产阶级被物所异化，则是由于资本的逐利本性所生成的抽象统治权力。在以物的依赖关系为主的社会形态中，异化问题不只是针对部分群体或阶级，而是一种普遍现象。

历史唯物主义在探讨人的现实生存处境以及如何促使人类获得解放的问题上分析异化现象，异化与人的生存方式不可分离。异化范畴本身具有一种价值预设：作为主体的人的生存和发展需要是合理的，那么有主体产生的对立面即客体对主体的作用就不具有合理性。尽管异化现象产生于主体的对象化活动中，但并不是主体的一切对象化活动都必然产生异化，对象化活动一般生成的是人与物以及人与人之间的关系，具体体现在人与人的社会生产活动中，人与人之间生产关系的异化是根本所在。生产过程与生产关系中的异化现象在资本主义社会中根深蒂固，因为一定时期内的生产关系具有相对的稳定性和持久性，与之相伴随的异化现象同样在一定阶段内保持不变，但生产力的不断发展会导致现有的生产关系及其异化现象愈加落后，生产关系中不断限制人发展的异化力量形成恶性积聚模式。历史唯物主义关于异化理论的内容，除了揭示资本主义生产关系作为一种异己存在形态之外，还主要涉及对异化思维方式的驳斥。针对法国小资产阶级运用黑格尔的辩证法为资本主义生产辩护的行为，马克思批判了他们主张历史源于逻辑范畴的历史唯心主义立场和方法，提出要想使人彻底摆脱生产过程和生产关系的异化，必须恢复思维方法作为人们认识、分析和改造历史的手段这一功能和地位。只有深刻把握和全面透析人的这种严重异化问题，并寻找到解决这一问题的切实方案，才能够使包括无产阶级和资产阶级在内的全体人得以解除异化的枷锁，并通向人的自由全面发展的历史道路。

第二，对问题产生的根源进行前提性批判。历史唯物主义批判的核心在于对隐藏在异化问题背后的资本主义社会固有矛盾的深刻揭露和彻底批判。马克思紧扣生产力与生产关系这两者之间的矛盾关系，对资本主义社会异化的根本性问题和内源性矛盾进行了深刻揭露。伴随生产力的发展，资本主义受到内在贪婪本性的驱使，不断扩大自身控制的范围，将所有国家都纳入宏大的世界市场之中，使其一切生产活动都演变为全球性的生产活动。资产阶级在这种殖民、扩张以及迅速发展过程中，将分散的资源和分离的人口以商品流通、资本主义掠夺等多种方式聚集起来，其结果就是将所有生产资料和财产都集中在少数的统治者——资产阶级的手中，而人口也逐渐从原先的散居状态变为集聚于城市和工厂的密集状态。经济基础决定上层建筑，资产阶级在经济上的统治地位必然带来其在政治上的主导话语权，从而将整个世界都纳入其剥削与压迫的残酷统治之下。但资产阶级所构建的商业帝国又以不可阻挡的方式——"商业危机"来消解资产阶级及其统治的存在条件。

随着政治经济学研究的深入展开，历史唯物主义对资本主义社会固有矛盾的揭示和批判也呈现出逐步推进的过程，主要表现为对资本主义社会固有悖论的批判从功能角度向规范角度的转化。历史唯物主义对资本主义社会固有矛盾的功能批判指向其造成经济危机的必然后果，包括社会各项功能无法正常运行、社会诸多关系趋向崩溃等。功能批判是从生产力角度对资本主义生产方式必然规律的揭示，即资本增殖的生产模式所导致国内利用率的下降必然引起生产力与生产关系之间不相适应的冲突。功能批判揭开了资本主义社会生产的系统性风险，是历史唯物主义探求资本主义生产方式之私有根源的必然要求，但对于蕴含在资本主义社会制度中的规范价值和准则没有进行明确解蔽。伴随对私有制度根源的揭露，历史唯物主义认识到资本主义社会制度的弊端从生产领域延伸到社会关系的整体，由此开启了规范性批判，指向对资本主义社会生产方式中预设的价值理念进行深度发掘。一方面，从正义理论基础对资本主义僵化的雇佣劳动和剥削模式进行批判，剩余价值的产生是资本家占有工人阶级劳动成果的有力证明；另一方面，从社会分配的不公正角度展开批判，由于资产阶级无需以相应的等价物作为交换就可以获得工人的活劳动及其对象性产物，工人处于无止境地创造剩余价值的过程中，资本主义社会制度下人们的社会关系逐渐异化并濒于病态，工人对美好生活的愿望被遮蔽，他们陷入了生活贫困、身体疲乏和意识空洞等的异化生活方式。规范批判深化了对资本主义时代人与物之间颠倒关系的论证，揭示了资本主义非正义和不公正的价值预设。在此基础上，历史唯物主义的批判也指明了超越资本主义内在矛盾的必然之路。

资本主义原先的支配权逐渐丧失的根源在于：生产力的发展达到极高程度，资本主义的所有制关系已不能够适应其发展，这种不适应"使整个资产阶级社会陷入混乱"，"使资产阶级所有制的存在受到威胁"[1]。为了解决这一问题，

---

1 《马克思恩格斯文集》第 2 卷，人民出版社，2009，第 37 页。

要么彻底改变资本主义生产关系，但意味资产阶级自己毁灭自己的生存根基；要么依靠夺取新的市场以缓和自身矛盾，但缓和手段无论如何都无法阻止历史的必然进程，迎接它的只能是更为彻底的革命，即推翻资本主义私有制的无产阶级革命运动。历史唯物主义将对生产力与生产关系的社会变革归诸社会革命的范围，揭示了资本主义逐渐进入社会革命阶段的历史事实。在政治经济学批判中，马克思认识到异化的生产关系是阻碍生产力发展的桎梏，但此时他并没有从社会形态的更替视角展开对资本主义社会革命的论述，也并未从具体社会运动的方式来谈论社会革命，而是从人类生存和发展需要的角度叙述了一般意义的社会革命，包括变革生产关系以适应物质领域的生产力发展、以政治、经济或意识形态等形式展开社会革命。从马克思主义的社会革命观点来审视资本主义社会生产历史，可以发现资本主义社会制度包括两大部分：一是由生产关系总和构成的经济基础，二是由与经济基础相适应的政治和法律等构成的上层建筑。资本主义社会革命正是在这两大部分和层面共同展开的。随着资本主义在世界范围内不断扩大的剥削和殖民行为，资本主义社会关系也在全球范围内得到更广范围和更大程度的调整。作为资本主义社会内部革命的动力，资本竞争和积累机制也在世界范围内发生变革，这虽然能够提高全人类的物质生活水平，但是无法改变无产阶级在全球生产中的不平等地位。无产阶级被迫在这一境况下不断探索社会主义革命的适当方式和制度形式。

（二）历史唯物主义与"建构性世界观"

构建人类命运共同体的历史性出场推动并促使历史唯物主义发生建构性转向。资本主义全球化所引发的许多世界性新问题无法在西方中心主义的国际秩序中被有效地分析和解决，因为现有的全球治理体系备受资本逻辑的支配，本身具有等级性和殖民性的弊病，缺乏一种体现国际民主、主权平等和共享成果的世界公共性。因此，凡是涉及世界性共同发展的问题，无论是经济、政治层面还是文化、生态层面，基本上都超出了现有全球治理体系的处理能力。面对这一问题，中国秉持共商、共建、共享的全球治理观，积极发挥负责任大国的作用，主动参与全球治理体系的改革和建设，在共同参与中将新的全球治理体系的实施从观念或制度性话语权的建构推向更为现实的治理实践之中，呼吁各国人民同心协力构建人类命运共同体，为世界的发展贡献了中国智慧和中国方案。人类命运共同体是人类社会发展道路中基于共同利益和共同价值而自我努力、自我创造的全球性社会形态，它立足"人类社会"的哲学立场，力求促进人类在真正的"普遍交往"中形成具有更高"共同性"水平的人类利益，在变革全球治理体系的基础上推动全球生产力的均衡发展，为实现人类社会更美好的世界图景奠定坚实的物质和精神基础。

历史唯物主义所构设的人类解放，是在本体论、认识论和方法论维度和谐统一的"真正的共同体"基础上的全面解放，在批判现存状况的基础上赋予自身现实的建构性指向成为其必要路径。而构建人类命运共同体是趋向"自由人联合体"的最高阶段，为走向"真正的共同体"提供了现实的逻辑中介。构建人类命运共同体以马克思"真正的共同体"为理论精髓和价值旨趣，旨在物质和精神领域实现人的解放，彰显深厚的全人类价值情怀，并从理论与实践的双重维度对当代资本主义全球化以及利益共同体的虚幻性予以深刻斥责，勾勒出以人的自由全面发展为目标、人与人之间和谐共生、世界不同民族之间共同发展的美好共同体图景。从人类历史发展的整体进程看，人类社会形态的更替遵循一定的客观规律，人类命运共同体必将超越"虚假的共同体"而朝向"真正的共同体"迈进；从全人类的生存方式看，人类社会生活的本质是实践，人的主体性与共同体都是在实践基础上得以生成，人类命运共同体致力于促成个体与共同体之间互动共生的协同性和整体性，注重把握全人类对美好生活的向往；从具体的构建路径看，人类解放的理想目标是要将世界还原为人自身存在的视域，提出全人类只有相互联合并通过实践提高全球生产力，推翻当代世界诸多不合理的共同体形式。人类命运共同体既坚持了马克思"真正的共同体"的思想，又延伸了"真正的共同体"思想的现实针对性，强化全人类对共同命运和发展前途的关切，同时也展现了对人类文明形态发展的前瞻性把握，促进不同文明之间形成既合作又有张力的全球构成性关联。秉持促进民族共同体与人类共同体和谐共融的基本原则，人类命运共同体在推动中国道路建设与人类命运共同发展的有机互动中，为走进"真正的共同体"创造了具有正义性和现实性基础的有利条件。

相比历史唯物主义对于资本主义全球化的批判性研究而言，构建人类命运共同体更需要历史唯物主义自身的结构性转变、拓展与提升，即把历史唯物主义的重心从批判性世界观转变、拓展和提升为全球化时代的一种"建构性世界观"[1]。所谓"建构性世界观"，就是在批判资本主义全球化及其全球治理体系的基础上，预见性地判断、阐明和规划由各种社会领域、社会要素和社会关系所构成的人类命运共同体的基本结构、内在机制、运行方式、发展方向和价值目标等一系列重大问题。具体而言，在构建人类命运共同体的过程中，历史唯物主义如何在自身的思想形态中把握人类命运共同体的一般本质和发展规律，如何批判性地揭示人类命运共同体与全球性"货币共同体"或"资本共同体"的本质性差异，如何凸显构建人类命运共同体在人类社会发展道路中的价值目标，如何预见性地指出人类命运共同体发展过程中的客观问题，创造性地规划人类命运共同体的发展道路和世界图景等，这些都是历史唯物主义在全球化时代悬而未决的理论问题和迫切需要解决的实践问题。人类命运共同体的现实构建始终秉持历史唯物主义的理论基础，揭示当代世界人类社会共同发展的客观规律和共同生存的历史趋势，其"建构性世界观"主要表现为对民族与世界之间辩证关系的科学研判，促使全人类意识到超越民族和地区的狭隘性、制度和

1　笔者认为，历史唯物主义本身就是马克思主义的"世界观"，是马克思主义对于人类社会的总体性看法和观点，始终蕴含着批判性与建构性的统一。

文化等差异性的重要意义，确立满足全人类对美好生活和未来发展前景憧憬的这一共同利益和共同价值的交汇点，构建人类共同发展共享成果的新道路。"建构性世界观"能够在人类命运共同体的具体构建路径中促进人类主体意识的普遍提高和人性的回归，根本契合人类社会发展规律以及对正义的需要，同时对不同个体的差异性需要予以同等关切，进而促使人类在尊重社会规律基础上提高生产力，保证个体真正掌握生产资料并能够联合起来生产共同利益。这一"建构性世界观"强调了共同生产对于实现个人能力和劳动本质的普遍性全面性意义，成为推动人类命运共同体顺利展开的内在支撑。作为一种"建构性世界观"的历史唯物主义具有以下几项基本特征：

首先，"建构性世界观"的主体支撑是中国特色社会主义道路。在构建人类命运共同体的历史实践中，历史唯物主义作为一种"建构性世界观"，以构建人类命运共同体的历史意识指向人类未来的存在形态，同时又坚持"纯粹经验的方法"[1]，从现实生活的经验性序列结构出发改造世界，既与现实达成有原则的妥协，又积极参与变革和优化现实的存在形式。这种立足现实而高于现实的"建构性世界观"必须拥有主体性支撑，它能够代表人类社会的发展方向，凝聚人类的共识和意志，并为构建人类命运共同体提供最坚实可靠的历史性示范。随着中国特色社会主义实践道路的拓展和中华民族伟大复兴进程的推进，党的十八大以来，中国特色社会主义进入了新时代，这一新的历史方位意味着当代中国的实践道路达到了高度的理性自觉，具有参与和引领世界历史进程的理论自觉和实践意志，不仅能够为发展中国家走向现代化的途径提供全新选择，而且能够为破解全球性治理难题贡献智慧和力量。中国人民在中国共产党的带领下，立足自身现代化发展的现实需要和背景，创造性探索并建构中国特色社会主义现代化新道路，拓展了发展中国家的现代化路径，开启了社会主义

---

1 《马克思恩格斯文集》第 1 卷，人民出版社，2009，第 519 页。

制度和人类社会现代化道路的新局面，向世界有力证明了中国特色社会主义制度的独特优势，为世界上希望实现独立进行现代化发展的国家提供了有益借鉴，为全球现代性发展格局的调整和重构贡献了全新动力与智慧。构建人类命运共同体是中国特色社会主义道路的理论结晶，也是中国参与全球发展和治理过程的战略举措，中国特色社会主义道路的示范性必将推动历史唯物主义在构建人类命运共同体的实践中提升成为一种"建构性世界观"，向世界各国表明必须结合本国国情和实际来构建自身发展道路的永恒法则，进而重新获得普遍性意义。

中国特色社会主义道路的建设理念与人类命运共同体所蕴含的精神一脉相承。中国式现代化新道路的成功构建表明中国特色社会主义是中国发展的必然道路，其不仅能够抵御世界范围内各种不可预测的风险挑战，而且促使中国以稳定快速的发展进程不断迈向社会主义现代化强国的伟大目标，在不断提高国际综合实力的过程中彰显道路自信、理论自信、制度自信和文化自信，同时能够克服"西方中心论"现代化模式的弊端，唤醒后发国家自主选择发展道路的主体意识，从而探索切合自身发展属性、符合自身实际需要的现代化道路。在中国特色社会主义道路不断成熟完善的进程中，我们始终注重实现有中国特色的社会主义制度与现代化建设有机统一，不断激活并释放中国特色社会主义的优势效能，并对中国社会的整体面貌予以重构，将中华优秀传统文化和价值理念贯穿到人民的具体生产与生活实践当中，这一价值理念与实践活动的相互构建，构成"建构性世界观"的主体动力。中国特色社会主义道路的建设，促使国家和社会基本制度体系层面不断建立和健全，带动人民群众在超越和实现自我的建构性意识的生成与发展。人民的自我意识是对生存与发展前途命运的直接反映，体现了凝聚精神力量、明确实践取向的"建构性世界观"，构成了塑造共同体所必需的社会意识。在中国特色社会主义道路的建设中，形成了辩证分析和科学处理社会矛盾的合理有效机制，构建了合理处理国际国内发展关系的新格局。随着中国特色社会主义进入新时代，中国在构建人类命运共同体过程中提出诸多具有人类情怀和国际视野的实践方案，着眼于世界范围内的政治、经济和文化等不同领域全方位秩序的重构，促使全球治理体系和治理能力朝向公平正义、安定有序的方向发展，弘扬了具有共同性、包容性和持续性的"建构性世界观"。

其次，"建构性世界观"的核心关切是提升全人类共同性水平、维护全人类的共同利益。全球化时代之所以面临着诸多治理难题，主要原因在于当代世界是一个前现代、现代和后现代相互交织的复合体系，各种利益因素、文化因素和价值理念相互作用与相互冲突，使得世界面临的不稳定性、不确定性因素尤为突出。因此，破解全球性治理难题，关键在于构建一个既能容纳差异、尊重各方诉求，又能提升共同性水平、凝聚全人类意志的命运共同体。构建人类命运共同体是真正站在历史的、时代的、人类的高度思考全球化未来走向的"建构性方案"，这一全新的建构性方案要求历史唯物主义不仅能够批判性地认识资本主义全球化，而且能够将自身的革命功能转化为超越现代性的建构性意识，在维系人类生存、开创人类未来存在方式的道路上展现自身的理论创造能力。通过对资本主义现代性发展逻辑和原则的揭示与批判，人类命运共同体理念表明人类社会未来发展要以全人类现代社会生活的共同发展为基本指向，指出了一般意义上的社会劳动构成了全人类社会存在的基础，既符合历史唯物主义理论，同时也展现了对资本主义现代性支配下特殊社会存在予以批判的中国化马克思主义的理论智慧。通过构建人类命运共同体，历史唯物主义超越资本主义文明的理论叙事就"不再只是以阶级革命的方式实现人类解放的理论，也是一种唤醒人类超越资本主义文明形成以维系人类存在的救亡理论，阶级革命内涵的人类取向以一种人类的立场直接地凸显出来"[1]。尽管人类命运共同体与

1　罗骞：《中国特色社会主义建设实践的理论自觉——论历史唯物主义功能及其内涵的当代转化》，《江苏大学学报（社会科学版）》2012 年第 2 期。

历史唯物主义叙事中的"自由人联合体"存在一定的历史距离，但它能够超越资本主义的革命行动取向和"国强必霸"的发展宿命，为人类解放的可能性创造现实条件和新的逻辑。

利益在根本上是人类社会发展呈现出共同性的基本支撑，是世界上不同国家展开集体行动的前提，它要求全人类在意识和行动上达成共识。共同利益带来的是发展的正当性和优越性，对共同利益的认同表明对一种人类社会发展模式的接受。利益的产生和分配格局的背后是社会发展方式、社会关系结构和社会形态表征的体现。如果后发国家在争取共同利益发展局面上不能取得对西方发达资本主义国家的竞争优势，那么就难以构建其充分反映实现历史演进的生产力水平，进而整个人类社会发展道路和制度文化也相应失去了与时俱进的话语权。因而要站在人类共同发展的制高点，通过提升全人类共同发展水平和共同利益，促使全人类共同掌握引领世界历史发展的主导权。在具有全人类共同性特质的基础上，共同利益也必然会在生产和交往实践的过程与结果上具有最大普遍性，任何将西方发达资本主义国家及其经济团体的特殊利益粉饰为共同利益的主张，均与人类社会的共同利益相违背。普遍的共同利益不仅是任何国家或组织的发展需求，也不是少数国家或群体的专利，而且是维持全人类共同生存的基本需要，是全人类发展的共同权力。

人类命运共同体表达了人类通过共同发展以更好提升并维持共同利益的意愿，既主张大国和强国需要对广大发展中国家的生存与发展给予帮助，又鼓励发展中国家在参与全球共同建设的过程中增强自身的发展动力。与此同时，中国在推动构建人类命运共同体的过程中证明了中国特色社会主义现代化道路的独特智慧和优势，但并未将全球共同性发展的方式当成中国特色社会主义现代化道路的国际版本。事实上，随着中国式现代化道路的不断成熟和新时代的到来，世界范围内的社会主义道路及其引领全球化发展的功能优势逐渐显现出来，但仍然遵循人类社会历史发展的客观规律。人类命运共同体成为世界上被广泛接受和认同的理念与国际合作载体，塑造了全球化合作共赢、公平正义的新时代特征，以人类及其实践为纽带建立起利益共同体。

最后，"建构性世界观"的伦理信念是全人类的共同价值。在全球化时代，世界范围内的各种冲突与较量、人类所面临的诸多生存危机，固然根源于利益冲突，但也与更为合理的全球价值理念的缺失有关，因而，迫切需要在提升人类利益共同性水平的基础上重建全球性的价值共同体。马克思、恩格斯曾在《共产党宣言》中指出："各民族的精神产品成了公共的财产。民族的片面性和局限性日益成为不可能，于是由许多种民族的和地方的文学形成了一种世界的文学。"[1] 从辩证法的角度来看，普遍性存在于特殊性之中，共性存在于个性之中，马克思、恩格斯所说的"世界文学"正是由多种"民族和地方的文学"所构成的，这正是全人类共同价值的社会现实基础。"全人类共同价值和人类命运共同体不是无根之木，也不是仅存在于人们脑海中的主观臆想，而是在中国与世界的互动关系中历史性地生成的，是对客观存在的真实反映。"[2] 构建人类命运共同体必须以"和平、发展、公平、正义、民主、自由"等全人类的共同价值为前提，从而确立"共在"与"共生"的伦理信念，并坚持以"共同价值"引领各个主体成员自身的历史与实践。这就要求历史唯物主义不仅要在理论上审视当今世界的多元性价值现实，打破西方中心主义的价值理念和资本主义主导"现代性唯一"的神话，终结西方发达资本主义社会主导世界历史线性发展的模式，回答人类共同价值何以可能的问题，而且还要站在"人类社会或社会的人类"这一哲学立场上去指导实践，建构出鲜活的、深入人心的共同价值理念，进而促进人类命运共同体的建设。

在充分揭示资产阶级的诸多全球化建设和全球治理举措的局限性基础上，中国积极推进构建人类命运共同体，不断揭示发达资本主义国家倡导的全球发

---

[1] 《马克思恩格斯文集》第 2 卷，人民出版社，2009，第 35 页。

[2] 林伯海：《论全人类共同价值与人类命运共同体的辩证关系》，《马克思主义研究》2021 年第 11 期。

展模式实质是代表资产者或有产者的发展需要，其依然表达着资产阶级对无产阶级的统治理念，指出由单纯的民主政治和自由主义主导的全球发展模式并不能解决人类社会的困境，真正有效且持久的全球发展道路需要符合人类共同的价值目标。尽管世界不同民族和国家的文化传统和价值观念呈现差异性与多样性，但这并不妨碍人类社会具有共同的价值认知和追求，这种对全人类共同价值的透视和具有人性伦理穿透力的理念对于确立合作共赢的发展模式与公平正义的治理体系具有不可或缺的建构性意义。然而这种共同价值并非由某一特定阶级或群体所提出并推至普适性的地位，而是在具有多元性和差异性的价值观念交流和交锋中形成的价值共识，因而共同价值是在对人类社会发展规律的科学总结中、在对时代潮流的自觉顺应中不断凝结而成。中国作为构建人类命运共同体的倡导者和践行者，并非提倡单纯依据全人类共同价值来改变世界，而是主张在这一全新价值观的指引下，将人类社会视为紧密相连的整体，进而对其进行世界观、方法论和价值观层面的建构，为在不断提高全球生产利益和发展水平上建设更加和谐有序的人类世界提供价值引领，也为建立公平正义且行之有效的国际秩序奠定价值基础。

构建人类命运共同体已经成为在全球化时代检验和充实历史唯物主义理论的社会现实，同时也是促使历史唯物主义理论自身获得创新发展的重大课题。历史唯物主义理论如何在把握人类命运共同体的过程中获得自身的深化发展成为当代马克思主义哲学创新的重要契机。历史唯物主义对人类文明的省思表明，尽管以往的历史主要表现为阶级斗争的过程，但共同体却是人的基本存在方式。面对当代全球化运动中的诸多现实问题，历史唯物主义理论迫切需要从对人类命运共同体的认识中建构新的学说，从而审视自身理论的科学性，进而通过建构性的发展将历史唯物主义理论推进到新的思想高度。以往的历史唯物主义研究范式往往只是从不同的角度批判性地解释全球化，而真正的问题则在于建构性地阐发全球化，立足人类自觉的实践观念，阐发人类命运共同体，将人类的共同命运意识从传统的思维框架中解放出来，这既是人类命运共同体带给历史唯物主义的理论效应，也是历史唯物主义作为全球化时代"建构性世界观"的伟大理论任务。面对世界百年未有之大变局和化解全球治理难题的迫切需要，坚守和阐明人类命运共同体的历史唯物主义进路，辩证分析历史与现实、民族性与世界性之间的关系，是攸关全人类共同命运实现的必然要求。构建人类命运共同体的意图并非是以中国特色社会主义制度替代发达资本主义制度，从而主导全球发展方向，推进人类命运共同体所形成的文明理念也并没有排斥和摒弃其他文明类型。因而，人类命运共同体在建构性意义上创造出人类文明新形态，并促使世界各国在充分实现自主发展的基础上共建世界新形态。世界历史理论是历史唯物主义的前瞻性成果，实践性是历史唯物主义的本质属性，实践哲学反对孤立拆解世界整体的理论行为，强调认识世界、改造世界的实践具有总体性，只有从人类实践的总体中才能把握世界文明的差异性和多样性。在历史唯物主义的理论叙事中，资本主义文明的扩张实质是按自身发展需要和既定面貌制造出具有统一格式化模式的人类社会，其塑造了"中心—边缘"式的全球格局，在这一格局中展开的文明交往仅仅是一种虚假的形式，实质内容是资本主义制度文化的扩张和征服。历史唯物主义对资本主义文明的批判与解构，为构建人类命运共同体、促进人类文明的交流提供了坚实的理论支撑。人类命运共同体力求维护世界文明发展成果的普惠性，并在实际行动中构建了诸多文明话语交流的平台，深度开启全球普遍交往、和谐共存的文明发展新阶段，这是对历史唯物主义文明观的创造性发展。

在马克思主义理论体系中，研究人类命运共同体应当秉持动态的、发展的历史眼光：人类命运共同体不是自在的世界性实体，而是世界历史进程中全球化的实践成果。人类命运共同体"作为一种新的全球空间政治理念，它一方面回应了资本主义时间政治理念已然揭示的全球治理变革的历史要求，另一方面又超越资本逻辑所导致的帝国主义、殖民主义和霸权主义政治虚妄，创造性地回答了大变局时代'人类向何处去'的终极命题"[1]。研究历史唯物主义也应秉持现实的、创新的理论态度：历史唯物主义不是超历史的"历史哲学理论"，也不是传统教科书所阐述的"普遍原理体系"，而是在批判人类社会实践中不断建构发展的理论体系。在历史唯物主义的理论体系中，社会实践遵循人与物的双重维度，现实的人的实践为思维与存在的统一提供了合理形式，历史唯物主义建构"真正的共同体"的开端和优势就在于将一切人的社会存在形式都视为现实的实践去解读，由此恢复资本逻辑中被资本的物化属性所遮蔽的实践活动准则。正是历史唯物主义自身的"时代境遇"和"理论指向"，才使得其研究范式必然随着社会现实的发展而进一步调整、深化。从世界历史的理论视域来看，广泛参与全球性社会实践是任何国家及民族实现自主发展状态的必经之路。而国家的发展蕴含着"时代境遇"与"理论指向"的统一。尽管西方发达资本主义国家在人类历史上率先抓住了时代机遇，并在相当长的历史阶段内为其他国家的建设道路提供理论参照，但同质性发展的强制要求致使世界发展走向衰微。纵观人类社会历史演进的现实进程，世界的持续性推进以及世界各国共存的本质规定是自主发展，而只有在"时代境遇"与"理论指向"的复杂交织中实现自我超越，才能真正获得自主化发展的权力。因此，我们必须从当代中国的社会现实状况和奋斗目标出发，从新时代中国的"国家的需要的程度"出发，而不是从马克思主义经典作家的各种语境化论述和判断出发来开展历史唯物主义研究，才能真正开显出"中国的"马克思主义研究。就当代中国的发展境况来说，这种研究不能仅仅聚焦于批判性的诠释向度，应当蕴含并转向建构性的诠释向度；就建构性向度的发展现实而言，历史唯物主义研究中的建构性诠释向度在构建人类命运共同体的理论构想与实践推进中获得了重大发展契机，构建人类命运共同体作为全球化时代最为任重道远的历史任务，其本身就

---

1 杨永强：《资本主义全球政治规划的"狡计"——一个空间批判的视角》，《哲学动态》2022 年第 2 期。

构成了历史唯物主义所面对的最重大、最根本的"社会现实"，这必将带动历史唯物主义理论在当代世界的创新与发展。阐发"建构性世界观"是当代中国历史唯物主义研究建构性取向的时代要求与历史使命。

分论一
"历史终结论"的终结与哲学批判

近年来，日裔美籍学者弗朗西斯·福山关于"历史终结"的系列言论引发了巨大反响，"历史终结"问题再次成为国内外学者讨论的热门话题之一。福山将社会形态的演进序列终止于资本主义社会，将自由民主制视为最优政治体制并加以宣扬，大力鼓吹历史形态的终结论，实际上陷入了对历史发展未来图景的单一想象。这种"单一想象"不仅局限于单一的社会发展模式与政治体制，还因局限于历史发展的"当前"而忽视了历史发展"未来"的无限可能。福山的理论构想显然不符合社会历史演进的规律，具有浓厚的个人主观倾向与资本主义意识形态烙印。党的十八大以来，习近平总书记倡导构建人类命运共同体，为人类社会历史的前进方向提供了新视角，将人类解放的进程推入新阶段，使人类解放呈现新的"曙光"。这种广阔的未来世界图景和宏大理论构想打破了福山局限于当前社会的禁锢视野，提供了一种全世界同舟共济、命运与共的时代路向，宣告了"历史终结论"的破产。

一、旧世界秩序与"历史终结论"的出场

世界历史的激烈震荡总会在思想理论中产生回响，20世纪旧世界秩序的崩塌使"历史终结论"高调登场，并在世界范围内引起轰动。福山在将黑格尔、

科耶夫对"历史终结"问题的阐述彻底"政治化"后，得出历史的终点定格于资本主义社会的自由民主制的结论。他在《历史的终结与最后的人》中不断强调这一政治制度拥有共产主义制度不可比拟的优越性，充分表明了其为资本主义意识形态辩护的阶级立场。

（一）旧世界秩序崩塌的理论回响

旧世界秩序曾经呈现出诸如帝国霸权秩序、两极霸权秩序与多极均势秩序等多种样态。两极霸权秩序随着 20 世纪世界历史上的一系列政治嬗变走向崩溃，苏联解体以及东欧剧变使社会主义阵营在一段时间内出现衰落现象，资本主义与社会主义的力量对比发生了深刻变化，旧世界秩序逐渐崩塌。面对突如其来的政治剧变，社会上产生了两种截然不同的情绪。

一是对未来充满忧虑的悲观情绪，对未来世界的命运走向与秩序重建表示担忧。在一些人为冷战结束感到欢愉之时，许多人却开始反思与迷惘，"普遍的、过早的、天真的乐观主义开始消失，一种广泛的忧虑和沮丧情绪则开始不断扩散"[1]。人们对未来自由民主制本身无法预测的变化感到担忧，即不确定这一制度是会变得更好或是更坏，是更加"自由""民主"还是走向新的集权主义。如研究现代性与后现代性的著名思想家齐格蒙特·鲍曼（Zygmunt Bauman，1925—2017）就认为，社会主义的崩溃使自由民主制丧失了对手，缺乏社会主义制衡的资本主义由于自我膨胀可能衍生丧失诚实、谦虚态度的危险；资本主义在社会主义经历巨大挫折后将失去外在约束力，拒斥一切违反既定秩序或无法被同化的"差异者"和"陌生人"，拥有的只是"献媚者"和"模仿者"，"差异者"和"陌生人"只能被继续同化或者消除，"献媚者"和"模仿者"则深入融进旧有世界秩序与生活世界的建构体系当中，形成了一种"熟悉的朋友"

---

1 [美] 伊曼努尔·华勒斯坦等：《自由主义的终结》，郝名玮、张凡译，社会科学文献出版社，2002，第7页。

对"陌生的他者"绝对隔离的敌对状态，而这种压倒性的权力优势会迫使人们生活在一种"别无选择"的政治环境之中，给受剥削的个体生活带来灾难。[1]
随着资本主义社会对自身阶级利益的攫取及其扩张性需求的不断增加，作为社会主体的个人愈加对既往历史和现实存在中人性的失落滋生不解和恐慌情绪。

二是对未来充满天真幻想的乐观主义情绪。苏联解体不仅在许多人心中播下了对未来不确定的种子，而且使二战之后确立的世界秩序以新的方式重组，强化了美国作为唯一超级大国构建世界新秩序的霸主地位。"缺少了苏联的制衡，美国迅速填补了冷战后的权力真空，并在所有可能的地方建立其偏爱的、以民主制和自由市场为基础的资本主义秩序。"[2]为了表达对资本主义前途命运的乐观，福山宣扬以美国为代表的资本主义自由民主制是"历史的终结"，认为这一制度能够对人的自然本性中固有的暴力、侵略等倾向进行制约并促使其发生转化，生成未来社会发展的稳固确定性因素。这一思想的提出满足了西方政要及右翼知识分子的政治诉求，传播了他们一贯秉持的政治主张，在全球范围内引发了广泛争议，因而福山本人以及他的学说一时名声大噪。

德里达在《马克思的幽灵》一书中指出，福山所著《历史的终结与最后的人》一书"被抢购的情形，就像是战争爆发的谣传刚开始流行时，人们抢购当时货架上所有的食糖与黄油一样"[3]。这种哄抢的情形恰好从侧面反映了人们在面临旧秩序崩塌时的不知所措，尤其是东欧剧变、苏联解体之后的世界秩序陷

1　参见 Zygmunt Bauman, *Intimations of Postmodernity*, Routledge, 1992, p.183。

2　[美] 罗伯特·卡根：《历史的回归和梦想的终结》，陈小鼎译，社会科学文献出版社，2013，第82页。当一部分人为自由主义大获全胜、集权主义倒台而庆祝时，美国著名的社会学家、历史学家伊曼纽尔·沃勒斯坦（Immanuel Wallerstein）（也有学者译为：伊曼努尔·华勒斯坦）却认为，这并不能表明社会主义的挫败，也不意味自由主义将大行其道，而是"自由主义的衰微"，社会主义渐趋衰退决定性地削弱了自由主义这一意识形态继续发挥作用的空间（参见 [美] 伊曼努尔·华勒斯坦等：《自由主义的终结》，郝名玮、张凡译，社会科学文献出版社，2002，第7页）。与沃勒斯坦为资本主义意识形态担忧不同，处于社会主义国家的中国学者则更多地侧重于分析苏联解体的原因与教训，认为苏联的解体是内外因综合作用的结果，如思想理论滞后、经济发展落后、政治体制僵化、民族问题严重与领导人的决策失误等，以期尽量避免重蹈覆辙。

3　[法] 雅克·德里达：《马克思的幽灵：债务国家、哀悼活动和新国际》，何一译，中国人民大学出版社，2016，第69页。

入混乱状态，使得包括德里达在内的一些欧洲知识分子感受到良心的阵痛与理论立场转换的纠结，尽管他们对当时资本主义阵营的蛮横行径及其造成的恶劣后果感到悲痛，对未来社会的发展方向充满疑虑，却并未在思想立场上发生"右"转，反而继续向"左"倾斜，提出了马克思主义究竟出现了什么困境的问题。德里达的解构主义带有强烈的现实观照性，通过反思和质疑现代哲学家对社会发展的诸多预设来解构并批判现代性，在理论界激发了从历史本体论维度进行解读的怀疑主义以及从历史认识论维度予以把握的相对主义。德里达与当时政界以及理论界的一些左翼分子进行对话，认为马克思主义所遭遇的根本困境在于实践运用的环节出现了纰漏，而当代社会的各种理论不能够离开马克思主义，当代所有人文知识分子都是马克思的"幽灵"，并提出通过阅读马克思的经典著作对马克思主义进行创造性建构，并在当代社会现实中激活共产主义的"幽灵"。德里达审视历史演进的方法论具有深厚的解构主义特征，这决定了他在"历史的终结"议题上必然采取与福山截然不同的路径。他运用自己所创造的"延异"概念来揭示福山"历史终结"内在的不确定性，从根本上揭露了历史存于某一固定节点的荒诞不经。在共产主义成为"幽灵般存在"的当时，人们像得到最后一根"救命稻草"一样抓住了"自由民主制"，期望从中找到未来社会发展的答案，尽管并非所有人都相信"自由民主制"是历史的终结。

（二）"历史终结论"的思想溯源

早在古罗马帝国时期，基督教思想家奥古斯丁就提出了"时间"意义上的"历史的终结"。他认为，当基督再次临世，时间将走向终结，人与上帝的重聚使人在尘世的时间走向终结，即确证上帝的永恒形式对人的欠缺性存在的根本揭露和改变，使人摆脱自然形式的束缚而与上帝创造和安排的秩序相一致，此时历史也随之走向终结。"历史的终结"是犹太—基督教世俗化的结果，弥赛亚主义、末世论传统在引发人们探讨"历史终结"问题时，也将其推向了自己的反面——现代历史观。在福山之前，德国著名哲学家恩斯特·布洛赫将"历史的终结"与"死亡"联系起来，认为真正的"历史的终结"在于人死后，人与世界相连并作用于世界的张力消失，人将丧失超越性，最终的结果只能是历史发展可能性的消解，即历史的运行走向终结。尽管布洛赫承认马克思的政治经济学批判动摇了资本主义的统治，但他认为对社会生产和经济决定地位的强调容易忽视道德理想要素。布洛赫从"死亡"的关联中解读"历史的终结"，实则是将乌托邦理想图景与现实解放途径结合起来重释历史唯物主义。为了避免人们将历史的未来发展当作现实的"已完成"，布洛赫主张唤醒人们的"乌托邦意识"，着力扩展乌托邦概念的功能，使其具有批判当下丑恶现实的意识和精神功能，提倡突出人的主体地位以促成美好的抽象乌托邦想象走向具体的乌托邦现实，显明乌托邦指向未来发展的超越功能和价值引领作用，让人们重新萌发出对未来的憧憬与希望，重建人的"超我之境"以及保持人与现实世界的张力。

"历史终结论"的思想渊源可以追溯至唯心主义的集大成者德国哲学家黑格尔。黑格尔对"历史终结"问题的阐释是一种哲学意义上的探讨，他将"历史"限定在精神运动的"普遍历史"之中，而"普遍历史"是"各个民族的一种精神原则和这种原则的历史"[1]。正如科耶夫在《黑格尔导读》中所说，"在黑格尔看来，历史最终归结为哲学的历史"[2]，因而黑格尔所说的"历史终结"就是"哲学的终结"。在黑格尔的解释框架中，历史不再具备真实物象形态而呈现为抽象的精神活动，世界历史将自由作为其发展的最终目的，以期达到对"绝对精神的自我认识"，哲学所探究的课题是"绝对精神"展开的世界历史，即"绝

---

1 [德] 黑格尔：《黑格尔全集（第27卷 第1分册）：世界史哲学讲演录（1822—1823）》，刘立群、沈真、张东辉等译，商务印书馆，2014，第20页。

2 [法] 科耶夫：《黑格尔导读》，姜志辉译，译林出版社，2005，第482页。

对精神"的当前与过去的承接关系，而"绝对精神"的当前与未来的关系问题，则被黑格尔排除在历史哲学的任务之外，因此他对"绝对精神"的普遍历史的阐述并不包含对未来发展的预期。在考察现实的历史发展过程时，黑格尔以日耳曼世界与东方国家在对自由认知程度上存在的差异为表征，他甚至认为，日耳曼世界实现了"这个形式上绝对的原则把我们带到了历史的最后阶段，就是我们的世界、我们的时代"[1]。将自身所处的世界、时代作为历史发展的最后阶段，并不意味着黑格尔就认为日耳曼世界是历史的终结。这是因为，他在《精神现象学》的"序言"中提醒人们应该时刻牢记，他所处的时代还只是一个"初生儿"，是新时期的降生与过渡阶段，而这一时代之所以是"历史的最后阶段"，是因为人们已从理性哲学出发达至对现实世界的把握。

黑格尔对"历史终结"的探讨受到了俄裔法国人亚历山大·科耶夫的极力推崇，科耶夫自信地认为自己对黑格尔的所有思想都已"明白畅晓"。他不仅致力于解释黑格尔的哲学思想，而且将这种解释作为一种"政治宣传工作"，

1　[德] 黑格尔：《历史哲学》，王造时译，上海书店出版社，2006，第413页。针对黑格尔此处的表述，学界给出了不同的解读。有学者认为，黑格尔的论述对科耶夫以及福山提出历史终结论存在直接影响。科耶夫在黑格尔的影响下推测，法国大革命、拿破仑政权的建立以及黑格尔对"绝对精神"的推崇都是历史终结的标志性事件，正因如此，他对黑格尔的哲学思想进行了政治性解读，在分析市民社会与政治国家之间的关系时突出前者对后者的绝对依附，并直接影响后来者——福山（参见张盾：《"历史的终结"与历史唯物主义的命运》，《中国社会科学》2009年第1期）。在科耶夫的《黑格尔导读》中，他确实非常关注拿破仑，并主观地将黑格尔与拿破仑联系在一起，认为在理解拿破仑的时候，"黑格尔完成了他的自我意识，他由此成为一个'智者'，一位'完善的'爱智者"（参见 [法] 科耶夫：《黑格尔导读》，姜志辉译，译林出版社，2005，第183页）。有学者却认为，黑格尔所说的"历史"终结于"我们的时代"表明黑格尔将"历史"终结于普鲁士国家。但黑格尔从未直接表达过普鲁士的政治体制是最理想的政治体制等类似观点，其仅在《历史哲学》中谈到与东方接近自然的生活方式相比，欧洲"根本就是"历史的终结。福山对黑格尔这一论述也进行了解读，他指出"黑格尔把历史定义为人向更高层次的理性和自由的进步，这一过程在绝对自我意识的实现中有一个逻辑终点"（参见 [美] 弗朗西斯·福山：《历史的终结与最后的人》，陈高华译，广西师范大学出版社，2014，第84页），这一终点就是"现代自由国家"。福山认为，黑格尔将历史终结于"现代自由国家"，并不意味着自由民主国家在世界范围内得到普遍实现，而是自由与平等原则被发现且在最发达的国家得到贯彻，世界上再无比民主自由制更为优越的政治制度与政权组织形式。笔者赞成下述观点，即"在经验层面和政治哲学层面上，黑格尔都不认为历史终结了；在存在论层面上，黑格尔认为自己的时代与以前的西方历史的每个阶段，作为绝对精神向自身的回返，都在同等的程度上是历史的终结"（参见张瑞臣、庄振华：《黑格尔"历史终结论"考诠》，《哲学研究》2012年第10期）。

将黑格尔的主奴对立关系理论转化成思想意识融入人的生活当中。作为将黑格尔哲学思想通俗化解读的"始作俑者"[1]，他认为黑格尔的主奴辩证法对历史开始、发展与终结的全部过程做了完整阐释，而奴隶的胜利正是"历史的终结"。与霍布斯、洛克强调人的自我保存权利不同，黑格尔通过主奴辩证法将目光聚焦于人性中对获得"承认"的追逐。在黑格尔看来，历史中的"最初之人"为了获得"承认"，甘冒生命危险，为了自由而斗争甚至牺牲自我的人是拥有独立自我意识的具体展现，因而是值得被肯定的。黑格尔强调客观理性存在的绝对合法性，从主奴关系中探寻隐含的身体与精神之间的真实关系，进而追问存在的自由问题，他从"意识""自我意识"到"欲望"环节的展开中把握主奴之间殊死斗争的内在逻辑、历史演进和价值关切，最终确定主奴在精神演变视域中相互推动的必要性。黑格尔认为，奴隶出于对死亡的恐惧以及自我保护的需要，从而放弃斗争，沦为无法获得"承认"且被奴役的存在。黑格尔始终在"自我意识"的语境中论证主奴之间的动态"承认"关系，他规定从主人"自我意识"的获取到奴隶"自我意识"的完成再到二者之间的相互和解是人类的异化及其克服的必然逻辑进路，因而"自我意识"的每一次和解都可以被视为"历史的终结"，即"自我意识"动荡、否定到和谐统一的圆圈式运动状态。在对黑格尔哲学思想进行解释的过程中，科耶夫不自觉地表达了自身颇具政治倾向的"历史终结"思想。他认为黑格尔从拿破仑在耶拿战争的胜利中窥见了历史的终结，而同时，这次战役标志着"人的历史演进的终结"（尽管有时私底下他又否认这种观点，认为是斯大林而不是拿破仑终结了历史）。

科耶夫指出，"人"只有在国家和民族中才能实现自身，一旦脱离社会及社会活动而游离于社会之外，人就只不过是动物。表面看来，这一思想同马克思在"人的本质"阐述中对人之社会性特征的强调颇为相似，实则不然。科耶

---

1 参见 [法] 多米尼克·奥弗莱:《亚历山大·科耶夫: 哲学、国家与历史的终结》，张尧均译，商务印书馆，2013，第262页。

夫在对"人"的角色定位中，之所以强调人的社会性特征，是为了引出人之本性中的政治性特质。他认为，当且仅当社会以"政治的存在"或国家存在时，社会本身才具有现实性，而"人"只有作为"普遍同质国家"的公民得到"承认"时，才是真正意义上的人，个体性、自由和历史性是区分人的存在与纯粹自然存在的主要标志。尽管科耶夫承认人性局限导致历史终结的长期性，但他依然寄希望于落实"普遍同质国家"超越人性限度的理论。"普遍同质国家"实现了对种族、阶级等特殊性的扬弃，直接作用于人的特殊性，从而充分实现了人的个体性，人获得完全的满足，不再拥有想要通过否定某种东西来创造新东西的欲望。

科耶夫认为，历史终结于"普遍同质国家"之后，真正意义上的"人"将消失，人将回归动物式的生活。这种主体的动物性回归消弭了"自由的和历史的个体"，主体湮没于客体之中，社会发展不再依赖于主体发挥能动性与客体相统一的实践活动。由于人性在寻求"承认"欲望上的限度，人只能根据尚未存在的将来而实施对当前既定现实的超越，"普遍同质国家"可能永远不会实现；但正因为人是一种以将来为引导的时间性存在，历史的时间性运行必将促进人与人之间达成相互认同的关系，并最终成为"普遍同质国家"的公民。因此，"普遍同质国家"一旦实现，将具有不可超越性，这一国家形式中的人将生活在幸福中。这种幸福"如同白痴一般的幸福，因为创造性的活动，还有精神的活动，事实上都不再是主体与客体的统一了"[1]。科耶夫对"历史终结"问题的政治化解读，一味强调历史终结与历史发展的过程整体性和内在一致性，认为历史的终结就是整体历史过程的完成，突出人自身认识的有限性在塑造历史上的往返性和艰巨性，本质上不会创造新的认识概念，泯灭了人的主体创造性。科耶夫进而指认"历史终结论"中所允诺的"自由""民主"理想实质表

1　[法] 多米尼克·奥弗莱：《亚历山大·科耶夫：哲学、国家与历史的终结》，张尧均译，商务印书馆，2013，第318页。

现为最为优越的个体意识对全人类的精神支配，强制消除个人之间在满足自身欲望时产生相互"承认"的关系，使得自由民主制度肆意影响在社会历史中变动的人性，使人沦为与动物同等的依靠本能活动的生命体，这不仅是对黑格尔哲学思想的误读及曲解，而且是对人类未来进化可能的主观能动性的无视。

（三）福山的"历史终结论"

科耶夫对"历史"进行政治化解读的倾向深深影响了福山，并被福山发展到了极致。福山认为，最早提出历史应该有一个"终点"的人是康德。[1] 因为康德在 1784 年撰写的《来自一个世界主义者的世界普遍史观念》中通过对"普遍历史"的探讨提出了这一观点，并将人类自由的实现视为历史的"终点"。福山在比较了霍布斯、洛克的自由主义分析视角之后得出，黑格尔以获得"承认"为"历史终结论"的解释框架更为合理。他认为，黑格尔的解释框架是基于对主奴辩证法的论述，即实现主人—奴隶之间相互承认的"自我意识"与自由精神。福山便将"寻求承认的欲望作为历史驱动力"[2] 视为理解历史发展必不可少的因素。为了进一步显明黑格尔所述"承认"关系的自由精神，呼唤一种与自由精神相应的现实制度，福山将论证的触角延伸至科耶夫对"历史终结"的阐述，他极力肯定科耶夫将人类历史上的政治问题归结为对获得"承认"所

---

1 有学者对此表达了不同意见，认为最早提出历史有"开端"和"终结"观念的是 12 世纪的一位灵知人约阿希姆，指出约阿希姆从历史神学的角度所提出的"历史三一论"，即把"世俗历史"解读为"救恩历史"，并将从"世俗"到"救恩"的"历史过程"视为有"开端"和"终结"的、充斥着矛盾斗争的历史（参见刘小枫：《历史终结了？——从约阿希姆到柯耶夫》，《浙江学刊》2002 年第 3 期）。

2 [美] 弗朗西斯·福山：《历史的终结与最后的人》，陈高华译，广西师范大学出版社，2014，"代序"第 17 页。对于推动历史发展的"寻求承认的机制"，最初作出这一阐述的哲学家是黑格尔，但福山坦言，"我们感兴趣的并不是黑格尔本身，而是科耶夫所解释的黑格尔，或者可以说是一个名为黑格尔—科耶夫的全新综合的哲学家"（参见 [美] 弗朗西斯·福山：《历史的终结与最后的人》，陈高华译，广西师范大学出版社，2014，第 160 页）。因为福山认为，虽然"为名誉而斗争"的主奴辩证法为洞悉历史发展提供了一种理解机制，但主人与奴隶获取"承认"的方式本身却存在缺陷：主人获得"承认"的主体由于对暴死的恐惧沦为并非真正意义上的人，即奴隶；推动历史进步的并非主人的闲散安逸与一成不变的自我认同，而是奴隶不断寻求承认的欲望。

做的努力，而历史的"最后之人"由于获得"承认"的欲望已然得到满足便丧失了继续创造历史的主观动力，最终沦为"非人"。"人作为社会的人，都存在一个追求承认或被承认的问题。在这个意义上可以说，追求承认确实是人之为人的一个特征。但在肯定这一点的同时，也不能把追求承认作个体化、精神化，进而本体化和抽象圣洁化的理解，以至把它说成人之为人的最本质特征。"[1]受科耶夫对黑格尔哲学思想进行政治化解读的影响，福山最终将历史的"终点"定位于资本主义的"自由民主社会"，以西方自由民主制这一特殊整体来实现黑格尔世界历史理论中的普遍的自由精神。

"历史终结论"的提出引起了人们的普遍关注，西方自由民主制作为"历史终结论"的专属政体也遭到世界诸多学者的质疑，福山不得不为自己寻找"同路人"。他将黑格尔与马克思均划入倡导"历史终结论"的学者行列，在比较黑格尔与马克思关于"历史终结论"的阐释中否弃后者的理论主张。他指出，黑格尔将历史终结于一种"自由的国家形态"，而马克思则将"历史终结论"定位为共产主义社会。[2]在福山看来，黑格尔之所以将"自由的国家形态"作

---

1 陶富源：《福山"历史终结论"的历史观剖析》，《马克思主义研究》2020年第9期。

2 福山将马克思划为"历史终结论"倡导者行列的言论，引发了"马克思是否倡导'历史终结'"以及"共产主义社会是否就是'历史终结'"的争论。有学者认为，马克思发现了人类社会的运动规律，通过消灭私有制，历史将终结于共产主义社会（参见周书俊：《历史决定论与历史终结论》，《学术界》2016年第10期）。有学者却认为，"马克思不是'历史终结论者'，共产主义社会也不是历史的终结"（参见郑伟：《福山"历史终结论"及其对马克思历史观的误读》，《黑龙江社会科学》2006年第2期），只要人类存在，历史必定不会终结，共产主义社会作为人类历史的真正开启，终结的只是人类受压迫、被奴役的历史而非真正的历史。英国政治思想家约翰·格雷认为，采用目的论的方式理解"终结"，意味着"历史具有预先决定的目的，当其目标实现之后，也就趋向终结了"（参见[英]约翰·格雷：《黑弥撒——末世信仰与乌托邦的终结》，付强译，中国社会科学出版社，2013，第5—6页），马克思与福山均用目的论来支撑各自的"历史终结"观点。英国学者斯图亚特·西姆则认为，"马克思不仅不是意味着什么历史的终结，反倒是开启了把我们引向未来的论辩"（参见[英]斯图亚特·西姆：《德里达与历史的终结》，王昆译，北京大学出版社，2005，第71页）。笔者认为，"现实的人"在马克思的历史观中占有基础性地位，正如马克思所强调的，"全部历史是为了使'人'成为感性意识的对象和使'人作为人'的需要"而存在的历史（参见《马克思恩格斯文集》第1卷，人民出版社，2009，第194页），马克思、恩格斯在《德意志意识形态》中曾将历史理解为自然史和人类史的统一，而"现实的人"及其实践活动则是连接自然史和人类史的纽带，只要人类存在，"自然史和人类史就彼此相互制约"（参见《马克思恩格斯文集》第1卷，人民出版社，2009，第516页）。在马克思的历史观中，只有当人类灭亡时，历史才会真正走向终结，而共产主义社会只是将人从被奴役与压迫的历史中解放出来，并不意味着历史的终结，

为历史的终点，是因为黑格尔是站在政治国家的角度，确证国家制度对实现人自由精神的决定作用，坚信人们渴望获得普遍"承认"的欲望在"自由的国家形态"中已经得到彻底满足，未来社会将无法出现更好的人类制度来满足这些欲望。为了彰显资本主义社会自由民主制的优越性，福山对共产主义的学说与实践进行了冷嘲热讽。福山指出，马克思将共产主义社会作为历史终结论仅仅诉诸对历史进程的经济领域单方面的审视，而他自身的自由民主制却是基于对"人的所有方面"的考察；共产主义社会被自由民主制取代的原因就在于前者无法"给人以完全的认可"，而自由民主制度的胜利表明生活在西方资本主义社会形态中的人能够符合其本性地进行自由竞争、生存和发展。福山多次强调自由民主制的胜利，认为资产阶级国家机器在世界历史范围内扮演有效执行政治权力的角色，突出资产阶级的自由民主政治和市场经济之间高度配合的发展逻辑，主观臆断自由民主制国家相对于共产主义政权的必然优势。福山进一步指出，尽管世界上仍然有共产主义政权存在，但共产主义思想的理论旨趣已经失去了活力与号召力，一系列从上至下的强制革命使共产主义始终笼罩着专制主义的色彩，其所预想的社会形态只会以政治制度的形式使这种专制主义思想形成固定的社会模式，造成社会秩序的失衡，共产主义者发现自己身处尴尬境地，"他们要维护一种已然过时的社会秩序"[1]，以苏联解体为标志的共产主义阵营的挫败表征共产主义作为自由民主制的威胁已经彻底消失了。

为了凸显自由民主制的优越性，福山将"意识形态的终结"夸大为"历史

终结的只是资本逻辑控制下的异化劳动史。美国著名的社会思想家丹尼尔·贝尔就认为，"终结"的并非是历史，而是分裂、冲突与对立。他指出，"历史终结"是在充分的共产主义条件下，"精神劳动和体力劳动、城镇生活和乡村生活，以及最为重要的，有产者和无产者"之间分裂的终结（参见［美］丹尼尔·贝尔：《意识形态的终结：50年代政治观念衰微之考察》，张国清译，中国社会科学出版社，2013，"2000年英文版作者序"第44页）。

1 ［美］弗朗西斯·福山：《历史的终结与最后的人》，陈高华译，广西师范大学出版社，2014，第57页。

的终结"[1]，尽管后来的历史事实已经证明这一意识形态并未走向终结，但福山却混用了黑格尔对历史终结的纯粹哲学思辨与马克思深入政治经济学研究对历史走向的省思，把哲学形而上学的叙事方式与科学实证的论证方法混为一谈，强硬赋予冷战结束后人类历史即将终结于西方自由民主制度的事实依据。他在《历史的终结与最后的人》的"代序"中谈道，由于自由民主制不存在"基本的内在矛盾"，因而它"也许是'人类意识形态演化的终点'和'人类政体的最后形式'，并因此构成'历史的终结'"[2]。与马克思试图通过批判现存世界以建立新世界的致思理路不同，福山关于未来的预言并非出自对现时代的批判以创造更好社会蓝图的立场，而更像是在明知现存社会不完美的状况下为其存在的合理性进行强制辩护，以期麻痹人们安于现状而不至于产生对现实矛盾的认识和革命的欲望。

"历史终结论"理论形态的演变经历了黑格尔的自由精神、科耶夫的"普遍同质国家"和福山的自由民主制这三种不同的模式，三种模式在强调人类历

1　"历史的终结"与"意识形态的终结"之间存在差异。加拿大学者莎蒂亚·德鲁里认为，"意识形态的终结基于科学，历史的终结基于历史的决定论；前者根植于美国实用主义，后者隐蔽于黑格尔的哲学；前者倾向于乐观主义和较少的自我怀疑，后者的出现伴随着它自身的虚无主义标志"（[加] 莎蒂亚·德鲁里：《亚历山大·科耶夫：后现代政治的根源》，赵琦译，新星出版社，2007，"序言"第 5 页）。丹尼尔·贝尔对二者的关系进行了更为精辟的论述："意识形态的终结是历史的回顾而非历史的终结，历史的终结是谬误的成全而非意识形态的终结"（Daniel Bell, *The End of Ideology*, Harvard University Press, 2000, p.xvi.）。福山对"历史终结"的探讨是丹尼尔·贝尔关于"意识形态是否终结"问题大辩论的延续。相比较而言，"历史"拥有比"意识形态"更加宽泛的内涵与外延。"意识形态"往往与一定的政权组织形式相联系，具有鲜明的政治性；而"历史"总是与社会中的人密不可分，是外在环境与人的主体性相互作用的结果。福山对历史终结的预言实际上就是将他以为的"意识形态的终结"夸大为所谓的"历史终结"。

2　[美] 弗朗西斯·福山：《历史的终结与最后的人》，陈高华译，广西师范大学出版社，2014，"代序"第 9 页。福山后来对"历史终结"问题的相关论述证明，此处"也许"的使用是十分恰当的。因为他在随后的《我们的后人类未来——生物技术革命的后果》中直截了当地声明：只要科技不会终结，历史将永远无法终结。诸如此类的言论在福山后来的著作或访谈中比较常见，似乎他开始改变自己过去对"历史的终结"问题的认知。但如果人们因此就认为福山彻底放弃了"历史终结论"，可能就会被他的"狡黠"所蒙蔽。表面看来，福山论述的重点是"历史的终结"，但实际上却是在维护自由民主制的合法性，后来的言论只是表明他在历史的"终点"问题上做出了些许让步，却并未改变其对自由民主制辩护的本质，他秉持的资本主义立场始终没有改变。

史的未来发展终将完结的立场上具有一致性，在历史终结问题的分析方法上体现了一定的继承性，尤其是黑格尔对"历史终结"问题的探讨深深影响了科耶夫与福山。尽管科耶夫将黑格尔的"精神活动史"变成了"动物式的自然史"，福山将其变成了"意识形态史"，但是这些"历史"都与马克思所强调的通过人的实践活动创造的"世界历史"截然不同，它们在本质上植根于黑格尔的概念框架，以概念和意识裁剪现实，并妄图逼促现实被动适应概念和意识所制造的思维表象与范畴架构，肆意忽视现实实践的生成性与实践对历史发展的推动作用。值得进一步追问的是，既然科耶夫与福山的"历史终结"都与黑格尔密不可分，为什么黑格尔在提出这一观点后并未引起轰动，反而是福山对历史终结的预言在世界范围内刮起了"飓风"？

笔者认为，黑格尔、科耶夫与福山对"历史终结"问题的阐述之所以会引发不同的社会反响是与当时的历史条件密不可分的，政治事件带来的连锁反应催生了人们对"历史终结"问题的密切关注。黑格尔所处的时代，从政治上说是资产阶级革命高潮的时代，从哲学上说是康德的时代。作为一个旧世界崩溃和新世界诞生的过渡时期，当人们推翻现实的贵族统治或封建专制统治的热情已被充分激发，陷入一种对未来解放的憧憬与希望情绪之中时，当人们沉浸于同旧时代的哲学思想彻底决裂的历史氛围时，便很难再被哲学上的所谓"历史终结"问题所羁绊。同时，就黑格尔自身思想发展而言，他的思辨哲学致力于对既定社会现实和历史事件的反思，并将哲学史与人类历史的发展归诸理性精神同一化的演变过程，而当整个社会处于一种急剧变革的状态之中，时代本身的不确定性使他无法完全对"历史终结"问题给予明确说明，从而使这种对"历史"问题的探讨演变成为对"哲学"问题的反思。与黑格尔所处的时代背景不同，科耶夫生活于战争频发、世界秩序重组的时代，两次世界大战以及与之相伴随的大大小小的革命战争，使世界上贫穷落后的边缘地区逐渐向先进的欧洲世界和资本主义秩序看齐，"世界的美国化在那个时代（1948—1959 年）被认为是不可避免的"[1]，旧的世界秩序被推翻、重组。这一时代特征催生了对"历史终结"问题进行宿命论阐释的第一个版本。科耶夫对"历史终结"的论述是多层面的：历史在经济层面终结于资本主义，在政治层面终结于"普遍同质国家"，在哲学层面终结于绝对知识，在艺术层面终结于抽象艺术，在心理层面终结于人对自身有限性的接受。[2] 政治层面作为真正意义上的"人"存在的标志，统领了历史发展的其他领域，历史在政治层面的终结也必然牵引其他领域进入完结状态。而福山的"历史终结论"之所以一经提出就名声大噪，是因为人们在冷战格局下饱受意识形态尖锐对立的折磨，美国社会学家丹尼尔·贝尔迫不及待地喊出"意识形态终结"的口号，正是反映了人们对意识形态对峙局势的愤慨：绝不能让世界秩序的重建和人类历史的发展受困于强权大国对意识形态的任意操控。苏联解体造成共产主义衰败的假象使人们对未来历史的发展产生迷惘，人们"一直被假设的目标所困扰：乌托邦思想的终结、社会主义的终结，以及最大的终结——历史的终结"[3]，此时福山高调地宣扬自由民主制为最优政治体制势必引发广泛关注，使他在赢得资本主义拥护者极力赞扬的同时也饱受反对者的批评与指责。

任何哲学思想都是对其所处时代现实境况的抽象演绎。"历史的终结"并非近代社会的产物，许多宗教都曾不止一次地从不同的层面预示过历史的"终结"。每当新的千禧年到来就会产生新的"终结"，而每一次世界政治、经济、文化等层面的剧烈震动都会引发新的意识形态或现代性的"终结"的论说，进而延伸至"历史"的终结。从黑格尔到科耶夫再到福山，"历史终结论"核心

---

1 ［法］多米尼克·奥弗莱：《亚历山大·科耶夫：哲学、国家与历史的终结》，张尧均译，商务印书馆，2013，第 5 页。

2 参见 ［加］莎蒂亚·德鲁里：《亚历山大·科耶夫：后现代政治的根源》，赵琦译，新星出版社，2007，第 63—65 页。

3 John Milfull, "The End of Whose History？ Whose End of History？", *Australian Journal of Politics and History*, Vol.49, No.2, 2003, p.226.

思想的微妙变化正是资本主义世界秩序从确立到不断强化过程的生动体现，是资本主义自身所经历的动态发展过程的思想体现。值得我们深入思考的是，黑格尔、科耶夫和福山"历史终结论"中对于"普遍历史"必然发生的理论共识，即为何"必然"终结于"偶然"出现的欧洲？这启示我们必须结合现实的社会历史来探索观念的历史中的政治制度。

二、"历史终结论"的理论局限与时代困境

"历史终结论"使福山在收获国际声誉的同时，也面临诸多学者的批判和谴责。法国解构主义哲学家雅克·德里达就是批判者之一，他运用解构主义的方法展开批判，对我们认识"历史终结论"的局限深有启发。福山的"历史终结论"由于忽略了历史发展本身是纵向与横向发展相统一的事实，错误估计了人的欲望对历史发展的推动作用，误解了意识形态与历史之间的本质差别，消弭了人的主体性与创造力量，从而陷入了对未来世界图景的单一想象。

（一）德里达对"历史终结论"的批判

"历史终结"问题一般被解读为两个不同层面：哲学层面与政治层面。黑格尔主要从哲学层面探讨了"历史终结"问题，将历史的发展解释为精神运动的进化史。科耶夫将黑格尔的阐释政治化，把问题域从哲学领域延伸至政治领域，这种政治化解读倾向最终在福山的论述中达到极致。福山将人们对未来世界图景的想象局限于现时代部分实现的自由民主制，试图用资本主义的政治逻辑诱导人们放弃对未来世界发展的可能想象。"历史终结论"并不是要"终结历史"，而是意在"构造现实"，即把现存现实别有用心地构造成稳固的、不变的、永恒的存在。

福山的"历史终结论"一经提出就遭到国内外学者的批判。如有学者指出，福山将资本主义民主作为"历史终结"的标志，但欧洲民主带来的短暂和平在某种程度上得益于他们的福利国家制度，他们认为福利国家是与战争国家相对立的政治形态，福利国家制度的提出正是为了满足人们在战时对和平和福利的期盼。自英国在1948年宣告建成福利国家之后，法国、瑞典等欧洲国家相继实施并宣扬福利国家制度，即保障全民基本生存、充分就业和教育医疗服务等。但是，不同阶段的福利国家制度实践表明，这一政体形式并不单纯以实现人的自由发展为价值旨归，根本上是为了维持资本主义自由民主，满足市场经济持久运行的需要，暴露出这一制度形态内在的隐患及其瘫痪的必然性。一旦福利国家等缓和战争冲突的应对性制度被变革或废除，"可能再次引发共产主义的幽灵，并导致'恢复历史'"[1]。另有一种观点认为，历史的发展具有不可预测性，福山的"历史终结论"只是告诉我们，"在政治和经济史上，从美元的价格和天气到民族国家的边界与下一次暴力革命的爆发，唯一真正的共识是我们无法预测什么，他让我们所有人走上一条通往自由民主乌托邦的安全的新黑格尔主义道路"[2]。福山批判性继承黑格尔哲学以对抗马克思的哲学学说，他前期推崇黑格尔关于绝对精神的客观唯心主义立场，希冀构建普遍的自由民主制来回避马克思所预示的共产主义取代资本主义的理想，后期则转向了主观唯心主义的支撑，妄图将西方自由民主制确定为绝对永恒的存在形式，竭力鼓吹资本主义国家的公共意志，并以此构建整个世界运行秩序。

在所有的批判声中，德里达的攻击最为猛烈，他运用解构主义的方法，对福山的"历史终结论"进行了深入分析和有力批判。德里达认为，福山的"历史终结论"主要存在三个方面的问题。第一，福山的著作是在基督徒式的黑格

---

1 Resad Kayali, "The End of Hhistory and the European", *Marmara Journal of European Studies*, Vol.20, No.2, 2012, p.177.

2 John Milfull, "The End of Whose History？ Whose End of History？", *Australian Journal of Politics and History*, Vol.49, No.2, 2003, p.226.

尔模式下完成的。《历史的终结与最后的人》"整部书都是在《精神现象学》中主人—奴隶辩证法的简化——而且是高度基督教式的——纲要之未经检验的公理化体系中写就的"[1]。福山所倡导的自由国家模式，并不仅仅是黑格尔所主张的以人与人之间获取相互"承认"关系的自我意识为基础的自由国家模式，而是"基督徒眼界"有优先地位的黑格尔哲学模式，福山所提倡的历史终结于自由国家模式在本质上植根于黑格尔的绝对理性主张，预设与上帝神学呓语相匹配的现实自由国家的先决优势和永恒存在。第二，在福山的论述中，"自由民主制"在现实制度与理想状态之间摇摆不定，致使作为理想状态出现的"自由民主制"存在"无限"与"有限"之间的逻辑悖论。一方面，"自由民主制"作为现实制度在美国已然出现，其在运行过程中遭遇的现实困境引发必要的理论反思，所谓理想状态的"自由民主制"的理论局限性随即暴露出来，它仅仅适用于特定阶段特殊国家背景下的发展要求；另一方面，理想的"自由民主制"本身区别于任何已然存在的政治制度，因发展过程漫长而呈现出无限性。若从有限性的角度出发，已然存在的"自由民主制"标志着历史的终结；但从无限性出发，历史还有漫长的发展空间，仍未走到终点。第三，福山把衡量一切事物的超历史的和超自然的标准视为"人类的人"[2]，具有高度的抽象性。德里达认为，对于抽象性概念的使用表明，福山似乎对历史上哲学家们关于"人"的概念的分析一无所知，就像他从未读过黑格尔、马克思、施蒂纳、弗洛伊德、胡塞尔和海德格尔等人的著作一样。正因如此，福山才主张回到"最初之人"，即所谓的"自然的人"。沃勒斯坦在分析资本主义的未来时也表达了类似的观点，即"只要还存在由社会组织联系起来的人类，就没有理由相信历史会终

1　[法] 雅克·德里达：《马克思的幽灵：债务国家、哀悼活动和新国际》，何一译，中国人民大学出版社，2016，第63页。

2　参见 [法] 雅克·德里达：《马克思的幽灵：债务国家、哀悼活动和新国际》，何一译，中国人民大学出版社，2016，第68页。

结"[1]，因为历史的人是在现实生活中处于一定社会关系中的人，他们由于现实生活世界的动态变化而始终处于具体生成和多样呈现之中，而非福山所说的具有普遍性的抽象的"人类"。

德里达对福山的批判无疑切中了要害，他揭示了福山将西方资本主义的恐怖、贫民等危机弱化为历史事件的"修辞艺术"，认为福山理想化的自由民主制与现实社会理想的差距反映了其"历史终结论"无法克服的内在矛盾，即福山将资本主义书写成历史的完结篇，这与世界历史发展的必然势头相悖，并在内在矛盾触发时束手无策而倒向了主观任意性，揭露出福山推销市场经济万能论和自由民主制独断论的理论实质，对我们理解福山"历史终结论"问题具有启发性。在德里达看来，尽管福山表达了对自由民主制在相对的历史认识论中无法达到完满的忧虑，但他仍然坚决将自由民主制视为全球现代性的普遍标杆，隐含将历史上"最后的人"的意志凝结成人类政治愿景的侥幸心理。德里达在解构福山的理论中驳斥了资本主义现代性模式，在"历史是否存在终结之点"上与福山截然不同。但若要真正理解"历史终结论"的精神实质，我们必须对以下两个问题进行更深入的分析。

首先，关于"历史终结"前后时期人的存在状态如何描述的问题。康德认为，"人"要褪去自身的不成熟状态必须借助于人的"理智"，在理智的帮助下才能挣脱宗教的束缚及其自身对宗教的依附关系以获得独立，但这种理智并非外显于人，而是必须通过自身的挖掘才能获得。当人挖掘出这种理智并将其用作自身行为的规范时，人的普遍自由才能实现，人才能作为自由的人存在。黑格尔赋予"人"以双重属性，他认为主体性作为人认识自身的原则是根植于人自我意识的内在存在，而人的自我意识经历了一个由自然理性到绝对理性的发展过程，因而人作为自我意识的存在，必定兼具"自在存在"与"自为存在"

---

[1] [美]伊曼纽尔·沃勒斯坦、兰德尔·柯林斯、迈克尔·曼等：《资本主义还有未来吗?》，徐曦白译，社会科学文献出版社，2014，第198页。

的特性。在现实生活中，这种双重属性意味着他们既是国家的公民又是追求财富的理性人，后者作为"第一自然"在逻辑上更具先在性，即主体克服了自身作为自然属性的存在限度，进入走向绝对理性精神的主体性存在过程，把自身的自然本性和欲望放逐于个体理性之外，而成为绝对理性普遍原则的实践者，成为人自身认识和实践的裁决者。在黑格尔看来，人之为人并非在于其拥有与动物相同的自我保存愿望，而在于他欲求一种完全非物质的对象，即渴望获得"承认"：一方面，绝对理性成为一切存在的出发点，具有类似于上帝存在的能量，人获得"承认"的欲望要以绝对理性的普遍法则为终极依据；另一方面，现实生活中的人所进行的实在劳动等实践活动是绝对理性的一种外显形式，而人只有在自我意识的完善阶段才能获取趋向绝对理性的主体地位的"承认"，因而人必须具备以生命为代价进行冒险的能力。"人基本上是一种他人导向的社会动物，但是他的社会性不会把他领入一个和平的公民社会，而是把他引入了一场为了纯粹名誉的暴力决斗"[1]，正是这种追逐纯粹名誉的暴力斗争构成了历史前进的动力。而人追求"承认"的欲望是整个历史的产物，受到客观环境的限制，并构成随时间变化的"人性"的一个方面，其重要程度也会随着"人性"的其他方面发生变化。加拿大学者莎蒂亚·德鲁里认为，科耶夫是在马克思与海德格尔的双重视域中来理解黑格尔的，因为"像马克思那样，他相信人是历史的推动力。像海德格尔那样，他以面向死亡的存在来理解人，其结果是一种任性的（wild）、令人心醉神迷的观念的混合"，他们"否定给定物、冒生命危险、蔑视死亡，以完全惊奇、无法预料和令人兴奋的方式行事"[2]。"人"在科耶夫的视域中是对未来充满期待的存在，是希冀通过实践活动改造人对自身或世界认识原则的存在，一旦人的欲望得到满足就对未来不再怀有期盼，人将生活

1　[美] 弗朗西斯·福山：《历史的终结与最后的人》，陈高华译，广西师范大学出版社，2014，第163页。

2　[加] 莎蒂亚·德鲁里：《亚历山大·科耶夫：后现代政治的根源》，赵琦译，新星出版社，2007，第20、228页。

在"永恒的现在",从而回归动物的生存状态,而失去通过任何实践去获取"承认"关系的动力和需要。在这种状态中,人依然会去"建造大型建筑"和"创作艺术作品",却再也无法感到幸福,因为获得"承认"的满足使他们丧失了继续追求"承认"的"激情",而制造工具和获得"承认"的"激情"正是人与动物的本质区别。在黑格尔看来,人是在获得"承认"欲望的驱使下进行活动的,历史终结后的人是服从于理性的真正自由的人。虽然福山与科耶夫都将获得"承认"的欲望作为理解历史的关键因素,但在描述"历史终结"时人的存在状态有所差异——科耶夫将人退化成为动物而福山则将人视为理性、欲望和激情在最广阔的范围中得到满足的人。[1]

其次,关于自由民主制的理想与现实之间的差距问题。福山认为,当自由民主制实现其理想形态的转化之后,它将不再面临任何强劲意识形态对手的挑战,但自由民主制在现实状况中也可能存在两方面的困境:一是内部颠覆的风险;二是面临无法普遍化的难题。"自由民主制度之所以被从内部颠覆,要么由于过度的优越意识、要么由于过度的平等意识"[2],"过度的优越意识"往往造成自由民主制漠视一切与之相抗衡的政体形式,"过度的平等意识"则导致制度探索路径被完全同一化于自由民主制的内在要求之中,且"过度的优越意识"由于缔造自由民主制度的普遍性抽象概念,使其成为脱离历史语境的单独实体而可能潜藏着更大的隐忧以及造成更大的威胁;它之所以"未能普遍化,或者即使一度掌权也难以保持稳定,其原因根本在于民族与国家之间的不完全一

---

1 与福山不同,尼采将自由民主制实现之后的人称为"末人",即对生活失去任何激情与欲望之人,他们不仅是自由民主制的产物也是其将要安顿之人。"末人"受无限性缠绕,成为"甚至连乌龟都追不上"的人。福山在《历史的终结与最后的人》中表达了不同的看法,他不仅不认为自由民主制会使人们丧失行动力变为"末人",反而强调自由民主制拥有更多的形式和渠道来释放人的优越潜能,如经济活动、选举政治或体育、登山、赛车等(参见刘小枫:《"历史的终结"与智慧的终结——福山、科耶夫、尼采论"历史终结"》,《贵州社会科学》2016年第1期)。

2 [美]弗朗西斯·福山:《历史的终结与最后的人》,陈高华译,广西师范大学出版社,2014,第323页。

致"——国家按照"政治目的"组建而成，民族则依托于"先在的道德共同体"[1]。在国家的构建与运行之中，政治因素占据主导地位，而在整个民族的发展视野之中，则是文化等不确定的因素发挥主导作用。只有"政治目的"与"道德共同体"达成一定程度的契合，自由民主制才能臻于完善与实现。如果福山所指出的自由民主制面临被内部颠覆与无法普遍实现的双重困境能够成立，那么在未来社会的发展过程中，是否存在消除这些困境的可能？

笔者认为，答案是否定的。其一，就"过度的优越意识"而言，缺乏长久维持其适度的可能。福山等自由民主制的追捧者若想使其实现为普及世界的目标，就必须保持制度本身的吸引力，而这种吸引力无法基于不同制度形式之间相互平等的承认存在下去，必须显示出其较于其他政权组织形式所具有的内在优越性。优越性越是凸显，越是容易滋生优越意识，且在反复展示其优越性的过程中不断强化这种优越意识。量的积累达到一定的度必然发生质变，优越意识从"适度"向"过度"的转变只是时间问题。其二，就"过度的平等意识"而言，若要实现真正意义上的平等，必须摒除财富分配不均导致的贫富差距过大这一根本问题，彻底消灭私有制实现财富的重新分配才能达到真正意义上的平等，而消灭私有制的预想在以维护私有财产合理性为基础的资本主义社会并不具备实现的可能性。其三，就国家与民族达到一定程度的契合而言，依然存在诸多无法克服的障碍。民族认同感、宗教与风俗习惯等都对民族文化产生重要影响，虽然这些因素对民主制度的确立来说既非"充分条件"也非"必要条件"，但却使民主制度在世界范围内的普遍确立面临巨大障碍。意识形态冲突作为政治领域的对立问题，只要一方主动或被迫放弃其自身的意识形态立场就能迎刃而解，但不同国家之间的文化差异和冲突关系却很难根除。由以上三个层面可见，自由民主制理想全然实现的障碍在该政权体制下并不具备被彻底消

---

1 [美] 弗朗西斯·福山：《历史的终结与最后的人》，陈高华译，广西师范大学出版社，2014，第226页。

除的现实可能性，横亘在自由民主制理想与现实之间的鸿沟终将无法逾越。福山一方面指出其他的政体形式因其缺陷和内在基本矛盾最终会走向崩溃，而自由民主的"理想"则已尽善尽美；另一方面却在解释自由民主理想原则化为政权组织形式带来的现实社会问题时，将其归结为原则贯彻实践环节的缺陷而非隐含于原则本身悖谬的原因。福山的"历史终结论"追寻世界普遍历史的存在状态，对人类社会历史的认识带有鲜明的目的论倾向，旨在凸显资本主义社会自由民主制度的普遍有效性，将自由民主制提升为保证人类社会进步和实现解放的基本准则。他为了替自由民主制进行辩护，刻意无视"理想"转化为现实是否可行；为了凸显自由民主制的优越性，用双重标准对待自由民主制与其他政权组织形式。"理想"的政治制度依托于高度抽象的政权组织原则，自然可以穷尽人类对美好制度的所有想象，达到尽善尽美。但若政权的组织原则在化为现实时根本无法普及并趋于稳定，又怎能说明它是最好的政权组织原则且适用于全人类呢？

（二）"历史终结论"的认识局限

"历史终结论"对"最后之人"的片面理解以及无视自由民主制的转化困境暴露出其理论自身存在的四大认识局限。

局限一：忽视了历史发展是纵向发展与横向发展的统一。历史发展本身存在层次与程度上的差异。从历时性的角度来看，历史的纵向发展呈现出从低级到高级的演进趋向，是一个流动、变易的"液态"形式，人类历史本身的存在和运动在本质上是在矛盾涌现及其克服的过程中向前推进的，每一个历史阶段形成之后必然会向新的更高的阶段迈进，因而历时态的历史运动特征内在要求一种与之相适应的整体动态的认识方法予以把握。当人们以为历史发展停滞或即将走到尽头之时，只是因为受历史环境的限制，在比较当下多样差异形态的政治经济体制中致力于探求优胜的载体并将其视为历史发展的唯一"固态"存在，无法想象出更高级的历史阶段的存在及其具体样态，但是"无法想象"并不等同于更高级甚至高级得多的"将来"不会到来，人类历史的发展与人所禀有的生命自由本性及其生存实践具有内在一致性。现成的政体形式是历史阶段性的产物，需要在历史中被确证，而人的生命本身可以通过体现其自由本性的感性实践进行自我确证。历史发展不仅在横向的共时性维度呈现出普遍的世界历史性观念，而且在纵向的历时性维度体现了在具体发展阶段受到特殊条件的限制，进而在历史与人类社会的相互构成中展现出充斥矛盾又丰富多元的生活世界。从共时性与历时性相统一的角度来看，社会内部各要素之间存在一个由少数向多数、由不完善到完善的发展过程，社会结构的具体要素总是处在不断丰富与变化之中，而决非处于停滞、单调或同一的状态，横向的历史发展也是历史发展形态的一种，它是历史在空间向度上的呈现，显示不同民族、地域等因素在具体丰富的滋养环境中呈现多样化的发展态势。正如恩格斯曾在《路德维希·费尔巴哈和德国古典哲学的终结》中所指出的，历史发展和人的认识一样，"永远不会在人类的一种完美的理想状态中最终结束；完美的社会、完美的'国家'是只有在幻想中才能存在的东西"[1]。承认历史发展已经走向终点的看法，实际上是对历史纵向发展可能性与横向发展多样性的否定。

福山将"历史终结"定位于自由民主制，是对黑格尔、马克思以及科耶夫关于历史发展形态思想的狭隘理解，不可避免地产生对未来世界蓝图的主观臆想。"历史终结论"的提出实质上暴露出欧洲中心论或西方中心论的思想立场，它带有这样一种优越性，即"西方社会已经或正在走向所有的其他人类社会和民族都迟早要走向的某个唯一的目标和终点"[2]，而这一终点就是自由民主制。历史的内核是由复杂的系统构成的，包括政治、经济、文化等不同元素，

---

1 《马克思恩格斯文集》第 4 卷，人民出版社，2009，第 270 页。
2 [美] 丹尼尔·贝尔：《意识形态的终结：50 年代政治观念衰微之考察》，张国清译，中国社会科学出版社，2013，"中文版译者序"第 11 页。

政体形式只是在政治这一重要层面反映出历史的运行规律，但政治层面的优势绝不能取代其他因素的地位而成为决定历史走向的根本要素。自由民主制仅仅是构成历史政治形态的一种表现形式，它在特定阶段占据的暂时性优势地位并不能作为评判历史发展最高形态和终极准则的依据。正如美国著名社会学家、历史学家伊曼纽尔·沃勒斯坦所说，"20 世纪的思想家和政治领袖们无论持何种观点，都错误地认为通向未来的道路是唯一的"，但事实却是"人类社会可以有多种组织形态"[1]。与福山回避历史发展未来预期的消极态度不同，沃勒斯坦对历史发展趋势给予开放且肯定的解释，他用多元的、全球性的视野分析资本主义的存在方式。他认为，作为一种历史体系的资本主义终将面临崩溃，消失在资产阶级自身的挫败中，这一结局由资本主义制度自身的内在矛盾与其生产实践中的肆意任性行为所致。美国社会学家兰德尔·柯林斯表达了类似的观点，他认为未来的几个世纪并非"历史的终点"，社会发展形态将会呈现出社会主义和资本主义之间的反复摇摆的状况或者是出现一些从未被我们设想过的制度，这彰显了他对制度本身确立和形成过程的历史性维度的反思。

局限二：错误地预估了人的主观愿望对历史进程的推动作用。福山认为，科学的发展不仅源于人们对宇宙的好奇，也是出于满足人的安全需要以及无限度获取财富的欲望，诸多因素的交互作用使历史的发展呈现出一种不可逆转的态势。他认为，技术驱动的经济现代化使得发达国家普遍接受了资本主义经济文化的基本信条。福山有关科学的发展源于好奇以及满足人的安全需要的观点具有合理性，表明他肯定并致力于推动科学技术在丰富物质条件和加快经济增长以实现人的发展上的目的论视角，但将科学的发展归因于人们无限度地获取财富的欲望，从而认为科学作为推动历史发展的内在机制终将历史推向资本主义的结论有失偏颇。无限度地获取财富的欲望是资本主义发展的产物而非原

---

1 [美] 伊曼纽尔·沃勒斯坦、兰德尔·柯林斯、迈克尔·曼等：《资本主义还有未来吗?》，徐曦白译，社会科学文献出版社，2014，"引言"第 7 页。

因，将资本主义的生产逻辑和财富观作为历史终结理论的主观依据，体现福山对资本主义历史观的狂热追捧。在前资本主义社会，人们在与自然的搏斗中过着自给自足的生活，挣脱自然束缚以解放生产力的需要推动科学技术向前发展，人类社会实现了从农业社会向工业社会的转型。当时，同质性、未分化的社会结构需要的是一套稳固的集体生活信念来维系社会运行的机械有序性，这就促使社会成员生成一种维持统治阶级权力的强制性"集体意识"，以实现对当时社会力量的整合，而他们对获取财富的欲望并未占据主导地位。进入资本主义社会，资本家为了获取更多的利润，满足自身无限度获取财富的需要，加大了对科学技术的投入及应用，在推动科学技术发展的同时，也使人们潜移默化地受到金钱至上价值观的影响，激发了人们追逐财富无节制的欲望。科学技术的发展并非必然导向资本主义，也可能导向其他社会组织形式，因为人的欲望不只是无限度地获取财富，还有对公平、正义等价值的追求。福山将人的深层欲望视为推动历史前进的动力的前提预设是：第一，每个人的欲望都是一致的，不存在冲突对立和无法调和的矛盾；第二，人们的欲望可以在自由民主体制下的政治活动中得到满足。这样的前提预设否定了人的特殊性，将人划归为千篇一律、欲望相同的历史主体；否定了人的欲望的差异性和发展性，将人的欲望归结为固定不变、内容单一的政治欲望。这种判定人的欲望的方式，显然具有脱离实际的唯心主义性质，即人被定性化、设定成为失去了历史性和超越性的存在"格式"。人现实生存的历史性维度的失落，使得人的政治欲望失去历史规律的观照和现实标尺的规定，人与人之间的政治活动产生了非此即彼的否定和敌对。从人生存的政治欲望角度出发限定人的本质，并赋予其对现实的个体以绝对的统辖性和长久有效性，将现实活动着的具体人幻化成为同质的抽象人，使超感性、超历史的狭隘愿望成为具体情境中现实个人在场性的确证，并转化为这种在场形式的约束力量。

局限三：把意识形态的运作态势与历史的发展走向直接等同起来。正如斯图亚特·西姆所说，所谓的"历史终结"，只是某种特定的"历史"概念的终结。英国近代地理学鼻祖哈·麦金德（Halford John Mackinder，1861—1947）认为，"唯一能算作历史的是地中海地区和欧洲种族的历史"[1]，因为希腊和罗马人统治世界的理念来自这些种族，尽管通常是在面对苦难的压力和抵抗外来入侵的共同需要下被接受的。黑格尔所认为的"历史"是以"理性主宰世界"为前提而构建的，历史只是绝对理性的体现，是自我意识"必然前进的发展"，推动历史发展的动力是人的需要、利益与热情等主观因素。黑格尔从人的心理因素出发，将获得"承认"的欲望作为历史前进的动力，而历史实质上就是以人的"热情""欲望"为驱动力的精神史，现实世界中的政治国家和个体之间的矛盾冲突只不过是"绝对精神"中介的否定性环节的外显，终将伴随人的自我意识的完善而趋近于绝对理性的构设，实现人的欲望与国家和市民社会的和解、与整个历史前进步调的一致。正如马克思、恩格斯所说，黑格尔不仅使"整个物质世界变成了思想世界，而且整个历史变成了思想的历史"[2]，这种唯心主义特质与其将历史看作动态前进过程的思想相比黯然失色。黑格尔所说的"历史"是精神的历史、哲学意义上的历史。科耶夫在揭示黑格尔哲学内涵时，自身受广泛参与政治活动的影响，不自觉地将黑格尔的"历史"概念从纯粹思辨的精神领域延伸至现实政治领域，指出"历史"并不终结于预言的"理论"，而是一个通过普遍的同质国家已然实现的事实。在科耶夫看来，"历史"不仅拥有哲学形态还具备现实形态，即现实的革命斗争与人类劳动。福山对"历史"的理解深受黑格尔观点的影响，他提出，"历史"是"把全人类在一切时代的经验都纳入解释范围，并将之理解为一个唯一的、连续的、不断进化的过程"[3]。福山认为自己所说的"历史"是所谓的"大历史"，强调的是历史前进的方向，

---

1 [英]哈·麦金德：《历史的地理枢纽》，林尔蔚、陈江译，商务印书馆，2010，第51页。

2《马克思恩格斯文集》第1卷，人民出版社，2009，第510页。

3 [美]弗朗西斯·福山：《历史的终结与最后的人》，陈高华译，广西师范大学出版社，2014，"代序"第10页。

而非重大历史事件的堆砌。"历史终结论"作为一种现代化理论，其探讨的目的是人类历史将趋向何方，其研究结论是：当人们无法想象出一个完全优越于现实世界的存在或者彻底改善现存秩序的世界时，历史也就走到了尽头，于是将现代化的发展限于资本主义世界的制度体系之内，其根本旨趣在于运用对象性的思维方式，运用人的感性欲望来捕获重大历史事件背后的终极存在，获得关于整个世界的理性知识和对历史的最终解释。如此明显的理论局限引发了众多质疑与批判，福山对此进行了回应。在后来的《历史又重新开启了吗?》一文中，福山将"历史"解释为"人类社会通过不同的政府形式不断进化"的历史，而"终结"是指历史以"'现代自由民主和市场为导向的资本主义'的形式告终"[1]。这形成了一种以意识形态主导历史发展的吊诡：自由民主与市场经济在目的上是"历史终结论"导向的结果，但在过程中却"终结"了人们推动历史发展、追求解放的欲望和激情，实则暴露出促使意识形态作用于现实历史发展却又强调意识形态相对于历史发展独立性的复杂矛盾。

福山将带有意识形态性质的自由民主制视为历史的终结本身就存在悖谬，因为宣扬自由民主制并将其普及至全世界的行为就是一种意识形态的推广，其目的在于消灭与自己对立的意识形态。如福山所主张的否认自由民主制本身就是意识形态的观点，"通常会认为，我们的敌人有意识形态，而我们则没有。只有敌人才是邪恶的意识形态者，而我们则代表着自由、正义和人权等伟业"[2]。正因如此，有学者将福山称作"为了一己的社会—政治利益而玩弄"历史终结"概念的人，用抽象的超感性的"历史终结"概念作为整个世界存在的主体形式，以便掩蔽现实的历史发展进程，这一做法给福山的政治学研究蒙上了极端的抽象性质，说明"历史不会终结，或不可能被任何以自我利益为重的

---

1 陈家刚编：《危机与未来：福山中国讲演录》，中央编译出版社，2012，第124页。
2 [英]斯图亚特·西姆：《德里达与历史的终结》，王昆译，北京大学出版社，2005，第39页。

意识形态的简单呓语引向终结"[1]。马克思曾在《1857—1858 年经济学手稿》中批判资本流通过程时指出，那些将自由竞争视为生产力发展的最终形式甚至是人类自由的终极形式的看法，"无非是说资产阶级的统治就是世界历史的终结——对前天的暴发户们来说这当然是一个愉快的想法"[2]。在这里，马克思将资产阶级比作"暴发户"，认为资产阶级思想家将历史终结于自由竞争，是为了从经济层面出发捍卫资本家们通过资本原始积累建立的国家、获得的统治权力的合法性与合理性，论证少数人剥夺多数人的正当性以消除任何对私有财产存在构成的威胁，从而达到为其意识形态辩护的目的。

局限四：将历史的"终点"定格于已然实现的现在，消弭了人类的主体性。主体性既是人作为社会历史的主体所独有的性质和特征，又是人作为社会历史主体的根据和条件，表现为人的独一无二性和内在统一性。人的主体性是人之所以为人的本质属性，是推动社会历史进步的不竭动力，是促进人类赓续发展的"永动机"。这一主体性在人与自然、社会的关系中展现出来，是人类在认识和改造世界时的能动性、积极性和创造性。人类社会正是在人的主体性不断激活的过程中实现转型，世界历史正是在人不断发挥主观能动性、打破现有桎梏的基础上不断前进。人类社会的发展是在人的主体性的推进和创造中逐渐实现量的积累和沉淀，其质的飞跃就表征为社会形态的变更。人类社会的历史就是人的主体性不断创造的历史，是从无到有、从不成熟到成熟、从被动到主动的自由自觉发展的历史。"历史终结论"是与历史发展和人的主体性相悖的论断，其既不符合社会历史的规律，也会因错误设定社会的停滞而淹没人的主体性。

"历史终结论"被有目的地强加给大众，试图从意识层面使人们认同历史的发展已到尽头，从而在潜意识中认定人类的行为在改变未来的方向上是无能为力的。人的主体性在这种意识形态的"催眠"中逐渐被瓦解，最终沦落为

---

[1] [英]斯图亚特·西姆：《德里达与历史的终结》，王昆译，北京大学出版社，2005，第 28 页。
[2]《马克思恩格斯文集》第 8 卷，人民出版社，2009，第 181 页。

"安于现状"的顺从意识，这一意识形态的压迫实则属于黑格尔哲学体系中的肯定理性环节，代表了一种清除差异冲突、抹杀超越性的封闭思维，落实在现实生活领域则蜕变成为现存政体形态和权力辩护的实证理性统治逻辑，它蛊惑人们无需探求更加符合人类自由本性的政治制度，并对任何试图打破当前政治制度的行为采取漠视或敌对态度，这使得资本主义依然在资本逻辑的支配下心安理得地剥夺、占有他人的劳动成果。人类自然会破除陈旧观念，开始将目光聚焦于"未来"，而"历史终结论"却将人类的"未来"限制在已然实现的"现在"，意味着一切试图改变不合理现状的尝试都是徒劳无功的。这种积极性的破灭将直接影响人类改造世界的能动性与创造性，从而严重阻碍世界历史的发展进程。但是，世界历史处于永不停息的变化与发展之中，并不存在一个所谓的"终点"，"历史终结论"的意识形态"催眠"只能起到暂时性的麻痹作用。当新的事物出现时，根植于人类本性中的主体性精神必将重新觉醒，从而打破"历史终结"的迷信，去探求更适宜人类生存与发展的政治制度与社会形态。

（三）"历史终结论"的内在困境[1]

苏联解体至今，人类社会在新技术革命的作用下发生了翻天覆地的变化，中国创造了举世瞩目的发展奇迹。美国著名思想家罗伯特·卡根（Robert Kagan, 1958—　）指出，"中国已经成为一个正在崛起的地缘政治和经济巨人，并拥有稳定的国内环境"[2]，中国的崛起打破了福山期望自由民主制"统一世界"的幻梦。与社会主义中国稳定发展相对应，现代西方民主社会日益暴露出经济和政治上的严重问题，这在根本上折射出现代人的生存与发展问题。重新反思"历史终结论"在历史发展中屡屡回响的理论范式与强势话语，可以发现其虚

---

1 参见钟慧容、刘同舫：《中国现代化实践对"历史终结论"的终结及其意义》，《社会科学研究》2019年第6期。

2 [美] 罗伯特·卡根：《历史的回归和梦想的终结》，陈小鼎译，社会科学文献出版社，2013，第40页。

无的历史观、抽象的人性论和疲软的现实性的内在困境。

第一，虚无的历史观——任意切割历史，在刻意美化资本主义历史的同时，肆意丑化共产主义历史。在《历史的终结与最后的人》一书中，福山对资本主义极尽美化，将对自由民主的追求视为贯穿人类历史全过程的内在恒久动力，并把人类历史描述为一部"自由民主追寻史"。他从理论上考察了存在于南欧和亚洲等地区以及以苏联为代表的社会主义国家的衰落现实，断言历史必将终结于西欧和北美的自由民主制，作为"专制化身"的社会主义或共产主义终将陷入崩溃境地。

自社会主义制度在一些国家确立以来，以美国为首的资本主义国家便对其采取丑化、分化甚至打击报复等压制对策。在"历史终结论"的理论阐述中，社会主义的历史性成就被抹杀，资本主义的剥削本质被掩盖。例如，苏联和中国赢得的世界反法西斯战争的胜利，众多殖民地半殖民地人民在共产主义信仰的引领下获得民族独立、国家统一以及社会经济的跃进式发展等历史真相和伟大成就都被刻意抹去；而黑奴贸易、军事输出、资本输出、殖民掠夺以及瓜分世界市场带来的频繁战争等资本主义扩张的丑恶"黑幕"则被美化为对自由民主的追求、对人性人权的高扬。福山对资本主义历史的刻意粉饰和对社会主义历史的肆意涂鸦表明了其"历史终结论"的历史虚无性特质。正如有学者所指出的，资产阶级学者只是"'在意识形态的形式'中意识到冲突，因而也是意识形态的形式决定这种冲突……他们以政治的、司法的、道德的观念和论据为自己赞成或反对在经济生活中推行的变革的态度辩解"[1]。被福山视为自由民主制"现实标杆"的美式自由民主制，乃至其后期不断推崇的欧盟、英国以及丹麦的自由民主制在理论与实践中的矛盾日益凸显，这暴露了"历史终结论"在客观历史事实判定层面的虚无性和空想性缺陷。福山基于美化资本主义历史的

---

1 [德]亨利希·库诺:《马克思的历史、社会和国家学说:马克思的社会学的基本要点》，袁志英译，上海译文出版社，2006，第660页。

目的而宣判共产主义"死刑","是资产阶级借以压抑其他各种异质或对抗声音的一种意识形态'伎俩'"。[1]"历史终结论"实质上是福山为资本主义所著的"福音书",最终却陷入了任意装扮"历史小姑娘"的尴尬境地,建基于任意切割历史之上的"历史终结论"将难以持存。

第二,抽象的人性论——将人性作为历史进步的动力,忽视了人性背后的历史根源。福山认为,在黑格尔的主奴辩证法之中蕴含的主人与奴隶"寻求承认的斗争",构成了历史进步的真正动力。他在《历史的终结与最后的人》中以大量的内容论证了历史的产生与发展过程,认为现代自然科学为历史的发展规定了方向性(追求自由民主),但"历史的经济解释把我们带到了自由民主这块应许之地的门口,却没有把我们完全送到里头"[2],唯有推动现代自然科学进步的人的"不断扩大的、极富弹性的欲望"[3]才是历史进步的决定性力量。诉诸"寻求承认的斗争"的历史观,使福山将人性恒定为一种能够衡量一切的"超历史的标准",忽视了人性背后的物质关系和生产条件。

福山的历史动力论本质上植基于抽象的人性论,它将能否满足"经济"与"认可"的需求视为衡量制度优劣的标准。但是"人的欲望、理性和气魄问题都是人性问题,而人性是一个抽象的概念,在不同历史时期的含义是不同的,把一种抽象的人性论当成其理论的基础,这种理论有多少科学性是可想而知的"。[4]福山并未明白他所鄙夷的马克思主义创始人的忠告,他所赖以撑起"历史终结论"的重要理论支柱仍旧建立在抽象的人性论基础之上,这无异于将现

---

1 [法] 雅克·德里达:《马克思的幽灵:债务国家、哀悼活动和新国际》,何一译,中国人民大学出版社,2008,"译者序"第3页。

2 [美] 弗朗西斯·福山:《历史的终结与最后的人》,陈高华译,广西师范大学出版社,2014,第151页。

3 [美] 弗朗西斯·福山:《历史的终结与最后的人》,陈高华译,广西师范大学出版社,2014,第148页。

4 杨生平:《自由民主的理念真的已无可匹敌吗?(续)——评福山的"历史终结"论》,《马克思主义研究》2003年第3期。

实问题束之高阁,弃实践"地基"而建构理论"大厦",注定只能是空想。

第三,疲软的现实性——无力解释资本主义自由民主国家的现实困境和中国现代化实践的历史性成就。在福山看来,"资本主义在某种意义上是成为发达国家的必由之路,而僵化集权的社会主义则是创造财富和现代技术文明的重大障碍"[1]。但现实是否真的如他所说,资本主义是人类文明发展的唯一选择,社会主义则无法胜任引领人类未来的重任?

20世纪八九十年代,世界社会主义运动遭遇重大挫折,而资本主义的飞速发展为"历史终结论"提供了最为有力的现实论据。长久以来,资本主义看似繁荣的经济发展、稳定的政权形式和完善的社会福利,似乎已经让世人遗忘了马克思提出的资本主义所无法克服的内在矛盾,甚或于相信繁荣的表象是对其内在矛盾的完全克服。如果说"9·11"事件尚且可以视作是"现代民主的两大基础原则——自由和平等——未能完全贯彻的结果"[2],那么2008年爆发的起源于美国次贷危机的全球性金融危机,则是资本主义基本矛盾的显现。金融危机后资本主义世界的现实境况,向福山及其"历史终结论"提出了一个亟待回应的问题——历史真的终结了吗?历史真的终结于资本主义自由民主制吗?福山对历史并未终结于资本主义自由民主制的客观事实置若罔闻,不仅没有抛弃其所坚守的"历史终结论",反而以理论研究方法上的"花招"——"基于现实,当现实出了问题的时候再借助于理想"[3],回应资本主义制度衍生出的各种现实问题。这既是福山本人兼具"原则性"与"戏剧性"的形象展现,也反映了其理论的空想性和狭隘性。

"历史终结论"是特定历史条件下的产物,随着现实的变化发展,这种理论形态必然会发生动摇从而走向终结。英国著名的历史学家尼尔·弗格森在

---

1 [美]弗朗西斯·福山:《历史的终结与最后的人》,陈高华译,广西师范大学出版社,2014,第117页。

2 [美]弗朗西斯·福山:《历史的终结与最后的人》,陈高华译,广西师范大学出版社,2014,第9页。

3 杨生平:《自由民主的理念真的已无可匹敌吗?(续)——评福山的"历史终结"论》,《马克思主义研究》2003年第3期。

《西方的衰落》中毫不避讳地指出，福山所谓的西方资本主义的胜利却发生了"令人瞠目"的转变，西方社会发展停滞、举步不前，而以中国为代表的社会主义国家对西方的自由民主制"公开表示不屑"。人类历史的进程呈现出从低级社会形态向更高层级社会形态的更替，人的生存方式与关系结构也随之发生曲折复杂的更替变动，历史的发展不存在尽头，意识形态的演进也不会终结于某种特定形式，资本主义的自由民主制难以改变社会历史的前进方向。国际形势风云变幻，社会主义力量迅速崛起并改变着世界政治经济格局，福山的"历史终结论"不仅未被世界历史的现实发展所证明，反而在时代的浪潮中日益暴露出自身难以克服的理论局限。

在福山看来，中国开始于 20 世纪 70 年代末的改革开放，从根本上反映了中央计划经济体制的失败，对市场经济的引入，不仅说明社会主义相对于资本主义并无优越性，而且意味着人类历史发展的道路只有自由民主或资本主义的唯一路径。他认为，社会主义的发展路径最终将走向两种结局，要么随着经济的崩溃导致政治塌陷，要么悄悄划入资本主义的自由经济和民主政治的范畴之内。虽然他在《历史的终结与最后的人》的序言中也承认，"唯一确实可与自由民主制度进行竞争的体制是所谓的'中国模式'"[1]，但依然认为自己对历史终点的判断并无差错，因而他并未在著作中对中国的现代化实践及其历史性成就给予实质性分析。这种实质性分析的"缺席"恰恰证明，"历史终结论"不仅无法解释中国特色社会主义何以能够在世界经济大潮低迷之际逆势而上，而且无力驳斥中国超越众多资本主义国家而成为世界第二大经济体并在国际政治舞台上日渐展现出超凡影响力和主角魅力的发展事实。

福山的"历史终结论"中所隐含的理论局限与时代困境相互映照，他通过意识形态化的"自由民主制"制造了封闭自足的世界政治假象和止步于现存历

---

1 [美] 弗朗西斯·福山：《历史的终结与最后的人》，陈高华译，广西师范大学出版社，2014，第 4 页。

史的时代发展陷阱，但历史存在和时代发展的灵魂是其自身批判和生成的本性。福山的历史观恰恰缺乏对这种灵魂的内在把握，其势必在时代发展的浪潮中失去安身立命之本。面对世界历史进程的新局势以及美国自身暴露的经济危机与民主危机，福山不得不承认现代民主存在的诸多问题："民主衰退""政治焦虑"与美国的"政治衰败"等。在对苏联解体的"欢欣鼓舞"消散之后，现代民主制度并未沿着理想的政治轨迹向前发展，一部分民主国家退回到了威权主义，一部分则走向了混乱，陷入普遍的"政治焦虑"，而曾经的民主政治典型——美国也走向了"政治衰败"。福山在剖析政治制度的历史演变之后指出，出现"政治衰败"的主要原因在于政治制度未能适应新形势，这表现为政治制度稳定性所造成的革新障碍和政治利益角逐中对"亲友"的偏袒。虽然人类不至于退回至部落社会，但原始社会政治制度的种种弊端在现代民主社会中随处可见，每个人都热衷于宣传普世权利却不忍割舍自己的特权，最终"要么是腐败缓慢加深，使政府效率越来越差；要么是民粹主义猜疑精英从中滥权，作出暴烈的反应"[1]。最终致使每个人的现实生命活动被抽象地二元对立，意味着人

---

1 [美] 弗朗西斯·福山：《政治秩序与政治衰败：从工业革命到民主全球化》，毛俊杰译，广西师范大学出版社，2015，第 24 页。福山对美国政治衰败的揭露形成了他放弃"历史终结论"的假象。笔者认为，作为资本主义的"代言人"，福山不可能完全放弃其资本主义立场转而拥护社会主义，而作为"学者"的福山又不得不实事求是地承认并回应社会主义在近年来取得的历史性成就。正是这种身份交织，使他的现实言论与意识形态的内心坚守之间产生裂缝，造成了令人迷惑的假象。2010 年福山来访中国，在中央编译局发表演讲的过程中，当有人问及他对过去所提出的"历史的终结"是否存在某种程度上的改变时，他表示资本主义拥有社会主义无法比拟的优越性，尽管在过去的几十年里，资本主义出现了各种各样的问题，但"目前也只是对引起问题的原因作些修修补补，而不是根本性地推翻资本主义"（陈家刚：《危机与未来：福山中国讲演录》，中央编译出版社，2012，第 40 页）。福山否定了中国模式与自由民主制相比存在的优越性。他甚至在后来的访谈中将中国视为威权的资本主义，认为世界目前的主要竞争是威权资本主义与民主资本主义（如美国、日本和欧洲）之间的竞争，并明确指出，他相信"历史终结于马克思所说的布尔乔亚式的民主——资产阶级民主，终结于市场经济，终结于民主体制"（陈家刚编：《危机与未来：福山中国讲演录》，中央编译出版社，2012，第 81 页）。福山之所以对自由民主制依然充满自信，是因为他相信仅凭"问题"而非"矛盾"根本无法彻底颠覆自由民主制。毒品泛滥、财政赤字与通货膨胀等问题虽然严重，但依然可以在自由民主制内得到合理解决，其存在并未达到危害自由民主制的合法性并致使其崩溃的"矛盾"程度。与福山不同的是，科耶夫在 1949—1958 年间，曾对美国和苏联进行了几次旅行考察，他比较得出："美国的生活方式……是后历史时代所特有的生活方式；在世界上，美利坚合众国的今天预示着全人类之未来的'永恒的在场'"（转引自 [法] 雅克·德里达：《马克思的幽灵：债务国家、哀悼活动和新国际》，何一译，中国人民大学出版社，2016，第

与人的现实生活的失落。问题远不止于此，福山认为资本主义社会还面临着四大严肃挑战：与伊斯兰教有关的民主障碍、国际层面的民主问题、政治的自主性问题与技术后果的不可预测性。[1]福山在提出"历史终结"十年后所作的《我们的后人类未来：生物技术革命的后果》一书中，更是切中肯綮地指出，"除非科学终结，否则历史不会终结"[2]。技术进步的长期效应使其成为全球化的"根本推动者"，加倍放大了人的天赋、性格和能力的差异，使社会财富的分配越发走向贫富两极分化从而加剧了社会不平等，这使得以"自由、民主、平等"著称的自由民主制陷入了尴尬境地。

为了回应理论批判与现代民主社会的时代困境，福山表示自己先前所阐释的"历史的终结"仅仅是指政治形态的完善稳固而非真正的历史走向终点。这一解释反而使其意识形态诉求欲盖弥彰：既然认为政治形态与历史之间存在区别，为何将政治形态走向终结冠以"历史"之名呢？"历史"是一个十分宽泛和具体的概念，是政治、经济、文化、艺术等综合作用的集合体，是人类社会和文明发展多重要素有张力运行的过程。按照福山的逻辑，当作为政治形态的自由民主制走向终结之时，历史的其他构成要素——经济、艺术、哲学、宗教等也将走向终结，但现实是这些要素随着世界的变化发展而被赋予新的内涵，呈现出新的存在样态，从而不断革新人们对这些要素的传统认知。就单纯的"政治形态"而言，也不仅仅局限于单一的自由民主制，而是多种政治形态的有机共存。可见，福山将原本多层次、多维度的历史概念置换为内容单一的历史概念，从逻辑起点上就发生了偏离，致使其最终无法正确认识人类社会的发展历程。毫无实践根基的"历史终结论"在人类文明的演进中愈发暴露出自身

---

73 页），而人类回归动物性已由将来的"可能性"变为了现实的"确定性"。但在 1959 年的日本旅行中，他看到了日本社会显示出的优越性，因而彻底改变了上述观点，不再将美国作为完美的政体形式加以推崇。

　　1 参见陈家刚编：《危机与未来：福山中国讲演录》，中央编译出版社，2012，第 145—146 页。

　　2 [美] 弗朗西斯·福山：《我们的后人类未来：生物技术革命的后果》，黄立志译，广西师范大学出版社，2016，"序言"第 1 页。

的"软骨病"和对现实解释的苍白无力。正如终生以"如实地说明历史"为原则的英国历史学家乔治·克拉克爵士所指出的,"我们这一代人是不能达到终极的历史(Ultimate History)"。后金融危机时代的资本主义经济发展陷入窘境,相伴随的是社会主义中国呈现出强劲的发展势头,这使得"历史终结论"对现实的非理性预判愈发凸显,并已被中国的现代化实践所证伪。

三、福山再论"历史终结"引起的争议及其辨析[1]

面对国际形势的风云骤变和中国的迅速崛起,福山在提出"历史终结论"后的数年里,多次在其著作、演讲以及采访中论及"历史终结"问题,从而在学界引发了福山是"坚守"还是"修正"其"历史终结论"的争议。争议主要围绕三个问题展开:自由民主制"现实标杆"的摇摆是否改变了福山对自由民主制优越性的认定?"替代方案"的出现是否动摇了福山对自由民主制优先性地位的判定?福山对自由民主制历史纵向考察得出的相关结论是否迫使其调整了关于自由民主制代表人类未来政治制度发展方向的预言?针对学界讨论的三个问题和提供的分析视角,笔者在整体把握福山"历史终结论"的基础上,试图从"历史终结"本身的理论漏洞入手揭开其内蕴的逻辑谬误,回应学界关于福山再论"历史终结"的相关争议,揭露其反复无常的政治表述背后的隐蔽立场,澄清福山看似前后发生转变的"历史终结论"表达仍是对自由民主信念的坚守而非修正的实质。

(一)福山频提政治衰败并未改变其认定

美国曾被福山视为自由民主制的"现实标杆",拥有他国政治体制不可比

---

1 参见张娥、刘同舫:《坚守还是修正——回应福山再论"历史终结"的争议》,《浙江社会科学》2019年第6期。

拟的优越性。近年来，针对美国扮演"世界警察"而制造的世界紧张局势和美国自身发展遭遇的现实窘境，福山撰写多部著作反映美国存在的社会问题，试图从政治制度角度寻找美国现实问题产生的原因，尤其是频繁提到美国出现的严重政治衰败，似乎自由民主制的"现实标杆"已变得风雨飘摇。对此，学界争议的焦点在于：福山是否改变了自身曾对自由民主制优越性的认定。他在《美国处在十字路口》中表达了对美国外交政策的不满，指出布什政府在推行民主的过程中所采取的武力方式并不恰当，认为武力解决问题的战略偏离了自由民主制"平等意识"的原则，造成其他民族国家对美国制度的强烈抵触；在《大断裂》中揭示了包括美国在内的西方自由民主国家出现的社会资本流失，进而造成犯罪率上升、信任缺失等问题频发的社会现状；在《政治秩序与政治衰败》中通过分析美国政治制度的弊端，揭露了美国正面临严重政治衰败的事实，将美国的政治衰败归结为执政者治理能力和质量的低下，等等。学者们对比分析了福山提出"历史终结论"前后对美国的评价，在其是否依然坚守"历史终结论"的问题上产生了分歧。有学者认为，对美国社会问题的披露，表明福山否定了曾自称拥有现实优越性的自由民主制，进而否定了"历史终结论"。例如，将福山在肯定中国的同时对美国进行批评的做法，视为连福山自己也承认"历史终结论"业已破产；[1] 福山数次更换自由民主制的"现实标杆"——从美国到欧盟多国，虽然表面上他并不承认，实际上却已否定了"历史终结论"。[2] 也有学者指出，福山依旧坚信自由民主制的优越性，"美国政治衰败论"只是对其国家建构理论的"修补"以及自由民主制的"升级"，以促使美国这一"现实标杆"通过强化政治能力以趋近自由民主制的完善形式，进而保证其在世界

---

[1] 参见陈学明、李先悦：《福山的"历史终结论"的终结说明了什么》，《马克思主义理论学科研究》2017年第1期。

[2] 参见刘仁营、肖娇：《福山放弃"历史终结论"了吗？——金融危机背景下的争论与思考》，《西南大学学报（社会科学版）》2016年第5期。

范围内普遍建构的现实可行性。[1]笔者认为,福山深刻揭露美国的社会现实问题,深入政治领域质疑并批驳美国"现实标杆"在制度确立和秩序建立上的弊病,但并未改变其对自由民主制优越性的坚信,因而也未从根本上否定"历史终结论"。

首先,"现实标杆"的摇摆是自由民主原则贯彻执行与推广方式不合理而衍生出的问题,并非自由民主制这一政体形式本身立场、思想和原则存在的缺陷。福山对这些问题的揭露主要集中在政治统治与社会稳定两个层面,表明自由民主制与"现实标杆"之间存在具体原则及其运行的落差,以维护自由民主制作为"历史终结论"的真实载体地位。

福山认为,就美国的政治统治层面而言,一则出现严重的政治衰败,二则存在政权统治不合理的问题。美国的政治体制一方面由于过度的制衡使得通过多数人利益的决议举步维艰,尤其是美国的立法部门过度干扰行政部门职权,利益集团妄图通过资本力量左右国会权力执行并实现其政治抱负,造成美国政治体制在具体执行环节中因深层的功能障碍而失灵;另一方面却将过多的或存在潜在威胁的权力交于不够负责的机构,美国由于尚未具备完善的权威机构而难以真正实现政治体制的民主转型,最终导致国家与程序性负责制之间的失衡。但福山指出,政治衰败并非美国"特产",而是所有政治制度无法避免的发展困境。在当代奉行自由民主制的国家中,制度僵化与家族制复辟是造成政治衰败的根源,程序崇拜导致的效率低下也是其走向衰败的重要原因。他认为,美国作为世界上最早、最先进的自由民主制国家,只是长期多样外部因素的强制干预使其政治衰败的程度更为严重而已,而政治模式本身并未遭遇系统性的"治理危机"。福山相信,美国的政治危机具有暂时性特征,不会动摇自由民主制的根基,民主体制在过去也遭遇过类似的危机,最终凭借决策的广泛

---

1 参见孙宇伟:《论福山"美国政治衰败论"的实质》,《当代世界与社会主义》2018 年第 1 期;包刚升:《"福山的菜单"与政治现代化的逻辑——评〈政治秩序与政治衰朽〉》,《开放时代》2015 年第 3 期。

支持得以克服，问题的关键并不在于是否存在政治衰败，而是制度本身能否为适应政治运作的可能需要做出调整并完成自我修复。虽然承认世界范围内存在政治衰败，但福山认为"民主的失败，与其说是在概念上，倒不如说是在执行中"[1]，并将这种执行失败的原因归结为国家、法制与程序性负责制之间的不平衡。福山对布什政府的批评看似在揭露美国政权统治的不合理，实则仍是对自由民主制的维护及其优越性的坚信。在《美国处在十字路口》中，福山谴责布什政府推行民主时所采取的"硬权力"方式，但他谴责的只是推行民主的方式以及权力使用的不合理性而非民主原则本身，最终目的也并非为了推翻美国政权而是构建民主的全球体系，因而其批判只是碍于美国政治衰败危机对全球政治秩序造成的消极影响而作出的缓兵之计。他认为，美国应当抛弃狭隘的现实主义，放弃自身在世界政治中的勃勃雄心，回到"现实主义的威尔逊主义"，认识到他国内政对构建世界秩序的影响，而构建稳定的世界秩序才是实现民主目标的重要工具。[2]为此，福山建议美国应谨慎地使用权力，用更加精巧、含蓄的方式影响世界。

就美国的社会稳定层面而言，福山提出"历史终结论"时已经认识到其后来在《大分裂》《政治秩序的起源》等著作中所揭示的现实的社会稳定问题。他认为，包括美国在内的民主国家也存在严重的社会稳定问题，如毒品泛滥、贫富分化和消费至上等造成美国社会发展不稳定的因素长期存在，这些危害因素反映了美国国家治理能力和政治衰败的可控性问题，人们会通过美国的社会风险及其引发的全球范围的动荡而质疑自由民主制的有效性和终极价值。但"这些问题是作为现代民主的两大基础原则——自由和平等——未能完全贯彻的结果，而不是这些原则本身的缺陷"，它们"显然不是根据自由原则所不可

1　[美] 弗朗西斯·福山：《政治秩序的起源：从前人类时代到法国大革命》，毛俊杰译，广西师范大学出版社，2014，第16页。

2　参见 [美] 弗朗西斯·福山：《美国处在十字路口：民主、权力与新保守主义的遗产》，周琪译，中国社会科学出版社，2008，第162页。

解决的",也不像 19 世纪 80 年代世界共产主义的境况那样,"已严重到势必导致社会整体崩溃的地步"[1]。可见,福山前后谈及"历史终结论",在解释社会现实问题频发的归因层面上保持一致,都试图从表层寻求政府机构在具体运作中掩盖自由民主制功能弊端的原因,并未涉入这一制度本身存在的内在机理和深究其哲学依据的根源,所以他揭示自由民主制"现实标杆"遭遇的困境并未改变自身对自由民主制优越性的认定。

其次,美国并非自由民主制的唯一"现实标杆"。在《历史的终结与最后的人》中,福山更常使用的都是概念更为宽泛的"自由民主国家"。在指称具体的"自由民主国家"时,美国并非其唯一选择,法国、瑞士等也在这类国家之列。当他声称欧盟更接近历史终结所呈现的人类所生活的家园以及"历史终结论""从始至终都与美国无关"时,实际上是对人们因误解其为了推行美国霸权才提出"历史终结"的观点进行辩护,并否认将美国现有的政治制度视为理想的自由民主制,认为美国作为最早建立和推行自由民主制的典范,尽管在较长时期内由于其各方面发展的绝对优势而成为全球政治秩序和治理体系的塑造者,且一度被奉为自由民主制度的最优范例,但由于美国自身政府运作低效、机构职权模糊、无法代表民众利益、难以在适应变化中修正自身而失去在整个资本主义世界范围内的制度竞争力。福山竭力强调"强政府"、法治和民主三大要素之于构成良序社会的基本作用,指出美国实行的方案尚未形成三大要素之间的有序制衡,而欧盟更符合建立在主权基础之上,以自由民主制为依托、以实现世界融合为目标的理想图景。至于缘何将欧盟的丹麦作为自由民主制的"现实标杆",福山在《政治秩序与政治衰败》中进行了说明,"丹麦"与其说是现实的国家,倒不如说是想象中的社会,这个社会"富强、民主、安全、

---

1 [美] 弗朗西斯·福山:《历史的终结与最后的人》,陈高华译,广西师范大学出版社,2014,"代序"第 9、19 页。

治理良好，只有较低水平的腐败"[1]。福山"历史终结论"的核心主张在于强调自由民主原则普遍化的合理性，具有高度的抽象性。自由民主制"现实标杆"的转移只是福山"历史终结论"主张的理论完善，自由民主原则所依附的具体方案发生变化不代表其理论本质的改变，并不能构成福山推翻自身主张的有力证据。

"美国政治衰败论"是福山对自由民主制优越性认定的坚守而非修正，但根据他披露美国的政治衰败、转移"现实标杆"与显示自由民主制的具体价值表征，而将"美国政治衰败论"作为自由民主制的"升级"并不十分恰当。在《历史的终结与最后的人》中，福山已将自由民主制的"理想"描绘得尽善尽美，美国的政治衰败实际上是其理想遭遇现实的一次碰壁，他在本质上将自由民主制作为一种抽象总结于历史之中的永恒的现时性和不朽的在场性的存在形态而坚定拥护，自由民主制的"理想"成为最普遍的概念也证明其存在的唯一性和最优性。他揭露作为自由民主制"现实标杆"的美国存在政治衰败，并非为了"修补"国家建构理论以及"升级"自由民主制，而是设法找到自由民主制从理想到现实的具体路径，从而最终实现其理想状态的现实转化和世界普及。

（二）福山"称赞"中国模式并未动摇其判定

福山再次谈及"历史终结论"时，多次肯定"中国模式"决策的合理与执行的高效，认为其构成自由民主制的最大挑战。对于"中国模式"的出现，是否动摇了福山心目中自由民主制的首要地位，学界存在分歧。一种观点认为，福山对"替代方案"的赞许表明其已然动摇。[2]2011 年他在《金融时报》上发表了以《美国民主没什么好教给中国的》为题的文章，并在不同场合表示中国

1　[美]弗朗西斯·福山：《政治秩序与政治衰败：从工业革命到民主全球化》，毛俊杰译，广西师范大学出版社，2015，第 21 页。

2　参见刘娟、邵光学：《从弗朗西斯·福山思想的转变看中国特色社会主义的生命力》，《理论与现代化》2013 年第 2 期。

构成了对"历史终结"这个观念最重要的挑战，认为美国自由民主制在分权形式的具体运作上往往难以集中处理一些社会重大问题，而中国模式在适当的集权过程中能够达到解决问题的最终效果；对于自由民主制而言，"中国也许代表着一个最成功的替代模式"[1]，认为福山以中国政治的集权模式为参照物就表明集中高效的政治制度比自由民主制更具优势。另一种观点认为，"替代方案"并未撼动自由民主制的地位，福山是站在"历史终结论"的理论基点上试图说服中国人"改旗易帜"，提出中国近30年来取得的巨大成就尤其是经济的快速发展得益于市场经济体制的广泛施行，而市场经济在根本上发脉于资本主义自由民主制，他依此得出现行中国模式在制度层面缺乏西方意义上的法治观念和多党制民主的内涵，对发挥市场经济的制度优势和功能存在障碍，迫使其最终"与资本主义趋同"[2]。笔者认为，福山对自由民主制"替代方案"的称赞并未动摇他对自由民主制优越性的判定，这种称赞也不一定是为了说服中国人"改旗易帜"，因为它带有明显的表演性质和博弈论色彩。

福山假意称赞"中国模式"，实则是为进一步说明其无法持续与不可复制的"缺点"铺路。"中国模式"推动了世界政治格局的改变，对他所宣扬的自由民主制的全球统治合法性产生了一定冲击。福山确实在其著作中表现出对"中国模式"的高度关注和一定程度的肯定，但结合具体语境来看，无论是认为"中国模式"构成"挑战"还是"更加高效"，都是为了进一步凸显他所宣扬的自由民主制的优越性。在最初提出"历史终结论"时，福山几乎将所有的笔墨放在以苏联为代表的共产主义阵营上，鲜少谈及中国。他将中国视为与苏联同样的存在，并指出中国2000多年的政治统治传统使其政治体制模式具有"中心驱动"的特色和强权专制的毒瘤，这种根深蒂固的制度思想和价值内核

---

1 陈家刚编：《危机与未来：福山中国讲演录》，中央编译出版社，2012，第97页。
2 陈学明、金瑶梅：《在赞赏的背后——评福山研究中国发展模式的实质与用意》，《复旦学报（社会科学版）》2013年第5期。

导致中国制度甚至难以与苏联等其他社会主义国家相提并论，因而中国很难获得制度上的合法性及在世界政治秩序的体系构建中掀动较大的波澜，而"经济现代化要求中国社会向国外的思想和影响开放；它把权力从国家转移到公民社会；它带来了一党制难以克服的腐败和其他社会弊端"[1]。福山认为，随着苏联的解体，处于社会主义阵营的中国并不构成自由民主意识形态的威胁。但是，在访问中国的过程中，肯定和颂扬"中国模式"的言论密集地出现在他的演讲与采访中，称赞"中国模式"具有决策高效以及便于集中资源、突破瓶颈的优势。然而，他又指出："中国模式"在未来"似乎并不可能成为一种普遍发展模式"[2]，由于"中国模式"集中高效的政治统治行动造成了对民主和法治的漠视，难以兑现其所提倡的改善民生、服务公众的责任，因而它并不比政府决策受到制约的民主制更加优越，因为中国依靠美国消费市场扩张的出口导向型经济发展模式难以持续，且无法始终保持高质量治理，而依托多种文化形成的"中国模式"只是立足于中国自身特殊国情和现实发展需要的产物，其民主与法治的关系问题和建设路径依然在完善当中，很难被他国复制。福山在国际社会鼓吹自身的普世性话语，主张意识形态终结于西方资本主义自由民主等"普世价值"，进而突出西方资本主义社会经济、科技等领域发展的绝对优势，是对中国独特的道路建设所具有的历史进步意义的错误认知。

福山将"中国模式"视为"替代方案"时言辞含糊，因受众不同特别是对象是否为中国人而措辞相异，并未展现其真实意图。他曾两次将"中国模式"作为"替代方案"进行表述，一次是2010年12月接受中央编译局的访谈时提到中国"也许"代表着"一个最成功"的替代方案，另一次则是2014年11月为了将其观点介绍给中国读者而接受了日本学者加藤嘉一的邮件采访，并在采访中再提"替代方案"。福山在2010年12月到访中国之前，于10月20日接

---

1 [美] 弗朗西斯·福山：《历史的终结与最后的人》，陈高华译，广西师范大学出版社，2014，第55页。
2 陈家刚编：《危机与未来：福山中国讲演录》，中央编译出版社，2012，第15页。

受 NPQ 杂志采访时，态度依然明确而坚决地认为在提出"历史终结论"20 年后，并没有出现任何可以挑战自由民主制的治理体系。离开中国之后，他又宣称，由于"中国模式"独特的文化特性、制度的不可持续性以及道德危机，它将不可能成为东亚地区以外自由民主制的真正替代品，并在 2014 年 6 月发表在《华尔街日报》的文章中表示，自由民主制仍没有真正的对手，"历史终结论"最严重的威胁是其能否普遍化的问题，"无论是伊斯兰的神权政治，还是中国模式，都无法对它造成损害"[1]。缘何出现看似前后矛盾的两个"福山"？是因为他到访中国之后惊异于中国现代化建设取得的成就从而窥见"中国模式"成为替代方案的可能性吗？显然不是。福山生活在信息技术高度发达的 21 世纪，不可能对中国的发展一无所知。那么可能合理的解释是，福山为了迎合中国读者和听众的国家认同感与民族情怀，缓解受众对其所宣扬的自由民主普世价值的抵触情绪，从而在表面上对"中国模式"进行了某种程度上的肯定，以混淆中国读者和听众对其司空见惯的"历史终结论"与"替代方案"新提法之间的视听。福山在中国演讲时对"中国模式"与自由民主制的比较仍然浮于制度的运作及其所形成的社会效应表面，回避对两种制度模式本身的探究，这种"客观"比较和礼貌性的肯定是他主动迎合与妥协退让的结果，并未展现其本真观点与真实意图。这也是他使用"也许"这样带有不确定性的词语来表达自由民主制替代模式的内在原因。

退一步说，即使福山"真心实意"地认为"中国模式"是自由民主制的替代选择，但"替代方案"并没有动摇自由民主制在他心目中的优先地位。正如福山在《民主依然挺立在"历史的终结"处》中所说的，"历史终结论"的真正威胁来自于自由民主无法普遍实现的问题，而非出现一个相对于自由民主制来说更好的、更高级的替代模式，"中国模式"本身并不能超越自由民主制促

---

1 [美] 弗朗西斯·福山：《历史的终结与最后的人》，陈高华译，广西师范大学出版社，2014，"新版序"第 6 页。

进人类社会发展的绝对优势，也自然不会对"历史终结论"构成威胁。在接受日本杂志《亚洲评论》的编辑采访时，福山更是直言，历史仍将终结于民主而非"中国模式"。[1] 这些表述无不说明，即使存在"替代方案"，自由民主制依然是其首肯的政权组织形式。而"美国民主没什么好教给中国的"是对福山本意的曲解。《美国民主没什么好教给中国的》最初刊登于英国的《金融时报》上，后经国内《参考消息》转载后迅速传播，这篇文章的标题被很多学者用来作为证明福山修正自身观点的证据。但福山在接受采访时对这一问题进行了澄清，指出这篇文章的标题为《金融时报》的编辑所加，夸大了他的原意，才会造成这些误解。[2] 笔者认为，福山试图表达的原意是指美国民主出现了政治衰败，已不能作为自由民主制标杆被效仿，"美国民主没什么好教给中国的"是对美国政治现状的揭示而非对"中国模式"的超越性表示赞赏。福山所担忧的问题是自由民主制如何突破美国政府造成的困局，进而找到更能有力证明自由民主制作为世界政治秩序普遍需要的实体性存在，以便为中国等世界上其他国家的制度模式提供最强硬的价值参照。

（三）福山纵向考察的结论并未转变其预言

福山曾预言自由民主制作为具有普世性的最优政治体制，代表世界政治制度发展的方向和人类历史的终结。通过对自由民主制演变过程的纵向考察，他在《政治秩序的起源》和《政治秩序与政治衰败》中指出：自由民主制是历史发展的产物，在 200 多年前并不存在；自由民主的"具体体制"必然走向没落。因为这一结论的出现，学界围绕福山是否调整了对未来政治制度设想的预言产生了争论。有学者认为，从"历史的终结"到《政治秩序与政治衰败》，福山

---

1 参见［日］西村博之：《历史的终结、中国模式与美国的衰落——对话弗朗西斯·福山》，禚明亮译，《国外理论动态》2016 年第 5 期。

2 参见王文：《美国兴衰与民主体制是两回事——访弗朗西斯·福山》，《红旗文稿》2013 年第 16 期。

否定了自由民主制的普世性，承认其必然走向没落，无法迫使世界各国建立在运作过程中已经出现了政治失灵的自由民主制，从而修正了自身观点。[1] 也有学者认为，福山对自由民主制是未来政治制度最优选项的认知未发生改变，只是论述的方式、对象和态度发生变化。[2] 笔者倾向于同意福山只是纵向考察自由民主制在不同阶段的表现而展开的具体论述不同而已，并未动摇其对自由民主制是未来政治制度最优选择和终极走向的预言。

认为福山调整自身对自由民主制普世性预言的学者主要以他在《政治秩序与政治衰败》中的表述为依据。福山指出，自由民主制"不能说是普世的，因为这种政权只是在最近两个世纪才出现在世界上，而人类历史可往回追溯几万年"，或是自由民主制"显然不能代表人类的普遍性，因为它在几个世纪之前才应运而生，在人类政治秩序的历史长河中只算一朵浪花"[3]。表面上看，福山的论述似乎为其否认自由民主制具有普世性提供例证，但若结合具体语境就能发现，他的例证实际上是对普世性要求的曲解以掩饰其捍卫自由民主制本身存在的真实目的。福山在《历史的终结与最后的人》中所强调的自由民主制的"普世性"并非是指这一政治制度贯穿历史发展的始终，而是历史发展具有方向性——政治制度向自由民主的方向发展，科学技术的进步以及对"获取承认的渴望"共同构成推动历史"方向性"发展的内在机制。当福山提及自由民主制是近代历史发展的产物时，他相信政治制度的历史发展是普遍性与特殊性有机

---

1 参见王占宇：《从〈政治秩序与政治衰退〉看福山的变与不变》，《当代世界社会主义问题》2015 年第 1 期。文中指出，从"历史的终结"到《政治秩序与政治衰退》，福山的叙事方式发生了变化，即从"历史勾画"转变为"国别梳理"。笔者认为，这一看法是对福山叙事方式的误解。在《历史的终结与最后的人》中，福山依托的是黑格尔—科耶夫的解释框架，将对"历史终结"的论证构筑于抽象的"寻求承认的斗争"之中，这一论证方式与其说是基于"历史勾画"，倒不如说是"哲学思辨"与"先知式预言"的结合。而在《政治秩序的起源》与《政治秩序与政治衰退》中，福山对中国、印度、瓦尔纳等国家的梳理只是表象，其实质在于他真正开始用历史的眼光去追溯自由民主制的缘起与演变，在叙事方式上更具备"历史勾画"的特点。

2 参见高全喜：《我们真正理解福山吗——中国语境下"福山热"的冷思考》，《探索与争鸣》2016 年第 6 期。

3 [美] 弗朗西斯·福山：《政治秩序与政治衰败：从工业革命到民主全球化》，毛俊杰译，广西师范大学出版社，2015，第 32、493 页。

统一的过程，自由民主制是特殊的国家政治实践对全球政治秩序普遍性总结的最高准则，因而不同的政治制度最终会走向自由民主制，"如果说自由民主制构成普遍适用的政府形式，我们不得不认为，它与政治的普遍进化有关"[1]。政治的普遍进化会促使自由民主制随着时间的推移涌现出来，只有在经济高速增长、现代化国家建立之后，政治制度才会进化为国家、法制以及负责任政府三者达到平衡的自由民主制。虽然福山更换了表述，但他并未动摇对政治制度将普遍进化为自由民主制的坚信，只是用历史的眼光考察了自由民主制的发展演变过程，为自由民主制本身的建立提供历史性支撑。

在历史地考察自由民主制的发展演变时，福山认为自由民主的（具体）体制必然走向没落，"所有的政治体系——过去和现在——都易于产生衰败。自由民主的体制曾是成功和稳定的，但不等于会永葆青春"[2]。有学者根据这一表述得出结论：福山承认未来"自由民主制"将不可避免地走向没落，修正了将其作为最优政治体制的主张。这种质疑与福山常常不加区分地使用"自由民主制"密不可分。正如法国解构主义大师雅克·德里达所说，为了服务自己的论点，"福山在这里将自由民主制度规定为一种实际存在的现实事物，而在那里则又将它规定为一种纯粹的理想"[3]。认为福山预言"自由民主制"走向没落而修正了"历史终结论"的观点，实际上将"自由民主制"的现实表征误读成理想状态。在福山的语境中，"自由民主制"与其作为实体显现的政治制度之间是抽象与具体的关系。尽管具体的政治制度由于现实因素的制约与反叛可能走向没落，但福山始终坚信，具体的政体形式表征并不能彻底反映自由民主制抽

1　[美]弗朗西斯·福山：《政治秩序与政治衰败：从工业革命到民主全球化》，毛俊杰译，广西师范大学出版社，2015，第493页。

2　[美]弗朗西斯·福山：《政治秩序与政治衰败：从工业革命到民主全球化》，毛俊杰译，广西师范大学出版社，2015，第410页。

3　[法]雅克·德里达：《马克思的幽灵：债务国家、哀悼活动和新国际》，何一译，中国人民大学出版社，2016，第64页。

象概念的最高准则,"自由民主制"具有普世性正是由于其在历经不同阶段具体体制形式之后形成的高度概括性和超越性特征,是这一政体能够永恒存在的根本因素,代表着未来政治制度发展的方向。自由民主国家的政治衰败并非"自由民主制"本身的没落,而是国家政策执行不彻底的结果。这一点从他关于政治衰败的具体论述中可以得到佐证:"我在这里感兴趣的衰败,仅涉及具体制度的运作……单个制度可能发生衰败,而周围的其他制度仍然健康",美国的"政治衰败仅仅意味着,许多具体的美国政治制度遇上故障"[1]。福山的言下之意就是,自由民主制的具体制度运作可能会出现故障、走向衰败,但作为理想状态的自由民主制却能"永葆青春",他将自由民主制具体形式的阶段性缺欠与理想状态永恒性持存的过程相分裂,任何具体体制的消极运作状态都不能撼动自由民主制最高原则的地位,这表明福山在解读历史概念中的任性与偏见。认识到自由民主制可能走向没落甚至被颠覆,并不是《政治秩序的起源》与《政治秩序与政治衰败》的新发现,早在《历史的终结与最后的人》中,福山就意识到自由民主制由理想向现实转化的过程中存在从内部被颠覆的风险以及无法普遍化的难题,这也再次表明已经认识到的问题并不能构成福山修正自身观点的有力佐证。

相比较提出"历史终结"时对自由民主制"理想"尽善尽美的描绘,福山再论"历史终结"时更多地关注这一"理想"如何转化为普遍现实的问题。他后来的著作虽未大篇幅地论及"历史终结"问题,其研究方向似乎也开始向更广阔的视域拓展,如外交政策、国家建构、科学技术、政治衰败以及身份政治等,但将自由民主的实现作为"历史终结"标志的理论基点始终是贯穿其思想发展的主线,而其最终目的依然是为了维护自由民主制,保持自由民主制在世界政治格局中的功能和地位的绝对优势,使世界各国的政体形式向资本主义自

---

1 [美] 弗朗西斯·福山:《政治秩序与政治衰败:从工业革命到民主全球化》,毛俊杰译,广西师范大学出版社,2015,第419、423—424页。

由民主制靠拢，最终实现世界整体划一的自由民主制的人类社会形态和"历史终结"。所以，福山看似前后矛盾的"历史终结论"，本质上仍然是对自由民主信念的坚守而非修正。

在新冠感染疫情肆虐全球之际，福山提出的一系列言论进一步佐证了其并未放弃"历史终结论"。"即使新冠肺炎疫情令自由民主制在世界范围内遭遇到了更严重的危机，也没有改变福山对'历史终结论'的顽固坚守。"[1]在《是什么决定了一个国家的"抗疫"能力?》《我们将回到 1950—1960 年的自由主义时代》《大流行病与政治秩序：国家的不可或缺》《恢复公共服务的荣誉》以及《与中国的漫长斗争已经开始，但我们不一定会输》等文章中，福山依然高扬自由民主的优越性，宣称"民主或将重生"，持续推行西方的意识形态霸权。对待福山的诸多言论，我们必须采取总体性的视角予以审视，不能被其某些摇摆性、表演性的言论所迷惑，从而断言其放弃了"历史终结论"。

四、现代世界图景与"历史终结论"的破产

历史的发展既没有如福山所预测的那样走向终结，自由民主制也未能实现其理想形态的转化。即使"历史终结论"在世界范围内存在一定影响力，但西方有很多学者加入批判"历史终结"的行列，展现出关于现代世界图景的多重想象，他们从哲学与时代的双重向度寻求人类社会存在的真实根基和历史发展的现实动力，将对人类政治体制的运作形式的考究植根于人性和时代发展的需要，相信时代呼唤世界新秩序的建立。在新的时代条件下，中国以更加高远的站位和更为开阔的视野提出了构建人类命运共同体的全球性主张[2]，尝试突破单

1　孙宇伟：《福山"历史终结论"最新形态评析——以新冠肺炎疫情期间福山言论为线索》，《当代世界与社会主义》2021 年第 4 期。

2　党的十八大报告首次提出"人类命运共同体"，主要强调我们应遵循社会历史发展规律树立一种"人类命运共同体"意识。习近平总书记最初也是从"意识"层面出发来使用这一称谓的，后来则更多地使用"打

一民族国家的利益局限所造成的全球性发展困境以维护人类的未来生存与发展，使人类解放的历史进程迈入了新阶段，为世界的未来走向贡献了中国智慧与中国方案，为人类历史发展走向提供了多样可能性的路径选择，实现了对"历史终结论"的终结，宣告了"历史终结论"的破产。

（一）现代世界图景的多重想象

与福山所持历史必将终结于一种制度形态的乐观态度不同，西方许多学者对"历史终结论"表现出更多的危机意识。如有西方学者认为，历史绝非终结于"最佳可能方案"而是终结于"历史的神话"（主要是西方的，福山所谓的"大历史"正是这种"历史神话"的典型表达），其实质是"进步崩溃"与"未来无以延伸"，是"历史时期的终结"，或者说"我们处在历史神话终结的开端"[1]。生活在当今世界中的人与人的社会有其特定的存在方式，前历史意识和历史意识阶段是人不断否定自身、挣脱束缚以获得自由本性的解放过程，人通过自身本质力量的外化，最终创造新的自我和人类社会，这种发展实践必将终结于现在阶段，即在进入后历史神话阶段之后达到人的存在方式的饱和，历史时期则不再推进。在当今社会，受技术统治和泛经济意识形态的影响，人们处于"绝望"的境地，这种"绝望"在穷人与富人之间同样存在，穷人为忍饥挨饿感到绝望，富人则为幻想破灭却得不到安慰、为泛经济社会迟早会爆炸的恐惧而绝望。为了缓解因"历史神话"崩溃造成的普遍绝望，潘尼卡认为人们必须建立基于集体和社会的超历史意识，将目光从关注未来转向聚焦现在，重新确立与

造人类命运共同体""构建人类命运共同体"和"迈向人类命运共同体"等表达，以凸显其内含的行动指向。在"人类命运共同体"这个术语中，共同体是一个未然的状态，我们要想把人变成一个共同体，必须由人类掌握自己的命运。所以，"人类命运共同体"还未真正实现，仍处于意识倡导层面。在思考人类命运共同体时，一定要区分三个层次：没有实现的、正在实现的和已经实现的，如果不进行层次区分就会造成思想混乱。我们寄希望于"人类命运共同体"的实现。目前，这一形态虽未实现但却正在积极地生成之中。

　　1［印］雷蒙·潘尼卡：《宇宙—神—人共融的经验——正在涌现的宗教意识》，思竹译，宗教文化出版社，2005，第101页。

世界的有机联系，以生活在"宇宙—神—人共融"的世界之中，保证人生命存在之中的历史性和超历史性既对立又统一的矛盾关系在当下阶段得以完成。

潘尼卡将"历史终结"的实质描述为"进步崩溃""未来无以延伸"的"西方神话的终结"是准确的，他对技术的发展与泛经济意识形态的担忧，以及呼吁人们将目光聚焦于当下而非未来的倡议具有内在合理性。但潘尼卡分析思路的内在症结在于，他对当下危机的过分忧虑致使其回归神学救赎，将克服历史危机的希望诉诸宗教神学，依然是从抽象概念的思维展开逻辑论证，推导出宗教神学因在概念上的绝对先在而能够通过消解历史概念的尘世弊端以消除历史危机。这忽视了世界并非只有西方这一种社会发展模式的客观事实，而且西方社会形态对世界历史的主导力量也并不能说明其存在的唯一合法性。他对现实生活中"宇宙—神—人共融"世界的构建设想更是暴露了其作为神学家的唯心式理论局限，最终导致人的发展实践与历史概念之间的分裂。

区别于福山的自由民主制、潘尼卡的"宇宙—神—人共融"的世界设想，美国著名的政治学家塞缪尔·亨廷顿在《文明的冲突》"中文版序言"中指出，"人们正在寻求并迫切地需要一个关于世界政治的思维框架"[1]，进而提出一种未来世界的新的发展图景——文明冲突论。亨廷顿认为，福山的观点与客观事实不相符合，在福山宣布历史已经走向终点之后，种族冲突、法律崩塌、新法西斯主义的抬头与国际组织处理国际事务时的力不从心等事实都表明历史并未达到终点。他认为历史发展进程中所呈现的矛盾困境已经由冷战时期政治和意识形态的对立转变为文明的冲突，而文明的存在与变化是历史运动的深层动力和核心线索，文明冲突将衍生相关领域的对立，因而历史在矛盾冲突中势必要以不同的速度发展，而不会停滞在某一种形态。亨廷顿具体指出，未来的世界是包括西方文明、儒家文明等在内的 8 种主要文明体之间的对立冲突，在构建新

---

[1] [美] 塞缪尔·亨廷顿：《文明的冲突》，周琪、刘绯、张立平等译，新华出版社，2017，"中文版序言"第 1 页。

的世界秩序之时，必须以承认与尊重文明为前提，在"弃权原则"的基础上使用"调停原则"来维护世界和平，因而"在文明冲突可能是世界和平发展的最大威胁的同时，以文明为基础的国际秩序是防止世界战争的最可靠保证"[1]。亨廷顿基于社会现实对未来世界图景进行了相对合理的预测，揭示了人类各种文明间冲突不断的现实境况以及这种境况将在一定的时空中持续广泛存在的事实。

尽管亨廷顿以文明为基础构建世界秩序的提议存在合理性，但他强调西方文明拥有自身的独特性，认为西方文明在世界文明冲突的环境中能够以其自身的优越性缓解世界政治、经济等领域的现实危机，为西方资本主义国家制定新的国际发展战略提供理论依据，从而保证西方大国在世界格局中的主导地位不动摇。针对全球性文化交流的广泛性，亨廷顿断言，多样文明的交流现象背后隐藏着不同主体国家发展模式的博弈和冲突。"亨廷顿因特别强调地域性冲突的文明视域下主体身份问题，所以弱化甚至遮蔽了世界经济、政治、文化等综合性因素对冲突所产生的影响，这种直视中心主义的剥离方法，只顾一点，不及其余，文明差异被强化、文化异质被凸显，其他背景因素则被弱化，文化的交流与文明的互鉴被亨廷顿虚无性的理论之刷清洗掉了。"[2]他的文明冲突论旨在强调西方发展模式的优越性，暴露了其西方中心主义的价值立场。这种价值立场致使亨廷顿很难摒弃意识形态偏见以客观分析世界历史的未来走向，从而使其"文明冲突论"中的合理成分大打折扣。

印裔加拿大籍学者阿米塔·阿查亚（Amitav Acharya，1962— ）认为，不管美国自身衰落与否，其构建的世界秩序正在走向终结。用"多极世界"形容未来世界走向并不完全准确，他认为，新的世界秩序应该被表述为"复合世

---

1 [美] 塞缪尔·亨廷顿：《文明的冲突与世界秩序的重塑》，郭学堂、成帅华译，《国外社会科学》1998年第6期。

2 邵发军：《推动构建人类命运共同体的理论内涵与实践路径研究》，人民出版社，2021，第157页。

界"（multiplex world）。所谓"复合世界"是"由文化和政治上多元但经济上相互依存的多个行为体组成的世界，这个世界面临的复杂的全球威胁不能仅靠大型多边机构来应对，还要靠众多大大小小、公共和私营的机构和网络来共同应对"[1]。阿查亚相信，当今世界新秩序最大的特征就是复杂的"变化"，"复合世界"秩序的参与主体呈现出去中心化、多维主体共同参与的特点，没有一个大国能在各领域中占据主导地位，单个国家的霸权主义在未来的世界秩序中是行不通的，因为世界各国正处于相互依存、相互影响的关系图景中，经济依存和发展的需要为"复合世界"秩序的建构提供了良好机遇，"复合世界"在不远的将来必能成为现实。

无论是"文明的冲突"还是"复合世界"，都表明各民族国家之间的壁垒已日渐被经济与文化等领域的普遍联系所打破，孤立发展、冲突对抗根本无法抵御未来可能出现的经济危机、环境危机、科技危机与核武器危机等。这两种学说也证明了不同主体国家具备自主选择发展道路的可能性，并已经在全球化高度发展的机遇与挑战中逐渐摸索确立自身的发展道路，而不同国家发展道路之间的交流、交锋也在一定程度上丰富人类文明的多样性，维系了世界格局的有序性，这意味着千篇一律的自由民主制并非完美的政治制度，至少不是适合于每一个国家的政治制度。

（二）新世界秩序建构的时代呼唤

"历史终结"是否可能存在？笔者认为，即使存在，也不是终结于福山所谓的自由民主制，西方的自由民主并不是"历史进化"的终点。在人类历史的进程中，人类生存的根基和发展动力在不断变化。人类对环境的破坏不能发展到使生态恶化至无法逆转的地步，也不能让科学技术的无限制发展带来不可控

---

[1] ［加］阿米塔·阿查亚：《美国世界秩序的终结》，袁正清、肖莹莹译，上海人民出版社，2016，"中文版序言"第2页。

因素。人类历史进程中的种种挫折表明，人类应该拥有强烈的忧患意识，不能低估各种灾难的发生，应该树立整体的人类意识和全球关怀的意识，培养全球观念。

从人类社会演进的过程来看，每一次时代转变面临的都是科学技术的进步与飞跃。从渔猎时代到农业时代，每一次生存方式的转换都促进人类活动范围发生变革，使用工具的进步使人类实现了纯粹从自然获取的不确定性到自我耕种的相对确定性的转变，人类的活动领域更加广阔。第一、二次工业革命对生产的革新推动了农业时代向工业时代的转变，自由竞争的市场经济的确立在资本逻辑的驱使下迫切需要打开世界市场。马克思曾说，大工业创造了现代的交通工具和世界市场，使单一民族国家的历史向世界历史转变。世界各民族国家之间的融合，需要建立相应的世界秩序以维护公共利益，抵御世界范围内的暴力泛滥、自然灾害、违法犯罪等消极因素。工业时代所建立的世界秩序本质上是资本主义国家主导的世界秩序。资本主义国家出于扩张性的发展逻辑必然要充当"自上而下"的政治权威来整合人类社会，他们将其拥有的雄厚经济实力转化为绝对话语权来构建符合他们利益诉求的世界秩序，这在一定程度上进一步拉大了各民族国家之间的贫富差距与力量悬殊，致使发展中国家或欠发达国家在维护自身利益时处于被动地位。资本主义世界秩序所推崇的自由、民主价值观之所以能够强加于人，并非因为这种价值观本身在根本上符合整个世界秩序发展需要，而是因为其背后的资本主义力量具有足够的实力采取行动，能够保证发达资本主义国家对于其他国家拥有绝对的统治权力，使世界各国在这种价值观的统御下无法产生与之相抗衡的自觉意识和能力。对发展中国家或欠发达国家而言，资本主义世界秩序并不是进步，而是一种镇压手段。在这种镇压之下，那些被资本主义世界秩序统治的非自由主义国家，将面临政治、经济、文化等发展的全面阻碍，最终的结果只能是强者愈强、弱者愈弱。受自然资源、政治制度、思想文化与宗教信仰等因素的影响，各民族国家在力量悬殊的国际关系格局中存在着或多或少的冲突对立，发展到一定程度可能演化为以暴力解决问题的现代战争。

各民族国家之间的冲突随着全球化进程的推进而演变成世界范围内不可避免的共同难题，发达资本主义国家凭借其在国际社会的绝对统治权而将产生的危机转嫁到发展中国家，这一发展机遇与风险挑战在不同民族国家之间的巨大差距的事实反映了整个世界发展危机空间在膨胀的现实。当今世界的全球性生存危机日益加剧，不同国家、不同地区产生共同的生存与发展困境，面临来自社会经济、资源环境、科学技术、社会安全等领域的严峻挑战。这些挑战具体表现在以下四个方面。

在社会经济方面，世界经济发展的不平衡性加剧，发达资本主义国家以资本、技术与资源等优势主宰着世界经济走向，资本主义的生产方式聚焦于资本扩张，善于利用资本力量吸吮其他国家和地区的活劳动并吞没一切可用于生产的要素资源，使其在资源配置中占据更加有利的位置，使整个世界经济生产的科技、人力、管理等资源服膺于资本扩张的同一化系统，在资本主义的社会统治和管理结构中证明其存在的价值，致使国家与国家之间的贫富差距进一步拉大；自由竞争实现的优胜劣汰使贸易保护主义抬头，而贸易保护主义在全球化的进程中与经济整体增长往往呈现密切相关性，贸易保护主义的高发一定程度反映全球经济增长的滞缓，威胁着世界经济的长远发展；经济危机在破坏本国市场的同时进一步延伸泛滥，从而损害世界上其他经济主体的切身利益。在全球化时代背景下，牵一发而动全身，任何国家或地区都无法从经济危机的影响下全身而退，这也意味着过去地域性的经济波动将演变为全球性的经济震荡，进而影响国际社会的稳定与健康发展。

在资源环境方面，工业革命后世界经济的迅猛发展造成了世界资源的严重消耗，如何确保资源利用的可持续发展以满足未来人类的生存需求成为亟待解决的世界性难题；以环境的不可复原性损害为代价换取经济增长的粗放型生产方式的难以为继，全球变暖带来的系列负效应使我们必须进一步反思人类的长久生存问题。水资源污染、土地荒漠化、物种加速灭绝等资源环境问题也为人类的生存发展敲响了警钟。资本主义生产方式要求依托使用价值来实现价值扩增，而"使用价值世界只是由自然物质构成的，这些自然物质通过劳动改变了形态"[1]，资本主义的生产扩张过程就是对自然物质无尽、无偿地占有，对全球化的生态资源窘境采取置身事外、隔岸观火的态度，这样只会加剧全球资源枯竭与环境恶化的程度，从而使人类的可栖息之地被不断蚕食，最终恐再无立足之地。

在科学技术层面，科学技术发展的不可控性正构成人类生存的潜在威胁。科技进步在方便人的生活、开拓人的视野以及延伸人的活动领域等方面曾功不可没，科学技术在助推人类社会的未来进步中起着举足轻重的作用。而人的生产劳动与动物活动的根本差异在于其自由自觉的本质，科学技术的进步提升了人的物质生产力，但技术性劳动的创造导向却使得人的自由创造本质被遮蔽，现实的人在"类"意义上的主体性规定受到冲击。由于从事科学技术研究主体的复杂性、科学研究成果使用领域和方向的变动性、科学实践效果评估过程的不确定性等消极因素，科学技术发展的期望与结果之间往往"南辕北辙"，并不断地挑战和突破人类底线。如未来人工智能的发展逐渐在生产领域实现对人的全面替代，它在提高生产效率的同时，却可能造成过剩劳动力无法维持生存的问题；生物技术方面基因编辑婴儿的出现，突破了人类的道德底线，在有违伦理的同时甚至可能对人类的基因发展造成无可挽回的影响，当现代生产通过人工智能实现对人生存局限的超越欲望跨过了理性范围时，人工智能的使用就会逐渐造成人与机器的二元对立；核武器的不断扩散，使战争造成的杀伤力持续扩大，一旦爆发战争，人类或将面临毁灭性的打击。

---

1 《马克思恩格斯全集》第32卷，人民出版社，1998，第44页。

　　在社会安全层面，世界各个国家之间的联系愈益紧密。各个国家之间多样的交往形式越发开放，不同文化相互渗透就越发广泛；地区动荡或战乱造成的人口在世界范围内的频繁流动带来了社会管理上的巨大困难；重大传染性疾病的爆发甚至会对世界范围内的公共卫生安全产生威胁，且社会安全的不稳定因素逐步增加，归根结底在于以往世界秩序和交往模式存在的国际社会安全话语的冲突与不平等。德里达在《马克思的幽灵》中对旧世界秩序的现存祸害进行了归纳，其中多数问题，诸如军火工业的非法交易、核武器的扩散、种族间的战争、新法西斯主义的抬头以及国际法和有关机构的调解困境等，[1]都是影响当今社会安全与稳定的重大隐患。

　　令人担忧的是，所有这些问题在当今社会不仅没有呈现出被逐渐改善的征兆，其潜在的危机反而存在愈演愈烈之势。全球化在加速信息传播、扩大人员流动与加强各国联系的同时，也使地域性的风险演变为全球性的风险以及地域性的危机演化为全球性的危机。有学者指出，人们应该增强"意识上的全球性"，并将这种意识贯彻到治理决策和治理方案中，否则人类作为一个物种将难以幸存，"因为破坏力、消费主义以及资源耗竭在越过斜坡之后将会与自己相遇"[2]。在全球各国联系愈加紧密的时代背景下，人与人、地区与地区、国家与国家以及地区与国家之间的冲突对抗，只会带来两败俱伤。"零和模式"必须向"非零和模式"转变，在国际交往中始终秉持全球性与民族性相结合的发展思维，树立整体的人类意识和全球关怀的意识，加速融入世界一体化的趋势和潮流，赋有世界文明多元化共存的视野，在全球生产力、市场经济模式和人类交往三个层面巩固人类社会命运共存的全球意识，如此才能实现国家与地区间的互利共赢和人类社会的永续发展。

　　1　参见［法］雅克·德里达：《马克思的幽灵：债务国家、哀悼活动和新国际》，何一译，中国人民大学出版社，2016，第83—85页。
　　2　［英］马尔科姆·麦金托什：《21世纪思考——新政治经济思想》，薛俊波、李华晶译，中信出版社，2017，第4页。

(三)"历史终结论"终结的实现[1]

中国作为世界第二大经济体,倡导构建人类命运共同体,将发展的眼光从单一国家的利益扩大至整个人类的共同利益,为构建新的世界秩序贡献了中国智慧与中国方案,提出在世界市场一体化格局中建立文化多元化和社会形态多层次化的发展逻辑,打破了"历史终结论"囿于西方文明形态的思维樊篱,宣告了"历史终结论"的破产。中国式现代化道路的开辟,"不仅证明了现代化转型之路具备多元可能,为发展中国家探索符合本国国情的现代化发展模式提供了启发,而且其参考价值不仅局限于同源于中华文化的东亚地区,无产阶级政党领导下国家由弱变强的社会主义现代化道路,对于亟待凝聚民族力量的后发现代化国家来说都具有借鉴意义"[2]。中国积极倡导构建人类命运共同体,在中国现代化的实践积淀中充分呈现人类命运共同体的思想效能,彰显人类命运共同体推进与中国式现代化发展的价值契合性、道路统一性和目标一致性,体现了中国现代化道路对"历史终结论"终结的实践性证成。

与福山所倡导的单一政权组织形式不同,构建人类命运共同体尊重政权组织形式的多样性。尽管自由民主制在客观现实中存在诸多不完善之处,其向理想形态的转变存在无法跨越的鸿沟,但福山坚持认为它是最理想的政权组织形式,是"历史的终结"。中国的迅速发展恰恰用实践证明了福山在冷战结束时得出的这一结论并非"合乎时宜",历史并没有在当时趋向终结,世界格局由于许多新兴国家的兴起正在悄然改变。各国的政权组织形式并非一朝一夕的选择,而是其地域条件、历史发展与文化传承等因素综合作用的结果,枉顾具体国情而将自由民主制作为唯一发展方向并不具备现实可能性,也非民族国家长

远发展之计。构建人类命运共同体正是中国在世界范围内高速发展过程中对国际社会发展策略的思索和人类社会前途命运的考量的成果，它尽管强调人类发展面临问题、迎接挑战和生存发展的共同性，但并不追求世界范围内的政权组织形式同质化，而是在充分尊重各国政治主权以及发展多样性的基础上，倡导为了人类共同利益而非单一民族国家的利益行动。

与福山所倡导的资本主义的"普世"价值观不同，构建人类命运共同体追求人类发展的共同价值。福山认为，自由、民主作为一种"普世"价值，适用于所有的民族国家。福山这种对普遍价值的追求包含着西方一以贯之的哲学传统，始于康德对普遍历史的追求。问题在于，福山试图将自由、民主作为抽象而无差别的原则贯彻到一切现实的政治实践中，极力强调概念的精神意识活动性和同一力量，最终目的是要通过自由、民主的概念来否定其他价值形态以达到肯定性的"同一"，忽视了普遍的价值追求与特定的政权组织形式之间的适应张力，结果造成普世价值观作为强硬的工具与不同民族国家文化价值理念实行需要之间的冲突。与追求"普世"价值不同，构建人类命运共同体追求的是人类的共同价值。习近平总书记指出，全人类的共同价值是实现"和平、发展、公平、正义、民主、自由"[1]。"和平"是谋求未来发展的重要基础，两次世界大战造成的生命与财产损失是无法估量的，在军备竞赛愈演愈烈的当今时代，战争的破坏性影响可能将人类引向灭亡；"发展"是任何想要超越现实困境的国家与个人的共同追求，而"公平、正义、民主、自由"则是作为个体的人的现实渴望与社会理想的应然状态。共同价值的提出以尊重主权国家的"个性"为前提，以承认个性差异为基础寻找"共性"。亨廷顿曾指出，"文化的相似之处将人们带到了一起，并促进了相互间的信任与合作，这有助于削弱或消除隔阂"[2]。他指出了

---

1 习近平：《携手构建合作共赢新伙伴 同心打造人类命运共同体——在第七十届联合国大会一般性辩论时的讲话》，《人民日报》2015 年 9 月 29 日。

2 [美] 塞缪尔·亨廷顿：《文明的冲突与世界秩序的重塑》，郭学堂、成帅华译，《国外社会科学》1998 年第 6 期。

文化与人的生命存在之间的本质关系：文化是内在于人生命内涵丰富、生命质量提升和生命意义充实的本源性生存方式，这意味着人类社会的发展离不开、也洋溢着人的丰富生命活动的文化关系，提醒人们应该尊重各民族国家之间的差异性，以文化的共同性为纽带，在文化交流互动的进程中促进构建人类命运共同体达成全球性共识。

与福山强调的抽象的"人"不同，构建人类命运共同体关注的是现实的人的生存与利益。福山认为，尼采所说的"末人"变成了"没有胸膛的人"，"由于他们安于自己的幸福，对于不能超越那些欲望没有任何羞耻感，因此可以说，最后的人不再是人了"[1]。他相信现代自由民主社会中的人，并不是丧失这种优越意识的人，而更接近于黑格尔所说的"最初之人"，即为了获得"承认"的欲望而战斗的人。自由民主制作为最好的政权组织形式，能够为人的理性、激情与欲望的满足提供最广阔的空间，这一点是判断最优政体的标准。而"在后历史的世界中，人们对舒适的自我保存的欲望，已经提升到了高于为了纯粹名誉而甘冒生命危险决斗的欲望的位置"，"普遍的、理性的承认已经取代了追求支配的斗争"[2]。虽然福山极不愿意承认，但他最终还是将"历史终结"后的人变为了与动物无异的、追求"自我保存"的人。正如有学者所说，福山"历史终结论"所依据的"是一种充斥混乱和悖谬的、以'追求精神承认'为始原的抽象人性史观。以这一历史观为支撑的'历史终结论'，作为一种猜测和妄断，不仅是对西方自由民主历史进程的罔顾，而且也是对当今世界自由民主发展潮流的无视，因而它的'终结'，即被时代潮流所击破，是一种历史的必然"[3]。区别于福山这种千篇一律、过度理想化的人（事实上并非每个人都会为

1　[美] 弗朗西斯·福山：《历史的终结与最后的人》，陈高华译，广西师范大学出版社，2014，"代序"第 20 页。

2　[美] 弗朗西斯·福山：《历史的终结与最后的人》，陈高华译，广西师范大学出版社，2014，第 293 页。

3　陶富源：《福山"历史终结论"的历史观剖析》，《马克思主义研究》2020 年第 9 期。

了获得"承认"而战斗，欲望也并非仅有获得"承认"这一种形式），人类命运共同体的构建基于世界上每一个现实的人所拥有的不尽相同的利益诉求。而人之所以产生差异性的利益诉求，就在于人的本质是"一切社会关系的总和"，其成长依赖于一定的社会环境，复杂的社会环境造就了现实的人的千差万别。在人类命运共同体的构建过程中，人既是构建主体也是最终目标指向，因为命运共同体的构建离不开人的共同努力，而改善人的生存境遇、实现人的解放又是构建人类命运共同体的价值追求。"正是在这种'个人'和'共同体'的互为条件和交互关系中，人与自然、小我与大我、自我与他我、个人与社会等在此都实现了本质的统一。"[1]"个人"与"共同体"的交往关系生成于人不断拓展的实践活动之中，人能够通过交往实践超越狭隘异在力量的束缚，使现存资本主导构建的一切"共同体"形态发生变革，"人"的抽象概念不能成为现实的人的主宰，"虚假的共同体"概念也不能囊括现实的人类交往格局，实践活动使人得以确证自己的彼岸存在，人成为自身存在的依据和命运的主人。因此，人类命运共同体的实现意味着对"虚假的共同体"加之于人的剥削与压迫的消解，使人之个性与自由从被压迫、被奴役的状态中解放出来，从而成为自由、全面发展的真正意义上的人。

构建人类命运共同体与中国式现代化实践是同一历史过程，人类命运共同体理念生成于中国现代化实践之中，中国现代化实践不断推动构建人类命运共同体的深入。对人类命运共同体的深刻洞察需要从中国式现代化的历史实践中寻找答案。改革开放以来，中国现代化实践以顶层设计和试点探索为基本原则，以经济体制改革为起点，深入推进各领域的全面改革，逐步构建起中国特色社会主义经济、政治、文化、社会、生态的"五位一体"总体布局，形成了坚持社会主义底色、富有时代特色的道路、理论、制度和文化体系。纵观以解

---

[1] 贺来：《马克思哲学的"类"概念与"人类命运共同体"》，《哲学研究》2016年第8期。

决经济问题为开端，以厘清实践与理论之关系为内生动力，兼顾政治、文化、社会和生态各领域的中国特色社会主义实践历程，能够清晰反映中国现代化进程中实践至上的特质。中国现代化实践从三个方面对凌驾于实践之上的"历史终结论"发起质疑与挑战。

第一，中国现代化实践以现实问题为基点统筹展开，并围绕中国实际不断拓展改革的广度和深度，开辟出由思维通向实践的现代化之路。这一现代化之路的形成主要表现为：首先，科学判断了中国社会的主要矛盾，为中国的现代化实践确定了发展的根本任务。党的十一届三中全会以后，中国共产党人汲取现代化实践的经验和教训，以实事求是为要求和标尺，做出"以经济建设为中心"代替"以阶级斗争为纲"的历史性决策。改革实践的迅速推进，使得社会主义中国的生产力发展水平与现实需求之间的矛盾日益凸显，基于此，党的十一届六中全会对当时中国社会主要矛盾作出判断："在社会主义改造基本完成以后，我国所要解决的主要矛盾，是人民日益增长的物质文化需要同落后的社会生产之间的矛盾。"[1] 主要矛盾的判定为中国现代化实践确立了根本任务——解放和发展生产力。此后，中国的现代化建设坚持正确的路线和策略，取得了世所罕见的、快速且稳定的周期增长。直至党的十九大报告在确定中国特色社会主义进入新时代的基础上，提出"人民日益增长的美好生活需要和不平衡不充分的发展之间"[2] 的新矛盾。主要矛盾的转化，不仅意味着中国现代化实践的日渐深化，也意味着指导实践的理论在实践中不断丰富和完善。其次，准确定位了中国特色社会主义的发展阶段，为中国现代化实践提供根本依据。1987年党的十三大召开前夕，邓小平同志总结改革开放近十年的实践经验，对社会主义中国的发展阶段给予精准判断："我们党的十三大要阐述中国社会主义是处在一个什么阶段，就是处在初级阶段，是初级阶段的社会主义。社会

---

1 中共中央文献研究室编：《改革开放三十年重要文献选编》上册，人民出版社，2008，第212页。
2 《中国共产党第十九次全国代表大会文件汇编》，人民出版社，2017，第9页。

主义本身是共产主义的初级阶段，而我们中国又处在社会主义的初级阶段，就是不发达的阶段。一切都要从这个实际出发，根据这个实际来制订规划。"[1]社会主义初级阶段理论的提出，为中国的现代化实践提供了最为根本的依据，深入剖析了中国发展的最大国情，在科学把握经济社会发展阶段性特征的基础上制定正确的战略和政策。建基于空想理论之上的"历史终结论"自然无法理解基于现实国情和鲜活实践之上的中国现代化道路的科学性，因而其对人类历史向资本主义自由民主制方向演进的"预测"自然沦为误判。中国在实践探索中不断推进的社会主义现代化道路，不仅破除了福山的理论预设，更是有力回应了其唱衰社会主义的别有用心。

第二，中国通向现代化的道路，是实践逻辑主导下的全面的现代化之路，是从解决"现实的人"的问题出发，以理论生成——问题解决——理论变革——实践深化为主线的发展之路。一方面，中国的现代化实践以解决"现实的人"的问题为根本出发点。从关涉人民群众物质生活水平问题的经济层面，到人民群众民主权利问题的政治层面，直至人民群众精神发展问题的文化层面、公平正义问题的社会层面、人与自然关系的生态层面，无不彰显中国现代化实践的现实要求和中国特色社会主义理论发展的内在诉求。另一方面，中国的现代化实践秉持历史唯物主义的基本原理，既将发展社会主义中国作为历史前进的必然趋势，同时也承认各种文明形态在历史上的进步意义。早在1992年，邓小平同志就要求搁置"姓资姓社"的争论，摒弃意识形态偏见，客观对待人类历史上形成的各种优秀文明成果，将之作为发展社会主义中国的有效补充。他前瞻性地指出："社会主义要赢得与资本主义相比较的优势，就必须大胆吸收和借鉴人类社会创造的一切文明成果，吸收和借鉴当今世界各国包括资本主义发达国家的一切反映现代社会化生产规律的先进经营方式、管理方法。"[2]因此，

1《邓小平文选》第三卷，人民出版社，1993，第252页。
2《邓小平文选》第三卷，人民出版社，1993，第373页。

中国的现代化之路在最初的世界文明观上便已超越了"历史终结论"的狭隘历史眼光和意识形态偏见。

第三，中国现代化实践为社会主义"正名"，并为世界发展过程中出现的普遍性问题贡献新智慧、新方案。"历史证明，理论指引往往决定了一种现代化道路的生命力与走向。"[1]作为以马克思主义为指导，深植于中国传统文化土壤，符合中国实践和发展要求的现代化路径，中国特色社会主义道路带来了有别于西方资本主义的现代化新貌。中国的现代化之路不仅最为直接地驳斥了以"历史终结论"或曰"社会主义失败论"为代表的唱衰社会主义与共产主义的言论，而且为不断凸显的世界性问题贡献出中国式解决方案。其一，中国现代化实践有力证伪了"社会主义失败论"，以中国的发展现实回应了福山的"历史终结论"。正如邓小平同志所说，"一些国家出现严重曲折，社会主义好像被削弱了，但人民经受锻炼，从中吸收教训，将促使社会主义向着更加健康的方向发展。因此，不要惊慌失措，不要认为马克思主义就消失了，没用了，失败了。哪有这回事！"[2]中国的现代化实践，走完了西方资本主义强国数百年发展中走过的历史阶段：从一个物质贫乏"一穷二白"的国家成长为拥有全球最完整的制造产业链的"世界工厂"，从一个消费能力极度薄弱的国家成为全球第一大消费市场，从一个科学技术落后的国家跃升为科技专利申请大国。其二，中国开始在世界舞台上频繁发声，为解决全球性问题提供新智慧、新方案。进入21世纪以来，尤其是金融危机爆发后，世界各国对关涉人类文明发展的重大问题，诸如世界性贫富分化、全球性治理危机、恐怖主义泛滥、生态环境危机等的关注度普遍提升，全球性问题成为可能"终结历史"的"头号杀手"。对此，中国以五千年延绵不断的文明底蕴为智慧根基，以马克思主义关于人类社会发展的规律为践行原则，以改革开放积累的发展经验为具体方法，为解决

---

1 项久雨：《改革开放四十年中国道路的哲学沉思》，《哲学研究》2018年第12期。

2 《邓小平文选》第三卷，人民出版社，1993，第383页。

迫切的世界性问题提出可行性方案，其代表就是以构建人类命运共同体为核心旨归，以"一带一路"国际合作在多国落地扎根和筹建"亚投行"等有效举措为实践载体的中国方案，旨在缩小全球贫富差距、实现世界各国共同发展和有效化解全球性风险和危机。中国特色社会主义实践已然推翻了"历史终结论"对社会主义的"死刑宣判"，社会主义生机正盛并蓬勃发展。

与凌驾于实践之上的"历史终结论"预言相反，中国现代化的实践进程蔚为壮观，呈现出别具一格的现代化图景：以建设现代化经济体系，实现高质量发展为目标的中国特色社会主义经济建设，以发展社会主义民主政治为目标的中国特色社会主义政治建设，以推动社会主义文化繁荣兴盛为目标的中国特色社会主义文化建设，以坚持在发展中保障和改善民生为目标的中国特色社会主义社会建设，以美丽中国为目标的中国特色社会主义生态建设，共同构成了中国特色的现代化的多维并举和全面推进之路。正如习近平总书记在党的十九大报告中所指出的："中国特色社会主义进入新时代，意味着近代以来久经磨难的中华民族迎来了从站起来、富起来到强起来的伟大飞跃，迎来了实现中华民族伟大复兴的光明前景；意味着科学社会主义在二十一世纪的中国焕发出强大生机活力，在世界上高高举起了中国特色社会主义伟大旗帜；意味着中国特色社会主义道路、理论、制度、文化不断发展，拓展了发展中国家走向现代化的途径，给世界上那些既希望加快发展又希望保持自身独立性的国家和民族提供了全新选择，为解决人类问题贡献了中国智慧和中国方案。"[1]实践至上的中国现代化之路证明，历史远未终结，被终结的只能是"历史终结论"。

中国的现代化实践在经济、政治、文化、社会和生态文明各领域取得了举世瞩目的历史性成就，是根本区别于资本主义现代化模式的崭新路径，不仅有

---

1 《中国共产党第十九次全国代表大会文件汇编》，人民出版社，2017，第8—9页。

力地驳斥了福山的"历史终结论",证明了人类社会发展形态以及社会政治制度形态的多样性特征,并为发展中国家开辟更为多元的现代化发展道路提供了价值论、认识论和方法论参考。

第一,揭示"历史终结论"的非理性思维逻辑,力证历史不会终结,人类社会将以多样性的形态持续发展。人类的存在决定历史不会终结于某个理想的状态,无论这一状态的呈现是观念的,还是实践的。恩格斯在《路德维希·费尔巴哈和德国古典哲学的终结》中指出:"历史同认识一样,永远不会在人类的一种完美的理想状态中最终结束;完美的社会、完美的'国家'是只有在幻想中才能存在的东西;相反,一切依次更替的历史状态都只是人类社会由低级到高级的无穷发展进程中的暂时阶段。"[1] 人类社会历史是一个自我发展和自我完善的有规律的客观过程,人类发展的每一个阶段都具有历史必然性,必须要从联系、变化和发展的观点去考察历史现象和社会问题。

马克思、恩格斯指出:"历史不过是追求着自己目的的人的活动而已。"[2] 人的实践活动永无止境,人的认识不断向前更新,历史既不会终止于人的意识之中,也不会终结于人类实践所遭遇的暂时性失利和阶段性挫折之中。人的存在、人的意识与人的自觉的实践,为历史的伸展与延续提供了最为根本的基础,这也是马克思不将共产主义视为人类全部历史的终结,而是"前历史的终结"[3] 与"真正历史"的起点以及一种旨在翻转现存社会统治并不断在新的"至高点"上开启持续运动的关键所在[4]。中国现代化实践所产生的意义,不仅在于它为"历史终结论"打上了"伪劣"的标识,还在于它为人类历史发展道路提

---

1 《马克思恩格斯文集》第4卷,人民出版社,2009,第270页。

2 《马克思恩格斯文集》第1卷,人民出版社,2009,第295页。

3 美国当代马克思主义者詹姆逊对福山的"历史终结论"提出批评,认为马克思所说的"不是历史的终结,而是前历史的终结。也就是说,在达到的那个时期中人类力量可以控制自身的命运,在那个时期,历史是集体实践的一种形式,它不再屈从于自然、匮乏或市场、金钱这些非人的宿命论的东西"(转引自郑伟:《福山"历史终结论"批判三题》,《当代世界与社会主义》2006年第3期)。

4 参见 Howard Williams, *Francis Fukuyama and the End of History*, University of Wales Press, 1997, p.65。

供了多种可能性，验证了历史发展向度的多维性与无限性。人类发展的历史是一个不断地从"必然王国"走向"自由王国"的过程，这个历史无论在社会发展的哪一个阶段都不会终结。"在生产斗争和科学实验范围内，人类总是不断发展的，自然界也总是不断发展的，永远不会停止在一个水平上。因此，人类总得不断地总结经验，有所发现，有所发明，有所创造，有所前进。停止的论点，悲观的论点，无所作为和骄傲自满的论点，都是错误的。"[1] 从原始社会、奴隶社会、封建社会、资本主义社会到社会主义社会，直至共产主义社会是历史发展的总体方向，但历史发展的形式可以因实践的丰富而表现出差异性和多样性。

第二，为发展中国家开辟具有自身特色的现代化之路提供中国经验。工业革命以来，以英法德美等为代表的西方国家，通过技术变革、政治改革等方式率先实现现代化，由此产生的现代化理论则将欧美等发达资本主义国家的现代化作为"普世"标准。发展中国家被认为只有重走既有的现代化发展之路、套用成型的现代化模式才能够实现从"旧世界"向"新世界"的转型。历史证明，中国的现代化之路打破了资本主义现代化模式"一统天下"的格局，突破了发达资本主义国家的现代化"封锁线"。中国不仅实现了从站起来到富起来的现代化质变，而且正在实现由富起来到强起来的历史性飞跃，形成了独具特色的中国方案。中国方案在价值论、认识论和方法论上为发展中国家实现独立发展，形成独特模式的现代化路径提供了有益参考。

在价值论上，中国的现代化本质上是人的现代化，是致力于人的本质的全面复归，区别并超越资本主义现代化过程中的人的异化阶段，为发展中国家走向现代化提供了参考。在马克思看来，资本主义的现代化历史，虽实现了由"人的依赖性"阶段向"物的依赖性"阶段的转变，具有历史的进步意义，但

---

1 《毛泽东文集》第八卷，人民出版社，1999，第325页。

资本逻辑主导下的资本主义现代化表现出追逐剩余价值的本性和资本主义与生俱来的对抗性矛盾，使得人的本质始终隐匿于物的关系背后。从马克思"人的关系三阶段"命题看，由"物的依赖性"向"自由人联合体"的转变是超越人的异化阶段、实现人的本质全面复归的共产主义运动的根本价值指向。有别于资本主义现代化带来的人的异化，在中国的现代化历程之中，始终把人民的发展程度作为检验现代化实践效果、理论成效和成败得失的根本价值标准，从全心全意为人民服务的宗旨原则，到"三个有利于"的评价原则和"人民满意不满意""人民答应不答应""人民高兴不高兴"的衡量标准，直至以人民为中心的价值取向，无一不是为了实现人的现代化，由此实现人的本质的全面复归始终是中国现代化的根本价值取向。这一重要经验为发展中国家的现代化提供了价值论参考。

在认识论和方法论上，中国的现代化是由实践逻辑引导、以改革为动力、以开放为活力的现代化，根本区别于并超越了资本主义现代化的资本扩张逻辑和掠夺路径，为发展中国家走向现代化提供了参考。马克思在论述资本的原始积累时指出："资本来到世间，从头到脚，每个毛孔都滴着血和肮脏的东西。"[1]资本主义的现代化始终秉持资本无限积累的扩张逻辑，其本质上是追求资本增殖和利润最大化的过程，在资本逻辑的主导下，这一过程必然伴随着掠夺和剥削。资本主义引以为傲的现代化，正是建立在洗劫世界市场、殖民落后国家的基础上，以牺牲其他国家和民族利益为代价的现代化。与此形成鲜明对比的是中国的现代化发展道路，它以实践逻辑为引导，确立了一条与资本主义相异的对内改革、对外开放的现代化之路。改革开放以来，中国不断通过对内改革体制机制以破除发展性障碍，向外积极参与国际性活动稳步推进现代化。期间，未见掠夺式的血雨腥风，未见殖民式的扩张称霸，并充分彰显了中国与世界各

---

1 《马克思恩格斯文集》第 5 卷，人民出版社，2009，第 871 页。

国在合作、互利、共赢中的广泛发展和普遍进步。中国的现代化道路是一个"实践—改革、开放—实践"的递进过程，这一过程的演进实现了对资本主义现代化的逻辑超越和方法论超越，也为发展中国家的现代化进程提供了认识论和方法论借鉴。

在世界社会主义运动遭遇深刻危机之际，福山曾兜售"历史终结论"或"社会主义失败论"，妄图在虚无历史和架空实践的基础上，宣判资本主义的永恒胜利和共产主义的历史性退场。时至今日，社会主义中国的强势崛起以及由此引发全世界的对"中国道路"等问题的空前关注和多维探讨，使得"历史终结论"不得不在面临实践的反击中黯然退场。人类命运共同体理念的提出对构建新的世界秩序具有建设性作用。"中国不会选择推翻现有国际秩序，中国的崛起是机会而不是威胁，是融入而不是挑战。中国已经全面适应并深度融入现有国际秩序，同时中国坚决抵制自由化对国家主权利益的侵蚀，坚持中国特色社会主义道路的独特性。"[1]有学者将构建人类命运共同体称为"人间正道"，原因在于"推动构建人类命运共同体，是中国为完善全球治理体系而给出的中国方案，也是基于人类的历史教训、现实状况和发展趋势为人类描绘的'世界蓝图'，是21世纪筹划人类命运的唯一选择"[2]。但目前"人类命运共同体"仍处于意识倡议阶段，现实的构建面临许多亟待进一步探讨的问题。例如，如何展示构建人类命运共同体这一中国方案的优越性，使其在世界范围内得到广泛认同？西方国家能否放下自身的民族优越感与种族偏见来接受构建人类命运共同体的倡议？在构建人类命运共同体的过程中，如何制定为世界普遍接受的实践准则？如何尽力逆转如今已经存在的实力悬殊以确保对话合作时的相对平等？等等。任何发展及其产生的问题都是特定历史的产物，对这些问题的探讨与解

1　王明国：《人类命运共同体与国际秩序转型——基于国际制度视角的分析》，《国际论坛》2022年第3期。

2　李君如、罗建波等：《人间正道：构建人类命运共同体》，外文出版社，2021，"前言"第1页。

决将使人类命运共同体实现由意识倡议到现实实践的阶段性转化，正是在揭示资本主义主导历史发展局限性的同时明确历史的进步要求和人类社会真正的价值指向，让"意识"融入现实，使"人类解放"从以地区或民族国家为支撑向以作为整体的"人类"为依托转变，实现"人类解放"进程的阶段性跨越，推动人类社会步入历史发展新阶段。

分论二
人类命运共同体的理论视域与哲学立场

　　人类命运共同体具有坚实的哲学立场，即马克思的"新唯物主义"。"新唯物主义"在与包括黑格尔哲学在内的近代主流哲学的交锋中得以建立和发展。揭示马克思"新哲学"何以不同于以往的哲学及其超越性，明晰马克思"新哲学"的创立过程及其形成的新理论观点和方法，有助于阐明人类命运共同体的哲学立场，并为进一步阐释人类命运共同体这一科学思想体系的丰富内涵和拓展路径等奠定理论根基。马克思"新唯物主义"的确立孕育了新的世界观，创立了在"解释世界"的同时又"改变世界"的哲学新时代，而新世界观与哲学新时代是在不同哲学视域所结成的相互比较、相互构成的一体性关系中形成的。我们在把握"新唯物主义"对"旧哲学"的超越与扬弃时，必须在深度检审两种哲学范式的视域差异中予以勘定。否则，对人类命运共同体"立脚点"的哲学把握就可能退回到马克思一贯反对的哲学立场上去。笔者认为，实现由"市民社会"向"人类社会或社会化的人类"的"本体论"视域转换，是马克思主义哲学发动的一场"本体论"革命，也是人类命运共同体于"新时代"出场的基本前提。

一、"市民社会"与"人类社会"的视域差异

　　马克思在《关于费尔巴哈的提纲》第十条中，把"市民社会"和"人类社

会"进行对比，指出"旧唯物主义的立脚点是市民社会，新唯物主义的立脚点则是人类社会或社会的人类"[1]，这一论述是马克思对不同哲学视域差异的自觉判定。他在批判费尔巴哈直观唯物主义思想的基础上，着重揭示建立"新唯物主义"所涉及的重要问题，包括感性世界理论、历史观、自然观、世界历史思想、科学共产主义等理论观点，并在试图解答这些问题的过程中以及对旧哲学遗留问题的深究中发生了哲学视域的转换。哲学视域的转换往往能够引起哲学变革的发生，马克思在剖析旧哲学理论问题时清晰认识到其理论视域的差异和缺陷，并绘就"新唯物主义"体系的基本蓝图。英国学者以赛亚·伯林（Isaiah Berlin，1909—1997）曾说过，哲学史上伟大哲学家的理论变革的重要表现之一就在于他们"改变了问题自身的性质，变换了那些问题之所以成其为问题的视角"[2]。"市民社会"与"人类社会"的视域差异，致使"新唯物主义"与"旧哲学"之间出现根本分野。但学界对马克思"市民社会"[3]和"人类社会"概念的理解还存在分歧，这种分歧对准确把握马克思的哲学立场造成了一定的迷惑和混乱。

　　在概念界定上，我们是否可以认为"人类社会"就是"真正的共同体"即共产主义社会？相应的"市民社会"就是"虚假的共同体"即资本主义社会？有学者认为，将"市民社会"理解为"资产阶级社会"以及"人类社会"理解为"共产主义社会"的观点存在"过度解读之嫌"，偏离了马克思的原意，此处马克思所说的"市民社会"并非"资产阶级社会"，"而是以物质生产关系为

　　1《马克思恩格斯文集》第1卷，人民出版社，2009，第502页。

　　2 [英] 以赛亚·伯林：《自由及其背叛：人类自由的六个敌人》，赵国新译，译林出版社，2011，"导论"第4页。

　　3 "市民社会"的西方表达方式主要有两种——德文"Bürgerliche Gesellschaft"与英文"Civil society"，马克思所讲的"市民社会"概念是指德文"Bürgerliche Gesellschaft"而非"Civil society"。因为马克思所使用的"Bürgerliche Gesellschaft"是衍生于法文"Société Bourgeoise"，到18世纪其含义固定为"资产阶级社会"；而"Civil society"则来源于西塞罗使用的拉丁文概念"Civilis societas"，意即"文明社会"或"公民社会"，二者在具体含义上存在差别（参见邹诗鹏：《马克思论市民社会的经济性质——基于黑格尔法哲学批判的讨论》，《马克思主义与现实》2021年第5期）。

基础、以利己主义为原则的私人生活领域，具有历史性、现实性、利己性和敌对性等四重内在规定性。同时，'市民社会'与'资产阶级社会'并非毫无历史关联，'资产阶级社会'是'市民社会'的典型样态，'市民社会'的彻底解放是'资产阶级社会'的历史终结[1]。笔者认为，这一观点对我们理解"市民社会"与"人类社会"的内涵本质具有启发意义，把"人类社会"直接等同于"共产主义社会"，会面临解释上的困难。如果说在马克思的写作语境中，人类社会和市民社会具有广义与狭义两种理论解释空间，那么，"人类社会"作为"真正的共同体"，在一定意义上还是针对资产阶级国家"虚假的共同体"而言的，可以将其认定为共产主义社会，这一分析视角是将马克思得出人类社会作为"共产主义社会"的结论视为与资产阶级国家市民社会理论针锋相对而获得的结果，这种思维范式仍然属于资产阶级哲学二元对立的知性逻辑，与马克思本人此时在论述共产主义社会理想时的理论逻辑不相符合。但恩格斯在修订版本中，不仅把"市民社会"修改为"'市民'社会"，而且把"人类社会或社会的人类"修改为"人类社会或社会化的人类"。恩格斯的版本更为清楚地揭示出对"人类社会"的一种更为合理的解释方向，即扬弃了市民社会私利性以及现代劳动分工体系内部矛盾的"社会化"了的社会，"市民社会"就是尚未"社会化"的人类社会，而"人类社会"是建基于广泛交往实践之上且正在构建的共同体形态。因此，"人类社会"或"真正的共同体"还不是共产主义社会，但其旨在建设共产主义社会，也就构成了共产主义运动的立脚点。立脚点的定位和共产主义社会不能绝对等同，即共产主义运动的立脚点不再是人与人相分立的"市民社会"，而是人与人相结合的"人类社会"，它蕴含了确证人的辩证生存本性的思维方法，始终围绕人的生存方式的变化和社会结构的转换来把握价值共识的命运。马克思指认的"旧哲学"与"新唯物主义"所呈现的"市民

---

1 毕秋：《"市民社会"就是"资产阶级社会"吗？——〈关于费尔巴哈的提纲〉第十条再解读》，《湖南社会科学》2020年第2期。

社会"与"人类社会"的视域差异，具体概括为三个方面：逻辑起点上"抽象的人"和"现实的人"的差异、思维方式上"经验直观"和"辩证发展"的差异以及价值支点上"普世价值"和"共同价值"的差异。

（一）逻辑起点："抽象的人"与"现实的人"

对人的思考是哲学家始终无法回避的永恒命题，人的问题是构建各自哲学体系的起点和基石。围绕人的真实存在、真实历史究竟是什么的问题，哲学家们展开了深度讨论。宗教哲学家认为人是上帝的作品，实质是将上帝的精神教条地理解为绝对独立于人及其实践经验的存在，突出其神圣的、已被证明的对人的绝对统治力量；以德国古典哲学的集大成者黑格尔为代表的哲学家们把人理解为理性的存在，认为人被包含在自己发展自己、自己否定自己的绝对精神之中；黑格尔之后的部分德国哲学家宣称自己超越了黑格尔哲学，但他们有的抓住黑格尔的"实体"，认为人的存在与自然物质世界的实体性存在具有本质上的一致性，有的抓住黑格尔的"自我意识"，试图从认识论角度揭开人的"自我意识"存在的真实根基和载体，最终都不过是在黑格尔纯粹的思想领域中兜售自己对于人的理解。在此之后，有些哲学家彻底抛弃了黑格尔思辨的、逻辑的、抽象的理解方式，开始强调人的经验性特征，如尼采、弗洛伊德浓墨重彩地对性、欲望等非理性因素的书写与强调。这种研究方式看似把人的理解从纯粹思辨的天马行空拉回到现实，但终究因其"片面的深刻"而无法真正认识人的存在本质。直到今天，西方对人的理解依然跳脱不出"思辨的人"和"直观的人"两种框架，他们终究还是把人看作是抽象的人的概念，根本原因在于其脱离了当时所处"市民社会"的现实背景而斡旋于证实思辨逻辑的自在运动。马克思在对"市民社会"研究的基础上，实现了被誉为"人类思想史上壮丽日出"的哲学变革。马克思的哲学变革使得其关于"人"的思考和其他哲学家相比具有本质区别。

在哲学发展史上，唯有马克思、恩格斯开创了一种"新唯物主义"，即历史唯物主义。历史唯物主义就是"关于现实的人及其历史发展的科学"，其逻辑起点是"现实的个人"。马克思、恩格斯认为，"全部人类历史的第一个前提无疑是有生命的个人的存在"[1]，"我们的出发点是从事实际活动的人"，即"从现实的、有生命的个人本身出发"[2]。如何理解"现实的个人"这一概念？当前，学界立足不同文本对马克思、恩格斯提出的"现实的个人"这一重要概念予以解释的情况已不少见。笔者认为，《德意志意识形态》中对历史前提的考察，赋予了"现实的个人"以丰富、深刻的历史唯物主义内涵。只有以马克思思想成熟时期的文本为根据，才能真正把握马克思关于"现实的个人"的精髓。马克思肯定"现实的个人"存在的自然性与社会性相统一的双重特质，并在分析人与动物的根本区别时指出，"他们是什么样的，这同他们的生产是一致的——既和他们生产什么一致，又和他们怎样生产一致。因而，个人是什么样的，这取决于他们进行生产的物质条件"[3]。个人不是自身头脑中联想的人，而是现实中的人，是从事实践活动、进行物质生产的具有能动性的人。人类代际传递下来的生产力和社会交往形式等，是哲学家思考"人的本质"的现实基础，"这种基础尽管遭到以'自我意识'和'唯一者'的身份出现的哲学家们的反抗，但它对人们的发展所起的作用和影响却丝毫也不因此而受到干扰"[4]。马克思克服了立足于"市民社会"的近现代哲学家对人概念化和抽象化的理解，主张人是与现实生活紧密相连的具体的、活生生的人，生活在现实中的人是实践的存在物，人凭借批判和革命的生产与交往实践建构整个世界，并在实践进入人之外开放的总体性存在之中与世界建立存在论的关系，必然导致具体历史条件下人的异化的生存问题。个人生存问题的解决，不是一种主观的生命感悟，而是

1《马克思恩格斯文集》第1卷，人民出版社，2009，第519页。
2《马克思恩格斯文集》第1卷，人民出版社，2009，第525页。
3《马克思恩格斯文集》第1卷，人民出版社，2009，第520页。
4《马克思恩格斯文集》第1卷，人民出版社，2009，第545页。

改造世界的解放活动。马克思在发现个体性蕴含有限的现实性之后凸显了阶级和类的地位，对个体性不再极力推崇，而是在批判现实的人的异化存在过程中揭示其总体性关系的类存在。

历史唯物主义语境中的"个人"是在对人本主义、个人主义语境中的"个人"概念的扬弃中逐步确立对"现实的人"存在根基的哲学认知。历史唯物主义批判了人本主义和个人主义理论从历史的概念化结构寻觅个人存在的唯心主义哲学立场倾向，构建植根于现实社会所形成的总体关系的生存状态。人本主义和个人主义视域中的"个人"与社会相分离，是抽象的、无差别的、原子式的个人；历史唯物主义语境中的"个人"是以生产方式为基础的现实存在，是需要在现实的生产活动中生成与展现自身的历史性的特殊存在。青年马克思曾与形而上学的人学思想有着较为明显的关联，但马克思在深度剖析黑格尔哲学的"发源地与秘密所在"之后，意识到以价值悬设为取向的人性的局限，即预设人性直接存在感性价值的外壳里，而人在其所遭遇的异化困境及其化解过程所形成的价值都被视为外在于人性的存在加以摈弃。马克思抨击抽象人性观造成现实的人与社会的分裂，并试图开始在生产力的发展、社会形态的变更等现实历史的基础上理解与把握人的具体存在样态，实现了人的生命意义与社会存在的历史发展的完美契合。如学者所言，"正是由于'市民社会'概念与马克思历史理论的探讨，以及'物象化''物化'（Verdinglichung）背后的'物'的分析，'倒逼'了有关马克思著作中不同的'人'的用法的辨析"[1]。

马克思著作中的"人"主要涉及"人类""个人"和"人格"三个不同层次的概念及用法，"人类"是青年马克思针对黑格尔"自我意识"的唯心主义缺陷、考察费尔巴哈从"感性"存在理解"人"所得出的概念，在确定"人类"作为"感性"存在的基础上，马克思在政治经济学研究和资本主义批判中进一

---

[1] 周嘉昕：《马克思著作中的"人"——基于马克思思想发展的概念史考察》，《学术月刊》2015年第10期。

步衍生"个人"与"人格"的用法。因此，有学者在解读费尔巴哈人本学问题中往往肯定其人的"类"概念对马克思"人"的论述的影响，认为尽管费尔巴哈本人明确用人本主义指称"新哲学"，但哲学批判的出发点绝不是当下市民社会中利己主义的个人，以此为费尔巴哈"人类"自然存在维度的哲学观正名。着眼于"人类"生存需要的角度就能发现真正的历史形成于社会形态的不断更迭，从自然"共同体"到"市民社会"再到"人类社会"的结构转型，而费尔巴哈没有指明实际地超越"市民社会"以通达"人类社会"的正确路径，仍然逗留在自然"共同体"阶段分析人存在的"类本质"，探索人类解放的宗教旨归。他的哲学依旧是马克思所说的直观的唯物主义。当代西方学界关于人的学说，依然没有超越德国古典哲学的思辨范畴，它们派别林立、五花八门，其共同缺陷是脱离人的社会关系，否定社会发展的规律，以超阶级、超时代的假象论证人的种种问题。如经济领域中"自私人"假设，政治领域中"流氓""无赖"假设等，都是基于人的主观意志的任意解释。事实上，"现实的人"及其生活究竟怎样，不是各种各样的假设或概念的预先规定，因为"不是意识决定生活，而是生活决定意识"[1]。人不是预定的存在物，而是历史性生成的存在物，人的历史是人的活动过程及其创造的结果。因此，构建新时代人类命运共同体，绝不是要诉诸"个人为本位"的价值取向，也不是要张扬人本主义视域中"个人自由""个人实践"的价值理念，否则就是对历史唯物主义方向的偏离。

（二）思维方式："经验直观"与"唯物辩证"

以"抽象的人"为逻辑起点的整个西方传统哲学，总体来看是一种"思"的哲学，只能达到"解释世界"的水平。而各种"解释世界"的哲学，均未能超越"市民社会"的视域，归根到底不过是以经验直观的思维方式再现现存社

1《马克思恩格斯文集》第 1 卷，人民出版社，2009，第 525 页。

会，有些近现代政治哲学家企图对变动的社会存在形态作出一劳永逸的终极说明，当他们的直观觉察以孤立的始基来解释现存社会中人的存在方式受到局限时，又开始在人的存在本源的设定中加入具有弹性的解释要素，以达成规定"市民社会"人的存在形式的思想自洽。马克思使得哲学由"黄昏起飞的猫头鹰"转换为"破晓的雄鸡"，决定性地开启了探索政治哲学问题的全新思维方式。海德格尔指出："纵观整个哲学史，柏拉图的思想以有所变化的形态始终起着决定性的作用。形而上学就是柏拉图主义。尼采把他自己的哲学标识为颠倒了的柏拉图主义。随着这一已经由卡尔·马克思完成了的对形而上学的颠倒，哲学达到了最极端的可能性。哲学进入其终结阶段了。"[1]新哲学通过对充满分裂和冲突的市民社会精神进行改造，在"社会化人类"或"人类社会"的视域中实现了对经验直观思维方式的真正超越，走向人的现实生存实践及其历史发展的唯物辩证视域。

理论视域的不同导致马克思与大多数近现代政治哲学家在思维方式上存在巨大差异，他摒弃对人与社会存在方式作经验直观的思维研究所昭示的自在物质世界，确立了与历史发展本性相适应的唯物辩证的思维方式，体现了马克思在哲学思维上的根本性理论变革。

第一，是否以主客二分的对立眼光看待问题的差异。作为与政治国家相对的私人活动领域，市民社会充斥着对立和冲突。这一经济基础衍生出一种主客二元对立的思维方式和理论逻辑。市民社会的分裂特质构成了旧哲学内在分裂的现实基础。以市民社会为立脚点，哲学家们虽然用尽各种办法，试图实现市民社会与政治国家的和解，但由于市民社会的内在缺陷，即作为现代市民社会基础的私有财产固有的实体性逻辑及其造成的异化本质，致使笼罩在市民社会之中的二元对立的思维方式仍不可避免地依附在人与人、人与自然、主观与客

1　[德] 马丁·海德格尔：《面向思的事情》，陈小文、孙周兴译，商务印书馆，2014，第82页。

观等关系的各个方面。西方近代"哲学思维方式的基本特点是从主客、心物、思有等二元分立出发运用理性来构建形而上学的体系"[1]，从笛卡尔到黑格尔莫不如是。笛卡尔认为，世界上存在两种绝对不同的实体——灵与物，他主张用理性去感知、直观、反思与自己相对的客体外在，并提出"我思故我在"的著名命题；黑格尔作为一名辩证法大师虽然试图通过"实体就是主体"的命题去克服主客分立，以建构辩证的两极矛盾观取代二元对立，但辩证的两极矛盾观的基本形态只是"矛盾辩证"，它并不能包容复杂系统形态，揭示多彩世界的真实图景，何况它仍然建立在主客、心物、灵肉、无有二元性的基础上，最终未能逃出二元分立的樊篱。当主客、心物、灵肉、无有的分裂无法弥合时，黑格尔不得不借助臆造的"绝对精神""绝对理念"行使调和统一的神圣职权，以实现世界整体与个体之间在"绝对精神"运动内的和解。对此马克思也认为"黑格尔的深刻之处，正是在于他处处都从各种规定（如我们各个邦所存在的那类规定）的对立开始，并且强调这种对立"[2]。只不过黑格尔是客观唯心主义的二元论，多数近代哲学家是主观唯心主义的二元论，他们都未能改变二元分裂的局面。二元对立的思维方式"直到现在仍在困扰着西方思想"[3]。社会生活则为消融和克服二元对立困境提供了辩证的中介与坚实的基础。社会生活在本质上是实践的，而实践活动的展开，是一种主观与客观、思维与存在、能动与受动、必然性与自由性等各种矛盾因素的否定性统一过程。在实践活动过程中，由于人能够开展并实现对自身存在的自我认识，能够把自身当作普遍、自由的存在者来对待，因而所有这些与人的自我认识相关联的因素和环节都失去了其独立存在的状态，而成为相互作用、相互转化和内在融合的关系。

　　第二，是否意识到无产阶级巨大潜力的差异。由于对立的思维方式，旧哲

---

　　1 刘放桐等编著：《新编现代西方哲学》，人民出版社，2000，第 11 页。

　　2《马克思恩格斯全集》第 3 卷，人民出版社，2002，第 69—70 页。

　　3〔比〕伊利亚·普里戈金：《确定性的终结：时间、混沌与新自然法则》，湛敏译，上海科技教育出版社，2009，第 9 页。

学"至多也只能达到对单个人和市民社会的直观"[1]，而无法从总体上把握变革社会、改造世界的现实力量，其所有的革命热情只不过是"跪着造反"罢了。市民社会中的人越来越被分割成孤立的原子，物化意识就把这种"原子化"的人当作出发点和尺度。新唯物主义"根本区别于自我封闭的传统'体系'哲学，也根本区别于西方现当代形形色色的'生存论'哲学"[2]。要正确认识和解决个体生存的状况，必须立足超越现存的历史高度，以辩证发展的思维方式从未来汲取实践的力量，逐步确立实践理性、实践哲学的视野，将人的存在方式与实践活动从超感性的世界拉回到植根于现实生活的此岸世界。正是基于唯物辩证的思维方式，马克思发现了"非市民社会阶级的市民社会阶级"[3]，揭开无产阶级作为社会世界真正主体的历史地位，指出无产阶级是超越资产阶级社会、实现共产主义、解放全人类的历史主体和依靠力量，他们在追求真理的过程中实现了对社会形态的历史推进。马克思意识到以资本主义为典型形态的市民社会在历史进程中是必然存在又必然灭亡的必经环节，他认为无产阶级不仅是市民社会廉价的商品，而且更是推翻非人性社会统治的主体力量。唯物论和辩证法的有机结合使得新哲学成为"没有死角的唯物主义"，成为实现了认识论、逻辑学和辩证法相统一的哲学，也即认识世界和改造世界相统一的哲学，从而实现了哲学向现实生活的回归。

第三，是否能够穿透"意识的物化结构"的差异。生活在市民社会中的人由于本身被物质利益包裹而惯于采取对象化的思维方式来认识"物"，把物视为"现成存在者"。这种思维方式与物所具有的"封闭性""孤立性"和"无矛盾性"等存在特性相一致。因此，马克思认为，近现代哲学家都是在整个事实运动背后进行理论层面的反思，没有脱离黑格尔所言的"猫头鹰"范式。这种

---

1 《马克思恩格斯文集》第 1 卷，人民出版社，2009，第 502 页。
2 侯惠勤：《共产主义：马克思主义哲学之魂》，《红旗文稿》2015 年第 18 期。
3 《马克思恩格斯文集》第 1 卷，人民出版社，2009，第 16—17 页。

思维方式往往停留在对事实的确认上，即把现实物化的社会结构当作没有起源和发展的"既定物"或"给与物"，人生活在这一社会结构中也是为物化意识所假定的静观存在的存在者，无法实现自身存在对现实物化状态的突破，最终倒向为现有秩序辩护的整体意识的物化结构。感性直观的思维方式使得哲学家们对本应加以批判和改造的对象进行承认和维护。黑格尔虽然不满足于市民社会的自发性和异化状态，对其不足性和实证性进行了尖锐的批判，力图通过国家的伦理性，避免市民社会在私人利益的冲突中土崩瓦解，但其哲学依然具有"粗陋的经验主义"色彩。比如，黑格尔把代表最高善的"最终的伦理实体"归结为王权国家，又将王权国家归结为君主，这种把"真理性"归结为经验存在的逻辑观念，不过是一种"上帝人化"的抽象、随意和神秘的运动。费尔巴哈同样不了解革命的、实践批判活动的意义，因而只能做到对市民社会单个人的直观把握。"猫头鹰"思维范式使得哲学滞后于现实世界，哲学沦为现实世界所发生的一切事件的注脚。立足"人类社会或社会化的人类"的"新唯物主义"，反对"对事实的崇拜"，力图把握"事实"的总和及变化趋势，从而在对现实的积极干预中保持自身活力。辩证发展的思维方式所理解的现实不是凝固和僵死的，而是存在着内在矛盾的运动，当矛盾处在激烈对抗并形成革命的客观条件时，新哲学不是要求人们消极地"认命"（即承认"你的存在就是你的本质"），而是通过对"现存"的革命改造以掌握和改变自己的命运。新哲学能够克服传统哲学思维方法的弊端，实现哲学理论范式的根本转换，摆脱利己主义的束缚，洞察到市民社会所充斥着的各种拜物教形式，深刻阐述市场经济的暂时性和过渡性，立足于现实的人的生命存在充分展开和无限发展的实践力量，从而提出实现共产主义、解放全人类的伟大目标。

（三）价值旨趣："普世价值"与"共同价值"

经过文艺复兴洗礼的西方近代政治哲学家大多都承认人的历史主体地位，

他们主张人本身就是目的和最高价值，但其经验直观的思维方式的运用使得其价值追求的过程具有一定的虚幻性。西方一种较为流行的观点认为，人在本性上是自由的，这种自由的权利是"天赋的"，协调市民社会内在矛盾（市场经济条件下人的社会化、普遍化的机制和现代人自私欲望之间的矛盾）的国家只是人们让渡自己天赋的自然权利的结果，是人们之间订立契约的结果。直至今天，这种论点仍然被现代政治哲学奉为基本原则之一。名噪一时的"普世价值"在一定程度上由这种社会政治理论延伸而来，它将"现实的个人"抽象为"原子化的自我"，将抽象的自我概念视为既定的价值主体，并赋予其对一切生活领域的绝对控制权。笔者认为，马克思并没有否定现代西方政治哲学的价值追求，而是进一步思考如何实现其价值追求。他指出只有将价值理念和现实生活颠倒过来，让价值理念置于历史唯物主义的生存境遇和具体的生活语境中，才能发现市民社会的真理和人的真实自由。马克思所追求的全人类解放的"共同价值"与奠基于传统形而上学和唯心史观的"普世价值"之间具有本质区别。

第一，"共同价值"在科学解释历史何以可能的基础上凝聚人类的价值共识，"普世价值"的基点则在于先设的形上根据。

市民社会即由契约关系的需要而将人们联系起来的市场交往体系及其保障机制，本身便是一种异质性领域，它肯定独立的个人对特殊利益的追求，同时要求以多元利益和多元价值并存为前提的社会和谐，这种要求蕴含人与人、人与社会之间的紧张关系。"普世价值"却假设存在一个民众一致同意的公共意志。这种自我标榜为超阶级、超意识形态的人类价值理念具有极强的隐蔽性和欺骗性。早期市民社会论者极力强调的自由、民主等为人熟知的价值理念只是在为资本主义经济的推行鸣锣开道。黑格尔在《法哲学原理》中所谈论的价值理念，仅仅是逻辑论证的附属物，没有从现实的社会、现实的国家出发，最终只能陷入"逻辑神秘主义"的泥潭。马克思、恩格斯曾一针见血地指出，市民社会中"自由这一人权不是建立在人与人相结合的基础上，而是相反，建立在人与人相分隔的基础上。这一权利就是这种分隔的权利，是狭隘的、局限于自身的个人的权利"[1]。但是，人类历史上任何一个试图取代旧统治阶级的新阶级，包括资产阶级都会"赋予自己的思想以普遍性的形式，把它们描绘成唯一合乎理性的、有普遍意义的思想"[2]。"普世价值"就是把西方市民社会中特定的价值观、政治制度、经济制度视为可以超越一切民族的历史特性和差异，并放之四海而皆准的神圣准则，其实质是一种极具欺骗性的价值理念：在共时态上，忽视民族、地域、阶级等不同条件的特性；在历时态上，否认不同民族国家在不同历史时期对于共性价值追求的变化性。在生产资料私有制存在的条件下，所谓平等、自由之类"普世价值"构想仅仅是剥削阶级的特权，本质上是西方发达资本主义国家为其推行的资本全球扩张而设定的价值谱系，被剥削阶级只是被动进入其制造的"中心—边缘"的价值秩序中，不可能在自主意识下实现真正的平等和自由，因而特定的平等、自由理念作为"普世价值"无法在世界范围内得以推行。正如约翰·杜威所说："把自由和在经济领域内、在资本主义财政制度之下最高程度的无限制的个人主义活动等同起来了，这一点注定了不仅使得平等不能实现，而且也使得一切人们的自由不能实现。"[3]人人都有健康、平等、快乐的追求和愿望，但在现实中，处于不同经济政治文化地位的人所追求的生存、发展条件和具体爱好，无论在内容上还是在形式上都是完全不同的。而以"现实的人"为出发点所寻找的"共同价值"具有坚实的根基，它在承认阶级差别、民族文化差异的基础上被提出，是对当前世界发展之价值共性需求的历史性概括。

第二，"共同价值"建立在真理基础之上，是开放、发展的历史语境，"普

---

1 《马克思恩格斯文集》第1卷，人民出版社，2009，第41页。

2 《马克思恩格斯文集》第1卷，人民出版社，2009，第552页。

3 [美] 约翰·杜威：《人的问题》，傅统先、邱椿译，上海人民出版社，1965，第93页。

世价值"则处于封闭、孤立的语境，切断了与真理的联系。

市民社会中的个人受制于物化的社会关系，只能在历史性的有限范围内活动，其所构想的"普世价值"切断了与真理的直接联系，遵循的也只是从某种普遍的道义原则出发而推论理想社会的"应当"逻辑。在这一逻辑中，自由意志与必然规律、真理和价值之间是分立的。就客观层面而言，"普世价值"因为没有抓住人类利益的本质与规律，没有坚持唯物辩证、历史发展的观点，也就无法达到"彻底"的程度，因而呈现出虚假性、非科学性的特质。"普世价值"强调的是共同体中一部分人对另一部分人的控制和支配，是凭借资本主义优越经济地位带来的强大话语权来推行理论专制的。就主观层面而言，"普世价值"一开始就只是乱开空头支票而不打算付诸实际行动的"口惠而实不至"的错误价值观，它打着西方资产阶级价值观的幌子，蕴含着鲜明的西方自由主义意识形态和简单线性的社会发展观，将人为设置的价值规范作为一种普世信条，带有强烈的危害性。"普世价值"非但无法构建和谐有序的公共生活，反而削减了人类历史发展的多样丰富性。"普世价值"经不起人类利益诉求的拷问，接受不了各种异质声音与反对意见，更不能从其中反思与发展自身，其理论必然构设并囿于一个封闭而孤立的语境。"共同价值"致力于超越"应当"的逻辑，落实于物质生产、社会关系、历史规律性之中，具有鲜明的开放性、发展性，是在历史唯物主义语境中通过接受多样性的人类利益诉求而不断发展完善的。正如列宁所指出的，"世界历史发展的一般规律，不仅丝毫不排斥个别发展阶段在发展的形式或顺序上表现出特殊性，反而是以此为前提的"[1]。价值共识在本质上代表的是全人类的根本利益，与人类的自由全面发展一并进步。

第三，"共同价值"的提出是为了促进世界的和平与发展，增进人类福祉，而"普世价值"则是某些西方国家推行霸权主义的手段。

---

1 《列宁选集》第四卷，人民出版社，2012，第776页。

　　近现代多数思想家主要是在市民社会的层面上阐述政治哲学问题（此处的市民社会并非是与经济基础对等的范畴）。市民社会中的"自由"概念，按照《人权宣言》（1791 年）的说法即是"做任何不损害他人的事情的权利"，马克思犀利地指责这种对自由的理解"正像两块田地之间的界限是由界桩确定的一样"，不过是"人作为孤立的、自我封闭的单子的自由"[1]。该"自由……不是建立在人与人相结合的基础上，而是相反，建立在人与人相分隔的基础上"[2]。"这种自由使每个人不是把他人看做自己自由的实现，而是看做自己自由的限制。"[3] "普世价值"已经成为这种在市场交换的私人领域中最得力的"代理人"和"实践者"，其最终目的是为了对其他国家进行文化渗透、推行霸权主义，漠视人类社会复杂途径的现实特征和历史发展需要。这种侵略性的动机从根本上说是由资本主义私有制所决定的。马克思针对性地批判道："私有财产这一人权是任意地（à son gré）、同他人无关地、不受社会影响地享用和处理自己的财产的权利；这一权利是自私自利的权利。这种个人自由和对这种自由的应用构成了市民社会的基础。"[4] 自由、平等和民主本是全人类共同追求的价值，其作为人类普遍认同的价值情感具有特定的意义指向，但在西方"普世价值"的话语中，这些价值理念就全部带上了资本主义私有制的色彩，成为资产阶级特权者的专属。"普世价值"的结果必然表现为一种"零和博弈"的状态，即践行"普世价值"必然会造成一部分人得利而另一部分人受损，而受损主体与得利主体相比往往数量更多、损害更重。"无论是从现实政治还是从思想观念的角度，都有必要拒斥所谓'普世价值'。现代政治从来都是多元的，'普世价值'的支持者天真地想要以某个特殊国家、特殊文明信奉的观念来垄断对现代

---

1 《马克思恩格斯文集》第 1 卷，人民出版社，2009，第 40 页。
2 《马克思恩格斯文集》第 1 卷，人民出版社，2009，第 41 页。
3 《马克思恩格斯文集》第 1 卷，人民出版社，2009，第 41 页。
4 《马克思恩格斯文集》第 1 卷，人民出版社，2009，第 41 页。

道德和政治价值的解释权"，实质上传达的是一种"简单粗暴的独断论"[1]。"共同价值"则是在承认各国差异的基础上，旨在促进世界各国交流与合作，共同应对世界性危机，共享世界发展成果，最终达到世界性的合作共赢。

马克思充分肯定了黑格尔对市民社会的历史主义认识并从中获得重要启示，但由于立足的哲学基础不一样，探究现实问题的理论视域不同，马克思克服了黑格尔的绝对精神王国的实体思维困境，从黑格尔对市民社会伦理关系的考察转向对物质生活关系的思考，将黑格尔所设定的否定性辩证法扎根于"现实的人"的生命存在和活动方式，并在人与社会的存在关系中进一步深化了社会形态理论的具体性和历史性。在"人类社会"的视域下，以"现实的人"为逻辑起点的人类解放不再是空洞的词句和口号，也不是对每个人的共同性的抽象，而是实际地改造客观世界和人自身的历史过程。

二、"市民社会"与资本主义经济全球化的关联

市民社会以个体需要和个体利益为基本原则，市民社会的存在依附于私人利益和财产权利的占有以及个体之间的利益往来，往往借助劳动、分工、交换和契约等内部活动形式来实现人与人之间的交互。市民社会中的普遍联结是外在的、形式上的，就其根本而言是个体利益之间的差异性与冲突性。这种差异性和冲突性通过主体间性的理性活动使主体意识的存在形态得以呈现，向市民社会中的人承诺一种理性自由的社会生活，导致市民社会非但未能实现其启蒙理想，反而在日益分化与断裂的社会结构中压制了个体解放潜能，日益造成主体意识的失落和非人格化的社会，造成新的风险与危机。市民社会总体上是撕裂的，由此衍生的资本主义经济全球性扩张，虽然在一定程度上缓解了资本主

义国家内部的社会矛盾，分散了资本主义现代社会中个体与社会之间的冲突压力，但却把这种矛盾由民族国家内部扩展到了整个世界，致使世界格局出现"中心—外围"极度不均衡的二元对立结构。

（一）市民社会的利益冲突与等级结构的产生

古代社会是个体依附于共同体的社会，"我们越往前追溯历史，个人，从而也是进行生产的个人，就越表现为不独立，从属于一个较大的整体"[1]。近代社会则是一个共同体解体、个体主体性凸显的社会。随着市民社会的兴起和发展，个人从传统共同体中解放出来，长期受到贬抑的私人利益获得极大解脱。"市民社会"中的"人绝对不是类存在物，相反，类生活本身，即社会，显现为诸个体的外部框架，显现为他们原有的独立性的限制。把他们连接起来的唯一纽带是自然的必然性，是需要和私人利益，是对他们的财产和他们的利己的人身的保护"[2]。私人利益摆脱了公共利益的束缚而赢得独立地位，通过与资产阶级哲学家的合谋而获得了新型道德观念的支持，致力于证实个人至上和谋取私人利益的行为理念在市民社会的合法性扩展，由此取得了正当身份和优先地位。在 17 世纪，市民社会理论的思想先驱霍布斯、洛克、亚当·斯密等就试图通过"自然法""自然状态"和"社会契约论"等理论将国家限定在一定的范围之内，他们认为获取私人利益是"人的天性"和"天赋的人权"，"人天生就是自私的动物"等言论不断涌现。在市民社会不断发展成熟的时代背景下，社会的公共利益被认为是私人利益的简单集合，人民和政府的关系甚至也被视为委托人和受托人的关系，政府在私人利益和个体活动领域只是扮演公共领域公德与法律的代言角色，并且人们大多认为只有建立在私人利益基础之上的公共利益才是真实、合法的，即符合获取个人利益所必需的自主、自由的精神空

---

1 《马克思恩格斯全集》第 30 卷，人民出版社，1995，第 25 页。
2 《马克思恩格斯文集》第 1 卷，人民出版社，2009，第 42 页。

间。市民社会自诞生之日起，就是不受共同体（如国家等"虚假的共同体"）干预而独立存在的私人领域，追逐并实现私人利益是市民社会的最高目标和第一特性。

但个体的特殊利益之间不可避免地充满冲突性和斗争性，容易导致社会关系的断裂、伦理精神的异化。市民社会中由私人利益触发的个体之间异化冲突现象成为近代哲学家思考人类历史中社会形态与人的存在本质关系的"中介"。在黑格尔看来，市民社会中人与人之间的利益关系扯断了家庭式的互爱关系，每个人都以自身发展为目的，而把其他一切社会关系结构中的存在者及其生存权利转化为实现自身私人利益的一种工具、一种手段或一种物，甚至期望牺牲他人的权利来保障或成全自己的利益。市民社会是以肯定个人对特殊利益的追求为前提的，但这一前提与社会平等之间存在深刻矛盾，"特殊性本身是没有节制，没有尺度的，而这种无节制所采取的诸形式本身也是没有尺度的。人通过表象和反思而扩张他的情欲——这些情欲并不是一个封闭的圈子"[1]。当每个人都把自身利益看成高于他人利益、把他人当作物来对待和交往时，自身也被他人视为物来对待和交往，市民社会内部结构就会出现利益和交往领域的极大分化。于是，人被抛入巨大虚无之中，丧失人的真正属性而沦落为物的存在，人在与他人的相处过程中感受到的不是自己作为人被承认、被证实，而是作为物被利用、被否定，市民社会蒙上了一层被工具利益和多元原则支配的分立性"阴影"。"利己精神"统治下的主体都只顾算计自身特殊利益，他们虽然在空间上聚集，但在心理上却产生深深的隔膜，最后造成的结果是马基雅维利所预估的"人人相待犹如豺狼"和霍布斯所强调的"一切人反对一切人的战争"的状态。

黑格尔将分析视角转到市民社会内部结构的本质弊端来揭露个人矛盾性存

---

1 [德] 黑格尔：《法哲学原理》，邓安庆译，人民出版社，2016，第332页。

在的必然性。他辩证地看到市民社会内含的劳动、分工、交换以及订立契约等现代工商业活动可以超越个人纷争而实现个体自由的"普遍意志",但他认为这种"普遍意志"终究是有限的,其最终还是陷入了片面维护个人利益的窠臼。黑格尔回归到市民社会诞生根据的本源性问题中思索现实个人矛盾与普遍自由理想之间的差距,他坚定地把劳动视为市民社会存在的根本性要素,认为劳动是人们彼此联系和社会交往的中介,劳动催促个体在追逐私人利益中展开社会交往;社会成员在他的劳动中,不自觉地或无意识地完成一种普遍的劳动,劳动的抽象化产生了分工、交换以及契约,这使得主观的利己主义思想转化为对其他一切人的客观需要的满足,即每个人在为自己取得、生产和享受的同时,也客观上为其他一切人的享受而生产和获得,人们在劳动过程中形成了市民社会结构性的普遍联系。即便如此,市民社会中个人利益的对立、冲突依旧在所难免,交换的中断、契约的毁坏也会随时发生。"在契约中由于达成一致意志者们尚保持他们的特殊意志,契约因此也就仍未脱离任性的阶段,而难免陷于不法。"[1]市民社会中的利益联合是极不稳定的,参与交往的人们只是因为利益上的相互需要而结合在一起,在劳动中形成的普遍交往是就整个市民社会中的利益关系而言的,而个别性所进入的普遍性只是表面的、偶然的、暂时的和脆弱的,利益关系一旦结束,联合也就归于解体。正是在这个意义上,阿尔都塞指出,"市民社会是个活生生的矛盾体,因为在市民社会中,普遍性不是一种理念,而只是众多特殊利益的总和,而且,因为在市民社会中每个人所追求的无非是各种各样的自私目标,因此,普遍性在那儿不是一种自为"[2]。市民社会交往和利益关系的普遍性并非滋生于人的自由意识和自主选择。

马克思洞悉了黑格尔在个体与市民社会之间引入国家概念所暴露的理论困

1　[德] 黑格尔:《法哲学原理》,邓安庆译,人民出版社,2016,第 161 页。
2　[法] 路易·阿尔都塞:《黑格尔的幽灵——政治哲学论文集》,唐正东、吴静译,南京大学出版社,2005,第 165 页。

境。他注意到黑格尔并不像西方近代政治哲学家那样极力推崇个体优先、劳动所有权等原则，相反，他对自由市场万能论、社会契约论进行了有力批判，并力图通过国家理性的外在强力引导社会利益由分裂走向整合，发挥现代国家在调和个体理性与市民社会之间伦理困境上的根本作用，以实现公共福利和公共利益。黑格尔寄希望的官僚制存有形式合理性和实质合理性的冲突，国家权力机构实际上具有自我扩张和自我谋利的本性。更加彻底地来说，国家机构甚至不过是为保障私人利益而服务的机器。因此，马克思指出，"黑格尔在这里提出了一个没有解决的二律背反。一方面是外在必然性；另一方面是内在目的。国家的普遍的最终目的和个人的特殊利益的统一，据说就在于个人对国家所尽的义务和国家赋予他的权利是同一的"[1]。国家并不能为人的自由提供终极的保障，黑格尔以思辨的方式来解释个体与市民社会之间的关系，为市民社会可能重新成为压抑人的专制力量提供了理论支撑，使人的自我意识和自由活动倒向抽象、片面的外在表现，在完成政治解放的"市民社会"中活动的依旧是孤独而封闭的原子式个人，所形成的依旧是彼此隔绝与对立的社会关系。

尽管黑格尔在揭示市民社会中目的和手段的关系时明晰了人与人之间平等的交往原则，认为市民社会形成于独立个体之间平等交往所建立的普遍联系，但这种平等只能停留于主观意愿中，市民社会必将呈现巨富与赤贫的不平等现象。在现实中，由于禀赋和体质的差异、资本和技能的牵绊以及意外情况的制约等，个人在占有和分享财富上都分属于不同的等级。一方面，一部分人所积累的物质财富呈几何级数的增长趋势，财富又将自身变为一种强大的力量，把周围的一切资本、技术和人才都吸引过来，出现"富者更富"的景象。另一方面，随着社会分工的不断细化，劳动愈益窄化且单调，于是在市民社会中产生了"贱民"，即物质生活条件下降到正常必需的水平之下而丧失正义、奋进和

---

1 《马克思恩格斯全集》第 3 卷，人民出版社，2002，第 9 页。

自尊等精神品质的底层贫困人员。除了物质上的匮乏外，黑格尔还指出底层贫困人员在生理和伦理上的消极蜕化，"财富与贫困之间的这种不平等——这种需要和必然性——变成意志的最高的撕裂，变成内心的反抗与仇恨"[1]。他进一步分析，财富层面上的平等问题受制于市民社会中法的缺陷，认为市民社会以法的形式来确认人们之间的差别以及财富享有的不平等，"这种法在市民社会中不但不扬弃人的自然不平等（自然就是不平等的始基），它反而从精神中产生，并把它提高到在技能和财富上、甚至在理智教养和道德教养上的不平等"[2]。在黑格尔政治哲学的视野下，市民社会是一个宽广的视域，它的等级差别不只是存在于经济交往活动之中，还存在于政治、文化和精神气质等方面，市民社会中的不平等现象及其滋生的法的普遍性只是人与人之间知性活动建立起来的过程和手段，最终要回归国家这一最高级形态的伦理实体。

马克思在继承黑格尔通过生产劳动实现个体自由解放的思想基础上向前迈进了一大步，深刻地指出市民社会等级差异背后的神秘力量典型地表现为支配一切的资本逻辑。"从市民社会批判视域出发，马克思紧紧抓住自由、平等和所有权这三个现代性意识形态要素，深刻剖析了作为自然权利的自由、权利平等的理念和私人财产权的原则的本质规定性及其运动机理，揭示出市民社会的'反权利'本质，指明了现代性意识形态的深层问题。"[3] 马克思与黑格尔一样，承认现代市民社会对凸显个人主体性的辩证作用，指出"现代的市民社会是实现了的个人主义原则；个人的存在是最终目的；活动、劳动、内容等等都只是手段"[4]，他们都揭示了资本主义现代性存在的历史必然性及其促进个体与社会

---

1 Hegel, *Hegel and the Human Spirit, A Translation of the Jena Lectures on the Philosophy of Spirit*（1805—1806）*with Commentary,* Translated by Leu Rauch, Wayne State University Press, 1983, p.140.

2 Hegel, *Elements of the Philosophy of Right,* Edited by Allen Wood, Translated by H. B. Nisbet, Cambridge University Press, 1991, p.200.

3 鲍金、潘虹旭：《马克思市民社会批判视域中的现代性意识形态及其问题》，《厦门大学学报（哲学社会科学版）》2021 年第 5 期。

4《马克思恩格斯全集》第 3 卷，人民出版社，2002，第 101 页。

发展的积极作用，同时批判市民社会在资本主义市场经济环境下造成人私利本性的泛滥，其中黑格尔重点关注"个人的法"与"他人的法"不同尺度之间既互为手段又彼此对立的关系，而马克思将个人主体性得以凸显的根源归结为"资本逻辑"的支配，从而在更深层次上揭露了资本逻辑消解个人主体的本源性祸端。"资本逻辑"使得人自觉的自由劳动退化为"抽象劳动"，因"抽象劳动"脱离真实的劳动主体而成为劳动主体之外的力量，使得"劳动不属于他；他在劳动中也不属于他自己，而是属于别人"[1]。资产阶级国家也以一种"虚假的共同体"的形式出现，其对共同体中其他社会成员"实际的干涉和约束"，不过是社会现实生活中占据统治地位的特殊阶级和利益集团对另一部分人的控制与支配。这种不平等的支配关系，正如哈维（David Harvey，1935— ）所言，"不能被认为仅仅是一件偶然的事情。它具有政治—经济过程中的根源"[2]。在资本逻辑的运作下具有破坏性的社会冲突不断被再生产出来，并渗透到社会生活的各个层面，最终造成市民社会矛盾的激发和生活于其中的人主体性的丧失。

（二）资本主义等级差异结构的全球延展

市民社会是现代伦理精神没有得到充分发展的阶段。无尺度地追求"特殊"、无节制地扩张情欲、无限度地加剧"恶"、贫困和匮乏等状态，使得市民社会本身无力克服自身的溃垮，也无力弥合自身内部的利益冲突。市民社会内部个人劳动与财富的差异性、特殊性所造成的伦理冲突会随着资本主义现代性的全球化推进而扩散至世界各国，在政治、经济和文化等多领域的普遍交往中得以放大，并影响其国家现代化道路的选择与社会结构的形成。市民社会的等级结构和内在矛盾在全球扩展中最明显的后果就是"造成了在一个高度一体化

---

1 《马克思恩格斯文集》第 1 卷，人民出版社，2009，第 160 页。
2 [美] 戴维·哈维：《后现代的状况：对文化变迁之缘起的探究》，阎嘉译，商务印书馆，2013，第263 页。

的全球资本流动的空间经济内部的分裂、不稳定、短暂而不平衡的发展"[1]，资本主义全球化催生了"中心—边缘"式世界市场和国际交往的结构性体系。

　　为了扩充市场和扩大利润，市民社会的资本和财富持有者极力向海外扩张，这意味着不平等的竞争机制和发展环境也将向外扩张，并使市民社会的内在矛盾和冲突得到一定程度的转移。针对市民社会基本矛盾所衍生的劳动异化、理性消逝和价值分化等各种背离普遍伦理的问题，黑格尔犀利地指出，资本所有者所采取的解决方式是向外国倾销本国生产过剩的商品和殖民扩张，即商业的国际化。他将思辨哲学应用于政治哲学领域，分析指出"市民社会受这种辩证法推动而超出自身之外，首先是超越这个特定的社会，以便向它之外的其他民族去寻求消费者，从而寻求必需的生活数据，这些民族或者缺乏它所生产过剩的物资，或者一般地在工艺等方面落后于它"[2]。黑格尔对于经济、商业和全球化的论述可谓一针见血。随着市民社会的发展，人与人之间的交往不断突破自然地域、政治国家等条件的限制，世界性历史逐步形成。向外扩展"使工业通过这种联系的最大媒介而把遥远的国家带入交易关系中，这是一种采用契约制度的法律关系；在这种关系中交易本身又是最大的文化手段（Bildungsmittel），商业也通过它而获得了世界史的意义"[3]。市民社会终究还是一个私人领域，弱肉强食和唯利是图是其基本法则，人与人之间不是相互协作、包容的关系，而是相互竞争、对立的关系，大多数社会底层群众在资本主义全球性扩张中处于竞争链的末端，只能沦为资本增殖的工具而过着非人的生活，这种内在矛盾延展到全球范围就造成以私有财产为基础发展起来的世界政治经济格局的极度失衡，严重阻碍人类实现整体发展和自由解放的进程。

　　随着市民社会资本与市场的全球性扩张，现代社会"支配一切的资本逻

　　1　[美] 戴维·哈维：《后现代的状况：对文化变迁之缘起的探究》，阎嘉译，商务印书馆，2013，第370页。

　　2　[德] 黑格尔：《法哲学原理》，邓安庆译，人民出版社，2016，第375页。

　　3　[德] 黑格尔：《法哲学原理》，邓安庆译，人民出版社，2016，第376页。

辑"的运行与"民族国家"共同体的建构形成内在勾连。"资本逻辑"具有永无止境地扩张和自我膨胀的特点。"资本必须通过'体外循环'来实现自身扩张的本性没有发生根本改变"[1]，它的理论基础不再是赤裸裸的"自由竞争、弱肉强食"的社会达尔文主义，而是经过精心的形而上学理论设计与精致包装的"普世价值"。为了不断赢得产品和资本的新市场，资本必然要求自身走出民族国家的界线，寻求海外出路和外围空间，将外部空间扩张的成本减至可控范围内的最低点，并从价值观念和意识形态的角度为资本扩张扫清障碍。资本国际扩张的一个重要表现就是把"过剩资本"输出到落后国家，就像列宁指出的那样："只要资本主义还是资本主义，过剩的资本就不会用来提高本国民众的生活水平（因为这样会降低资本家的利润），而会输出国外，输出到落后的国家去，以提高利润。"[2]资本的扩张必然会导致"先进国家"与"落后国家"之间的冲突和对立，而"资本输出国"之间为了争夺世界市场也难免会陷入激烈的争夺之中。"支配一切的资本逻辑"按其本性不可避免地会导致以民族国家为主体的共同体之间的对抗与分裂，包括"先进国家"之间在资源占有上产生的分歧，"落后国家"对"先进国家"疯狂掠夺和无偿占有行为的反抗意识与行动等，这种对立存在的资本逻辑成为压制人类历史前进的深层束缚。

从历史与逻辑的双重角度进行考察，我们发现"资本主义全球化"的进程是文明进步和血腥灾难密切交织的一段历史。就社会历史发展的角度而言，生发于西方资本主义产业革命时期的市场化，在人类从农业文明向工业文明的转变中曾发挥巨大的推动作用，成为了全球化的经济基础，并创造了人类解放的物质基础。但市场化及其全球扩展最终还是资本主义经济特别是军事霸权不断推进的结果，其推进过程既暗含自私自利的预谋，又充斥野蛮的武力，给人类

---

1 鲁品越：《"构建人类命运共同体"伟大构想：马克思"世界历史"思想的当代飞跃》，《哲学动态》2018 年第 3 期。

2 《列宁选集》第二卷，人民出版社，2012，第 627 页。

带来了无法磨灭的伤痛。就唯物史观的理论逻辑而言，推动世界历史进程的根本原因和内在机制不是维柯的诗性智慧、康德的内在目的和黑格尔的绝对精神，而是人类社会的实践活动，尽管世界历史生成于资本主义的全球性扩张，但其发展归根结底依靠的是普遍的生产和交往实践。全球化作为人类社会历史的特定阶段具有历史性特征，它是资本主义生产生活方式及其价值观念的全球扩展，表征资本家试图把一切物品都卷入到资本增殖的链条中而捕获最大剩余价值的欲望。"资本主义全球化"并不是一个客观中立的历史范畴，而是不同主体国家参与其中并致力于谋取各自利益的交互实践平台，必然渗透主观目的的价值场域，其各种利益诉求间的冲突和碰撞是不可避免的。

　　资本主义把一切民族甚至最野蛮的民族都卷到了人类文明的历史进程中，并在全球制造同一性的历史境域，迫使所有民族国家或地区在全球资本链中遵守资本主义国家设置的同一性原则，而不同民族国家或地区进入世界历史的时间、机遇、动机和自身实力等各有差异，势必造成生产中心与外围的等级秩序和文明差异，这就是全球现代性的"同质性—断裂性"辩证法。资本主义在推动生产力飞速发展，物质财富极大丰富的同时，也必然造成生产关系层面中心国家对边缘国家压迫的不平等困局。社会的存在样态在全球化时代的发展越来越具有整体性与人类性特质，但现代世界秩序并不是理论上所规定的平等规则与合理制度的演进，相反它取决于资本的较量，资本的掠夺与扩张本性为其在世界历史运动中的绝对强权提供物质支撑，这一强权意图维持世界历史的资本主义力量优势长期不变，导致各地区、各民族国家之间的争夺和博弈不仅没有烟消云散，反而更加激烈。西方国家在人类发展进程中率先进入资本主义社会，居于全球价值链的核心地位，那些被强行纳入"世界历史"的国家和地区，特别是落后国家只能处于边缘位置和全球价值链的底端而遭受严重的盘剥和掠夺，甚至面临覆灭或解体的巨大风险。中心国家利用它们掌握的各种资本手段来攫取世界市场的暴利，其利益诉求拥有绝对的优先地位，边缘国家则只具有工具性价值，其使命是服从于中心国家，其利益诉求只有在满足至少不违背中心国家利益诉求的情况下才能被认为是合理的。资本私利和贪婪的扩张支配着世界历史的前途命运，资本主义经济全球化必然不是以全人类共同的利益为目的，而只是为少数发达的经济体服务，其不可避免地会造成发达与不发达、先进与落后地区和国家之间的巨大断裂。这种断裂在制造新的不平等问题的同时，又固化了以往的不平等关系。

马克思将各民族国家的地位划分为"心脏国家"和"四肢国家"等，并指出资本主义全球化将民族国家内部在发展结构上的不平等延展到整个世界从而出现断裂性格局，这种格局则会最终演变为国与国之间征服与被征服的畸形关系。在《资本论》第1卷中，马克思指出："一种与机器生产中心相适应的新的国际分工产生了，它使地球的一部分转变为主要从事农业的生产地区，以服务于另一部分主要从事工业的生产地区。"[1]"主要从事工业的生产地区"指的是发达的资本主义"中心"，"主要从事农业的生产地区"指的是不发达的"外围"，生产领域的分化所体现的资本生产关系昭然若揭，发达资本主义国家统摄工业生产与发展中国家被迫展开农业生产的对立局势本质上是资本和劳动力之间的生产及交换关系。在生产领域，工业生产往往因掌握先进技术、管理等要素而远远优于农业生产，工业生产所生成的资本则易于吸纳、占有农业生产的劳动以使其价值得以增长，这种资本主义生产方式操控着市民社会，使得资本成为市民社会中占统治地位的力量，即渗入到国家内部生产领域的等级对抗之中。

资本主义等级对抗在全球化时代不仅仅存在于国家内部，还扩大升级为全球范围内大众阶层与精英阶层之间的跨国冲突，贯穿每个国家和地方的生产、生活空间。资本主义对抗的全球化现象体现为资本生产体系的逻辑悖论，社会财富的大幅度增加和收入的不合理分配之间的张力不仅客观存在，而且在全球

---

1 《马克思恩格斯文集》第 5 卷，人民出版社，2009，第 519—520 页。

化过程中持续强化，以至于这种不平等的国际秩序被称作"一种新的拦路抢劫"[1]。早期地缘政治的权力结构和权力支配关系并未绝迹，至今依然存在，形形色色的保护主义、霸权主义、强权政治以及新干涉主义明显升温。当前欧美社会所出现的民粹主义、政党内斗、族群对立和社会撕裂浪潮实际上依据的是一种"他者"逻辑，即以本民族、多数群体为本尊，而将其他民族、少数群体视为与其相对峙的存在而加以排斥。当前一些西方国家逆全球化潮流而动以及奉行反自由市场的贸易保护主义，意图对亲密盟友和竞争对手全面打响贸易战，在封闭了自身的同时也伤害了经济全球化的正常运行和整个世界的发展需要，其种种行为显示着资本主义全球化高速运转下，国际社会离心力的不断增加，凝聚力和向心力的日益式微。

一批左翼经济学家秉承马克思市民社会不平等结构的分析范式，针对各国经济发展现状更为鲜明地提出"中心—外围"理论。齐格蒙特·鲍曼认为，"近段时间以来，几乎没有民族—国家可以说是自治的，更不必说是自我维持和自给自足了——不管是经济上，还是军事上或者文化上，莫不如此。几乎没有现存国家能经得起严格的国家地位的考验"[2]。尽管人们陶醉于商业利益以及这些利益带来的繁荣，但在不知不觉中已经放弃对主权完整性的捍卫，市民社会私利膨胀的全球性事实消解了政治国家的存在根基。"中心国家内垄断资本的兴起也导致了中心与外围之间的不平等交换，因为由于它而出现了中心与外围之间在生产率相等情况下的工资差异，并在外围国家中组织起越来越多的剩余劳动力"[3]。即中心国家的强权资本在无偿占有劳动力成果之后，致使外围国家的劳动力被逼依赖于资本所支配的生产条件。有西方学者把"中心"和"外围"

---

1 Robert Biel, *The New Imperialism: Crisis and Contradictions in North/South Relations*, Zed Books, 2000, p.24.

2 [英] 齐格蒙特·鲍曼：《被围困的社会》，郇建立译，江苏人民出版社，2006，第61页。

3 [埃及] 萨米尔·阿明：《不平等的发展——论外围资本主义的社会形态》，高铦译，社会科学文献出版社，2017，第126—127页。

的关系表述为"宗主—卫星"结构，指出不发达的"卫星"都是一种工具，宗主从"自身的卫星榨取资本或经济剩余并且把这种剩余中的一部分输送到一切都成为其卫星的世界性宗主中心去"[1]。技术进步的中心国家更多地分享结构性剩余，"技术进步产生于中心，并倾向于把由此带来的愈来愈高的生产率的成果集中于中心"[2]。世界范围内中心与外围国家之间的尖锐矛盾、剥削与被剥削关系一直存在，反映了少数发达国家对绝大多数落后国家进行经济压迫的本质并没有改变。

由资产阶级所开创的世界交往目的是为资本扩张和积累剩余价值垫石铺路，结果引致世界范围内不平等、非正义的交往关系，这种交往形式并不是真正的人类交往，包括资本主义社会在内的以往一切社会形态也不可能提供任何符合人类历史现实发展的真实基础。资本主义表征着以社会关系的对抗性、紧张性为特点的人类"史前时期"的最后一个阶段，"资产阶级的生产关系是社会生产过程的最后一个对抗形式，这里所说的对抗，不是指个人的对抗，而是指从个人的社会生活条件中生长出来的对抗；但是，在资产阶级社会的胎胞里发展的生产力，同时又创造着解决这种对抗的物质条件。因此，人类社会的史前时期就以这种社会形态而告终"[3]。马克思将共产主义的性质明确规定为"社会性"，即扬弃市民社会中利己之人所赖以维系的私有财产权，使每个人不再把他人看作自己实现自由的限制。我们必须承认社会主义是一种完全不同的社会秩序，它具有客观必要性。这种社会秩序生成于人的意识和实践自觉，能够使人觉察到现存状态的有限性，从而向人类历史敞开自我实现、自我超越的空间。因此，马克思强调从资本强力扩张下的世界历史进入真正的人类历史，必

---

1 [美] 查尔斯·K. 威尔伯编：《发达与不发达问题的政治经济学》，高铦、徐壮飞、涂光楠等译，商务印书馆，2015，第 165 页。

2 [阿根廷] 劳尔·普雷维什：《外围资本主义：危机与改造》，苏振兴、袁兴昌译，商务印书馆，2015，第 37 页。

3 《马克思恩格斯文集》第 2 卷，人民出版社，2009，第 592 页。

须依靠"全世界无产者联合起来",推翻剥削制度而实现共产主义。

资本主义的不平等结构展现出由原子化的个人到市民社会再到现代世界秩序与权利体系的逻辑演变进路。原子化的个人所建构的市民社会从根本上决定了整个现代世界的秩序结构,并使这种结构处于矛盾频发的失衡状态。正如马克思所说,无论是法的体系还是政治国家,都根植于"市民社会"和人类的建构实践当中。资本主义市民社会决定着现代世界秩序与权力体系,即由发达资本主义国家主导的全球治理无视他国的合理要求而一味追逐本国利益,这种"顾我轻彼"的价值立场势必会加剧全球分配的不公正、不平等,形成中心—外围的"畸形"结构。正如朱迪斯·巴特勒所言,"人类只有进行文化反省才有未来。毫无疑问,'新的人类'将在我们始料未及处'返回'自身,在其脆弱处和能力极限内生发出意义"[1]。要切实理解现代市民社会的深层困境,就必须超越形而上学思维方法,立足于历史发展与人的现实实践、生存方式之间的内在联系,推动社会历史的整体性和人类性协同发展。

三、从"人类社会"到"人类命运共同体"

马克思明确将新唯物主义的立脚点设定为超越思辨意识并与现实世界相关联的"人类社会或社会化的人类",这种哲学"立脚点"的设定意味着新唯物主义与以往一切传统形而上学,尤其是与以"解释世界"为宗旨的思辨哲学的决裂。在"人类社会或社会的人类"这一全新的立脚点上,新哲学审视并摒弃了旧唯物主义以人的感性存在和自然属性为立论依据的"类"哲学思维,赋予新唯物主义"改变世界"的实践特性,它把"批判的武器"与"武器的批判"相结合,将哲学的实践特性指向人自由的本源性生存状态,关切人类特有的理

1　Judith Butler, *Precarious Life: The Powers of Mourning and Violence,* Verso, 2004, p.151.

想活动，构成了人类社会走向"真正的共同体"的历史根基，是真正改变世界的哲学。马克思并不是抽象地谈论改变世界，他所要改变的是"市民社会"及在其基础上产生出来的社会制度和社会意识。人类命运共同体即是对新哲学致力于"改变世界"方案的进一步延续、展开乃至落实。

（一）西方学者的理论设想及局限

全球化迅猛发展使得世界形成了相互依赖、高度融合的面貌，全新的世界在为人类社会带来无限发展机遇的同时也引发了严重的生存困境，这就是资本主义主导的全球世界格局必然存在的固有矛盾。当资本主义全球化的矛盾浸染至整个世界，国际局势就会呈现出尖锐对抗的撕裂景象：经济上保护主义盛行；政治上民粹主义抬头；外交政策上孤立主义泛起。撕裂的国际景象其实与西方资产阶级哲学二元对立式思维相契合，在二元对立思维方式的规定下，"'我'成了别具一格的主体，其他的物都根据'我'这个主体才作为其本身而得到规定"[1]。即使理性国家也不可避免地被夸大为一种唯我独尊的个人主义，国家在全球化进程中主动赋予自身谋取私利的主体角色，并在国际交往中产生诸如自私、狭隘的极端倾向，造成资本在全球范围内生产与流通领域的等级分化和内部主体国家成员之间关系的脱轨，尤其是处于资本链末端的成员国被动排列到全球性议题和行动的底层、边缘。内部成员行为的脱轨很容易让集体行动瞬间崩溃。在小的团体中集体行动是可能的，团体规模越小，团体成员之间的沟通成本越低，集体行动效率越高；而团体规模越大，团体成员之间谈判、沟通和交易的成本越高，那么集体行动也就不可能。西方坚持的二元对立结构塑造了不同等级参与主体之间行动关系的固化结构，使得全球性联系越发不稳定与脆弱，且难以在现存的僵化框架中得到历史生成性的改造与完善。

1　[德] 海德格尔：《海德格尔选集》上卷，孙周兴主编，倪梁康译，上海三联书店，1996，第882页。

在国家与国家之间分裂疏离的当代国际环境中，建构能够唤起成员国认同感、归属感的共同体就显得尤为重要和紧迫。西方学者出于对国家之间因争夺而导致的内耗问题的深刻焦虑，开始对国际交往困境提出自己的理论设想，其解决方案主要可概括为以下三种：

第一种是增强全人类的共通情感、价值和伦理认同。有学者指出，生物学意义上的身体决定每个人不得不过着衣食住行、生老病死的形而下的物质生活，决定人和人之间在很多方面可以达成某种共同感，如恐惧、憧憬、悲伤、喜悦等。建基于"共同感"的交往形式突出了人在生活世界中所面临现实问题的共通性和遭遇生存困境的一致性，将人类遭受的生存挑战归结于个人伦理情感上的差异与分裂，而这种伦理分离与人类发展的整体意识需要相差甚远，呈现为不同个体的私利本性及漠视他人合理利益的伦理缺陷，这就要求呼吁不同民族国家中的个体培养自身宽容、博爱的人类整体意识以及对他人负责任的广阔情怀，在这种认同感和归属感基础上，各国便能够通过协商合作的体制、机制来构建共同体以应对现代性危机。

第二种是成立具有最高权力的"世界政府"作为协调成员、处理事务的领导机构。"世界政府"作为西方大国称霸世界的工具是一个历史性范畴，早在古希腊智者学派就提出要依据人共同的自然需要来制定最高的宇宙自然法则。随着资本主义全球化的推进，有学者深刻地洞察到国际社会内部的差异，认为资本主义世界市场的发展需要一个看得见的手——"世界政府"来予以掌控，将成员国家划分为"世界国家"和民族国家，二者是彼此为战的对立关系，且前者的存在目的是肢解后者的主权，以此达到人类社会实现和平共存的状态，并力图寻找普遍性领域，以使得成员国家从自私自利的狭隘本质和经商牟利的欲求中解放出来，实现人类社会的公共福利和公共利益。

第三种是承认并倡导多元主体的共在。很多学者认为，"主体间性"思想打破了传统国际关系中主体—客体关系的单一中心或主—从支配模式，倡导自我主体与对象主体、自我与他人、自我与社会之间的交互交融。在他们看来，不同主体随着交往实践范围的扩展必然从"主体性"走向"主体间性"的交往模式，这种转向产生的前提是：主体能够提高自身改变世界能力和独立个性，逐渐建构起多主体交往的文化规则和世界秩序，形成交往主体之间根据对方需要进行交往的意识。正是这种交互交融的宽容情怀，使不同的主体彼此结成共同体以解决矛盾和问题。这种观点也获得国内部分学者的赞同。"未遭损害的主体间性结构是现代正义秩序得以建构的基础，其对称性保证了每个人作为权利主体的平等性及其不可废黜的'应然性'。"[1]

但是，这些理论设想均难以有效应对 21 世纪国际交往中所存在的矛盾问题。笔者认为，其原因如下。

第一种方案忽视了共同体内部的异质性。以人类的共同感为基础，不同国家的人们之间似乎能够基于彼此的相互信任和充分接纳，而发挥自身比较优势以更有效地应对各种挑战。然而，这种理念所借助的"共同感"并不是具有严密科学特征的哲学概念，它以统一的规范取代形形色色的阶级、种族和宗教的偏见，忽略了共同体内部的异质性和多样性，这种交往状态必然给人们的伦理生活造成巨大影响，导致交往价值多样化存在的瓦解以及人们对共同体内部情感共识的迷茫与焦虑。强制统一的情感交往规范并未提出共同体在现代市场社会何以可能的问题，使共同体内真正的伦理情感和价值共识成为现代人难以企及的幻影。

第二种方案仍无力化解私人领域的矛盾与冲突。"世界政府"显然在当前阶段很难形成，因为传统国际关系视角下的"世界政府"既不能真正改造各个国家，也不能为人的发展提供终极保障。在现实实践中，"世界政府"反而通常会沦为"霸权稳定论"的产物。"世界政府"试图在全球治理中发挥强有力

---

1 吴兴明、赵良杰：《中国不能没有主体间性维度》，《社会科学报》2018 年 12 月 20 日。

的凝聚功能，但这种治理体系在发达资本主义国家的主导下不可能实现世界各国的共同治理，其实质是"大国共治"的国际组织，其形式合理性和实质合理性之间具有难以弥合的裂缝。在权益至上面前，"世界政府"治理通常表现为事后作为，只有当全球性问题演化成威胁人类生存发展的困境，它才能从理念架构被迫提上现实的议程，而此时人类付出的治理成本代价是无法估量的。

第三种方案容易陷入泛主体化、去主体化的境地。表面上看，多个主体之间要消除偏见，相互尊重，就需要承认多元主体的共在。但是，"主体间性"思想所追求的多主体性，实质上是一种泛主体化和去主体化的表现。这种理论尽管强调每个成员都是中心或主体，但并未在承认不同主体在独立个性的基础上设定与对方交往的可能性，由此主体容易因自身强烈的交往目的而忽视其他主体特殊的具体的交往需要。每个主体都安于这样的交往模式，会形成缺乏真正合作交往意识的主体间性，最终导致无所谓中心或主体的混乱。可以说，依靠无主体状态组建起来的共同体，不具有牢固的根基，最后的结果只是机械团结而非有机团结。

西方在解决国际社会分裂的这一时代问题上所提供的理论设想，从表面上看，体现了富有正义感的学者的"忧患意识"，但其共同的和根本的局限在于无法从根本上突破旧哲学"唯我论"的困境，从认识论的维度设立主体—客体的思维结构，强调"我"作为绝对主体对客体的全面掌握，而主体的全球交往规范依据全球化的推动者——资本力量来设定。因而这些所谓统一性设想的哲学论证缺乏现实的有力支撑，体现的只是先验的意向构成关系，最终都无力克服国际社会内部的利益冲突以及自身的溃垮。资本主义社会的等级结构和内在矛盾在全球扩展的"结果就是造成了在一个高度一体化的全球资本流动的空间经济内部的分裂、不稳定、短暂而不平衡的发展"[1]。在一定程度上说，早期地

---

1 [美]戴维·哈维：《后现代的状况》，阎嘉译，商务印书馆，2004，第263页。

缘政治的权力支配关系并没有消失，时至今日仍然存在。当前欧美社会所出现的民粹主义、权力掣肘和社会撕裂等现象实际上也是市民社会中的"他者"逻辑在作祟，反映在现实的全球交往和治理体系中就是给多方参与利益主体造成新的束缚和冲突。那么，如何扬弃各国利益分裂、权利冲突对抗的困境？在新的时代背景下我们有必要重新回到马克思，重新探究其如何建构"真正的共同体"。

（二）"人类社会"的利益融洽性

冲破传统的国家和地区界限，超越意识形态、社会制度和文化传统的差异，广泛拓展国际交往、对话与合作，正在成为人类发展的一种全球性趋势。不同参与主体由于各自文化根基、观察视角和价值利益上的差异而在共同交往过程中形成多维领域的差异格局，而且这种差异格局往往形成僵化的复杂性系统，围绕物质利益和资本权力的矛盾运动容易形成冲突关系。那么，如何克服、扬弃市民社会中私人利益的对抗和私人权利的冲突？如何保持个体自由意愿和共同体整合功能之间的张力？马克思哲学的解决方案是实现"人类社会"的视域转换，即"市民社会"向"人类社会"的转换。如果说市民社会中的人只能表现为一个尚未达到人类社会高度的原子式个体，其利益具有冲突性的话，那么人类社会中的利益则扬弃了市民社会的私人性质并呈现出共享、融洽的特质。在"人类社会"的视域下，人与自然关系的再生产、社会关系的再生产以及人类精神的再生产等一切人的活动抛弃以往所有形式的排他性、对立性甚至殖民性，揭开了人是具有差异性、丰富性和具体性的存在且处于一种矛盾关系的实践本性。人的实践本性在历史发展中滋长成现实力量，达到人类实践与社会关系内在本质的和谐统一。

对于市民社会中个人由于私利本性而与市民社会形成对立关系的问题，黑格尔并未止步于市民社会的内在分裂上深究原因，而是致力把市民社会成员从自私自利的狭隘本质和经商牟利的贪婪欲求中解放出来。不过，黑格尔从总体上认为市民社会中的内在矛盾可以进行自我修复。因此，他同费尔巴哈一样并未提出变革市民社会的要求，转而求助于理性化了的政治权力，彰显政治国家在化解冲突中的伦理规范作用。对此，马克思犀利地指出，黑格尔所谓的国家"合理性"本质上是与现实无涉的观念的"同语反复"。有学者评价道，"黑格尔的错误并不在于站在国家这一'普遍性领域'的立场，而在于国家只是'虚幻的普遍性领域'"[1]，即国家被视为最高形态的抽象法和精神现象，只是充当伦理实体的国家理想而已。马克思认为，只有彻底打破现有的市民社会结构与消灭生产资料私有制，扬弃耸立于其上的国家和意识形态上层建筑，才能真正使人摆脱剥削压迫、阶级斗争和普遍不平等的境况。马克思对黑格尔理性国家观的幻灭发生在《莱茵报》时期，他发现作为理性化身的国家和法不仅无力改造市民社会，反而"沦落为私人利益的工具"。因此，马克思开始从市民社会中寻找"现实的普遍性领域"，着重思考对市民社会进行彻底变革的问题，即对资本主义制度和资本主义现代性的超越问题。如果没有超越市民社会的实践活动和超越抽象的政治正义的哲学批判，就不会推动市民社会及其制度和意识的变革，也就不会有改变世界的新哲学的诞生。

变革后的新哲学坚持人民优先、人民本位，反对和摒弃个人优先、个人本位。以人类社会为立脚点的新哲学认为，真正的个人自由不是建立在人与人相分隔的基础上的，而是恰恰以人与人相联系为前提的。"他人"不但不是自身自由的束缚和限制，反而是自身获得解放和发展的基本条件。在改造客观对象的实践活动中，个人通过生产的联合而与他人结成内在的否定性统一关系，即超越物与物之间封闭、孤立和隔离的关系，成为既有明确区别又内在一体的"类"关系。随着生产力的不断发展，人们的活动范围也逐渐打破时空限制并

---

1 侯惠勤：《马克思的哲学变革与我们的哲学坚守》，《思想理论教育导刊》2016 年第 1 期。

建立普遍的交往关系，相应地"地域性的个人为世界历史性的、经验上普遍的个人所代替"[1]。马克思曾使用费尔巴哈的"类本质"概念来表述人的"普遍本质"。当然，这种"类本质"在马克思那里不是忽视差别的"抽象的普遍性"，也并非把许多人纯粹自然地联系起来的机械的共同性，而是以个人的独立性为前提并以其个性的充分发展为条件，包含着个性、差异性和多样性的"具体的普遍性"或"丰富的统一性"。马克思是在实践活动层面考察人的存在本质，这与他对人类社会普遍联系的必然性趋势的探究密切相关，他在不同文本中对此进行了论述："类本质"是"一个种的整体特性、种的类特性就在于生命活动的性质，而自由的有意识的活动恰恰就是人的类特性"[2]。关于如何使人摆脱阶级社会中特权利益阶级的束缚而走向自由解放的深远问题，马克思在分析个人力量与物质力量的关系时指出，"只有在共同体中，个人才能获得全面发展其才能的手段，也就是说，只有在共同体中才可能有个人自由"[3]。人是一种类存在物，每个人都不可能全然脱离他人而独立生活，任何阶级都不能凭借物质力量来轻视或消灭人的力量，和他人联合的实践活动是每个人自由发展和彻底解放的绝对必要的前提。

个体实践必然具有历史局限性，这种实践的限度与人的发展需要之间的矛盾迫切呼唤共同体出场。个人在遇到外部压力或干扰的情况下，容易产生兴奋、愤怒、狂热等非理性情绪，进而造成分析能力、理解能力和沟通能力的下降，甚至在现实中迷失自我。个人的"脆弱"与生存局限促使人们需要相互呵护和相互联系，需要共同体的社会生活形式。人类共有的生物学意义上的身体感受导致人和人之间在情感、价值和伦理等方面可以达成某种共情，这是人类存在自然属性的现实表征。不过，个体伦理情感在市民社会中产生的差异及其

1《马克思恩格斯文集》第1卷，人民出版社，2009，第538页。

2《马克思恩格斯文集》第1卷，人民出版社，2009，第162页。

3《马克思恩格斯文集》第1卷，人民出版社，2009，第571页。

行为的脱轨很容易让原本脆弱的集体行动瞬间崩溃，特别是在个体自我意识不断增强的现代社会，共同体内部由于利益取向不同而渐趋分化和涣散，使得个体之间在交往过程中难以形成相互认同感和对共同体的归属感，共同体似乎"失去了作为集体性主体的能力，而且几乎不能引起一个持久的一致行动"[1]。一些激进的解构主义学者更是认为：共同体会妨碍个体的自由；缺乏内在联系纽带和深度交流契机的共同体是一种"伪共同体"，主张使人从共同体的伦理权威中解放出来，推动人重获独立和自由。

马克思认为，要真正克服个体局限，超越以私人利益为基础的伪共同体，就不能以个人权利为本位，不能依靠从外部对市民社会进行有限整合的政治国家，而要从根本上依靠无产阶级所代表的"普遍利益"的引领。马克思揭示了市民社会中个体的发展过于追求私利，进而形成了"孤立的个人"和"利己主义"的社会发展形式，产生了大量的恶性竞争和旧式生产关系。他认为市民社会中个体利益的增加往往建立在以他人利益作为工具的基础之上，结果造成了他人利益的牺牲和社会整体发展的僵滞。但无产阶级是唯一与生产资料没有直接联系的阶级，构成社会生产发展实践的主要承担者，因而无产阶级是彻底的大公无私的阶级。但是毋庸讳言，单个无产者具有自发性。列宁在阐述"群众的自发性和社会民主党的自觉性"时，就指出工人缺乏总结提升科学理论的能力，其自发的运动不能产生社会主义，只能产生工联主义。他指出："人们经常谈论自发性……自发的工人运动就是工联主义的、也就是纯粹工会的运动，而工联主义正是意味着工人受资产阶级的思想奴役。"[2]因此，无产阶级的解放不能通过个人直接占有生产资料的方式，而必须通过"联合起来的个人"重新拥有生产资料，只有这样无产阶级才能成为新的生产关系的代表，即社会化占有的生产关系发展趋势的代表。

---

1 [英] 齐格蒙特·鲍曼：《共同体》，欧阳景根译，江苏人民出版社，2003，第103页。
2 《列宁选集》第1卷，人民出版社，2012，第327页。

人的现实存在困境与对人真实本质的澄清具有深层关联，揭示人存在的本质根据为分析并化解人的生存困境提供了根本的解释路径。"人的本质不是单个人所固有的抽象物，在其现实性上，它是一切社会关系的总和。"[1] 这一表述不仅是马克思对"抽象的人"的批判而且还是对现有制度和现存社会关系的批判。资本主义时代下的生产关系和社会交往以利己交换为目的，这种彼此孤立隔绝的社会关系掩盖人类交往的社会本质，其结果是把人与人的交往关系引向片面的"争夺"式关系，普遍交往关系只能被赤裸裸的利益交换关系所吞没。马克思、恩格斯在对以物质利益和商品交换关系为纽带的市民社会进行猛烈抨击和批判的同时明确指出，只有在实现了普遍交往关系的共同体中才能真正体现个体的本质和力量，即真正的人类社会必将是建立在不同民族、国家之间平等交往的基础之上。只有通过革命行动消灭存在着自发的社会分工和私有制的资产阶级市民社会，才能超越"虚假的共同体"并建立"真正的共同体"，实现劳动和所有权的统一。这种统一不是劳动者对物的简单占有，而是劳动者新生产能力和社会新所有制的统一，是个人自由与社会普遍精神的和解，更是真实、合理的"真正的共同体"的建立。

马克思致力于把资本变为公共的、属于社会全体成员的财产，即变资本主义全部资本为社会主义共同财富，并通过共产主义的价值引领以克服个人行为的自发性、盲目性弊病，从而使个人的价值观符合社会发展的现实要求和终极方向。如果把西方政治哲学中的"他者"置于"人类社会"的视域之下，"他者"便不再被视为威胁、分裂和颠覆的力量，而被视为补充、完善和丰富的因素。真正代表最广大劳动群众利益的无产阶级所形成的社会关系是和谐而不是冲突的，是共赢而不是互损的。由无产阶级推动的人类历史整体运动的现实展开就表现为人与自然、人与人之间潜在的矛盾在私有财产积极扬弃的前提下获

---

1 《马克思恩格斯文集》第 1 卷，人民出版社，2009，第 501 页。

得瓦解，并在"人类社会"或者"社会化的人类"的状态中重新获得统一与和解。马克思的"每个人的自由发展是一切人的自由发展的条件"[1]并不是"个人史观"的表达，而是一种"人类史观"的彰显。事实上，自由发展的个人，恰恰是人民创造历史的结果，这是实现解放的核心命题，是未来共产主义社会的人的形态，而不是被资本人格化的抽象之人创造历史的成果。即便到了共产主义社会，个人自由发展已经实现，也不能说这是个人发展的结果。因为共产主义社会的个人是"联合起来的个人"，也是已经消除了个人和社会对立的社会化的人。

（三）契合人类交往本质的人类命运共同体

出于对现代资本主义社会"非理性"现状的深刻反思，西方诸多社会学家、思想家，如乌尔里希·贝克、哈贝马斯、麦克尔·桑德尔等，都曾试图提出解决资本主义全球化问题的出路。他们认为，民族国家必须通过联合努力构建世界性的协商合作机制，通过完善国际治理以共同应对全球危机。西方学者大多尝试从共同体的理念来预设世界性交往的制度规范。建构共同体的理念可追溯至古希腊的犬儒学派和斯多葛学派，他们早就提出超越城邦利益的"世界公民"的构想，即每个公民个体均需有宽容博爱的人类整体意识并对全宇宙负责的担当精神。"西方共同体理论对'共同'的理解是具体而确凿的，它们或是基于血缘关系及从中发展出的各种亲近关系，或是基于空间与历史，或是基于内在的思想与精神。"[2]这种西方哲学理念以统一的规范取代形形色色的阶级、种族和宗教的偏见，但却忽略了共同体内部的异质性和多样性，更未提出共同体在现代市场社会何以可能的问题。如当共同体成员的利益彼此分离甚至对立时，当出现诸如搭便车或自私者的市场行为时，如何有效地铸就和维系共同体似乎

1《马克思恩格斯文集》第2卷，人民出版社，2009，第53页。

2 赵琦：《论人类命运共同体对西方共同体传统的革新》，《哲学分析》2022年第3期。

就陷入困境。这些极富挑战性的问题迫使人类命运共同体思想应运而生。

在发达国家肆意追求剩余价值最大化所造成的全球失序、混乱状态的背景下，"人类命运共同体"的战略构想给国际格局新秩序的重建带来新的活力。构建人类命运共同体，就是将世界各民族国家和地区的前途命运紧紧联系在一起，努力构建全球性和谐大家庭，风雨同舟、荣辱与共，把"地球村"的理想构造落实到人类生存发展需要与挑战的共同命运的构建路径中，把世界各国人民对美好生活的向往变成现实。人类命运共同体思想及其现实构建与新哲学之间存在深层的理路关联。目前学界已从世界历史、类哲学、共同体思想等多方面对人类命运共同体方案进行了探析，并取得丰硕成果。笔者认为，构建人类命运共同体方案与新哲学的关联，不只是人类命运共同体发展了新哲学个别"词句"或论断，而是主要继承了新哲学观察世界的基本原则和立场、分析问题的思想方式。新哲学的出发点不是以资产阶级为代表的市民社会，而是凸显以无产阶级为主要实践力量的人类社会。人类命运共同体是积极扬弃人与人之间的异化关系而实现合作共赢的全球化方案，是在"人类解放"的高度上重建新形式的人类社会。

"人类命运共同体"扬弃新自由主义从个体立场出发的无政府状态，针对并力图化解不同文明冲突发生的深层次价值空场的哲学难题，是符合全人类发展根本需求的现实形态。马克思主义创始人预见到，人类社会必将超越私人领域发展为"自由人联合体"。"自由人联合体"与"真实的集体"以及"联合起来的个人"等概念密不可分，它们都强调个人独立自主性的真正实现，推促个体的自由个性、能动性和创造性得到充分实现，其与传统社会中天然形成的联合体以及资产阶级制造的"虚假的集体"迥然不同。作为"联合体"的"共同体"形态并非卢梭所说的因"公意"而结合的共同体。卢梭尝试解决个体与共同体之间矛盾的一个设想是"我们每一个人都把我们自身和我们的全部力量置于公意的最高指导之下，而且把共同体中的每一个成员都接纳为全体不可分割的一部分"[1]。他设想的公民在"公意"引领下进入共同体的绝对自由，但并未解释清楚"公意"与自由之间的关系，因而，自由主义的很多弊端在那个时代已开始显现出来。黑格尔深刻地认识到卢梭的"公意"暗含绝对自由和狂暴，将之称为"绝对自由和恐怖"。

马克思、恩格斯的"共同体"思想不仅充满哲学思辨还兼具强烈的现实考量，是在把握理想和现实统一关系的基础上，推动社会朝向未来目标前进的精神力量。马克思指认的"共同体"是社会关系的一种现实存在形态。"个人力量（关系）由于分工而转化为物的力量这一现象，不能靠人们从头脑里抛开关于这一现象的一般观念的办法来消灭，而只能靠个人重新驾驭这些物的力量，靠消灭分工的办法来消灭。没有共同体，这是不可能实现的。"[2]同时，个人的解放和发展程度越彻底，不合理的社会制度和社会关系就越能得到改善，共同体就越能得到巩固发展，人的本质复归程度就越彻底，人的自由全面发展及其社会关系就越能得到全面展开。马克思共同体思想与以往共同体理论的根本区别在于，它基于唯物史观的宏大视野，以"从事实际活动的人"为逻辑起点，以"人类社会或社会化的人类"为理论视域，以人类解放为逻辑主线，澄清了人与自身之间有机统一的生存论意义以及人与社会之间辩证统一的发展价值，确定了人类共同生活的基本观点，获得了人类实现联合和共同发展的物质基础与主体地位，并以此激发人们以"类"的生存方式实现共同发展的意识。全人类的普遍交往实践为丰富世界生产力提供强大物质支撑，最后落脚于构建每个人的自由全面发展的"自由人联合体"。

马克思、恩格斯关于真正人类社会的构想首先是一种理念的构设，这一理念原则落实到现实生活世界中并促成其转换为人类实践的力量，必定面临纷繁而艰巨的具体问题。"人类命运共同体"主张政治上的伙伴依存、安全上的相

1　[法] 卢梭：《社会契约论》，李平沤译，商务印书馆，2011，第 20 页。
2　《马克思恩格斯文集》第 1 卷，人民出版社，2009，第 570—571 页。

互依赖、经济上的共同繁荣、文化上的多元共生和环境上的可持续发展，在价值指向上与"自由人联合体"完全一致。建构"自由人的联合体"的终极推动力是高度发达的现代生产力及其与之相适应的交往方式。当代全球生产力的发展尚不能满足世界人民物质文化需要，国际社会也不能为每个人自由而全面发展提供充足而完备的条件，"任务本身，只有在解决它的物质条件已经存在或者至少是在生成过程中的时候，才会产生"[1]。人们不可能在条件不具备的前提下"早产"一个"真正的共同体"。

现实发展需要是人类命运共同体构建理念中的根本关切，每个民族国家不是抽象的蛰居于世界之外的、自给自足的"独立实体"，而必须从自身现实的需要出发。"各民族之间的相互关系取决于每一个民族的生产力、分工和内部交往的发展程度"[2]，不同国家和民族既彼此相异又相互平等。"人类命运共同体"是在社会主义和资本主义两种制度、两种文明、两种价值竞争和博弈的历史时代提出的，它并不否认各国之间存在的矛盾与冲突，而是致力于以寻找某种利益共同点、目标契合点的方式来解决冲突与矛盾。各个民族国家不应把"他者"当作阻碍"自我"发展的拦路虎，而应看成助推"自我"发展壮大的条件，其价值的实现也不再只是"私人性的活动"，而需要依赖"共在"的关系以及由此为基础所形成的共同体环境。在承认、保存和容纳"自主性"原则这一前提下，社会主义与资本主义的共同体成员之间可以实现合作共赢。人类命运共同体不是利他主义和理想主义，而是关注整体利益和发展需要的现实主义。

第一，人类命运共同体所主张的整体意识和社会关系意识能够有效应对"世界性难题"。在经济全球化深入发展、整体相关性日益密切的今天，人类社会比以往任何时候都更加迫切需要应对更多的"世界性难题"。人类不仅面临气候变化、资源枯竭、生态危机和能源安全等生存危机，也面临恐怖主义、经

---

1 《马克思恩格斯文集》第 2 卷，人民出版社，2009，第 592 页。
2 《马克思恩格斯文集》第 1 卷，人民出版社，2009，第 520 页。

济动荡、核战争、难民潮、金融安全和跨国犯罪等新式威胁。面对新型世界性问题，单个国家和地区时常感受到某种"不确定性"，单纯依靠自身力量是难以应对和解决这些全球性问题的，只有汇聚众力，才能找到化解世界性难题的可靠路径。要最终解决全球所面对的共同问题，就需要在更广泛、更全面和更真实的国际交往中共商、共建、共享，从而走向人类命运共同体，形成超越每个国家孤立发展力量的合力。每个国家的个别性目标从属于人类命运共同体的总体性目标，并顺应和服务于人类命运共同体的世界历史进程。各个国家只有在考虑本国利益的同时，也兼顾他国核心关切和世界全局的利益，才能在人类命运共同体中更好将自身的发展与人类命运共同体的发展协调一致，在共同应对挑战和威胁中实现人类社会由低级阶段向高级阶段的演进。

第二，人类命运共同体传达的是对团结和集体行动意义的寻求，能够为解决现代性焦虑提供情感寄托。当前世界是一个不稳定的世界，置身其中的个体在拥挤的人群中感到的是不知所措、孤独无助。"安全感是幸福生活的至关重要的品质，但是我们栖息的这个世界几乎不可能提供这种安全感。"[1]伦理安全关涉人的生存基础，人类命运共同体在伦理情感层面超越了冷冰冰的纯粹利益关系，并不是因为规章、制度和法则等冰冷条款扭结而成的生硬集合，而是基于共同意识、内在需要的自洽结合。共同体本身按照其隐喻意义就是带情感、有温度的希望所在。这种情感并非个体具象的情绪展现，而更多地与文化结构、社会结构以及政治结构紧密相连。在人类命运共同体的倡议中，人与人之间的交往超越了功利性和排他性的个体目的，带有一定的审美意味，"人与人之间的兄弟情谊在他们那里不是空话，而是真情，并且他们那由于劳动而变得坚实的形象向我们放射出人类崇高精神之光"[2]。构建人类命运共同体思想始终将解决人类面临的共同问题与维护共同利益结合起来考虑，坚决反对任何与共

---

1 [英] 齐格蒙特·鲍曼：《共同体》，欧阳景根译，江苏人民出版社，2003，第179页。
2 《马克思恩格斯文集》第1卷，人民出版社，2009，第232页。

同利益相违背的私利主张，努力促使人类社会生产力得到进一步开掘，为人类社会实现整体发展奠定物质基础。在全球化风险社会中，人类命运共同体能够使个体成员易于得到他人的认可而获得一种成就感，从而促进构建休戚与共、合作共赢和亲密友善的国际关系。

由中国首先倡导和推动的"人类命运共同体"是马克思历史唯物主义的理论逻辑和现代人类文明发展的历史逻辑的辩证统一，是整体与部分、目的与手段、内在与外在、当下与未来、民族性与世界性、国家利益与人类利益的结合与统一。构建人类命运共同体旨在改变一元中心主义的西方霸权与资本霸权格局，创建一种基于跨文明对话与跨地域合作的世界秩序，它主张的不是赢者通吃、弱肉强食的丛林法则，也不是恣意妄为、穷兵黩武的强权做派，而是摒弃国家大小、强弱与贫富等级差异，提倡平等相待，尊重、支持各国人民自主选择社会制度和发展道路，并在增强各国协调发展的自生推力和内生动力的基础上，实现全球包容、联动和可持续的增长。人类命运共同体思想超越了西方中心主义的狭隘立场，其着眼于各民族国家共同面临的发展问题而不是制造国家间的利益分歧与冲突，倡议世界命运由各国共同掌握、国际规则由各国共同制定以及发展成果由各国共同分享，最终实现各国的共同繁荣。人类命运共同体思想为全球治理与国际合作指明了新的方向，彰显了走进新时代的中国的大国担当与世界情怀，是合乎政治伦理规律和当前情势变化的逻辑必然。

人类命运共同体的提出，主要是针对当前全球化进程中频发的冲突与危机，旨在解决并消除资本逻辑对全球化进程和人类历史发展的支配，促使支配全球化发展的内在动力由盲目的资本逻辑力量转变为人类自觉控制的有利于社会发展的多方综合力量。人类命运共同体已向我们展示了人类社会的另一种可能性，这种对理想社会的可能性展望作为现实社会的参照性坐标，充分激发人们对现存社会的种种不足的批判意识并唤醒其变革的主体自觉。新哲学所追求的"共产主义和所有过去的运动不同的地方在于：它推翻一切旧的生产关系和交往关系的基础，并且第一次自觉地把一切自发形成的前提看做是前人的创造，消除这些前提的自发性，使这些前提受联合起来的个人的支配"[1]。共产主义的现实运动不仅指向经济活动，而且具有实现人的个体解放的价值旨趣，注重从人类文明的总体性发展角度促使具有个性的个体实现联合，为全人类的解放提供物质基础和道义指向，是消灭资本主义社会生产现状、建设人类共存的社会图景的革命运动。构建人类命运共同体不是对原有世界文明的否定，而是在充分利用包括资本主义社会生产力在内的以往人类全部文明成果的基础之上，改善乃至重构现存不合理的国际格局，进而不断完善人类社会发展的科学构想。

四、人类命运共同体思想的生成逻辑及构建原则[2]

人类命运共同体思想具有历史和实践的生成逻辑。中国特色社会主义进入新时代，中国特色大国外交也相应地进入了新时代。习近平总书记在党的二十大报告中明确提出要"全面推进中国特色大国外交，推动构建人类命运共同体，坚定维护国际公平正义，倡导践行真正的多边主义，旗帜鲜明反对一切霸权主义和强权政治，毫不动摇反对任何单边主义、保护主义、霸凌行径"[3]。中国共产党作为致力于为人民谋幸福、为民族谋复兴、为世界谋大同的政党，面对复杂多变的国际形势，顺应和平、发展、合作、共赢的时代潮流，审视世界政治多极化、经济全球化、社会信息化和文化多样化的世情世势，合乎世界各国同舟共济的客观要求，始终推崇中国发展与世界发展的互动互融互促，做出了推动建立以合作共赢为核心的新型国际关系和积极构建人类命运共同体的科

1《马克思恩格斯文集》第 1 卷，人民出版社，2009，第 574 页。

2 参见刘同舫：《习近平人类命运共同体理念的生成背景及构建原则》，《观察与思考》2019 年第 5 期。

3 习近平：《高举中国特色社会主义伟大旗帜　为全面建设社会主义现代化国家而团结奋斗——在中国共产党第二十次全国代表大会上的报告》，《人民日报》2022 年 10 月 26 日。

学研判。"坚持推动构建人类命运共同体的重要思想，集中体现了中国共产党人将中国自身发展与世界发展相统一的全球视野、世界胸怀和大国担当，是回答'世界怎么了、我们怎么办''建设一个什么样的世界、如何建设这个世界'时代之问的中国方案"[1]，它为人类文明进步和世界历史发展贡献了中国智慧。

（一）人类命运共同体思想的形成背景

人类命运共同体思想存在特定的形成背景，是中国共产党人在深刻洞察西方学者有关世界历史运动的认识偏见和"人类社会"被全球现代性遮蔽的现实中倡导的构建方案。福山提出的"历史终结论"在西方学界和政界得到广泛响应与支持，与西方资本主义国家希冀长期主导"人类社会"的现实路径紧密呼应，势必造成资本主导世界秩序下全球性危机的深化和蔓延，抑制全球生产力的发展和不同民族国家的发展梦想。中国共产党人在"历史终结论"和现实全球化问题的背景下提出构建人类命运共同体，正是为实现"中国梦"和维护不同民族国家发展提供了理论智慧和现实方案。

党的十八大以来，以习近平同志为主要代表的中国共产党人创造性地提出"中国梦"的命题，指出中华民族近代以来最伟大的梦想就是实现中华民族伟大复兴。中国梦凝聚着几代中国共产党人实现国家富强、民族振兴和人民幸福的夙愿，谋划了在"两个一百年"的历史交汇期全国各族人民共同的奋斗目标，承载着新时代中国走近世界舞台中央、不断为人类贡献力量的世界情怀。习近平总书记指出："实现中国梦，必须坚持和平发展。我们将始终不渝走和平发展道路，始终不渝奉行互利共赢的开放战略，不仅致力于中国自身发展，也强调对世界的责任和贡献；不仅造福中国人民，而且造福世界人民。实现中

---

[1] 陈理：《深刻理解把握构建人类命运共同体提出的依据、内涵和实现路径》，《当代世界与社会主义》2022 年第 1 期。

国梦给世界带来的是和平，不是动荡；是机遇，不是威胁。"[1] 实现中国梦的现实途径即中国式现代化道路，不仅致力于实现自身发展，而且谋求世界各国共同进步，将合作共赢作为中国梦与世界整体利益发展的价值共识，将中国梦置于人类文明的进程中予以考量、在世界历史发展的过程中加以运思，认识到实现中国梦必须诉诸中国特色社会主义实践与世界文明交流互鉴，必须依循世界和平发展形势和经济全球化潮流，而中国梦的实现也必将给世界各国带来更多发展机遇，助推世界和平与发展。

实现中国梦，离不开和平的国际环境。世界正处于大发展、大变革、大调整的转型期，处于传统安全与非传统安全相交织的叠加期，处于文化多元差异与整合统一并存的新阶段，人类发展面临诸多不稳定、不和谐因素的挑战。诸如国际金融危机衍生出世界性贸易战、地区热点问题激化为区域性热战、霸权主义和新干涉主义支配下的文明冲突，都直接阻碍了中国和世界的共同发展，甚至影响了中华文明与世界文明的进程。和平是中国与世界永续发展的前提，发展是永葆中国与世界持久和平的关键。中国梦与世界和平发展是一个双向互动的建构过程。纵观改革开放以来的历史进程，中国发展与世界发展休戚相关、命运与共。中国的崛起与发展得益于总体上和平稳定的国际形势以及繁荣发展的世界情势，因而中国梦的实现也依托于稳定和平的国际环境。中国发展为全球发展提供了历史性机遇，拓宽了合作共享的空间，注入了中华"和"文化的"和合"价值理念，促使中国梦与世界各国人民的共同美好愿景相通、相连、相融，每一个民族和国家都有发展的梦想，尽管这些梦想呈现多样差异性，实现梦想的道路也不尽相同，但实现梦想的愿景和精神却具有共通性，都需要在和平的国际环境中相互支持、携手共进。"中国梦"在中国与世界之间发展的关系维度上呈现为命运与共的生存方式，中国与世界在经济、技术和资

---

1 《习近平谈治国理政》第一卷，外文出版社，2018，第 57 页。

金等领域的流动，在文化、精神和价值等层面的交往，对众多民族国家融入世界历史进程产生了积极影响。"中国梦"既构成自身发展的精神纽带，又为其他国家有机融入世界历史提供精神指引。但现实国际环境中存在个别"中国梦威胁世界梦"的言论混淆视听，因此，牵引中国梦这条主线，就必须坚持和平与发展，推动构建人类命运共同体，强调各国要摒弃冷战思维，通过协商以解决冲突和消弭战乱，从而塑造持久和平的世界图景。在实现中国梦的历史征程中，中国坚定秉持和平发展的立场，勇做维护世界持久和平的建设者、共同发展的推动者。

实现中国梦，离不开稳定的国际秩序。在两次世界大战和冷战的冲击下，国际秩序不断调整，总体稳定；国际格局平稳过渡，一超多强；国际规则较为合理，渐进改善。习近平总书记指出："本世纪初以来，在联合国主导下，借助经济全球化，国际社会制定和实施了千年发展目标和 2030 年可持续发展议程，推动 11 亿人口脱贫，19 亿人口获得安全饮用水，35 亿人口用上互联网等，还将在 2030 年实现零贫困。"[1]合理有序、公平正义的国际体系与秩序既是维护各国良序发展的基本纽带，又是缓和国际紧张局势与国家间矛盾的调节剂，更是实现中国梦与世界梦的双赢法宝。然而，部分西方国家固守霸权逻辑，一味奉行单边主义，蛮横推行强权政治，无视国际规则、架空国际法律和抛却国际机制，直接导致了国际政治秩序紊乱、国际贸易失序和大国间非理性博弈的混乱现状，这种企图将全球经济、政治都纳入自己的军事辐射范围内和制度版图体系中的逆势行为终将自食苦果、失道寡助。建立稳定的国际秩序极具现实可能性，世界各国对恐怖主义、极端势力等威胁存在共同的抵御认知，在全球化新形势中都意识到避免恶性竞争的紧迫性，且大国之间逐步达成建立稳定国际秩序的战略互信。顺应时代发展潮流而构建人类命运共同体，重塑合理有序的

---

[1]《习近平谈治国理政》第二卷，外文出版社，2017，第543页。

世界政治经济新秩序，是实现中国梦的重要组成部分，也是构建新型国际体系和秩序的必然遵循。

（二）人类命运共同体思想的核心要义

马克思指出："各民族的原始封闭状态由于日益完善的生产方式、交往以及因交往而自然形成的不同民族之间的分工消灭得越是彻底，历史也就越是成为世界历史。"[1] 马克思世界历史理论阐述了"历史向世界历史的转变"是一个客观、必然的历史过程，"各国相互联系、相互依存的程度空前加深，人类生活在同一个地球村里，生活在历史和现实交汇的同一个时空里，越来越成为你中有我、我中有你的命运共同体"[2]。经济全球化、社会信息化趋势不可逆转，各国在经济、政治、文化等领域的交流交往交融程度空前加深，寻求平等互利、合作共赢的发展之路成为各国人民的共同诉求，但反全球化思潮狂飙猛进，世界经济长期疲软、发展鸿沟持续扩大、贸易保护主义抬头等现象凸显；全球治理体系和国际秩序格局不断调整改善，但霸权主义和强权政治依旧盛行，直接或间接致使区域性争端、难民潮、恐怖主义等全球性问题滋生和蔓延。当前全球化的进程日益凸显马克思所预示的互融互通的生产格局和风险共担境遇，全球化时代危机已经超出了民族国家的疆界和阶级群体的束缚。党的十八大以来，中国共产党人面对新的世界发展形势和全球性挑战，立足于新的历史起点和走向民族"强起来"伟大飞跃的时代节点，提出"要倡导人类命运共同体意识，在追求本国利益时兼顾他国合理关切，在谋求本国发展中促进各国共同发展，建立更加平等均衡的新型全球发展伙伴关系，同舟共济，权责共担，增进人类共同利益"[3]；强调没有任何国家能够独自应对当前人类面临的种

---

1 《马克思恩格斯文集》第 1 卷，人民出版社，2009，第 540—541 页。

2 习近平：《论坚持推动构建人类命运共同体》，中央文献出版社，2018，第 5 页。

3 中共中央文献研究室编：《十八大以来重要文献选编》（上），中央文献出版社，2014，第 37 页。

种挑战，也没有任何国家能够独立于世界之外而自谋发展，各国人民应同心协力共同构建人类命运共同体。从构建人类命运共同体的基本思想看，实现共同发展的共同体是人类社会所追求的共同理想目标，是作为主体的民族国家建设特殊发展道路、实现自由个性的有效社会形式，根本符合马克思关于个人生存方式和整个人类社会未来发展实现科学性与价值性统一的描画。

人类命运共同体思想的核心要义是：人类是作为一个整体而存在的伙伴关系的世界大家庭，是世界各国之间形成的风险共担、互帮互助、共享共荣、休戚相关的利益关系和世界人民之间形成的彼此信任、同舟共济、价值相容、行为趋同的交往关系的一个世界大家庭。人类命运共同体就是"每个民族、每个国家的前途命运都紧紧联系在一起，应该风雨同舟，荣辱与共，努力把我们生于斯、长于斯的这个星球建成一个和睦的大家庭，把世界各国人民对美好生活的向往变成现实"[1]。"人类命运共同体倡导：新安全观——你安全我才安全、你安全所以我安全，我安全就是我们的安全；新发展观——包容性发展、可持续性发展、共同发展；新合作观——平等合作、开放合作、包容合作；新文明观——以文明交流超越文明隔阂、以文明互鉴超越文明冲突、以文明共存超越文明优越；新生态观——美丽、清洁、绿色。"[2]自人类命运共同体命题提出以来，其已从国家外交理念上升至全球战略思想，由精神价值层面转化为物质力量层面，由理论认识维度提升为现实实践维度，推动构建人类命运共同体的价值理念及实践举措是解决当今世界发展难题、治理全球各种乱象的中国方案，也成为通往未来人的自由全面发展的现实道路。中国正在积极推动构建人类命运共同体的实践，促进世界达成解决共同问题、发展共同利益的共识，人类命运共同体的思想内涵将在共同的社会生产和生活中得到更加具体化的呈现。

构建人类命运共同体具有意义深远的丰富内涵和价值意蕴。构建人类命运

---

1 习近平：《携手建设更加美好的世界》，《人民日报》2017 年 12 月 2 日。
2 王义桅：《人类命运共同体：新型全球化的价值观》，外文出版社，2021，第 12 页。

共同体的基本内涵是"建立平等相待、互商互谅的伙伴关系""营造公道正义、共建共享的安全格局""谋求开放创新、包容互惠的发展前景""促进和而不同、兼收并蓄的文明交流""构筑尊崇自然、绿色发展的生态体系"[1]，其核心要义为构建"五个世界"，即建设持久和平、普遍安全、共同繁荣、开放包容、清洁美丽的世界。[2] 在政治上，国家间要平等相待，相互尊重主权和领土完整，不因国之大小、贫富、强弱而唯我独尊、恃强凌弱；要时刻秉持政治对话而非军事对抗，相互尊重各国正当合理的发展利益，不因价值差异、利益纷争而结盟扩张、侵略殖民。通过平等协商以和平方式处理国家间摩擦，完善世界和平机制和发展手段以化解国家间的纷争与矛盾，构建以合作共赢为核心的新型国际关系，摒弃冷战思维、规避"修昔底德陷阱"、击破"国强必霸"的悖论逻辑，推动各国和平相处、互利共赢和共享发展。在安全上，国家间要树立共同、综合、合作、可持续的安全观。当前国际安全形势动荡严峻，世界发展不安全因素错综复杂，在统筹应对传统安全威胁的同时，更需要加紧防范和化解恐怖主义、网络信息安全、生态环境破坏等诸多非传统安全问题在内涵、外延上的持续扩展及在现实与虚拟场域中的强势威胁和隐性挟制。在经济上，国家间要同舟共济、开放包容，而不是以邻为壑、自我封闭。坚持发展是各国的共同诉求，以共同发展为价值目标，兼顾各国当前和长远利益，扩大共同利益汇合点。改善国际发展环境，创造良好外部制度环境，维护世界贸易组织规则，优化发展伙伴关系，共同推动贸易和投资自由化、便利化，引领经济全球化朝着更加合理化、开放化、普惠化、均衡化的方向迈进，着力化解全球化时代南北发展失衡、全球经济危机调控滞缓、国家之间数字鸿沟和公平赤字问题，积极构建利益共同体。在文化上，人类文明兼具多样性和统一性特征，各文明"和而不同"且和谐相融，各文化各美其美且美美与共。每种文明都有其民族特

---

1 参见《习近平谈治国理政》第二卷，外文出版社，2017，第523—525页。
2 参见《习近平谈治国理政》第二卷，外文出版社，2017，第541—544页。

色、区域特点和独特魅力，都是人类的精神瑰宝，所以"要尊重世界文明多样性，以文明交流超越文明隔阂、文明互鉴超越文明冲突、文明共存超越文明优越"[1]。在生态上，坚持绿色低碳，建设一个清洁美丽的世界。"生态向度越来越成为构建人类命运共同体的根本性制约因素"[2]，各国要时刻秉持环境友好和生态良好的文明发展道路，牢固树立人与自然是生命共同体的价值理念，尊重、顺应和保护自然，合作应对全球气候变暖、资源枯竭、环境污染等问题，做好人类代内合理发展，保证代际公平，寻求永续发展。

（三）人类命运共同体思想的构建原则

人类命运共同体作为世界性的发展方案，其构建本身蕴含着一以贯之的原则和标准。人类命运共同体思想的构建原则区别于以往共同体的利己、排他以及"零和博弈"等的非良性循环，而是具备全球化视野和包容性胸怀，并基于时代境遇的需求与现实历史的当下关切以谋求普遍性发展，坚持走和平发展道路、促进文明交流互鉴、为世界谋大同。人类命运共同体思想的构建原则既是中国优秀传统文化的千年积淀，也是我们党积极探索的百年结晶，蕴含着全党全国人民的集体智慧。

1. 始终不渝走和平发展道路

习近平总书记在党的二十大报告中明确提出要"促进世界和平与发展，推动构建人类命运共同体"[3]。中国共产党人深刻地认识到"偏见和歧视、仇恨和战争，只会带来灾难和痛苦。相互尊重、平等相处、和平发展、共同繁荣，才

1　习近平:《决胜全面建成小康社会　夺取新时代中国特色社会主义伟大胜利——在中国共产党第十九次全国代表大会上的报告》，人民出版社，2017，第59页。

2　李慧明、王敏:《生态向度在构建人类命运共同体中的价值及其路径选择》，《人文杂志》2022年第7期。

3　习近平:《高举中国特色社会主义伟大旗帜　为全面建设社会主义现代化国家而团结奋斗——在中国共产党第二十次全国代表大会上的报告》，《人民日报》2022年10月26日。

是人间正道"[1]。中华民族历来爱好和平，"和合"理念、"和"文化基因深深植根于中国特色社会主义伟大实践，熔铸于中国特色社会主义理论体系、制度体系和现实道路之中。"人类命运共同体构建的更加公正合理的世界政治经济新秩序，将以共商共建共享的治理新理念、开放包容发展的市场新理念和世界和平发展、和谐发展的竞争新理念推动形成新的全球生产关系，从而必将促进全球生产力更快更高质量发展以及世界的持久和平与发展繁荣。"[2]新时代，中国始终不渝走和平发展道路，是对中华优秀传统文化的继承与发展，是对国内自身永续发展的战略统筹和维护国际长久稳定的必然抉择，是对世界历史趋向的客观研判和机遇把握，这条道路正日益突显出推进人类文明的积极意义。

党的十九大明确提出："中国坚定奉行独立自主的和平外交政策，尊重各国人民自主选择发展道路的权利，维护国际公平正义，反对把自己的意志强加于人，反对干涉别国内政，反对以强凌弱。中国决不会以牺牲别国利益为代价来发展自己，也决不放弃自己的正当权益，任何人不要幻想让中国吞下损害自身利益的苦果。中国奉行防御性的国防政策。中国发展不对任何国家构成威胁。中国无论发展到什么程度，永远不称霸，永远不搞扩张。"[3]中国领导人在国际舞台上曾多次表明中国秉持和平发展的坚定立场，始终不渝走和平发展道路。中国崛起的文化形态和实践理念源发于和平的价值操守，中华文脉里未曾孕育称王称霸、穷兵黩武的胚胎。中国先哲们早已洞悉"国虽大，好战必亡"的治国之道，中国人民自古崇尚"己所不欲，勿施于人"的处世之理，因而中国不认同"国强必霸论"的陈旧逻辑，不接受西方资本主义国家蓄意炮制的"中国威胁论"等虚假议题，反对西方话语霸权和强权政治对中国崛起进行意识形

1 《习近平谈治国理政》第二卷，外文出版社，2017，第446页。

2 周文：《人类命运共同体的政治经济学意蕴》，《马克思主义研究》2021年第4期。

3 习近平：《决胜全面建成小康社会　夺取新时代中国特色社会主义伟大胜利——在中国共产党第十九次全国代表大会上的报告》，人民出版社，2017，第59页。

态的围攻；中国崛起的途径与方式彰显和平的演进脉络，中国自实行改革开放以来，既创造出符合本国国情的发展道路，促进自身经济崛起和整体发展，又打破了西方发展道路"放之四海而皆准"的普世性神话，创造了世界和平合作的发展价值。新时代全面深化改革，既依靠自身力量自主谋发展，又汲取别国先进文明成果和现代化发展经验，坚持同各国互利共赢和共同发展。构建人类命运共同体提倡依靠世界各国的共同参与和合作行动，为共同发展的活动顺利推行而积极营造合理的国际环境，努力突破由资本主义主导现代化进程和追求私利的狭隘界限和视野，极力推动各国参与公共事务的权利在内容和形式上趋向平等。中国崛起的价值指向和目的浸润和平的人文关怀，在谋求自身发展的同时，积极参与全球治理并合理兼顾他国利益，在造福本国人民的同时，将发展成果惠及全人类，与国际社会一道推动建立以合作共赢为核心的新型国际关系，推动构建人类命运共同体。

近代以来，西方国家以两次工业革命为契机，在经济、科技、军事等领域迅速崛起，并依托强大的经济和军事实力，一度奉行弱肉强食的丛林法则，一味固守非赢即输的零和思维，将战争与冲突视为处理和化解大国与大国、大国与小国之间经济利益失衡、国际政治话语争夺、社会文化差异等诸多问题的"最佳方式"。然而，这种秉持"零和博弈"思维的斗争方式"损人不利己"，长此以往必然造成"一损俱损"的局面，无益于人类社会的发展。与西方资本主义发展道路不同，基于崇尚和平的历史文化传统和对先前大国崛起的历史镜鉴，中国式现代化道路高擎和平发展的大旗，遵循合作共赢的理念，力求通过构建人类命运共同体，建构起一条迥异于西方文明发展的新模式、新道路。在构建人类命运共同体思想中，为了实现全世界范围内的共同联合，必须消除陈旧的、固定的交往规则，畅通合作政策与渠道，摒弃肆意谋取私利的观念，促使各个国家在共同助力全球生产力发展的同时共享所创造的成果，并将各自实践条件与自由发展置于共同的发展目标之下。

　　党的十八大以来，我们接续和坚持走和平发展道路，这是基于中国建设社会主义现代化强国目标和国际世界求和平、促发展、谋合作的时代潮流的必然抉择。一方面，在实现中华民族伟大复兴的既定目标中，中国坚持走和平发展道路，既为自身发展争取和平的国际环境，又以自身的和平崛起助推世界文明进程；在中华民族"强起来"的曲折过程中，善于抓住历史发展机遇，为中国日益走近世界舞台中央做好准备，并主动让世界分享中国的发展红利，与世界人民一道，共同创造人类的美好未来。另一方面，中国坚持走和平发展道路，在维护中国自身国家利益和民族利益的同时，与历史发展潮流相一致，与世界上绝大多数国家和人民的愿望相吻合。"和平发展"内含中国共产党人对人类前途命运的历史思考，对人类未来发展走向的时代审视，反映了中国共产党对历史唯物主义理论和方法的掌握与运用，以及站在历史的全局探究全球治理的根本动力的智慧。有学者明确将和平发展道路的主旨概括为"既通过维护世界和平发展自己，又通过自身发展维护世界和平；在强调依靠自身力量和改革创新实现发展的同时，坚持对外开放，学习借鉴别国长处；顺应经济全球化发展潮流，寻求与各国互利共赢和共同发展；同国际社会一道努力，推动建设持久和平、共同繁荣的和谐世界"[1]。构建人类命运共同体的中国方案内在凝聚和平与发展的现实诉求，能够扩大中国同世界各国的利益交汇点，打造"利本国""利他国"相兼容的"利益共同体"，推进各国各领域协商与合作，构筑自身安全和他国安全体系互联共享的"安全共同体"以及建构代内发展兼顾代际公平的"责任共同体"。"利益共同体""安全共同体"和"责任共同体"的打造，实质上是以民族国家的社会基础为基点展望作为个体的国家在世界中的社会关系和未来共同发展的图景，促进各民族国家在命运与共的人类社会活动中摆脱对其他国家的从属性而获得独立的生存条件和发展诉求。

1　释清仁：《构建人类命运共同体的理论与实践研究》，人民出版社，2022，第64页。

2. 积极促进"一带一路"国际合作

党的十九大提出:"中国坚持对外开放的基本国策,坚持打开国门搞建设,积极促进'一带一路'国际合作,努力实现政策沟通、设施联通、贸易畅通、资金融通、民心相通,打造国际合作新平台,增添共同发展新动力。"[1]"一带一路"倡议是中国共产党人结合中国与世界发展大势以及运思人类未来命途所构想的宏大发展图景和实施的中国特色方略。2013 年 9 月至 10 月间,中国国家主席习近平在访问中亚和东盟时分别提出共建"新丝绸之路经济带"和"21世纪海上丝绸之路"的合作倡议,并受到各方积极响应。

"一带一路"倡议依托政府间国际组织、国际非政府组织等双边或多边机制,诉诸影响范围较大的区域性、全球性合作平台,旨在承袭古丝绸之路的理念和精神,赋予和彰显新的时代内涵、价值意蕴与实践效用。在坚持和平发展道路的过程中积极推动与沿线国家的经济合作、政治互信、文化交流的伙伴关系,共同打造利益、责任和命运等多维共同体。目前,参与共商和共建"一带一路"国际合作的国家与国际组织已经过百,中国同三十多个沿线国家共同签署了共建"一带一路"的合作协议,"以亚投行、丝路基金为代表的金融合作不断深入,一批有影响力的标志性项目逐步落地。'一带一路'建设从无到有、由点及面,进度和成果超出预期"[2],是新时代中国全面扩大对外开放的重大举措、实现国际合作共赢的物质载体以及推动构建人类命运共同体的重要抓手。"一带一路"内蕴一种基于平等交流而促进不同文明长远发展的价值定位,以促进沿线国家和地区发展为落脚点,将人类文明共同繁荣作为终极目标。以"一带一路"建设为契机,开展多领域、全方位、多层次的跨国合作,"坚持各国共商、共建、共享,遵循平等、追求互利,牢牢把握重点方向,聚焦重

----

　1 习近平:《决胜全面建成小康社会　夺取新时代中国特色社会主义伟大胜利——在中国共产党第十九次全国代表大会上的报告》,人民出版社,2017,第 60 页。

　2《习近平谈治国理政》第二卷,外文出版社,2017,第 504 页。

点地区、重点国家、重点项目，抓住发展这个最大公约数，不仅造福中国人民，更造福沿线各国人民"[1]。推动"一带一路"国际合作，裨益于加强中国梦和世界梦的契合、相融与互促，整体符合国际社会的共同利益诉求，助力于贯通中亚、中欧以及中非等区域的互联互通，在探索各国参与国际发展合作和全球治理的新模式以及推动人类命运共同体由理念走向现实等方面具有重要意义。

积极促进"一带一路"国际合作是一项长期的系统性工程，其实施与推进面临地缘政治的挑战、霸权主义的威胁以及西方意识形态的冲击，我们不但要规避与一些西方国家的直接军事对抗和战争冲突，而且要扩大"一带一路"精神内涵的影响力，逐渐呈现出与西方资本主义国家利用资本力量解决文明冲突和价值分化问题不同的新型政治文明模式，积极营造维系构建人类命运共同体的和平环境，树立一种共同、综合、合作、可持续的新安全观。

3. 树立共同、综合、合作、可持续的新安全观

2014 年 5 月，习近平总书记首次具体阐发了共同、综合、合作、可持续的亚洲新安全观。随后在多次的外交场合中，他又反复提及和强化新安全观，并将其作为处理双边安全与多边安全问题的外交新理念。2017 年 1 月，习近平总书记作了题为《共同构建人类命运共同体》的主旨演讲，提出和主张建设一个普遍安全的世界，各方应该树立共同、综合、合作、可持续的安全观，并系统阐述了如何构建人类命运共同体思想，将新安全观的精髓纳入构建人类命运共同体的思想体系之内。党的十九大报告再次梳理了推动构建人类命运共同体的重要内容，强调建构的关键一维就是秉持新安全观——"要相互尊重、平等协商，坚决摒弃冷战思维和强权政治，走对话而不对抗、结伴而不结盟的国与国交往新路。要坚持以对话解决争端、以协商化解分歧，统筹应对传

1《习近平谈治国理政》第二卷，外文出版社，2017，第504页。

统和非传统安全威胁，反对一切形式的恐怖主义"[1]。新安全观成为构建人类命运共同体的有机组成部分，其内蕴的普遍安全的理念也在当今世界复杂多样的安全形势中凸显中国式现代化道路的建构性智慧，并在解决全球治理困境中远播世界，显现出全球意义。

从亚洲新安全观提升到全球新安全观，其适用空间不断延伸拓展，反映出新安全观具有的全球性视野和价值包容性特点；新安全观从一国积极首倡到多国、多地区纷纷响应，异质于对抗结盟、冷战逻辑的非均势、非平等、非共赢安全观，表现出满足安全需求的必要性与紧迫性；新安全观从现实活动场域扩散至虚拟网络场域，伴随信息化和网络化的快速发展，突显出建设一个普遍安全的主客观世界的交互性与开放性特征。新安全观作为实现构建人类命运共同体目标的重要组成部分，为人类持久和平与普遍安全何以可能指明了合理路向。树立全球性的新安全观，要求共同抵制传统安全的潜在威胁，"消除引发战争的根源，共同解救被枪炮驱赶的民众，共同保护被战火烧灼的妇女儿童，让和平的阳光普照大地，让人人享有安宁祥和"[2]。同时需要各国一起应对非传统安全问题多样化和复杂化的现实状况，通盘考虑非传统安全的历史经纬和生成逻辑，合力解决、综合施策与协调推进网络信息、跨国犯罪、自然灾害、疾病预防等安全治理。

随着经济全球化和社会信息化的纵深发展，周边局势和国际形势的急遽变化，传统安全和非传统安全问题不断地"升级出新"，发挥新安全观对地区合作的综合统筹作用、集聚引领作用、共建共享作用，逐渐消解发展中国家间、发达国家间以及发展中国家与发达国家之间因历史文化、社会制度和发展程度等差异而导致的安全合作困境，关乎新时代中国外交工作的成败、人类命运共

---

[1] 习近平：《决胜全面建成小康社会　夺取新时代中国特色社会主义伟大胜利——在中国共产党第十九次全国代表大会上的报告》，人民出版社，2017，第 59 页。

[2] 习近平：《携手建设更加美好的世界》，《人民日报》2017 年 12 月 2 日。

同体的构建成效以及中国在新一轮经济全球化、安全一体化、利益共享化进程中砥柱作用的发挥。人类共存于利益交融、安危与共的命运共同体之中,第一需要是安全稳定的生存环境、安定和平的发展环境。新安全观缜密审视了安全问题的动态性,不同国家之间的安全关系不是恒定不变的,全球性安全问题的解决也不是一劳永逸的,新安全观注重把握各安全要素之间的相对性、协调性关系。树立新安全观作为一把解决全球性安全问题的钥匙,打开了国与国之间封闭、独立、单赢的铁门,顺应了构建安全共同体的时代潮流,开辟了全球性安全合作和经济合作良性互动、协同并进的广阔前景。树立新安全观有助于化解文明间冲突和推进人类文明的多样态发展,反之,促进"和而不同、兼收并蓄"也助推了新安全观的落实,也是构建人类命运共同体的重要内容和旨趣所在。

4.促进"和而不同、兼收并蓄"的文明交流

统筹考察世界文明史,可以发现多元化和多样性是人类文明发展的基本特质,并逐渐渗透于普遍性和统一性的文明共同体之中。伴随经济全球化的拓展延伸,以经济文化为轴心的共同体文明日益突破特定空间区域、超越文化思想隔阂、深化开放协同联系,区域性文明真正开启了世界性共同体文明的进程。21世纪是文化多样态、思想多元化的时代,也是一个文明冲突客观存在的时代,在这样复杂多变的时代背景下,文明交流是推动构建人类命运共同体的应然要求和价值诉求,文明冲突更需要呼唤和构建人类命运共同体以化解现存文明衰亡的危机从而创造新的文明形态。推进人类各种文明交流交融、互学互鉴,是让世界变得更加美丽、各国人民生活得更加美好的必由之路。

促进"和而不同、兼收并蓄"的文明交流,不仅有助于国与国之间文明平等对话、互融共存,丰富世界文明的多样性,而且有利于各国文明相互交流、彼此包容、取长补短,不断地汲取推动本土文明创新性发展、创造性转化的思想精华和文化因子,进而培植和开创新的文化形式和新的思想体系。

促进"和而不同、兼收并蓄"的文明交流，推进文明共同体的建设，能够有效回应"文明冲突论"的挑战。20世纪末，东欧剧变、苏联解体，冷战阴云渐散之时，塞缪尔·亨廷顿撰写的《文明的冲突》一书，指出了未来的国际冲突将源于文明的差异。我们认为，文明的多样性正是生成于生产力与生产关系的矛盾运动之中，文明冲突也是社会矛盾关系的结果，文明之间的隔阂与冲突能够通过文化交流和互鉴进行化解。当今世界正处于文明发展的变革期和转型期，生产力与生产关系在世界范围内表现为主体国家之间的自主活动与交往形式，分别展示了不同国家在获取自身利益与促进人类社会整体利益之间的主体性选择，进而反映了融入、汲取和促进人类文明发展格局的现状。一些国家和地区因利益失衡而发动贸易战争的境况依然存在，因文化价值差异而造成民族排他性的现象时有发生，因社会制度不同而表现出意识形态的交互对抗持续进行。但文明的融合与冲突是共存的，融合占主导，成为时代的主流。构建人类命运共同体，旨在趋利避害，实现不同文明之间交流共融、互鉴发展，加强异质文明的互动沟通与认知理解，尊重不同历史背景、文化传统和特定国情下多元的政治制度、经济体制及宗教思想，共同营造文明共生的和谐环境，增进各国人民对文明"和而不同、兼收并蓄"的认同度。"当今世界，只有不断扩大开放与包容的力度，坚持开放中交流，包容中互鉴，尊重文化的差异性与文明的多样性，既不夜郎自大，又不盲目崇外，才能建构一个充满生机与活力的人类命运共同体。"[1]

在人类文明演进的历史进程中，不同民族和国家都创造出了独具特色的本土文明，各具特色的本土文化为相互之间的交流互鉴和人类文明的丰富提供可能，打破人类社会的地缘限制而形成对话式的文明共同体。西方资本主义文明在资本逻辑的支配下同现代化进程相互合流，尽管创造了不胜枚举的物质文

---

[1] 邵发军：《推动构建人类命运共同体的理论内涵与实践路径研究》，人民出版社，2021，第142页。

明，但却在一定程度上造成物质文明与政治文明、精神文明和生态文明等维度之间的失衡和隔绝；而构建人类命运共同体敞显出崭新的文明发展观，强调人类文明发展的整体性、协调性和稳定性。基于独具特色的文明因子，强调承认和尊重本国、本民族的文明成果，在坚决反对和抵制历史虚无主义和文化虚无主义思潮的同时，尊重其他民族的文明形态，以开放包容的姿态加强文明间的交流学习，做到以我为主、为我所用、兼容并包和取其精华，实现本土文明与外来文明的双向发展，从而真正臻于文明共同体的理想之境。然而，在文明的发展进程中如何化解当前的全球性问题，以及秉持什么样的全球治理观，是我们亟须解决的现实难题。

5.秉持共商共建共享的全球治理观

在逆全球化思潮盛行之时，经济危机、恐怖主义和气候变化等全球性问题愈来愈成为制约国家与地区稳定、健康发展的瓶颈，成为钳制全球化进程的藩篱，迫切需要调整和变革全球治理体系。随着综合国力的全面提升，中华民族迎来了从站起来、富起来向强起来的历史跃进，中国作为负责任的发展中大国，在肩负民族复兴历史使命的同时，充当了全球治理的"剧中人"与"剧作者"，提出了共商、共建、共享的全球治理观，"倡导国际关系民主化，坚持国家不分大小、强弱、贫富一律平等，支持联合国发挥积极作用，支持扩大发展中国家在国际事务中的代表性和发言权"[1]。中国共产党人不仅从理论和实践的统一上系统回答了"新时代坚持和发展什么样的中国特色社会主义、怎样坚持和发展中国特色社会主义"的重大课题，而且在全球治理实践中具体阐明了"谁来治理""如何治理"和"治理得怎么样"等重大问题，建构起一整套全球治理的思想体系，积极化解大国博弈的紧张局势，捍卫全球治理的多边主义，促进现有治理体系的改革，为化解目前人类社会面临的共时性和历时性全球问题

---

　　1 习近平:《决胜全面建成小康社会　夺取新时代中国特色社会主义伟大胜利——在中国共产党第十九次全国代表大会上的报告》，人民出版社，2017，第60页。

提供了新理念、新思路。中国在融入全球现代化发展和治理过程中，注重促进国家自身治理与参与全球治理的良性互动，通过不断开放与优化的合作制度、政策和环境，推进国家治理的发展与更高准则的全球治理规则相匹配，锻造自身治理水平的高端性与坚韧性，进而为构建人类命运共同体注入了新的动力因子、找到了新的可行性路径，具有深远的理论和现实意义。

习近平总书记指出，世界之大、问题之多，国际社会期待听到各方有智之声和看到各方合理方案。评判国际秩序和全球治理体系合理与否的标准不是依循少数人的利益诉求与话语表达，而是以世界各国人民的普遍需求为价值尺度。我们所倡导的共商、共建、共享的全球治理观符合全体中国人民的切身利益，也最大程度地体现国际社会的共同利益，并得到绝大多数国家和地区的积极响应。新型全球治理观的核心要义是共商、共建、共享。"共商"是指通过共同协商找到解决政治、经济等领域矛盾和问题的良方，主张各国在处理国际事务中共同享有平等的权利和机会，共同遵守公正的规则和程序，不搞特权、不搞排挤。"共商"旨在达成政治共识、谋求利益最大化，这也是构建人类命运共同体价值目标的具体体现。"共建"即各国协同参与、通力合作、各司其职、各尽所能。面对全球治理困境与挑战，各国和各地区要明确责任边界、列出责任清单，向世界承诺"要做什么""不做什么"，并说清楚"怎么做"，从而聚集各方力量共同为人类的安全稳定、幸福健康和可持续发展作出各自的贡献。"共建"旨在通过共同参与和共同建设实现各方互利共赢与人类整体的发展进步，是构建人类命运共同体的必由之路和应有之义。"共享"即通过国际规则、经济秩序、制度安排与重塑，使得各国在平等发展的基础上分享全球治理成果和人类发展成果，增进成果惠及的普遍性、公平性和公共性。"共享"旨在谋求各方发展的多赢与共赢，不断提升各国和地区的获得感、幸福感、安全感，是构建人类命运共同体的价值指向和理想愿景。共商、共建、共享的全球治理观是中国对"一带一路"等构建人类命运共同体的现实实践中全球治理经验的总结，有利于促使人类历史发展按照与人的生存本质相契合的方式前进，即以实现"现实的个人"与全人类的自由活动、全面发展、和谐共生为目标，依据主体国家自身的发展需要与人类历史前进历程的统一来把握全球治理的现实困境、解决对策，明确了中国在推动全球治理体系变革进路的价值选择和话语表达，体现了世界历史发展的手段和目的的统一。

近年来，中国发起和筹建了亚投行、丝路基金、南南合作援助基金等，推进"一带一路"建设，丰富和创新了全球治理的体制机制。中国逐渐从全球治理的参与建设者转变为时代引领者，以实际行动推进全球治理体系朝着更加公正合理的方向发展。实践证明，中国所倡导的全球治理观顺应时代客观要求、符合各国人民的利益诉求以及切合中华民族伟大复兴的历史使命，具有强大的感召力和持久的生命力。

6.构建总体稳定、均衡发展的大国关系

伴随新一轮科技革命的深入推进，各国各地区在政治、经济、文化和生态等领域的交往合作空前密切，国与国之间、国家与地区之间、国家与国际组织之间逐渐确立了不同形式的伙伴关系。交错贯通、交互联结的伙伴关系，共同架构起遍布全球的网状"朋友圈"，使得世界各国之间愈益命运与共、天下一家。尽管近年来大国关系一直呈现总体稳定的态势，但是整体的外部环境依旧面临世界经济复苏乏力、局部冲突和动荡频发以及全球性问题加剧等现实困境，构建总体稳定、均衡发展的大国关系也相应变得愈加复杂与艰巨。面对世界局势整体稳定、局部动荡的现实境况，中国积极承担国际责任和义务，将休戚相关的共同体成员视为构建和变革全球治理体系的主体，强调在面对繁杂紊乱和动态变化的全球性问题时，应对和化解全球治理危机的关键环节就是处理好大国关系。习近平总书记指出："中国将努力构建总体稳定、均衡发展的大国关系框架，积极同美国发展新型大国关系，同俄罗斯发展全面战略协作伙伴关系，同欧洲发展和平、增长、改革、文明伙伴关系，同金砖国家发展团结合作的伙伴关系。中国将继续坚持正确义利观，深化同发展中国家务实合作，实现同呼吸、共命运、齐发展。"[1]在西方资本主义大国对中国形成全新的挑战和冲击背景下，中国同世界大国之间的发展战略逐渐进入全面复杂的协调和磨合期，围绕区域的主权、利益和资源等问题调整互动策略；面对世界政治进入崭新的利益配置和秩序变更过程，中国注重把握大国之间的关系变动作用于世界历史的内在逻辑和运行态势，不断为维持大国关系稳定发展提供创新视角与对策，始终在联动协调大国关系以促动全球整体发展的进程中彰显大国应有的责任担当和历史使命。

相较于传统大国关系中所突显的霸权对抗、利益争夺、排他性合作等表现而言，中国倡导和构建的总体稳定、均衡发展的大国关系围绕树立正确义利观而展开，和平发展、合作共赢是其主旋律。这就直接决定了中国所倡导的新型大国关系不同于弱肉强食的霸权政治，也不同于结盟对抗的零和思维。在全球化纵深发展的当今世界，仅凭一己之力采用独立、简单、粗暴的方式排解诸多全球性安全问题的构想和实践不合时宜。任何国家都无法独自应对人类面临的各种挑战，也无法脱离开放的世界体系。相比于西方资本主义大国着眼于展示自身能力而对全球发展现状采取宏观调控的手段，中国致力于推动各国经济发展和交往活动实现稳健增进，积极维护大国之间共同发展路径的稳定性和可持续性。各国各地区应树立互尊互信的关系性思维，加强联系与合作，构建总体稳定、均衡发展的大国关系，因而推动人类命运共同体建设是当今全球化发展的必然趋势。

人类命运共同体作为一种外交新思想，内在包含国际权利观、共同利益观、可持续发展观和全球治理观等价值意蕴，其每一维度的价值观都渗透和贯穿于建设新型大国关系的全过程，并助力总体稳定、均衡发展的大国关系的构

---

1 《习近平谈治国理政》第二卷，外文出版社，2017，第546—547页。

建与发展。在国际事务处理层面，树立国际权利观，推动建设相互尊重、公平正义、合作共赢的新型国际关系，消除冲突对抗的隐患，摒弃"零和博弈"的旧观念，变革和保障新型的国际秩序；在全球经济发展层面，秉持共同利益观，不搞你输我赢、赢者通吃的零和游戏，坚持权利与义务相统一原则，推动各方共同参与全球性发展问题治理和共享发展成果；在全球生态文明建设层面，贯彻落实可持续发展观，深度参与全球环境治理，注重全球整体的生态平衡，不以牺牲他国资源环境作为自身发展的条件，切实加强环境保护的国际合作和创造人类共同的美好家园；在国家安全层面，树立全球治理观，明确全球治理的多元主体，让政府、政党、国际组织、民间团体等充当全球治理的主要角色，汇聚共同参与和解决全球问题的磅礴之力。

人类命运共同体思想自提出以来，虽然得到了国际社会的普遍认可，但也存在个别将其误解、歪曲为"国际修正主义、地缘政治挑战、中国霸权工程或出口中国模式的政治工具"等的错误论调，"唯有彻底批驳种种错误论调，才能更好地传播中国声音，营造构建人类命运共同体的良好的国际舆论氛围，与世界各国携手推动这一愿景成为现实"[1]。中国在积极推动构建人类命运共同体的过程中持续发挥负责任的大国作用，在深入推动全球治理和国际秩序合理构建的同时，不断完善与其他国家之间多边合作的关系机制，致力于塑造"相互尊重、公平正义、合作共赢"的新型国际关系。中国积极构建总体稳定、均衡发展的大国关系，助力于各国家、区域间的深入交流与广泛合作，裨益于人类命运共同体的价值理念和建构实践在全球范围内的深化和推进，从而推动人类社会共享文明成果、共同富裕发展美好愿景的实现。

---

1 何苗、高立伟：《驳外界对人类命运共同体的几种错误论调》，《当代世界与社会主义》2021 年第 4 期。

分论三

普遍交往与人类命运共同体

人类命运共同体作为走向"真正的共同体"的世界历史阶梯，具有明确的现实指向，即对全球范围内的物质利益关系进行革命性变革，并在促进生产力发展和深化普遍交往的基础上，弥合"比较式对话"的历史限度与缺陷，推动文化交流走向"比较式对话"与"合作式对话"的内在统一，在超越"中西文化之争"的基础上充分彰显中华民族伟大复兴的历史与文明自觉，不断扩大人类共同利益的交汇点，提升人类利益的"共同性"水平，减缓乃至化解不同主体成员之间的利益冲突，基于公平正义的交往原则重构世界整体的利益格局，从而革新世界市场体系和全球治理体系，发展全球性社会生产力。

一、世界历史进程中的资本逻辑与普遍交往[1]

作为世界历史进程中的人类命运共同体是超越资本主义全球化及其治理体系的新阶段。构建人类命运共同体思想的现实指向，涉及其中的价值形态、宏观视界和具体实施路径等，应该在世界历史的理论视野中进行审视与考察。马克思指出："大工业创造了交通工具和现代的世界市场，控制了商业，把所有

---

1 参见刘同舫：《马克思论证世界历史总体性的维度》，《学术界》2022 年第 9 期。

的资本都变为工业资本，从而使流通加速（货币制度得到发展）、资本集中"，由此"使每个文明国家以及这些国家中的每一个人的需要的满足都依赖于整个世界"[1]。随着资本主义工业化的全球扩展以及资本主义经济全球化的深化发展，世界范围内的个体、族群、民族和国家之间的普遍交往更加紧密，人与人之间生存发展的相互依存关系达到空前的高度，人类历史也实现了从自然形成的地域性民族史向资本逻辑主导的世界历史的转变。[2]

（一）批判与建构中的资本观

资本是马克思政治经济学理论的核心聚焦点。在《资本论》及一系列相关的著作和手稿中，马克思深入分析了资本的实质及其本性。对资本实质及其本性的科学阐明和界定，是马克思批判资本主义的出发点，他深刻揭露了资本主义依靠资本力量在全球范围内肆意扩张、攫取剩余价值的真实面目，挖掘了资本缔造主客对立式思维和构建全球性物的统治关系的根本逻辑，提出基于人类社会普遍联系的生产和交往实践来构建符合人的自由本性的社会关系，为我们深刻剖析资本主义经济全球化及其全球治理秩序和结构提供了理论基石与思想资源。追溯思想史可以发现，在批判与建构的双重理路中，马克思对重商主义、重农学派、古典经济学和庸俗经济学的资本概念进行了有力批判，并以此为基础建构了独具特色的资本观。

"资本"一词虽起源很早，但真正成为研究对象应归功于重商主义学派对现代生产方式进行的最初理论探讨。该学派认为资本是处于商业流通形式中的货币，他们将货币视为掌握资本力量的媒介，在商业流通领域对货币的偏爱是因其使用的便利性，便于资本家在更快速、更短时间的流通过程中积累更多的财富和资本。马克思对重商主义学派关于资本等同货币、国家财富主要来源于

---

1 《马克思恩格斯文集》第1卷，人民出版社，2009，第566页。
2 参见刘同舫：《构建人类命运共同体对历史唯物主义的原创性贡献》，《中国社会科学》2018年第7期。

流通领域的扩大和对外贸易等错误观点进行了批判，指出其偏颇之处在于仅在流通领域关注和圈定资本范畴。正是在此意义上，马克思指责重商主义学派不是"真正的现代经济科学"，因为"真正的现代经济科学，只是当理论研究从流通过程转向生产过程的时候才开始"[1]。相对于重商主义学派，重农主义学派则完成了这一转向，基于生产领域和生产过程考察资本，他们认为贸易流通不会对国家的经济发展产生决定性影响，强调财富是由自然创造和从事农业生产的劳动力所收获的，被马克思称为"资本的实际上最早的系统代言人"[2]。但重农主义学派却走向了生产领域的另一个极端，他们基于自然秩序的根本原则，提出社会生产体系只有与自然秩序保持同步才具有合理性，认为"只有农业劳动才是生产劳动，因为只有农业劳动才提供剩余价值"[3]，将资本仅仅等同于农业生产资本或农业生产资料。在马克思的视域中，重农主义学派过于看重生产领域，容易造成生产和国际贸易领域的放任自流，在本质上和重商主义一样混淆了资本和资本的表现形态，导致资本内涵和外延的狭隘化，一定程度上模糊甚至掩饰了检视资本的生产基础，没有真正解开资本本质的"斯芬克斯之谜"。

亚当·斯密和大卫·李嘉图则对资本概念进行了一种"前页"式的厘定。斯密将"资本"从重农主义学派的农业领域中抽离出来并将之普遍化，他认为资本是资本家用于积累利润的工具，"资本一经在个别人手中积聚起来，当然就有一些人……便把资本投在劳动人民身上，以原材料与生活资料供给他们，叫他们劳作"[4]。此时的斯密已经意识到资本是一个历史范畴，表现为资本家支配工人劳动和无偿掠夺剩余价值的手段。他对资本主义生产目的和手段的认识接近于将资本看作是一种生产关系，已然触及资本的本质问题。然而，资本同

---

1 《马克思恩格斯文集》第7卷，人民出版社，2009，第376页。
2 《马克思恩格斯文集》第7卷，人民出版社，2009，第886页。
3 《马克思恩格斯文集》第5卷，人民出版社，2009，第583页。
4 [英]亚当·斯密:《国民财富的性质和原因的研究》上卷，郭大力、王亚南译，商务印书馆，2009，第42页。

雇佣劳动之间的剥削关系在斯密那里依然是被遮蔽的，他不能揭示利润的产生与资本家剥夺劳动剩余价值之间的内在联系，造成了一种假象——资本家依靠占有生产资源的先天优势而能够获取剩余价值；他没有认识到资本家在侵占劳动力的同时连同劳动技能等要素一起占有的掠夺实质，未能正确区分劳动和劳动力是其理论最终破产的重要因素。马克思批判道："资本不仅像亚·斯密所说的那样，是对劳动的支配权。按其本质来说，它是对无酬劳动的支配权。"[1]同时，斯密将资本理解为生产资料，认为"劳动者对原材料增加的价值……分为两个部分，其中一部分支付劳动者的工资，另一部分支付雇主的利润，来报酬他垫付原材料和工资的那全部资本"[2]。资本在斯密眼中被物化和实证化：他仅仅将资本解读成资本家对工人劳动的剥削关系而非一切社会关系，只认识到资本作为物的自然属性，而没有彻底洞悉资本的社会属性，这与重商主义及重农主义学派一样只看到资本的物质表现形态，未能真正揭开资本本质的神秘面纱。"只要古典政治经济学附着在资产阶级的皮上，它就不可能做到这一点"[3]，马克思认为，古典政治经济学对资本的阐述存在诸多矛盾的原因在于他们没有摆脱资产阶级立场，依然存在把资本与劳动视作社会关系中两极对立的庸俗成分。

李嘉图在《政治经济学及赋税原理》中指出："虽然资本可能是由猎人自己制造和积累的，但他总是要有一些资本才能捕猎鸟兽。没有某种武器，就不能捕猎海狸和野鹿。"[4]李嘉图直接将资本和生产资料画上等号，他在剖析资本主义地租形态问题时指出，自然资源的匮乏和人口的增加迫使人们选择质量较

1《马克思恩格斯文集》第5卷，人民出版社，2009，第611页。

2 [英] 亚当·斯密：《国民财富的性质和原因的研究》上卷，郭大力、王亚南译，商务印书馆，2009，第42页。

3《马克思恩格斯文集》第5卷，人民出版社，2009，第622页。

4 [英] 大卫·李嘉图：《政治经济学及赋税原理》，郭大力、王亚南译，商务印书馆，1962，第17—18页。

差的土地资源进行生产，直接造成资本和劳动产品的差额，而这些差额被资本吸收并转化成质量较好土地的地租，进而指出随着社会的发展工人的利益不会发生很大转变，资本家的利润反而受到压缩，并将这种依靠地租概念形成的生产关系推广运用到一切国家的土地所有权关系中，抹杀了资本的历史性和社会性。尽管李嘉图的劳动价值论是通过分析古代社会的生产方式而提出的，但其同样适用于以资本为支配力量的现代社会生产，揭示出资本主义社会生产过程形成了资本的加速积累、市场价格下降至利润率水平以下的局面，进而导致劳动力之间的差距与生产资料的差异相一致。事实上生产资料只有在资本主义生产关系中作为一种剥削手段才成为资本，才被赋予具有反映社会关系的社会属性。马克思驳斥这种错误观点是抽掉了资本发展中的特殊历史阶段及其规定的历史唯心主义和形而上学。李嘉图对资本范畴的界定并没有超越斯密，甚至呈现出一定程度的倒退。而对以萨伊的"生产三要素论"、詹姆斯·穆勒的"资本生产力论"和西尼尔的"节欲论"为代表的庸俗经济学，马克思鞭辟入里地抨击他们在差异化表述资本概念的理论深处却把资本视为一种物；指责他们站在资产阶级立场上用"阿谀的语句"来"替换经济学的范畴"，从而为资本主义辩护，认为他们对资本概念的肤浅界定完全没有超越古典经济学的视域；指出资本主义社会不是人类历史永恒的形态，由此滋生的抽象资本逻辑也不能适用于一切时代的社会形态。

马克思对资产阶级经济学家将资本看作货币、农业生产资料或是生产要素等观点——进行了深刻批判，认为他们从拜物教幻象和经验主义形而上学出发，与对自然物质存在的概念性理解保持一致，"只看到了资本的物质，而忽视了使资本成为资本的形式规定"[1]，仅仅从资本的自然属性即物化维度进行阐释却没有抓住资本的社会属性，也就不能根本披露资本主义社会形态下人与人

---

1 《马克思恩格斯全集》第 30 卷，人民出版社，1995，第 213 页。

之间的整体关系。正是在对资产阶级经济学关于资本概念的论点进行全面批判的基础上，马克思从自然属性和社会属性的双重维度来阐释资本。

马克思反复强调，"资本不是物，而是一定的、社会的、属于一定历史社会形态的生产关系，后者体现在一个物上，并赋予这个物以独特的社会性质"[1]。这一表述揭示了资本既是物又不是物的概念所指，表面上看似乎是一种自相矛盾的吊诡阐释，但其实际上揭示了资本的根本属性。"资本体现为物"，指的是资本要物化在特定的物品之上，以感性直观的物为载体和存在形态，并通过具体的物品关系和物品运动表现出来，从而具有自然属性。但是，这种具体的物品关系和物品运动仅仅是更为深刻、更为隐蔽的资本社会属性的中介及表象，构成资本持续生成需要依附的绝对实体力量。资本具有更为本质的社会属性即现代"资产阶级的生产关系"，其内核就是资本家和雇佣工人之间雇佣与被雇佣的不平等关系。与前人不同，马克思更注重从社会属性而不是自然属性来考察资本范畴。马克思将资本的本质规定为生产关系，并从生产关系的现实表征来明晰资本主导下人的生存方式和社会关系状况。具体的物并非天然是资本，而是资本的自然属性与表现形态，只有在资产阶级社会关系中才能成为资本。"黑人就是黑人。只有在一定的关系下，他才成为奴隶。纺纱机是纺棉花的机器。只有在一定的关系下，它才成为资本。"[2]透过物的表象，马克思诊断了资本作为物的生产关系对一切社会关系进行统治的病症，洞悉了物的外壳所掩盖的人与人之间的社会关系。马克思批判了斯密和李嘉图将资本范畴仅仅视为生产工具的看法，指出资本除了表现出自然属性之外，还具备鲜明的社会属性，资本背后隐含了人与人之间社会关系的不平等。较之资产阶级经济学将资本抽象化和永恒化的形而上学错误，马克思坚持用历史唯物主义和唯物辩证法的根本历史观和科学方法论来阐释资本范畴，揭示了资本不是某种经验的客

1　《马克思恩格斯文集》第7卷，人民出版社，2009，第922页。
2　《马克思恩格斯文集》第1卷，人民出版社，2009，第723页。

观存在物，而是一定社会生产关系中的历史性存在。马克思指认资本逻辑在资本主义生产关系下通过控制整个生产过程而实现自身扩张目的的本性，以及资本无限追求物与利润的贪欲和私利局限，并预示随着历史推进资本逻辑必将在暴露自身缺陷的过程中走向衰亡。

（二）资本逻辑与"历史成为世界历史"

对人类文明思想史的考察表明，自觉审视世界历史的整体演进肇始于近代西方哲学的现实运作。但在近代西方哲学家看来，理性是世界历史开启和演进的内驱力，对世界历史的形成与发展具有根本意义。他们认为，世界历史就是理性高奏凯歌的崭新进程。黑格尔则是将这种理性世界史观系统化的最佳代言人，他推崇理性是理解世界历史的最高原则，并认为正是理性和热情的交织，构成世界历史发展的经纬线。黑格尔重视把握世界历史在"精神"视域中的非连续性，认为现有的历史集中表现为新旧意识的更替，世界历史即呈现为民族精神所对应经验事实的历史演变，最终形成追寻自由与解放的"世界精神"。黑格尔提出民族精神的发展受到特定条件的限制，"世界精神"则表征个体主体的目的与欲望的无限性；个体理性精神在历史中得以解放，而历史走进世界历史是个体自由的自我意识不断趋向理性精神的过程。马克思接受了黑格尔关于世界历史是一种合理过程的观点，也肯定了黑格尔试图寻找思维过程和历史运动内在联系所做的努力，认为黑格尔确实在论证个体理性自由的历史性问题上运用了矛盾运动的辩证思维。但马克思反对黑格尔世界史观的唯心主义性质，批判黑格尔对世界历史的理解始终停留在思维意识的抽象性和思辨性层面。在马克思看来，世界历史的"真身"在黑格尔那里始终晦暗不明的根源就在于，黑格尔采取从观念出发解释实践的历史诠释原则和理解方式，没有认识到如何处理绝对理性的完美设计在具体实体形态中的理论呈现，也没有意识到如何审视实体形态与理性设计产生差异的现实问题，致使其世界史观本质上只是现实世界历史的观念"副本"。

马克思对黑格尔世界历史理论的扬弃揭示出：不应从观念出发解释实践，而应从物质实践出发来解释观念，这才是阐释人类历史发展的科学路径。马克思通过变革历史解释原则完成了对黑格尔世界史观的真正改造[1]，即世界历史本质上是物质生产实践的历史。马克思摒弃了永恒的、抽象的思辨理性，立足于具体的、现实的实践理性，开启了基于物质生产实践寻找历史向世界历史转变奥秘的科学理路。据此，马克思对每一历史时代尤其是资本主义社会生产的发展及其生产方式变革进行了深入分析和考察，他发现正是资产阶级开创了民族史向世界史的演变进程，其所蕴藏的巨大生产力像被释放的普罗米修斯将整个世界卷入现代工业文明的激流。正如有学者指出，世界历史"是资产阶级的生产方式向全世界扩张的过程和结果"[2]，资本主义主导形成的世界历史正是资本逻辑的扩张史。

马克思从机器大工业的发展以及生产方式的变革中找到了历史转变为世界历史的经济基础和阶级根源，但他对世界历史运行规律的探究并没有就此终止。世界历史的开创就其直接表现来说，当然是资产阶级奔走全球各地的结果，问题是资产阶级为什么会拼命"到处落户，到处开发，到处建立联系"[3]，在马克思看来，这一切都根源于具有幽灵般的世界性主导力量的资本，其内在的扩张逻辑是形成资本主义世界历史的根源性内驱力，资本凭借强硬的物质力量打通世界发展的地域界限并开辟了世界市场，将资源的占取与资本的输出融于世界市场的开拓过程之中。马克思充分扬弃了黑格尔关于自由的自我意识在世界历史中生成的观点，指认人们在资本主义生产不断扩展下形成的世界历史范围内争取自由的限度，他认为现代社会的自由观念和价值本就是被资产阶级

---

1 参见张盾、刘招明：《黑格尔和马克思的"世界历史"概念》，《马克思主义与现实》2009 年第 3 期。

2 马俊峰：《马克思世界历史理论的方法论意义》，《中国社会科学》2013 年第 6 期。

3 《马克思恩格斯文集》第 2 卷，人民出版社，2009，第 35 页。

支配的产物，资产阶级打着自由的旗号推行雇佣劳动制度，并在资本的自发运动中开启了世界历史的进程。因而资本推动历史走向世界历史也是其内在矛盾运动的必然结果。资本的出现"就标志着社会生产过程的一个新时代"[1]，构成了世界史的重要组成部分。

资本的本性是攫取剩余价值，这一本性在现代市民社会的现实运行中体现为资产阶级与劳动者之间的剥削关系，并形成市民社会内部普遍的剥削与被剥削的社会关系；资本对剩余价值的"渴求"促使资本主义的全球性扩张，直接推动了世界历史的形成，也塑造了世界范围内资本主义生产与扩张本性主导的国际社会关系。关于资本获取最大利润的贪婪本性，马克思援引了《评论家季刊》中一段入木三分的刻画："资本害怕没有利润或利润太少，就像自然界害怕真空一样。一旦有适当的利润，资本就胆大起来。如果有 10% 的利润，它就保证到处被使用；有 20% 的利润，它就活跃起来；有 50% 的利润，它就铤而走险；为了 100% 的利润，它就敢践踏一切人间法律；有 300% 的利润，它就敢犯任何罪行，甚至冒绞首的危险。如果动乱和纷争能带来利润，它就会鼓励动乱和纷争。走私和贩卖奴隶就是证明。"[2] 资本仿佛"一个有灵性的怪物"一般具有能动的"主体化性质"，大肆侵蚀和消解人类的主体性。在资本主体性的宰制下，资产阶级成为人格化的资本，接受资本内在永恒的绝对命令，执行资本的增殖意志，以追求利润的最大效益为生存的最高目的。作为资本人格化代表的资本家，其灵魂就是资本的灵魂，其目的是获取剩余价值，故诉诸自己的不变部分即生产资料吮吸尽可能多的剩余劳动。"资本是死劳动，它像吸血鬼一样，只有吮吸活劳动才有生命，吮吸的活劳动越多，它的生命就越旺盛。"[3] 资本生产以不断捕获的剩余价值为基础，创造出"普遍的劳动体系"和"普

1 《马克思恩格斯文集》第 5 卷，人民出版社，2009，第 198 页。

2 《马克思恩格斯文集》第 5 卷，人民出版社，2009，第 871 页。

3 《马克思恩格斯文集》第 5 卷，人民出版社，2009，第 269 页。

遍有用性的体系"，大大促进了社会生产力的发展，成为推动世界历史前进的强大动力。无论是资本主义的兴起和发展，还是世界历史的开拓，都是由资本无限度攫取剩余价值的内在本性所决定。

那么，资本如何实现自我增殖？为了攫取最大利润，资本必然追求资产阶级主体范围的扩大和同一性力量的增强，从而表现出强劲且不可抑制的扩张性。这种史无前例的跨地域、跨民族的资本全球性扩张为历史驶进世界历史注入活力。而资本要获取利润的最大化以吸纳更多资源、人口与市场，必须首先推广以资本为基础的生产，使全球生产力朝向资本需要的中心聚拢，"要用以资本为基础的生产来代替以前的、从资本的观点来看是原始的生产方式"[1]。由资本主导的全球化生产具体表现为两个方面：在民族国家内部，把任何劳动都变为雇佣劳动和剩余劳动，以摧枯拉朽之势打破生产上的一切行会阻碍；在民族国家之间，通过国际竞争和国际分工强力推行资本主义生产方式，釜底抽薪式地斩断以往生产方式，在世界范围内确立资本主义生产方式的统治地位，促使各民族国家的生产和消费行为具有世界性，从而建立资本主义主导的世界生产体系。

正是资本这一全球扩张逻辑不断打破地域限制，扩大流通范围，创造世界市场，将人类历史的行进方式从"地域性"重塑拓展为"世界性"建构，赋予人类历史以"世界历史"的性质，使得资本主义生产方式及其缔造的社会关系在全球范围内得到放大，这既是人类历史物质运动的必然规律，也是资本自发运作的结果。资本主义运作的内在逻辑即追求利润最大化，迫使资本持续不断地由内而外扩张。伴随资本的不断积累，"为了更进一步地扩大生产，产生出使工作得以机械化的压力，最终通过劳动者的无产化和土地的商品化，从而促使世界市场产生变更，并迫使人们尽可能快地对这一变更做出反应"[2]。世界历

---

1 《马克思恩格斯文集》第 8 卷，人民出版社，2009，第 88 页。

2 [英] 安东尼·吉登斯：《民族—国家与暴力》，胡宗泽、赵力涛译，生活·读书·新知三联书店，1998，第 201 页。

史的进程和资本逻辑的扩张具有同步性，"资本逻辑的扩张和发展趋势体现的正是世界历史的扩张和发展趋势"[1]。资本扩张的世界意义决不是僵死的物质资料和使用价值的堆积，而是以幽灵般的抽象同一性建构一套全新的社会规制和生产关系，并为现代文明奠定基础和规定方向，推动着世界历史的发展进程。现代文明带有鲜明资本主义特征，它使世界历史的运行进入资本的生产与扩张进程之中，使整个世界在物质生产和经济发展层面呈现为资本主义现代社会的文明形式。

世界历史不是精神和理性的抽象演变史，而是潜匿在其背后更为深刻的资本现实运动史。资本的增殖和扩张逻辑呈现出普遍性趋势，并以自由性的全球流动彻底摧毁了传统等级制社会及其生活方式。"只有资本才创造出资产阶级社会……它创造了这样一个社会阶段，与这个社会阶段相比，一切以前的社会阶段都只表现为人类的地方性发展和对自然的崇拜。"[2]在资本逻辑扩张推动形成的世界历史进程中，个人存在与世界历史紧密结合起来，现实的人的存在方式由地域性转向世界性，人与人之间的社会关系也在资本逻辑催生的世界生产体系中演变为更广泛、更全面的物的关系。"基于当今世界潮流和时代发展大势，全面理解当代资本主义的新自由主义转向和发展历程，系统反思当代国外马克思主义思潮的理论得失，建构全球化时代的资本逻辑批判理论，是新时代提出的重大课题。"[3]

（三）普遍交往与世界历史的总体性

生产和交往是人类社会两大基本活动形式，两者互为条件、相互促成，尤其是在全球化的生产背景中，生产需要的扩张为普遍交往实践奠定了基础，而

---

1 白刚：《〈资本论〉的世界历史意义》，《山东社会科学》2015年第1期。
2 《马克思恩格斯文集》第8卷，人民出版社，2009，第90页。
3 孙乐强：《全球化时代的资本逻辑批判：一种可能的建构方案》，《求是学刊》2020年第6期。

全球交往格局的形成也为生产力发展提供了更加普遍化的条件。从根本上说，人类发展史就是生产和交往相互作用及交互制约的历史。其中，"生产本身又是以个人彼此之间的交往 [Verkehr] 为前提的"[1]，离开交往的生产是不可能的。从世界历史形成的角度而言，世界性的普遍交往构成了资本主义生产力迅速发展的内在条件。马克思曾详述道："某一个地域创造出来的生产力，特别是发明，在往后的发展中是否会失传，完全取决于交往扩展的情况……只有当交往成为世界交往并且以大工业为基础的时候，只有当一切民族都卷入竞争斗争的时候，保持已创造出来的生产力才有了保障。"[2] 马克思强调交往形成了人类积累、传递、继承和发展生产力的社会遗传机制，从而使生产力处于不断的发展过程中。[3] 只有当交往扩展到世界范围，以资本为基础的先进生产才能避免陷入"单独进行"的境地和耗费因入侵、战争等偶然事件而必须"从头开始""重新发明"的时间，从而能够实现向其他地域甚至世界范围的传递和转移，越发促动资产阶级统治世界的本性和行动，使资产阶级在资本主义生产力极度扩张的背景下崛起为一个世界性的历史阶级，推动人类历史走向由资产阶级和大工业开创的世界历史。

交往作为人类存在与发展的基本方式，贯穿于人类历史的始终，构成了衡量人类变革和社会进步的标尺。资本主义构建的世界市场与拓展的全球生产力加速了世界历史的进程，社会化大生产和社会交往打破原本封闭的民族国家，促成愈益紧密的文明交流，使得各民族国家在世界历史中实现自我发展。文明交往有利于突破人内在力量的限度，使个人在交往中改造社会整体的同时也实现了自我完善。文明起源和嬗变的核心可以归结为人与人之间的社会交往，社会性的交往关系是现代社会运行的润滑剂。学界对交往之于人类社会发展进程

---

1 《马克思恩格斯文集》第 1 卷，人民出版社，2009，第 520 页。

2 《马克思恩格斯文集》第 1 卷，人民出版社，2009，第 559—560 页。

3 参见侯振武、杨耕：《关于马克思交往理论的再思考》，《哲学研究》2018 年第 7 期。

的重要意义的认识基本能够达成共识，但对人类社会发展史上的交往类型和形式的分类标准存在分歧。有学者以时间为线索将历史上的交往分为原始社会的血缘交往、游牧农耕自然经济时期的地缘交往以及世界历史时期的全球性交往三种类型[1]；有学者以空间为线索将交往分为采集狩猎时期的血缘交往、定居农耕时期的地域性交往、游牧时期的跨地域性交往以及以新航路开辟为标志的世界性交往四个阶段[2]。无论是以时间为线索还是着眼于空间维度的交往观点，都将交往及交往关系的发生与人类直接生活的物质生产关联起来，将交往形式的演变与民族国家之间关系的变迁结合起来。

人类社会发展史上的交往进程在宏观视域上可分为两个大的阶段，即民族国家历史时期狭隘的交往以及世界历史时期的普遍交往。相对传统的划分标准，以历史发展阶段为准则的分类方式更符合与生产密切相关的人类实践本性，世界历史之前的交往都不具备普遍性，而世界历史时期的交往是具有世界性、全面性和自为性的普遍交往。就活动范围而言，普遍交往消灭了孤立与封闭的状态，冲破了地域藩篱和人为阻塞，由局部范围内的交往走向真正开放的涵盖全球国家的世界性交往，人类第一次打破全球的各种地区壁垒进行相互沟通和交往；就活动领域而言，普遍交往涉及经济、政治、文化和社会等领域的全方位交往与联系，造就了全行业、宽领域的世界市场，各个国家、民族之间产生了有史以来最广泛的相关性和"全面的依存关系"；就活动程度而言，普遍交往是从自在走向自为的交往，各个民族和国家在资本利益的驱动下自觉加入交往的序列之中，自觉地参与"世界历史性的共同活动"，成为"地球村"的一员。

马克思从交往与分工的关系出发，具体阐述了历史向世界历史转变的过程。他认为，任何新的生产力都会引起分工的进一步发展[3]。随着资本主义生产

---

1 参见彭树智、刘德斌、孙宏年等：《世界历史上的文明交往》，《史学理论研究》2011 年第 2 期。

2 参见陈振昌：《论前工业社会的历史交往》，《西北大学学报（哲学社会科学版）》2001 年第 4 期。

3 参见《马克思恩格斯文集》第 1 卷，人民出版社，2009，第 520 页。

力的发展，社会内部分工不断细化和深化，商品流通和交换的范围日益扩大，商业贸易迅速发展并普遍繁荣，最终冲破国内市场的局限走向世界市场。同时，人们之间的交往也不断打破民族和国家的地区壁垒，实现内部交往向外部交往乃至世界交往的跨越，自发的世界市场形成了以物为依托的异己力量，催促着人在世界交往中逐渐演变成无意识的存在。正是普遍交往的兴起和世界市场的形成，使得一切国家和地区的生产和消费都具有世界性，任何民族的生产与生活都剔除了单一性和局限性，在相互依赖、相互制约中得以维系和发展，世界在事实上联结为一个整体。"交往以及因交往而自然形成的不同民族之间的分工消灭得越是彻底，历史也就越是成为世界历史。"[1]马克思用形象的话语指出，分工越扩大，世界市场就越完善；世界交往越普遍，世界历史的转变也就越彻底。

普遍交往指涉的是各个民族之间的交往，民族是普遍交往过程中活动范围最广、活动频率最高的主体，民族交往是普遍交往最直接的形式，马克思甚至把普遍交往的表现及其历史意义指认为"使每一民族都依赖于其他民族的变革"[2]。就外部表现而言，世界历史呈现为各民族之间建立起具有世界性的交往关系，打破了以往相对隔绝、彼此孤立的封闭状态而走向相互影响、相互联系的整合状态，从而使世界呈现整体化的现实图景。与"民族史""地区史"及"国别史"不同，世界历史是以民族或国家之间的交往作为其直接表征。在马克思看来，世界历史中的普遍交往不仅仅是一个民族关系问题，在更深层意义上是一个阶级关系问题，"一个最初主要表现为资产阶级同封建贵族阶级的关系，尔后则表现为无产阶级与资产阶级的关系[3]。资产阶级为了保障已经取得的剩余价值并能继续获取剩余价值，而将自身制定的交往规则推广至全世界，

---

1 《马克思恩格斯文集》第 1 卷，人民出版社，2009，第 541 页。

2 《马克思恩格斯文集》第 1 卷，人民出版社，2009，第 538 页。

3 梁树发：《从源头上理解马克思的世界历史理论——读〈德意志意识形态〉》，《浙江学刊》2003 年第 1 期。

通过固化世界范围内的资产阶级与无产阶级之间的普遍交往又相互隔离的关系，以攫取无产阶级的劳动成果及其创造的新的剩余价值。马克思透过民族关系抓住实质上的阶级关系，揭示了普遍交往中的无产阶级与资产阶级之间的斗争必然及其发展趋势，得出彻底的无产阶级革命的结论，充分彰显了马克思世界历史理论的科学性和革命性。普遍交往的世界性、全面性和自为性彰显了作为世界历史的总体性或者说是作为总体性的世界历史，这一总体性究其根本是资本存在的总体方式。从自然形成的地域性历史走向实际上由资本逻辑主导的世界历史，普遍交往的世界性、全面性和自为性都源于资本的主体性，源于资本为追逐利润而不断获取空间的本性，并在以时间消灭空间的扩张途径中加速世界性的普遍交往，使世界历史呈现为一个资本全球增殖和扩张的总体性历史。

传统的世界历史观凭借人的本性和世界精神来解释历史发展何以具有世界性而陷入唯心主义泥潭，以致无法科学解释历史转向世界历史的问题。在马克思那里，世界历史既不是自然的历史，也不是精神的历史；世界历史绝不是抽象的自我意识或宇宙精神等自我运动的产物，世界历史形成于人类社会普遍交往的过程。马克思认为，个人的发展能够真正澄明历史的本质以及历史转向世界历史的必然逻辑。历史是人的自然属性与社会属性之间彼此作用、相互确证的过程，"现实的个人"作为历史的主体在历史向世界历史的转变中从事地域性生产劳动的个人转变为"世界历史性的个人"。马克思站在历史唯物主义的原则和立场上，从资本逻辑和各民族国家之间的普遍交往出发说明世界历史的表现形式及其成因，真正揭开了"世界历史之谜"，为现代文明发展至更高阶段时构建"真正的共同体"提供了历史唯物主义的理论品性和哲学思维。

资本开启并主导了世界历史的演进，这一历程能够持续向前推进的不竭动力来源于人类由"交往"走向"普遍交往"的历史跃迁以及总体结果。至此，资本所固有的增殖性、扩张性和发展逻辑，成为从历史转向世界历史的原初动力。马克思从交往的普遍化现象中窥探到人类社会发展的根本性变化，"多维需要""全面关系"构成资本主义主导世界历史阶段性发展的客观现实，"相互往来""相互依赖"成为其世界历史理论的核心范畴，承载着阐析世界历史的外部结构和表现形式的核心功能。在马克思看来，普遍交往是世界历史形成的直接路径和表现形式，正是随着交往的普遍化和世界化，人类历史由民族的、地区的历史日渐走向全球性普遍关联的世界历史。

二、资本逻辑与世界市场的"异己性支配秩序"[1]

在世界历史的进程中，资本的自我增殖本性和无节制扩张的需要必然推动资产阶级在全球范围内扩展资本主义的生产方式，并形成一个以资本主义生产方式为主导的世界市场体系。这一世界市场体系构成了资本主义经济全球化的基本运作机制和现代世界历史的现实基础，塑造了世界历史进程中资本逻辑支配的民族国家之间、人与人之间的社会关系，形成了世界市场的"异己性支配秩序"，出现了"抽象成为统治"的根本事实。资本逻辑的世界历史性和异己性力量展现了其内部的矛盾对抗与无限张力，但也引发了现代人生存境况和现代社会的危机。在扬弃资本逻辑本身的矛盾与历史限度以及克服现代性危机的不同道路中，马克思追求的"解蔽"和"澄明"的进路即利用资本自身的内在否定性进行辩证扬弃的解放方案是一条可行的选择。构建人类命运共同体的现实指向就是克服资本逻辑支配下的世界市场体系危机，致力于实现资本逻辑的抽象统治向世界各国真正的合作共治转变，从而为变革、完善世界市场体系奠定坚实的物质生产基础和精神智识前提。

---

1 参见刘同舫：《资本逻辑的内在张力及其解放方案》，《哈尔滨工业大学学报（社会科学版）》2023 年第 1 期。

（一）世界历史与世界市场的时空辩证关系

从世界历史的发展历程来看，以资本逻辑为中心的资本主义大工业生产所促成的以贸易自由和经济一体化为主导的现代历史，不同于以领土占有和宗教统治为主导的古代或近代历史。有论者指出："这一过程，超出了原有自然法基础上形成的以耕作（cultivation）为法理根据的殖民秩序，而将这种以基督教普遍性为基础的'文明化任务'转化成了以商业资产阶级为基础的'商业化运动'（commercialisation mission）。与前者不同，后者所形成的世俗化的世界秩序中，其格局不再是意识形态的冲突，也不需寻求在一种神权意志下进行的平等教化。相反，则更希望在一种差序世界格局中，维持贸易的垄断与利益的最大化。"[1] 相对于古代和近代历史中宗教、政治的绝对统领地位，现代历史已逐渐转变为围绕经济层面展开的诸多领域的交往，物质生产和经济发展领域形成了自成目的和自主性的体系，为资产阶级索取私利的扩大再生产和生产方式的自由化提供了固定的分析框架。资产阶级进而把整个世界变成它的市场，希望通过生产和交换方式的一体化而赋予分工形式以世界性的普遍特征，进而制造资本主义大工业生产模式下分工和利益格局的世界性等级差异关系。

雇佣劳动和资本主义大工业的生产，不仅推动了历史向世界历史的转变，而且形成了由于美洲的发现所开创的并由欧洲资本主义国家主导的世界市场。[2] 世界历史是人类社会发展到资本主义阶段的必由进程，是资本矛盾运动的必然结果。资本为扩大生产而建立符合其特殊利益需要的市场交换体系，在历史进程中形成支配生产发展的普遍的世界市场规则，而世界市场则划定资本主义发展的空间范围，促使世界历史成为一个建立在资本主义经济制度之上的总体。世界历史与世界市场之间具有内在的时空辩证关系，常常形影相随地出现在马

1　章永乐：《万国竞争：康有为与维也纳体系的衰变》，商务印书馆，2017，"序二"第29页。

2　参见《马克思恩格斯文集》第2卷，人民出版社，2009，第32页。

克思对资本主义总体性的宏观叙事和深刻批判中。

世界历史进程内含了世界市场的生成。在人类历史上，人们通过漫长的时间积累来提升自身的"类本质"力量，人类社会发展史是一部人类文明的积累史。世界历史首先表现为人类在持续发展的时间维度上达到的生产力普遍发展以及全球人民普遍交往和相互依赖的发展阶段与历史进程。马克思认同黑格尔将世界历史指认为是地理大发现以来资本主义生产方式运行的历史，但与黑格尔完全不同的是，抽象的先验意志或某种神秘力量从来没有在马克思的理论包括世界历史理论中占据核心位置，他早就明确指出世界历史的内核是物质的生产实践活动，"是人通过人的劳动而诞生的过程，是自然界对人来说的生成过程"[1]。在这一生产过程中，人的生命尺度与发展空间在时间维度上达到统一，人的生存方式伴随生产与交往空间的扩展而逐渐显露出自然属性与社会属性的有机统一，人在普遍的交往实践中突破自然局限性，在以生存实践为存在方式的基础上实现自我超越的创造性活动和丰富生命尺度。站在人类发展的角度来看，时间就是人类空间实践的历史维度，伴随着生产发展史的是人类实践空间的扩张史。在前资本主义阶段，人们的生存和交往在时间维度的积累对于人类存在有重大意义，表现为符合自然进化规律的运动形式，不断向更显复杂性和组织化的方向演进，但这一阶段人们生产和交往的活动空间有限，由于生存活动的自发性而带有明显的劳动随机性。在资本主义阶段，生产力的普遍发展和交往的普遍扩大推动了人类活动空间的扩张。资本的增殖本性除了要求资本主义生产方式和生产关系在时间维度上的持续积累外，更要求实现全球范围内的空间泛化和整体布局，以空间扩张加快时间积累的进程。资本空间化在"创造越来越多的剩余劳动"的同时也"创造越来越多的交换地点"，"从本质上来说，就是推广以资本为基础的生产或与资本相适应的生产方式。创造世界市场的趋

---

[1] 《马克思恩格斯文集》第1卷，人民出版社，2009，第196页。

势已经直接包含在资本的概念本身中"[1]。世界历史是生产力发展水平持续积累达到普遍发展的历史阶段和时间节点，其同时也表现为人们生产和交往范围不断延伸至全球的空间扩张实践，即世界市场空间布局的形成。

世界市场的发展构成世界历史形成与演进的基础。空间是人类发展的时间[2]，人类生存空间的扩张史凝聚着人类漫长的生产史。早期人们的生产和交往在封闭和狭隘的范围内缓慢延展，资本主义阶段人类活动空间急速扩张，空间的扩张实践本身展现了人类生产能力的发展。世界市场是资本空间化在全球推进的必然结果，在宏观上，其纵向发展经历了三个主要阶段：一是 15 世纪末 16 世纪初到 17 世纪中叶的起步阶段，"15 世纪末各种大发现所造成的新的世界市场的贸易需要"[3]诱发了欧洲商业革命，促进了工场手工业和资本主义市场经济的形成；二是 17 世纪中叶到 19 世纪中叶的形成阶段，世界范围内的殖民地争夺战推进了资本市场在空间上扩展至全球范围的以"宗主国—殖民地"两极对立为基本格局的世界市场体系的形成；三是从 19 世纪中叶开始的发展阶段，这一时期交通和通讯等领域的变革为资本扩张提供了全新的技术支撑，世界市场在深度和广度上快速跃进，经济全球化已显现为不可逆转的趋势。[4]在宏观上，世界市场具体形式的变革与世界历史的形成相互促成、共同进行和同时发生。在微观上，世界市场的发展历程呈现出从狭隘封闭到区域联合再到世界市场横向发展的三个阶段，这既反映了资本主义阶段人们生产和交往活动

---

[1]《马克思恩格斯文集》第 8 卷，人民出版社，2009，第 88 页。

[2] 有学者从个体发展的角度提出"空间是个人活动的时间"的时空辩证关系命题（参见朱宝信：《空间是个人活动的时间——读〈时间是人类发展的空间〉有感》，《内蒙古社会科学（文史哲版）》1996 年第 1 期）。据此，基于人类社会发展的角度，笔者认为，时空具有"空间是人类发展的时间"的辩证关系。

[3]《马克思恩格斯文集》第 5 卷，人民出版社，2009，第 860 页。

[4] 参见王作印：《世界历史论域中的资本及其当代意蕴》，《当代世界与社会主义》2007 年第 4 期。关于世界市场形成阶段的划分，学者们大都将之分为三个主要阶段，但在不同阶段的时间界定上存在分歧。如有论者认为从 19 世纪中叶到第二次世界大战前后是第一阶段，第二次世界大战结束到 20 世纪 70 年代末是第二阶段，20 世纪 70 年代后是第三阶段，等等（参见余金成、娄银梅：《经济危机、世界市场与确证社会主义的合理性》，《天津师范大学学报（社会科学版）》2014 年第 5 期）。在此问题上，笔者更赞同以工场手工业—机器大工业—新工业时代为线索的划分标准。

水平的不断提高，也反映了人们生产和交往活动范围的不断扩大，而这两方面的重大变化恰恰构成了世界历史的基本内容，民族历史向世界历史的转变归根结底是在世界市场的基础上建立全球生产体系而得以完成的。世界市场以自身形成、发展和扩张的历程书写了世界历史，构成了由资本主义生产方式主导推动形成的世界历史发展的特殊阶段。

世界历史和世界市场之间具有辩证的时空关系。一方面，世界历史是生产力持续发展到资本主义阶段的结果，资本主导的世界历史推动了人类文明在时间维度上的积淀，形成了具备资本主义生产特征的现代资本文明，资本主义生产方式和生产关系的全球空间扩张促进了世界市场的产生，进而构成了人类文明进程中的具有里程碑式的伟大事件。另一方面，世界市场是资本积累的空间维度，这一空间维度上的积累本身就是世界历史的发展阶段，表现为自由贸易和世界市场的具体推进及展开，使全球劳动分工和商品流通领域在资本主义经济占主导地位的生产体系中形成了迎合资本获利需要的结构，进而书写了具有资本特征的世界历史，世界市场是世界历史的重要组成部分。[1]世界市场推动整个世界历史进入资本逻辑控制的生产过程，将一切世界历史中政治、文化、生态等领域发展现状和趋势纳入世界市场的交换价值体系中予以审视，导致世界历史逐渐形成了由商品价值主导人与人之间交往活动的"虚假的共同体"。因而马克思在肯定世界市场作为人类历史特殊发展阶段必然结果的同时也批判资本主义世界市场造成全球生产力的片面发展，批判资本主义制度成为人类社会实践和人生存发展的"异己的力量"。世界历史和世界市场之间的辩证关系反映的是资本主义生产方式在人类社会时空维度中的总体存在状态，本质上指向资本积累的时空双重维度，二者共同彰显了马克思政治经济学二重性批判的科学之维。

1　参见吴耀国：《"世界历史"与"世界市场"的辩证关系——基于马克思社会批判理论中的时空维度分析》，《河南大学学报（哲学社会科学版）》2016年第1期。

（二）资本逻辑与异己力量的形成

马克思指出，资本主义在欧洲的兴起，在推动交通和贸易迅速发展的同时，加速了殖民扩张。大规模的全球贸易活动将世界彻底联系在一起，原本分散的民族、国家与地区之间逐渐形成了相互依赖的关系，普遍联系的世界历史逐渐形成。在由资本力量掌控的现代世界历史进程中，虽然每一个主体成员在摆脱地域、民族等发展空间的局限之后，在世界市场中实现了物质、精神生产等多领域之间的现实关联。但由于世界市场是由资本主义经济制度绝对统治的体系结构，生成于这一结构之中的现实关联却衍生出完全异己的力量。这种力量威慑和驾驭着发生现实关联的每一个主体，使得主体成员越来越受到异己力量的支配，"受到日益扩大的、归根结底表现为世界市场的力量的支配"，[1] 主体成员在商品拜物教和"物的关系"掩盖下被动趋向于世界普遍的社会关系中，形成了世界市场的"异己性支配秩序"，出现了"抽象成为统治"的根本事实[2]。马克思曾经思考资本逻辑主导催生的世界市场和推进的世界历史，他的思考范围不仅包括世界历史普遍生产的表现，还包括人的社会活动为基本参照的社会历史。他从资本批判的逻辑洞悉现代社会发展的本质，即洞悉世界市场中自发产生的"异己力量"统治着人性的本质。

世界市场的形成体现了资本逻辑的全面展开，是资本逻辑及其依托的世界市场自由发展的产物。世界市场的形成反映出资产阶级在经济层面创造世界历史总体的主观动机，体现了资本主义商品生产和交换活动的普遍化倾向，形成了资本逻辑为基本导向的资源配置方式，在本质上表现为资本借用压缩时间的方式拓展生产空间的本性。因而，这种"在迄今为止的历史中当然也是经验事实"[3]

1《马克思恩格斯文集》第 1 卷，人民出版社，2009，第 541 页。
2 参见刘同舫：《构建人类命运共同体对历史唯物主义的原创性贡献》，《中国社会科学》2018 年第 7 期。
3《马克思恩格斯文集》第 1 卷，人民出版社，2009，第 541 页。

的世界性"异己性支配秩序"根源于资本逻辑的支配力量,"异己性支配秩序"是最终造成人与人的社会异化境况的主要推手,这是资本逻辑以全球化的形式在世界范围内实现抽象统治的结果和表现。

资本逻辑以形而上学的知性思维为哲学根基,始终寻求形而上学的思想活力作为其现实行动的理论支撑。当一些哲学家在反思旧哲学思维的缺陷之后举起"拒斥形而上学"的鲜明旗帜,以为彻底摧毁了传统形而上学的抽象同一性原则时,在现代资本主义社会,资本已然窃取了传统形而上学"本体"与"终极实在"的地位,一跃成为现代社会中统治一切的绝对存在和终极价值。资本在现实生活和思想观念领域重新复活和建构了抽象同一的权力,并在创建世界市场时展现出更为强悍的宰制力量,使个人在资本主义政治经济体系中越发遭受抽象的统治与奴役,资本运作造成人与自然、人与人以及人与社会之间全面的异化关系。

资本主义社会的资本在存在论意义上是一种抽象的统治力量。然而,"抽象或观念,无非是那些统治个人的物质关系的理论表现"[1]。资本的抽象统治力量来源于其作为一种以支配和占有雇佣劳动的方式获取剩余价值的生产关系,这种发端于支配他人劳动的经济权力随着生产条件与实际生产者的分离而愈益表现为社会权力,成为支配一切的最高统治力量。资本强大的抽象同一性力量集中表现在资本是"普照的光"和"特殊的以太"等类似于神学信条的抽象规定,是构成万物的"本质"和"实体",成为评判一切存在的最高原则和标准。任何存在物都必须以资本逻辑作为衡量其存在的合法性标准,只有满足资本自身扩张需要的事物才具有存在的根据和意义,甚至人本身生命的意义都完全交付资本裁定,资本对剩余价值无止境的贪欲和扩张本性造成人与人之间"除了赤裸裸的利害关系,除了冷酷无情的'现金交易',就再也没有任何别的联系

1《马克思恩格斯文集》第 8 卷,人民出版社,2009,第 59 页。

了"[1]。资本强大的抽象同一性力量还表现为如海德格尔的"座架"一般同化和抹平一切特殊性与异质性因素的统治意向和本性。资本把一切都抽象为交换价值，任何差异和个性都在交换关系和交换原则的蒸馏和过滤下被磨平和同质化，"不管活动采取怎样的个人表现形式，也不管活动的产品具有怎样的特性，活动和活动的产品都是交换价值，即一切个性，一切特性都已被否定和消灭的一种一般的东西"[2]。德国法兰克福学派代表性人物阿多尔诺（Theodor W. Adorno，1903—1969）认为，"交换原则把人类劳动还原为社会平均劳动时间的抽象的一般概念，因而从根本上类似于同一化原则……正是通过交换，不同一的个性和成果成了可通约的和同一的。这一原则的扩展使整个世界成为同一的，成为总体的"[3]。交换价值对所有事物进行"再编码"，以一种"极端严格的公理"剪裁和剔除事物的具体性和丰富性因素，把世界市场中所有的生产要素编目为一个定量价值的同一性存在，使世界历史中的个人具有资本所操控交换原则的规定性存在，并被强力吸附在资本的抽象同一性旋涡中。

资本作为"抽象的病毒"，把"每一个定性的和特殊的关系转变成一个定量的和普遍的关系"[4]。资本在现实的生产与扩张实践中对生产资源差异的漠视和对"他者"主体发展需要的否定，将世界同质化的抽象统治在生产、交换和消费领域时刻进行现实运作，不断编织着马尔库塞所呐喊的"抽象是资本主义自己的杰作"[5]的现实图景。资本主义将资本范畴作为世界历史中社会关系的抽象表达，在资本逻辑主导下形成的所谓普遍的体系、全面的社会关系以及逐利

1　《马克思恩格斯文集》第 2 卷，人民出版社，2009，第 34 页。

2　《马克思恩格斯文集》第 8 卷，人民出版社，2009，第 51 页。

3　[德] 特奥多·阿多尔诺：《否定的辩证法》，张峰译，重庆出版社，1993，第 143 页。

4　M. Wark, *Virtual Geography: Living with Global Media Events*, Indiana University Press, 1994, p.12. 转引自 [美] J.K. 吉布森—格雷汉姆：《资本主义的终结——关于政治经济学的女性主义批判》，陈冬生译，社会科学文献出版社，2002，第 179 页。

5　[美] 赫伯特·马尔库塞：《理性和革命——黑格尔和社会理论的兴起》，程志民等译，上海人民出版社，2007，第 265 页。

的欲望，实则制造了物化的社会关系并以之为中介来粉饰人与人的真实关系。资本成为现代资本主义经济制度现实运行的逻辑起点和理论前提，以便对整个世界的交往关系和过程进行抽象同一的控制。

在生产领域，资本主义只关心交换价值的基础即价值，而商品的价值表现为凝结在商品中的无差别的抽象劳动。一般的无差别的抽象劳动中存在的只能是一般的无差别的抽象人。在资本主义的生产关系中，工人被抽象化为千篇一律的生产商品价值（交换价值）的抽象劳动者，成为完全失去个性和自由的同质化存在，沦为对资本增殖贡献体力、脑力的"局部的人"和"机器的附属品"。资本主义创造了一种将无产阶级具体的活劳动转化为抽象僵死劳动的生产方式，实际上取消了人的独立个性和丰富的生产潜能，对于资本家而言，他们似乎获得了一种"人的生存外观"，即他们在生活过程的抽象意义上对工人施行绝对的统治。马克思直接戳破了这层表象，深刻地指出资本家只是资本的人格化或人格化的资本，其和工人的区别是在剩余价值生产过程中承担"宦官"和"主动轮"的角色，是资本有意识的代理人，但本质上和工人共同构成资本的工具、手段和要素，同样遭受资本的奴役和支配。

在交换领域，买者和卖者代表交换价值的两端，个人抹去特殊性和个性以一般的无差别的同一性社会劳动进入交换过程。这种情形在货币充当等价物的交换过程中表现得更为明显。在马克思看来，货币具有神奇的力量，它能够把一切自然的品质和人的品质进行替换，将一切属人的差别进行粉碎和掩盖，导致人的绝对的等同，从而形成一个颠倒着的世界。[1] 交换领域是资本财富积累的重要环节，以货币为主要载体的交换过程反映出资本将交换价值作为最高的利益追求，并使资本在不断拓宽的交换领域内成为超越一切生产要素的无限自为性存在。

---

1 参见《马克思恩格斯文集》第 1 卷，人民出版社，2009，第 247 页。

在消费领域，人仅仅是通过消费来实现剩余价值的载体和工具。在资本主义社会，对商品本身的消费不是最终目的，资本并不关注物的效用性是否满足人的需要，只关心使用价值是否符合其增殖和扩张的欲求。在此意义上，马克思指出："在现代世界，生产表现为人的目的，而财富则表现为生产的目的。"[1]为了销售商品获得剩余价值，资本家甚至不顾一切地制造虚假需求来刺激人们的消费欲望，使人们的消费在全球市场中具有世界性特征，商品拜物教和物质享受的消费行为在世界资本霸权逻辑的促动下成为控制人生活方式的抽象力量，最终导致人在沉溺于物质追求中失去了深层的精神需要而成为单向度的"消费机器"，由此造成了马尔库塞、弗洛姆、阿格尔和鲍德里亚等人所强烈批判和驳斥的消费异化现象。

资本逻辑使"个人现在受抽象统治"在生产与扩张过程中的现实表征体现为观念领域深刻的形而上学特性，即一种虚假的拜物教式的"颠倒的世界意识"。拜物教首先表现在商品拜物教中，商品作为财富基本元素形式，在古典经济学家那里毫无任何奇特之处。马克思却认为商品是充满着神学的怪诞和形而上学的微妙的古怪东西，而其神秘的奥秘就在于："商品形式在人们面前把人们本身劳动的社会性质反映成劳动产品本身的物的性质，反映成这些物的天然的社会属性，从而把生产者同总劳动的社会关系反映成存在于生产者之外的物与物之间的社会关系。"[2]当人们把物与物之间的虚幻关系当作商品本身所固有的魔力崇拜时，人脑就被自我幻想所奴役。马克思认为，物与物之间的虚幻关系是资产阶级发展阶段的"最恰当的宗教形式"，这种物的实质关系以丰饶的商品形式吸引人并使人在无意识的状态下遭受宰制。货币拜物教是更为"耀眼"的商品拜物教，当凝结在商品中的社会关系取得了货币形式时，人们对商品的崇拜就转为对货币的崇拜，并自觉地在意识领域将充当一般等价物的货币

---

1 《马克思恩格斯文集》第 8 卷，人民出版社，2009，第 137 页。

2 《马克思恩格斯文集》第 5 卷，人民出版社，2009，第 89 页。

从奴仆身份升级为商品世界中上帝的化身，疯狂追求货币的巨大购买能力，将主要甚至全部的生命活动都屈从于金钱的依附统治下。货币在资本的交换领域掩饰了自身的中介形式，使人们之间的相互关系固定化为一种抽象的社会关系。无论是商品拜物教还是货币拜物教都只是停留在资本主义社会的表层症候，而资本拜物教则揭示了资本主义社会的深层内部结构和本质特征。资本拜物教作为拜物教"最尖锐最普遍"的完成形式，在生产资本和流通资本的环节上掩盖甚至切断劳动与财富的一切关联，资本拜物教已经超出商品和货币拜物教所形成的物的关系形式，而直指一切社会关系的实质。资本主义社会不断演绎的是资本促进生产力发展的神奇魔力，一切劳动本身却被掩盖和遮蔽，资本成为最彻底的隐匿精神，成为构筑现代社会的普世宗教，将"这种着了魔的颠倒的世界就会更厉害得多地发展起来"[1]。资本逻辑统摄的"拜物教"社会关系已经在现代资本主义生产方式的全面推行下从抽象的范畴转向阶段的现实产物。马克思对资本逻辑的反思与批判，所反对的正是西方传统哲学中普遍的理性思维，即资本借用理性对人进行的抽象统治。这种抽象统治导致人在具体生产劳动中追逐利益的欲望不断扩张，以维持资本主义社会生产和生活的普遍价值，这与资本主义抽象关系结构所引发的普遍危机相呼应。

　　无论是在现实生活中还是在思想观念领域，"个人受抽象统治"都是资本主体性的表现和确证。马克思精深透彻地总结道："在资产阶级社会里，资本具有独立性和个性，而活动着的个人却没有独立性和个性。"[2]资本主体性的自觉凸显在根本上消解和遮蔽了人的主体性，扼杀了人本身的能动性，将人异化为资本财富的疯狂追逐者。资本通过世界市场在全球范围内扩散其幽灵般的主体性，致使抽象统治在世界范围内得到全面实现。世界市场形成普遍联系的过程同时也是世界性异己力量和世界市场拜物教形成的过程，这构成了现代人根

---

1 《马克思恩格斯文集》第7卷，人民出版社，2009，第936页。
2 《马克思恩格斯文集》第2卷，人民出版社，2009，第46页。

基性的存在经验，是人类社会物质生产和经济发展到一定阶段的必然结果，也反映了世界市场的历史阶段性及局限性，资本的逐利本性经过世界市场的扩散使全球生产力无法获得高度丰富和全面解放。资本主义是世界历史的开创者而非完成者，并不与世界历史相伴始终。资本主义世界市场只是世界历史发展到特定阶段的环节，世界历史必将超越资本关系，消解世界市场的"异己性支配力量"，最终实现人类社会的彻底解放和人的自由全面发展。

（三）资本逻辑扬弃的多重方案

资本逻辑的"文明意义"并没有蒙蔽马克思深邃的洞察力。"资本逻辑批判始终是马克思剖析资本主义社会的锁钥"[1]，马克思通过这把"锁钥"使他的学说伸进历史的本质之维而成为时代精神的精华。马克思在"资本时代"戳穿了资本逻辑的虚假性，披露资本被资本主义运用的历史规律和现实弊病，并提出了摆脱其"抽象统治"，改善劳动仅仅被作为创造物质财富和资本积累为目的的工具性存在的局限，指明扬弃异化劳动的根本路径，激活能够抵抗资本主义和现实世界异化常态的无产阶级革命力量，实现人的本质的全面复归的价值愿景。不可否认的是，自启蒙运动以来，西方学者对现代人生存境况以及现代社会危机并非置若罔闻，诸多极具历史责任感的西方学者以激进的态度和犀利的笔锋为人类现实命运走向发声呐喊，对资本主义现代性的发展进路及其塑造的畸形社会关系进行哲学反思，形成了各种拯救和克服现代危机的社会批判理论。这些社会批判理论总体上是学者们对资本逻辑异化统治的多重批判，并呈现为"现代性批判"的独特哲学思潮。

一是回到"前现代性"之路。面对现代性带来的人的本质异化问题，以海德格尔、施特劳斯和阿伦特等为代表的思想家认为必须回到现代性诞生的思想

---

1 代金平：《超越资本逻辑：社会主义基本经济制度的创新与发展》，《马克思主义研究》2021 年第 5 期。

源头——西方古典思想来进行清除和矫正。海德格尔分析了现代人"无家可归"的悲惨命运，得出结论："千百年来被人们颂扬不绝的理性乃是思想最冥顽的敌人。"[1] 在他看来，正是谋求终极确定性和抽象同一性的理性无视差异，扼杀思想的张力，遮蔽人的"生存"向度，导致"存在"缺席"存在历史"。对此，海德格尔的诊断方案是重溯源头，重新返回古希腊思想的源头尤其是在赫拉克利特的"逻各斯"中寻找一条不同于传统形而上学的路径，通过"面向思"的内省进行思想的"移居"，重新追问和唤醒"存在"的意义，否定传统形而上学等流俗观点对存在本质思想的先验化处理，认为原初的真正的本质就是存在本身，进而将存在的本质勘定为存在形态的"允诺者"，只有反映存在本质的"允诺者"才能维持存在的持续生成，而技术的本质背离了现实存在者得以持续生成的条件和存在方式，因而技术不能作为通向真的本质的"允诺者"，这就打碎了被技术宰制的"世界成为图像"的"非理性现状"，实现人的"诗意的栖居"。而在施特劳斯那里，现代性危机源于现代人对前现代的古典政治哲学目标即普遍而永恒的正义或善的拒斥和放弃，以致人们不相信自身能否判定好与坏。施特劳斯的理路是将对现代性的批判转向一种前现代视野，诉诸关注"未曾朽坏"源头的历史回溯法，回归前科学世界和"常识世界"，返回哲学的"清明"和"温良"，信赖"自然正当"，重建古典政治哲学。阿伦特以古希腊城邦制为典范来反思和审视现代性危机，她主张通过复归古希腊城邦式的"本真政治生活"以消除人与世界的异化，通过重建一种公共自由空间将现代人从"无世界"的"黑暗时代"中拯救出来。海德格尔等人返回西方古典思想的种种努力只不过是以人的生命本质来对抗技术，试图从源头上修正现代性的方向，在本质上仍然属于现代性的"自我确证"领域，是在现代性的内部继续"筹划"和"延续"现代性。用沃林的话来评价，这种回到"前现代性"的批判方案只是一种怀古伤

---

1 [德] 马丁·海德格尔：《林中路》，孙周兴译，上海译文出版社，2014，第256页。

今的向往古希腊文明的浪漫主义乌托邦[1]，不可能真正克服现代性的种种危机。

二是走向"后现代性"之路。后现代主义高举同现代性彻底"决裂"的旗帜，以解构"元叙事"的方式全盘否决现代性的一切，"对抗""拒斥""抵制""消解"等构成其极具批判指向性的关键词。利奥塔直言"反宏大叙事"，强烈批判普遍主义，指出知识形态被现代社会彻底改变成为技术或符号的价值及权力逻辑，指责科学知识因适应现代社会的发展需要而形成模式化的"大叙事"或"元叙事"，进而造成叙事知识的合法性危机，认为"叙事的危机"因直接资本化而导致现代性危机；德里达的解构哲学内蕴"反逻各斯中心主义"的目标；鲍德里亚基于环境的恶化与人们道德和价值的失落等悬而未决的现实问题斥责现代性解释框架日渐式微，直接描绘出"后现代社会""后工业社会"的图画；尼采高喊"上帝死了"，呼唤"超人"的诞生，试图从西方文化的根基处发动一场颠覆式的反叛；福柯则以"人死了"的命题延续尼采的反叛，突出强调权力网域和现代知识对人本真性的遮蔽；更有甚者，阿多尔诺公开拒绝现代化文明，对全部人类文化和思想持否定态度。后现代主义对现代性的反思一定程度揭露了资本主义现代性危机在全球化浪潮中的延伸，批判了资本主义全球化进程中资本酿成的人的生存困境和社会运行的风险。不可否认，这种理论的延伸和推演裨益于我们更加全面而深刻地廓清现时代现代性危机的多重变奏。但从根本上来看，后现代主义依据现代化各种负面效应而大肆喧嚣的背后"并没能提出超越资本主义框架的概念工具"，也"没有展示出能激发人们对社会变革进行创造性设计的能力"[2]。更为危险的是，后现代主义彻底摒弃、消解和拒斥整个工业文明，宣告欧洲启蒙运动设想和现代性构想的终结。走向"后现代性"之路最终只能膨胀为自以为超越实则沦为"无可奈何花落去"的虚无主义。

1　参见［美］理查德·沃林：《海德格尔的弟子：阿伦特、勒维特、约纳斯和马尔库塞》，张国清、王大林译，江苏教育出版社，2005，第69页。

2　［埃及］萨米尔·阿明：《全球化时代的资本主义——对当代社会的管理》，丁开杰等译，中国人民大学出版社，2005，第120页。

三是自反"现代性"之路。面对后现代主义解构与重构现代化而造成的冲击和挑战，一些现代主义思想家却走出了一条自反现代性之路，试图从现代性自身内部进行修正和救治。哈贝马斯站在后现代主义的对立面，反对现代主义的同一性建构观点而非整个现代性理论，直言"不屈尊后现代主义或反现代主义"[1]，发出"务必小心翼翼，切莫将婴儿连同洗澡水一起倒掉"[2]的告诫。在哈贝马斯看来，现代性绝非无药可救，对于这项"未竟的事业"，我们的任务是对其进行诊疗和修复，重新释放现代性的潜能。在与后现代主义者持久论战的过程中，哈贝马斯确立了自身的拯救理路，即找到一条既能扬弃启蒙理性又能捍卫现代性的中间道路，认为交往理性是交往实践的基础，在全球现代化过程中尤为重要，并试图扎根于现实生活世界中激活被现代工具理性掩盖的交往理性，具体策略是用主体间性与交往理性来重建理性主义的基础以克服晚期资本主义现代性的多重危机。吉登斯对现代性局限在全球领域的拓展所导致的"风险社会"保持高度警惕，他认为全球化时代更加严重的人为不确定性因素促使人们的反思性不断增强，唤醒了人们重新审视现代性本身的高度自觉性。因此，吉登斯提出了用"反思的现代性"和"自反的现代化"来超越"早期的现代性"与"素朴的现代化"的价值诉求，他以功能主义为分析方法从整体上反思人类社会遭遇生存发展危机的根源，指出资本主义现代性由于资本与社会秩序之间的固有矛盾难以根除，最终难逃"自反"和被废止的命运。审视现代性及其全球化后果中的自反性特征，成为吉登斯现代性批判的独特标识。尽管哈贝马斯和吉登斯都指出了资本主义现代性危机的多重症候，在反思现代性问题上保持着高度自觉的问题意识，但他们的基本立场是把西方现代性作为普遍有效的解释依据，只是在现代性内部进行自我修正与弥合，是站在后现代主义者

1　[德] 尤尔根·哈贝马斯：《现代性的地平线——哈贝马斯访谈录》，包亚明主编，李安东、段怀清译，上海人民出版社，1997，第56页。

2　[德] 尤尔根·哈贝马斯：《现代性的地平线——哈贝马斯访谈录》，包亚明主编，李安东、段怀清译，上海人民出版社，1997，第37页。

的对立面高举"普遍主义"和"西方中心论"的旗帜，寄希望在现代性的框架内实现逻辑自洽。哈贝马斯和吉登斯将现代性批判的矛头指向了生活世界，他们对现代性困境的审判以生活世界的抽象化与殖民化现象为依据，指认被商品支配的主客体关系在日常生活中无法实现统一。由于现代技术的发展重新分割了主体的工具理性和价值理性思维，并且工具理性在资本主义现代化的主导下逐渐成为压抑价值理性和交往理性的思维。他们提出，应该调整资本主义现代性交往机制以克服交往异化的状态。这一思维模式导致他们根本不可能跳出自我窠臼和深入批判资本主义社会的基本矛盾以解决现代性问题，因而他们的社会批判理论也呈现出缺乏深度的苍白无力感。

西方学者所揭示的林林总总的社会异化现象本质上只是资本逻辑的世界性抽象统治和异己力量在现代社会嬗变的表征，而马克思解读方案的深刻之处在于"深入到历史的本质"[1]中去，他揭露了资本逻辑决定现代性逻辑的根本特质。"在马克思哲学发展中，经历了异化逻辑、生产逻辑与资本逻辑三次重要的转换。从异化逻辑到生产逻辑，这是从先验的本质设定回到历史本身，形成了人类意义上的、面对一切历史发展过程的理论构架。从生产逻辑到资本逻辑，马克思揭示了资本主义社会以价值增殖为目的的特征。"[2]资本才是控制现代社会运行的根本逻辑和主导原则，要想超越现代性危机最根本的是要打破资本逻辑在全球范围内的主体性统治，将"资本的独立性和个性"复归为"人的独立性和个性"。为完成这一任务，马克思站在世界历史的高度把握资本逻辑，并展开极具科学性的内在批判，用他自己的话说就是"在批判旧世界中发现新世界"。在批判旧世界的"解蔽"过程中，马克思剖析了资本逻辑的统治在世界历史进程中的暂时性特征。总体性的世界市场以异己性支配力量预示着全球资

1　[德] 海德格尔：《海德格尔选集》上卷，孙周兴选编，熊伟译，上海三联书店，1996，第 383 页。

2　仰海峰：《异化逻辑·生产逻辑·资本逻辑——马克思哲学发展中的三次重要转换》，《江汉论坛》2022 年第 1 期。

本主义必然导致人类社会异化生存状态演化到无以复加的程度而走向灭亡的最终归宿。在发现新世界的"澄明"中，马克思指出了资本逻辑在世界历史进程中的必然性。世界市场是世界历史的逻辑环节，表征了世界历史自身发展的阶段性特质，即由资产阶级开创的世界历史走向与人类社会解放相一致的历史新进程的必然趋势。在此过程中，世界市场为共产主义的诞生提供物质前提、培育阶级基础，是世界历史发展的必然条件。马克思指出资本逻辑的异己性统治"是从一定的历史出发点或基础出发的生产力发展的必然性，但决不是生产的一种绝对的必然性，倒是一种暂时的必然性"[1]。正是基于这种"暂时的必然性"，与回到前现代性之路、走向后现代性之路和自反现代性之路不同，马克思追求的是一种在"解蔽"和"澄明"的双重进路中利用资本自身的内在否定性进行辩证扬弃资本逻辑的科学的、革命的解放方案。

三、普遍交往中的"比较式对话"与"合作式对话"

在人类文明发展的进程中，从中西方文明谱系中衍生出的不同文化形态总是在碰撞中对话与交锋。近百余年来，中西方之间的"器物之争""体制之争"以及"文化之争"等数次论战表征了中国社会内部探索实现现代化的历史过程与自觉阶段。当代"中西文化之争"依旧聚焦中国文化与西方文化的发展优势及其相互关系，深层次关切中国文化如何走向复兴等重大现实议题，但其始终都是在"比较式对话"[2]的思维框架中。中西文化争论的背后往往沿袭着"以比

---

1 《马克思恩格斯文集》第 8 卷，人民出版社，2009，第 208 页。
2 美国学者桑德尔认为，跨文化对话的范式有两种，即"比较式对话"（comparative dialogue）与"合作式对话"（collaborative dialogue）。前者可以直接用于关注不同哲学传统的相似性与差异性，但容易产生把东方思想与西方思想截然二分的倾向。后者是一条合作式的对话路径，裨益中西方学者致力于学习和阐释各自传统中的经典著作，进而更深地了解各自经典文本与思想传统，从而真正进行更高层次的交流互鉴（参见 [美] 桑德尔、章含舟、万思艳等：《从"比较式对话"到"合作式对话"——对陈来等教授的回应与评论》，《华东师范大学学报（哲学社会科学版）》2016 年第 3 期）。

较差异论优劣"的传统逻辑思维，争论者基于中西两种异质性的文化形态，通过一系列"比较式对话"，评判出文化的优劣或高低。这种争论否定了中西其中一方文化发展的差异性与民族性，直接肯认文化"我者""全盘西化"或"他者"固守本位的合理性。中西文化之间当然需要通过"比较式对话"找出差异或共性，但差异不是中西对抗、"你输我赢"的必要理由，更不是文化之间相互排斥、封闭决裂的鸿沟界限。弥合中西文化比较过程中产生的分歧裂痕，破除中西文化之间互斥对立的斗争状态，坚持"比较式对话"与"合作式对话"的有机统一应该成为构建开放包容、合作共赢的人类命运共同体以超越"中西文化之争"的现实方案。

（一）"中西文化之争"

学界关于"中西文化之争"的议题贯穿于整个近代中国社会的发展与现代化道路抉择的历程中，不同学派、社会阶级以及文化团体将中西文化的比较研究作为处理中国文化与西方文化之间关系问题的逻辑始点，进而展开了一系列关于"中学与西学""旧学与新学""主义与问题"等文化领域的争论。中西文化争论的矛盾症结在于对待"本位文化"与"外来文化"之间关系问题上的态度差异和立场分歧。由此近代历史上涌现的"复古论""全盘西化论""折衷论""调和论"和"本位文化论"等论调都是在中西文化的比较式语境中进行相互交锋、激烈碰撞的，争论的虚实样态和价值倾向往往伴随不同历史时期国势强弱而发生具体变化。有论者简明扼要地指出，"百多年来的'中西古今'之争，实际上也就是所谓的'全盘西化'和'本位文化'之争"，其中充斥着将"'中'与'西'、'今'与'古'对立起来的观点"[1]与基本趋向。依据世界历史的发展逻辑以及中国社会的内在矛盾运动，"中西文化之争"在中华文明

---

1 汤一介：《走出"中西古今"之争，融会"中西古今"之学》，《学术月刊》2004 年第 7 期。

的成长和发展中显示出历史演进的常态[1]，尤其与新文化运动以来的重估和选择何种思想文化以探索中国未来发展道路、扭转人类前途命运等重大时代课题相联系。这种争论映现在新时代的中国，体现为何种文化才能裨益于社会主义现代化建设的探讨。这些问题充分昭示了"中西文化之争"所释放的深远影响力与持久反思力。

"中西文化之争"的议题是伴随世界历史的开辟、东西方文明的碰撞以及中国国势的变化而愈益显现与泛起的。追溯公元1500年以来"每个文明国家以及这些国家中的每一个人的需要的满足都依赖于整个世界，因为它消灭了各国以往自然形成的闭关自守的状态"[2]，中西文化论争的历史幕景也由此拉开。那些原本囿于地理空间阻隔、交通工具的限制以及陷于封闭思想窠臼的不同地域与民族根本无法进行普遍性经贸交往和广泛性文化交流，因此，也就不存在悬置于文化体系之上的"中西之争"，但是自从中西"两种文化在空间上的大规模接触后，竞争淘汰的问题就随之产生了，价值比较的课题同时也提上了议事日程"[3]。面对西学东渐的狂飙猛进，在中华文明圈内开始涌现文化危机意识：是颠覆异己走向"全盘西化"，还是"以我为主"力图固本培元？显然，在中西文化相互抵牾与争锋的过程中已经不自觉地创制了中西比较的思维样态。"中西文化之争"的背后隐匿着一条比较式思维的逻辑脉络，其贯穿于中国社会发展与现代化道路探索中"西化""中化""特色化"三者依次交替、冲击碰撞的全过程，也贯通于唤醒和重塑中华民族主体性精神与文化创造性转化、创新性

---

1 有学者指出，历史上两次"外来文化"对中国文化的发展产生了重大影响。其一是肇始于公元1世纪的印度佛教文化的传入；其二是从16世纪末、特别是自19世纪中叶起西方文化的东渐。而后者开启了中国学界存续百余年的"中西古今"文化之争（参见汤一介：《走出"中西古今"之争，融会"中西古今"之学》，《学术月刊》2004年第7期）；也有学者认为，明朝万历、天启年间基督教教士东来，从此拉开了中西文化论争的序幕。自16世纪以来的中西文化论争，特别是鸦片战争以后显得尤为激烈与尖锐（参见张岱年、程宜山：《中国文化与文化论争》，中国人民大学出版社，1990，第305—306页）。

2 《马克思恩格斯文集》第1卷，人民出版社，2009，第566页。

3 刘登阁、周云芳：《西学东渐与东学西渐》，中国社会科学出版社，2000，第44页。

发展的古今时空。

（二）"比较式对话"的意义与局限

我们不应忽略引起"中西文化之争"的前提问题，即这一争论无非是两种价值观念存在差异性，而中西文化的差异性是通过"比较式对话"得以历史呈现。我们应从理解"比较式对话"本身的价值意义与历史限度出发，把握"比较式对话"与中西文化发展之间的因果关系，由此才能拥有开解"中西文化之争"的关键锁钥。

"比较式对话"在"中西文化之争"中具有方法论意义。"比较式对话"是对带有异同的理论学说或思想体系之间的对照方法，它"能够帮助我们找出相似思想文化现象之间的共性和差异，有助于我们发现思想文化现象变化发展的规律"[1]。在"比较式对话"中，因为内嵌差异与共性的比较式逻辑往往由于知性化、实体化的思维方式取向而容易导致其所依托的评价标准体系缺乏一定的完备性，比较者应避免依仗自身的学历背景、阶级立场以及主观臆断而做出昧于事实而罔顾发展逻辑、惯于谄媚而甘于自欺的价值判断与选择。有比较就会有产生争论的可能，尤其是比较双方或多方都可能有意无意、或多或少地根据自身意愿和好恶展开偏向争论，俨然致使争论加速升级、矛盾激化甚至冲突对垒，最终带来的思想混战有可能弱化甚至遮蔽"比较式对话"原初的功能效应。虽然中西文化展开"比较式对话"是引发中西文化论争的引擎，文化之争的较量过程与胜负结果则体现为两种文化进行比较式思维的角逐过程和优劣权衡，但"比较式对话"摄取了争论者的主观色彩而容易阉割"中西文化之争"的真正价值旨归，可能导致让理性化的争论陷入主观性的比较。有学者指出，不同文明或文化的"比较研究虽可视为一种涉及人文学和社会科学的交叉学科，却

1　汪信砚：《新世纪马克思主义中国化研究述评》，《马克思主义研究》2008 年第 3 期。

毕竟不是社会科学，更不是科学；其所使用的概念既然不是科学概念，便必然具有较强的主观性"[1]。如果我们忽略中西比较者进入文化论争的客观因素，一味地从个体的价值标准和社会的评判体系出发审视中西文化的关系和发展问题，难免会使得不同思想文化和学派之间错失平等对话和交流发展的契机，反而容易出现盲目狭隘或情绪偏激的中西"意气之争"。

在新的历史转折阶段，我们不能且不应抛弃"比较式对话"以审视"中西文化之争"的新境遇，要通过中西文化开展全方位的"比较式对话"，做到"知己知彼""见贤思齐"；也不能盲目地将论战的任何一方标榜成"中国中心主义"或"西方中心主义"的推崇者或"傀儡"，要认识到在文化比较视域中论战焦点与论战双方都有可能同时叛离"比较式对话"的正确轨道，而误入相互对立、排斥、斗争的藩篱。中西文化正处于人类文明发展的重要转型期，二者自身的文化转型和彼此关系的变动影响人类文明的整体发展，因而关注和思考"中西文化之争"的现状与困境以及中西文化共生何以可能的发展问题成为学界关乎人类文明发展与前途命运的原动力与驱动力。

在思考"比较式对话"在"中西文化之争"中的价值意义的同时，也应该意识到"比较式对话"存在历史局限性。一个多世纪以来，中国的思想界一直都在围绕中西文化展开比较研究，试图找到近现代国家羸弱的文化因素以拯救时弊。为了达至甄别文化"孰优孰劣"[2]的目的，诸多学者在不同时期竭力将两

---

1 阮炜：《文明的表现——对5000年人类文明的评估》，北京大学出版社，2001，第58页。
2 有学者认为："不承认文化有高低之分，就等于不承认差别，也就等于不承认文化的进化和发展。只要文化是进化的是发展的，不同的文化就有发展的快慢之分，就有进化程度的高低之分"（参见张鸿雁：《民族偏见与文化偏见——中西文化比较新论》，辽宁教育出版社，1993，第77页）；也有部分学者主张"绝对的文化相对主义"，指出"任何文化、文明均有其现实的合理性，从而不能区分高下优劣。原始文化与现代文明、农业文化与工业文化都是等价的，因为它们不能用同一标准去衡量"（参见李泽厚：《漫说"西体中用"》，《孔子研究》1987年第1期）。笔者认为，不同的历史阶段、物质生产水平、地理单元、人居环境等客观因素决定了不同的文化发展程度以及表现形式的异质性与差异化，所谓中西文化优劣只不过是人为地将传统与现代、东方与西方在时空序列上的差异性迁移至文化领域的一种非对称状态。故而，忽略中西文化比较的基本前提无疑使得争论变得不合时宜、徒劳无益。

种各具特点的文化体系进行多轮反复的"比较式对话",而比较的结果要么颠覆异己而陷入"被西方化"的泥淖,要么导致文化本位主义,形成从传统文化原则与教条出发的僵化的文化观和历史观。在预设和把控"中西文化之争"的关键环节和过程中,有些争论者往往在对理性与感性、个性与共性以及时代性与现实性问题的处理上顾此失彼、流于一隅之说,或不自觉地以简单粗暴的态度来对待文化"我者",或以崇洋媚俗的心态全盘接纳文化"他者"。有学者切中肯綮地指出,"我们至今还没有超越西方从 17 世纪、18 世纪发展出来的启蒙的心态",我们也没有彻底改变和超越五四运动以来拿中国最糟粕、最消极的传统封建文化同西方最精华、最先进的现代文化进行价值比较的时代命运。[1]西方文化伴随科学技术的发展而迅速在世界上占据领先地位,加深了中西文化的客观差异,中国传统文化虽然形成了浩瀚无垠的积极成果,在维护社会和稳定上具有重要作用,但与西方文化愈益加深的客观差异打破了在特定时期中暂时的文化稳定,对中国传统文化的根基形成了冲击并制约文化发展。

中国文化未来的发展命运同西方文化的整体演进时序相联系、相交错,中国文化残存的传统症候与现代化发展缺陷也需要汲取西方文化的合理成分来弥合与修复,中西文化论争不应该在"古今中外"这一时间与空间双重错位的条件下进行文化优劣式的比较,而应当真正诉诸中西文化的交流互鉴、互促互融。近百年中西文化论争的问题导向与价值取向是与时代语境的更迭、民族历史任务以及国家综合实力变化紧密关联的:在近代中国衰落式微期,一些新文化运动者疾呼"打倒孔家店"以致力于"全盘西化";在当代民族全面复兴期,一部分新儒学的倡议者主张复兴儒家文化以试图"去西方化"。不难理解,人们通常从中西生产力发展的快慢、经济体量的大小、军事力量的强弱等硬实力层面进行单向式的二元比对,这种主客对立的惯性思维具有鲜明的历史性特

1　参见杜维明:《21 世纪儒学面临的五大挑战(下)》,《探索与争鸣》2011 年第 11 期。

征，在当时的历史视野下极易造成狭隘空间中的相互赋形，当对立式思维迁移至文化发展的领域，自然就要归纳区分出中西文化的好坏、优劣与高低。

　　人类文化究竟是否存在高低之分并不是当今社会关注的核心问题，需要审视的恰恰是在中西"比较式对话"的起始阶段就已预设了文化"优劣之别"的先在观念，其必然产生出文化何者优劣的结果，这反倒成为我们今天应该重思与质疑的主要方面。运用比较式思维逻辑考究中西方文化不是为了划分出中西方文化何者更优、何者稍劣，而是在比较中确证文化差异性和多样性的存在形态，并在此基础上相互借鉴与求同存异。但对于中西文化的比较者来说，他们往往因固执己见而各执一端、因弊于成见而分庭抗礼，从而致使文化沟通对话的合作渠道演变成了口诛笔伐的交锋战场，这已然将中西文化置于难以挣脱的二元对立观念的思维束缚。

　　在以比较论优劣的文化对话中，究竟谁是这场"中西之争"的"优胜者"或"落败者"，至今似乎没有定论或结局早已湮没不彰。"中西文化之争"的冲锋号角并没有因时代变迁与国力增减而偃旗息鼓，反而在新的时代背景下中西双方针对"发展模式""国家道路"以及"华盛顿共识"与"北京共识"、计划与市场等思想领域再次展开更大规模的舌战交锋。选择哪条发展道路、达成某种理念共识以及创建何种经济体制同中西比较的结果并非必然关系，却与本国国情绝对相关，但是人们只要一进入中西"比较式对话"的语境中，就会热忱于依附二元相斥、对立的思维定势，并习惯于从两大文明体系中一决高下、分出优劣，从而人为地阻断多元文化融通的桥梁。

　　而有论者却指出，"这种截然二分的比较文化"的思维方式与"二元分类的断定并不为过"，这是为了更好地"简明扼要呈现不同文化体系的特征"[1]，这会造成中西文化论争过程中所比较的前提被悬搁和隐伏等后果。必须明确"比

1　任剑涛：《"中西之争"的全球史呈像》，《四川大学学报（哲学社会科学版）》2019 年第 5 期。

较的前提在于把比较的双方放在同等位置，不预先判定何者为正统，何者为非正统，而是将之作为各自都具有独特意义的思想对象加以考察。这一视野背后蕴含着对'古今中西'之争中不同偏向的扬弃"[1]。在中西文化的比较中不能简单草率地采用"优和劣""好和坏""高和低"的价值标准，一旦中西文化以此为比较的圭臬，进入论争语境，就难以规避跌入主客二元对立的思维陷阱。这种二元思维模式将中西之间跨文化的对话方式与空间范围囿于封闭的比较研究视域，"将所有跨文化的话题贴上既定的标签，预设性地造成误解和对立，与当今的全球化趋势和生活世界的开放性格格不入"[2]。同时在二元框架视域下不啻催生了西方"强文化"的优胜姿态与中国"弱文化"的自卑心态，而且长期支配和影响了国人对待和遴选自身文化以及西方文化的非理性态度与极端化倾向，直接造成了中西文化坠入无休止的诡辩论怪圈，以及近代以来国内学者反复求证中华文明媲美甚至优越于西方文明的"自我"非"超我"的境地。

中西文化是在"比较式对话"的语境中诱发争论，甚至走向对立分裂的，两大主要文化的分离阻碍了人类文明的整体进步。我们需要一种能够克服"比较式对话"的弊病与缺陷的合理对话方式，以更加行之有效的"构建性方案"平息乃至超越"中西文化之争"。在全球化大背景下，中西文化在交流和发展中展示各自独特的价值体系与话语系统。我们必须结合文化表象中深蕴的价值旨趣对中西文化在全新背景下的碰撞和争论状况进行有效审思，摒除仅仅依据各自民族狭隘的价值尺度或经济发展水平来判定文化优劣的思维，创新对话视野以探寻超越路径。

（三）"比较式对话"与"合作式对话"的统一

在世界的不同地域与不同民族孕育了各具特色的文明体系，中西文化作为

---

1 杨国荣：《世界哲学视域中的智慧说——冯契与走向当代的中国哲学》，《学术月刊》2016 年第 2 期。

2 王俊：《从生活世界到跨文化对话》，《中国社会科学》2017 年第 10 期。

人类文明发展演进的智慧结晶与精神财富，虽分属于不同空间、不同性质的文化系统，兼具多元性的价值形态，但两者起源的时间相似且在全球范围内对人类的思维方式与实践活动产生了重要影响。思想界关于中西文化的比较研究和讨论从未中断，联通古今中外而自发形成了"中西文化之争"的历史传统，"历史的承继与现实的论争常常相互交错，基于以往思想资源的哲学理论，总是通过今天不同观点之间的对话、讨论而逐渐发展"[1]。不同文化之间的冲突与争论在世界历史的形成和发展过程中已经具备了相对于经济、军事等领域而言更为深刻的示范地位，而不仅仅依据其他领域的对峙情势被烘托出来。这意味着文化的交流与对话也要在世界历史的深入过程中发挥独特的塑造力量，进而促使文化对话的历史活动融入整个历史进程之中。

　　在"中西文化之争"的当代语境中，中西比较研究与比较对话不得不反思和转变"论争"的思维方式与价值维度，无论哪种偏颇的解释标准和理论取向都可能把理性的学术探讨拽入主观的经验旋涡，由此产生了一系列问题：中西文化之间是互相分离、彼此对立的不平等关系吗？中西之间的文化争论与对抗是否构成近现代乃至未来人类文化发展的宿命？这是否叛离马克思以后的马克思主义所昭示的人类文明共同体发展演进的世界历史规律？对这些问题的回答与破解，仅凭机械评判难以对中西文化现实关系的改观产生实效，需要我们处理好在中西"比较式对话"中产生的竞争对抗关系，重新建立两者之间平等沟通、开放包容的合作关系。

　　人类文明进入"世界历史"阶段，"各民族的精神产品成了公共的财产。民族的片面性和局限性日益成为不可能，于是由许多种民族的和地方的文学形成了一种世界的文学"[2]。这意味着中国文化与西方文化均是人类文明谱系中的智识资源，因而中西文化本就孕育着历史统一与命运相济的文明共同体，理应

1　杨国荣：《世界哲学视域中的智慧说——冯契与走向当代的中国哲学》，《学术月刊》2016年第2期。

2　《马克思恩格斯文集》第2卷，人民出版社，2009，第35页。

相互认肯、平等对话、开放包容、交流互鉴。当然，中西文化间共性与差异的存在是不可否认的客观事实，共性理应作为中西合作对话的基础，但差异不能作为中西文化对立决裂甚至走向冲突的根源与借口，差异恰恰是两种文化需要交互了解、彼此镜鉴以及会通融合的动力与因素，差异则更需要通过合作对话予以理性分析和认知，探究如何在差异中寻求共存的实践路径。中西文化之间的关系必须摒除彼此互斥的斗争状态而走向合作对话的和谐之境，进而超越并结束这种具有长期性、复杂性的中西争论，真正臻于人类文明整体发展的良性互动。

倘若不能克服中西文化之间"比较式对话"的可能局限，就无法消解因文化差异所造成的文化分歧甚至文化冲突，世界历史背景下形成的人类文明共同体只能以虚幻、抽象的形式出现，并最终流于形式化、止于可能性。我们需要深刻明晰中西文化之间开展"比较式对话"的限度和边界，并试图构建与"比较式对话"不同的交流范式，修补比较研究思维在中西论战中所造成的思想紊乱和功能失效的纰漏。传统的中西文化比较视角在机械僵化的文明观下形成了抽象的对话原则，从抽象式的比较对话转变为内涵式的合作对话，逐步把无休止的对立争论引向更深层次的思想共鸣。在人类文明共同体的视野下，不同文化之间向来不缺乏比较的"竞争对手"和"斗争手段"，却严重匮乏比较之后的自我反思和通力合作。全面开放的合作式跨文化对话，恰好是长此以往中国文化乃至西方文化在自我理解和定位中较为缺失和忽视的时代姿态。[1]我们要扬弃中西文化"比较式对话"中所呈现的思维定势和价值偏向，在消除"比较式对话"的范式局限和视角盲点的基础上拓宽人类文明多元统一的全球视域，坚持"比较式对话"与"合作式对话"的统一，进而适时提出和自觉建构具有世界性的命运共同体以打通更合理的跨文化对话的渠道。

1　参见王俊：《从生活世界到跨文化对话》，《中国社会科学》2017 年第 10 期。

提出"合作式对话",并不是在回避中西文化论争困境的基础上抛却比较逻辑思维,而是在合理运用比较方法与思维的同时更倾向于找到中西彼此平等互动、互促共融的合作路径,通过跨文化的"合作式对话"以充分实现中西双方共生共存、共享发展的旨归,进而真正探索跨区域、跨民族、跨国家合作对话的"建构性方案"。这个过程不仅是从关注"比较"向融合"合作"的思维方式的转变,更是主体性反思批判向理论构建的实践转向。

20世纪初期,处于内忧外患、支离破碎的旧中国亟待一场彻底的思想革命与政治救赎。救亡与图强的时代主题把中国社会各阶级的力量聚焦于文化层面,试图通过中西"比较式对话"找到某种西方话语来补充民族解放的内容与途径。伴随"新旧文化论战""主义与问题之争"以及各种社会思潮的引入与角逐,中国文化自觉地进入了同西方文化全面比较的视域,即通过中西比较研究进而找到真正符合国情与革命主题的思想武器以承担挽救国家危亡的历史使命。五四运动以来中西文化间的"比较式对话"更具有时代紧迫性与现实必要性,既要警惕过度强调中国传统文化的历史主体性,又要防止后现代主义等西方文化理论对中国文化的侵蚀。

改革开放以来,中国逐渐融入世界多极化、经济全球化和个体社会化的发展浪潮,我们除了继续运用中西比较对话的方式与功能以检审自身现代化发展的顽疾和汲取西方发展的积极要素之外,更要深刻把握21世纪中国化的马克思主义的问题域,即不仅要关注人类命运、世界治理以及全球化问题,而且要提升人类发展的整体性、协同性和共同性水平,进而把跨文化对话的重心从"比较式"拓展成"比较式"与"合作式"的统一,最终形成踞于历史与现实、个体与集体、民族国家与世界地区的多重维度以考量人类未来发展走向的"建构性方案"——人类命运共同体。[1]人类对自由和解放的追求铸就了命运与共

---

1 参见刘同舫:《构建人类命运共同体对历史唯物主义的原创性贡献》,《中国社会科学》2018年第7期。

的历史可能性，在多元文化形态中重构交流机制是历史发展的必然选择。

　　构建人类命运共同体的价值理念内嵌着"比较式对话"与"合作式对话"统一的思维理念与活动方式，其作为超越"中西文化之争"的"建构性方案"，不仅具有观照人类文化发展多元统一的历史自觉，还兼备了破解世界性治理难题以及不同民族国家实现共同发展进而走向新型现代化的实践价值。

　　坚持"比较式对话"与"合作式对话"的统一是构建人类命运共同体的应有之义与现实支撑。构建人类命运共同体拒斥"零和博弈"的冷战思维与纯粹比较的斗争方式，既"从人类共同利益出发，遵循差异和平等的原则，在充分的多方参与的对话中寻找共识"[1]，通过坚持"比较式对话"与"合作式对话"的统一性，逐渐跨越中西文化隔阂与冲突，同时又从更高层次的人类历史的整体性与文明的赓续性出发创制多元文化交互性作用、协同性发展的对话规则体系，以及拓展文化交流互鉴的多元化载体、综合性平台。构建人类命运共同体的价值诉求助力于消解不同文明样态之间对立互斥的恶性状态，实现良性的沟通对话，从而达至各文明样态优化结构、创新转化和提升意涵的内在目的。中西双方唯有秉持和平发展、合作共赢的思想，"通过平等、均衡、相互开放、相互倾听、相互包容的交往、交流、沟通和交融，才能形成对话式文明，提炼出文明对话模式，打造包容性的世界秩序，最终构建人类命运共同体"[2]。中西文化之间进行"比较式对话"与"合作式对话"的诉求，充分昭彰了人类文化整体性发展的价值取向、人类改变世界的主体性精神、智识精神以及日益强化的文化危机意识与责任觉识，积极将合作共赢的对话意识具体化为文化往来中的思想程序和制度体系，并为化解长期持续的中西文化论争提供了较为合理的未来构想与实践举措。

1　王俊：《从生活世界到跨文化对话》，《中国社会科学》2017 年第 10 期。
2　贾文山、江灏锋、赵立敏：《跨文明交流、对话式文明与人类命运共同体的构建》，《中国人民大学学报》2017 年第 5 期。

构建人类命运共同体的核心关切不是以超越"中西文化之争"为目标指向，但它却在力图破解全球性治理难题和聚合普遍价值认同以及指明人类未来发展趋向的进程中，自觉开启了"比较式对话"与"合作式对话"统一的交流模式。这一交流模式能够接纳不同文化的差异、回应多方利益诉求以及协调文明间的交往关系和共生关系，真正达到了中西文化之间"异则并建"而非"同则消长"以及"和而不同""美美与共"的境界。在超越"中西文化之争"的理论叙事中，不再只是"排斥人类其他文明成果的单独叙事或者对抗西方话语的反叙事，而是推动全球文明交流互鉴、打造全球文明对话模式、为催生更为公正合理的新型世界秩序、进而实现人类命运共同体理想的元叙事"[1]。在塑造全新的文化交流范式和宏大叙事之中，构建人类命运共同体已然立足"人类社会"的哲学立场与论证视域，承担着中国自身文化的建构和促进全球文化交流的双重功能，从整体性视角对文明历史的规律和前进方向进行合理解释，基于"共建共享""合作共赢""交流互鉴""共同繁荣"等价值理念缔造起贯通中西方文化的对话新模式，进而在与人类利益高度融合、与生活相互依存的同一时空内实现个性伸张与普遍秩序的统一。[2] 从人类历史的整体性角度看，不同文化在人类生产和生活过程中分别展现出不同的发展模式与价值导向，并在具体的文化对话活动中得到充分彰显，而坚持"比较式对话"与"合作式对话"统一的意义则旨在摒弃一种寻求全球现有规则的认同或构建世界霸权的方式，在应对世界性危机中彰显文化独特的作用力。

在全面建设社会主义现代化强国的历史进程中检审与把握中华文明复兴与人类共同性发展的时代命题，需要推动不同文化交流范式的必要转型以有效协调中西文化的关系。正是坚持"比较式对话"与"合作式对话"统一的理念应

---

1 贾文山、江灏锋、赵立敏：《跨文明交流、对话式文明与人类命运共同体的构建》，《中国人民大学学报》2017 年第 5 期。

2 参见刘同舫：《构建人类命运共同体对历史唯物主义的原创性贡献》，《中国社会科学》2018 年第 7 期。

势出场，并融入人类命运共同体的方案构建中，且内含"人类意识""全球意识"和"文化意识"，进而得以真正具备超越除文化层面之外所有形式的"中西之争"的思想力量和实践功能。构建人类命运共同体方案充分彰显了中西双方异质互通、弥合分歧与化解冲突的时代姿态，更绘制了一幅跨文明之间和谐共处、合作对话、世界大同的历史图景。

四、人类命运共同体对普遍交往关系的重塑[1]

构建人类命运共同体是变革由异己性支配力量主导的世界市场体系和全球治理体系的时代方案。这一方案针对当前世界交往格局的等级差异问题和适应国际社会要求更高层次交往模式的需要而提出，其并不仅仅是一种批判性的道德理想，更是一种建构性、共享性的交往秩序与普遍展开的体系。在这一体系中，"人类"有可能实际地作为一个有机整体而生存与发展，即在普遍交往中所形成的共同利益基础上作为一个现实主体来实现自身本质，从而规定和展示自身的"类本质"，使人在普遍交往中实现不断自我否定、自我超越而趋近自由本性的历史发展。"人类命运共同体"的交往形式从根本上超越了资本逻辑，赋予世界普遍交往以全新内涵，创造性地发展了马克思的世界历史理论，为世界普遍交往贡献了中国智慧与中国方案。

（一）从"类生活"异化到普遍交往

"交往"是一个与人的发展、物质生产和社会变迁紧密相关的基础性范畴。关于交往的概念，马克思曾在 1846 年致安年科夫的信中阐述道："为了不致丧失已经取得的成果，为了不致失掉文明的果实，人们在他们的交往

1　参见刘同舫：《人类命运共同体对普遍交往关系的创造性重塑》，《河海大学学报（哲学社会科学版）》2023 年第 1 期。

[commerce] 方式不再适合于既得的生产力时，就不得不改变他们继承下来的一切社会形式。——我在这里使用'commerce'一词是就它的最广泛的意义而言，就像在德文中使用'Verkehr'一词那样。例如：各种特权、行会和公会的制度、中世纪的全部规则，曾是唯一适应于既得的生产力和产生这些制度的先前存在的社会状况的社会关系。"[1] 马克思在最广泛且综合的意义上使用的交往范畴，不仅包括由私有制和社会分工所导致的人与人之间的交换、贸易、流通等交往关系，还涵盖日常生活中的交际往来甚至思想和情感的碰撞交流等交往活动。无论是交换活动还是交往关系，尽管马克思在运用"交往"范畴中必定涉及物质生产和以物为中介的关系形式，但马克思的交往范畴始终指向人与人之间的互动关系，即主体之间的相互交流、相互影响的社会关系本质。马克思对个人之间相互关系的交往本质的捕捉，经历了从人的"类本质"视角向现实物质生产视角的转换进路。

对马克思早期交往理论产生重大影响的当属莫泽斯·赫斯。[2] 在《论货币的本质》一书中，赫斯指出："正如地球的空气是地球的活动场一样，人的交往则是人的活动场，在这里单个的人实现、表现其生命或能力（Vermögen）。"[3] 个体生命活动之间的相互交往，个体力量的相互激发等共同活动，是个体生命本质的现实表现。赫斯的指向和思路非常明晰，他将人与人之间的交往即"共同活动"看作人的生命存在不可或缺的"类本质"。就"类本质"这一哲学范畴而言，赫斯的观点是对费尔巴哈关于人的"类本质"认识的改造和革新，其将作为人的"类本质"的交往活动视域从自然活动需要转向利己主义的商品交换

1　《马克思恩格斯文集》第 10 卷，人民出版社，2009，第 43—44 页。

2　在赫斯与马克思的关系问题上，越来越多的学者赞同赫斯对马克思产生过影响这种观点。科尔纽曾直接指出赫斯的《论货币的本质》一文对马克思的影响最大，认为其促使马克思开始从经济角度探讨社会问题（参见郭丽兰、王东：《赫斯在多大程度上影响着马克思——赫斯与马克思早期思想研究》，《新视野》2013年第 2 期）。

3　[德] 莫泽斯·赫斯：《赫斯精粹》，邓习议编译，南京大学出版社，2010，第 138—139 页。

活动，使得"类"概念在哲学史上获得全新的社会性内涵。赫斯毫无怀疑地将交往确定为人与生俱来的"类本质"，将交往范畴直接设定为人的"类本质"，并以这种预设的交往"类本质"为出发点分析社会中被颠倒的交往样态，这是一种典型的哲学人本主义和自然主义的价值悬设。

在尚未涉足政治经济学批判之前，青年时期的马克思深受赫斯这种悬设"类本质"的思维理路影响。马克思认为，赫斯依据人的"类本质"规定的现实交往实践是对人类共同本质的真实反映。他依循赫斯的货币批判理路，指责货币的本质在于使人成为产品存在的中介，最终导致人和社会异化为外在人本身的属性，认为人的本质是人的真正的社会联系，不论是生产过程中人的活动交换还是经济领域的产品交换，其意义都相当于类活动和类精神。交往是一种"类活动和类精神"以及"社会的活动和社会的享受"，也就是人的"类本质"和"社会本质"，即此时人的中介活动和社会行动就是人类共同本质交往的现实表现，是人的本性或人的本真状态。在赫斯"类本质"思想的影响下，马克思把思考交往问题同人的本质问题结合起来，认为人的本质构成现实交往的逻辑前提。但是，承认人的"类本质"并不等同于仅仅将交往置于抽象的理论层面进行探究，而是确定交往在本体论意义上的抽象固定，同时把握交往活动的中介地位。此时的马克思同样从总体性和理想性的"类本质"出发解读交往的内涵，认为交往具有本源性意义，带有人本主义色彩。

马克思与赫斯的思想分歧发端于他们对交往异化的分析，两人对交往的现实异化秉持完全不同的立场观点。在当时其他青年黑格尔派还困囿于自我意识哲学时，赫斯在《论货币的本质》一书中，借助货币这一经济学概念，率先将费尔巴哈宗教异化的批判框架延展至经济领域，掷地有声地揭露了资本主义社会交往异化的颠倒状态。赫斯发出呐喊，资本主义社会是一个以利己主义为原则的"小商人世界"，社会交往作为人的理想化的"类本质"在现实中沦丧，"类被贬低为手段"；相反，货币获得普遍性外观，人与人的共同活动异化为"残酷的、动物般斗争"的商品交换，并呈现出"人的生活和自然生活的根本颠倒"的伪交往状态。[1] 赫斯毫不留情地指出货币是扼杀生命的手段，斥责在充满假象和谎言的资本主义社会"只有货币才是共同体或国家（Staatswesen），而人只不过是它的工资持有者（Lohnträger），其实只是一个赤贫的钱袋持有者（Geldsackträger）"[2]。赫斯借助货币，结合德国哲学与国民经济学所展开的交往异化批判，推进了费尔巴哈的人本主义异化观，认为货币将作为人"类本质"的交往活动颠倒为单个人有私利目的的手段，造成整个生活世界的颠倒。赫斯尽管引入了货币这一经济学范畴，却始终秉承"交往决定论"，甚至认为人类形成和发展的历史突出表现为交往异化史，这就导致其未能抓住更为深层次的人类生产与劳动的历史根源，忽视了物质生产活动在改变人的生活与自然生活之间关系的根本作用，也决定了他不可能真正生发出对社会变革的透视性科学认知。面对如何实现"一切人的有组织的产品交换、有机的活动、一切人的共同活动"[3] 这一问题，赫斯最终还是从经济领域退回到费尔巴哈"爱和美德"的伦理领域，致使其借助货币所展开的社会批判理论始终停留在人本主义的价值批判层面。

针对赫斯将货币视为人的"类生活"异化的现实载体，马克思添加了"私有财产"这一关键环节。在马克思看来，货币表面上是人与人之间直接交往的障碍，但其实是私有财产对人的压迫的外在表征，它是私有财产的异化本质，是在自身之外的、外化的私有财产。马克思将赫斯的"人—货币—人"的逻辑理路改写为"人—私有财产—货币—私有财产—人"，这一改写成为马克思从交往异化转向劳动异化的关键环节。马克思意识到私有财产在根本上是劳动的产物，因而交换关系生发的前提是人们的谋生劳动，赫斯仅从货币属性批判其

---

1 参见 [德] 莫泽斯·赫斯：《赫斯精粹》，邓习议编译，南京大学出版社，2010，第 143 页。

2 [德] 莫泽斯·赫斯：《赫斯精粹》，邓习议编译，南京大学出版社，2010，第 153 页。

3 [德] 莫泽斯·赫斯：《赫斯精粹》，邓习议编译，南京大学出版社，2010，第 141 页。

造成的交往关系异化并未抓住劳动异化这一根源。于是，马克思从交往异化转向对异化劳动的批判，并使这一批判成为《1844年经济学哲学手稿》的重要主题。劳动范畴经过《关于费尔巴哈的提纲》中实践概念的中介，最终在《德意志意识形态》中发展为科学的物质生产概念。至此，马克思彻底摆脱了向"类本质"回归的人本主义逻辑，将赫斯理解的"货币异化"带入现实物质生产领域进行分析，以生产为视角深挖货币导致交往异化的根由，承认交往互动为生产提供前提，但认为决定交往实践形成一种关系形态的真正基础只有生产劳动。马克思在生产领域内重新解释流通领域的货币哲学，从被感性直观的交换交往行为掩蔽的生产领域揭示了资本主义生产方式的矛盾，完成了唯物史观的建构和科学转向。"这种历史观就在于：从直接生活的物质生产出发阐述现实的生产过程，把同这种生产方式相联系的、它所产生的交往形式即各个不同阶段上的市民社会理解为整个历史的基础。"[1]人类在物质生产和生活中发生的交往活动主要出于自然本性和生存需要，但仅仅依靠自然需要的交往在现实中必然受限，而且与人的现实发展实践的历史性变化不协调，因而在广泛的合作交往中形成社会发展形式，人类生产劳动呈现出自由自觉的特性，即在社会意识的作用下明确自身生产劳动的目的。由此明晰了人类的交往历史是在生产劳动推动下实现从自然共生到共同体的转变的发生史。

相对于赫斯单纯强调交往对人类生存的意义，"侧重于用伦理学方式去审视社会冲突和解决社会问题"[2]的运思理路，马克思认识到交往形式与物质生产方式紧密相连，并站在生产实践的维度思考交往在人类社会发展史上的意义，强调必须把"工业的历史"同"交换的历史"联系起来，并突出生产劳动在社会交往中的基础性地位。较之于赫斯，马克思的交往理论更具现实基础和历史维度。因而，交往构成了马克思分析人类社会历史发展的重要突破口和横切

1 《马克思恩格斯文集》第1卷，人民出版社，2009，第544页。
2 陈东英：《赫斯与马克思早期思想关系研究》，人民出版社，2011，第71页。

面。有论者指出，"人类历史的发展，只能以解放交往而不是束缚交往为根本路径，世界历史的变革根本性的就是要破解资本主义生产方式、社会制度等对人类的交往所造成的各种束缚，从而把人从资本主义的交往异化之中解放出来"[1]。马克思通过对异化现象根源的深究和批判向现代人敞开了一个实践解放的境界。

（二）资本主义交往关系的历史考察

交往是马克思考察人类社会的重要坐标，马克思不仅建构了科学的交往理论，还紧扣"人类的历史"和"交换的历史"的内在关联，将"交往"落实到历史的、具体的社会结构层面，分析考察了与人类社会生产力发展水平相适应的不同时期的交往形式，以此着力剖析资本主义社会生产方式下交往关系体系的全球性异化。

前资本主义时期，低速发展的生产力以及落后的交通工具，使得人与人之间的交往范围局限于血缘共同体或狭隘的地域共同体。这种交往以血缘关系或宗法关系为纽带，带有明显的人身依附性特征。诚如马克思所言："人都是互相依赖的：农奴和领主，陪臣和诸侯，俗人和牧师。物质生产的社会关系以及建立在这种生产的基础上的生活领域，都是以人身依附为特征的。"[2] 在以血缘关系为主要依据的地域共同体中，人与人之间高度依赖的交往关系形成了同质的、未分化的社会结构，设定统一的交往模式有助于实现血缘的地域性承袭关系，这种交往模式成为维持传统社会机械秩序的重要手段，只是随着人们生产实践和生存方式向现代的转换，传统交往模式中的各种问题开始不断呈现。

资本主义时期，资本的增殖性与扩张性推动生产力飞速发展和世界市场的形成，冲破了"狭隘的范围和孤立的地点"的交往限制，人的依赖性交往关系

---

1 王海锋：《历史唯物主义世界观的当代阐释》，中国社会科学出版社，2016，第249页。
2 《马克思恩格斯文集》第5卷，人民出版社，2009，第94—95页。

已然解体，取而代之的是以物（商品或货币）为媒介的交往关系。这一时期的交往呈现鲜明的世界性特征，任何国家和地区都被卷入交往的旋涡之中，整个世界越来越成为一个"地球村"。交往也具有全面性，各民族和地区的物质交往、政治交往和精神交往广泛而普遍，彼此之间形成了全方位的依存关系。另外，世界性的全面交往使各个民族的交往日趋同步化，彼此之间相互借鉴和继承；同时，随着资本主义市场经济在全球范围内的加速推广，世界各国之间的交往越来越呈现出"时间压缩"的现代性标记，社会历史能够从"原生形态"发生偏离乃至实现跨越发展，大大缩短了整个人类社会的历史进程。因而，"这种物的联系比单个人之间没有联系要好，或者比只是以自然血缘关系和统治从属关系为基础的地方性联系要好"[1]。从马克思对人的社会本质的论述中可以看出，他强调物质生产活动的基础性地位，将物质生产的历史过程和一般规律进行凝结，使其融入人类历史运行的世界观和方法论之中，促使资本主义生产方式和社会关系在现实的交换与流通中逐渐浮现出自身特定的历史地位。现代以物为中介的普遍联系使其在很大程度上获得独立的生存空间，对促进传统社会交往模式的解放和个人自由意识的提升具有不可低估的积极意义。

马克思在剖析资本主义交往形态及其内在规律时始终保持辩证的立场，警示世人要在批判否定的思维中审视自身的交往形式和生存状态。如果怀疑、抹杀辩证法，"历史就变得无法了解"[2]。在把握交往与资本的关系时，应认识到正是在资本的推动下，民族历史走向了世界历史，世界市场逐渐形成，人类的交往活动不断深化和扩大，呈现出世界性、全面性、同步化的特征和趋势。"在历史向世界历史转变的过程中，世界普遍交往的价值逻辑呈现双重性：一方面，世界普遍交往带来的资本增殖与世界文明进步之间保持了历史的同一性；

---

1 《马克思恩格斯文集》第 8 卷，人民出版社，2009，第 56 页。

2 〔匈〕卢卡奇：《历史与阶级意识——关于马克思主义辩证法的研究》，杜章智、任立、燕宏远译，商务印书馆，2011，第 62 页。

另一方面，世界普遍交往带来的资本增殖与民族国家维护其文明现状之间出现了对抗性或矛盾性。"[1] 资本的逐利性、贪婪性造成资本主义社会人与人之间交往关系的全面异化和物化，而资本主义世界市场的推进又为人与自然、人与人、人与社会之间的交往方式和关系塑造全新的结构，催生出物的抽象逻辑统治下人的交往关系全面异化的状态，人们的交往不再停留于"人对人的依赖"的历史阶段，已经转向为"人对物的依赖"。马克思对人与人之间关系从抽象的"类本质"规定到在物质生产实践中予以现实规定的转变，意味着其对资本主义交往形态的剖析完成了从抽象到具体的跃升。

交往的异化首先体现为劳动力本身成为商品以及人被异化。资本主义社会的商品交换是现代社会最普遍的交往形式，一切都能成为可以待价而沽的"物"，劳动力本身也成为商品，资本将包括劳动技能、体力等劳动力要素强行纳入商品交换过程，交换原则成为社会运行的核心原则并辐射到一切领域。德国哲学家阿多尔诺认为，商品交换原则具有强大的同一化力量，这一力量将人类劳动还原为社会平均劳动时间，抹平一切劳动的特殊性和个体性，使之成为可以衡量的同质性商品，"不同一的个性和成果成了可通约的和同一的"[2]，人的劳动力被同一化之后，人与物之间不再具有任何本质性区别。交往的世界化和普遍化带来的不是人的个性张扬与自由解放的实现，而是人的深度"物化"，人在商品形式的"物"的包裹中逐渐失去自我否定和创造意识。诚如马克思所言，"活动和产品的普遍交换已成为每一单个人的生存条件，这种普遍交换，他们的相互联系，表现为对他们本身来说是异己的、独立的东西，表现为一种物。在交换价值上，人的社会关系转化为物的社会关系；人的能力转化为物的能力"[3]。被物所异化的交往关系是资本对人的劳动与劳动对象关系的颠倒，根

---

1 李包庚：《世界普遍交往中的人类命运共同体》，《中国社会科学》2020 年第 4 期。

2 [德] 特奥多·阿多尔诺：《否定的辩证法》，张峰译，重庆出版社，1993，第 143 页。

3 《马克思恩格斯文集》第 8 卷，人民出版社，2009，第 51 页。

本归咎于资本私利和贪欲本性对人自由本性的扭曲诱发，造成了商品货币关系全面覆盖人的关系的社会现实。

受具有贪婪性和逐利性资本的引诱，人与人之间的交往活动往往以追求利益最大化为终极目标，纯粹性的金钱关系成为人们交往关系的基础，整个资本主义社会沉浸在个人主义和利己主义的歪风俗气之中。马克思深刻批判道，资本"使人和人之间除了赤裸裸的利害关系，除了冷酷无情的'现金交易'，就再也没有任何别的联系了。它把宗教虔诚、骑士热忱、小市民伤感这些情感的神圣发作，淹没在利己主义打算的冰水之中"[1]。追求资本的无限增殖造成了人的自主性和独立性的消解，人的主体性和资本的客体性发生彻底颠倒，资本反过来赋予自身主体性而控制和规约了本应占主导地位的交往活动。更为严峻的情况是人的道德和尊严也被资本侵蚀，在人的伦理价值体系中，私人生活领域的价值自由随着现代社会结构的分化而逐渐获得凸显并逐渐泛滥，且在资本的操控下变成了交换价值，马克思抨击"资产阶级抹去了一切向来受人尊崇和令人敬畏的职业的神圣光环。它把医生、律师、教士、诗人和学者变成了它出钱招雇的雇佣劳动者"[2]。在资本逻辑的控制下，一切交往活动都趋向于世俗化和功利化，人们之间的一切社会关系变得物化和非人化。

如果说物化只是资本主义交往关系异化的形式表征，那么剥削则是其实质内容。受阶级局限性的影响，国民经济学家尽管早已关注到劳动价值规律与工资规律彼此对立式物化的"现有的经济事实"，但没有关注物化背后人与人之间的社会关系，难以解释物化关系背后形成的原因，而是将所观察的经济事实视为形而上学前提预设的经验事实，精心编织了关于商品经济中人们基于匮乏和需要进行的所谓相互自由、公正和平等交换的理论梦幻。马克思驱除了被国民经济学家所遮蔽的物与物的交换关系背后的人与人之间剥削关

1　《马克思恩格斯文集》第2卷，人民出版社，2009，第34页。
2　《马克思恩格斯文集》第2卷，人民出版社，2009，第34页。

系的尘埃迷雾，揭示出资本主义社会这一特定历史阶段交往关系的实质内容。资本主义交往关系中的"剥削"是"少数对多数的剥削"，主要体现在国内少数资本家对多数雇佣工人的剥削以及国际交往中少数发达国家对多数发展中国家的剥削。

在资本主义国家内部，马克思通过分析剩余价值的源泉，指认了资本对劳动的支配权力以及资本家对雇佣工人露骨的、无耻的剥削。马克思在《资本论》中指出，资本与雇佣劳动之间貌似平等的交换背后隐藏着巨大的秘密：资本家通过交换所获得的是能产生剩余价值的活劳动。马克思将工人的劳动时间分为必要劳动时间和剩余劳动时间，其中必要劳动时间生产出工人自身的劳动力价值，而剩余劳动时间则创造出被资本家无偿占有的剩余价值。基于此，马克思揭示出剩余价值的唯一源泉是工人的剩余劳动，因而，"资本的趋势是要尽量多地创造劳动；资本的趋势也是要把必要劳动减少到最低限度"[1]。资本家总是想尽办法以最大限度延长剩余劳动时间，其对活劳动的疯狂剥削在程度、力度和效率上远远超过了以往任何以直接强制手段为压迫基础的历史时期。"资本来到世间，从头到脚，每个毛孔都滴着血和肮脏的东西。"[2] 这是马克思对资本掠夺性的谴责，也是对资本家与雇佣工人之间剥削与被剥削的不平等交往关系的强烈控诉。

在国际交往中，发达资本主义国家控制主要资本，其凭借先进的生产力和发达的科学技术，在与广大发展中国家的经济交往中掌握主动权，并以各种形式剥削与掠夺发展中国家的活劳动，形成了"中心—边缘"的不平等交往结构。更为严重的是，以不平等的经济交往为基础所形成的是一种理念与事实相违背的国际秩序：在理念层面宣称所有民族国家不论大小都是普遍平等的主体成员，但在事实层面却构筑出不平等的、霸权主义的等级结构，并且这一等级

1 《马克思恩格斯文集》第 8 卷，人民出版社，2009，第 83 页。
2 《马克思恩格斯文集》第 5 卷，人民出版社，2009，第 871 页。

结构被资本主义的国际分工不断巩固而日益强化。这种国际秩序通过扩大生产力的范围和变革传统的交往关系格局，逐渐消除了生产资料、财富和人口的分散状态，使得生产资料和财富聚集在少数人的手里，形成了"少数对多数的剥削"。这一统治状态决定了资本主义社会只能是小部分人的"美好世界"，不可能是大部分人同享美好的"共同体"。人类的大多数并没有充分共享到全球化的发展成果，他们仅在生物学意义上被当作"人类"的一员，只是充当全球生产力的工具，却没有在共享发展成果的意义上成为"人类"的主体。因而当前的世界历史进程并没有完全呈现人类解放和全面自由发展的充分条件，生产力的发展和交往过程并未实现普遍化，世界范围内的私有制和旧式分工尚未得到根本清除，个人社会实践的发展空间和个性化需要反而在全球化扩展中遭受冲击。

资本全球化虽然打破了地域性、封闭性的生产方式局限，在扩展生产领域的基础上建立了人类之间的普遍交往，使得人类共同利益有可能成为世界历史条件下"所有相互交往的人们的共同利益"。但在资本主义生产方式占主导地位的社会状态下，每个主体成员追求的只是自身的特殊利益，共同利益则成为一种特殊的"普遍利益"，而且其"共同性"水平不仅没有超越特殊利益，反而受到特殊利益的制约。为了超越特殊的"普遍利益"形式，人们必须在深化全球化发展过程中激发自身的主体参与意识，从而建立真正的"普遍交往"，推动人类形成新的共同体，即一种将所有人都视为共享全球发展成果的主体成员的"人类命运共同体"。

（三）对普遍交往关系的创造性重塑

人类命运共同体是对更加公平合理的交往形式与秩序的一种追求和向往。"资本逻辑主导的世界普遍交往范式创新，扮演了'历史不自觉的工具'"，在整体上促进人类进步的同时却忽略了全球发展正义问题，"并不能引领人类走出当前世界普遍交往困境"[1]。在重塑世界交往关系的过程中，人类命运共同体作为一种新的世界图景构想，欲要成为凝聚集体认同、指导集体实践的历史实然，对新的交往秩序必然有其特定的理论关怀，实现对现实交往关系的系统化塑造。

人类命运共同体与交往关系的互动呈现，渗透交往关系的方方面面，构设出交往主体的实际感知、交往内容的差异互补以及交往主旨的价值共生。在交往主体方面，致力于确保不同的个体、族群、民族和国家等主体成员的平等性，实现平等交往；在交往内容方面，提倡应坚持文明多样性原则，在尊重和立足不同主体成员之间差异的基础上寻找更高层次的"共同性"，实现多元交往；在交往主旨方面，主张要基于"共同发展"和"合作共赢"的理念建立起符合不同主体利益需要和世界整体发展要求的普遍交往，实现合理交往。人类命运共同体旨在从人类的生产关系和生活空间中寻找和实现更高水平的"共同性"，在这种新的"共同性"中，人类的"交往实践"是合理、平等及多元的联合与共享。

在交往主体方面，构建人类命运共同体须扬弃"主体—客体"的对立模式，遵循主体间性原则，实现平等交往。主客体关系的嬗变是哲学发展史上的重要主题。"主体—客体"的认知模式源于古希腊时期人们认识和改造自然的对象性活动，这一时期的哲学体系总体上偏重对客体的规定和认识，尽管只是把主体视为运动、属性和关系的外在载体，但其实已内含了主客体二元对立的致思路向。经过笛卡尔、康德、黑格尔等人的发展，这种二元对立观一度成为西方社会的主导思维模式，并在发展过程中逐渐演变为主体征服客体的等级秩序和统治逻辑。在资本逻辑主导的世界交往中，"主体—客体"的思维模式极易陷入"西方中心主义"的窠臼。发达资本主义国家凭借资本、技术等明显优势，

---

[1] 李包庚：《世界普遍交往中的人类命运共同体》，《中国社会科学》2020 年第 4 期。

在交往过程中将自身置于主体的优先地位，强调自身作为主体的决定作用，压制、否定广大发展中国家的交往主体性，把其矮化为自身发展需要而存在的客体和手段，并追求自身利益最大化，推崇强权思维和霸权主义，坚持弱肉强食的丛林法则，导致"中心—外围"的失衡结构和南北之间的发展差距。

构建人类命运共同体提出应以主体间性为基础，遵循"主体—主体"的交往原则，打破自我与他者关系遮蔽和错位的禁锢，[1]承认各个民族和国家均是独立主体的合理性与合法性，祛除某些丧失"自我意识"的民族和国家的"附属"地位，解除对"他者"的强迫和剥削，摒弃依靠资本力量以确定不同参与主体资格差异的偏见，将主体交往实践中的"一边倒"扭转为"全方位"，实现不同民族和国家之间平等"对话协商"式的相互交往。在全球化时代，平等原则是主体成员葆有交往权利的根本保障，我们要坚持主权平等，并推动各国权利平等、机会平等和规则平等，要提高发展中国家的主动权、参与权和话语权，消除其处于被动和失语的不良状态。每一个国家和地区都是人类命运共同体中的平等主体，都平等享有推进自身文明进程的权利，因此应相互尊重，求同存异，共同打造一种共存共生、平等相待的新型交往关系。

在交往内容方面，构建人类命运共同体须坚持文明多样性原则，实现多元交往。文明多样化是人类世界的基本特征和历史常态。人类社会发展伊始就蕴含有多样性的基因，受落后生产力水平的制约，散落在世界各地的不同民族在人类文明的历史画卷中描绘出不同步、各相异的多样化发展图景，但这种多样化不可避免地呈现出发展的片面性和民族局限性。历史向世界历史的转变，掀开了民族特殊性与世界普遍性交融互动的新篇章。此时，生产力和生产关系冲破地域和民族的界限，其时空"场域"发生根本改变，不同发展水平的生产力和生产关系共存于同一时空中，"前现代""现代"与"后现代"三个差异性时

---

1 参见符妹、李振：《构建人类命运共同体思想的"承认逻辑"：意蕴、困境及路径》，《中共中央党校学报》2018年第6期。

空格局同时并存，呈现出落后与先进同在，文明与野蛮并存的不平衡结构与历史时空的倒错重叠，而这表征的正是社会形态内源式发展与跳跃式发展、历史发展的规律性与社会道路的多样性之间的辩证张力。正如有论者指出的，"人类发展奏出共性与个性、一元与多线、决定性与选择性、统一性与多样性的交响曲"[1]。这一多元化的国际社会结构关涉多层次的交往领域和多样化的交往内容，成为重塑世界交往关系的主要力量。

多样化的文明是人类进步的重要源泉。不同的民族和国家孕育出不同的文明，内聚着不同思想智慧和劳动结晶的多元化文明样态，共同构成了绚丽多彩的人类文明图景，共同谱写了波澜壮阔的人类文明华章。只有一种文明的世界是不存在的，文明的差异不应成为世界冲突的根源；恰恰相反，文明因交流而多彩、因互鉴而丰富，文明的交流互鉴才是推动人类文明进步与世界和平发展的重要动力。构建人类命运共同体思想强调应尊重文明的多样性，秉持"和而不同""包容互鉴"的交往理念，从不同文明中寻求智慧、汲取营养，为世界人民提供精神支撑和心灵慰藉，携手面对人类的各种挑战，站在更高的立场上促进人类遭遇的现实危机和价值冲突关系的重新整合，使多样文明成为内在于人的生存需要并推动人类整体发展的真实力量。只有在构建人类命运共同体的全球实践中坚持多元文明交往的新型方式，才能超越狭隘的西方文明中心主义和种族优越主义，创造一种开放包容的新型文明体系，凝聚全球力量共同推动人类文明的创造性发展。

在交往主旨方面，构建人类命运共同体要求打破你输我赢的零和思维模式，秉持共同发展、互利共赢的交往理念，实现合理交往。当前全球化深入发展，世界人民处于共生共存的本真状态，各民族国家之间结成了各种各样的共生性链条，你中有我，我中有你，国家的个体发展离不开国际社会的整体发

---

1 颜晓峰、常培育：《人类命运共同体建设的逻辑建构与实践要求》，《南京社会科学》2018 年第 8 期。

展，"一荣俱荣、一损俱损"的相互依存格局，不断强化人类社会的合群性和共生性比以往任何历史时期都更为凸显和重要。面对共生性全球问题的倒逼，"合则强，孤则弱"，任何国家都不能置身事外"各扫门前雪"，而须同舟共济"共建百花园"，否则可能就会发生冲突甚至带来严重灾难。"不论人们身处何国、信仰何如、是否愿意，实际上已经处在一个命运共同体中。"[1]这种命运与共的生存发展趋势使得现代交往思维的弊端显露出来，人们应当基于人的生存和社会结构的变化转变交往思维，重塑世界交往格局。

面对休戚与共的命运共同体，人类应该摒弃"零和博弈"的交往范式，开创共同发展、互利共赢的交往新格局。在世界性的普遍交往中，高度全球化的市场、信息、资源和人才等要发挥最大效能、实现全面共享和深度合作，就要打破"零和博弈"的窠臼与利益羁绊的怪圈，从冷战思维转变为共同体思维，实现多方合作的双赢或多赢，使共同发展的清风驱散贫穷落后的阴霾。全球化时代要遵循这一交往主旨，就要在构建人类命运共同体时谋求各方利益的最大公约数和最大契合点，在追求自身利益时兼顾他方利益，在发展自身时促进各方共同发展。习近平总书记多次强调共享发展理念，主张各国和各国人民应该"共同享受尊严、共同享受发展成果、共同享受安全保障"[2]。每个国家在谋求自身发展的同时，要积极促进其他各国共同发展，致力于谋求人类交往关系的持续和谐与全人类整体利益的最大化。

民族史向世界史的转变过程，某种意义上也是一部人类交往扩大史。人类命运共同体思想契合马克思理论叙述中的"真正的共同体"，它不断积蓄实现个人全面自由发展和解放的历史条件，在密切关注资本逻辑主导全球化及其制造的危机境况下，极力把握在政治、经济和文化等领域潜藏的交往机遇，力求在现实生活维度实现人类社会的真正发展。"人类命运共同体无论在价值观还

1　曲星：《人类命运共同体的价值观基础》，《求是》2013年第4期。

2　《习近平新时代中国特色社会主义思想学习纲要》，学习出版社、人民出版社，2019，第215页。

是义利观上都体现了对全球化和人类一体化发展的全新见解和远见卓识，蕴含了马克思主义意识形态对资本逻辑主宰下人的全球存在样态的深刻省思，彰显了对资本逻辑支配下全球化现实困境的超越。"[1]构建人类命运共同体坚持的是主体平等、合作共鉴和互利共赢的理念，塑造的是平等、多元和合理的新型交往关系，有利于克服资本主义交往关系中的物化和异化，从而推动建设一个开放包容和共同繁荣的世界，推动人类朝向实现真正解放的"自由人联合体"而迈步。

---

1 王晓明、姜涌：《人类命运共同体对资本逻辑的审视与超越》，《社会科学战线》2022 年第 4 期。

分论四
全球化问题与人类命运共同体的现实应对

　　人类命运共同体思想诞生于全球化的时代背景之中。全球化的推进使人类利益发展的共同性在广阔的范围内凸显出来，现实利益中的虚假普遍性导致全球化时代的危机频发，威胁人类生存发展的前途命运，这构成了人类命运共同体的出场前提。全球化的发展由双重因素——"物质内容"与"社会形式"构成，全球化在资本主义经济的主导下往往表现为双重因素之间的分离，剖析双重因素之间的不统一性所造成的公正困境，有助于在对全球化危机的回应中变革资本逻辑统摄下的"社会形式"，重塑全球治理体系，推动全球化发展朝着更为平等、公平与正义的图景转变，进而推动人类命运共同体的实现。在构建人类命运共同体的进程中，资本主义与社会主义的关系将在全球化时代背景下以新的形式展开。我们要正确认识和处理两者之间的关系，进一步彰显中国特色社会主义的制度优势。构建人类命运共同体在推进过程中逐渐明确资本现代性问题所制造的普遍"虚假的共同体"，立足于世界利益格局和人类共同命运的整体性视角提出化解全球现代性问题的实践方案，将每个国家视为世界整体中不可分裂的构成部分，突出世界整体的普遍联系和持续交往的必要性，有助于在倡导世界各国遵循世界历史的交往原则中设计自身具体的发展战略并实现各国自身的发展。

一、全球化构成的双重因素与公正性诉求

全球化是"传统"与"现代"的重要分水岭，也是当今世界经济社会发展的显著特征和最重要趋势。它在深刻改变人类社会生产方式和交往模式、塑造现代人的心性结构与精神气质以及推动世界整体发展进步的同时，也面临贫富差距、生态危机、区域冲突和恐怖主义等一系列现实危机。基于历史唯物主义的理论视野，全球化可分为"作为承载生产力普遍发展的全球化"和"作为规范人类普遍交往的全球化"两个层次。前一个层次指的是社会生产总过程的全球化，是全球化的"物质内容"；后一个层次的具体指向是世界市场体系和全球治理体系，是全球化的"社会形式"。这两个层次相互影响、相互作用：前者是后者的动力之源，具有根本性，为后者的建立提供物质性支撑；后者是前者的阶段性文明结晶，具有衍生性，为前者的发展提供价值正当性论证。表征生产力发展的"物质内容"决定并支配着表征生产关系的"社会形式"，而"社会形式"对"物质内容"又必然产生能动的反作用。"社会形式"若无法适应"物质内容"的需求，就将制约或阻碍"物质内容"的发展。尽管今天的全球化景象已经不同于马克思所处的时代，但全球化依然是资本主义主导的全球化，人类社会的发展仍处于马克思所论述的以物的依赖性为基础的人的独立性阶段，是对早期全球化"物质内容"与"社会形式"的继承和发展。[1] 在新的历史发

---

1 对于当代经济全球化和马克思论述的"世界市场"之间是否可以画等号，学界存在一定的争议。同样是"全球化区别于世界市场"的结论，美国学者扬·内德温·彼埃特思是通过长时段的全球史考察得出的，国内学者赵景峰是通过现象性比较得出的。尽管存在质疑这一结论的声音，但当前学界普遍认同的观点是"经济全球化是在资本主义世界市场基础上发展起来的经济活动"，资本主义世界市场是经济全球化的基础和驱动，经济全球化（特别是 21 世纪以来的资本主义全球化新特征）是世界市场的当代表现（参见［美］扬·内德温·彼埃特思：《分期中的全球化：全球化的诸历史》，张广、周思成译，《国外理论动态》2013 年第 1 期；赵景峰：《马克思的世界市场理论对经济全球化研究的指导意义》，《毛泽东邓小平理论研究》2004 年第 3 期）。笔者认为，如果因为当前全球化发展出现的一些新的时代特征而就此否认全球化的本质，否认资本主义对全球化的主导和掌控，显然是错误的。

展阶段继续坚持和推进全球化，要求我们以唯物史观的视角深刻检审全球化的过程与现象：既要"知其所来"，探寻全球化的起源和动力；也要"明其所以"，在剖析全球化"物质内容"和"社会形式"的基础上从二者之间的实质性关系角度诊断全球性问题的"病因"；更要"求其所去"，切中肯綮地提出全球化的"治疗学"，为全球化的合理、健康发展及其更好满足人类社会发展需要的问题出谋划策。

（一）"世界历史"的本质与全球化起源[1]

作为当代生活总体背景的全球化究竟从何而来？马克思在扬弃黑格尔"世界历史"理论的基础上，从世界历史的历史主体、终极目标以及与人类命运的关系等方面对黑格尔的"世界历史"理论进行了改造，[2] 从"现实的人"及其生产实践出发揭示了全球化的缘起。在唯物史观的视野下，"历史"从来不是理性和精神的附庸，也不是自然或宗教形象的感性存在过程，而是人类实践活动的产物。"世界历史"的本质是资本主义生产方式的全球扩张。

马克思的"世界历史"理论主要源于黑格尔。黑格尔并不满足于传统历史学家将历史作为一系列经验事实进行堆砌和编撰的做法，在他看来，只有以哲学的方式才能洞悉纷繁复杂、充满无数偶然性和特殊性的经验表象，把握深藏于历史深处的必然性和普遍性特质，澄明历史发展"何以如此"的真谛。在黑格尔的哲学王国中，作为宇宙实体和本体的"理性"（精神）是理解世界历史的最高原则。从抽象的理性（精神）出发，黑格尔的世界历史理论包括以下几个要点：其一，精神是历史发展的主体。世界历史是理性自我展现和自我实现的舞台，是精神在时间维度上的发展。其二，精神实现自我的欲求是历史发展

---

1 参见黄炬、刘同舫：《唯物史观视域中的人类命运共同体与新型全球化》，《甘肃社会科学》2019 年第 4 期。

2 参见吴宏政、李沐曦：《马克思对黑格尔世界历史理论的改造》，《学习与探索》2021 年第 7 期。

的动力。精神在现实中开显和实现自我的一系列辩证运动历程构成了"世界历史"。正如黑格尔所言，"'理性'是世界的主宰，世界历史因此是一种合理的过程"[1]。其三，精神的自由和完满是世界历史的旨趣，实现自由意识和"绝对精神"的永恒存在是"世界历史"运动的最高价值。自由是精神的本质，精神将在不断的辩证运动中实现这一本质，并成为具有普遍意义的"真理"。其四，人在历史发展中是工具性的存在。黑格尔首先肯定了人的价值，认为理性的外化必须借助于"人"这一中介才能得以完成，理性只有通过人的活动才能实现自我。但同时他又贬低了人的价值，认为人类对世界精神发展的最终目的一无所知，他们的活动只是无意识地服务于这一目的，人不过是"理性"和"世界精神"赖以自我实现的工具，他们在现实生活中遭遇的伦理困境最终要复归于理性精神寻求终极解释和庇佑。总之，在黑格尔那里，"世界历史"的本质是精神在时间上的辩证发展和现实中的外化历程。

马克思在继承黑格尔思想遗绪的基础上进一步揭示了"黑格尔式"世界历史理论的唯心主义实质。他认为，黑格尔从精神出发把握历史，只为历史发展找到了思辨的、逻辑的表达方式。马克思肯定了黑格尔在总结历史概念辩证运动规律上所作的贡献，但指出黑格尔并未把握历史运动的现实载体，"全部外化历史和外化的全部消除，不过是抽象的、绝对的思维的生产史，即逻辑的思辨的思维的生产史"[2]。在马克思看来，黑格尔将抽象的精神和自我意识作为世界历史的主体，将精神在自我意识中的辩证运动指认为世界历史的动力，是以抽象生产抽象、以抽象诠释抽象，忽视对作为伦理实体的市民社会的运作规则及其现实问题的深刻考察，不但未能揭示世界历史的本质，反而将世界历史的本质深藏于理性的深渊。有论者指出，"黑格尔不是把现实的人本身，而是把人的抽象即自我意识当作世界历史的主体。因此作为精神辩证历程的'否定之

---

1 [德] 黑格尔：《历史哲学》，王造时译，上海书店出版社，2006，第 8 页。
2 《马克思恩格斯文集》第 1 卷，人民出版社，2009，第 203 页。

否定'就只不过是自我意识的外化及其扬弃"[1]。黑格尔对世界历史的理解仅仅停留在思维的内部空间,其揭示的不过是以精神为主体的自我意识辩证运动的历史,而并非是以"现实的人"为主体实践的历史。

不同于黑格尔以抽象的观念来解读历史,马克思以从事物质资料生产活动的"现实的人"为起点,开启了对"世界历史"理论的唯物主义改造。从马克思的文本中可以看出,他主要通过对生产力、生产关系、社会关系、劳动和私有财产等范畴之间的运动关系的分析来审视资本主义开启并主导的世界历史面貌,揭示出资本主义的内在冲突与世界历史发展的必然趋势。他认为,现实的人的存在是全部人类历史的第一个前提,人类在物质资料生产和人本身的生产过程中,必然要结成两种关系:表征生产力发展总和的"自然关系"(物质内容)和表征社会联系与发展状况的"社会关系"(社会形式),前者决定后者的具体状况。生产力的发展推动生产关系的不断变革,人类社会的全部历史,就体现为物质资料生产中自然关系(物质内容)和社会关系(社会形式)的不断变化和相互调适,"这种联系是由需要和生产方式决定的,它和人本身有同样长久的历史;这种联系不断采取新的形式,因而就表现为'历史'"[2]。浸没于黑格尔理性深渊中的"历史"概念被马克思以"现实之网"打捞出来,并以崭新的形象展露在世人面前。在马克思那里,"现实的人"取代了抽象的精神成为历史发展的主体;维持人类存续的物质资料生产实践取代了精神自我实现的欲求,成为推动历史发展的原动力;生产力与生产关系之间的辩证发展取代了精神的内在运动,成为决定历史发展的客观规律;而实现人的自由本质取代了精神的自我完满成为历史发展的价值旨趣。通过批判黑格尔的理性历史观,马克思奠定了唯物史观的基础。从唯物史观出发论述人类社会尤其是资本主义社会生产方式的生成和运行规律,揭示人的生产劳动在促进历史向世界历史转变中的本

---

[1] 张盾、刘招明:《黑格尔和马克思的"世界历史"概念》,《马克思主义与现实》2009 年第 3 期。

[2] 《马克思恩格斯文集》第 1 卷,人民出版社,2009,第 533 页。

质力量，这意味着世界历史必然是人类实践的产物，"因为对社会主义的人来说，整个所谓世界历史不外是人通过人的劳动而诞生的过程"[1]。世界历史的形成与发展内含实实在在的"物质内容"。

在人类实践的本质作用推动下，究竟什么构成历史向世界历史转变的"物质内容"？马克思、恩格斯在《德意志意识形态》中明确指出，"它首次开创了世界历史"[2]，这个"它"指的就是资本主义大工业及其开拓的世界市场。增殖是资本的天然本性，为了攫取更多的剩余价值，其必然要冲破地域空间的限制，开掘出更为广阔的市场资源。唯有不断形成和壮大的世界市场才能满足资本对剩余价值的追逐欲望，为资本主义扩大再生产提供现实可能，推动资本主义生产方式与世界市场共同成长。在生产—分工—交换—市场的连锁反应链中，代表先进生产力的资本主义大工业推动了生产的发展，进而对分工提出了更高的要求，而分工的全球化和精细化又进一步促进了交往的扩大。当生产的高度发展促使分工越出国界、交换行为日益国际化之时，世界市场也就随之形成。资本主义凭借世界市场这只"看不见的手"，将一切民族和国家都纳入了世界经济体系之中。而对于世界市场形成的意义，《共产党宣言》中有一段极为精彩的论述："资产阶级，由于开拓了世界市场，使一切国家的生产和消费都成为世界性的了……过去那种地方的和民族的自给自足和闭关自守状态，被各民族的各方面的互相往来和各方面的互相依赖所代替了。物质的生产是如此，精神的生产也是如此。"[3]由资本主义生产方式和世界市场带来的普遍交往，打破了地方和民族自给自足的彼此隔绝状态，推动了不同文明之间的交融和碰撞，使世界以历史性的、经验上的普遍个人取代了地域性的、民族性的个人存在形态，同时也开启了各种"地方史"和"民族志"向统一的、联合的"世界

---

1 《马克思恩格斯文集》第 1 卷，人民出版社，2009，第 196 页。
2 《马克思恩格斯文集》第 1 卷，人民出版社，2009，第 566 页。
3 《马克思恩格斯文集》第 2 卷，人民出版社，2009，第 35 页。

历史"转变的新阶段。

对马克思世界历史理论的理解，需要把握三个要点。第一，历史向世界历史的转变是资本主义生产力发展的必然结果，也是以逐利为根本目的的资本逻辑的必然产物，世界历史和资本主义世界市场的形成与发展几乎是同步的。斯塔夫里阿诺斯在《全球通史》中指出："为什么世界历史应从1500年开始？……回答是，1500年以前，人类基本上生活在彼此隔绝的地区中。各种族集团实际上以完全与世隔绝的方式散居各地。直到1500年前后，各种族集团之间才第一次有了直接的交往。从那时起，它们才终于联系在一起，无论是南非的布须曼人、有教养的中国官吏，还是原始的巴塔哥尼亚人。"[1] 在世界历史的形成过程中，资本主义开创的世界市场发挥了基础性的作用。第二，要辩证地看待世界历史形成所衍生的发展后果。在世界历史进程中，资本穿透了各个国家、地区和民族相对封闭的生产和生活空间，将整个世界卷入到资本逻辑的作用场域，使人类社会的物质生产在全球化的运行中极大丰富，从而影响了人类的生存理念和发展需求，并从根本上改变了人类社会的生产、生活和交往方式，宣告了"全球化时代"的到来，为人类命运的汇聚和交融创造了必要的前提。同时，随着世界历史画卷的展开，资本主义生产力与生产关系的矛盾将在更宽广的时空中显现出来，并在不同层次上影响和改变现实世界。如在交往关系上，分工和生产力的发展程度将决定民族之间的相互关系，这使得世界历史在不同的发展阶段必然会出现东方从属于西方、农业文明从属于工业文明、边缘受中心支配等一系列不平等的世界结构体系。第三，现实的个人是马克思的世界历史理论的出发点和落脚点。马克思的世界历史理论并不属于严格意义上的历史学分析框架，而是一种合乎人类社会发展规律、以满足人类社会发展需求和实现人的解放为价值旨归的政治哲学。在唯物史观视域中，个人的解放程度

1　[美]斯塔夫里阿诺斯：《全球通史——1500年以后的世界》，吴象婴、梁赤民译，上海社会科学院出版社，1999，第3页。

与世界历史发展的纵深程度具有一致性，资本主义主导的世界历史阶段在为人类发展提供充足"物质内容"的同时也造成人类生存的全面异化，随着全球社会生产力发展到资本主义不能控制的程度，人的发展将迎来消灭一切剥削和强权统治的解放时代。世界历史的发展过程，就是人的独立个性逐步摆脱物的依赖性并最终得到充分而全面发展的过程。世界历史由资本主义开创，但世界历史的真正主体并不是资产阶级，而是与先进生产力相联系的无产阶级；世界历史的未来也并不属于资本主义，而是通往每个人自由而全面发展的"自由人联合体"。

（二）资本的全球化扩张与公正困境[1]

全球化的"物质内容"所蕴含的生产力发展要求，必然导致资本的全球化扩张，而作为"社会形式"的现存全球治理体系依然瞩目于资本主义社会发展的历史趋势，不同参与主体的国际话语权难以得到有效保障，人类沉浸于物质满足的需要层次尚未改进，无法实现对这种扩张欲望的有效制衡，使得全球化的发展面临公正困境。

历经数百年发展的全球化在深刻改变世界历史面貌的同时，也带来了诸如贫富不均、区域冲突和生态危机等一系列现实问题，当前全球化的发展图景显然难以获取世界人民的完全认同。因为全球化在本质上是资本主义的全球化，资本天生具有扩张的本性。在这种扩张本性的驱使下，实现剩余价值最大化、拓展自身利润空间成为资本的普遍性欲求。面对国内资本不断积压、资本利润率日趋下降的现实境况，资本领域中具有先发积累优势的西方资本主义国家，想方设法地进行资本的全球性扩张以实现资本利润率与资本积累优势的回升和巩固。资本主义制度造成的经常性产能过剩危机导致利润率下降，使得资本必

---

1 参见赵顿、刘同舫：《人类命运共同体：全球化发展的公正逻辑》，《华南师范大学学报（社会科学版）》2019 年第 3 期。

须为自己的生存及扩张寻找新的出路，资本通过产业资本的国内流动以及生产资本的国际转移而获得丰厚利润，实现了无边界的全球扩张。这一扩张一方面扩大了各民族、国家以及地区之间在经济、政治、文化等领域的互动往来，推动世界政治民主化进程以及全球性经济的共同繁荣，有利于构建多元并存的文化结构；另一方面则逐步成为加剧全球发展不公正的重要推手，发达资本主义国家一味追求资本的输出和利润的索取，开辟除经济以外的知识、文化等概念式生产的"物质内容"，是全球化时代资本家剥削无产阶级手段的变异形式，造成全球范围内资本积累和贫困积累的两个极端，进一步激化世界范围内的公正性缺失问题。这些问题主要表现为主体发展机遇配置的不正当、权利义务维护践履的不对等以及主体间交往规则的不平等。

一是主体发展机遇配置的不正当。资本扩张借用"绝对方式"剥夺了某些国家作为利益主体的合理需求，导致世界范围内主体发展所需的不正当配置。为了顺畅且稳固地推进资本的全球性扩张，西方资本主义国家以现代化发展作为诱饵，通过转移国内剩余价值、设定国际垂直分工体系等方式，利用先发优势将"他者"归统到服务于自我中心的利益格局之内，迫使其成为国际分工价值链的被动参与者。在这种西方资本主义国家居于绝对统治地位的世界市场中，资本的全球性扩张日益"使东方从属于西方"[1]。当"他者"国家的主体利益配合乃至屈从于国际分工，沦为西方发达国家攫取利润的工具之时，其自我发展的主体性意愿必将被压制甚至扭曲，无法享受与全球化资源流动相对称的既得利益，从而失去本国潜在发展优势，错失经济崛起的最佳时机。相比西方国家的强势主权，"他者"国家主体面临民族文化根基瓦解、国内社会问题险象环生、代内与代际资源分配不均、主权话语力消解和国际竞争弱势明显等问题，只能越发被动服从西方发达国家以其自身利益诉求为核心而预先设定

---

1 《马克思恩格斯文集》第2卷，人民出版社，2009，第36页。

的"从属发展"模式。这一从属性的发展模式在资本扩张中得以巩固，且在资本通过意识形态等手段的促动下形成一种发达国家与发展中国家相互冲突的僵化模式，发展中国家在世界经济政治秩序中的话语权得不到切实保障，且时刻面临来自发达国家在发展机遇上的威胁，进一步强化了西方发达国家的优先地位，排斥后发现代化国家对国际利益格局的调整和优化，导致世界贫富差距悬殊、两极分化严重的畸形发展态势。

二是权利义务维护践履的不对等。资本扩张诉诸"价值控制"的方式造成全球化参与主体在国际利益分配上极端不均，引发主体之间权利义务关系维护践履的不对等，这种非对等性具体表现为"发达资本主义国家在先发展过程中只讲权利不讲义务，或者先发展国家的发展权利超过了其应该履行的义务"[1]。西方发达资本主义国家以追求剩余价值的最大化为根本目的，凭借其先发的资本积累优势迫使广大发展中国家采用以出口为导向的经济发展战略并形成对其经济的依附性关系，从而实现自身利益的最大化即全球性资本扩张的普遍性欲求，而为了更大程度地维护和享有特权，则在减少义务的同时增强权利的执行力度、增扩权利的行使范围。在面对气候变化、世界难民问题、国际金融债务危机等全球共同义务时，西方发达国家采取不履行或者少履行国际义务的"投机主义"态度，回避自身发展对后发现代化国家资源先行索取和过度开发所造成问题的主要责任；在触及发达国家公民绝对利益、优质生活质量维护等方面，却坚持奉行"自由主义发展观"，使资本主义现代工业生产带有鲜明的反生态性特征，动用世界资源甚至不惜破坏国际规则来满足自我需求，将造成的全球环境破坏和生态危机转嫁成其他参与主体的义务。这种为权利做加法、为义务做减法，权利先于义务的现实举措致使后发现代化国家因被迫"反哺"发达国家而遭受切身利益的巨大损失，导致全球化参与主体在享受发展成果、承

---

1 冯颜利：《论全球发展公正性的权利与义务问题——从邓小平"东西南北问题"的观点看》，《哲学研究》2005 年第 1 期。

担发展风险上的非均等性,动摇了全球化公正的基础。全球化参与主体之间权利义务关系的不对等不仅挫伤后发现代化国家参与全球化的积极性,致使其因无力承担开放后果而故步自封,也由于放任少数发达国家推行强权政治与霸权主义,造成主权国家之间的冲突与分离,固化"中心—边缘"世界格局。

三是主体间交往规则的不平等。资本扩张凭借"效率至上"的共性发展要求压制了一些国家在利益表达上的平等权利,暴露国际交往规则及其制定程序的不公正。国际交往是多元参与主体之间有差异、非同一的相互联系,其交往规则理应基于公平原则,奉行多边共商共议下的国际合作机制。但现行国际交往规则主要延续了第二次世界大战后在发达国家操纵下制定和实施的、服务于少数大国经济利益的通用规则,仍然立足于单方面主体性的同一性交往思维,将其他国家的主体性泯灭成为脱离差异性和对立性的客体存在,保留了西方国家为资本扩张争取有利时机而扫除障碍的特殊规定,违背了主体间性的规则指向。在具体的国际合作中,发达国家利用资本全球性扩张所造成的产品生产的国际垂直分工,建构具有等级制的全球价值链,并凭借其在全球价值链中的优势地位控制世界贸易组织等国际机构,压缩发展中国家利益诉求的表达空间,架空发展中国家参与国际交往规则制定的权利,干预发展中国家的正常政治秩序。对于要求平等互利、不归顺西方模式的后发现代化国家,西方发达国家便以"威胁论""责任论""崩溃论""霸权挑战论"和"新殖民论"等虚伪论调造势攻击,混淆国际舆论视听并制造发展压力。世界交往活动的扩展浸润着资本主义与社会主义之间的矛盾辩证运动,虽然一定程度上打破了资本主义的片面性和局限性,但依然主要依靠于商品、剩余价值和普遍交往等范畴来审思现实的交往活动。资本的全球性扩张使得现行国际交往规则深嵌于西方发达国家的强权意志和利益诉求,这不仅是对国际邦交正常道义和伦理的极度扭曲,更是导致现存合作机制滞后、交往规则不公的重要原因。

资本扩张从本质上割裂了本应联合发展的人类集合体,促使全球各主权国家和地区在政治、经济、文化等方面互动往来不断深化的同时愈加陷入对抗与分裂之中，造成全球性不公正现象的发轫与深化。资本在拓展其全球性统治的进程中将不可避免地遭遇无限扩张与有限环境、无限扩张与有限市场之间的矛盾。对于第一个矛盾，资本扩张奉行"竭泽而渔"的政策，突破环境的自然界限进行无休止的掠夺与利用，结果因人与自然的冲突关系不可调和而加深了生产发展与生态环境之间的矛盾；对于第二个矛盾，资本则借助现代科学技术的发展不断培育新的消费需要，并刺激人民大众的消费主义情结。资本扩张以"畸形"的解决方案面对两大矛盾的冲击与挑战，并在应对矛盾的过程中持续地推进和加剧了其扩张性逻辑的蔓延，一些发达国家秉持自身利益至上原则，遏制其他民族文明的发展生机，垄断他们在全球新型消费中的文化市场，拉大了人类社会共同发展的裂痕，抑制了全球均衡发展的现实契机，致使全球性不公正现象持续发酵。面对全球公正性问题数量不断增多、规模日渐扩大、内在构成日趋复杂的现实境况，解决"问题"以延续人类整体的生存与发展成为全人类的共同价值诉求。

（三）公正性诉求与全球化进程的阶段性质变[1]

资本扩张形成的世界市场和消费主义带动物质资源的全球共享、物质条件的全面提升，使得世界人民的"生活实践"及基于此之上的相互联系愈加紧密，人们之间的意识形态越发趋同于西方资本主义立场整体划一的自由民主价值理念和所谓的公正原则，实则旨在以超现实公正性诉求的公正原则促进对全球化进程中一切实践的绝对同一性立场。这种强烈的同一性要求随着内在困境的暴露而使个人、民族及国家逐渐意识到全球公正性问题带来的矛盾和后果，并由此引发了全球范围内层出不穷的反抗运动。当代世界的发展对公正性的价值诉

1　参见赵颖、刘同舫：《人类命运共同体：全球化发展的公正逻辑》，《华南师范大学学报（社会科学版）》2019年第3期。

求愈加强烈，进而带来了全球化进程中具有代表性的阶段性部分质变：全球发展参与主体的变化、全球资本扩张模式的变化以及全球发展意识行为的变化。

首先，全球发展参与主体身份发生变化。引领全球化发展主体的身份由西方发达国家向新兴发展中国家转变，这一转变是全球生产力普遍发展的必然结果，是促使全球化利益格局发生变化的主要原因。在经济全球化的带动下，世界经济的普遍繁荣促使一部分发展中国家群体性崛起为"新兴发展中国家"，其通过外溢效应和学习效应获取的后发优势开始凸显，具备了利用全球化产业和技术成果实现错位发展的战略条件。新兴发展中国家的崛起撼动了老牌发达国家在国际交往中的话语权力和世界经济地位。一些西方国家深陷国内政治资本化及实体经济衰退带来的治理困境，不仅对国内民众的诉求自顾不暇，无力承担国际义务以及与前期资本扩张相伴而生的利益负担，而且在"民粹主义"和"保护主义"影响下将"逆全球化"作为缓冲战略，产生退出全球化的倾向，而新兴发展中国家则顺势抓住机遇，成为全球化最坚定的参与者和最有力的推动者。同时，发展起点和历程的相似性为发展中国家赢得更多亲和力，彼此之间或与其他国家之间更容易结成国际关系相对平等的命运共同体，在政治经济的联手效应下为西方国家维持原有全球化秩序的难度加码，并开始集中智慧为建立新的国际秩序贡献力量。在全球化时代发展的新阶段，全球化进程的参与主体实质上已经开启了全球治理的全新起点，曾经被单一利益主体隐蔽的多元、多层、多样的利益主体开始涌现，他们在国际社会中逐渐获得对自身存在的解释资格和获取合法利益的话语权，原有利益主体不得不做出让利或分利的现实举措，促使原有的利益格局进行适当的妥协和调整。

其次，全球资本扩张模式发生变化。西方发达资本主义国家主导下的资本扩张从产业等有形资本的显性扩张转化为以科学技术为支撑、以文化观念和意识形态渗透等为主要形式的隐性资本扩张，这一转变的直接效应在于全球发展权利的有效转移，衍生效应则在于国际义务分担的合理化发展。总之，在重新整合全球化参与主体之间的权利义务关系方面具有正面意义，[1] 促进交往主体之间的权利义务关系由传统的伦理规定转向以生产为基础的经济准则。在资本扩张本性的驱使下，西方发达资本主义国家凭借此前累积的先进生产力、资本存量以及在国际政治经济格局中的主导地位，因时制宜地变革资本扩张战略、调整产业结构，将资本要素从利润率较低的生产部门转向利润率较高的金融部门，以获取最大化的剩余价值并维护其在全球化进程中的绝对主导地位。西方发达资本主义国家的产业结构调整意味着以制造业为主体的发展权利实现国际性转移——主要由发达国家转向发展中国家。这一转移一方面为"接受国"（新兴市场国家和发展中国家）的群体性崛起奠定最初的发展基础，因为制造业可成为主导国家经济发展的产业，对国民经济生产的带动效应以及对国民经济其他部门的影响力高于其他产业，大力发展制造业有助于突破经济发展瓶颈并促进国民经济中其他产业的联动发展；另一方面则造成"转移国"（主要是欧美发达资本主义国家）产业结构去工业化、经济发展虚拟化的"畸形"现状。2008 年国际金融危机之后，西方发达国家经济发展总体疲软的态势及国内失业率、就业率问题不断累积的现状，致使其在国际政治经济格局中的"中心"地位逐渐偏移、话语权影响力不断被消解。发展中国家逐渐"势强"而发达国家日趋"势弱"的现实境况必将助力于国际组织主体构成的合理调整、宗旨原则的长效贯彻等，裨益于打破西方发达国家注重享受全球发展权利而规避承担国际义务的"投机主义"防线，从而推动国际义务分担的合理化。

再次，全球发展意识行为发生变化。广大发展中国家参与全球化发展的意

---

1 全球资本扩张模式的变化对促进公平正义具有积极意义。但不可否认的是，全球资本扩张模式的转化使得当下的资本扩张在方式上更具有隐蔽性和垄断性，在广度和深度上更具有渗透性与辐射性，在扩张后果上更具有持续性和不可控性，对发展中国家经济发展方式的转型、民主政治制度的建设和多元文化结构的发展等方面构成威胁。广大发展中国家必须保持理性，辩证看待并积极应对全球资本扩张模式的变化，既要善于抓住全球制造业转移的大好机遇发展本国经济、提升综合国力，又要注重提升自主创新能力、着力推进产业结构优化升级等以缩小与发达国家的现实差距，从而进一步实现全球化参与主体在享受发展权利、承担国际义务方面的公正。

识行为由被动迎合向独立自主转变。这一转变是发展中国家历经社会实践探索而得出的相对科学合理的发展取向，得益于积极参与全球化进程所收获丰足的物质基础和开放的社会交往视野，并成为推动全球化深入发展、国际政治经济关系格局优化改善的内在动力之一。一些发展中国家在遵循"西方模式"进行现代化建设之时，并没有获得其所希冀的与发达国家趋同的良好发展前景，而是逐步陷入由发达国家主导设置的"发展陷阱"之中，致使其产生发展依附性不断增强、国内社会矛盾日趋激化、本国利益遭受较大牺牲等问题。"寻求发展的结果是发展中国家共同的诉求，但发展的程度并不取决于发展的意愿，而是由发展的路径决定。"[1] 发展中国家在饱尝"依附性"发展模式带来的惨痛结果之后，开始摒弃"西方模式决定论"，注重结合自我特性与民族特性主动寻求具有自身特色、内生活力的发展路径，具体表现为国家自主建构意识的觉醒，自我发展诉求、自我赋权行为的力量渐涨，渴望全球平等对话与合理交往意愿的增强以及对国际社会公正规则的努力追求等。全球性问题和挑战并非依靠某一国家的力量就能得到解决，需要各民族国家形成对全球共同发展意识的自觉，立足于整个人类社会的基本立场，在现实交往中加强合作与交流，共同维护人类生存和发展的基本条件，并通过现实的个人与他人的合作凝结主体共同参与的潜能。国际格局"一超趋弱、多强易位"的发展趋势、新兴市场国家和发展中国家的群体性崛起等均受益于全球化参与主体发展意识行为变化所产生的积极影响，它在丰富国际社会交往规则的制定及实施主体的参与力量、提升全球交往规则的公正性，消解当代世界体系中西方发达国家的绝对主导地位并协调全球生产力的持续稳定发展，构建助力于推进人类社会共同发展的国际政治经济新秩序等方面产生了正面效益。

　　面对资本全球性扩张所引发的公正性问题，全球化参与主体尤其是发展中

1　贺钦：《中国特色社会主义道路对发展中国家的启示》，《马克思主义研究》2008 年第 2 期。

国家聚焦"问题"的解决，并在解决"问题"的具体进程中产生了卓有成效的"变化"，为广大发展中国家在国际社会上赢得主动权提供实力支撑。但值得注意的是，在资本扩张持续深入造成了严重的发展问题且无法自我完善的前提下，广大发展中国家要主动提防西方发达国家利用渗透性资本对新一轮全球秩序的控制和垄断，充分利用自身国际影响力合作构建以共同发展和人类整体利益为价值追求的共赢局面，及时止损原有全球化的不公正后果；积极通过共商、共建、共享的全球交往规则和合理分利体系实现全球公正治理，在化解利益冲突、促成利益合作的共存中维持全球公正框架的稳定性，在保持动态利益格局的均衡中实现全球化"具体地""实质地"公正发展。

（四）推动"物质内容"与"社会形式"协调统一 [1]

由资本主导的全球化充斥着掠夺、剥削和压迫，这与世人心目中多样文明和谐共存的理想全球化图景相去甚远，全球化进程中产生的"物质内容"与"社会形式"的分离致使资本主义长期主导的存在论根基和价值论命题受到世人的质问。解决全球化进程中的公正问题，要求我们以唯物史观的视角，在继承唯物史观作为现当代哲学的理论指导时，注重把握全球化进程在资本主义力量发生变化的前后呈现形态的差异，辨别人类在参与全球化进程中被赋予的各种权利以及生存方式的转变，尽可能科学预测全球化发展将会给人类社会带来的影响，从存在论和价值论两个方面，对全球化的"物质内容"和"社会形式"进行必要的剖析。

在诉诸唯物史观来剖析全球化进程的存在论和价值论时必须回应的前提问题是：马克思的思想在全球化背景下是否依然具有理论生命力和穿透力。质疑者声称，全球化割裂了资本主义原有的时空体系，终结了马克思一直致力于批

---

1 参见黄炬、刘同舫：《唯物史观视域中的人类命运共同体与新型全球化》，《甘肃社会科学》2019 年第 4 期。

判的资本主义现代性，由此得出马克思的思想在当代已经过时的结论。为了说明全球化有别于"世界历史"，代表西方垄断资本利益的新自由主义学派极力推崇市场力量，不惜将市场力量绝对化、神圣化和永恒化，以此混淆全球化的动力和成因，掩饰全球化进程中的阶级诉求和矛盾冲突。但事实上，全球化由资本主义主导的性质并未改变，马克思主义的理论价值也并未因时代更迭而有所削弱。仅凭全球化进程出现一些新的时代特征而就此否认资本主义对全球化的主导和掌控，否认全球化的资本主义本质，进而放弃马克思关于资本主义全球化发展前景的现实解释力，这显然是错误的。有学者指出，"论述全球化，就是回顾资本主义这种经济体制对世界空间的主宰"[1]。马克思的世界历史理论与唯物史观在观照"物质内容"和"社会形式"上具有本质性内在联系，唯物史观在全球化进程中根本表现为世界历史的整体结构与演进逻辑的思维方式，不仅展现了全球范围内生产力的增长为人类历史的进步所奠定的物质基础，而且真实再现了全球化时代丰富的社会关系形式。

唯物史观认为，表征生产力发展的"物质内容"决定并支配着表征生产和交往关系的"社会形式"，而这一"社会形式"对"物质内容"又必然产生反作用。当"社会形式"不适应"物质内容"的发展需求时，就将制约或阻碍"物质内容"的发展；只有"社会形式"匹配于"物质内容"，全球化才能得到合理的发展。立足唯物史观分析全球化的问题和成因，需要聚焦于全球化的"物质内容"与"社会形式"这一对基本矛盾，超越"物质内容"与"社会形式"的各自独立和彼此隔绝，进而借助于存在论和价值论的角度对全球化进行双重透视，使原本僵硬的实体化冲突模式得以流动起来，还原二者的存在与价值在变化、发展且普遍联系的过程中。就存在论而言，全球化是否消解了资本主义的内在矛盾，消除资本逻辑及无限贪欲的存在论根基，促使"社会形式"匹配

---

1 [法]雅克·阿达:《经济全球化》，何竟、周晓幸译，中央编译出版社，2000，第3页。

于"物质内容"的发展需求？就价值论而言，全球化的"社会形式"是否体现了平等、公平与正义的社会关系，能够满足人类实现自由本质的需求？

从存在论来看，全球化并未消除资本主义的基本矛盾，它不过是将资本主义的固有矛盾由中心向边缘地区转移和输送。全球化对于资本主义具有双重意义，一是依靠全球化不断扩大市场，满足资本增殖的饕餮欲望；二是通过全球化缓解资本主义内部的社会基本矛盾，当资本主义社会的基本矛盾在内部无法得到解决之时，资本主义国家便将眼光投向了海外，依靠世界市场的开拓转移或消解自身矛盾。全球化在为世界披上工业文明外衣的同时，也打开了资本主义的"潘多拉魔盒"，它将资本主义的固有矛盾以及由这种矛盾而衍生的贪婪、虚伪、压迫和痛苦的现实在世界范围内不断放大扩散，造就了一幅令大多数人失望的全球化图景。正是基于对资本主义固有矛盾的透彻认知，马克思大胆预言，资本主义"一方面产生了以往人类历史上任何一个时代都不能想象的工业和科学的力量，而另一方面却显露出衰颓的征兆，这种衰颓远远超过罗马帝国末期那一切载诸史册的可怕情景"[1]。当前全球化的种种"衰颓"景象，正是对马克思天才式预言的科学印证，资本主义主导的全球化存在形态已在现实困境频发的历史进程中走向衰亡，这是隐藏在其背后的资本逻辑引致的必然结局。

当今社会，全球化的"物质内容"与"社会形式"之间的矛盾越发尖锐。人们身处的全球化时代是在早期全球化基础上发展起来的，这种"发展"体现为：联系更为密切、深入的"经济全球化"取代了"世界市场"而充当全球化的物质内容；更为隐蔽化和技术化的世界市场体系与全球治理体系取代了赤裸裸的武力统治而充当全球化的"社会形式"。潜藏于全球化发展表象背后的是对资本主义生产方式的"继承"：资本主义仍然占据着全球化的主导地位，资

---

[1]《马克思恩格斯文集》第2卷，人民出版社，2009，第579—580页。

本主义生产方式下"物质内容"与"社会形式"之间的固有矛盾也从未根绝。数百年的全球化发展使资本主义生产与消费、个别企业生产的有组织性和全社会生产的无组织性之间的矛盾达到了顶峰。一方面，第三世界国家等新兴权利主体要求开放技术性贸易壁垒，打破发达资本主义国家利用资本、技术的优势巩固的世界市场体系和国际市场秩序，呼唤更为平等、合理和公正的国际市场秩序，主张和平发展、共同进步，共享全球化的发展成果；另一方面，由资本主义主导的世界市场体系和全球治理体系固守于资本逻辑，不惜一切维护和增进自身利益，罔顾第三世界国家的合理利益诉求，由此引发南北差距日益扩大，全球经济显著失衡等一系列现实恶果。动荡的全球化现状充分表明，全球化问题的根源在于资本主义对资本的工具理性和技术理性的运用，以"主导"全球性的物质生活，且这一"主导"方式使得作为"社会形式"的世界市场体系和全球治理体系不但无法应对和消解全球化问题，反而制造差距、怨恨、对立、动荡和风险。全球化生产要素的集聚催生了新型生产方式，知识与技术等全新资本力量的增长逐渐替代了物质资本生产的主导地位，使得生产力与生产关系的基本矛盾呈现出资本的世界性倾向，促动物质生产被动融入知识、技术和信息等生产的统一进程中，成为阻碍"物质内容"发展的新桎梏。

就价值论而言，当前全球化的"社会形式"依然只是服务于少数资产阶级利益的统治机制，是资本缔结的不平等关系在新时代的"变种"。诚如马克思多次强调的那样，资本的本质不是"物"，而是物质掩盖下的生产关系。资本主义不仅生产琳琅满目的商品，它同时也生产压迫与被压迫、剥削与被剥削、奴役与被奴役的异化关系。在早期全球化阶段，资本主义统治世界的方式简单而粗暴。在国内，资本主义依靠各种暴力机关行使自身的权力意志，奴役和剥削广大无产阶级；而在世界范围内，它则依靠武力和战争构筑起极度不平等的差序格局。马克思在评价资本的野蛮行径和嗜血本质时指出，"这种剥夺的历史是用血和火的文字载入人类编年史的"[1]，由资本开启的全球化纪元从一开始就企图叙写一部不平等的"统治史"。随着世界历史的推移，全球范围内掀起了一波民族国家独立和民主化的发展浪潮，他们尝试在全球化进程中实现平等公正的交往模式，包括在与发达资本主义国家的交往中提出交往秩序需要更加平等的诉求。资本主义倚仗暴力统治世界的形式已经脱离时代的发展需求，但资本并不甘心将其统治权拱手相让，而是苦心孤诣地打造出世界市场体系和全球治理体系，以更加隐蔽性和技术化的手段维系自身的统治。然而，无论资本主义的社会形式如何"闪转腾挪"，只要全球化仍由资本主义主导就必然会衍生出剥削、奴役和压迫的社会关系。在世界市场体系中，资本凭借"不平等的交换"建立起"中心—边缘"的劳动分工体系，占据全球化中心的发达资本主义国家利用技术、资金和管理等方面的优势，大肆掠夺边缘地区和国家所创造的剩余价值，其追捧资本价值论的根本意图没有改变，当前全球化在市场发展的形势上依然是"东方从属于西方"。尽管当今时代的全球化生产方式与马克思所处时代发生了巨大变化，促使资本主义活动形成了诸多新的实践规律，资本主义的内在矛盾也在全球化的扩张中衍生出崭新形式。但从人类历史的整体进程中，全球化的发展和治理框架并未跳出马克思的唯物史观和世界历史理论所揭示的世界历史发展趋势，发达国家在此过程中仍然起着主要的整合作用。在全球治理体系中，发达国家利用自身的体量优势控制全球治理的游戏规则，牵引全球治理体系朝着霸权主义、强权政治的方向发展，而第三世界国家仅仅在形式上具有参与国际治理的权利。标榜平等协商、多边治理的全球治理体系徒有其名，它不过是发达资本主义国家用以统治世界的政治工具。

需要进一步指出的是，人与人之间、不同民族国家和地区之间的主从关系只是全球化不平等社会形式的表层，以"物的关系"取代了"人的关系"才是

---

1 《马克思恩格斯文集》第 5 卷，人民出版社，2009，第 822 页。

这种社会形式的深层实质。马克思曾指出，"在我们这个时代，每一种事物好像都包含有自己的反面"[1]，资本具有颠倒、主宰和支配一切的魔力，资本主义全球化也具有深刻的自反性。人类开创了世界历史、开启了全球化，但日益扩大的生产和交往关系却反过来成为个人实现自由本质的桎梏。如同全球化赋予个人活动以世界历史的意义一般，人的异化也被赋予了世界历史的性质。在汹涌的资本主义物化浪潮下，人类"受到日益扩大的、归根结底表现为世界市场的力量的支配，这种情况在迄今为止的历史中当然也是经验事实"[2]。迄今为止的全球化历史不过是资本的发展史，作为历史发展主体的"人"的地位被"物"所取代，人与人之间的关系被物与物之间的关系所掩蔽，人的自由而全面发展也已经被资本的无限增殖欲望所侵蚀，作为人的本源性的生命存在和活动方式的实践价值沦为资本滥用的工具理性，人类解放的终极价值在全球生产力和生产关系的片面运行中被消解。

全球化并未根除资本主义的内在矛盾，其"社会形式"在本质上依然是资本主义用以维持统治的不平等机制，它在盲目追求扩大生产以攫取剩余价值的过程中毁坏了诸如自然资源、生态环境等人类生存根基，破坏了其他参与主体共同发展生产的均衡，反而导致全球物质生产的整体效益遭受阻碍，不但无法满足"物质内容"的发展需求，也无法满足人类实现自由本质的需求。唯有变革这种不合理的"社会形式"，才能推动"物质内容"均衡快速发展，实现人类社会共享发展成果的美好愿望，打造一个真正平等、公平和正义的全球化。

构建人类命运共同体是消解资本主义主导全球化弊病的重要实践，它将推动全球化"物质内容"与"社会形式"的协调统一。构建人类命运共同体作为全球治理新"社会形式"的核心，能够实现对资本扩张欲望的有效制衡，阐发并揭示发达资本主义国家利用资本控制全球生产发展趋势的制度弊端，为其他

1《马克思恩格斯文集》第2卷，人民出版社，2009，第580页。

2《马克思恩格斯文集》第1卷，人民出版社，2009，第541页。

国家在全球"物质内容"的生产体系中发挥独特优势、实现自身发展需要而营造公正的参与环境，并推动全球化"物质内容"与"社会形式"的协同发展，从而构建更为公平合理的全球化发展图式，擘画人类社会发展的光明未来。人类命运共同体思想内在蕴含公正立场的前瞻性，具体表现为对"平等互尊"主体意识、"合作共赢"价值理念以及"多方参与"规则意识的时代先知。

　　一是"平等互尊"的主体意识。人类命运共同体所包含的"平等互尊"的主体意识为建立全球性的公正秩序提供了基础框架参照，是稳固世界利益格局疏密有别的精神支撑点，为不同国力的国家主体赋予同等尊严的公正思想，其蕴含对资本扩张下部分全球化参与主体发展权利被压抑现象的批判，凸显了主体自身的权利意识与自觉状态。"平等互尊"的主体意识倡导"尊重各国自主选择社会制度和发展道路的权利，消除疑虑和隔阂，把世界多样性和各国差异性转化为发展活力和动力"[1]；强调用历史唯物主义眼光，从历史的联系与发展中分析和理解不同民族、国家和地区的发展状况，尊重各民族、国家及地区社会生活、政治生活和精神生活与特定生产力发展阶段相关的客观性和现实性，推崇更加公正和包容的国际关系，注重实现国家主体之间的平等相待，诠释了全球化开放、融合、流通的特性，跨越了地域民族性；主张国家主权尤其是大国强权在全球化发展大势面前应该让步和妥协，以弱化国家主权和民族特征融入全球化发展的定势思维。"平等互尊"的主体意识对于摆脱以西方文化为尊的"普世价值"，破除全球化中既定的权利等级体系，建构全球化各参与主体互相尊重的新型国际关系具有重要意义。

　　人类社会发展经验启示我们，"在国际关系和不同文化类型的交往中，实现一种无暴力、无强权的平等、公正的状态，是人类惟一的选择，除此之外别无道路可走"[2]。"平等互尊"的主体意识尊重不同民族国家主体的发展意愿，肯

---

1 《习近平谈治国理政》第一卷，外文出版社，2018，第331页。
2 章国锋：《哈贝马斯访谈录》，《外国文学评论》2000年第1期。

定个体主体意识、支持主体对发展道路多样性和独特性的探索以及对自我利益的合理性追求。然而，全球化参与主体之间的相互尊重并不是要求人们抛弃分歧，而是给人们如何解决分歧设定了限度。[1] 在相互往来中兼顾不同参与主体实力背景的复杂性和多元性的人类命运共同体是人心所向、结伴同行的共善联合体，能够引领各参与主体在面对冲突和矛盾时摒弃暴力手段或冷战思维，用公正冷静的方式走出对抗与冲突；有助于限制西方发达国家对"他者"国家采取"传统—现代""文明—野蛮""先进—落后"等二元划分下的"国别歧视"，助益发展中国家自主选择适合自身发展的具体制度、道路以获得实质意义上的生存发展空间，摆脱资本扩张唯利是图的硬性控制、动摇不公正的利益分配根基，能够从根本上指引广大发展中国家解决发展权利和获得能力的持续性增长等问题，从而实现国家主体之间的"平等互尊"。

二是"合作共赢"的价值理念。人类命运共同体中"合作共赢"的价值理念是对资本扩张导致全球化参与主体利益分配不均现状的一种批判，同时也是对全球现代性发展唯我独尊、放任自由价值观念的根本驳斥，是全球公正性发展的基本内涵。"合作共赢"的价值理念认同全球化背景下人类社会发展紧密相连的基本现实，承认稳定发展的共同利益，批判围绕自我利益而将他国发展视为手段的单一主体意识，倡导全球化各参与主体跳出狭隘的利己主义偏见，用整合而非分裂的视角看待主体之间的关系及其利益诉求，摒弃非此即彼的"零和博弈"思维。当今世界范围内，各国寻求发展的价值理念经历了由从属到独立、单一到多元、供养到增能的积极转化，这样的转变意味着以西方发达国家为中心的全球化利益分配格局的消弭，让世界利益格局的调整充满了未知变数。面对未知的世界格局以及越来越多的全球公正性问题，全球化各参与主体应自觉树立"合作共赢"的价值理念，在追求本国利益的同时兼顾他国合理

---

1 参见［美］托马斯·斯坎伦：《宽容之难》，杨伟清、陈代东译，人民出版社，2008，第211页。

关切，才能不偏离人类整体发展的正途，不突破任何一种文明的伦理底线，最终实现主体之间的利益共享。

人类命运共同体中"合作共赢"的价值理念为全球的公正性发展提供了科学合理的思维模式，既是对当前全球化运行阶段所造成的发展困境提出的应对对策，又符合全球化继续深化发展对更高生产方式和社会关系模式的要求，是推动主权国家搁置争议协同前行的科学价值理念和重要实践指南，有助于理顺世界利益格局中纵横交错的关系线，建构相对合理的国家间利益共享机制。"合作共赢"的价值理念是构建新型国际关系的智识基础，其在改善现有"中心—边缘"式国际关系格局以及推动构建新型国际社会合作机制等方面具有积极作用，从而能够实现人类社会的共同发展、共同繁荣，尤其是推动发展中国家借助全球产业分工互补的良机充分释放自身潜能，在与别国"共赢"的局面中实现效率提升和公正发展。人类社会应该积极重视并贯彻落实人类命运共同体中"合作共赢"的价值理念，坚持互惠互利、互促互进，从而促使全球化各参与主体共同发展、共享权利、共担义务。

三是"多方参与"的规则意识。人类命运共同体中"多方参与"的规则意识是对资本扩张导致现有全球化参与主体权利分配不均现实窘境的超越，是推动全球公正性发展的基本方式。全球化进程不仅激发了普遍的合作与交往，而且依然存在着落差和对立，并且新的对立形式融入多层次、多领域之中并发生共同作用，在具体"社会形式"上呈现为地域性与世界性相统一的"多方参与"。"多方参与"的规则意识反对强权主义和霸权主义，主张通过多边商讨、多边参与的规则制定和打造新型全球治理体系，为全球化各参与主体"个体利益"的发展和全人类共同利益的维护创设良好环境。当今国际事务处理主要限于联合国的规则框架之内，但从新问题涌现的形势可以看出，这一规则框架存在现实弊病：一方面全球化参与各方约束力的非均等性，如对一些超级大国的制约能力明显弱于发展中国家；另一方面无法对现今各国复杂的依存关系做出积极回应，整合世界资源及各方价值观的能力有限。结合全球化进程不断推进的背景来看，前者暴露了国际政治经济秩序一贯以服从大国利益为主线的事实，无法切实关注到发展中国家的紧迫需求；后者透露了目前秩序框架存在应对措施预案不足和治理理念滞后的弊端。对于现有的国际事务处理秩序及规则，有待对当前全球化新旧秩序更替的现实进行必要的构建和完善，而"多方参与"主体的规则意识为这种"构建和完善"行为提供了必要的理论指导。

人类命运共同体中所蕴含的"多方参与"的规则意识为全球的公正性发展提供了建构方式层面的理论指导，是对全球化深入推进背景下各参与主体开展多层次合作之现实需求的积极回应，能够有效纠正世界利益格局中由发达国家主导的伪合作行为。在发达国家主导的全球化进程中，发展中国家只能被动服从其游戏规则，无法在真正意义上成为平等的国际社会成员并享有身份认同和全球化积极成果，国际规则由共用工具变成权力道具，严重影响到全球利益分配的公正性。"多方参与"的规则为新兴国家和发展中国家创造了国际规则共同协商、共同制定以及共同遵守的机会，其将打破西方发达国家掌控国际规则制定的垄断格局，在根本上改变全球化进程中根深蒂固的局部利益中心主义与人类整体利益相违背的规则现状，从而消解西方发达国家在全球化进程中的绝对强势话语。多元主体参与制定的国际规则能够保证各参与主体尤其是发展中国家在规则的制定以及遵守中实现真正平等发展。

以人类命运共同体思想破解国际政治经济旧秩序所存在的全球公正性问题具有现实可行性。人类命运共同体思想所蕴含的公正立场以及"平等互尊"的主体意识、"合作共赢"的价值理念与"多方参与"的规则意识，有利于维护全人类共同利益的价值关切，其所体现的全球化发展的公正逻辑既能在全球公正目标难以实现的条件下避免对"绝对真理"追求的形式主义倾向，又能超越当下对公正性问题"就事论事"的实用主义取向。人类命运共同体作为全球治理新"社会形式"的表率，是对全球化发展趋势及其所呈现问题的现实反映和价值凝结，能够呼应全球化发展的"物质内容"，从而推动人类社会形态的进一步完善。

人类命运共同体是致力于改变世界的"物质力量"。构建人类命运共同体是在人类社会荣辱与共、命运相连的现实基础上，针对全球化发展过程中的和平赤字、发展赤字、治理赤字等一系列现实问题，提出的关于人类社会整体进步和持久和平的重大发展理念。人类命运共同体思想来源于马克思的唯物史观，是对马克思世界历史理论的当代继承和发展。构建人类命运共同体注重协调不同参与主体的合理发展需要与人类整体利益之间的运行体系，将打造更为合理的"物质内容"，推动全球经济均衡稳定发展；变革全球化"社会形式"，建立更加平等、公平和正义的全球秩序；激活无产阶级的阶级意识，为全球化的健康发展创造更多现实可能；修正世界历史的发展轨道，为实现每个人自由而全面的发展创造必要的物质和精神条件。

第一，构建人类命运共同体能够打造更加合理的"物质内容"，推动全球经济均衡稳定发展。人类命运共同体秉持自身利益与"他者"利益，自身发展与"他者"发展相统一的共同利益观和共同发展观。这种从人类社会整体利益出发的全新理念超越了推崇意识形态对立和地缘博弈现代发展观，蕴含马克思将"每个人"的发展作为"一切人"自由发展的前提的深邃哲思。由资本主义主导的全球化贯穿了资本的主体性逻辑，它将满足自身的利益需要和追求利益最大化作为发展的终极目标，将广大发展中国家视为剥削与掠夺的对象。资本主义的肆意妄为不仅带来了世界范围内的南北发展差距，而且导致了资本主义世界内部的巨大失衡，带来了逆全球化和反全球化的浪潮。人类命运共同体主张在维护和实现自身利益的同时兼顾对他国的关切，旗帜鲜明地反对西方国家长期奉行的"你输我赢""零和博弈"发展模式，号召世界各国在经济发展过程中互惠互利与共同进步，致力于通过总体提升全球经济发展水平来化解整体性与局部性共存的经济失衡等现实危机，实现全球经济均衡发展。近年来，人类命运共同体依托"一带一路"国际合作等建设平台，坚持"共商、共建、共享"的原则，通过在东方与西方、南半球与北半球之间架接交流通道和对话桥梁，有力地推动了区域间人力、技术和资源的优化配置，极大地带动了沿线国家经济增长和人民生活水平的提升，为化解全球化危机对人类生存发展造成的威胁以及保障人类利益的持续稳定发展贡献力量。构建人类命运共同体的现实成果充分证明了这一理念的正确性和优越性，坚持构建人类命运共同体必将打造更为合理的全球化"物质内容"。

第二，构建人类命运共同体能够变革全球化的"社会形式"，构建更为平等、公平和正义的全球秩序。人类命运共同体致力于以平等、公平和正义等共同价值理念改造当前全球化的"社会形式"，从政治、文化和经济等多个维度变革资本主义经济制度衍生的世界秩序，矫正资本主义主导下的"异化"关系，从而构建更为公正合理的世界秩序。在政治和文化交往层面，人类命运共同体正视国际社会广泛存在的局部冲突与对抗，区别于西方国家推崇意识形态对立和地缘博弈以及刻意在国际交往中制造分裂和矛盾的对抗思维，强调坦诚相待、和谐共处的合作思维。人类命运共同体主张摒弃资本主导下弱肉强食、武力至上的交往理念和行为模式，强调相互尊重主权平等和领土完整，倡导"和而不同"的多样化文明和多元现代性，号召通过协商与对话化解分歧和冲突，以真正平等和公平的多边协商机制共同应对全球化问题。构建人类命运共同体有利于缓解全球化不同层次主体之间的紧张和对立关系，化解区域冲突和矛盾，推动全球社会平等交流、和谐共存，为"物质内容"的发展营造和平稳定的整体环境。在经济交往层面，人类命运共同体主张打破由发达资本主义国家主导的"中心—边缘"式的全球利益分配格局，逐渐构筑能够反映不同发展水平的国家和地区利益需要的统一协调原则，构建一个真正彰显公平、正义等价值理念的世界市场体系，在做大利益蛋糕的同时兼顾不同利益主体间的分配平衡。实现全球经济再平衡，逐步改善经济发展落后的国家和民族在发达国家面前的弱势地位。经由人类命运共同体改造的"社会形式",高度契合了当今世界政治多极化和利益多元化的发展趋势,有力地回应了新型权利主体要求变革利益分配机制以及共享全球化发展成果的呼声,赋予了各个国家和民族平等参与和决定国际事务的权利,有利于构建一个更为平等、公平和正义的新型全球秩序。

第三,构建人类命运共同体能够生成规约和制衡资本主义统治的正义力量,为全球化的合理发展带来更多现实可能。资产阶级和无产阶级所经历的全球化是两部截然不同的历史。对于资本主义而言,全球化是资本主义生产方式、组织结构和意识形态在世界范围内扩张的历史进程,全球化为不同地域的资本之间同流合污、结成统治同盟创造更为有利的条件;对于广大无产阶级而言,资本主义主导下的全球化催生了无产阶级遍及所有民族的事实,它不断发展的历史是无产阶级在世界范围受到奴役和压迫的历史。面对全球化时代资本同盟的强大统治,无产阶级要想改变自身的命运,就必须联合起来,与资产阶级作艰苦卓绝的斗争。正如马克思指出,"批判的武器当然不能代替武器的批判,物质力量只能用物质力量来摧毁;但是理论一经掌握群众,也会变成物质力量"[1]。如果没有觉醒的无产阶级,资本主义对世界的统治只会更加肆无忌惮,全球化将不断走向灾难的深渊。马克思在阐述无产阶级的历史使命时,总是将群众的生存需要、生产劳动和社会关系作为辩证统一的整体来思考;在分析无产阶级的历史意识时注重将现实的人的发展和人类社会的未来命途,同无产阶级改造旧世界的时代任务密切联合,体现了对历史发展规律的探寻始终与人类解放目标相对应。对于广大无产阶级而言,构建人类命运共同体是改写自身在全球化历史中不平等命运的重要契机。这种契机表现为阶级意识的觉醒与阶级力量的壮大两个方面。"无产阶级只有在世界历史意义上才能存在,就像共产

1《马克思恩格斯文集》第 1 卷,人民出版社,2009,第 11 页。

主义——它的事业——只有作为'世界历史性的'存在才有可能实现一样。"[1]
构建人类命运共同体在开拓无产阶级整体视域的同时，将推动无产阶级意识的
觉醒，促使无产阶级深刻反思自身的生存状况，进而对整个无产阶级的现实处
境、历史任务，对全球化"何去何从"乃至人类社会的前途命运有着更为清晰
的认识；在阶级意识觉醒的基础上，构建人类命运共同体将推动无产阶级结成
广泛而牢固的同盟，成为制衡资产阶级的重要力量，也将为全球化和人类社会
朝着公平正义的方向发展带来更多的现实可能。

　　第四，构建人类命运共同体将修正世界历史的发展轨道，重塑人在世界历
史中的主体性地位。资本主义主导的全球化已经严重偏离世界历史理论的发展
轨道，深嵌其中的个体不可避免地受制于资本逻辑的统治。资本逻辑颠倒和支
配一切的"魔力"，使得鲜活的、现实的人屈服于异化的劳动，沦为物化资本
的附庸。个人在这一进程中得到的只是更具世界历史性质的异化，且人的异化
形式也随着全球化进程中资本表现的更新而持续改变，人的有限独立性无法超
脱对物的依赖性，逐渐失去自身现实存在样态的反思，也根本不可能实现自身
的自由个性。马克思所构筑的世界历史理论始终立足于人的解放问题，在资本
主义全球化阶段践行这一理论，就是要致力于将人从资本的抽象统治中解救出
来，重塑人的主体性地位，进而实现每个人自由而全面的发展。构建人类命运
共同体的直接目的在于推动世界各国的经济发展，并借助于经济的普遍发展，
为实现人的自由而全面发展创造必要的物质和精神条件。在物质层面，实现人
的自由而全面发展不能违背历史发展的客观规律，必须以生产力的高度成熟和
发达为前提。只有在生产力高度成熟的条件下，全球化才能摆脱资本主义的强
制主导，人类社会才能走出资本主义的非理性宰制，走向自由人的联合。人类
命运共同体高度重视生产力发展的理念和一系列拉动经济发展的现实举措，为

---

[1]《马克思恩格斯文集》第1卷，人民出版社，2009，第539页。

全球经济注入了巨大的发展能量，能够为丰富人的自由个性、实现人的自由全面发展创造必要的物质基础。在精神层面，人类命运共同体作为一种向着"自由人联合体"前进的阶梯性社会形态，即追求一种人的自由为本位、以现实的个人在生产中自愿结成的共同体为基础的社会组织方式，使人在共同积蓄生产力发展、维护共同利益中抛弃狭隘的利己主义观念，逐渐消灭在资本主义旧式分工下形成的不自由的劳动方式和非正义的社会形式，以达到一种内蕴实现人的自由全面发展所必需的平等、公平、正义等具有社会主义性质的核心价值。这些核心价值是人的主体性地位的集中体现，要求承认所有国家在促进世界和平发展的责任，以及为全球建设贡献力量的义务上的一致性和公正性，将全球化发展中的竞争与合作形式投注到全球各国更好发展的实质。构建人类命运共同体是宣扬和实现这些核心价值的过程，也是重塑人在世界历史中的主体性地位的重要举措。

二、全球治理的危机与体系重建

全球治理体系是对经济全球化发展趋势的制度性回应，本质上是以资本逻辑为依托的"社会形式"，这决定了其仍是资本的"单边统治"，而非所宣扬的"多边治理"，隐含在其背后的资本扩张本性伴随全球化的纵深发展而逐渐显露。全球治理体系利用制度化、技术化的手段，在实践中以"治理"之名行"统治"之实，远非解决全球化问题的"万能灵药"。由于受自身理论内在单一的统治意识、实践中的利益冲突以及参与主体之间话语权失衡等现实因素的制约，全球治理体系正日益暴露出忽视甚至无视世界历史运行规律和全球生产力发展趋势的缺陷。人类命运共同体思想致力于从人类历史的具体性阶段和总体性维度相统一的视角，实现对全球治理体系的历史性重构，通过增进全球价值共识、树立共同利益至上的意识、推动世界经济平衡发展、保障参与主体平等协商的权利、划定责任范围以及搭建全球治理的实践平台等手段为全球治理秩序的良性发展贡献中国智慧与中国方案。"人类命运共同体是中国对国际秩序观的创新与发展，是对传统依附格局的'破'，是对优化全球治理的新思维新理念的'立'，已经'成为中国引领时代潮流和人类文明进步方向的鲜明旗帜'。"[1]人类命运共同体的构建能够为全球治理体系注入真正的平等、公平与正义，是重塑全球治理体系、推动全球化良性发展的重要途径。

（一）全球治理体系的历史演变

作为全球化"社会形式"之一的全球治理体系自诞生以来，就被贴上应对全球化危机的外在标签和价值预设并迅速成为政治界和理论界的"宠儿"。"全球治理"寄托了人类期望克服全球化风险以达致整体和谐稳定的美好愿景，其在一些西方社会政治家和理论家的大力吹捧下曾一度走上"神坛"，被视为应对和化解全球问题的"最优方案"。但随着全球化进程的深入，全球治理体系在应对气候变暖、区域冲突和经济失衡等问题上日渐陷入"失灵"的窘境。全球治理体系究竟能否成为应对全球化危机的最优方案？对这一问题的回答，需要从全球治理体系兴起的源头进行深究，进而理清全球治理体系形成与演变的逻辑进程。

"全球治理"的概念来源于"治理"一词。全球治理委员会认为："治理是各种各样的个人、团体——公共的或个人的——处理其共同事务的总和。这是一个持续的过程，通过这一过程，各种相互冲突和不同的利益可望得到调和，并采取合作行动。这个过程包括授予公认的团体或权力机关强制执行的权力，以及达成得到人民或团体同意或者认为符合他们的利益的协议。"[2]尽管目前学

---

1 陈曙光：《世界大变局与人类文明的重建》，《哲学研究》2022 年第 3 期。

2 ［瑞典］英瓦尔·卡尔松、［圭］什里达特·兰法尔主编：《天涯成比邻——全球治理委员会的报告》，赵仲强、李正凌译，中国对外翻译出版公司，1995，第 2 页。1992 年，由前社会民主党国际主席、德国前总理勃兰特倡议，瑞典前首相卡尔森（Ingvar Carlsson）等 28 位国际知名人士发起成立了"全球治理委员会"

界对"全球治理"概念的界定尚未达成共识，[1]但在国内外学者观点相异的多样解读中凸显了这一概念的共性特征：一是治理主体多元化，包括各国政府及其部门、正式的国际组织以及非正式的全球公民社会组织等。二是治理客体国际化，全球治理的对象指涉的是世界范围内由全球性主体共同治理的公共性问题。三是治理方式多样化，涵盖参与、协商和多边行动等各种具体治理方式。四是治理价值与原则普遍化，全球治理内蕴人类社会共同追求的核心价值理念，全球治理实践要求秉持合法性、责任性、透明性、有效性等普遍原则。五是治理规则弹性化，全球治理规则是由不同治理主体协商议定的用于调节国际秩序和国际关系的规范、标准、政策和协议，其并非一成不变，而是根据实际的治理需求进行必要的弹性伸缩和动态调整。

全球治理过程中主客体的互动性与复杂性要求以"治理"的理念作为其制

（Commission on Global Governance），并创办了一份名为《全球治理》的杂志。委员会在 1995 年联合国成立 50 周年之际，发表了一篇名为 *Our Global Neighborhood*（一般译作"我们的全球之家"，也有学者翻译为"天涯成比邻"）的报告，该报告主要阐述了治理的概念、价值以及"全球治理"同经济全球化、公民社会、全球安保等问题的关系。

1 学界对"全球治理"的概念众说纷纭。詹姆斯·罗西瑙认为全球治理是一种规则系统，"全球治理可设想为包括通过控制、追求目标以产生跨国影响的各级人类活动——从家庭到国际组织——的规则系统，甚至包括被卷入更加相互依赖的急剧增加的世界网络中的大量规则系统"（James Rosenau, "Governance in the Twenty-first Century", *Global Governance*, Vol.1, No.1, 1995, pp.13-43）。托尼·麦克格鲁则把全球治理定位为多层合作体系，"多层全球治理指的是，从地方到全球的多层面中公共权威与私人机构之间一种逐渐演进的（正式与非正式）政治合作体系，其目的是通过制定和实施全球的或跨国的规范、原则、计划和政策来实现共同的目标和解决共同的问题"（[英] 托尼·麦克格鲁、陈家刚：《走向真正的全球治理》，《马克思主义与现实》2002 年第 1 期）。戴维·赫尔德认为，"全球治理不仅意味着正式的制度和组织——国家机构、政府间合作等——制定（或不制定）和维持管理世界秩序的规则和规范，而且意味着所有的其他组织和压力团体——从多国公司、跨国社会运动到众多的非政府组织——都追求对跨国规则和权威体系产生影响的目标和对象"（[英] 戴维·赫尔德等：《全球大变革——全球化时代的政治、经济与文化》，杨雪冬等译，社会科学文献出版社，2001，第 70 页）。中国学者蔡拓认为全球治理是"以人类整体论和共同利益论为价值导向的，多元行为体平等对话、协商合作，共同应对全球变革和全球问题挑战的一种新的管理人类公共事务的规则、机制、方法和活动"（参见蔡拓：《全球治理的中国视角与实践》，《中国社会科学》2004 年第 1 期）。克林顿和布莱尔等政治家将"全球治理"作为"第三条道路"政党倡导的国际战略，目标是"运用人权武器使得全球问题及与此相关联的国内问题得到治理和解决"（James Rosenau, *Governance Without Government: Order and Change in World Politics*, Cambridge University Press, 1992, p.5）对"全球治理"概念的莫衷一是表明现实的全球治理实践并未形成与全球化发展趋势和人类历史前进要求相适应的体系框架。

度规定和实践范式，由此全球治理体系应际而生。国内学者大多从制度层面阐释"全球治理体系"的开端和演变，并呼吁建立区别于传统治理体系的新型国际治理体系。有研究者认为，"二战后国际秩序的制度化安排，标志着真正意义上的全球治理体系开始出现"[1]。也有论者提出，"当今全球治理承继于二战结束时确立的各种制度性建设，以及冷战时期补建的一些制度规范，其成形基础是美、苏两超级大国主宰世界及权力集中于少数大国的雅尔塔系列组织机制"[2]。还有学者呼吁，"只有改革传统的全球治理体系与构建新型体系和制度两者齐头并进，走双轨增量的渐进道路，才能最终确立更为公正、有序、均衡、包容的新型全球治理体系和制度"[3]。学界对"全球治理体系"的多维度阐释内蕴这一机制的基本特征，即全球治理体系既承接于传统国际治理体系样态，又依循全球化的深度发展而不断演化，进而与传统国际治理体系相区分并转向新型全球治理体系。

传统国际治理体系源发于特定的历史环境，在根本上表征了全球治理的权力特质。传统国际治理体系承认存在基本的政治单位，且要求政治单位之间通过相互接触以建构交往规则，形成知识文化、价值理念等向外拓展的合理性。传统国际治理体系大致经历了帝国秩序和国际联盟体系两大历史发展阶段。帝国秩序的治理体系阶段是全球治理的开端，其以维也纳会议的召开为标志，打造了一个势均力敌的国际局势，协定了各国的权利与义务，促使国际交往和国际关系趋于体系化和制度化；随后为了维系第一次世界大战后的国际格局，全球治理迈入国际联盟阶段，在英法两国的操纵下形成了对国际秩序的强制布局。在传统的国际治理体系运行中，西方发达资本主义国家行使自身的扩张理念和思维来管控全球治理体系的运行趋势，突显单边霸权对全球治理过程的绝

1　门洪华：《应对全球治理危机与变革的中国方略》，《中国社会科学》2017 年第 10 期。
2　何亚非：《选择：中国与全球治理》，中国人民大学出版社，2015，第 28 页。
3　王毅：《试论新型全球治理体系的构建及制度建设》，《国外理论动态》2013 年第 8 期。

对效力，实际上在现实的金融、气候和宗教等人类共同面临的问题上显得苍白无力，全球治理体系的完善未能与国际秩序的新变化步调一致，也未能同世界交往的规则相匹配。传统国际治理体系热衷于捍卫强权国家制定交往规则的国际地位，这意味着全球治理的议题设置与制度安排依附于强权国家的行动意志，本质上揭示了强权国家的政治权力与结构变迁对全球治理的决定性影响。

全球治理体系承接于传统国际治理体系，并在适应全球化形势的持续发展中逐渐成为对全球化发展趋势的制度性回应。"冷战"的终结开创了一个新的全球化时代，而全球化的迅速发展则推动了全球治理体系的变革。20世纪末，随着世界市场的拓展和科技的勃兴、全球政治体制的多样发展以及中国、俄罗斯、东欧等新型市场国家的快速发展，经济全球化已取代传统意义上的世界发展局势，逐步成为构造世界格局和全球治理形式的主要力量；全球治理体系日益与传统国际治理体系相分离，显示出与经济全球化发展趋势相呼应的鲜明特征。经济全球化是当今时代的主要潮流，也是全球治理体系赖以生成的基础，其推动了从以政府为主导的区域性统治模式向多元国家主体共同参与的治理模式的转向。

伴随经济全球化的发展，国际社会呈现出政治多极化、全球性问题复杂化和权威需求新型化的时代趋势，催生了新的全球治理体系形式。第一，政治多极化趋势推动多边主义制度形式的生成。"冷战"之后，从意识形态的束缚中脱离出来的民族国家开始将注意力转移至经济领域，发达资本主义国家与不发达国家和地区之间的经济往来愈加频繁，全球经济迎来增速换挡期。第三世界国家和发展中国家在经济上迅速崛起，逐渐成为国际政治中的新的权力主体，他们渴望在国际事务中获取平等话语权以表达自身的利益诉求。世界政治和经济逐步向"一超多强"的多极化格局演变，全球治理体系应势推行多边主义或多元主义的制度形式。第二，全球性问题的复杂化呼唤合作基础上的综合性应对方案。全球化在关联世界经济、推动全球经济增长的同时，也使得传统安全问题和非传统安全问题扭结相缠，衍生出经济失衡、生态破坏、环境污染和资源短缺等全球公共问题，进而带来广泛的负面影响和持续的全球性破坏。全球化问题超出了一国治理的能力范畴，化解世界共性问题有赖于各个权力主体之间多边协作和联合行动，全球治理体系主张在紧密合作的基础上开展综合应对和切实行动。第三，权威需求的新型化诉诸公共性的国际权力主体。无论是旧式的"统治"或是新式的"治理"，都必须依赖一定的权威加以施行。裹挟在权威或霸权理念中的治理制度与行为不具备世界性的包容力，无视广大发展中国家和地区作为主体共同参与治理的话语权，导致应对全球性挑战时无法把握世界各国之间的互动和关联性，而全球生产和交往中生发的现实问题恰恰与多方参与的过程密不可分，这就暴露了传统治理机构和体系在范围与能力层面的局限。传统治理的主体主要是政府及其相关部门，全球治理体系的主体拓展至跨国公司、跨国组织和超国家国际组织等新权力主体，呈现出民族国家在国际政治生活中的主体地位和权威性相对衰减的现状。传统的单一民族国家仅依靠自身力量难以创立适应全球化新形势的公共权威和国际秩序，全球治理的新问题促逼一种新的权威构建形式的出场。倡导多边主义理念的全球治理体系创建了新型的、具有一定国际影响力和约束力的治理权威，符合全球化问题对治理权威的现实需求。

全球治理从传统国际治理体系向全球治理体系的历史演变，彰显出制度形式的衔接与分野趋势，即两种治理体系形式在突出强权管控功能的优势上殊途同归，但在具体的治理理念和行动方式上存有差异。全球治理体系依旧遵循传统国际治理体系蕴含的由少数国家规定国际事务权利与义务关系的强权规则，但抛却了传统意义上的战争和军事手段，诉诸更加缓和的途径以在全球经济政治等多维领域形成竞争与合作共存的治理推力。全球治理体系一度备受理论界和政界的关注，获得一些西方国家领导人的青睐。提倡走"第三条道路"的支持者们将实施全球治理视为其政党的重要理论支撑，把"少一些统治，多一些治理"当作政治口号和施政纲领。依靠西方主要资本主义国家"不遗余力"的支持，全球治理在应对全球政治、经济和环境等问题上取得了一定成效甚至一度风光无限，成为某些学者眼中无所不能、百试不爽的"灵丹妙药"，也成就了全球治理体系的现代"神话"。

（二）全球治理体系的"治理"与"统治"

全球治理体系是与全球化世界市场扩张这一"物质内容"相匹配的"社会形式"，其理念和实践受到资本的抽象统治，必然无法成为解决全球化问题、构建和谐大同世界的"万能灵药"。具备制度化和技术化特点的全球治理体系是资本用于掩饰自身统治目的、实现和维护自身利益的工具，具有较强的欺骗性和迷惑性。全球治理体系以"治理"之"名"提出合作共商、多边协作等主张，这是全球治理在国际风云跌宕中凝聚的制度结晶，体现了治理体系形式历史演变的必然规律，在当今世界仍闪耀着作为化解全球化问题原则的理论光辉；其所推崇的自由、民主和平等的价值理念，仍塑造着当今全球治理和世界发展的价值共识。但不可否认的是，全球治理体系推行过程中反映的是少数发达资本主义国家主导的强权"统治"之"实"，不但无法彻底消解全球性危机，反而致使全球性的矛盾与问题愈加恶化。全球治理体系"名不符实"的真相催促人们反思——滋长在全球治理体系内的悖谬究竟源头何在？针对这一问题，制度上的分析只能略窥一斑，只有深入剖析全球治理体系的理论实质，才能抓住其"治理"失灵的根源。

全球治理体系行"治理"之"名"，是对全球化发展趋势的迎合，表面上遵循了人类社会由民族历史向世界历史过渡的基本规律。民族历史向世界历史的转变是全球化和资本逻辑自发运行的结果，全球化从一开始就是由资本主义主导的历史进程。全球化的资本逻辑促使世界历史进入资本生产和扩张的新时代，物质的体系构成了支配人的普遍"虚假的共同体"，世界历史在物质和经济层面演变成一个抽象的总体。随着全球化发展的深入，世界体系和权力主体结构发生了部分良性变动。一是资本主义与非资本主义的力量对比有所改变。资本主义在依托经济全球化进行殖民掠夺的过程中，客观上推动了殖民地经济的发展，激发了殖民地人民对于民族解放和国家独立的诉求。两次世界大战之后，被压迫的民族国家迎来了民族独立运动和经济发展的高潮，而被压迫民族国家的崛起则有效改变了发展中国家较之于发达国家的绝对弱势地位，一定程度上弱化了发达资本主义国家在国际政治生活中肆意横行的权力。二是全球化推进了人类社会政治文明的整体进步。近代以来全球范围内的多次民主化浪潮提升了人类政治文明的程度，不仅殖民掠夺的血腥手段早已为世人唾弃，霸权主义和强权政治也成为各国鞭挞和抨击的对象，这敦促全球治理体系为把握全球化发展的新形势而展开"治理"实践。

全球治理体系是适应全球化时代发展需求的"社会形式"，其"治理"实践在全球化发展的新形势下以新的名义被粉饰。随着世界历史的发展，全球化在政治层面进入推行民主、自由和人权等价值理念的新时期，依靠坚船利炮进行血腥殖民和暴力统治的形式已经不再适应时代发展的需要。[1]资本主义对世界市场的开拓和世界历史的推进，使得经济全球化进程愈益成为全球治理的现实基础，致使世界在经济领域凸显为以资本为核心的治理方式，资本主义主导的全球治理符合资本增殖的内在需求。资本主义摒弃了统治世界的武力行径，力求通过更为柔性、隐蔽和技术化的手段施展和巩固其绝对统治权。全球治理体系是资本主义将统治关系制度化和技术化的新尝试，这种新的尝试善于运用巧妙而间接的手段美化资本的统治，为资本主义统治披上"合法外衣"，为自身体系"治理"的执行提供合法依据。为了应对多元主体的利益诉求及国际政

---

[1] 全球治理体系诞生于全球化历史进程之中，它在某种程度上维系了数百年全球化发展进程所造就的不合理的世界市场，并使其规模和范围不断扩大。发达资本主义国家通过主导全球化建立起"中心—边缘"式的国际分工和利益分红体系，将世界市场的不合理性进一步扩大化。

治生活中的民主发展趋势，资本主义苦心孤诣地调整全球治理体系，通过扩大全球事务参与权，营造一种共同参与、平等协商的假象。全球治理体系表面倡导所有参与主体共同享有维护自身利益的权力和平等协商的资格，但现实的全球治理实践却不是"群像戏"，而是由发达资本主义国家主导的"独角戏"。一旦所谓的"治理"触及发达资本主义国家的核心利益，资本便会毫不犹豫地撕下温情脉脉的面纱，露出狰狞的獠牙。

全球治理体系通过"治理"之"名"行使"统治"之"实"，这一手段已然成为发达资本主义国家在新型全球化时代维护、巩固和扩大自身利益，继续统治世界的工具。全球治理体系通过垄断信息技术在实践中形成的所谓成功的"治理"经验而积攒了社会声誉，保障了制度的稳定性，维持着"治理"的声名和骗局。全球治理体系以"治理"之"名"掩盖了隐匿在其理想主义设想背后的新自由主义本质，其核心目的在于鼓吹西方政治制度的"优越性"、欧洲的种族优越感以及西方大国在全球治理中的主导话语权和中心地位。全球治理体系看似为累积的复杂国际社会问题提供了公开宣泄和缓解的渠道，实则是为资本主义世界应对来自边缘国家、地区和组织的各种挑战，稳固自身统治全球化的权力争取了必要的缓冲空间。

全球治理体系的"统治"之"实"表现为其将所谓的多元主体的协商治理归于资本的单边统治。在缺乏力量对比与制衡的全球化进程中，真正的平等协商无法推行，关乎世界发展问题的良性解决方案难以奏效甚至无法形成。全球治理体系的多元协商规则是西方资本主义世界为掌控第三世界国家或发展中国家而量身定做的，其解决问题的方式依旧局限于资本主义立场。全球治理体系虽然赋予每个参与主体公平"发声"的权利，但掌握最终话语权的却只是少数发达资本主义国家。在实存的全球治理体系中，资本主义国家强势掌控全球治理的规则制定权、解释权和变更权，他们依据自身的利益需要和权力意志制定全球治理的游戏规则，而当这些规则有悖于自身利益时，便任意修改、变更甚至违背规则，将全球化发展趋势和世界历史前进的规律弃之不顾。发达资本主义国家在全球治理体系中"进退自如"，这不仅是对标榜公平和正义的全球治理体系的辛辣嘲讽，更是对全球治理体系虚妄面目的最佳诠释。

全球治理体系的"统治"之"实"在达成操纵经济欲求的同时，在文化领域极力推行"价值殖民"的思想统治。被视为全球治理体系核心价值理念的民主、自由、平等，在资本强权的控制下仅仅表征西方世界的社会历史文化和经济发展样态。对于非西方世界而言，其价值理念只具备表述形式上的相似性，在具体内涵释读上难以等量齐观，因而并未具备全球价值的真实意蕴。"全球治理正是通过关注人类整体面临的挑战与问题，塑造维护人类整体利益与秩序的规则、机制，以达到促进人类整体进步与发展的价值目标。"[1]而发达资本主义国家意图运用发端于"西方"的价值理念同化全世界价值体系的做法实则违背了全球治理的价值初衷，暴露出全球治理体系沉浸于资本主义世界价值形态的偏执，即推动资本主义世界的制度模式成为通行于全世界的模板，其目的在于继续固化西方社会不平等的奴役关系，对非西方国家人民实现在物质和精神上的双重统治。

全球治理体系的"名不符实"彰显了发达资本主义国家对权力统治的控制欲求，折射出以西方标准统摄世界的非法诉求。全球治理体系的单边统治热衷于追求世界存在的实体统一性，体现为不同权力主体关于世界性议题诸多意见背后的终极实体性本质。这一实体性本质以发达资本主义国家的利益和权力为轴心，构成全球化进程和世界历史行进的终极解释原则，其他参与主体国家必须围绕这一解释原则运转。全球治理体系的价值共识创建了一种神话式的价值规范，这种单一性的价值规范严禁任何异质性价值观的挑战和自由选择的可能，以此确保西方价值理念承担整合国际社会的使命，从而迫使全球社会结构

1　蔡拓：《全球治理的中国视角与实践》，《中国社会科学》2004 年第 1 期。

中的主体国家屈从于资本主义的价值权威。

（三）全球治理体系的"统治"窘境

全球治理体系呈现的"治理"与"统治"名实不符的现象暴露出资本强权统治的内在本性，其推行的单边统治和价值共识理念不仅没有化解累积的全球性问题，反而给世界发展增加了新的不稳定因素。"由于西方既得利益集团的抵制、全球治理体系参与主体的责任分担难以达成共识、全球治理体系多方力量的分化与治理机制的碎片化、全球治理体系共同价值理念的缺失等多种因素的制约，全球治理体系变革面临着多重困境。"[1]全球治理体系"统治"实践的式微意味着其掌控下的国际社会逐渐减弱了凝聚力，这势必造成资本主义国家肆意搁置其他参与主体的解决议案以压制改革发展的进程，无视"物质内容"生产和全球经济发展的历史生成性的消极局势，进而阻碍全球性问题的处理进度、全球化进阶的发展高度和世界历史的文明厚度。

全球治理失灵的境况近年来已然屡见不鲜，全球治理体系的弊端显露无遗。政治经济一体化程度最高的欧盟曾经被普遍认为是推行全球治理的成功范例，但随着一体化建设的深入和欧盟的扩大，欧盟内部的深层次矛盾逐渐浮现。从改变世界历史进程以及影响人类全球化发展的重大事件——英国的"脱欧公投"到其正式发布"脱欧"白皮书，其艰难的"脱欧"历程遭受多重因素的影响，如保持"光荣独立"的传统、摆脱欧盟债务增长包袱、拒斥不同文化和宗教背景的难民等，而最终根源则在于英国在欧盟体系中享有的权利与应承担的义务之间的严重失衡。作为欧盟的主要成员国，英国"脱欧"带来的逆全球化影响，表征的不仅是全球治理实践的区域性挫败，也是全球治理失灵的客观结果。英国"脱欧"并不是全球治理失灵的"小概率事件"，世界范围内日

---

1 张鹭：《人类命运共同体与全球治理体系的变革》，《社会主义研究》2021年第6期。

益扩大的贫富差距、不断涌现的恐怖事件、难以解决的难民问题以及愈演愈烈的区域冲突，无不暴露出全球治理体系的"大范围失能"。

全球治理体系的治理失灵源于其理论的"统治"逻辑。全球治理体系所牵涉的主体多元性、议题广泛性和内容全面性，表明其对于治理全球问题的庞大野心，而这种野心与能力不足之间的矛盾内蕴巨大危机。全球治理体系"无所不包"的理念必将导致诸多政策的非理性化以及不同制度间的抵触与斗争，致使各方利益主体陷入无休止的内耗之中。英国学者马丁·阿尔布劳明确提出，"为了实现和平与人类福祉，我们应该期望并致力于全球治理，主要以共享技术和项目为基础进行发展，而不是依赖文化方面的相互理解"[1]。虽然不同利益主体均试图以捍卫自身的核心利益与价值理念来塑造全球治理体系，但在发达资本主义统治的全球治理体系格局下，任何与资本主义世界利益相异的"他者"都必然被视为外在的对立力量而备受攻击，从而加深了不同利益主体之间的矛盾，各利益主体之间很难在剧烈的冲突关系中达成理论上的治理共识，这是全球治理体系中强制性"统治"意识的鲜明体现。

全球治理体系的理论"统治"欲求，必然导致治理实践的利益冲突。全球化发展只是在交往层面加强了世界多元经济主体彼此之间的互联互通，远未达及将全球整合为完全同质的利益共同体的程度。利益冲突充斥全球化发展的历史进程，不同利益主体之间、个体利益与全球利益之间彼此分立。一方面，无论是传统民族国家的权力表达，还是代表新兴权力主体的跨国公司和超国家组织均有各自的利益诉求，不同主体之间的利益冲突经常导致全球治理陷入无法集体行动的困境。另一方面，一些国家在面临全球性重大问题时惯于将自身利益置于首位，在谋取自身利益的过程中忽视甚至侵犯全球整体利益。以当前世界的超级大国——美国为例，其在"冷战"结束后继续奉行单边主义的国际战

---

[1] [英] 马丁·阿尔布劳：《中国在人类命运共同体中的角色：走向全球领导力理论》，严忠志译，商务印书馆，2020，第145页。

略，常常为了一国私利而枉顾全球利益，肆意践踏全球治理规则，致使全球治理体系难以为继。将世界历史塑造成实现少数国家的利益而放任资本统领全球的拓展史，加大资本的宰制力和资本主义的支配权，只会扩大利益的冲突面和发展的不平衡。

与全球治理实践中的利益争执紧密相伴的是体现为参与主体之间话语权失衡的体系缺陷。全球治理体系的制定过程流露出一种预先规定的表征，即参与主体在治理过程中的话语表达由其发展的综合实力决定。发达资本主义国家兼具"裁判员"和"运动员"的双重身份，他们既是全球治理规则的主要制定者，也是全球治理实践中话语权的绝对主导者。实践证明，全球治理体系在很大程度上体现的是发达国家的意图，难以保障全球治理的公正与合理。有学者在分析现有全球治理体系的内部结构时指出，全球治理体系的深层桎梏在于民主信任机制的缺失，即"这个世界共同体存在着高度的非代表性，即权力、影响、机会与资源的极度不平等：这一体系也许最好称作扭曲的全球治理"[1]。在权力与资源高度不均的国际政治生态中，全球治理体系主张的平等对话、多边协商的游戏规则只能沦为空谈，其主张的对话规则与实际执行的交往实践之间的巨大落差导致全球治理体系和组织的权威信任大打折扣。

全球治理体系的"统治"实践与治理理念失灵相互影响：全球治理体系的"统治"实践必然导致治理理念的失灵，而治理理念失灵又必然伴随全球化的展开加深世界性议题的复杂程度。全球治理中的治理共识、利益关切和话语表达等问题空前膨胀，蕴含在这一"社会形式"背后的"物质内容"的生产困境随之浮出水面。由西方世界主导的全球治理体系在持续深化的"统治"实践中巩固了其开创的世界体系，发达资本主义国家财富的不断积累与广大发展中国家的持续普遍贫困相互映照，筑造了资本广布世界而利益流入西方的"中心—

---

1 [英] 托尼·麦克格鲁、陈家刚：《走向真正的全球治理》，《马克思主义与现实》2002 年第 1 期。

从属"的固定全球格局,导致全球生产力呈现片面畸形的发展状态。人类的社会劳动仍然在资本的统治中处于异化状态,致使全球生产力的鲜活能量遭受局部利用和全面钳制,全球化难以迈向更高的发展阶段。

全球治理体系的"统治"窘境根源在于,其局限于一种物的实体时间性视野,而缺乏历史性的眼光。海德格尔在分析存在的性质时混淆了时间与历史的概念,但却承认历史性是存在的性质,即历史以世界存在为依据,历史性会随着世界观念的变化而流动,以此把握事物存在的历史生成性。[1]西方哲学往往追问的是实体时间性而非历史性,它关注以静态的"物"为依托的流动形式,而当物的存在以占有空间的方式被理解时,物的存在空间在运动的过程中必然产生时间性的概念,因而"当我们反思的是'物'的变化时,我们根本上反思的是时间而不是历史"[2]。全球治理体系由于受到资本逻辑的操纵而隐含统治全球化发展的无止境贪欲,资本逻辑力求"用时间去消灭空间,就是说,把商品从一个地方转移到另一个地方所花费的时间缩减到最低限度"[3]。资本击破地域性的空间限制迫使广大发展中国家"共时性"地步入发达资本主义国家"历时性"的资本生产轨迹,导致不同主体国家在协商治理、价值理念等空间上的"时间化",使得不同参与主体的时间性差异被突出而地域性特色被忽视,从而遮蔽全球化"物质内容"的历史性生产特质。

(四)人类命运共同体对全球治理体系的重建

全球治理体系特定的"社会形式"与全球化"物质内容"生产发展的历史阶段互相印证,但其内蕴的机械的全球化进程观与单一强制的治理观制约了全球物质生产的整体发展,因而当今世界全球化的各参与主体亟待立足于全球化

---

[1] 参见 [德] 马丁·海德格尔:《存在与时间》(修订译本),陈嘉映、王庆节译,生活·读书·新知三联书店,2014,第430—431页。

[2] 卓立:《历史性的历史:现象学的新理性主义》,《学术研究》2018年第4期。

[3]《马克思恩格斯文集》第8卷,人民出版社,2009,第169页。

发展的新阶段对其治理体系予以检审和重构。历史唯物主义扬弃并超越了资本主义全球化发展观，架通了世界历史与全人类解放及其生产力极大丰富的历史关联。当全球生产力在世界范围的扩展中达到突破狭隘资本主义生产关系之时，由资本主义世界主导的全球治理体系也将濒临毁灭。"中国应更深入了解全球治理进程中所面临的全球治理层次、多元治理主体、多层次治理议题、全球治理结构、全球治理理论与现实等方面的困难和张力，深入研判全球治理的内涵、外延、结构、功能、历史与现实，从而为全球性问题提出更有针对性和可行性的解决方案，为构建人类命运共同体作出应有贡献。"[1]人类命运共同体的构建立足于世界历史的行进规律，针对全球治理体系所产生的种种负面效应，提出了更加符合生产力普遍发展欲求的全球化新构想。这意味着重建全球治理体系至少要解决三大难题：第一，如何推动共同价值和全球整体利益真正成为全球治理各主体行为选择的最高准则？第二，如何构建平等民主协商机制，推使"全球治理"真正实现多边治理而非资本的单边统治？第三，如何建立一个普遍有效的约束规则，坚持共同但有区别的责任，在实践中推动全球治理？构建人类命运共同体从理念和实践的不同维度对全球治理体系进行历史性重构，破解了上述三大难题。

实现全球治理体系的历史性重构，关键在于明确全球化发展的历史方位，即当前全球化发展仍处于"物的依赖"关系的发展阶段。这一发展定位与人类未来的发展目标紧密相连，经济生产的发展和物质资料的丰富仍是全球治理体系重建的基础。人类命运共同体思想致力于推动世界经济平衡发展，为全球生产力整体水平的提高创造必要条件。当前全球治理体系的规则向发达资本主义国家倾斜，映射出发展中国家在经济全球化中的弱势地位。只有提升并保障发展中国家在世界经济发展序列中的地位和合法权益，全球治理体系所倡导的平

---

[1] 刘铁娃：《全球治理的五要素及其内在张力》，《人民论坛》2021 年第 33 期。

等协商、多边合作才具备实践前提。构建人类命运共同体以推动世界经济整体发展为重点任务，主张抛弃西方世界奉行的"零和发展"模式，倡导开放包容、共同发展和合作共赢的发展理念，致力于做大利益蛋糕，赋予发展中国家更多经济红利，勇于撬动资本主义主导的"中心—边缘"式分工体系和利益分配格局，从而进一步缩小南北经济差距，实现全球经济平衡发展，为广大发展中国家平等参与全球治理体系提供坚实的经济后盾。

构建人类命运共同体所提倡的人类共同价值是对全球化实践中价值理念的历史性反思，这一共同性的价值诉求有利于增进并凝聚全球治理体系中各参与主体利益的价值共识。"全球秩序变革的基础不仅在于权力结构的变化和国家等各种行为体对自我利益的追求，也在于制度建构、观念创新和核心价值塑造。"[1] 现有的全球治理体系致力于从其所倡导的自由、民主等单纯的观念主义立场出发建立价值共识，这种价值共识旨在消隐价值认知之间的客观差异、实现西方资本主义对世界性价值形态的"畸形"统一。各民族国家由于政治、经济、文化和历史传统的差异而对价值内涵的理解、价值体系的追求各不相同，各异的价值诉求体现了多元主体国家之间的文化差异性和世界文明的多样性，其对于凝聚全球治理体系中的价值共识具有积极意义。价值共识始终与人类生存方式相伴相随，是人类生存变动的历史产物。人类经历数百万年的发展，已经达到高度文明的阶段，而文明越高级越导向人们对真、善、美等价值理解的趋同。近代以来各种文明的交融与碰撞充分彰显了不同文明、国家和民族之间平等而理性对话的可能性与现实性，并在对话中形成共同价值。较之于当前全球治理体系中的价值共识，人类命运共同体所提出的人类共同价值立足于对人类生命存在和生产发展方式的辩证领悟，超越了单一民族、国家或群体，反映的是人类寻求和平、共享、合作、自由等价值共识的努力，更符合全人类的核

1　高婉妮：《全球秩序重塑与人类命运共同体的构建》，《南开学报（哲学社会科学版）》2022 年第 4 期。

心利益关切，更易于获得全人类的接受和认可，因而理应成为全球治理体系的价值基础。

构建人类命运共同体树立了全球利益至上的历史整体意识，这一整体意识是超越利益固化格局的自觉意识。全球治理体系失灵的重要原因之一是参与主体普遍将自身利益凌驾于全球利益之上，这种境况缘于资本生产的抽象总体性逻辑——把"一切部分、一切因素都纳入一个单一的整体或体系，认为只有这种整体化或体系化的总体才代表着最终的真理，具有最高的真实性"[1]，使得资本主义世界成为一个同质性总体。在世界成为一个真正的利益共同体之前，此种行为选择有其内在合理性。但随着全球化的纵深发展，不同国家和民族之间的政治、经济和文化交往日益密切，世界日益成为休戚与共的利益共同体。当人类整体利益逐渐超越其他各层次的利益时，开展全球治理势必要超越以"民族—国家"利益为唯一依据的狭隘视域，摒弃只注重自身利益的短视行为，从人类整体利益出发思考和解决全球化的各种问题。人类命运共同体主张在全球治理中从人类整体利益和长远利益出发，树立"一荣俱荣、一损俱损"的共同体意识，彰显出"总体性"发展的历史视野。"这种'共同商量来办'的天下思维方式的开放性所绽放出的共同价值与世界公共利益，把人类的命运以共同体的方式来反思，开启了一个从东方国出发来思考人类命运的文化叙事范式，把局部支配整体的思维方式与一国控制世界的帝国主义霸权理念进行彻底性洞穿。"[2]从多维度强化对不同利益主体话语的科学认识，平衡各方面的利益诉求，减少利益冲突与摩擦，对推动人类社会走出"零和博弈"的困局具有重要的现实指导意义。

立足于人类共同价值和全球整体利益的生成历史，针对全球治理体系因游戏规则的"一边倒"倾向造成的治理失灵现象，人类命运共同体思想掌握并运

---

1 贺来：《辩证法的命运与中国现代性的建构》，《吉林大学社会科学学报》2008 年第 3 期。

2 邵发军：《推动构建人类命运共同体的理论内涵与实践路径研究》，人民出版社，2021，第 18 页。

用了马克思主义的历史辩证法，构筑了契合全球化发展新阶段的人类普遍交往的"社会形式"。"全球治理不能只思考谁来治理、治理什么、如何治理等问题，更要思考为谁治理、靠谁治理等问题。人类命运共同体提倡共商、共建、共享的新型原则，强调以人为本，为人类治理。"[1] 为人类而治理应成为全球治理的全新的核心价值观。人类命运共同体思想要求破除全球治理体系中交往机制对个体主体利益的外在束缚，构建更加民主的协商机制，以保障参与主体的平等权利。人类命运共同体思想在交往关系上提倡任何参与主体在理论和事实上都享有平等权利；在交往规则上坚持多边协商，以对话解决争端、以协商化解争执；在交往实践中明确划定共同但有所区别的责任范围。由于缺乏必要的绝对权威，全球治理体系达成的合作意向使个体主体从传统国际治理体系的强硬束缚中摆脱出来的同时，却又陷入"统治"的个人化，进而造成交往公共性约束的丢失，只能依靠参与主体的行为自觉才能转化为实践。根据马克斯·韦伯的界定，权威和正当性一般来源于传统、信仰和理性。[2] 在全球化时代的国际政治生态中，传统与信仰难以成为全球治理体系的"权威"和"正当性"，因而权威只能来源于人类的理性——一般由一套明晰的法律规则赋予。人类命运共同体思想始终将人类社会视为利益共同体与责任共同体的统一体，致力于变革全球治理体系，通过法律和制度的形式为参与主体划定责任，以强化对参与主体行为的约束，推动全球治理的合理开展。

在理论和制度上确立了人类普遍交往的新"社会形式"之后，人类命运共同体思想在现实的国际交往中着力搭建全球治理的实践平台，以广泛合作的形式积聚促进全球生产力发展的能量。从世界发展的历时性维度出发，人类命运共同体思想强调大多数发展中国家正处于全球化进程中市场经济社会的"物的依赖"阶段。尽管相较于自然经济发展的人的依赖关系而言，"物的依赖"阶

---

1 王义桅：《人类命运共同体：新型全球化的价值观》，外文出版社，2021，第113页。
2 参见 [德] 马克斯·韦伯：《经济与社会》第一卷，阎克文译，上海人民出版社，2010，第127—128页。

段具有历史进步性，但其存在诱发拜物教思想和私利性发展态势的危险；人类命运共同体的价值理念主张从世界发展的共时性维度将各民族国家的社会发展问题置于世界范围的维度进行考察，通过筑建交往平台以最大限度降低物的依赖关系对生产力发展的负作用。由中国发起并主导推动的"一带一路"国际合作是构建人类命运共同体、重塑全球治理体系的重要抓手和实践平台。"一带一路"国际合作与西方国家主导的霸权战略、对外援助战略具有实质性的区别，其统筹兼顾各方利益和关切，通过合作而非援助、倡导而非领导的方式，期望达到以合作取代对抗、以共赢取代独占、以包容取代排斥的现实目标。"中国在'一带一路'倡议中推进国家之间共享的多样化发展，创造了新型全球治理的可能性。"[1] 该战略自实施以来，得到了联合国的高度赞赏和沿线各国的热烈响应，产生了一系列重大的标志性成果，极大带动了沿线地区和国家的经济增长，切实推进了人类命运共同体的实践进程，为实现有效的全球治理贡献了中国智慧和中国方案。

全球治理体系伴随经济全球化的发展趋势应运而生，其命运始终与资本逻辑主导下的全球化进程密切关联。"后冷战时代的全球治理体系由于深受资本逻辑和权力政治的驱使，在治理主体、治理客体、治理规则、治理价值等层面日益暴露出违背世界历史发展规律和各国人民共同利益的内在缺陷，成为构建人类命运共同体的重要阻碍。"[2] 由于资本逻辑及其引致的全球性问题日趋紧迫，潜伏在全球治理体系中的强制性"统治"实权才逐渐凸显。人类命运共同体思想掌握了历史唯物主义的世界历史理论方法，全面洞彻了当今世界全球化发展的核心命脉和基本趋势。"人类命运共同体思想立足于全球治理存在的问题，蕴含着当代中国共产党人对全球治理的立场、观点和方法，体现了批判性与建

---

1 [英] 马丁·阿尔布劳：《中国在人类命运共同体中的角色：走向全球领导力理论》，严忠志译，商务印书馆，2020，第 113 页。

2 殷文贵：《批判与重塑：全球治理体系的内在缺陷及其变革转向》，《社会主义研究》2021 年第 5 期。

构性相统一的全球治理观。"[1] 在历史性原则的独特哲学立场和理论视野指导下，人类命运共同体思想深刻揭露了由发达资本主义主导的全球治理体系中的资本宰制逻辑，充分体现了对隐藏在全球治理体系背后的西方资本主义理性至上哲学思维的批判性超越和历史性重构。人类命运共同体思想要求否弃以往全球治理体系依靠强制性的普世范式来维持现状的做法，竭力化解全球治理体系的极端演化所造成的全球发展困境，寻求全球发展与国家利益之间矛盾关系的重新整合，以思想的张力和开放的空间为开创全球治理新局面提供了可能。

三、社会主义对资本主义超越中的人类命运共同体

历史唯物主义认为，社会主义取代资本主义是历史发展的总趋势，社会主义必然代替资本主义并不是一句口号，而是具有历史发展的规律性和必然性，但这一过程具有长期性和复杂性。近代以来人类社会的每一次进步，都伴随着对社会主义与资本主义关系认识的深化。社会主义对资本主义的超越在全球化时代下以新的形式——人类命运共同体——展开，对经济全球化的深入推进和人类利益的发展前景产生新的影响。正确认识社会主义对资本主义的超越性是构建人类命运共同体的前提性问题，发挥中国特色社会主义制度的优势是构建人类命运共同体实践的重要方面。

（一）社会主义对资本主义的替代关系

对社会主义与资本主义命运的清晰认知是构建人类命运共同体的一个重要前提。在马克思、恩格斯的经典文本中，社会主义与资本主义之间的关系是一种先后替代关系，资本主义先于社会主义产生，并将最终为社会主义取代。马

---

[1] 胡守勇：《人类命运共同体思想的思维逻辑》，《湖南社会科学》2022 年第 2 期。

克思、恩格斯认为，历史发展是一个不断向上的过程，人类将按照原始社会、奴隶社会、封建社会、资本主义社会和共产主义社会（社会主义社会的高级阶段）的序列前进，资本主义是社会主义的前一个发展阶段，社会主义是在资本主义发展到顶峰之后，取代资本主义的更高社会形态。

社会主义制度与资本主义制度之间的关系是替代关系而不是孕育关系。资本主义内部可能孕育社会主义因素，但所孕育的社会主义因素不是社会主义社会或社会主义制度本身，"社会主义制度"与"社会主义因素"是不同层次的范畴。不能把社会主义因素等同于社会主义制度，社会主义制度不会从资本主义制度内部中产生。社会主义因素在资本主义国家的积累，并没有也不可能根本改变资本主义社会的私有性质、政治制度和根本矛盾，但资本主义社会内部积累更多的社会主义因素，能够为社会主义制度的最终实现创造更多的客观条件。

社会主义因素孕育于资本主义社会内部符合马克思、恩格斯的思想。马克思、恩格斯认为，在资本主义内部可以发展和滋生社会主义的因素，在《共产党宣言》中就强调，"当人们谈到使整个社会革命化的思想时，他们只是表明了一个事实：在旧社会内部已经形成了新社会的因素，旧思想的瓦解是同旧生活条件的瓦解步调一致的"[1]。1871 年，马克思在《法兰西内战》中发展了这一思路："工人阶级不是要实现什么理想，而只是要解放那些由旧的正在崩溃的资产阶级社会本身孕育着的新社会因素。"[2] 马克思认为，工人阶级作为整个资本主义社会生产的主要实践力量却被无偿剥夺发展的生机，这种境遇使其具备成为革命阶级的巨大潜能，资本主义内部蕴含了社会主义因素，不断培育资本主义内部的社会主义因素并使之发展壮大，是摧毁资本主义的客观条件。从资本主义到社会主义的质变跨越，决不是一蹴而就的，而是必须以社会主义诞生

---

1 《马克思恩格斯文集》第 2 卷，人民出版社，2009，第 51 页。
2 《马克思恩格斯文集》第 3 卷，人民出版社，2009，第 159 页。

前所有阶段的生产力成果的不断积累这个"量变"为前提。如果不具备成熟的条件，"如果我们在现在这样的社会中没有发现隐蔽地存在着无阶级社会所必需的物质生产条件和与之相适应的交往关系，那么一切炸毁的尝试都是唐·吉诃德的荒唐行为"[1]。只有当资本主义内部带有社会主义性质的生产力要素和交往关系高度成熟以及资本主义社会内部的矛盾不可调和时，通过无产阶级革命，才能建立社会主义经济制度。

社会主义最终将取代资本主义已经成为马克思主义者的共识，但在资本主义是否能够孕育社会主义因素的问题上，列宁曾提出否定性观点。列宁提出，"资本主义社会内部不能孕育和形成社会主义因素"[2]这一观点。列宁指出，"社会主义革命和资产阶级革命的区别就在于：在资产阶级革命时已经存在资本主义关系的现成形式，而苏维埃政权，即无产阶级政权，却没有这样现成的关系，有的仅是那些实际上只包括一小部分高度集中的工业而很少触及农业的最发达的资本主义形式"[3]。在列宁看来，俄国资本主义社会并没有孕育出高度发达的社会主义因素，十月革命的成功在某种意义上只是历史发展的"偶然"。笔者认为，列宁关于"资本主义社会内部不能孕育社会主义因素"的思想，主要是针对当时俄国资本主义生产关系不发达的经济文化落后的国情而言的，并没有否认其他资本主义社会内部可以孕育和积累社会主义因素，甚至认为德国资本主义在形式上与社会主义有许多共同之处，因为"那里有达到'最新成就'的现代大资本主义技术和服从于容克资产阶级帝国主义的有计划的组织。如果把这些黑体字删掉，不要军阀的、容克的、资产阶级的、帝国主义的国家，同样用国家，然而是另一种社会类型、另一种阶级内容的国家，苏维埃国家，即

---

1 《马克思恩格斯文集》第 8 卷，人民出版社，2009，第 54 页。

2 参见赵家祥：《资本主义社会内部能够孕育和形成社会主义因素——澄清对马克思恩格斯思想的一种误解》，《北京大学学报（哲学社会科学版）》2008 年第 5 期。

3 《列宁选集》第三卷，人民出版社，2012，第 437 页。

无产阶级国家来代替，那你们就会得到实现社会主义所需要的全部条件"[1]。尽管列宁谈论的只是俄国资本主义社会没有孕育出社会主义因素的个案，也并没有据此得出资本主义社会内部不能孕育社会主义因素的一般性结论，但列宁的观点却被斯大林泛化解读。斯大林在《苏联社会主义经济问题》中谈道：苏维埃政权的特殊作用是由两种情形造成的：第一，苏维埃政权不能以一种剥削形式去代替另一种剥削形式，必须消灭任何剥削；第二，苏维埃政权没有现成的社会主义经济萌芽，必须在所谓"空地上"创建新的社会主义经济形式。[2] 斯大林意欲将社会主义建立在没有经济基础的"空中楼阁"之上，否定资本主义中能够孕育社会主义因素的可能性，这是对马克思历史唯物主义的背离。

马克思高度肯定资本主义发展为向社会主义的更高形态过渡奠定了物质和精神基础，资本主义内部能够孕育社会主义因素。但社会主义制度的建立，离不开无产阶级革命，无产阶级革命是资本主义社会内部矛盾发展的必然结果，是人类历史上最广泛、最深刻和最彻底的革命。

马克思在《法国工人党纲领导言》中明确指出，生产资料公有制即"集体占有方式，资本主义社会本身的发展为这种方式创造了物质的和精神的因素"[3]，但不能把建立社会主义制度的"物质的和精神的因素"说成是社会主义制度本身。与此相联系，马克思指出："无论哪一个社会形态，在它所能容纳的全部生产力发挥出来以前，是决不会灭亡的；而新的更高的生产关系，在它的物质存在条件在旧社会的胎胞里成熟以前，是决不会出现的。"[4] 马克思明确指明："新的更高的生产关系"在"它的物质存在条件"在"旧社会的胎胞里成熟以前"是决不会出现的。马克思还指出："这种集体占有只有通过组成为

1 《列宁选集》第四卷，人民出版社，2012，第493页。
2 参见《斯大林选集》下卷，人民出版社，1979，第542—543页。
3 《马克思恩格斯全集》第19卷，人民出版社，1963，第264页。
4 《马克思恩格斯文集》第2卷，人民出版社，2009，第592页。

独立政党的生产者阶级或无产阶级的革命活动才能实现。"[1]只有通过无产阶级革命，才能建立生产资料集体占有方式即社会主义经济制度。我们不能把作为"革命活动"思想武器的唯物主义历史观解释成无可作为的"宿命论"，进而取消"革命活动"本身。无产阶级革命的性质就是彻底消灭一切私有制、代之以生产资料公有制的革命。

（二）社会主义对资本主义的超越性

随着经济全球化日益增强，国际分工和专业化协作迅速发展，世界各国、各区域、各民族之间的经济与文化交流日益密切，形成了"你中有我、我中有你"的局面，并逐渐迈向休戚与共的人类命运共同体。在构建人类命运共同体的过程中，社会主义与资本主义既相互斗争又相互依存。人类命运共同体中的社会主义与资本主义之间"比权量力"的态势将长期共存，但我们要充分认识社会主义与资本主义的比较优势。

唯物辩证法认为，斗争性和同一性是矛盾的两种基本属性，两者缺一不可。资本主义与社会主义是人类社会发展到特定阶段的一对矛盾，它们一方面互相对立、斗争和否定；另一方面又彼此依存、渗透和利用。所谓对立，即在资本主义与社会主义这两种截然不同的社会制度和意识形态之间的相互排斥。资本主义以生产资料私有制为基础，意在建立一个剥削和奴役的社会，而社会主义是以生产资料公有制为基础的平等、公平的社会体系，两者之间的根本矛盾不可调和。资本主义必然灭亡与社会主义必然胜利，这是资本主义基本矛盾运动的必然结果，社会主义制度取代资本主义制度是人类社会发展不可抗拒的客观规律。所谓统一，是指资本主义与社会主义存在相互依存、相互渗透的一面。社会主义国家与资本主义国家之间必然要发生交往关系，这是资本主义与

社会主义国家的共同需求。社会主义国家要发展，绝不能闭关锁国、盲目排外，不可避免地要向发达资本主义国家学习先进的技术、管理和政治文化理念来弥补社会主义建设的短板，但这并不表明社会主义与资本主义的趋同。自社会主义诞生伊始，社会主义与资本主义之间的相互学习和渗透就从未停止。早在 20 世纪 40 年代，就有一种"趋同论"的错误观点流行于西方学术界。"趋同论"针对当时的苏联社会主义与西方资本主义相互学习的现象，认为资本主义与社会主义除去根本区别之外，在结构和成分方面将日渐趋近，并将最终融合成为一种新制度。历史唯物主义认为，社会主义对资本主义而言是对立关系的同时，也是递进关系，"对立关系"反映的是历史的共时态，"递进关系"呈现的是历史的历时态，二者在马克思的世界历史理论和人类社会表述中得到观照。马克思在分析资产阶级的生产组织和社会形式时已有类似的解读："人体解剖对于猴体解剖是一把钥匙。反过来说，低等动物身上表露的高等动物的征兆，只有在高等动物本身已被认识之后才能理解。"[1] 社会主义从资本主义孕育过渡而来，资本主义发展到高级阶段时显现出的局限性必然体现在历史发展的进程中。两种制度的差异性在社会发展的一定阶段已经明显显露，两种制度和社会形式的本质差异是对"趋同论"的有力辩驳。因此，我们要在认识社会主义对资本主义的超越性中构建人类命运共同体，应该充分认识社会主义特别是中国特色社会主义制度的比较优势。

中国特色社会主义的理论和实践彰显出无可比拟的制度优势，不仅是戳穿"历史终结论"理论迷思的利器，也在实践中开启了人类文明新形态和人类命运共同体构建的历史进程。中国的制度优势主要体现在政党制度、民主政治制度和经济制度上。

在政党制度上，中国共产党的领导优越于西方多党制。中国特色社会主义

1《马克思恩格斯文集》第 8 卷，人民出版社，2009，第 29 页。

的制度优势集中表现为坚持中国共产党的领导。中国共产党的领导不仅是中国特色社会主义最本质特征，也是中国特色社会主义制度的最大政治优势。在政党问题上，究竟是"一党执政"好还是"多党执政"好？人们对这一问题时有争论。西方世界流行着"一党执政是专制，多党执政才是民主"的刻板印象。西方有学者认为，只有多党制才能真正表达自由民主理念。但诸多以美国为"标杆"转型为多党制的国家都不可避免地走向失败，究其原因，看上去"民主"的多党制实质上是既不负责任又失之效率的多元主义政治，它在运转中面临着一系列现实困境：西方多党制的实施使和谐、完整、团结的社会被分割为若干利益集团，而非法政党组织的合法化加剧了极端民族主义、宗教主义与分裂主义引爆社会危机的风险，这些都严重损坏了社会的和谐与稳定，破坏了政府工作的延续性，最终陷入治理失灵的困窘境地。

中国共产党的领导之所以能够成为我们最大的优势，首先是由党的性质和宗旨决定的。中国共产党是中国人民和中华民族的先锋队，是为人民群众谋利益的党。为中国人民谋幸福、为中华民族谋复兴是我们党始终不变的初心与使命。相比于由资本喂养、为资本代言、对资本负责的西方政党，作为一个"使命型"政党的中国共产党没有自身私利，只有"天下为公"的心胸和情怀，这使得中国共产党能够一心为中国人民谋幸福、求发展，而不必为资本等外力左右，不至于卷入利益集团的争斗，沦为被资本所操纵的牟利工具。其次，中国共产党的全面领导能够"集中力量办大事"。中国共产党具有强大的号召力，坚实的群众基础、严密的组织和严明的纪律。为了充分发挥各级党组织和每个党员的力量，中国共产党在长期的探索中形成了一整套行之有效的制度和办法。相较于西方多党制的推诿扯皮、效率低下，作为"大脑"和"中枢"的党中央有"定于一尊、一锤定音"的权威，确保党中央在关键时刻能够做出高效、正确的决策，而从中央到地方的各级党组织和数千万党员，与国家的行政体制和社会管理深度交融，确保了党的各项决策在执行过程中能够做到"如身使臂，如臂使指，叱咤变化，无有留难"。这种强大的组织力和执行力，在抗击新冠肺炎疫情中得到了充分彰显，这正是西方许多国家"学不来"也"做不到"的优势所在。最后，党的领导具有连续性和一贯性。中国共产党的稳定执政最大限度地确保了国家大政方针的连续性和一贯性，而不至于陷入西方多党制下"人去政息"、相互攻击和否定的怪圈，使中国特色社会主义的发展成为一个各阶段相互独立又前后贯通的进程，真正践行了后代发展必然立足于前人创造的唯物史观，确保了建设中国特色社会主义、实现中华民族伟大复兴的事业能够接续奋进。

在民主政治制度上，"人民至上"优越于"资本至上"。中国特色社会主义的制度优势集中表现为社会主义民主的真实性和广泛性。20 世纪 90 年代，苏联解体一时间让不少西方学者弹冠相庆。在将"苏联模式"等同于社会主义的唯一模式并宣告其"死亡"后，他们迫不及待地宣称象征自由民主的资本主义制度已经臻于完美，福山的"历史终结论"也由此而来。但现实却不断给予"历史终结论"以痛击，西方的自由民主制的"完美性"与"普适性"不断遭遇质疑，所谓的自由、民主不仅在内部治理中充分暴露了其伪善、屠弱的一面，在向外部输出的过程中，也频繁遭遇各种水土不服。究其原因，"民主"是历史与传统的、经济与文化共同作用的产物，抽离这些具体现实谈论民主，就只能使"民主"成为一个抽象、空洞的"理念容器"，这是西方民主扩张不利、折戟沉沙的根源。"民主"的真正内涵是"主权在民"。根据这一标准，信奉"资本至上"的西方民主显然不是真正意义上的民主。在华尔街财团和石油资本的驱使与裹挟下，西方世界早已沦为金融寡头专政和寡头统治，所谓的西方民主在本质上是一种精英主义民主与金钱民主，普罗大众被排除在这种民主体制之外，人民的利益与需求被置若罔闻。在精巧的制度设计下，西方人民除了拥有一张看似神圣的"选票"，其实没有任何实质性的权力。"人民至上"是中国特色社会主义制度优于西方自由民主制的重要表现。资本主义曾因"民主"的口号而兴，而终以不能实现真正的"民主"而衰，这不能不让人为之警醒。在如何跳出兴亡周期率的问题上，中国共产党一贯的主张是依靠"真正的"民主，这意味着我们在制度设计和践行的过程中，能够始终坚持"人民至上"的原则。在中国特色社会主义制度下，民主具有西方所不具备的真实性和广泛性。中国共产党自成立以来，始终为实现人民民主而不懈奋斗，着力探索实现包括民主选举、民主协商、民主决策、民主管理、民主监督在内的全过程民主，使人民依法享有和行使民主权利的内容更加丰富、渠道更加便捷、形式更加多样。当前中国特色社会主义民主政治制度包括人民民主专政的国体、人民代表大会制度的政体、中国共产党领导的多党合作和政治协商制度、民族区域自治制度以及基层群众自治制度等，这些制度构成了我国社会主义民主政治制度的基本框架，为实现人民当家作主提供了最有力的制度保障。中国特色社会主义民主因为符合多数人的意愿而不断发展壮大，是最广大人民的民主，体现着最广大人民的根本利益。中国特色社会主义民主政治制度优势是西方所谓的自由民主政治制度所不能比拟的，也是"历史终结论"无法预见的。

在经济制度上，"有效市场＋有为政府"优越于自由放任市场。中国特色社会主义的制度优势集中表现为对"有效市场＋有为政府"模式的开创和运用。西方有学者在经济上断言新自由主义主导的自由市场经济是通行于世界的"最优解"。但新自由主义经济体制并未使西方国家走向整体繁荣，反而在资本逻辑的把控下出现了难以遏制的全球金融危机、欧洲主权债务危机、难民危机和社会安全危机等严重的社会问题。在苏东和拉美地区留下了一地鸡毛之后，"新自由主义"也不得不退回自己的老巢，默认其理念的失败。究其原因，自由放任市场必然成为资本狂欢的舞台，在资本主导的私有化、自由化和市场化的进程中，只有资本家和买办政府能够从中受益，而普通百姓则需要为日益上涨的物价、高昂的公共服务、动荡的社会治安买单。相比于"自由市场"，中国特色社会主义经济制度的优势则体现为"两条腿走路"，这一制度的内核是

"有效市场＋有为政府"：一方面善用市场，充分尊重和着力发挥市场在资源配置中的基础性地位，以市场自发调节的力量带动各种生产要素的合理流动和优化配置，提升生产效率；另一方面善用政府的力量，以政府部门的宏观调控对自由任性的资本逻辑做出必要的约束，对国民经济的健康发展做出科学规划和指导，从而避免生产过程中的盲目和无序，最大限度地减少了资源的浪费，防止市场陷入"失灵"的窘境。中国特色社会主义经济制度是伟大的理论创新，它打破了将资本主义等同于市场经济、社会主义等同于计划经济的思维定式。"有效市场＋有为政府"的经济发展模式通过科学处理政府和市场的关系，将"看不见的手"和"看得见的手"有机结合、共同发力，使其超越了自由放任市场经济的局限，成为推动实现"中国奇迹"的经济引擎。"两条腿走路"使中国的经济走得更稳，也更具抵御内外风险的能力，西方经济的萎靡不振与中国经济发展的迅猛形成了鲜明对比，其中当然既有中国作为后发现代化国家"红利"的因素，但很大程度上也要归功于中国敢于跳出"新自由主义"的陷阱，走出了一种真正适合中国国情、符合社会主义建设和发展客观规律的经济制度。

改革开放以来，中国共产党带领中国人民仅用几十年的时间就走完发达国家几百年走过的工业化历程，创造了经济快速发展和社会长期稳定两大奇迹。坚持和发展中国特色社会主义是改革开放以来党的全部理论和实践的主题，也是我们能够战胜一切艰难险阻的根本原因。蓬勃向上、繁荣发展的中国特色社会主义向世界证明，"历史"远未到达"终结"之时。充分发挥中国特色社会主义的制度优势，不断坚持和完善中国共产党全面领导下的民主政治和经济制度，沿着中国式现代化道路坚定不移地走下去，我们就一定能实现中华民族的伟大复兴，为开创人类文明新形态以及人类命运共同体进程充分赋能。

当然，在充分认识中国特色社会主义的制度优势中，也要吸收和借鉴资本主义的长处。我们所说的社会主义的优越性，是指社会主义在理论上是相对于资本主义的高级发展阶段，社会主义理应比资本主义具有更高的生产力发展水平和更发达的政治文明进程。当今世界主要社会主义国家在建立之时都处于生产力不发达甚至是较为落后的发展阶段，这就意味着社会主义必须经历一个生产力发展的积累阶段。与此同时，资本主义经历数百年的发展，在生产力发展水平等方面暂时领先于社会主义，这决定了社会主义在构建人类命运共同体过程中从资本主义汲取先进生产力等成果的必要性。邓小平同志指出，"社会主义要赢得与资本主义相比较的优势，就必须大胆吸收和借鉴人类社会创造的一切文明成果，吸收和借鉴当今世界各国包括资本主义发达国家的一切反映现代社会化生产规律的先进经营方式、管理方法"[1]。我们不应妄自菲薄，但也绝不可妄自尊大，将发展的希望完全寄托于自我封闭的自力更生。构建人类命运共同体必须实事求是地正视社会主义与资本主义之间的阶段性差距，认真学习借鉴、吸收消化资本主义世界的先进文明成果，使之服务于社会主义生产力的发展。在认识社会主义对资本主义的现实超越中，要坚持基本原则和底线。如果只强调社会主义与资本主义合作的一面，对资本主义本着一团和气、相安无事的态度，完全抛弃原则和立场，忽略社会主义与资本主义之间的区别和斗争之处，模糊社会主义与资本主义之间的界限，容易导致被资本主义同化的危险。随着人类命运共同体构建实践的不断推进，社会主义与资本主义之间的合作将朝着更高、更广和更深的方向发展，这要求社会主义在与资本主义的合作中必须坚定马克思主义的理想信念，坚守社会主义制度和社会主义道路的底线，在大是大非和原则性问题上绝不让步，与资本主义在互相竞争和有条件的合作中凸显中国特色社会主义制度的优越性。

（三）在"超越"中明晰构建的方向

正确认识社会主义对资本主义的超越性并处理好二者之间的关系，在人

---

1 《邓小平文选》第三卷，人民出版社，1993，第373页。

类命运共同体的构建层面意义重大。正确认识社会主义对资本主义的超越性，有利于我们进一步明晰人类命运共同体的构建方向。构建人类命运共同体是科学社会主义在当代社会的实践指向，而通往"自由人联合体"则是构建人类命运共同体的根本方向。社会主义取代资本主义是历史发展的客观规律，人类命运共同体中的社会主义力量经过较长时间的发展，必将最终战胜并取代资本主义，从而推动人类社会进入每个人自由而全面发展的"自由人联合体"的阶段。

构建人类命运共同体的核心任务在于发展生产力。马克思在《〈政治经济学批判〉序言》中指出，"无论哪一个社会形态，在它所能容纳的全部生产力发挥出来以前，是决不会灭亡的；而新的更高的生产关系，在它的物质存在条件在旧社会的胎胞里成熟以前，是决不会出现的"[1]。在构建人类命运共同体的进程中，生产力的发展理所当然成为社会主义国家聚力推进的中心任务。社会主义运动史也无可辩驳地证明了任何偏离促进生产力的发展路线最终都将招致失败。邓小平同志在总结社会主义建设正反两方面经验的基础上明确指出，社会主义的本质就在于解放和发展生产力，并强调要坚持以经济建设为中心，一百年不动摇。构建人类命运共同体与实现社会主义本质面临发展生产力的同一任务，人类命运共同体应当将国内与国际两个市场、当前战略与长远战略、一国社会主义运动与世界社会主义运动充分统筹起来。在构建人类命运共同体的进程中，社会主义不仅要担负发展本国生产力的任务，还要协同其他参与主体共同发展生产力，实现全球生产力的整体进步。

不同于社会主义在构建人类命运共同体中的积极姿态，资本主义对人类命运共同体的参与目前更多地体现为"被动的卷入"。西方世界对于人类命运共同体的评判带有鲜明的地缘政治思维，根据东西方社会发展思想的交流经验，

---

1 《马克思恩格斯文集》第2卷，人民出版社，2009，第592页。

西方世界对人类命运共同体思想一般要经历抵触排斥、困惑犹疑，再到接纳承认的心理建设过程。人类命运共同体思想要想真正为资本主义世界所接纳，促成资本主义从被动参与转为主动构建，必然需要经历很长的时间，这是由资本的趋利本性决定的。全球化在拓展资本主义世界内部交往的同时，也开拓了一个前所未有的、涵盖社会主义的世界市场。对于资本而言，市场意味着利润，构建人类命运共同体将开拓更大的世界市场。一旦资本从构建人类命运共同体中尝到"甜头"，它就会不顾一切地参与进来，将人类命运共同体视为获取更大利润的新契机，资本本身的逐利本性是秉持对立式发展思维的资本主义国家所无法控制的。同时，资本主义世界参与构建人类命运共同体对其生产力的发展也将产生积极影响。发展社会生产力虽不是资本开拓市场的直接目的，却是资本获取更多利润的必要手段。只有不断提升生产力，资本才能在激烈的竞争中始终保持活力，在世界市场上攫取更多利润，这将在客观上推动世界整体生产力的发展和进步，为通往"自由人联合体"创造必要条件。

构建人类命运共同体的根本指向在于彰显人民主体地位。资本主义国家与社会主义国家的本质区别在于生产资料的所有制形式，前者实行生产资料私有制，生产资料归资本家个人所有；后者实行生产资料的社会主义公有制，生产资料归全民和劳动群众集体所有。唯物史观认为，经济基础决定上层建筑，资本主义与社会主义在生产资料所有制形式上的根本区别决定了它们在国家权力分配、权利归属以及运转方式上的差异，进而规定了两种不同类型的国家建构方式与发展道路。在以资本主义国家为参照系的比较中，最突显的是中国特色社会主义道路对人民主体地位的坚守，这一道路真正践行了"发展为了人民、发展依靠人民、发展成果由人民共享"的国家建构原则。中国特色社会主义道路对人民主体地位的彰显为人类命运共同体提供了构建的基本方向。

关于人民主体地位问题，学者们主要从两个方面进行阐释：一是指明中国特色社会主义理论体系中的人民主体思想同马克思主义的内在关联；[1]二是揭示人民主体同人民群众、共产党与社会主义国家的内在关联。[2]笔者认为，在以资本主义为参照系的比较中，中国特色社会主义作为一种社会主义的具体形态，其人民主体地位的彰显必然依赖于现实国家的建构，体现在国家建构的全过程之中。

首先，从国家建构的出发点来看，社会主义国家始终致力于保障人民的最根本权益。资产阶级绝不可能出让自身的主导地位以保障人民的基本权利，因为主导地位的出让意味着财富分配权力的丧失，这与资本追求财富最大化的本性不相符合，"人格化"的资本只会采取不同的方式不断地巩固自身的统治地位，以便更好地掠夺社会财富。资产阶级对财富积累的渴望，使得社会财富必然逐渐聚集到少数人手中，而大多数人民群众将不可避免地沦为资本家获取利润的工具。马克思曾从生产方式的角度对资本主义具有迷惑性的统治方式进行了深刻揭露，撕下了笼罩在资本食利本性之下的神秘面纱。德国学者于尔根·科卡曾说，马克思较少使用"资本主义"一词，"但他对资本主义生产方式的论述非常详尽、有力，他对资本主义的解读极大地影响了后世，令其他学者望尘莫及"[3]。马克思对资本主义发展一般规律的揭示，为后世洞悉资本主义的统治方式提供了思想武器以及批判利刃。在他看来，资本主义的统治无法保障人民的基本权利，人民处于被剥削的地位。马克思在《资本论》中引用《评论家季刊》的一段话来说明资本对利润的渴求是疯狂的，"如果有 10% 的利润，它就保证到处被使用；有 20% 的利润，它就活跃起来；有 50% 的利润，它就铤而走险；为了 100% 的利润，它就敢践踏一切人间法律；有 300% 的利润，

---

1 参见蒋菊琴、董显堂：《中国特色社会主义理论体系的人民主体思想研究》，《当代世界与社会主义》2009 年第 5 期。

2 参见罗文东：《人民主体观与中国特色社会主义》，《江汉论坛》2011 年第 5 期。

3 [德] 于尔根·科卡：《资本主义简史》，徐庆译，文汇出版社，2017，第 8 页。

它就敢犯任何罪行，甚至冒绞首的危险"[1]。正是受资本贪婪本性的驱使，资本主义国家不可能将守护和捍卫人民权利置于第一优先的地位，资本永无止境的扩张欲望以及永不满足的获利欲求甚至使其将贫苦大众的生存权利置若罔闻。而社会主义国家建立的初衷就是为广大无产阶级求解放，为人类求自由，因而人民的利益必然构成其存续的出发点，也是其发展的内源动力以及生命活力之所在。同资产阶级占统治地位的资本主义国家不同，中国开辟的社会主义道路致力于保障最广大人民的根本权益，视广大人民为国家主人，行使国家权力、管理社会事务，坚信人民是维护整个社会主义国家稳固的根基，是社会持续稳定健康发展的主导力量，是历史的创造者。中国特色社会主义道路建设的"出发点"，为构建人类命运共同体明确方向提供了基本立足点。

其次，从国家建构的过程来看，人民不是社会发展的被动接收者而是主动参与者。在资本主义国家，人民群众也会参与社会的建设与发展，从根本上来说也构成推动社会发展的动力，但其参与社会发展的过程并非主动选择的结果，而是出于维持基本生存的需要。当自给自足的小农经济瓦解之后，他们被迫走进工厂，成为机器的附庸，沦为整个资本主义大厦的一块垫脚石。资本主义国家在资本逻辑的主导下，将资本的"吸血鬼"本性发挥到极致，使占人口大多数的人民群众处于少数资本家的统治与奴役之下。在社会主义国家，人民是社会主义的建设者，他们不是被历史的车轮裹挟着向前，而是主导着自己的命运与未来。他们能够充分发挥自身的能动性、创造性，积极参与社会主义建设和改革的实践活动，为改变社会面貌作出积极贡献。中国人民在推翻三座大山、实现民族独立和人民解放的革命过程中发挥了关键作用，他们使积贫积弱的旧中国站了起来，并积极融入改革开放的历史洪流继续用自己勤劳的双手和蓬勃的智慧绘就中国社会主义发展的蓝图和前景。正是在践行中国特色社会主

---

1 《马克思恩格斯文集》第 5 卷，人民出版社，2009，第 871 页。

义道路的过程中，人民获得了社会建设的参与感，在目睹社会发展成就的过程中收获了幸福感。中国特色社会主义道路建设的过程性特征，为构建人类命运共同体提供了如何"展开"的依据。

再次，从国家建构的最终结果来看，人民是社会主义国家发展的直接受惠者。社会财富在资本主义国家最终都将汇聚于资本家的私囊，从而导致严重的社会两极分化，即大部分的社会财富被少数人占有，社会贫富分化不断加剧，影响国家的整体稳定。在社会主义国家，人民不是创造财富的工具，无须在资本逻辑的主导下服从于工具理性的控制，也从未被隔离于社会总体劳动成果的分配体系之外。相反，人民能否从社会发展中获得实质性的实惠是检验整个国家机构运转是否成功的标尺。习近平同志曾指出，"检验我们一切工作的成效，最终都要看人民是否真正得到了实惠，人民生活是否真正得到了改善，人民权益是否真正得到了保障"[1]。在社会主义的中国，人民是国家发展成果的直接受惠者，能够真正共享社会的发展成果。而所谓"共享"，就是在秉持公平正义原则的基础上保障人民的合理、合法权益，让社会发展的成果不被少数人垄断或占有，而是惠及最大多数人民群众。虽然在具体执行的过程中，由于社会构成的复杂性，很难同时兼顾不同阶层、利益主体的多元诉求，但将占人口绝大多数的人民的合理、合法权益置于首位，不遗余力地维护人民群众的利益诉求始终构成中国特色社会主义道路践行的首要准则和根本落脚点。中国特色社会主义道路建设的"结果"指向，为构建人类命运共同体提供了归属导向。

无论是社会主义的主动建构，还是资本主义的被动参与，都将对人类命运共同体的构建产生巨大的推动作用。"中国提出构建人类命运共同体理念，是一个主张不同社会制度、不同意识形态、不同历史文明、不同发展水平的国家求同存异、包容发展的新的全球观，是在无法解决这些挑战的资本主义体系之

---

1 《十八大以来重要文献选编》（上），中央文献出版社，2014，第 698 页。

外的一种新的选择，充分显示了中国共产党和中国人民的博大胸襟和使命担当，充分体现了中国的国际话语权和中国智慧、中国主张。"[1]在全球化深入发展的时代趋势下，社会主义与资本主义绝非孤立的存在和发展，它们之间不可避免地会发生频繁的交往，两种社会形态和制度之间的本质差异也将在交往中发生交融、交锋。"站在 21 世纪的历史地平线上，以构建人类命运共同体的视域观察'两制共处'问题，可以从和平与发展的时代观、世界历史的交往论、对立统一的矛盾论、事物发展的过程论、合作共赢的价值论、主体选择的决定论、国际关系博弈论等多方面展开思考，同时必须充分认识两制并存的长期性、人类面临矛盾的复杂性、各国社会发展道路的多样性。"[2]

四、全球现代性问题与人类命运共同体智慧[3]

肇始于启蒙运动的现代性发展已然历经了从现代性方案到全球现代性危机的嬗变之路，全球化的推演与资本主义现代性的扩张相辅相成，由西方资本主义主导的现代性进程及其衍生的矛盾困境在全球化时代被无限放大，对人类社会的发展前途和人的生存境遇带来不可回避的负面影响。追溯全球现代性问题之源起，其问题之根本症结在于启蒙运动构想的现代性方案及其开启的资本主义世界秩序。启蒙理性内蕴瓦解封建神学压制的力量和萌生"自我筹划"现代性的潜能，呈现出自相分裂的辩证特性，表现在理性领域就是以创立精准求真系统的工具理性与衡量人存在目的根本原则的价值理性之间的分离，两种关乎人的存在意义和命运的理性尺度在与资本主义运行逻辑的结合中必然导致工具理性对价值理性的覆盖，形成了同一性的自由理性现代社会，进而引出西方思

1　释清仁：《构建人类命运共同体的理论与实践研究》，人民出版社，2022，第 43—44 页。

2　孙来斌：《人类命运共同体视域下的"两制共处"问题》，《马克思主义与现实》2022 年第 2 期。

3　参见刘同舫：《全球现代性问题与人类命运共同体智慧》，《福建论坛（人文社会科学版）》2019 年第 9 期。

想家激烈争论的"韦伯问题",即资本主义现代性之合理性发展的根本动力是什么? 人类社会未来的现代性发展指向何处? "韦伯问题"在全球化时代不断发酵,现代性的矛盾困境俨然沾染了全球范围内复杂多维的矛盾关系,资本主义宰制的"虚假的共同体"难以根除全球现代性的痼疾。这一时代困境衍生出更深层次的问题亟待回答:人类理性的内在矛盾能否清除? 人类如何共同生活? 马克思所预想的"真正的共同体"如何构建? 进入"强起来"时代的中国特色社会主义,将解决自身的现代性发展问题同应对全球现代性危机统筹考虑,创造性提出并持续性推进马克思现代性方案的当代实践——构建人类命运共同体,将复杂的现代性社会结构与人类社会的发展命运结合起来,既推动了中国特色社会主义现代化进程的伟大事业,又为人类社会的未来进路指明了方向。

(一) 从现代性到全球现代性的演进历程

回归还是反思、推进还是抵制启蒙运动所提出的现代性方案,至今仍是学界争论的焦点。厘清启蒙运动以来文明演进的历程和发展轨迹,对现代性的生成、发展和变化进行反思,并不意味着完全否定以往现代性的合理成分,也不因为现代性内含的不可抵抗性冲突而弃绝现代化的继续推进,而是意在澄清现代文明发展至今出现的全球现代性问题的根源和症结所在。

1. 启蒙运动开启了现代性发展的序幕

15—18 世纪的欧洲在历经地理大发现、文艺复兴、宗教改革和科学革命等几大历史性事件的洗礼之后逐渐崛起,率先进入现代社会。"现代"独立于"传统"的"分水岭"问题关涉对于现代性的界定,现代性在时间意义和观念意义上的本质性规定问题在西方学界存有争议。黑格尔曾深刻体验到传统与现代的断裂,他在《精神现象学》"序言"中饱含热情地写到,"我们的时代是一个充满创造力的时代,一个向着新时期过渡的时代。精神已经与这个延绵至今的世界决裂，不再坚持它迄今的实存和表象活动，而是打算把这些东西掩埋在过去，并着手进行自我改造"[1]。黑格尔在此把现代性视为"精神"的决裂，是对中世纪传统观念的彻底拒斥，将被湮灭的主体意识重建于理性话语的激活中，从而开启了自我意识的崛起与决定他者的意向之间思辨运动的现代性。哈贝马斯曾经划定出现代社会开始的起始点，"1500 年前后发生的三件大事，即新大陆的发现、文艺复兴和宗教改革，则构成了现代与中世纪之间的时代分水岭"[2]。与哈贝马斯持不同观点的齐格蒙特·鲍曼曾在《现代性与矛盾性》一书中发问，"现代性源于何时？这是一个有争议的问题。在具体的日期上根本没有一致的看法。在推算上意见也不尽相同"[3]。现代性的生发沉潜在历史的深处，追溯至漫长的中世纪"断裂"的初期，方才可察觉出 18 世纪的启蒙思想开启了与中世纪彻底"决裂"的"现代性方案"。[4]因为这一时期的社会相较于传统社会，已经具有了崭新的"工业文明性"或"工业文明特质"特征与属性；资本主义生产方式的出现使得经济领域、政治领域和文化领域都出现了有别于前现代的根本性变化。现代性绝不仅仅是一种时间维度上的年代断裂，更应是启蒙精神的想象性建构和本质性弘扬，是主体性的觉醒。由此可见，现代性既是现代化过程的必然结果，是在现代化过程中生成的特征与属性；又是现代化过程的根本动力，它设想并允诺了社会发展的理想形态，关切生活世界中社会秩序的变更与重建，敦促社会发展形态从传统向现代转型。从传统向现代的转型，标志着社会发展形态的演化和进步。

启蒙运动开启了现代性发展的序幕，成为现代性方案的"摇篮"，在凸显现代性力量的过程中起着至关重要的作用。理性是启蒙思想家力求颠覆传统宗教礼法而取代上帝的最高准则，也是启蒙运动施行现代性方案的理论轴心。为

---

1 [德] 黑格尔：《精神现象学》，先刚译，人民出版社，2013，第 7 页。

2 [德] 于尔根·哈贝马斯：《现代性的哲学话语》，曹卫东译，译林出版社，2004，第 6 页。

3 [英] 齐格蒙特·鲍曼：《现代性与矛盾性》，邵迎生译，商务印书馆，2013，第 6 页。

4 参见刘同舫：《马克思人类解放思想史》，人民出版社，2019，第 4 页。

了驱逐世间蒙昧迷信的迷雾，创造"属人"的现代社会，启蒙哲学高举"理性至上"的大旗，声称理性能使人类改造甚至征服大自然，在理性的运动中解除了为人提供存在基础和依据的自然界及上帝力量，如康德认为启蒙就是"要有勇气运用你自己的理智"[1]。启蒙思想家将理性视作促使人类社会全面进步的历史力量，认为随着知识的传播和积累，人的理性终会摆脱专制主义的束缚，人类历史也将驶入不断进步的现代性理想社会境地。启蒙理性对知识的关注本质上体现人对知识及工具力量的渴求，以使社会在知识理性或工具理性的控制下进行高度精确的程序运行。对于如何通过加强知识传播以彰显理性光辉，启蒙思想家一致肯定现代科学技术对社会进步和人类幸福的滋助力量，相信科学世界观能取代宗教神学世界观，科学知识模式能重建社会秩序，他们期望通过推崇科学的精神气质来塑造现代社会的思想风尚和人文研究。

从启蒙运动的现代性方案和实际的现代化发展进程来看，现代性所允诺的理想社会形态与现实的现代化过程之间存在明显差距甚至逐渐发生背离。启蒙运动的发展不断走向片面化，"理性至上"漠视价值理性，将理性和现代性的全部内涵窄化为"数字""算计""公式"等工具理性。最具代表性的是法兰克福学派代表人物霍克海默与阿多诺所提出的"启蒙辩证法"，他们认为，"数字成了启蒙精神的准则"[2]，因此，"对启蒙运动而言，任何不符合算计与实用规则的东西都是值得怀疑的"[3]。"科学万能论"推举科学技术是解决所有社会问题的力量，无视科学技术在人类终极存在价值等问题中具有难以限定边界的风险，也无视其在全面胜任"进步"概念之统一范式的限度，从而同样导致现代性的发展倒向片面化。启蒙运动的现代性方案引发学者思考，在《新教伦理与资本

1　[德] 康德：《历史理性批判文集》，何兆武译，商务印书馆，1990，第23页。
2　[德] 马克斯·霍克海默、西奥多·阿多诺：《启蒙辩证法——哲学断片》，渠敬东、曹卫东译，上海人民出版社，2006，第5页。
3　[德] 马克斯·霍克海默、西奥多·阿多诺：《启蒙辩证法——哲学断片》，渠敬东、曹卫东译，上海人民出版社，2006，第4页。

主义精神》一书中，马克斯·韦伯在合理性意义上展开了对现代性问题的思考，他指责由启蒙运动衍生出的工具理性强权在现代化过程中引致的消极后果，但他并未因严厉抨斥工具理性的现代化演奏而主张终止它，而是将工具理性视为启蒙理性的合理因素，进而得出"合理资本主义"的经典命题，即工具理性驱动下的西方近代资本主义社会具有合理性。这一命题后来被学界称之为"韦伯之问"[1]。但对后发展的现代化国家和地区而言，绝不能将"韦伯之问"停留在理解过去的历史过程，而是应该追问具有鲜明未来指向性的递进问题：什么样的现代性才是应该去追求的？现代化路径究竟是单一的还是多元的？

在马克思看来，现代性是发展的辩证法，是一个矛盾的综合体。在肯定现代性正面效应的同时，他对现代性的负面作用秉持批判态度。马克思、恩格斯肯定了现代性的积极意义，如《共产党宣言》开篇就对资本主义生产力的巨大作用进行了生动描述，本质上也是对现代性辉煌进行的肯定，资本主义生产力发展的过程就是现代性展现的过程。"资产阶级，由于一切生产工具的迅速改进，由于交通的极其便利，把一切民族甚至最野蛮的民族都卷到文明中来了……它按照自己的面貌为自己创造出一个世界。"[2]这里的"一个世界"就是资本全面统治的世界，即由资本主义开创的"现代社会"或"现代历史"。马克思、恩格斯的著作中虽然没有明确出现"现代性"这一命题和范畴，但可以明显看出其论述深刻揭示了现代性的鲜明特征及其价值意义，认为现代性是历史的必然，对人类文明进步具有正向作用。马克思在深入接触现实物质生活的过程中逐渐跳出启蒙视域的理性构想，揭穿了资本主义现代性虚假的意识形态

---

1 "韦伯之问"是指德国社会学家、历史学家、经济学家和政治学家马克斯·韦伯，毕其一生的学术生涯孜孜不倦地寻求类似的答案：为什么工业革命发生在英国，而不是发生在曾经最早孕育过资本主义萌芽的中国？"韦伯之问"在学界引发了大范围的讨论，韦伯在第一次世界大战中又撰写《诸世界宗教的经济伦理》(1916—1919)，将研究视野扩展到了各大世界文明的比较研究。原初的"韦伯之问"置换为全新的命题：为何在世界其他地方的文明，没有出现过类似西方近代的"合理资本主义"？这一问题如果放入历史的纵向对比框架中来进行考察，就会发现其实质，即现代化的基本动力是什么的问题。

2 《马克思恩格斯文集》第 2 卷，人民出版社，2009，第 35—36 页。

和普遍理性的交往形式，为站在历史唯物主义的哲学立场上解剖资本主义现代社会提供了批判性与建构性相融合的全新视野。因此，处于前现代形态的国家和地区应该积极融入现代化进程以获得进步，他们这一看法符合历史发展的规律。

2. 从现代性方案反思到全球现代性困境

19世纪，启蒙运动的理性至上逐渐演化成为笃信"科学万能"的科学主义思潮，笃信科学技术能够解决一切人类社会问题。但1914年爆发持续至1917年结束的第一次世界大战，彻底击碎了科学万能的"迷梦"，在这次世界大战中，人类通过科学技术进步所发明创造出的高科技武器使得屠杀彼此的能力和效率超出了以往历史上的任何一场战争。战后从欧洲考察回国的梁启超在《欧游心影录》中就介绍了欧洲人认为的科学万能的"迷梦"在战争中被打破的观点，他由此强调中国固有的价值和精神文明的美好。可见，人们深切感受到这场战争带来的巨大创伤，开启了对启蒙理性至上和科学万能等现代性方案的深刻反思。

启蒙运动所开创的现代性方案走向了科学的反面，现代社会越来越发展成为对科学理性和技术性知识抽象原则的依赖，将不符合科学理性体系标准的人及其目的视为对立面而进行同化或排除，马克斯·韦伯认为其中的症结在于工具理性全然覆盖了价值理性。在《以学术为业》的演讲中，韦伯提出了价值的"诸神之争"，认为不同价值之间无法通约，甚至处在永恒冲突、张力和撕扯之中。韦伯将不同领域各自的"价值合理性"确立为现代性与合理性天然联系的标志，但他只是纠缠于对工具理性矛盾视域的分析，并未深入探查现代社会的病灶。韦伯也揭示了现代性的后果及其对人类命运的影响这一实质性问题，引起了社会理论家对现代社会问题的剖析。哈贝马斯认为韦伯之所以对工具理性的态度并不明确，源于他对科学技术的误解。在《作为"意识形态"的技术与科学》一书中，哈贝马斯将科学技术视为与传统意识形态相区分的现代性新型意识形态，指出科学技术"同以往的一切意识形态相比较，'意识形态性较少'，因为它没有那种看不见的迷惑人的力量，而那种迷惑人的力量使人得到的利益只能是假的"[1]，认为科学技术自身的反思意识能够保障工具理性健康合理的发展，而工具理性强权问题应归结于传统的带有压抑和奴役人功能的科学理性意识形态之中，仍未认识到科学与理性的关系问题是解决现代性矛盾的根本母题。

马克思在肯定现代性积极意义的同时也切中肯綮地剖析和批判了现代性的现实问题。在《共产党宣言》中，马克思、恩格斯在高度肯定了资本主义生产力和资本主义现代性创造的辉煌成就之后，紧接着也深刻揭示了其产生的沉重灾难和恶果，"资产阶级的生产关系和交换关系，资产阶级的所有制关系，这个曾经仿佛用法术创造了如此庞大的生产资料和交换手段的现代资产阶级社会，现在像一个魔法师一样不能再支配自己用法术呼唤出来的魔鬼了……社会突然发现自己回到了一时的野蛮状态；仿佛是一次饥荒、一场普遍的毁灭性战争，使社会失去了全部生活资料；仿佛是工业和商业全被毁灭了"[2]。随着资产阶级的壮大和资本逻辑的发展，无产阶级即现代工人阶级也同样得到了发展，但这种发展需要前提条件，即现代工人只有找到工作的时候才能生存发展，找到工作又是以他们的劳动得以转化为增殖资本作为前提，而出卖劳动力的工人"像其他任何货物一样，也是一种商品，所以他们同样地受到竞争的一切变化、市场的一切波动的影响"[3]。这是资本主义现代性导致工人阶级异化的内在逻辑。最终，马克思追溯并揭露了隐藏在资本主义现代理性背后的"物质"动因——资本，在他看来，"资本不是物，而是一定的、社会的、属于一定历史社会形态的生产关系，后者体现在一个物上，并赋予这个物以独特的社会性

---

1 [德] 尤尔根·哈贝马斯：《作为"意识形态"的技术与科学》，李黎、郭官义译，学林出版社，1999，第69页。

2 《马克思恩格斯文集》第2卷，人民出版社，2009，第37页。

3 《马克思恩格斯文集》第2卷，人民出版社，2009，第38页。

质。资本不是物质的和生产出来的生产资料的总和"[1]。马克思把资本作为现代性的本质范畴，基于现代市民社会与国家相分离的理论基础，从批判国家抽象统治转而揭示市民社会的内部矛盾，披露隐藏在其中的深层理性观念，从而"把对启蒙理性及现代性的批判转化为对资本逻辑、资本主义生产方式的批判性重构，把对启蒙理性及现代性种种弊端的克服转化为对资本主义私有制的超越"[2]。

马克思对现代性方案的辩证分析不仅关切"资本现代性"的经济学意义，而且涵涉资本主义现代性的总体历史进程和全球性困境，经历了从异化的现实逻辑到商品拜物教抽象逻辑再到资本全球化统治的深刻考辨之进路。马克思首先指出作为人的"类本质"的物质生产劳动在现代性社会中被异化成物的本质，揭示异化产生的根源是资本主义私有制；唯物史观的确立使马克思对资本主义现代性的批判重心发生了从抽象"类本质"向现实社会关系的转移，他着重揭示"人格的物象化"的拜物教性质，伴随着对资本主义社会关系的深入解剖，由商品拜物教导向资本拜物教，直指整个资本主义的生产制度和全球化逻辑。在资本主义的现代性进程中，尽管资本演进的主导形态不断翻新，但其最大限度地追求剩余价值的逐利本性没有改变，资本在追逐利益的过程中极力推动社会生产力的全球范围扩张，不断聚敛全球范围的有利资源，资本逻辑同一的"全球性抽象"[3]统治势必造成人们置身于"商品—货币—资本"的符号式现代性生活图景，而这归根结底在于"生产的社会化"与"生产资料资本主义私人占有"之间矛盾的全球性激化。

---

1 《马克思恩格斯文集》第 7 卷，人民出版社，2009，第 922 页。

2 刘同舫：《启蒙理性及现代性：马克思的批判性重构》，《中国社会科学》2015 年第 2 期。

3 按德里克自己的指认，资本主义现代性的当代表现是"全球性抽象"：资本主义已经发展至全球资本主义阶段，资本主义占据了全球现代性发展模式的绝对优势地位，也支配全球政治经济文化等国际社会关系的秩序重组，在资本主义的发展史上第一次脱离了其在欧洲的特定的历史起源，表现为真正"全球性的抽象"（参见胡大平：《后革命氛围与全球资本主义》，南京大学出版社，2002，第 14 页）。

（二）共同体的重塑与全球现代性危机的化解

资本逻辑"霸权"及其全球化扩张，正是现代性本身辩证特性的写照，也是马克思批判资本主义现代性的辩证法与生存论前提。全球现代性的危机逐渐体现为科学技术发展的无边界性与伦理规范的无底线性之间的矛盾，对能源开采的无节制性与环境破坏的不可逆性之间的矛盾，人在对物质需求得到空前满足的同时却被资本牢牢主宰，且人被资本宰制的现实游移于人的意识之外。人类创造了现代性，但生活在"地球村"里的人们却处在一个由"陌生人"构成的迷失的共同体中。现代性是未竟的事业，全球现代性更是处于未完成状态。"现代社会的到来是以解构传统共同体为代价的，但现代人并未因此而获得真正的自由，反而陷入共同体与自由双失的'现代性危机'之中。"[1] 如何在变动不居的危机中设定界限，对全球现代性逻辑加以警惕与限制的相关议题，已经引发了国内外学者的广泛讨论。其中，西方学者对全球现代性危机进行了理论回应，提出了重塑真正"共同体"的多种拯救方案，但这些理论设想具有明显的立场偏向和先验预想，不能真正解决全球化时代的现代性问题。共同体价值观构成共同体重塑与全球现代性危机化解的重要维度，蕴含人类对世界性共同价值的追求和向往，共同价值的提出与建构裨益于消解以价值相对主义和普世价值为主要表征的价值争议，形塑人类命运共同体的科学价值观，从而实现对共同体价值观的历史性塑造。

1."陌生人"构成的现代工业文明社会的形成

现代性的思想史研究表明，马克思对资本主义全球现代性特质和问题的揭露建立在对市民社会这一核心形态的全面思索基础之上，通过考察把握市民社会与国家相分离的现状及根源，马克思深谙现代性的结构特征和矛盾困境，批

---

1 黄炬：《通往"自由人的联合体"：现代性危机的破解方案》，《宁夏社会科学》2022 年第 1 期。

判了现代性匍匐于资本主义社会劳动异化框架中的走势。而马克思对市民社会与国家关系的探究及理论发源于黑格尔现代性批判视域中的市民社会理论。在《法哲学原理》的第三部分"伦理"篇中，黑格尔指明"市民社会这个受造物（Schöpfung）属于现代世界，现代世界第一次使理念的一切规定遭遇到它们的正当性"[1]。黑格尔将市民社会与国家的分离视为现代性的重要标志和进步效果，企图超越启蒙理性所崇敬的个人主义自由，突出理性国家的绝对意志及其对一切伦理实体形态的普遍统治，以建立市民社会的总体自由范畴。

在批判性地反思《法哲学原理》之后，马克思意识到现代性批判之于探寻现实自由路径的重要性，希冀通过政治经济学研究来审视市民社会的深层问题，以戳穿现代性的矛盾真相。马克思冲破市民社会与国家外在关系的纠结，深入市民社会内部透视现代性的结构和矛盾。马克思对市民社会的研究，是他深刻思考人类社会命运和现代性批判的起点，在理论批判的维度上，马克思从政治国家推进到市民社会领域，对政治国家与市民社会的分离的探讨深入追究如何解决市民社会的内在矛盾。[2]《1844 年经济学哲学手稿》集中展示了马克思早期的政治经济学批判，他对资本主义社会经济结构进行细致的分析，指出市民的原子存在方式在资本主义社会中体现为鲜明的奴役关系，这种奴役性存在关系由以生产劳动为核心的经济行为所决定，在生产劳动的异化形式中，人与社会始终以对立的方式存在，且未认识到自身"固有"的社会力量，依然将社会力量以异己性力量的形式脱离自身。马克思理论叙事中的"市民社会"具有三种历史演变的含义，包括在整个人类历史进程中的市民社会存在形态、与政治国家相对存在的社会生产和生活形式、资产阶级主导的社会存在，而资产阶级主导的市民社会形态与社会关系是马克思主要的分析对象，马克思揭示了以私有制为基础，以私人利益与共同利益、个性与共性之间的矛盾斗争为实质

---

1 [德] 黑格尔：《法哲学原理》，邓安庆译，人民出版社，2016，第 329 页。

2 参见刘同舫：《市民社会研究范式的历史转换》，《浙江学刊》2015 年第 6 期。

内容的社会生活状态。马克思分析指出，在资本主义的社会关系模式中，人们"共同活动和共同享受"的载体并非是在政治国家层面获得承认的共同体，而应当是受物质利益和生产劳动把持的市民生活共同体，是当下资本主义现代性阶段的生产条件，为在实践中突出个人价值的目的性和确定性奠定基础，这个阶段尚未形成完备的共产主义共同体。

资本的逐利本性使其走向普遍的社会联系并致力于全球普遍现代性的实现，也造成现代化进程中全球范围内的共同体迷失。《共产党宣言》深刻揭示了资本主义社会中的"共同体"已然把原本人与人之间因为血缘、职业、道义等结成的社会关系变成赤裸裸的金钱关系。资本的本质规定就是以最小的投入谋取最大的盈利，使得逐利的过程具有竞争性、扩张性和不道德性，这就直接导致现代人为了一己私利而侵犯他人权益，从而造成人与人之间的冲突和不信任的普遍存在，各种社会矛盾随着资本的全球化扩张而熏染着全球现代化进程。全球性的现代性社会矛盾被鲍曼披露为现代社会"共同体"的窘境："没有共同体的自由意味着疯狂，没有自由的共同体意味着奴役。"[1] 现代性的全球化必然构造出整个人类的社会"共同体"，但现代社会在赋予人的社会生活空前的"自由"同时，又通过科学技术、制度以及事物既定的规律性实现对人的客观掌控，个人成为理性高度发展进程中的思维程序，人们生活在虚假"自由"和被变相奴役的现代社会"共同体"中，即马克思所说的"虚假的共同体"或"伪装的共同体"。

现代社会共同体的迷失意味着生活于其中的人的生存迷茫，人们在"虚假的共同体"中享受"自由"并日益演变成"单向度的人"，所谓的"共同体"也表现为"陌生人"组成的社会。马尔库塞在《单向度的人》中指出现代社会是以科技为主导的工业社会，科技主导的生产目的极易衍生现代社会发展的极

1　[英]齐格蒙·鲍曼：《生活在碎片之中——论后现代道德》，郁建兴、周俊、周莹译，学林出版社，2002，第142页。

权主义趋势，遏制并镇压"有效地反对社会整体的局面出现"[1]。现代工业社会包含了城镇化的迅速推进，在这一历史进程中无数人背离乡土，成为"大地上穷困的异乡人"[2]，他们在城市的"钢铁丛林"中学习本领，适应规则和体制。马尔库塞指出人本身对现实社会具有肯定性和否定性的双向度认知，但高度发展的现代工业社会使商品以拜物教的形式麻痹人的主体意识，进而使得人丧失对现实的批判向度，盲目沉溺于当代物质制造的"虚假的幸福"生活状态，彻底沦为"单向度的人"。由"单向度的人"所构成的共同体，不再是前现代的"熟人"社会，而是由"陌生人"所构成的现代工业文明社会，它既符合斐迪南·滕尼斯所描绘的与"共同体"相对立的新兴的、现代的"社会"特征，又接近埃米尔·迪尔凯姆论述的由"机械团结"演变而成的社会分化、成员分工的"有机团结"的社会形态；它既类似于韦伯笔下"理性主义"的社会，也具备乌尔里希·贝克眼中的"风险社会"的特征。当现代人在物欲利益的驱使下，成为"病态社会"的顺从者和维护者，这个充斥病灶的现代社会"共同体"也就遗失了维系人与人之间情感联系的纽带作用。在以"陌生人"为主体的现代社会共同体中，商品经济关系成为"陌生人"之间的"承认法则"[3]，科技化引导下的契约、法治型社会秩序的合理性运行致使社会整体发展的去道德化倾向和价值基础的削弱成为必然。

2. 理论回应：西方学者重塑共同体的方案

"现代性所带来的危机正在不断地敲击启蒙理性的幻梦，催促着人们正视

---

1 ［美］马尔库塞：《单向度的人——发达工业社会意识形态研究》，刘继译，上海译文出版社，2006，第5页。

2 韩潮：《海德格尔与伦理学问题》，同济大学出版社，2007，第21—25页。

3 马克思在批判性阐述资本主义异化概念时提出了市民社会的"承认"主旨，认为"'自由的人性'和对它的'承认'不过是承认利己的市民个人，承认构成这种个人的生活内容，即构成现代市民生活内容的那些精神因素和物质因素的不可抑制的运动"（参见《马克思恩格斯全集》第2卷，人民出版社，1957，第145页）。马克思明示了资本主义社会物与物的关系代替了人与人之间的承认关系，这一观念在当下全球现代性的"陌生人"社会中得到现实映现，工具理性与经济理性操作摧毁主体间基于基本伦理及共同价值基础的理解和承认能力。

启蒙理性自身的内在矛盾。"[1]全球现代性的种种危机警示人们反省所处社会的运行模式，提醒人们深思"韦伯问题"在全球现代性发展态势中的演化。韦伯将资本主义合理性作为其现代性反思的起点，鞭辟入里地明辨了西方社会理性化进程中悲怆的现代性历史命运——意义的消逝和自由的丧失。在他看来，随着现代性实现对世界之神明的祛魅，人类价值理念终将声销迹灭，人的个性和自由成为被迫顺从工具理性主导的官僚社会体制下的牺牲品。韦伯感叹工具理性在价值问题上的无能，认为工具理性终将朝着经济利益最大化的目标发展而偏离追求人生终极意义的价值理性关怀，这表现出对西方现代性历史命运的悲观情结。随着资本主义全球化的推进，资本主义主导的世界历史在人们心中固化了"中心—外围"及"文明—野蛮"的二分法思维定势，而全球现代性问题频发和危机加剧的时代境况激发了西方学界企图从"共同体"维度挽救现代性的多种尝试与为化解全球现代性危机施计的理论警觉，主要表现为建立全球公共秩序的设计思路，尤以哈贝马斯的"交往共同体"、福柯的"话语共同体"和亨廷顿的"大西洋共同体"设想最具时代针对性。

哈贝马斯扬弃了韦伯纵容现代社会理性发展的思想，认为韦伯"坚决反对合理化过程在现代社会中脱离道德的价值趋向，而放任自流。因此，科学和技术在他的合理化理论中失去了范式的地位"[2]。哈贝马斯指出，缺失对科学技术范式特征维度的把握是韦伯贬损工具理性功用以及现代社会前途的根本原因。他进而分析科学技术自身带有的反思意识的范式特征，认为科学技术能把"最广泛的理性结论和没有加以反思的目的、僵死的价值系统，即脆弱的意识形态之间的不协调关系公开化了"[3]，并指出科学技术的反思意识范式特征是造成日

1　刘同舫：《启蒙理性及现代性：马克思的批判性重构》，《中国社会科学》2015 年第 2 期。

2　[德] 尤尔根·哈贝马斯：《交往行为理论》第 1 卷，曹卫东译，上海人民出版社，2004，第 151—152 页。

3　[德] 尤尔根·哈贝马斯：《作为"意识形态"的技术与科学》，李黎、郭官义译，学林出版社，1999，第 108 页。

常生活世界受到工具理性干扰和殖民的真正原因。他肯定了理性作为社会规范基础的普遍性意义，同时要求与工具理性的哲学范式相区分，认为生活世界的合理化依靠交往理性而非工具理性得以建立，交往理性能够破解工具理性的现代性困境，使理性作用机制的核心从绝对管制社会转变为主体间的相互沟通，认为"由于主体在他们的表达中总是与世界中的事物发生联系，因此，他们预先设定了一种形式共同性，使之成为沟通的要素"[1]。沟通促使主体间在"陌生人"社会场域中获得以有效事实为共识语境的相互承认和理解关系。哈贝马斯考察了皮尔斯的共识理论，改善了"交往共同体"概念，认为交往共同体为主体间有效沟通的共识语境提供了现实的背景，既推动个体主体的理性得到确证，又确保所有社会成员的共同参与，保证了主体间交往理性和行为的持续有效。

与哈贝马斯对工具理性的交往共同体改造不同，福柯拓宽了启蒙理性的内涵，开辟出一条独特的现代性反思路径，超越了现代性逻辑主导的"陌生人"社会的可能性。他将现代性的问题从理性批判范式转向权力关系分解的考察，将康德的"界限意识"解读为启蒙理性的内核，以语言为媒介创建"话语共同体"的视角来缓解主体间交往的现代性矛盾，提出话语共同体界域内主体的限度的概念，即用共同体的话语秩序规约主体的言行举止。亨廷顿则将全球范围内的现代性经济、政治、军事等话语体系交往的交锋和对抗解读为"文明冲突论"，蓄意构建以"欧美中心主义"为主导的"大西洋共同体"，从而将其他外来文明同化到西方文明体系中。亨廷顿并不讳言西方社会的现代性沉疴难除，他指出全球现代性危机根本致因在于世界格局的多极化、文明的多元化和冲突，而全球性战事能否避免取决于世界各国对多样性的维护程度，而世界各国所维护的多样文明实质是以欧美为中心尤其是以美国为领导的西方文明，他竭力赞同

---

1 [德] 尤尔根·哈贝马斯：《交往行为理论》第 1 卷，曹卫东译，上海人民出版社，2004，第 135—136 页。

并推动实现"大西洋共同体"的构想。

哈贝马斯、福柯和亨廷顿分别从交往行为、权力话语和文明冲突角度回应了"韦伯问题"的全球化时代表征，在批判现代性的过程中饱含对全球现代性危机的忧虑和破解困境的希冀，客观上彰显了重塑"共同体"的需要与发展趋势。[1] 但由于全球现代性发展的波动性、复杂性和不确定性，他们试图建立的"共同体"理论设想持有一定的立场偏向和先验预想，与全球化时代迅速变化的现代性问题之间存在着滞后和脱节。哈贝马斯的"交往共同体"依赖于生活世界为之提供普遍的共识语境，但全球现代性复杂背景下生活世界的拓宽必然造成生活于其中的主体间共识背景的减少，"交往共同体"也易出现以私利为取向、与有效要求相分离的交往行为，因此，他所预设的通过规范秩序来协调引领主体沟通的效能也会大打折扣。福柯建基于语言之上的"话语共同体"在强调"界限意识"的同时，将对工具理性的批判转移到对权力话语体系的建立，弱化了对工具理性在现代性社会发展中的消极作用的认知，进而导致其所建构的话语共同体并非参与成员都能认同和接受的社会规范。亨廷顿则过分夸大了"文化"在促进世界各国"和平共处"中的作用，坚持欧美诸国构成以西方文明为核心的"大西洋共同体"与现实的全球一体化发展趋势格格不入。随着经济活动跨越国界的无远弗届，多样文明的差异和意识形态的差距将缩小，全人类将体验更具共性的文化主题和意识形态感受。

1　除此之外，西方学界还提出"社群主义""理性交往共同体"和宗教"普遍伦理"的"共同体"构建思路（参见贺来：《辩证法的生存论基础——马克思辩证法的当代阐释》，中国人民大学出版社，2004，第431—433页）；还有自由主义、功利主义等社会思潮对"共同体"问题的时代主张（参见徐宁：《推动人类命运共同体建构的价值抉择——基于马克思共同体思想的价值立场》，《学习论坛》2018年第9期）。这些探寻现代性危机出路的理论尝试在一定程度上丰富了"共同体"的理论内涵，触及全球现代性"陌生人"社会团体的重大问题，但陈旧的哲学立场阻碍了其思想力量的发挥，甚至使其沦为与人类社会发展和人的生命活动相左相斥的抽象原则，如提出的所谓平等、公正、自由和人权等普世价值。实际上，现代社会制度之间存在矛盾以及现实社会的物质条件存在差距，现代的"解放"只是抽象的解放，"陌生人"社会的人仍过着"分裂"的生活。

3. 价值争议的消解与共同体价值观的形塑 [1]

共同价值作为人类命运共同体的价值观基础，其生成和发展进程内蕴消解价值争议和形塑共同体价值观的建构意义。共同价值在理论维度的"建构效应"主要表现为对现代性范式中价值相对主义和普世价值等争议的消解。共同价值发挥其"建构效应"以消解价值争议的同时也进一步丰富、强化了自身，整体上助力于人类命运共同体价值观的形塑与发展。

在人类社会的价值理论谱系中，一直存在相对主义与绝对主义、普遍主义与特殊主义、全球主义与地方主义等诸多争议，致使人们在价值问题上形成二元对立的文化心理和致思取向，加剧了人类整体意义世界的分裂和全球现代性建构事业中多元主体之间的矛盾。在诸多价值争议中，将"相对"绝对化的价值相对主义和把"特殊"普遍化的普世价值可谓是阻滞人类社会发展进步的最大障碍，主要原因在于它们都是现代性范式内个体本位的价值取向在当代世界的具体化呈现，与人的社会性本质和世界的共同发展趋势相悖。价值相对主义认为，人类社会并不存在超越特定共同体界限的普遍性价值，并赋予每一种价值以无需证明的至上性和绝对性。有学者将价值相对主义具体划分为个体相对主义和伦理相对主义，个体相对主义主张价值问题上没有客观普遍的标准，每个人都有绝对权利追求任何在他看来是有"价值"的事物，伦理相对主义则认为在"特定范围内"和"一定程度上"有规范的有效性和价值的普遍性。[2] 从个体相对主义和伦理相对主义的内涵实指来看，价值相对主义否认共同价值存在的同时凸显了价值虚无主义和价值多元主义的基本认知，"价值虚无主义是现代文明深刻的精神危机，它是轴心时代确立之最高价值的陨落，所引发的超越视野的丧失、意义世界的萎缩之严重问题"[3]，其以价值理性的"虚无"彰显

---

1 参见徐苗、刘同舫：《共同价值的"建构效应"：走向人类命运共同体》，《求是学刊》2022 年第 5 期。

2 参见张宏、肖会舜：《相对主义时代的价值重建——"共同价值"的道德哲学诠释》，《浙江社会科学》2020 年第 6 期。

3 刘宇、苏继月：《价值虚无主义：现代文明深刻的精神危机》，《教学与研究》2018 年第 3 期。

工具理性的"绝对"，侵蚀现代社会的价值基础并迫使现代人沦为一种"单向度"的存在。"相对"内蕴"多元"的意义指向，但价值相对主义所彰显的"多元"实质上是一种否认人类社会存在共同价值的无序"多元"，极易致使现代社会处于价值秩序失衡、道德意识结构错位的混乱情势之中。

现代话语体系中的普世价值是西方资本主义国家无视世界文明多样性现实、违背社会历史发展规律，为巩固和强化其在世界秩序结构中的绝对统治地位而极力兜售的错误思潮。这一思潮在世界范围内推崇资本主义社会的自由、平等、民主、人权等价值理念，强调资本主义的自由民主制度是"人类意识形态发展的终点"[1]，其本质上是资本主义私有制经济关系在价值观念上的反映，是资产阶级的意识形态。[2]西方学者塞缪尔·亨廷顿曾指出："普世文明的概念有助于为西方对其他社会的文化统治和那些社会模仿西方的实践和体制的需要作辩护。普世主义是西方对付非西方社会的意识形态。"[3]西方资本主义国家推崇强调的普世价值并不是内蕴普遍规范意义的科学价值理念，而是带有鲜明的政治性、阶级性与工具性特征，致力于将资本主义性质的特殊价值观念美化成普遍性价值的一种意识形态工具。其负面效应主要体现在两个方面：第一，它自诩为是代表人类共同生存发展需要、维护全人类共同利益的普遍性价值共识，企图在人类社会制造出共同价值已然存在并切实发挥作用的假象，以虚假

1　[美] 弗朗西斯·福山：《历史的终结及最后之人》，黄胜强、许铭原译，中国社会科学出版社，2003，"代序"第1页。

2　思想文化领域关于普世价值的认知主要存在三种不同的观点：一是西方中心主义的普世价值论，即把西方以资本主义私有制为基础，以个人主义为核心的价值观奉为绝对的普世价值；二是以历史唯物主义为指导的观点，它肯定人类文明进步和文化交流的积极成果，认为绝对的抽象的普世价值是不存在的，实际可能存在的是对人类基本价值的一种共识（参见陈先达：《论普世价值与价值共识》，《哲学研究》2009年第4期）；三是认为现实社会真实存在葆有普遍适用性、普遍永恒性以及普遍必然性特质的普世价值，表示"普世价值存在于普遍的共同的人性中，存在于人们的社会共同体生活中，存在于人们的社会交往实践普遍化即全球化的历史进程中"（程广云、韩璞庚：《论普世价值如何可能》，《学术月刊》2002年第5期）。笔者倾向于赞同第二种观点，即人类社会并不存在绝对的、超历史的普世性价值，但基于人是一种"类"存在以及现实人共同的生存发展需要，必然存在一定的超越共同体界限为人类所共建共享的普遍价值。

3　[美] 塞缪尔·亨廷顿：《文明的冲突》，周琪、刘绯、张立平等译，新华出版社，2017，第58页。

的普遍性遮蔽真正的共同性，并与历史虚无主义和文化虚无主义相互勾连，致使现代社会的发展尤其是人类命运共同体的建构面临复杂多变的意识形态形势；第二，普世价值已然成为以美国为首的西方资本主义国家价值观外交的主要手段，其推崇西方一元现代性方案，鼓吹资本主义是现代性的唯一经典蓝本，并强制性地诱使后发国家遵从这一蓝本开启现代化建构之路，由此极易激化西方社会与非西方社会之间的对立与斗争，催生诸如文明的冲突、价值观对立等现实问题，影响全球多元现代性事业的拓展和世界共同发展的全球化进程的深入。

以价值相对主义和普世价值为主要表征的价值争议极易催生各民族国家之间的意识形态斗争、文化隔阂和价值观冲突，致使人们在国际社会经济、政治和思想文化以及生活价值观问题上难以达成有效的集体行动共识，也正是由于缺少一种实践公共性意义上为全人类所共建共享的道德共识和共同价值，人类为此付出了巨大的代价。[1]因此，建构规范合理、普遍可欲的共同价值以消解价值争议无疑成为当今时代必须重视的紧要问题。面对时代发展的迫切要求，中国积极提倡共同价值以凝聚现时代最为规范合理的普遍性价值共识，为人们厘清和消解人类社会已然存在的以普世价值和价值相对主义为主要内容的价值争议提供科学的价值理论参照和坚定的文化心理自信。有学者指出，共同价值是"反映世界各个民族、国家、地区的人民的利益和需要，超越了多层次的具体主体（宗教、民族、国家、地区、阶级、阶层、党派、群体以及具体个人）界限的价值信仰（信念）、价值理想、价值标准，以及具体的价值取向"[2]。换言之，中国倡导建构的共同价值体现了世界各民族、国家和地区在价值规范上的共同追求，是一种具有广泛性和普遍性的文化价值理念，内嵌"合理性认同"

---

1 参见袁祖社：《道德共识与人类共同价值建构——后全球化时代人类公共性实践及其集体行动的逻辑》，《学术研究》2020年第6期。

2 孙伟平：《"人类共同价值"与"人类命运共同体"》，《湖北大学学报（哲学社会科学版）》2017年第6期。

和"道义性认同"意蕴的科学价值共识，它在总体反映人类主体共同生存发展需要的同时，集中凸显了人类命运共同体的构建需要，既符合人的社会性本质，又切合人类社会的共同发展趋势。

在整体把握共同价值基本内涵和普遍性特质的基础上，还需具体分析其何以能够消解普世价值和价值相对主义的争议。在超越普世价值层面，剖析共同价值的基本内涵可以发现，中国倡导的共同价值是具有社会主义的底色且致力于维护人类整体的共同利益，其能够以中国话语体系中"和平、发展、公平、正义、民主、自由"的基本内涵重新形塑人类社会关于这些价值范畴的基本认知，揭露西方资本主义国家在世界范围内强制宣扬的自由、平等、民主等价值理念，归根结底只是以维护和发展资产阶级私人性利益为根本旨归的资本主义社会的核心价值，进而裨益于打破西方社会诉诸普世价值理念对非西方社会的精神桎梏、拆穿"普世价值"为资本主义国家所苦心营造的伪善形象。中国倡导的共同价值葆有真正的共同性或普遍性特质，其所凸显的共同意向是基于人的类存在属性、社会性本质以及生活实践环境以及人类社会的全球化趋势而不断生成和显现。共同价值内蕴的共同意向，在本质上优于"普世价值"中基于维护资本主义国家霸权利益而人为主观设定的"普世"取向，为人们辨明"普世价值"的虚伪性、抽象性和工具性等特征提供了坚实依据。在应对价值相对主义方面，从人类社会价值理念的生成历程来看，共同价值的存在和发展具有历史必然性，它是任何价值理论都不可否认的真实存在。其原因在于，人作为一种"类存在"，自诞生之日起就具有生存与发展的共同需要；同时伴随社会生产力的发展和资本主义生产方式的确立，世界各民族、国家和地区在资本逻辑的强制推动下逐渐打破地域性、民族性界限而成为一个命运与共的有机统一体，开始共享人类社会的发展成果并共担处理全球问题的责任。在历史唯物主义的理论视域中，社会意识对社会存在具有能动的反作用，人类社会的发展离不开科学价值理论的指导。人类作为具有共同生存发展需要且应当合作应对全球性问题的"类"主体，在全球性、长期性的实践交往中必将形成和达成具有普遍规范意义的价值共识。作为一种科学价值共识，共同价值能够凭借其真实存在的基本特质消解诸如价值相对主义等社会思潮否弃共同价值存在的片面认知，为构建人类命运共同体提供科学的价值观指引。

价值争议的不断消解和人类命运共同体价值观的形塑是共同价值"建构效应"在理论维度的集中呈现。共同价值是人类命运共同体的价值观基础，前者的建构和后者的形塑是同一历史过程。共同价值对于价值争议的消解作用并非是绝对的，它并不排斥合理化价值争议的存在，而是致力于批评那些否认共同价值真实存在、混淆事实与价值界限以及滥用价值理念等认知误区。

（三）马克思现代性方案的当代实践

在困扰现代人社会生活的多重危机和现代哲学的种种问题中，重塑共同体是否可能以及凝聚全球范围内的文化共性和价值共识何以可能的问题，无疑成为鲜明的时代课题。西方思想家对共同体的现代重建作出的积极探索，却由于缺乏关于人的存在和总体性历史视界，难以追究全球现代性的"陌生人"社会等困境之根底，在重建共同体的探索上缺乏深层次的思虑。依循马克思历史唯物主义的基本观点，对现代社会的批判与超越不能停滞于观念上的方法论层面，而要深入人的生存状态与所处社会结构的关系中进行深刻考量。

马克思将前现代社会中人的生存方式概括为人的依赖关系，当时的社会结构对外表现为以不同政治领域为核心的经济、文化活动的被动依附，对内体现为由公共政治权力自上而下整合统一私人生活领域的机械团结，即确立了唯一合法价值规范的传统。传统社会"共同体"塑造的价值规范是出于维护社会稳定和凝聚社会成员的需要，社会成员秉持对"共同体"一致的价值信念，人的依赖关系模式下的共同体形态拥有超越于一切个人之上的绝对权威，公共生活领域不存在价值认识上的社会困境。随着社会结构的分化和社会分工的扩展，人的生存方式由传统过渡到现代，马克思将现代社会中人的生存方式阐释为"以物的依赖性为前提的人的独立性"，人独立生活的空间逐渐扩大，人与人之间形成了以彼此迥异的功能分化和互补为主要形式的整合联袂。社会结构的分化也带来价值规范的分化，人们不再将"共同体"的价值规范视为生存信念，而更希望成为自身价值的立法者。传统社会"共同体"的权威虽保存了社会整体价值的一致性和稳定性，但却因政治强制的权力意志而束缚了人的独立个性和自由生活。现代社会"共同体"的分化致使人的自由权利和价值空间达到唯我独尊的"极化"，虽然为物质生活领域的自主发展和社会整体推进贡献了巨大的解放力量，但在相互交往中更容易发生摩擦至"易燃"，就社会关系和价值层面来说极易导致"陌生人"社会的诸多现实矛盾和价值冲突的困境。由传统社会结构到现代社会结构的变更形式昭示着人类命运始终与社会共同体的结构形式及价值规范的共识密切相关。

在马克思看来，现代性的根本问题在于社会发展方式，他试图用整体的历史发展视野剖解传统社会与现代社会的关联性及现代社会的阶段性。他坚信，随着资本主义现代社会的解体和物的依赖性的消亡，人类社会将通向"真正的共同体"形态。马克思"真正的共同体"思想是从资本现代性演变趋势中分析得出的结论，他关于"真正的共同体"形态的构想形成于对现代性的批判思路中。马克思确立了资本逻辑与哲学相结合的现代性批判范式，指认"市民社会共同体是现代性得以生发的历史性场域，它规制了现代政治的基本主题和核心理念"[1]。将现代性的批判从理性范式转移到现实的市民社会场域，意味着马克思解决现代性矛盾困境的对策集中于对市民社会共同体的探索，他在对现代资本主义社会的异化形式分析中揭示其"虚幻的共同体"的实质面相，诊断出资本主义现代性问题的根源在于资本对人的本质劳动和生活的抽象统治，批判为

---

[1] 邵发军：《现代性批判视阈下马克思的社会共同体理论研究》，《社会主义研究》2018 年第 6 期。

资产阶级特殊利益和权力所统领的意识形态，指出其深层危害是对现代人自由发展需要的虚假满足。马克思进而提出"真正的共同体"——"自由人联合体"的设想，认为"在真正的共同体的条件下，各个人在自己的联合中并通过这种联合获得自己的自由"[1]。他指出在"真正的共同体"的理想社会中，人的自由劳动与其发展需求趋向一致，生产力的高度发达为人的自由解放赋予动力而非物役。而"真正的共同体"的构造有赖于人与人相互之间的自由交往，1847年底马克思在《雇佣劳动与资本》中写道："人们在生产中不仅仅影响自然界，而且也互相影响。他们只有以一定的方式共同活动和互相交换其活动，才能进行生产。"[2]这充分凸显了生产和交往实践之于人的生存价值和自由发展的本体论意义。

构建人类命运共同体是当代中国提出的新型理念，秉承了马克思的"类哲学"思想，承载了中华优秀传统文化中的"和合"价值思维。人类命运共同体思想准确契合马克思关于社会形态历史演变的理论，清晰把握了当前全球化时代人类社会发展的历史方位，尽管我们所处的时代同马克思所处的时代相比发生了巨大而深刻的变化，但我们今天与马克思所处历史时代面对的问题域依旧相同。人类社会依然处于各种物的依赖关系的发展阶段，现代性的矛盾困境伴随全球化的高度发展而加剧扩散，威胁着现代人的生存和发展。在全球现代性危机严重膨胀的环境中，人类命运共同体倡议依然保持对人类社会未来发展的美好愿景，坚决拥护马克思对资本主义现代社会阶段性的定位和通向"真正的共同体"历史必然性的勘定，洞悉全球现代性危机与人类利益诉求之间的现实关系，明确全人类共同利益作为国家主体性的基石和化解现代性风险的准则，打造"利益共同体"以实现人类利益的共赢共享；透视人类生存价值之于缓和现代性矛盾的深层力量，克服非此即彼的对立性思维，在个人利益与共同利

---

1 《马克思恩格斯文集》第 1 卷，人民出版社，2009，第 571 页。

2 《马克思恩格斯文集》第 1 卷，人民出版社，2009，第 724 页。

益、资本主义与社会主义等矛盾中探寻密切的契合点和必要的实践张力，整合人类共同价值以强化人类共生共荣的共同体意识，并促使共同价值从在现代社会中扮演虚假"统一性"角色转向一种维系主权国家价值的领域性与世界性辩证发展的开放性力量。从"共同体"的视角探索人类命运的终极课题，建立冲破"虚幻的共同体"和乌托邦"共同体"幻象的人类社会，是对马克思历史视野中"真正的共同体"的现时代阐发。

构建人类命运共同体的理论与实践是对当今全球化时代现代性危机的现实考虑和实践应对，其真实把握了人类社会发展必然性的现实需要，是马克思现代性方案的当代实践。全球化强力推动并一度主宰世界历史的进程，但人类社会现代化进程的错综复杂导致全球现代性危机根深蒂固，资本主义的扩张破坏了世界经济发展的稳定性，西方大国的强权政治扰乱了全球治理的有序性，西方文化推广渗透的普世价值侵犯了世界多样文明的发展权力，战争威胁、信息隐患、能源匮乏、生态灾难和价值湮灭、信仰迷失等问题全球扩散，对人类社会的发展前途提出了严峻挑战。而新科技革命和互联网的全球联动促使人类命运的交往互动达到前所未有的进度，人类社会现代化进程的紧密相关性必然造成现代性危机的多维牵动，逐步凸显出的现代性危机都在全球化的力量催化中发生了彼此交融的作用，人类社会面临的挑战也向全人类的生存发展提出严酷考验。有学者认为，当今世界最大的危机就是人类命运的危机和人的幸福危机[1]。人类社会的全球现代性危机在深层次上溯源于人的生存状况的悖逆现实，包括人与自然难以和谐共生的危机越发威胁着人自身的生存方式，人与人之间缺乏平等公正的社会交往进而阻碍了整个社会的生产发展，人自身价值信仰的不确定性必然阻碍其生产、生活能力的自由全面发展，侵害人的幸福生活。人类命运共同体思想致力于实现全人类共生共荣，主张整合全人类智慧、

---

[1] 参见赵汀阳：《论可能生活》，中国人民大学出版社，2010，第7页。

勤力解决全球问题，揭示资本主义社会借用现代理性粉饰其对人抽象统治的逻辑实质，探寻新的共同体机制和合作模式，为缓解全球现代性危机和摆脱资本物化束缚提供共同体理念的中国方案。

构建人类命运共同体的理论与实践在回应全球危机的现实进程中凸显出人类共济共担的现实要求和共生共存的持久主题，意识到当今世界人类共同价值认识的众口难调是资本逻辑支配下"虚幻的共同体"的基本表征，也是全球现代性危机复杂难解的根本原因。"虚幻的共同体"妄图将世界不同文明都趋同于西方文明，其手段是实现自由、民主、人权等文明理念的普世化，其实质是在狭隘的民族主义和文化相对主义的理论观点支撑下执行思想文化和价值理念的同化或排他策略。然而，当人们盲目追求西方文明倡导的价值理念，势必会在世界市场的自由化发展和缺乏制度保障的境遇下相互竞争、彼此侵害，最终共同毁灭。为了化解人类命运的现代危机和人的生存危机，中国提出必须在构建人类命运共同体的实践中建立人类普遍认同和自觉遵循的价值体系。人类命运共同体思想澄清了现实的人通过自由活动确证自身存在是目的而非获取利益的手段，克服了创造性实践的价值旨趣在"虚假的共同体"中的异化，即在深层上摒弃私有财产和利己主义的观点，推动实现人类社会回归于人的"类"生活状态，促进解构"人对物的依赖"的生存方式，使人们在改造现存治理体系与现实话语秩序中把握世界普遍交往的逻辑。构建人类命运共同体立足于全球化危机下建立人类共同价值的迫切需要，深刻把握当前建立人类共同价值体系的现实可能性，承认全球化时代由资本现代理性支撑的自由、民主和人权等价值理念在反映现阶段人类社会发展需要层面上的客观性，同时也坚决与西方将其价值理念进行全球渗透及和平演变的意图展开斗争和论战；肯定并关注现代理性所无法遮挡的生成性实践价值的重要意义，提出通过协商、包容等具体措施实现对人类已普遍接受的价值理念进行全球性体制机制完善和系统化管控，以确保人类在普遍认同共同价值的同时做到自觉遵循和协同践行。

构建人类命运共同体是中国应对全球现代性危机以及促进实现全人类共生共存价值目标的独特智慧和积极贡献。在构建人类命运共同体的实践推动下，日益增多的国际组织彰显出人类社会在建立共同价值体系上的理论和实践自觉，逐步构筑合作共赢的利益共同体、开放包容的伦理共同体、协商共担的责任共同体以及和谐共生的命运共同体。人类命运的"共同体"意识突破了全球化与反全球化二元对立的"零和博弈"思维，冲击了资本主义现代理性维持的价值同化及话语霸权体系，切实把握涌动在马克思主义科学理性下的辩证批判精神，尊重并发掘不同民族文明的价值资源，在危机侵袭时寻求共同力量，在价值冲突中探索共识路径，逐渐形成在全球化时代构建人类命运共同体的实践基础。人类命运共同体的构建路径始终践行人类社会的整体观，将构建人类命运共同体现实实践规律与人类历史未来发展趋势结合起来加以把握，在实践中探寻拓展马克思预示的通达"自由人联合体"所需要的现实条件，并积极共享中国式现代化新道路的楷范性意义，展现中国在处理国际社会问题以及为其他民族国家的现代化道路提供有益借鉴的大国担当，引导各国通过协商合作解决现代世界的多重矛盾，注重分析并利用全球化发展的基本规律以实现丰富物质前提和社会生产力的联合创造与共享。"人类命运共同体不仅构成了当今世界多元现代性发展的重要组成部分，同时也创造了一种新型的现代性，是多元现代性最生动的实践。人类命运共同体怀有相互尊重、彼此包容、求同存异的文明理念，强调发展多元现代性的自主选择权、平等发展权；同时又尊重自由、平等、民主、法治、公平和正义等人类共同价值；还具有兼济天下的'大道之行也，天下为公'的雄伟气派，以'共商共建共享'思想引领多元现代性，强调要顺应世界各国利益共生、命运与共的发展趋势；坚持'并育而不相害'的多样化的现代化模式，必将推动人类走向协调发展、均衡发展和共同发展。"[1]

---

1 王义桅：《时代之问　中国之答：构建人类命运共同体》，湖南人民出版社，2021，第91页。

构建人类命运共同体实践正在挣脱全球资本主义现代性之物的依赖关系的桎梏，开启趋近"真正的共同体"理想的发展道路，充分彰显马克思世界历史理论的方法论自觉和对人类命运的现实关怀。

分论五
人类命运共同体与"建构性世界观"

历史唯物主义从"现实的人"出发，科学阐述人类社会发展的实践本质和一般规律，是指导人们认识世界、改造世界以实现自由全面发展的科学世界观，蕴含批判性与建构性的有机统一。我们如果将历史唯物主义与构建人类命运共同体联系起来进行考察，可以认识到历史唯物主义方法论的时代变化。在构建人类命运共同体的价值理念与实践方案正式提出之前，历史唯物主义对以资本逻辑为主导的全球化进程的剖析主要呈现出批判性的理论向度，形成对资本主义全球化现实实践的全面批判性路向；在构建人类命运共同体的价值理念与实践方案正式提出之后，历史唯物主义则从"批判性世界观"开始转变、拓展和提升为全球化时代的"建构性世界观"，致力于实现对资本逻辑支配世界历史进程的现状及蕴含于其中的西方哲学世界观的超越。"建构性世界观"不仅需要中国社会现实发展的实践支撑，还需要我们马克思主义理论工作者具备理论建构与创新的自觉意识，并积极开展相应的自觉行动。

一、方法论自觉：形成"建构性世界观"

历史唯物主义是融批判性与建构性研究于一体的马克思主义世界观，其自身伴随社会历史图景的不断丰富，必然出现由批判性阐述到建构性创造的方法论自觉，并形成"建构性世界观"，"建构性世界观"的形成也是理论自身历经社会发展、时代变迁而永葆生命力、影响力与感召力的关键所在。在构建人类命运共同体视域中，"建构性世界观"就是在批判以资本逻辑为主导的现存国际秩序以及全球治理体系的基础上，预见性地判断、阐明和规划由多样社会文明、社会制度、发展模式以及各种社会领域、社会要素、社会关系所构成的人类命运共同体的基本结构、建构方式、发展方向和价值目标。[1] 批判性与建构性有机统一的方法论特质为"建构性世界观"的形成奠定了思想基础，中国特色社会主义事业的发展为"建构性世界观"提供了现实契机，中国现代化的发展成就及其在全球化进程中所承担的责任与贡献的力量为"建构性世界观"厚植了实践力量，构建人类命运共同体价值理念与实践方案的提出则是"建构性世界观"在当下的集中呈现。

（一）形成"建构性世界观"的理论前提

在马克思看来，历史唯物主义既有"解释世界"的理论觉识，又有"改变世界"的实践意向，是批判性与建构性有机统一的科学世界观和方法论，批判性与建构性两种不同性质的思维方式之所以能够在历史唯物主义中实现统一，其根本原因在于"解释世界"层面流露的问题意识对"改变世界"深层境界的渴求。

在"解释世界"层面，马克思坚定社会存在决定社会意识的基本认知，从根本上打破了唯心主义以及旧唯物主义借助"预设的思想框架"解释和预言历史发展主体、动力与进程的认识窠臼，以实践作为历史唯物主义的根基和载体，使其理论本性在解释实践观点之中得到充分展开，凸显了历史唯物主义"解释功能"的现实指向与建构意向。

---

1 参见刘同舫：《马克思主义哲学中国化 70 年及其历史贡献》，《四川大学学报（哲学社会科学版）》2019 年第 4 期。

首先，解释功能的现实指向主要表现为历史唯物主义对现实世界的科学阐述。马克思在考察、分析人类社会历史总体进程的基础上指出，生命个体的存在与发展是社会历史发展的前提，生产物质生活本身是一切历史的基本条件，人民群众是推动社会历史发展的真正主体，生产力与生产关系、经济基础和上层建筑之间的矛盾运动是推动历史发展的内在动力，人类社会形态呈现出原始社会、奴隶社会、封建社会、资本主义社会和共产主义社会的总体上演变态势，并最终朝着人类解放和"自由人联合体"方向前进。马克思在对人类社会形态演变的论述中始终强调社会存在的历史性，表明人的历史实践同人类社会整体运行的历史进程密切相关，现实的个人自由自觉联合起来的历史正是实现自身目的的实践进程，突出了哲学在现实中获得自我扬弃、不断超越的解释功能。

其次，解释功能的建构意向主要体现为历史唯物主义蕴含改变现存世界的实践要求。单纯"解释世界"的哲学是不存在的，任何哲学的解释功能都内在包含改变现存世界的价值取向。支撑"解释"功能的标准是哲学家们所秉持的高于并优于现实世界的"真理"，诸如柏拉图的"理念"和黑格尔的"绝对精神"等，借用"真理"评判一切现实的理论活动实质上已蕴藏了以追求"真理"为依归，不断变革现实世界、建构理想世界的情怀与意向。马尔库塞指出："寻求正确的定义，寻求善、正义、忠孝和知识的'概念'，于是就变成一项颠覆性的事业，因为所要寻求的概念意指一种新的城邦。"[1]历史唯物主义作为真正的历史科学，其"解释世界"的理论功能内在地表征着以历史主体的真正解放为旨归的"改变世界"的建构意向，在"解释世界"的实践问题中揭示实践所蕴含的本体论前提，把"解释世界"的实践观点提升为本体论的建构性思维。

---

1 [美]赫伯特·马尔库塞：《单向度的人——发达工业社会意识形态研究》，刘继译，上海译文出版社，2014，第114页。

在"改变世界"层面，马克思秉持历史分析与道德批判相统一的辩证批判立场，[1]一方面肯定人类社会历史进程中资本主义出场的历史必然性及其现实价值，认为"自由竞争以及与自由竞争相适应的社会制度和政治制度、资产阶级的经济统治和政治统治"取代封建社会的所有制关系是历史发展的必然结果，资产阶级"在它的不到一百年的阶级统治中所创造的生产力，比过去一切世代创造的全部生产力还要多，还要大"[2]，肯定了资产阶级在促进市民社会形成和提高现代人物质生活上的历史作用；另一方面则批判资本主义的道德退化及其剥削本性，指责资产阶级"用公开的、无耻的、直接的、露骨的剥削代替了由宗教幻想和政治幻想掩盖着的剥削"，他们"撕下了罩在家庭关系上的温情脉脉的面纱，把这种关系变成了纯粹的金钱关系"[3]，导致整个世界呈现出穷者愈穷、富者愈富和利益至上、道德滑坡的现实境况。但是，剖析、批判资本主义并不是历史唯物主义的价值旨归，其现实目的在于实现"批判的武器"向"武器的批判"的有效转化，以"批判"助力"改造"。因而，"对实践的唯物主义者即共产主义者来说，全部问题都在于使现存世界革命化，实际地反对并改变现存的事物"[4]，优化、完善人与自然、人与社会以及人与人之间的存在状态，促使一切社会生产力朝符合人自由的道德本性和伦理关系的方向发展。马克思对"改变世界"的认识，恢复了哲学在时代发展中的真实面貌与理论地位，表明任何时代的哲学都源于对现实的人类生存性问题的自觉反映，内蕴着人类在从事生产活动中如何改变现状或改造既成规则的实质内容。在对以资本逻辑为主导的资本主义全球化及其构筑的世界市场体系进行历史分析与道德批判的同时，马克思进一步阐述未来理想社会，立足人类社会发展的客观规律，揭示理想社会的存在根基，建构性地提出未来理想社会的发展阶段和基本特征，充分

---

1 参见余京华：《历史唯物主义之辩证批判立场及其当代启示》，《马克思主义研究》2012年第9期。

2 《马克思恩格斯文集》第2卷，人民出版社，2009，第36页。

3 《马克思恩格斯文集》第2卷，人民出版社，2009，第34页。

4 《马克思恩格斯文集》第1卷，人民出版社，2009，第527页。

彰显了历史唯物主义本体论的思想方法。

"解释世界"与"改变世界"统一于历史唯物主义。对二者的关系认知，学界存在"二元对立论"和"有机统一论"的争论。主张"二元对立论"的学者坚持"解释世界"与"改变世界"的二分法，强调马克思哲学是致力于改变世界的真正哲学，而其他哲学则是困囿于解释世界的保守哲学。有学者明确提出，马克思在《关于费尔巴哈的提纲》第十一条中，"把理解同解释对立起来，把实践的哲学同直观的哲学对立起来，把以理解世界（目的在于改变世界）为己任的哲学同以解释世界（目的在于与世界调和）为己任的哲学对立起来"[1]。秉持"有机统一论"的学者认为，在哲学的理论框架内，"解释世界"所指向的"真"与"改变世界"所追求的"善"和"美"的有机统一是自然而然、合情合理的过程，人为将二者分离甚至对立，是对哲学本性的误解。[2]笔者倾向于认同"有机统一论"，即"解释世界"与"改变世界"在新哲学的确立中实现有机统一。从"解释世界"的维度来看，马克思主义哲学之外的其他哲学凸显了其"解释世界"的功能，给人们留下重"解释"轻"改变"的刻板印象，但事实上"没有一个哲学家不是以'改变世界'为己任的，或者说没有一个哲学家是满足于'解释世界'的"[3]，只是以往的哲学家们沉浸于对过去世界现实经验的解释而难以揭穿隐藏于其后的本体论承诺，进而无法立足于真正的实践内涵抵达改变世界的功能。从"改变世界"的维度分析，马克思主义哲学也不是片面注重"改变世界"而忽视甚至摒弃"解释世界"的"畸形儿"。在马克思主义哲学中，"解释世界"不是一种游离于"改变世界"之外的独立存在，"改变世界"也不是脱离"解释世界"而独自发挥作用的孤立存在。二者相辅相成、缺一不可，为"建构性世界观"的形成提供了理论支撑。

1　[苏] Г.А.巴加图里亚:《〈关于费尔巴哈的提纲〉和〈德意志意识形态〉》，载《马列主义研究资料》1984年第1辑，第50页。

2　参见贺来:《论马克思哲学研究中的两个教条及其超越》，《求是学刊》2004年第1期。

3　孙正聿:《怎样理解马克思的哲学革命》，《吉林大学社会科学学报》2005年第3期。

（二）形成"建构性世界观"的现实契机

历史唯物主义形成于西方资本主义的上升时期。这一时期，经济危机、贫富分化、营私逐利和剥削压迫等资本主义社会的弊病不断显露，而人类社会尚未出现整体上优于资本主义性质的社会制度，批判性地剖析资本主义世界成为当时历史唯物主义的主要向度。随着历史更替与时势变迁，中国共产党结合本国国情和现实生存需要，总结中国近代史上受资本主义国家压榨而被迫走上"西学东渐"的经验教训，逐渐形成批判资本主义文明的理论自觉，并带领中华民族走上了与西方资本主义国家截然不同的发展道路，确立了整体优于资本主义社会的结构形态——社会主义社会。这一崭新社会形态的建设、发展和经验推动了历史唯物主义建构性研究的当代转化。

西方资本主义国家在17、18世纪通过资产阶级民主革命推翻封建专制统治后逐步确立资本主义制度，进入资本主义社会的建设发展期，至今已400余年。资本主义的发展经历了经济危机、两次世界大战、工人运动等历史境遇，资本主义国家虽采取了一些诸如新经济政策、福利国家制度的"应急缓解措施"，却无法从根本上解决资本主义社会的内在矛盾。在资本逻辑充分展开的当代世界，世界格局逐渐从帝国霸权秩序、两极霸权秩序行进至多极化秩序，中国特色社会主义事业的发展推动中国牢牢地占据其中"一极"，即"所谓多极，中国算一极。中国不要贬低自己，怎么样也算一极"[1]。改革开放以来，中国特色社会主义事业在中华人民共和国成立后30年的奠基之上稳步推进、不断发展，相继走过了"以邓小平为代表的开创时期，以江泽民和胡锦涛为代表的推进时期，如今进入了以习近平为代表的、全国人民努力奋斗共同创造、全面发展的新时代"[2]，明确了实现社会主义现代化和中华民族伟大复兴的总任务，

---

1 《邓小平文选》第三卷，人民出版社，1993，第353页。
2 王伟光：《当代中国马克思主义的最新理论成果——习近平新时代中国特色社会主义思想学习体会》，

确定了新时代下社会基本矛盾转化为人民日益增长的美好生活需要和不充分的发展之间的矛盾，形成了道路、理论、制度和文化"四个自信"的科学内涵以及经济、政治、文化、社会、生态文明建设"五位一体"的总体布局等。中国特色社会主义是社会主义形态的中国式创造，是历史唯物主义所构想的共产主义社会的逻辑推演和现实图景，尽管这种现实图景带有初级的、不发达的特质，但当代中国的建设实践却直接承袭无产阶级革命的批判方法和建构激情，在接纳市场经济原则以实现现代化的同时，前提性地将超越资本现代性作为内在目标。中国特色社会主义建设实践的革命性前提及其与历史唯物主义的紧密关联，使得我们不再面临西方改良或是彻底革命的痛苦选择，而能够以强有力的意志将建设实践放置于反思资本和扬弃资本的历史坐标上。中国特色社会主义确立了与西方资本主义根本不同的现代化道路，并在由资本主义主导的全球化历程中赢得"独当一面"的生存发展空间，勇于披露资本主义的制度弊端及其造成的时代危机，提升了社会主义的国际地位。中国特色社会主义有机融合前现代、现代和后现代的多重因素，开创新型工业化、信息化、城镇化和农业现代化"四化并举"的特色发展模式，以一种全新的面貌打破了资本主义掌控世界的垄断格局。近年来，在全球化发展进程高度复杂化、全球性危机与挑战日益增长的背景下，人与生活世界的分裂愈加凸显，潜藏着人在诸多矛盾实践和模式化社会形式中的"自我异化"，这与历史唯物主义对现实的人在历史中从事实现自身目标的活动的肯认相背离。构建人类命运共同体这一主张的提出与全球性践行更是为历史唯物主义的建构性转向提供了最佳契机。

从中国共产党的发展史看，中国共产党自诞生以来就以马克思主义作为指导思想，将实现共产主义确立为自身的最高纲领。在中国共产党领导下，中华

人民共和国自成立以来就与西方资本主义国家在国家性质、制度建构和价值基础等方面存在根本差异。尤其在国家性质上，不论是在新民主主义革命时期还是在社会主义革命及建设时期，中国始终坚守社会主义的基本性质。从1949年中华人民共和国成立初期到1956年社会主义制度确立的时期，中国的社会性质是过渡性的"新民主主义社会"，新民主主义社会性质的特殊概念并不是马克思主义经典著作中的既有论述，而是中国共产党人基于特殊国情的理论创造，集中彰显了中国革命和建设的复杂性、长期性与过程性的特征。在新民主主义社会时期，中国共产党对确定社会性质的迫切问题具有清醒的认识，指出这一社会的"性质是资本主义的，但又是人民大众的，不是社会主义，也不是老资本主义，而是新资本主义，或者说是新民主主义"[1]，这一阶段为中国向社会主义社会迈进积累了政治、经济、文化等层面的发展经验。1956年社会主义改造完成之后，生产资料实现了由私有制向公有制的过渡，中国正式进入社会主义初级阶段，成为真正意义上的社会主义国家，为当代中国现代化进程的推进奠定了根本政治前提和制度基础。1978年伊始的改革开放拉开中国历史新序幕，中国开始步入建设中国特色社会主义的新时期。2012年党的十八大召开开启了中国特色社会主义建设的新时代。从新时期到新时代的中国特色社会主义建设，除了要发挥历史唯物主义作为"社会病理学"的批判性作用外，"由革命而来的执政者应该怎样保持一种先进的、解放的力量，如何代表历史的发展方向，开创人类文明的新形态，换言之，在社会建设实践中，如何能够不忘初心，将革命精神转化成为建设实践中的能动力量，提出成熟的社会治理和社会发展理论，渐进地推动社会的整体进步"[2]，成为更加重要的问题。正是在这种问题意识的驱动下，历史唯物主义中的建构性要求变得更加突出与急

---

1 《毛泽东文集》第三卷，人民出版社，1996，第110页。
2 罗骞、滕藤：《阐释与创新：建构性马克思主义的提出——罗骞教授访谈录》，《江海学刊》2019年第3期。

迫。进入新时代，中国的社会现实生活发生了巨大变化，在经济形势快速发展、社会动能加速释放的同时，社会诸领域不断分化，导致了社会整合危机。这种危机既表现在制度建设的整合手段跟不上时代发展变化，也表现在意识形态的价值统摄能力滞后于社会思潮发展变化。新的社会现实催生了复杂的时代心态：一方面是对民族复兴带来的繁荣局面的期盼与自豪，另一方面则是对社会发展带来的利益冲突的焦虑与无奈。因此，从政治、经济和文化等方面重建"利益和价值共同体"、凝聚社会共识等现实问题，必然成为国家治理的重大课题。这一社会背景正是历史唯物主义在中国特色社会主义实践中从批判性到建构性转变的现实根据。正如有论者指出，立足社会转型期的"当代马克思主义的基本形态被称为建构性马克思主义。建构性马克思主义就是坚持马克思主义的基本思想，将革命主体性精神转化为社会建设强大动力的当代马克思主义"[1]。当代历史唯物主义的建构性取向应是一种朝向重建"利益和价值共同体"的学术阐释方式，它既批判社会现实的弊病，更强调通过建构性的研究介入现实，以解决社会发展的不平衡、不充分所带来的诸多社会问题。建构性研究取向将有助于推进新时代中国的价值文化重建运动，既为从根本上克服历史虚无主义的错误思潮奠定理论基础，而且能够为社会生活体制机制的建设提供理论支撑。[2]

中国的社会主义建设为历史唯物主义批判性与建构性的双重功能及其转换确立了坚实的现实基础。俄国十月革命取得胜利，世界上第一个社会主义国家诞生，而为何历史唯物主义在苏联时期未能实现自身方法论的建构性转向？答案应该在于：实现历史唯物主义方法论从批判性到建构性转换的前提是社会主义事业的真正发展。苏联的社会主义建设实践在特定历史时期曾取得一定成

---

1 罗骞、滕藤：《阐释与创新：建构性马克思主义的提出——罗骞教授访谈录》，《江海学刊》2019 年第 3 期。

2 参见刘同舫：《马克思主义哲学研究中的三重解释张力及其认知变化》，《哲学研究》2019 年第 9 期。

就，但总体上背离马克思列宁主义的基本原则，忽视了人类社会发展的"自然历史过程"，片面囿于社会主义优于资本主义的理论设想而不切实际地推进经济建设、政治改革和社会整合，最终陷入"苏联解体""苏共解散"的境地。[1] 同时，苏联社会主义建设实践处于冷战的国际背景之下，以苏联为首的东方社会主义阵营和以美国为中心的西方资本主义世界体系相互对峙、彼此博弈。在针锋相对的世界局势之中，苏联立足"人类社会"的哲学立场提出以全人类解放为价值旨归的全球性主张几乎没有现实可能性。历史唯物主义是一种总体性的宏大叙事，其"对现代社会的总体性批判、总体性革命的提出、未来人类发展道路的构想等，都体现出总体性的方法论特征"[2]。因而，苏联社会主义事业的发展成果及其所处的国际环境并不具备实现历史唯物主义研究范式转向建构性的基本条件。中国共产党"以苏为鉴"，始终坚持以解决社会基本矛盾、实现民族复兴和满足本国人民幸福生活为根本价值追求，在社会主义改革和建设的历史进程中带领全国各族人民促改革、谋发展、求突破、重创新，在国民经济、民主法制、思想文化、人民生活、生态文明、国际外交等众多领域取得了开创性成就，在参与全球化发展的进程中主动抓住机遇、迎接挑战，中国国际地位和影响力显著提升。党的十八大以来，面对全球化所引致的各种问题——从环境恶化、疾病和人口增长到武器扩散、民族主义和传统民族国家遭受侵

---

1 苏联解体是内外因素综合作用的结果。在内因层面，日益僵化的"苏联模式"不断偏离科学社会主义内在逻辑的运行。"苏联模式在特定的历史条件下促进了苏联经济社会快速发展，也为苏联军民夺取反法西斯战争胜利和发挥了重要作用。但由于不尊重经济规律等，随着时间推移，其弊端日益暴露，成为经济社会发展的严重体制障碍"（参见中共中央宣传部编：《习近平总书记系列重要讲话读本》，学习出版社、人民出版社，2014，第7页）；苏联领导人在社会主义建设实践中背离马克思列宁主义的基本原则，"推行了一条错误的路线，即人道的民主社会主义路线"，并"为敌对势力煽动群众、制造动乱、乱中夺权提供了可乘之机"（参见教育部邓小平理论研究中心课题组：《社会主义在曲折中前进——谈谈如何看待苏联东欧社会主义的挫折和建设有中国特色社会主义事业的蓬勃发展》，《高校理论战线》2001年第6期）。在外因层面，以美国为首的西方资本主义世界体系所采取的"和平演变"战略也是"苏联解体""苏共解散"的一大原因。而在致使"苏联解体""苏共解散"的内外因中，内因是最为重要的影响因素，经济发展方向的偏离在根本上造成了苏联建设基础的崩溃。

2 罗骞：《构建人类命运共同体：21世纪马克思主义的重要命题》，《理论探索》2018年第2期。

蚀、地区不稳定等,[1]中国迎难而上、锐意进取,秉持共商、共建、共享的全球治理观,以有担当、负责任的大国形象主动参与全球性难题的治理,呼吁构建人类命运共同体以消解由发达资本主义国家主导的现存国际秩序和全球治理体系带来的负面影响,为实现真正的国际民主、主权平等和成果共享贡献力量。中国特色社会主义事业的发展及其所取得的历史性成就为历史唯物主义研究方法论的建构性转向奠定了现实基础。

(三) 人类命运共同体推动形成"建构性世界观"

构建人类命运共同体的价值理念与实践方案是对现存国际政治经济秩序与全球治理体系的变革与创新。这一价值理念与实践方案致力于实现中国特色社会主义现代化建设与全球化整体推进,旨在破解全球性治理难题、创新全球治理体系和实现人类整体共建共享,促进历史实践经验与未来发展要求的有机结合。构建人类命运共同体推动历史唯物主义从批判性世界观提升为全球化时代的一种"建构性世界观"[2]。

现存国际秩序与全球治理体系由发达资本主义国家所掌控,在形式上表征出对公平正义、自由平等、合作共赢等价值形态的追求,实则渗透着资本主义的利益诉求与价值理念。面对内在构成日趋复杂、数量规模持续扩大、影响程度不断加深的全球性问题,在国际秩序及全球治理体系中掌控绝对话语权的发达资本主义国家固守"零和博弈"思维、奉行强权政治、实行霸权主义政策,在经济领域推行贸易和投资保护主义、政治领域强制干涉他国内政、文化领域倡导普世价值、社会领域转嫁发展危机、生态领域推卸道义责任等,致使世界面临的不稳定性、不确定性、不可预测性因素更加突出。发达资本主义国家坚

1　Richard Haass, "Paradigm Lost", *Foreign Affairs*, Vol.74, No.1, 1995, pp.43-58.

2　参见刘同舫:《马克思主义哲学中国化70年及其历史贡献》,《四川大学学报（哲学社会科学版）》2019年第4期。

决推行的强权逻辑导致了全球化时代的发展困境，造成了世界范围内交流与交锋、协商与斗争多样交错的复杂局势。面对日趋复杂的世界局势，变革、重构国际秩序和全球治理体系迫在眉睫。"随着全球性挑战增多，加强全球治理、推进全球治理体制变革已是大势所趋。这不仅事关应对各种全球性挑战，而且事关给国际秩序和国际体系定规则、定方向；不仅事关对发展制高点的争夺，而且事关各国在国际秩序和国际体系长远制度性安排中的地位和作用。"[1]面对变革、重构全球治理体系的现实目标，在国际秩序中处于被动、受制、边缘地位的后发现代化国家期冀打破现有的、以资本逻辑为主导的西方中心主义发展格局和治理体系，进而重建一个更具合理性、正义性以及平等性的全球治理体系。世界多极化、经济全球化、社会信息化、文化多样化的深入发展，其实质是世界市场运作的一体化，新兴市场国家和广大发展中国家开始群体性崛起，国际力量对比趋于平衡、合理，国际秩序也在不断地变革、调整。中国作为后发现代化国家的典型代表，牢牢抓住了经济发展的战略机遇，综合国力、国际地位以及世界影响力、号召力显著提升，其在全球治理中的地位也逐渐实现从被动到主动、由边缘至中心的提升。基于现存国际秩序、全球治理体系变革调整的客观需求和新全球化时代世界历史接续发展的迫切要求，中国在深度参与全球化进程中明确了新世界观的构建之于重塑全球治理体系的决定性意义。"人类命运共同体奠基于整体利益与个人利益的统一的基础之上，这一命运共同体绝不是凌驾于现实的个人与不同的民族国家之上的一个抽象性共同体，它是从人类社会的现实出发而又积极回应时代发展的现实性窘境的实践探索与理论思考；它反对国际霸权主义与单边主义的旧有的国际关系，尊重人类文明的多样性及其积极建构符合全球化发展要求的国际政治经济新秩序；人类命运共同体具有宽广的全球视野，拥有博大的世界人文情怀，注重国家之间的互利合作、

---

1 习近平：《推动全球治理体制更加公正更加合理　为我国发展和世界和平创造有利条件》，《人民日报》2015年10月14日。

平等共处与多元共赢，是自由人联合体在当代的具体实践。"[1]构建人类命运共同体方案，能够从价值旨归、现实指向、实现路径等维度弥补资本主义全球化及其主导的世界市场体系和全球治理体系的内在不足，为破解全球性治理难题贡献新智慧和新方案。

马克思站在历史唯物主义立场上，将资本作为现代社会最基本的中介性范畴，深入到感性的物质实践层面，"揭露了资本主义社会资本追求剩余价值与不断扩张的演化趋势和逻辑造成人的自由自觉发展逻辑的断裂，解开了人们异化命运的真正奥秘"[2]，确立了以革命为主要手段推翻资本主义统治，实现人自由全面发展的目标追求。历史唯物主义在这一时期针对全球化问题的研究集中呈现出理性的批判态度，即围绕全球化时代危机与人类社会发展本质要求相违背的现实展开辩证的批判。虽然历史唯物主义通过批判资本的逐利本性，揭示出全球化的不合理之处，由此提出了改造方案，但其理论倾向主要还是批判性的。人类命运共同体价值理念与实践方案的出场，旨在破解全球治理之困、创新全球治理体系和推进共商共建共享的全球治理观。构建人类命运共同体能够推动历史唯物主义研究方法的创新与自觉意识的形成，并在现实的构建实践中上升为一种"建构性世界观"。

人类命运共同体价值理念是一个时间和空间交互叠加、不断发展的过程，其基本结构、建构方式、发展方向和价值目标所构成的有机体系也将逐渐完善。[3]构建人类命运共同体中内蕴的"建构性世界观"，在本质上与人类历史运行的基本规律息息相关，其具体内涵指向人类社会整体发展的辩证规律与趋势本身，呈现为以不断融合的人类共同的历史为现实内容的认识论和方法论的统一，并在此基础上形成当今时代全新的价值意蕴，实现人类历史规律与人自身

---

[1] 邵发军：《推动构建人类命运共同体的理论内涵与实践路径研究》，人民出版社，2021，第38页。

[2] 韩淑梅、刘同舫：《马克思对资本逻辑的批判及其边界意识》，《天津社会科学》2015年第5期。

[3] 参见刘同舫：《马克思主义哲学中国化70年及其历史贡献》，《四川大学学报（哲学社会科学版）》2019年第4期。

建构性力量的内在融合。

在基本结构上，习近平总书记从政治、经济、文化、安全和生态这五大方面展开了具体阐释：建立平等相待、互商互谅的伙伴关系，营造公道正义、共建共享的安全格局，谋求开放创新、包容互惠的发展前景，促进"和而不同、兼收并蓄"的文明交流，构筑尊崇自然、绿色发展的生态体系。[1]人类利益发展的整体性决定了生产体系格局的内在一致性，人类命运面临的发展困境的多层次要求形成多样化的组织形式，人类命运共同体是政治共同体、经济共同体、文化共同体、安全共同体以及人与自然为内核的生命共同体的有机统一，倡导世界各国不分国家性质、制度、大小、强弱、贫富等差异而一律平等，坚持互帮互助、互惠互利、共同可持续的经济发展模式，推崇相互尊重、彼此借鉴、和谐共存的文化交流之道，主张共同、综合、合作、可持续的安全新观念，强调尊重自然、顺应自然、保护自然的环保意识与绿色、低碳、循环、可持续发展之路，为人类社会勾勒出一个全方位、宽领域、多层次的发展蓝图。

在建构方式上，中国秉持共商、共建、共享的全球治理观，致力于打造以合作共赢为核心的新型国际关系。立足构建人类命运共同体的战略目标，中国以负责任的大国形象主动承担全球化时代的全球治理重任，摒弃我赢你输、赢者通吃的僵化思维，坚定维护世界和平、促进共同发展、打造伙伴关系、支持多边主义的决心，积极诉诸"上合组织""二十国集团""金砖银行""亚投行""一带一路""中巴命运共同体""中非命运共同体""亚洲命运共同体"等合作组织，为新兴市场国家和发展中国家提供参与全球性问题治理、投身新型国际关系构建、实现全面综合发展、提供综合国力的新机遇与新平台，推动各国在国际合作中实现权利平等、机会平等、规则平等，推进全球治理规则民主化、法

---

[1] 参见习近平：《携手构建合作共赢新伙伴　同心打造人类命运共同体——在第七十届联合国大会一般性辩论时的讲话》，《人民日报》2015 年 9 月 29 日。

治化，努力使全球治理体制更加公正地反映大多数国家意愿和利益，尤其是广大发展中国家的利益诉求。构建不同参与主体相互尊重、平等交流的新型国际关系以消解西方发达国家在全球治理、国际关系中的垄断性地位，从而将"中心—边缘"体系转变为"平行网络"体系，将"零和博弈"模式根本改变为合作共赢模式，为保障广大发展中国家在全球治理中的实际权利贡献重要力量，真正实现人类社会整体共生共存、共建共享的目标诉求。

在发展方向上，人类命运共同体以马克思所预设的"自由人联合体"为根本依归，为实现全人类的总体解放、人类个体的自由全面发展积蓄力量。"自由人联合体"是马克思对人类社会发展前景的科学预判，其得以实现的基本条件在于生产力高度发展、物质财富极大丰富、人民精神境界极大提高，消解人的异化状态，解决人与自然、人与人、人与社会之间的一切异化关系，真正实现人的本性的复归以及人与自然、社会的和谐共存。构建人类命运共同体是基于当代世界发展的实际境况对人类社会未来图景的具体创建，蕴藏世界各国共命运、同进步、促发展的目标取向，具有营造和平环境、发展共同利益、凝聚全球共识、推进文明进程等内在价值。"从一定意义上说，构建人类命运共同体，就是在营造未来社会建立和发展的基础，就是今天在世界范围内的共产主义实践"。[1] 人类命运共同体思想蕴含了世界历史发展的本质性规律，俨然成为关于共产主义理想的独特的内涵逻辑。虽然人类命运共同体与"自由人联合体"在基本性质、实践基础、社会主体、实现形式、发展程度等方面存在差异，但二者均是对人类生存发展状况的真切关怀，都致力于实现全人类的真正解放。人类命运共同体在世界范围内积极推行过程中主动突破资本主义狭隘的社会生产动机和私有财产观念，以极力凝合全球生产力并治理资本逻辑留下的病灶为重要使命，致力于为实现个人全面自由的发展而塑造全新的社会交往方式和社

1　石云霞：《习近平人类命运共同体思想科学体系研究》，《中国特色社会主义研究》2018 年第 2 期。

会关系，体现了"自由人联合体"的本质特征。

在价值目标上，习近平总书记提出了关于未来世界图景的构想，即坚持对话协商，建设一个持久和平的世界；坚持共建共享，建设一个普遍安全的世界；坚持合作共赢，建设一个共同繁荣的世界；坚持交流互鉴，建设一个开放包容的世界；坚持绿色低碳，建设一个清洁美丽的世界。[1] 党的十九大报告对这一未来世界图景展开了更加详尽的阐释：政治上是一个相互尊重、平等协商，摒弃冷战思维和强权政治，坚持对话不对抗、结伴不结盟的持久和平世界；经济上是一个贸易和投资自由化便利化，全球化进程展现出愈加开放、包容、普惠、平衡、共赢之发展趋势的共同繁荣世界；文化上是一个多样文明和谐并存、文明交流超越文明隔阂、文明互鉴超越文明冲突、文明共存超越文明优越的开放包容世界；安全上是一个坚持对话协商，反对争端分歧，统筹应对传统和非传统安全危险，反对一切形式的恐怖主义的普遍安全世界；生态上是一个环境友好、绿色高效、资源节约，合作应对气候变化，共同保护地球家园的清洁美丽世界。[2] 人类命运共同体所致力于实现的现实目标涉及人类生产、生活的各个领域，内在包含和平、发展、公平、正义、民主、自由的全人类共同价值。"全人类共同价值为人类命运共同体提供了价值观基础，确证了人类命运共同体的道义性，奠定了构建人类命运共同体的价值认同基础。"[3] 将人类高度认同的价值观念视为构建人类命运共同体实践中的目标指向，有利于激活人类整体追求美好生活、建设美好世界的内生动力，为人类社会的赓续发展、世界文明的深入推进注入强劲动力。

构建人类命运共同体思想与历史唯物主义之间是双向建构、共同发展的关

---

1 参见习近平：《共同构建人类命运共同体——在联合国日内瓦总部的演讲》，《人民日报》2017 年 1 月 20 日。

2 参见习近平：《决胜全面建成小康社会　夺取新时代中国特色社会主义伟大胜利——在中国共产党第十九次全国代表大会上的报告》，人民出版社，2017，第 29—69 页。

3 林伯海：《论全人类共同价值与人类命运共同体的辩证关系》，《马克思主义研究》2021 年第 11 期。

系。构建人类命运共同体是历史唯物主义与时俱进、拓展提升的现实契机，在历史唯物主义视域下检审构建人类命运共同体的价值理念与实践方案，有利于保证其构建实践的正确方向。在全球化持续推进的当今世界，"对于人类命运共同体的研究，我们应秉持动态的、发展的历史眼光：人类命运共同体不是自在的世界性实体，而是世界历史进程中全球化的实践成果。对于历史唯物主义的研究，我们也应秉持现实的、创新的理论态度：历史唯物主义不是超历史的'历史哲学理论'，也不是传统教科书所阐述的'普遍原理体系'，而是在批判人类社会实践中不断建构发展的理论体系"[1]，历史唯物主义理应将人类命运共同体纳入自身的研究视野之中，并将这一思想落到实处。在构建人类命运共同体的实践中不断深化历史唯物主义理论体系，需要我们积极开展理论建构与创新的自觉行动，实现马克思主义基本原理在当代世界的创新与发展。

二、主体支撑：中国特色社会主义道路

中国特色社会主义道路是历史唯物主义作为"建构性世界观"引领世界历史进程的主体性支撑，有着厚实的历史涵容性、实践超越性和文明包容性。中国特色社会主义道路形成于改革开放以来中国共产党团结带领全国各族人民探索实践，是兼具人类社会发展的普遍样态和中国本土特色的现代化之路，破解了西方资本主义国家诉诸掠夺式资本积累手段以实现现代化的野蛮路径，超越了苏联违背社会发展规律、抵制外域资源、缺乏内生动力的僵化发展模式。其民主政治制度、经济发展模式以及多元文化结构的形成与发展不仅裨益于自身社会主义现代化强国的建设目标，而且为世界上追求发展和独立双重目标的国家和民族提供了成功的"范例"参考。中国特色社会主义道路内在凝聚着中国

1　刘同舫：《构建人类命运共同体对历史唯物主义理论的原创性贡献》，《中国社会科学》2018 年第 7 期。

人民团结统一、爱好和平、勤劳勇敢、自强不息的民族精神和旨在解决全人类生存发展问题的现世智慧。中国特色社会主义进入新时代的历史方位判定标志当代中国的现代化发展之路实现了高度的理性自觉，站在更高的立场上谋求中国现代化发展与人类社会整体进步的协调统一，彰显中国式现代化新道路的普遍性意义和建构性价值。

（一）民主政治制度的历史跃进

一国政治发展道路的选择不仅标明其政治方向的明晰与肯定、政治理念的创新与践行、政治体制的确立与完善、政治文明的建设与发展，而且关系到国家政权的稳固以及现代化进程的整体推进。基于世界发展局势、历史文化传统、经济社会现状等条件，中国共产党带领中国人民走上了与欧美诸国"社会—国家—政党"式资本主义民主政治发展路径截然不同的"政党—国家"式社会主义民主政治发展道路，形成了政党全面支配国家与社会的全能主义政治形态。[1] 与西方政党在既定民主体制下诉诸自由竞争路径以获得政治权力的方式不同，中国共产党在外侮内乱的环境下，通过暴力革命的手段夺取国家权力，在政治建设过程中妥善处理了一系列矛盾关系，并勾勒出体现中国社会主义特色的政治建设规律，建立了人民民主专政的国家政权，成为引领国家发展的核心支柱，其"组织、制度和价值输入国家，从而决定国家的命脉、形构、方向、进程和特征"[2]。依托中国共产党全心全意为人民服务的实践准则，人民群众成为国家、社会真正意义上的主人，享有广泛、充分且真实的民主权利。社会主义的民主诉求在新中国"政党—国家"式的政治形态中成为现实，并不断地优化完善。

---

1 参见郑维伟：《政治体制改革与政治建设：理解中国政治发展的主线》，《浙江社会科学》2018 年第 4 期。

2 陈明明：《作为一种政治形态的政党——国家及其对中国国家建设的意义》，《江苏社会科学》2015 年第 2 期。

"政党—国家"式社会主义民主政治发展道路的最大优点是强大的组织和动员能力，能够集中国家力量办大事，在短时间内形成相对完整的国民经济体系和现代工业体系，既能够迅速缩短与发达国家之间的差距，又可以切实维系新生政权的稳定性、国家政治的人民性以及激发人民群众进行政治建设的能动性。但这种政治形态也存在不可忽视的问题，如苏联共产党通过暴力革命的方式夺取国家政权，其运用"政党—国家"的政治形态及其实践早于中国，但它并没有科学利用这一政治形态的优势，而是任由其过度集权的政治体制不断僵化，国家行政、司法等机关丧失自主权甚至沦为权贵的附庸。广大民众对政府的改革举措失去信心，族际关系紧张与民族冲突对立的潜在危机不断累积，改革之路愈加艰难，最终以苏联解体的形式无奈落幕。如何克服"政党—国家"政治集权逻辑的内在弊病以适应社会主义民主政治进一步发展的要求，成为中国共产党不得不面对的现实难题。邓小平同志曾明确指出："党成为全国的执政党，特别是生产资料私有制的社会主义改造基本完成以后，党的中心任务已经不同于过去，社会主义建设的任务极为繁重复杂，权力过分集中，越来越不能适应社会主义事业的发展。"[1]为了推进社会主义现代化事业，"保障人民民主，必须加强法制。必须使民主制度化、法律化"[2]。改革开放以来，中国共产党团结带领全国各族人民步入了以政治体制改革、政治文明建设为主要途径的中国特色社会主义政治发展的新阶段，形成了"结构性制度形态"与"功能性政治过程"有机统一、双向互促的特色发展路径，充分彰显中国特色社会主义民主政治的内生力与优越性，始终保持政治制度的民主性与稳定性的动态平衡，坚决统筹民主与发展之间的协调关系，在人民当家作主的民主政治制度基础之上不断推进国家治理体系和治理能力现代化，并为广大发展中国家提供了相对可行的经验借鉴。人民民主对政治实践的内在规定性决定了中国特色社会

---

1 《邓小平文选》第二卷，人民出版社，1994，第329页。

2 《邓小平文选》第二卷，人民出版社，1994，第146页。

主义民主政治的内生性与协调性，人民民主要求具体的政治制度始终维持利益代表的广泛性与真实性，进而为提高国家治理能力和积极参与全球治理体系提供了发展动力，逐渐摆脱在世界历史中受到资本主义牵制的限度。中国特色社会主义民主政治在制度建构和结构功能两方面为发展社会主义民主政治提供了现实范本。

第一，从政治制度的体系建构来看，中国特色社会主义民主政治逐步建构起以人民代表大会制度为根本政治制度，以中国共产党领导的多党合作和政治协商制度、民族区域自治制度以及基层群众自治制度为基本政治制度的制度体系，以法治化、科学化、民主化的制度体系保障人民主体地位，使民主政治建设更契合扩大人民民主和经济社会发展的要求，充分彰显中国特色社会主义政治制度的强大生命力。

人民代表大会制度居于国家政治制度体系的核心地位，在遵循民主集中制原则的基础上，构建纵向结构上由中央到地方的统一领导机制以及横向结构上国家与人民、人民与代表、"一府两院"的关系模式，为国家各项权力的部门归属、合法性运作及职责边界提供了根本制度规定和法规保障。其以稳定的制度形态强化宪法关于国家权力机关是全国人民代表大会和地方各级人民代表大会的规定，有助于权力机关集中全民意见进行国家方针政策的制定与运行，从根本上保证国家的现代化建设朝着正确的航向行进。

中国共产党领导的多党合作和政治协商制度作为一种新型政党制度，完善了中国政治制度体系，丰富了世界政党制度的存在样态，强调中国共产党作为执政党的领导核心地位以及注重发挥其他各民主党派作为参政党进行参政议政、民主监督的重要作用。这一新型的政党制度能够基于其多主体、多场域、多层次的特征集中整合社会各方关于国家建设发展的相关意见，推动执政党进行符合人民群众利益诉求的科学民主决策。通过多党合作和政治协商可以及时发现并有效化解一党执政体制下极易滋生的"四风问题"，避免多党竞争而催生的无序、内耗与分裂问题;在推进国家治理体系和提升国家治理能力现代化方面具有整合社会力量、优化政策决策、拓宽政治参与、发展民主协商、强化制度保障的积极作用,[1]有利于保证汲取其他民主党派积极探索提升新型政党制度效能的路径。

民族区域自治制度是中国共产党基于马克思主义民族理论,结合多民族国家传统以及各民族"大杂居小聚居"实际状况而做出的制度创新。作为处理民族区域问题的基本制度和政策,这一制度形式肯定了国家的统一领导,规定在少数民族集中聚居的地区成立自治区,建立自治机关并赋予其独立管辖民族内部经济、政治、文化、社会、宗教等事务的自治权,有益于巩固和发展平等团结互助和谐的社会主义民族关系,铸牢中华民族共同体意识,实现各民族共同团结奋斗、共同繁荣发展。[2]事实证明,现存的五个少数民族自治区的设定与管理在维护国家团结统一、保证各民族在"两个共同"的道路上实现自身发展、推动各民族相互之间携手共进以及实现边疆地区长治久安等方面发挥着重要作用。

基层群众自治制度是直接面向广大人民群众、富含中国特色的基本政治制度之一,其依循宪法的相关内容诉诸选举民主与协商民主的主要形式,规定成立涉及城乡区域的基层自治组织——居民委员会和村民委员会,为居民或村民展开民主选举、民主决策、民主管理和民主监督的自治性活动提供了制度保障,有助于实现基层地区进行自我管理、自我服务、自我教育、自我监督的目标,在提升人民群众民主素养、政治参与能力以及拓展非国家政权领域的社会自治空间等方面具有积极意义。

第二,从民主政治的结构功能来看,中国特色社会主义民主政治形成了党的领导、人民当家作主、依法治国三者有机统一的功能体系。政党、民主、法

---

[1] 参见张献生:《多党合作制度在中国国家治理中的基本作用》,《政治学研究》2017年第4期。

[2] 参见《中国共产党章程》,人民出版社,2017,第15—16页。

治是现代政治的组成要素，是推动现代化发展的政治力量。其中，政党主要发挥组织、动员的作用；民主重点彰显保障、稳定的价值；法治总体承担规约、调和的责任。在三者的内在关系上，"党的领导是人民当家作主和依法治国的根本保证，人民当家作主是社会主义民主政治的本质特征，依法治国是党领导人民治理国家的基本方式，三者统一于我国社会主义民主政治伟大实践"[1]。中国特色社会主义民主政治结构建立在一定的经济基础之上，在建设的历史进程中始终服务于保障全体公民权利和维护人民群众的根本利益，并在现代化建设中保持其功能结构的动态发展。

坚持中国共产党的领导是历史的选择、现实的要求和人民的意愿，党的领导核心地位兼具必然性与合法性。新时代党的领导发展为一种关涉"党政军民学，东西南北中"的全面领导，国家的一切工作都依托于党的集中统一领导。中国共产党是中国特色社会主义事业的领导核心，其诉诸政治、思想、组织的领导方式与科学、民主、法治的执政方式发挥总揽全局、协调各方的统筹领导作用，作为马克思主义政党，坚持中国共产党的领导在理论上是唯物史观关于社会主义国家现代化的客观要求，在实践上是中国政治发展的必然结果。党的领导既在国家总体发展方向上坚持社会主义的基本性质，坚定中国特色社会主义的发展道路；又在经济、政治、文化、社会、生态等具体领域，国家机关、企事业单位、各社会团体等机构团体以及法律法规、方针政策制定和执行等举措中实行各方面、宽领域、全过程的领导，为依法治国和人民当家作主提供可靠的政治保证、思想引领和组织保障，也进一步推动党和国家的各项工作在发展社会主义生产力、增强社会主义国家的综合国力、提高人民的生活水平等方面发挥积极作用。

人民当家作主是社会主义民主政治的本质特征，这一规定充分彰显了社会

---

1 习近平：《决胜全面建成小康社会　夺取新时代中国特色社会主义伟大胜利——在中国共产党第十九次全国代表大会上的报告》，人民出版社，2017，第36页。

主义民主政治的内在优势——最广泛、最真实、最管用。在维系社会主义民主的内在优势上，中国共产党的执政方式和依法治国的治理模式存在积极意义。中国共产党始终把实现好、维护好、发展好最广大人民群众当家作主的民主权利和根本利益作为一切工作的出发点和落脚点，领导人民创造了人民代表大会制度、基层群众自治制度等制度，选举程序、司法程序等一系列具有中国特色的制度和程序，坚持并落实科学、民主和依法执政，在国家法律法规的范围内领导中国特色社会主义事业的发展，在理论与现实的双重维度切实保证人民群众当家作主的权利。依法治国也是人民当家作主权利得以实现的重要保障，即"通过科学合理的制度安排和制度运行，使政治资源按照代表最广大人民根本利益的要求进行合理配置，保证人民的政治、经济、文化和社会权利的全面实现，特别是保证人民充分行使民主选举、民主决策、民主管理、民主监督的权利"[1]。作为中国特色社会主义本质特征的人民当家作主是中国共产党长期执政的目标，必须通过法律的形式予以固定和保障。

依法治国是党领导人民治理国家和社会的基本方式，要求全国各族人民、一切国家机关和武装力量、各政党和各社会团体、各企业事业组织尊重国家各项法律法规的权威，严格依照法律规定，管理国家事务、经济和文化事业以及社会事务。依法治国所依循的法律是党和人民意志的集中体现，党和人民的意志必须经过国家权力机关的法定程序才能上升为具有普遍权威和约束力的法律。党坚持在国家法律的既定范围内领导、执政，人民群众在法律的认可范围内进行生产、生活，其主体地位在法律的肯定下愈加真实。依法治国进一步明晰了各权力主体、权力运行秩序等，有效地规约了国家权力尤其是党的权力的实际运行，保障了民主的社会主义性质及其法制化、程序化、实体化的发展需要。

当代中国在坚持政治体制改革与民主制度建设自主建构原则的基础上，积

---

[1] 白钢、潘迎春：《论坚持党的领导、人民当家作主和依法治国的有机统一》，《政治学研究》2010年第1期。

极借鉴人类政治文明的有益成果，形成了一套"结构性制度形态"和"功能性政治过程"的有机统一、互促互进的复合型民主制度体系。代表当代中国发展进步的复合型民主制度体系是中国道路在政治层面的集中体现，也是推动中国式现代化道路深化发展的根本制度保障。中国式现代化道路在政治体制改革和民主制度建设层面的"自主建构性"特质必将有益于其所依赖的历史唯物主义理论在构建人类命运共同体的全球性实践中提升为一种"建构性世界观"。中国式现代化道路在政治体制改革和民主制度建设层面的"建构性"特征集中表现为：政治国家对社会的整体进步发挥着根本的建构性作用，逐渐培育辩证的历史观念和历史的理性精神，政治话语从二元对立的斗争观念向多元共存的和谐观念转变，依法治国的法治化过程保证了社会渐进发展的稳定性，理想信念建设扬弃了作为技术管理的中性政治概念。[1]内含"建构性"特征的中国式现代化道路从静态制度结构和动态政治过程的双重维度维护了政治体制改革和民主制度建设的社会主义底色，保障了人民当家作主的真实权利，突破了西方政治制度模式在国家权力归属、国家权力运行等方面的制度性缺陷。所谓西方政治制度模式主要是指西方资本主义国家在政治领域长期发展所形成的制度形态，"以三权分立基本制度架构为依托，以多党竞争或两党制为执政中枢，以选举制度来试图保证其政治权力合法性"[2]。这一制度模式在国家权力归属上标榜"全民民主""纯粹民主"，但在现实政治生活中特权阶级当家作主的社会现象持续存在并有愈演愈烈之势；在国家权力运行上宣称以分权制度规约权力的配置与运作，而权力过度集中、权力滥用的异化现象则屡见不鲜。近年来，西方资本主义国家内部此起彼伏的社会运动，有些社会主义国家照搬西方政治制度模式后，因与自身国情和社会发展实情不相适应而导致发展趋于停滞、政权

---

1 参见罗骞：《建构性政治与中国道路的建构性特征》，《中国人民大学学报》2018 年第 4 期。
2 白艳、李娜、陈剑：《透析西方政治制度模式历史局限——兼论中国绝不照搬西方政治制度模式》，《理论探讨》2017 年第 5 期。

出现动荡等现实境况充分证明西方政治制度模式并不具有其所宣扬的"自由民主"等普世性价值。西方的"选举民主"以私有财产为根本、个人权利凌驾于集体价值之上，容易出现严重内耗或一盘散沙等现象；中国的人民民主和协商民主更强调对"集体之善"的追求，更倾向于保障"最广大的人民群众"的发展权和平等权，有助于形成治理国家的强大合力。内嵌"建构性"特征的中国式民主充分彰显并发展了历史唯物主义所强调的"国家政权的真正民主性质"，助力历史唯物主义在新全球化时代提升为一种"建构性世界观"。

（二）经济发展模式的历史变革

基于世界整体处于大变革、大调整阶段的客观背景，全球经济发展疲软的总体概况尤其是西方经济发展停滞的常态化趋势以及国内经济发展方式亟待转变、经济结构亟须优化、经济增长动力亟待转换的社会现实，习近平总书记提出了建设现代化经济体系的战略目标。这一战略目标的提出标志着中华人民共和国成立以来，中国共产党带领全国人民自主建构而成的具有中国特色的经济发展模式取得了阶段性胜利和实质性成果。总结中国经济发展的实践经验，论证和明确经济发展领域"中国模式"的现实存在及其鲜明特征，有助于推动中国经济发展进入一个理念愈加科学合理、体制机制日趋健全完善、动力结构更加多元平衡等发展条件不断完备的自觉阶段，从而实现现代化经济体系的建设目标，激活中国特色社会主义经济发展的生产优势和内生动力，增强中国特色社会主义建设事业的内在自信。客观事实已然证明，中国的经济发展道路能够破解"西方中心主义"的狭隘偏见和"西方模式"的"威权"垄断，超越了西方对市场与政府之间关系的传统认知。中国特色社会主义市场经济体制的完善和发展，实现了政策协调和市场配置的高度统一，不仅为中国式现代化新道路的构建奠定了雄厚的经济基础，而且为后发现代化国家提供一种既不诉诸掠夺式资本积累手段，又不牺牲本国自身发展独立性的现代化道路选择。

以改革开放的开端为历史节点，中国经济总体上经历了改革开放前社会主义计划经济体制和改革开放后社会主义市场经济体制前后两个发展阶段。中华人民共和国成立初期，迫于国民经济恢复发展的需要，我国在多种经济成分并存的前提下，采取国家计划与市场调节有机结合的方式开展经济建设，高效地实现了恢复国民经济的预定目标，并顺利完成第一个五年计划。然而，在西方资本主义阵营的压制围剿下，倒向社会主义阵营的新中国在发展模式上"以苏为鉴"，优先发展重工业，致力于建设完备的国防体系和工业体系，逐步抑制新民主主义经济中的市场调节作用，形成权力高度集中的计划经济体制。依循马克思主义基本原理，社会主义计划经济的出场前提在于生产力的高度发展，工业化、市场化和城市化进程的深入推进，其直接目的是解决因生产资料私有制，社会化生产的"无政府"状态和市场机制的自发性、盲目性、滞后性弊端所导致的资源浪费和"两极分化"现象，即"一旦社会占有了生产资料，商品生产就将被消除，而产品对生产者的统治也将随之消除。社会生产内部的无政府状态将为有计划的自觉的组织所代替"[1]。然而新中国依附政府权威的计划经济体制致力于整合社会资源，加速工业化步伐，实现赶超目标；其诉诸绝对权力保证资源的"单向式"流动，即由农村流向城市、由农业流向工业，在统筹经济发展方向、实现工业化发展目标、维护国家政权稳定等方面具有积极意义。但这种依托国家行政命令的计划式生产体制跨越了商品经济充分发展的基础阶段，忽视了市场体系中价格机制、供求机制、竞争机制等调节手段在优化资源配置、带动经济发展方面的重大作用，强制性地抑制微观经济主体的发展活力，尤其是工农业领域、城乡地区"剪刀差"现象极大损害了广大农民的切身利益，造成经济发展格局中城乡二元分化的现实弊病。计划经济体制在内忧外患的极端境况下，能够形成集中力量办大事的短期效益，但在国民经济的长

---

1 《马克思恩格斯文集》第9卷，人民出版社，2009，第300页。

期发展中容易滋生经济结构失衡、发展方式单一、增长动力不足、公平竞争意识缺乏、消极腐败现象严重等问题。面对世界局势总体好转、资本主义世界发展良好，社会主义国家计划经济体制弊病不断凸显的现实境况，中国共产党审时度势、抓住历史机遇做出了经济体制改革的伟大决定。经济体制改革的主要举措在于促进市场机制的适度回归，调节政府与市场在经济发展中的关系，推动二者在有机融合的基础上各司其职、各主其事，以最终实现国民经济的持续健康发展。

中国的经济体制改革有效规避了苏联分崩离析式的大国悲剧，并取得了举世瞩目的发展绩效。而造成中苏两国经济体制改革结果迥然不同的主要原因在于是否结合本国国情，选择科学合理的制度变迁路径。苏联和诸多东欧社会主义国家在西方资本主义世界的诱导下，寄希望于国家主导的激进式变迁之路，通过对现存经济体制的大幅度调整、快节奏变革，以期迅速实现计划经济体制的自由化、市场化和私有化。这种激进方式忽视了国家计划经济体制长期存在的基本国情以及"制度"这一变量转换的持续性特质，单方面希冀国家垄断强权对经济高度集中化的行政管理，本质上属于唯国家意志论的经济发展观念，这种主观背离客观的政策在执行中极易催生社会经济体系整体崩溃的悲剧。而中国的经济体制改革总体上是在充分汲取前期社会主义计划经济体制累积的制度、物质和人才基础上，从农村集体经济领域率先引入市场因素的渐进式变迁，自下而上倒逼宏观政策和资源配置领域的积极改革，并不是盲目地"遵循市场原教旨主义，简单地复制所谓西方标准化的市场经济模式，而是根据本国国情，独立自主并创造性地进行制度选择与制度安排，使市场经济的一般规律与中国经济的具体情况相契合，形成内生性和自适应的制度变迁轨迹，由此避免了那种强制性的制度移植输入和制度外部依附所带来的灾难性后果"[1]。自改

---

[1] 中国社会科学院经济体制改革 30 年研究课题组：《论中国特色经济体制改革道路（上）》，《经济研究》2008 年第 9 期。

革开放以来，中国在经济领域不断补充和修正市场机制的调节作用，逐步形成了独具特色的社会主义市场经济体制；经济规模总量持续攀升，经济增速稳居世界前列，对世界经济增长贡献率不断提高，创造了经济发展的奇迹。

在宏观的制度保障上，中国形成了公有制为主体、多种所有制经济共同发展，按劳分配为主体、多种分配方式并存，社会主义市场经济体制等社会主义基本经济制度，这充分体现了社会主义制度优越性。对比改革开放前后的两个发展阶段，中国经济发展领域最为显著的变化在于承认市场这一资源配置方式的独特地位并合理运用，从"计划经济为主、市场调节为辅"到"市场在资源配置中发挥基础性作用"再到"市场在资源配置领域发挥决定性作用"，市场作为一种资源配置方式在经济发展中的地位与作用不断强化，社会主义市场经济体制确立并发展。社会主义市场经济体制以自身的成功实践打破了计划经济适用于社会主义、市场经济适用于资本主义的传统认知，实现社会主义制度和市场经济的有机结合，其既具有计划经济集中力量办大事的整合优势，又内嵌市场经济的灵活自主性，推动中国经济进入快速发展期并取得了经济发展领域的"中国奇迹"。在资源配置领域将计划与市场有机融合的特征在基本经济制度上体现为公有制为主体的多种所有制经济共同发展的形式，"坚持公有制的主体地位和国有经济的主导作用，使我们党和政府拥有强大的集中决策、组织动员和统筹协调能力，形成了中国特色社会主义所独有的最大限度整合社会资源、集中力量办大事的体制机制优势"[1]；坚持多种所有制经济共同发展，持续扩大经济制度的市场化改革，成功实现了从高度集中的经济到充满活力的社会主义市场经济体制的转型，赋予私有制经济、股份制经济以充分的政策支持和发展空间，适合社会主义初级阶段生产力发展不平衡不充分的现实状况，符合社会主义解放生产力、发展生产力的本质要求，有利于调动市场经济主体的内

---

1 何自力：《科学认识和正确处理政府与市场关系》，《世界社会主义研究》2017 年第 1 期。

生动力，加速提高经济增长的效益和生产要素产出效率，保障经济的持续健康发展。在资源配置领域将计划与市场有机融合的特征在基本分配制度上体现为按劳分配为主体的多种分配方式并存，在社会主义市场经济条件下，初次分配兼顾效率与公平，"市场调节初次分配，适当拉开收入差距，有利于激发不同生产要素所有者参与市场竞争的积极性和主动性，实现资源的合理配置，提高整个经济运行的效率"[1]；再分配则更加注重公平，政府诉诸税收、福利等手段统一调节各市场主体的初次收入以维护社会的公平正义，从而实现共同富裕的目标。

在微观的经济运行上，中国形成了投资主导、承接发达国家制造业转移以及注重发展实体经济的特色模式，避免了西方发达国家以消费主导、产业结构服务化以及经济金融化和虚拟化为特征的结构失衡性经济发展路向，[2]充分彰显了后发工业国相对科学的经济发展之路，为广大发展中国家提供了良好的借鉴实例和丰富的经验参照。首先，在改革开放初期，为了摆脱经济发展领域资金、人才、技术以及管理经验等极度匮乏的现实困境，通过大量引进外资以发展经济。在市场经济发展的历程中，投资方式由"外来型"逐步转变为"内生型"，外域资本的跨国性投资逐渐与"后来居上"的本国政府主导的投资方式共同发展，二者互补互促、有机融合，在统筹经济发展格局、拉动经济增长方面成就显著。其次，中国积极融入全球化的时代发展进程，利用自身劳动力资源丰富且廉价的突出优势主动承接西方发达资本主义国家的制造业转移，"开放条件下，劳动密集型制造业从发达国家转移，为中国经济腾飞带来了技术支持，为在此基础上的自主性技术创新打下了基础，提高了数百万富余农村劳动力的收入水平，推动了城市化向前发展，使中国成功实现了工业化和现代

---

[1] 何自力:《科学认识和正确处理政府与市场关系》,《世界社会主义研究》2017 年第 1 期。
[2] 参见苏立君、梁源长、何自力:《中国模式是否存在?——基于中国与西方经济发展方式的比较研究》,《长白学刊》2016 年第 5 期。

化"[1]。中国在改革开放的深入发展中挖掘其中的新内涵，不仅要求拓展改革开放的范围和领域，而且旨在提升改革开放的质量和层次。最后，中国认真汲取西方发达国家现代化进程中产业结构去工业化、经济发展虚拟化的经验教训，正确认识并处理实体经济与虚拟经济之间的相互关系，大力实施创新驱动战略，发挥制造业领域的传统优势，注重实现实体经济产业的转型升级，高度重视发展以制造业为核心的实体经济，并适度发展以金融业为核心的虚拟经济。中国特色社会主义经济发展道路不仅凝结了广大人民群众投身于国家富强的伟大实践进程，而且在积极构建人类命运共同体、解决全球性经济危机中协调世界各国的磅礴生产力，推进了中国经济与世界经济发展的深层融合。

基于当今世界发达国家经济结构失衡、诸多发展中国家处于贫困状态的现实，发挥中国经济发展模式的引领作用有利于实现构建人类命运共同体的目标诉求，即在变革全球治理体系的基础上推动生产力向前发展，为实现人类社会更美好的未来奠定坚实的物质与精神基础。中国式现代化新道路在经济领域的成功必将为人类命运共同体的构建提供最坚实可靠的历史性示范，从而推动历史唯物主义提升为全球化时代的一种"建构性世界观"。独具中国特色的经济发展模式是中国式现代化道路在经济领域获得成功的具体表现。改革开放以来，中国共产党带领全国各族人民开启了以建立社会主义市场经济体制为核心目标的经济改革与建设之路，逐步形成独具中国特色的经济发展模式。这一模式通过市场经济的引入、政府—市场关系的动态调整推动经济发展，促使政府和市场内部的制度安排、行为方式等成为影响经济发展绩效的内生变量，确保了经济发展领域相对稳定的社会环境，实现了经济总量的持续高速增长，并有效地避免纯市场化发展模式的不良倾向。"中国道路的特点在于：在适当的阶段分别选择了计划经济体制和市场经济体制，充分发挥了两种体制的优点，扬

1　苏立君、梁源长、何自力：《中国模式是否存在？——基于中国与西方经济发展方式的比较研究》，《长白学刊》2016 年第 5 期。

长避短，有效地促进了中国现代化。"[1] 较之于中国经济发展模式而言，西方经济发展模式相对缺乏政府的宏观调控，资本主义私有制势必导致社会发展无政府和秩序丧失的放任自由状态，在这种"大市场、小政府"的宏观环境下，资本的逐利本性必将促使包括其自身在内的生产要素之间产生一种"单向式"的流动路径：在国内，由利润率较低的第一、第二产业流向利润率较高的第三产业，资本家在生产资源的占有和分配上完全遵从其自身利润最大化的需要；在国际上，由要素成本相对较高的发达资本主义国家流向劳动力和自然资源成本较低的广大发展中国家。不可否认，资本逐利本性所驱使的"单向式"要素流动形式在一定程度上加强了发达国家与发展中国家之间的交流互动，在传播相对先进的生产方式、科学技术、管理经验等方面具有积极意义，有助于形成世界经济发展的联动效应。但是，"单向式"要素流动方式在发达国家内部极易催生产业结构去工业化、虚拟经济盛行、实体经济衰落等发展弊病，在发展中国家内部容易诱发自主创新能力弱化、产业价值链低端、生态环境恶化等发展问题。近年来，西方主要资本主义国家经济发展低迷、公共债务膨胀和失业率居高不下等客观事实已经充分证明，以资本逻辑为主导的西方经济发展模式，在实现经济健康可持续发展方面并不具有正面的建构意义和积极的示范引领价值。

（三）多元文化结构的历史发展

中国式现代化道路是理论与实践互相对照、互为表里的现实性范畴。不同时期、不同发展阶段的实践要求构成中国道路不同的时代意涵，不同阶段所走的中国道路又制定新的实践目标，并在具体的实践进程中充满并表现出鲜明而强烈的文化建构倾向，形成独具时代性特征的文化结构。新民主主义向社会主

---

1 于鸿君：《中国经济体制的选择逻辑及其在全球化新时代的意义》，《世界社会主义研究》2018 年第 6 期。

义过渡时期，进行社会主义改造、建立社会主义制度成为迫切的道路目标；改革开放以后，建立社会主义市场经济和中国特色社会主义制度是中国道路建设的一次重大转变；进入新时代，基于社会主要矛盾的新变化，中国式现代化新道路被注入全面深化改革的动力，逐步推进经济建设、政治建设、文化建设、社会建设、生态文明建设"五位一体"的总体布局建设的时代内涵。中国的历史实践印证了立足社会基本情况和人民现实需要的社会发展规律，即发展实情能否满足人民对发展的要求的规律。这一规律势必揭示不同阶段人民与现实发展之间、个人发展与国家社会发展之间的现实境况。随着物质生产实践的发展，人类现实利益需要得到了极大程度的满足，对文化和精神领域发展的需求意识日益强化。中国的历史实践的文化建构是人民对文化发展的需求意识逐渐提高和文化多元结构不断生成的双向互动过程。从革命时期到新时代，每一发展阶段人民对文化发展的需要都与文化结构的多元变动存有深刻关联，而文化结构的变动又紧紧依靠人民的文化实践。文化结构日趋多元化的呈现以中国式现代化道路的时代课题为现实素材，又反过来为中国式现代化道路的探索和继续前进厚植精神内核和搭建价值框架。文化结构的多元化塑造需要依附中国优秀传统文化基因，并在积极应对西方文化思潮中汲取马克思主义文化营养。

作为中国精神的历史沉淀，中华优秀传统文化保存了悠久的历史底蕴，奠定了当前中国式现代化道路发展的重要基础。中华传统文化经历了从深刻反思、遭遇断裂到逐步优化的过程，这一过程融入近现代中国人民对中国道路的艰难探索之中。纵观中国近现代运动史，中国道路的探索经历了封建主义复辟、资本主义改良或革命、社会主义探索三条道路。封建主义复辟道路旨在通过社会改革和洋务运动维系清王朝的封建统治，以中华传统文化中的道统思想对其合理性加以辩护，延续传统文化中的消极部分，一定程度上破坏了传统文化符合历史发展规律的客观性要素及其作用。资本主义改良或革命发展道路企图学习西方的社会制度和先进文化以改变中国社会发展现状，注重挖掘传统文化中诸如"天下为公""大同世界"等积极因素，为西方制度文化与中国传统文化的理论融合构思策略。这一建构模式在缺乏对中国传统文化生成土壤科学认识的基础上强制性地融合中西方文化，使得中华传统文化遭受一定程度的诋毁和破坏。而在中国共产党对中国特色社会主义理论与实践的探索中，传统文化的优秀因素被不断挖掘和创新转化，日益彰显出中华文化的时代生命力与现实影响力。在中国特色社会主义道路的探索阶段，中国共产党以中国特色社会主义建设理论为导向，保证广大人民群众的历史主体性得到确证、历史创造性得以释放，有机融合传统文化与社会主义理论，不仅充实了社会主义建设的文化底蕴，而且促进了传统文化自身的改造和优化，发展出革命文化和社会主义先进文化，最终将三者与中国特色社会主义实践融为一体，完成了传统文化的现代化转型。传统文化在历史建构中不断展现优秀成分的过程实际上也是其结构不断开放多元化的过程，多元的思想文化和价值理念对传统文化结构形成一定的"激励"，致使其在与多元文化的碰撞中因时制宜、因需调适，在维护本源意义持存性的同时适应道路建设的需要而衍生出新的文化结构和内容。

中华优秀传统文化的丰富性与合理性在中国社会主义道路探索实践中长期发挥稳定的基础作用，并与中华文化的延续和创造性发展的革命文化和社会主义先进文化共同构成了一个统一整体，其深层根由是辩证汲取马克思主义理论并将其置于思想领导的地位。"尽管共同体思想在西方源远流长，但这些共同体都是边界共同体，西方文明本身缺乏构建人类共同体的文化基因，因为在西方历史上从来没有产生过天下一体的包容性思想。"[1]马克思主义理论传入中国并逐渐成为社会主义现代化建设实践的指导思想是一个多元文化结构的历史建

1　张飞岸：《马克思与人类命运共同体》，中国财政经济出版社，2021，第187页。

构过程，也是社会形态发生根本变革的必然因素。中国共产党在研习马克思主义理论中反思并重塑了中国传统伦理观念和思想文化，在马克思主义中国化进程中开启了传统文化的复兴及其与社会形态互为推进的历史建构，并在这一历史建构过程中发挥重要作用。近代以来，伴随着西方帝国主义的侵入，中国通过学习西方以反抗西方的尝试最终化为泡影。中国并没有在西方文化的冲击下实现道路的改建，反而陷入了被西方资本主义统领的尴尬境地，西学之法就此走向穷途末路。十月革命的一声炮响，用社会主义道路开启解放之门的全新实践掀起中国革命的热潮，李大钊指出，"吾人对于俄罗斯今日之事变，惟有翘首以迎其世界的新文明之曙光"[1]。以实现共产主义为目标的马克思主义理论与中国传统文化中的"大同"思想有着本源性的价值共识。李大钊认为在马克思主义理论的指导下，世界势必大同，而当前中国的"民主主义"等阶段性道路原则只是必经的中介环节；青年毛泽东也说过，"大同者，吾人之鹄也"[2]。马克思主义的传入及其与中国实际的结合，不仅在抵制西方侵略的过程中促使中国人重拾革命信心，还在中国共产党的社会主义革命进程中清除了封建主义和帝国主义文化的毒瘤，将中国文化的结构重塑和道路建设引入正轨。随着社会主义道路探索的深入，以现代化为主题的道路建设越来越成为马克思主义中国化研究深处的理论眷注和现实指向。而中国文化的现代化建设过程不以人的意志为转移，它是社会结构和现实生活的整体反映，中国的现代化建设与全球化参与是相互缠绕的过程，中国特色社会主义文化如何适应道路建设的需要，主动融入全球化，实现"面向现代化"的目标要求，如何把文化现代化与社会主义现代化建设相结合等问题，只有在不断创新的马克思主义中国化理论指导下才能得到充分解答。

在现代化建设进程中，中国特色社会主义文化既要解决如何进一步融入全

1《李大钊全集》第 3 卷，河北教育出版社，1999，第 58—59 页。

2《毛泽东早期文稿（1912.6—1920.11）》，湖南出版社，1990，第 89 页。

球化实现高层次的现代化问题，又面临发展建设中如何规避诸多外部浸染和维持长久安全的问题。西方在全球整体现代化进程中处于优势地位，其在竭力促进全球化的同时也逐渐暴露对社会主义现代化建设从文化层面进行渗透式攻讦的非法目的。有学者认为，"全球化的效果势将削弱'所有'民族国家的文化向心力"[1]。西方文化借助中国对外开放的契机，将"历史终结论""新自由主义"等社会思潮以复杂隐蔽的形式楔入中国文化之中，企图侵蚀中国人民的文化心态和价值理念，进而为中国道路的前进探索设置障碍。从文化上抵御西方社会在全球化进程中对中国道路的挑战也成为新时代中国特色社会主义建设和构建人类命运共同体的基本路向。中国文化样态与西方文化思潮的交流交锋逐渐由被动参与转向主动倡导，将挑战视为发展机遇、转化为发展动力是马克思主义理论方法所提供的重要启迪，也促进了中国文化结构的适时调整和多元构造。中国文化扎根于悠久的传统文化土壤，西方文化则衍生于浓厚的资本主义文化基因，在现代化高度发展的当今世界，无论是中国传统文化还是西方资本主义文化，都在社会整体实践中不断发展。因而在两者的交往关系中并不存在先进与落后、支配与从属之分，更多表现为两种文化在适应各自经济基础之上的交流与互鉴、调整和丰富。

真理不存在于任何国家单方面的主观理性建构中，全人类的社会实践存续于不同国家道路和文化建设的交往现实中。文化结构的塑造在历史进程中趋向多元并存，文化价值的凝练在历史沉淀中彰显独特优势。任何时代、任何民族和国家的文化并非一成不变，传统文化必定在新的时代潮流中形成全面的思想内涵，人类历史的实践进程必将催生崭新的文化形态，而文化交往为不同文化形态的融凝、人类整体文明结构的更新以及文化视野的规模化发展提供契机。不同国家发展道路和不同文化形式在交往中保持多样和谐的基

1　[英]汤林森:《文化帝国主义》，冯建三译，上海人民出版社，1999，第328页。

本取向和独立自主的核心价值观是当前全球化和现代化建设的需要。历史和现实都表明，一个国家能否构建具有强大感召力的核心价值观，直接关系到社会的和谐稳定和国家的长治久安，核心价值观是国家发展的重要稳定器。社会主义核心价值观则是中国特色社会主义文化的精髓，是中国特色社会主义道路建设实践的精神结晶和价值向导，为新时代中国特色社会主义文化结构的优化调整提供基本价值依据。在中国式现代化道路的继续探索中，文化结构和核心价值观理念的具体内涵还将不断地完善丰富并指导中国特色社会主义的具体实践。

中国式现代化道路在历史探索的进程中构造了独具特色的多元文化结构，多元文化结构又反过来为中国式现代化道路提供精神支撑和价值引领。"建构性世界观"是中国式现代化道路在新时代国内外形势下深入推进社会主义现代化建设而得出的理论成果，这决定了与中国式现代化道路相伴而生的多元文化结构是"建构性世界观"的深层内核和价值支撑。独具中国特色的多元文化结构是中国共产党领导的人民群众对中华优秀传统文化进行合理性继承和创新性发展、对国外优秀文化成果进行合理借鉴和转化的现实成果。每一次文化结构的变动都与中国社会发展的现实需要和历史实践密切相关，这为"建构性世界观"的发展提供了现实的文化资源支撑。中华优秀传统文化不属于中国式现代化道路进程中的产物，但其内含的文化基因对中国人的现实实践、价值观念和思维方式具有深远影响，中华优秀传统文化作为再生性资源以其深厚的伦理思想底蕴，为中国人民的民族认同和中国文化结构的变动打牢基础；革命文化和红色文化是中国式现代化道路进程中的重要精神力量，其在对抗外来压迫的同时也促进了自身结构的调整；社会主义先进文化在精神文化层面反映中国式现代化道路的前进状况。三种文化形式在时间上前后相继，在结构上现实交叉，为当前中国特色社会主义文化的自我价值建设与国际话语定位创造了包容开放的世界视野，也奠定了"建构性世界观"的资源基础。西方国家的文化及其价值理念实则是建立在强权政治上的霸权文化，本质上是一种"西方中心主义"[1]，其倡导多元文化结构形态的真正目的在于促进资本主义经济、政治和文化的全球推行，并在推行过程中对后发现代化国家尤其是社会主义文化成果一概驳斥、剪除。西方文化主导者在世界范围内推行的"多元主义"文化并不具备历史唯物主义所强调的"世界文学"[2]的多元性和包容性特质，也并未在全球整体文化进程中起到任何"建构性"意义，其实质是基于自身文化优越论的立场对整体文化结构的消极解构，强调其他差异性文化形态不过是各种社会结构建构所成的被动产物，理应以一种具备绝对优势的文化结构取而代之，这种消极解构而非主动建构的"多元文化结构"倾向是资本主义发展二元对立认识范式的理论遗骸。"文化的同一性不应否定文化的多样性和特殊性，否则就会使人类文明趋于单一化，最后也会阻碍文化同一性的进程，进而使人类文明进程失去更多动力。'维护世界文明多样性'是构建人类命运共同体不可或缺的文化价值取向。"[3]中国文化在中国式现代化道路的构建过程中展示出自我调适和充满张力的自主性运动，在实现自身文化的现代转型中主动融入全球文化现代秩序的重塑进程，推动传统全球文化交往格局的转变和多样性发展，为人类社会文化的健全和发展提供了新契机。

从当前的世界发展局势可以明晰，中国特色社会主义道路以其民主政治制度的历史跃进、经济发展模式的历史变革以及多元文化结构的历史发展，有效地规避西方资本主义国家为广大后发现代化国家设置的发展"陷阱"，即"政

1　"西方中心主义"是现实思想文化领域中的客观存在，是"在18世纪末期以来，西方资本主义国家在与世界落后国家不平等的交往中，逐渐形成的一种以西方国家创造和主导世界历史为圭臬的政治观念、价值观念、思维方式以及话语系统，它以扭曲的形式反映了西方国家在18世纪末以来在世界历史中的领先地位"（叶险明：《"西方中心主义"的本体论批判——关于"西方中心主义"的三个前提性问题》，《中国高校社会科学》2017年第5期）。

2　马克思、恩格斯所推崇的"世界文学"内含文化多元的发展取向，而这种发展取向的基本前提则在于尊重各民族、各地方独具特色的文化样态（《马克思恩格斯文集》第2卷，人民出版社，2009，第35页）。

3　张福贵：《人类命运共同体与中国文学文化自信》，《中国社会科学》2022年第5期。

治上偏执的民主化倾向、经济上单纯的市场化倾向以及文化上'无根'的多元化倾向"[1]，其在现实领域推进本国现代化进程的同时，拓展了后发现代化国家的发展路径选择，并在理论领域助力历史唯物主义发展为一种"建构性世界观"。

三、核心关切：维护全人类的共同利益 [2]

"建构性世界观"的核心关切是提升人类共同性水平、维护全人类的共同利益。全人类共同利益是满足人类生存与发展需求的重要前提和基本条件。习近平总书记指出，"我们要同舟共济、和衷共济、共同发展，建立更加平等均衡的新型全球发展伙伴关系，增进人类共同利益，共同建设一个更加美好的地球家园"[3]。全人类共同利益作为主要前提的地位具体指向人类生存与发展的空间、资源和环境，而作为基本条件的作用具体包括主权国家生存与发展的空间不因外部侵略而消失或被压缩，和平与发展成为世界各国的共同关切；全人类生存和发展资源实现均衡分配与交换，联合国等国际组织统筹国际社会的交往互动，公平正义成为世界各国在扩大交往中的必要关切；生存与发展环境总体良好，国际组织、主权国家致力于维系全球生态平衡和应对环境污染问题。[4]西方国家阻挠全球性问题得到有效解决的主要原因在于其核心利益受到冲击，即未能把握人类生存和发展利益的共同特性。尽管各主权国家共同参与解决全球性问题在实质上符合其自身利益需要，但仍然存在为了获取更大利益而搁置本应化解困境的现象，进而导致一种人类追求共同利益格局的形成与合力解决

---

1 侯水仙：《"中国道路"的现代化意味着什么？——论全球化语境下非西方国家的历史性突围》，《浙江社会科学》2018 年第 6 期。

2 参见刘同舫：《构建人类命运共同体：人类共同利益的生成逻辑与实践指向》，《南京社会科学》2022 年第 10 期。

3 《习近平谈治国理政》第一卷，外文出版社，2018，第 441 页。

4 参见董漫远：《全人类共同利益与中国的和平发展》，《国际问题研究》2005 年第 5 期。

全球问题的不同步。全人类的共同利益伴随社会历史的发展而日趋丰富，并在"虚假的共同体"中异化为虚假的共同利益，由此进一步激发了个人利益、共同利益以及虚假的共同利益三者之间的矛盾纠葛。在全球化的时代背景下，面对全人类共同利益遭受侵害的客观事实，中国以负责任的大国形象提出了构建人类命运共同体的全球性主张。

（一）全人类共同利益的历史性生成

共同利益的存在是人类社会发展的必然结果，其伴随社会历史的不断发展而日趋丰富，成为引领世界历史进程的共同价值追求。"以优势互补为导向的共同利益建构，有利于推动其实现分布和发展的再平衡；有利于推动国际合作范围扩展和程度的深化，解决全球化所产生的和平、发展、治理和信任赤字问题。"[1]人作为一种"类"存在，天然蕴含生存、发展的共同利益诉求。但人类天然的共同利益诉求在社会分工不断发展的历史进程中，逐步被单个人、单个家庭的利益诉求所"取代"，这种"取代"并不意味着共同利益的消解，而是凸显和丰富共同利益的基本前提以及推动人类共同利益意识、个体利益意识觉醒与发展的重要契机。在社会分工不断推进的同时，社会生产力也在不断发展，由此进一步促进世界各国、各民族、各地区摆脱自给自足和分散隔离的闭关自守状态走向交流互动的全球化时代。全球化条件下，全球性问题的凸显以及"民族国家某些主权的让渡和社会功能的转型，内在地促进了全人类共同利益的大发展"[2]。在全球化进程中爆发的诸多问题已经超越了国家界限和阶级性质，危及世界各国的生存和发展而成为世界性困局，这些问题也成为威胁人类共同利益的全球性难题。能否解决这些问题，不仅是对人类当前共同利益的挑

---

[1] 肖晞、宋国新：《共同利益、身份认同与国际合作：一个理论分析框架》，《社会科学研究》2020 年第 4 期。

[2] 汤光鸿：《顺应历史潮流，维护全人类共同利益》，《国际问题研究》2003 年第 2 期。

战，也是对人类未来共同利益走向的拷问。突出全人类共同利益的重要性越来越成为国家在国际社会中树立负责任大国形象和维护本国利益的理性选择。

人作为"类"的存在，自诞生之日起就具有生存与发展的共同需要，而满足人类主体共同需要的现实客体则是共同利益的外显形态。人类作为自然存在物，生理需求是最基本的共同需要，形成群体结构以维系自身的生存与发展则是人类作为社会存在物的共同要求。人类对共同利益的追求推进了国家这一组织形式的形成与发展，其在生存与发展的历史进程中必然要"对付来自疾病、野兽、很重要的还有来自其他人的种种威胁，就是说他需要一定程度的外部安全，而如果他自己无法得到这种安全，那么他自然就得依赖其他更强大一些的机构"[1]，这种外部结构最初依赖地缘、血缘等天然纽带维系人与人之间的生活、生产关系，并发展为最初"自然的共同体"。在"自然的共同体"中，"由于人们之间的社会分工尚处于萌芽状态，既不存在脱离个人利益而获得相对独立性的共同利益，也不存在专门代表这种共同利益的特殊个人，人们之间的利益还没有发生分化，个人既不可能也无必要去追逐一种不同于共同利益的特殊的私人利益"[2]，此时个人的私人生活必须服从于"自然的共同体"公共生活中的利益需要和强制规范，个人由于没有独立存在空间而长期接受共同利益的主宰，个人独立于集体或共同体的主体意识也相对模糊，个人利益融于共同利益，个人利益与共同利益之间的分裂与对立尚未完全展开，二者之间具有朴素的一致性。

在社会历史的发展进程中，人类总体上经历了三次影响深远的社会大分工，先后实现游牧部落从野蛮人群中的分离、手工业与农业的分离以及商人阶层的出现。随着社会分工的发展，各个家庭家长之间的财产差别摧毁了旧式共

---

1 [德] 罗曼·赫尔佐克：《古代的国家：起源和统治形式》，赵蓉恒译，北京大学出版社，1998，第86页。

2 张玉堂：《个人利益和共同利益的矛盾及其协调》，《武汉大学学报（哲学社会科学版）》1999年第1期。

产制家庭公社，个体家庭开始成为社会基本经济单位。[1]单个人、单个家庭的利益诉求逐渐凸显的社会现实推动个人利益与共同利益之间的区分界限明朗化，个人的私人生活已经开始从政治领域的强制性统摄中分离出来，获得了体现自身利益诉求和发展目的的独立空间，促进了人类个体利益意识、共同利益意识的不断觉醒，激发了"单个人的利益或单个家庭的利益与所有互相交往的个人的共同利益之间的矛盾；而且这种共同利益不是仅仅作为一种'普遍的东西'存在于观念之中，而首先是作为彼此有了分工的个人之间的相互依存关系存在于现实之中"[2]。个人利益与共同利益的矛盾反映了现代生产方式和社会关系的分化特征，以个人利益与共同利益相互矛盾的维度为着眼点，社会分工的出现使得从事生产活动的社会主体不得不基于自身先天条件以及生存区域的资源禀赋选择相对适宜、固定的生产活动类型，"他是一个猎人、渔夫或牧人，或者是一个批判的批判者，只要他不想失去生活资料，他就始终应该是这样的人"[3]。社会分工在提高劳动生产率、推动生产力发展的同时，造成了社会整体利益的分化，致使劳动者屈服于生存、发展的现实需求而被迫放弃自身劳动选择的丰富性与自主性，一定程度上消解了劳动者实现自由全面发展的现实可能性，使得超越社会生活领域界线、贯通不同领域的共同利益的良性发展变得极为困难。这种伴随生产力发展而出现的社会分工"意味着劳动者对于劳动的屈从，意味着劳动者的'异化'。正是这种'异化'，使得由不同个人的不同活动所形成的所有相互交往的人们之间的共同利益对各个个人来说变成了某种异己的、外在的力量，从而使得个人利益与共同利益之间逐渐出现了分裂、矛盾和冲突"[4]。个人利益与共同利益之间朴素的一致性出现分裂，个人利益开始"取代"共同利益成为社会个体一切生活、生产活动的直接动因，因为"人们为之

1　参见《马克思恩格斯文集》第 4 卷，人民出版社，2009，第 183 页。

2　《马克思恩格斯文集》第 1 卷，人民出版社，2009，第 536 页。

3　《马克思恩格斯文集》第 1 卷，人民出版社，2009，第 537 页。

4　张玉堂：《个人利益和共同利益的矛盾及其协调》，《武汉大学学报（哲学社会科学版）》1999 年第 1 期。

奋斗的一切，都同他们的利益有关"[1]；共同利益则脱离社会个体演变为相对独立的现实存在，并逐步异化为统治阶级的阶级利益。从共同利益作为人与人之间相互依存关系的维度出发，社会分工的出现使得社会生产过程愈加细化，单个经济主体所生产的物质产品相对单调，无法完全满足自身生存和发展的基本需求，促使单个人或单个家庭不得不通过交换的方式从他人之处获取满足自身基本需求的物质产品。个人对他人物质产品的需求，生成了人与人之间相互需要以及人与社会相互依赖的关系，即人们对共同利益的需要与追求。在人与社会相互依赖而生的时代背景下，人的群体性活动能够维持人们之间的分工协作和共同利益，同时也有利于个人克服自身发展的局限性，通过共同协作的过程将自身的特殊利益与个性发展置于与社会相互依存的关系中进行把握，促使个人利益和社会共同利益在个人与社会的联动中得到共同发展。共同利益作为人与人之间相互依存的关系而客观存在，其在历史上的任何时候都是由彼此关联的社会个体所造成，但并不是个人利益的机械叠加，而是既创造追求利益的一致性和独立空间，又使自身利益发展的空间保持开放性，个人利益的存在为共同利益创造了一个内涵与外延不断丰富和拓展的现实空间。

社会分工推动了生产力的发展，并促使各个国家、民族和地区之间逐步打破了自给自足、闭关自守的分离状态走向各方面互相依赖、互相往来的全球化时代。[2] 全球化的深入推进则从正反两方面进一步彰显了全人类的共同利益。

---

1 《马克思恩格斯全集》第 1 卷，人民出版社，1995，第 187 页。

2 回溯社会历史的发展进程可以发现，人类社会的全球化进程萌发于 15 世纪的地理大发现，美洲新大陆的发现以及环球航行的完成首次开启东西半球一体化的发展进程。18 世纪工业革命的爆发则为人类社会积累了前所未有的物质财富，资本的逐利本性驱使西方国家在全球范围内拓展世界市场、开展商业贸易、发展殖民经济，全球经济的联系愈加紧密。20 世纪前半叶，世界市场的成熟、国际分工的细化以及交通运输网络的扩张，推动资本和生产进一步国际化，国际社会成为一个联系愈加紧密的有机整体；直至后半叶，科技革命浪潮的高涨带动信息网络技术的迅猛发展，而信息技术和网络媒体的实际运用则极大地缩短世界各国的时空距离，重塑了现代社会交往的时空观念，传统的线性交往思维相对弱化，人们更倾向于以自觉思维来认识和改造世界，在愈益开放的全球交往中能直接感受到秩序和现实之间的关系冲突，能够增强国际事务的公开性和透明度。21 世纪以来，人工智能、电子商务的发展进一步拓展世界各国的交流互动，人类社会也逐步成为一个"你中有我，我中有你"的命运共同体。

从正面维度来看，全球化的不断发展促使世界各国在经济、政治、文化等领域的互动往来愈加频繁，并日益成为"一荣俱荣、一损俱损"的有机整体，而关涉人类发展前景的有机整体的现实存在则为共同利益的形成与发展提供更加完备的客观条件。全球化不断发展的客观事实为人类提供了认识和发展共同利益的新契机，出现了区域、次区域等不同的共同体。在全球化进程中，国家利益与全人类共同利益相互确证、相辅相成，全球治理体系与具有政治、经济、文化影响力的次国家力量和跨国家力量及全球力量发生密切关联，国际社会交往关系的确立必然要求国家利益与共同利益并行不悖的发展，而共同利益则日益成为牵制一切国际社会关系行为的重要准则。从反面维度来看，人类社会的全球化进程带来了一系列全球性问题，这些内在构成日趋复杂、数量规模持续扩大、影响范围不断拓展、内在破坏力不断累积的全球性问题以其普遍性和整体性的存在样态折射出人类追求共同利益的现实需求与发展困境。为了应对全球性问题，各主权国家加入国际组织协力保护世界和平稳定的行为表明国家主权的自觉和不自觉的让渡，促使主权国家的某些社会功能发生转变，这种让渡和转变则内在地扩大和促进全人类共同利益的发展。[1] 尽管现代社会高度精细化的分工方式彰显了人的个性发展，但全球现代性长期以来注重局部利益而忽视对人类社会整体利益的宏观叙事，从根本上阻碍了人类共同价值的形成。构建人类命运共同体促使主权国家在积极参与国际事务中自觉把握自身利益与共同利益之间不可分割的关系，推动主权国家挣脱"虚假的共同体"与抽象利益观的统治。

（二）共同利益的异化及其现实表现

社会分工的发展既集中凸显了共同利益的现实存在，也使得个人利益与共

---

[1] 参见汤光鸿：《顺应历史潮流，维护全人类共同利益》，《国际问题研究》2003 年第 2 期。

同利益之间的矛盾不断显露。为协调二者之间的内在矛盾，诉诸国家进行实际干涉和约束成为一种必要。而在资产阶级国家这一"虚假的共同体"之中，基于人与人之间相互依存关系而存在的共同利益逐步异化为统治阶级的特殊利益，即虚幻的共同利益。这种以虚幻形式存在的共同利益并不关涉全人类生存发展的普遍问题和需要，而是片面指向统治阶级利益的特殊存在，仅具有虚假的普遍形式而不具备共同利益的实质内容。"虚假的共同体"借用共同体的概念以形成一种公共生活的形式，将人们在生活形式中的利益往来转化成利益的集合体，人作为单个个体存在的空间被降格为共同利益需要的存在物领域，以人的真正自由权利为核心的利益形式在资产阶级国家"虚假的共同体"中获得了共同利益的异化表征形式。共同利益异化为虚幻的共同利益的客观事实直接催生二者之间的冲突与对立，并进一步激化现实生活中个人利益、共同利益和虚幻的共同利益三者之间的矛盾。

在资产阶级国家这一"虚假的共同体"之中，共同利益之所以丧失内在的真实内容而异化为虚幻的共同利益，是因为国家共同体形式萌生并发展于阶级斗争之中，其本质是统治阶级进行阶级统治的工具，而不是代表全人类共同利益的"真正的共同体"。一方面，在阶级斗争的实际进程中，每一个企图代替旧统治阶级地位的新阶级，为达到最终目的都会将自身的特殊利益"美化"成社会全体成员的共同利益。[1]另一方面，在国家中占据主导地位的统治阶级为了维护既有的统治地位，常常宣称其所掌控的国家体制机制、管理机构等是为全体人民服务的理性存在，并将自身的特殊利益"装扮"为全人类的共同利益。在"虚假的共同体"中，统治阶级和被统治阶级的真实境况是：对于统治阶级而言，国家是保障私人利益的政权组织，正如在资产阶级占据统治地位的资本主义社会中，"国家不外是资产者为了在国内外相互保障各自的财产和利

---

[1] 参见《马克思恩格斯文集》第 1 卷，人民出版社，2009，第 552 页。

益所必然要采取的一种组织形式"[1]。对于被统治阶级而言，资产阶级国家是"虚假的共同体"形式，更是阻碍自身自由全面发展的外在桎梏，因为"个人自由只是对那些在统治阶级范围内发展的个人来说是存在的，他们之所以有个人自由，只是因为他们是这一阶级的个人"[2]。现代国家所持有的利益观脱胎于西方自由主义立场之上的利己主义观点，这种利己主义利益观的虚假形式往往体现在"利己"与"利他"相统一的利益共同体中，宣扬国家对私有利益的追逐也带动了其他利益主体的发展，但这种"利他"并非统治阶级的主动意愿，"利他"主体利益的发展也并非出自主动选择，这一异化状态下的利益共同体的构成必然导致虚幻共同利益对个人利益和全人类共同利益的奴役。

在社会分工背景中不断凸显的个人利益与共同利益之间的矛盾，在国家这一"虚假的共同体"生成之后进一步演变为个人利益、共同利益以及虚幻的共同利益三者之间的矛盾纠葛。其中个人利益与共同利益之间的矛盾是非对抗性的，个体在社会中以共同利益的实质内容组成共同体；而个人利益与虚幻的共同利益之间的矛盾以及共同利益与虚幻的共同利益之间的矛盾则是对抗性的，虚幻的共同利益的真实目的和发展过程违背了生产者的生存利益需要。在资产阶级国家"虚假的共同体"的形成过程中，物的力量代替了人的主体性力量并无视人的自由需要，借用物质生产的逻辑向人承诺虚假的共同生存形式，造成了现实的个人与现有的生产力、生产关系和公共利益等实体存在之间的矛盾。这种对抗性矛盾只有在"真正的共同体"即共产主义社会中才能被彻底消解。

首先是个人利益与共同利益之间的非对抗性矛盾。在以自发式分工为基础的共同体中，社会个体致力于追求特殊的个人利益，相对忽视人类社会共同利益的现实存在及其内在价值，甚至将共同利益视为一种"异己的""不依赖"于自身而独立存在的普遍利益。社会个体对个人利益的片面追逐必然会在一定

1《马克思恩格斯文集》第 1 卷，人民出版社，2009，第 584 页。

2《马克思恩格斯文集》第 1 卷，人民出版社，2009，第 571 页。

程度上阻碍全人类共同利益的发展，但如果社会个体仅仅聚焦全人类共同利益的发展而忽视个人利益的特殊性也必然会影响其个人利益的获得和丰富。作为"类"存在物和一定社会关系中个体的双重身份使得人类生产方式必定产生与私有制和阶级对立相对应的固定性社会分工，固定性的社会分工是在生产力发展水平较低阶段的历史产物，在生产过程中塑造了极不合理的要素结构，必然会产生个人利益与共同利益之间的对立，但这种对立只是表面的，其所表征的共同利益是个人利益发展的派生物，这一共同利益绝不会作为一种独立力量而与私人利益相对抗。基于彼此分工的社会主体之间相互依存关系而存在的共同利益与个人利益的矛盾在本质上并非不可调和。

其次是个人利益与虚幻的共同利益之间的对抗性矛盾。个人利益是单个社会主体的利益，虚幻的共同利益是诸多社会个体的利益，二者在"量"上表现为一和多的区别，在"质"上则表现为真与假的差别。因为个人利益真实地体现社会个体对满足自身生存、发展需要的现实客体的依赖关系，虚幻的共同利益只具有虚假的普遍形式，其在内容上并不能真正体现彼此分工的个人之间相互依存的关系。对于个人利益而言，虚幻的共同利益是真正异化的外部力量，其"总是以维护共同体的利益为幌子，并借助于共同体的力量对个人利益直接进行干涉和压抑。现实生活中许多个人利益与共同利益的矛盾，其实就是指个人利益与虚幻的共同利益之间的矛盾"[1]，个人利益的主体具体指向"虚假的共同体"中被统治阶级的一部分。但对于处在统治阶级地位的社会个体来说，其所关注的个人利益与虚幻的共同利益在本质上具有一致性，他们所标榜的共同利益实质上是为了维护自身狭隘的阶级利益。

最后是共同利益与虚幻的共同利益之间的矛盾。在资产阶级国家"虚假的共同体"中，共同利益异化为虚幻的共同利益，而虚幻的共同利益的占有主

---

1 张玉堂：《个人利益和共同利益的矛盾及其协调》，《武汉大学学报（哲学社会科学版）》1999 年第 1 期。

体（共同体中的统治阶级）却在资本逻辑的支配下，借助维护全人类共同利益之名，大行累积特殊利益之实，因而虚幻的共同利益实质上是资本主义化的共同利益，资本主义所促成的共同利益形态带有鲜明的基于私有制物质要素的属性，一切社会关系都只能虚化为资本占统治地位的社会联系，造成全人类社会关系的异化。在全球性问题严重威胁人类生存与发展的时代，各主权国家团结一致共同维护人类社会的共同利益已然是一件刻不容缓的国际大事。但某些西方资本主义国家凭借其在世界政治经济格局中的优势地位，打着维护人类社会共同利益的幌子，以各种非法手段肆意侵占他国合法权益以稳固和发展本国利益。在谋求国家利益最大化和维护人类社会共同利益之间确实存在一定的逻辑矛盾和现实冲突，但在全球化深入发展、全球性问题不断凸显的当代世界，"维护人类共同利益成为关涉政治道德理性、责任伦理和'顾及'原则的价值选择。以对人类负责的精神、超越国家利益最大化、维护人类共同利益"[1]应当成为国际社会的最高价值选择。在扬弃人的异化过程中消除虚幻的共同利益形式，必须建立以全人类共同利益为本质要求的"真正的共同体"形态。

（三）维护人类共同利益的实践指向

在资产阶级国家"虚假的共同体"中，个人利益、共同利益以及虚幻的共同利益之间的矛盾纠缠具有历史必然性，自发式社会分工则是这种历史必然性得以长久存在的主要因素，"只要分工还不是出于自愿，而是自然形成的，那么人本身的活动对人来说就成为一种异己的、同他对立的力量，这种力量压迫着人，而不是人驾驭着这种力量"[2]。依循历史唯物主义的基本观点，建立在生产力高度发达、世界性交往普遍化基础之上的共产主义社会能够从根本上消解个人利益、共同利益以及虚幻的共同利益之间的矛盾纠缠，真正意义上实现和

---

1 章一平：《维护人类共同利益的认知与视角》，《深圳大学学报（人文社会科学版）》2008 年第 4 期。

2 《马克思恩格斯文集》第 1 卷，人民出版社，2009，第 537 页。

发展全人类的共同利益，促进社会个体自由全面发展。而反观当代世界各国生产力发展的现实水平，其与马克思主义经典作家所预估的共产主义社会中生产力高度发展的理想状态之间存在很大差距，社会形态跃迁至共产主义阶段的宏伟理想需要全社会持之以恒的接续奋斗。资产阶级国家"虚假的共同体"无力消解个人利益、共同利益以及虚幻的共同利益之间矛盾的客观事实并不意味人类社会在维护和发展共同利益上的消极妥协。当三者之间的矛盾关系发展到社会生产力不能负荷的程度，就会成为抑制生产力继续发展的消极因素，进而造成人类社会关系整体颠倒的和全人类共同利益彻底虚化的困境，这种困境为人类命运共同体的出场提供了契机。构建人类命运共同体关涉全人类生存、发展利益的价值理念与实践方案，其提出表明在社会生产力、世界性普遍交往仍有广阔发展空间的历史条件下，人类社会致力于维护共同利益的价值诉求和实践指向。打造人类命运共同体与维护全人类共同利益之间存在一致性，二者之间是建构实践与最终目标的互动关系。在以往全球化展开的人类共同实践中，西方诸多发达资本主义国家对于承担共同发展责任、维护人类共同利益的主张总体上持有否定态度，尤其是在资本扩张逻辑中占据鳌头的欧美国家，都将自由民主等价值理念予以抽象化并对之普遍性意义加以宣扬。但这并不能杜绝大部分发展中国家对共同利益、相互合作和共同价值的追求。为了提升人类共同性水平、维护全人类的共同利益，中国作为构建人类命运共同体的主要助推力量，以负责任、重和平、勇担当的大国形象在国际社会率先垂范，积极引导世界各国人民投身命运共同体的具体建设之中。

第一，大力倡导构建人类命运共同体。习近平总书记指出："人类已经成为你中有我、我中有你的命运共同体，利益高度融合，彼此相互依存。"[1]人类命运共同体思想内蕴推动全球各个国家主体之间利益共享的必要性与价值性：

---

[1]《习近平谈治国理政》第二卷，外文出版社，2017，第481页。

实现人类共同利益最大化发展必须立足于全球整体性的发展诉求和促进全球利益主体达成协同合作的发展理念。这一思想将全球范围的国际协作式生产发展作为维护人类共同利益的主要途径，而发挥这一思想在全球范围内的理论效应则裨益于释放人类利益命运与共的时代信号，使人在利益共同体中意识到共同体与自身存在的深层次本质性关系，使身在其中的每个人都能实现自身才能的自由全面发展，都能进行满足自身和他人利益需要的实践。在人类命运共同体思想的全球性传播方面，以习近平同志为核心的党中央积极利用重大的国事活动和大型的国际交流活动，不失时机地向全世界推介人类命运共同体思想。自党的十八大报告首次提出"人类命运共同体意识"以来，习近平总书记曾先后在 2013 年俄罗斯莫斯科国际关系学院的演讲中、2014 年联合国教科文组织总部的演讲中、2015 年第 70 届联合国大会一般性辩论时的讲话中、2016 年二十国集团领导人杭州峰会的开幕辞中、2017 年联合国日内瓦总部的演讲中以及博鳌亚洲论坛 2018 年年会开幕式的主旨演讲中等众多国际场合倡导构建人类命运共同体，并赋予其鲜明的时代内涵。构建人类命运共同体思想经由国际社会的广泛传播而达成一种全球共识，且被载入多个联合国文件。"从中国倡议到国际共识，'人类命运共同体'理念已经得到国际社会的高度评价和热烈响应，并且产生了日益广泛而深远的国际影响。"[1]构建人类命运共同体的思想倡议在执行过程中逐渐凸显中国特色社会主义发展理念的独特自信和全球性开放包容的胸怀，这一思想彰显的"建构性世界观"以利益发展为主要实践依托，以追求人类共同利益为根本价值遵循，最终旨在建构和谐美好的客观共同体世界。

第二，着力构建新型国际关系。习近平总书记指出："世界各国应该共同维护以联合国宪章宗旨和原则为核心的国际秩序和国际体系，积极构建以合作

---

1 刘同舫：《将构建人类命运共同体思想落到实处》，《红旗文稿》2018 年第 21 期。

共赢为核心的新型国际关系，共同推进世界和平与发展的崇高事业。"[1] 打破以西方资本主义国家为主导的国际关系旧模式，构建相互尊重、公平正义、合作共赢的新型国际关系是维护全人类共同利益的基本前提。在全球化不断发展、人类文明持续推进的当今世界，各种全球性问题不断滋生漫延，严重威胁全人类的共同利益。面对不断加深的全球性问题，偏向于维护西方发达国家利益的国际关系旧模式在提升人类整体发展水平、维护人类共同利益方面越来越呈现出无能为力的消极态势。在这种复杂形势下，探索构建以合作共赢为核心的新型国际关系，实现各主权国家的平等协商、通力合作以应对全球性问题则成为全人类的共同关切。构建新型国际关系是一项惠及全人类的伟大工程，中国作为这一工程的积极提倡者和主要推动者，曾多次在国际场合中呼吁国际社会关注并参与这项全球性工程。在倡导各主权国家参与构建新型国际关系之时，中国率先垂范、以身作则，"以塑造长期稳定健康发展的新型大国关系为关键，以推动国际秩序变革、积极参与全球经济治理、构建全球伙伴关系网络为战略视野，以制度化合作为基本路径，以东亚和中国周边为重点，以丰富和完善中国地区战略为指向"[2]，探索和开辟国与国之间相互尊重、平等协商、互惠互利的交往新路，推动国际格局逐步呈现出"一超趋弱，多强易位"的发展态势。新型国际关系的构建是一个长期且艰巨的历史过程，内蕴着交融共生的文明交往范式。人类命运共同体是在尊重包容世界多样文明的基础上形成的价值共同体，是中国发展与全球化进程相适应的共有理念。中国作为广大发展中国家率先崛起的典型代表，应当秉持对全人类尤其是后发现代化国家负责的精神，在国际社会中勇担重任，将维护全人类共同利益作为自身最高的价值选择。

第三，推动构建全球利益共同体。建立广泛而稳定的全球利益联系，形成发展成果共享的利益共同体，是维护全人类共同利益的现实基础。习近平总书

---

[1]《习近平谈治国理政》第二卷，外文出版社，2017，第 446 页。

[2] 门洪华：《构建新型国际关系：中国的责任与担当》，《世界经济与政治》2016 年第 3 期。

记指出："中国始终是世界和平的建设者、全球发展的贡献者、国际秩序的维护者，愿扩大同各国的利益交汇点，推动构建以合作共赢为核心的新型国际关系，推动形成人类命运共同体和利益共同体。"[1]与以往的自由主义所倡导的个人主义不同，人类命运共同体坚持的普遍主义原则，更多关注对象的整全性与系统化，有效消解了共同体构建的各种羁绊，使得各种类型的共同体主体在空间上能够充分释放能量，从而在多元价值与制度之间探寻相同性以达至求同存异的最大化状态。[2]当今世界正处于大变革、大调整的战略机遇期，主权国家和部分地区之间经济、政治、文化等层面的利益往来愈加密切，形成利益交织、利益冲突与利益融合多元并存的复杂格局。譬如，政治领域中新兴市场国家和广大发展中国家的群体性崛起特别是中国的发展促使传统"一超多强"国际格局呈现出"一超趋弱、多强易位"的发展趋势，但霸权主义、强权政治仍未得到根本消除；经济领域中单边主义、贸易保护主义持续抬头，世界发展不平衡问题日益突出；文化领域中在多元文化交流互动的同时，意识形态渗透、斗争现象普遍存在，西方普世价值理念霸道横行。构建利益共同体需要各主权国家摒弃分歧、求同存异，"做大共同利益'蛋糕'，完善利益分配机制，实现发展成果共享，将参与主体'拧成一股绳'"[3]。在切实构建利益共同体方面，中国以"亚投行""一带一路"国际合作以及双边、多边命运共同体构建等新倡议、新平台为实践抓手，致力于形成国际社会利益合作的新空间、新环境。目前，中国已与俄罗斯、巴基斯坦、古巴、土库曼斯坦、哈萨克斯坦、柬埔寨、越南等众多国家建立了命运与共的利益共同体。在"一带一路"平台的带动下，截至 2019 年 3 月，全球 152 个国家和组织同中国签署了合作文件，携手并进，共谋发展。推动构建全球利益共同体是关系全人类共同利益发展前景的关键一

---

1 《习近平谈治国理政》第二卷，外文出版社，2017，第 42 页。
2 参见邵发军：《推动构建人类命运共同体的理论内涵与实践路径研究》，人民出版社，2021，第 126 页。
3 刘同舫：《将构建人类命运共同体思想落到实处》，《红旗文稿》2018 年第 21 期。

着，顺应了国际关系转型和全球治理体系变更的时代趋势和根本要求，更加受到国际社会的好评和接受，中国应继续推动"一带一路""亚投行"以及全球、国家、地区之间的共同体建设，完善国际社会经济贸易往来的体制机制，用合作共赢的发展模式取代"零和博弈"的对抗模式，形成各利益主体休戚与共的"攻守同盟"，促进新型国际关系的塑构与多层次多领域共同体的构建之间形成相互强化的联动效应。

维护全人类的共同利益成为"建构性世界观"关切的核心问题。然而，在现实的全球化下，人类社会尚未形成真正意义上的有机统一体，各主权国家、地区相对独立的存在形态使得维护共同利益的全球性实践面临着国家利益、民族利益、地区利益甚至个人利益的基本挑战。正如有学者所指出的："只要世界在政治上还是由国家所构成，那么国际政治中实际上的最后语言就只能是国家利益。"[1]因而，超越利益隔阂以维护共同利益是一个长期且艰巨的历史过程，既需要国际组织、国际公约对单一民族国家或地区进行统一标准的外在约束，也依靠国际社会各参与主体的行为自觉。构建人类命运共同体则是真正站在历史的、时代的、人类的高度思考维护全人类共同利益问题的"建构性方案"，在凝聚全球共识、实现维护共同利益的目标上具有重要意义。

四、人类共同价值建设的伦理旨趣[2]

"建构性世界观"作为人们在生存和发展实践中不断进行自我超越、自我创造价值的世界观，内含人类追求生存的合理性、发展的全面性和解放的自由性之伦理信念。构建人类命运共同体价值理念与实践方案的提出推动历史唯物

---

1 Hans J. Morgenthau, *The Dilemmas of Politics*, The University of Chicago Press, 1958, p.68.
2 参见刘同舫：《人类共同价值建设的伦理旨趣与中国方案》，《重庆大学学报（社会科学版）》2023 年第1 期。

主义提升为当下时代的"建构性世界观"。"建构性世界观"的提出是对当前世界历史发展日益深化的时代回应,其回应了资本主义长期主导世界历史发展引致的全球性问题和全球化时代要求扩大交流与合作的实践吁求,在共谋全球利益的同时更加注重人类自身的发展问题。"建构性世界观"彰显现实批判与长远建构的历史统一、世界持存与人的发展现实融合的辩证思维,在理论和方法上接续马克思主义伦理价值的源头活水,并积极针对社会现实问题及其变化,提出富含智慧与力量的理念和建设性方案。人类命运共同体价值理念必将推动马克思主义在实践中提升成为一种新的"建构性世界观",并在世界范围内获得普遍性意义。

(一) 人类共同价值与马克思伦理思想

马克思的伦理思想彰显"批判"与"建构"的双重维度:在批判西方传统哲学的社会伦理观念的同时提出构建以人的需要和现实实践为生成基础的伦理观,最终建立符合人的生命存在和自由解放理想的价值共识。马克思对社会伦理的认识直接来源于德国古典哲学中的伦理思想,他批判黑格尔从"绝对精神"和抽象的人出发,将对社会伦理的剖析寄托于绝对精神的唯心式取向,指出黑格尔诉诸唯心主义辩证法以解决现实伦理困境的举措是没有生存根基的,其借用"自由国家"概念消融市民社会的主张是对现实伦理领域之对立冲突的消极回避,不仅没有化解家庭、市民社会和国家三大伦理实体之间在现实世界中的冲突,反而因强求"绝对精神"的持久恒定而造成人的实践关系异化趋向固定模式。针对家庭、市民社会和国家之间的关系,马克思认为,"正如同不是宗教创造人,而是人创造宗教一样,不是国家制度创造人民,而是人民创造国家制度"[1]。家庭、社会和国家是不同历史阶段的客观产物,而不是黑格尔所认为

---

1 《马克思恩格斯全集》第 3 卷,人民出版社,2002,第 40 页。

的"绝对精神"现实映现的伦理环节。现实的人的伦理生活诞生并发展于自然社会和制度社会两种形式之中：作为自然存在物，人天生具有生存、发展的自然伦理需求，且这种自然性的伦理需求在最初的"自然的共同体"中得到了一定程度的满足；作为社会存在物，人类个体随着社会群体组织化程度的不断提高而凸显出愈加鲜明的制度性社会伦理诉求，而人对制度性社会伦理诉求的强化则推动了国家这一共同体形式的历史性出场。人是兼具自然属性与社会属性于一身的存在，在每个历史阶段所呈现的自然性与制度性、人与人之间的伦理冲突及其调和现象符合整个人类历史发展进程的必然规律，从微观的秩序约定到宏观的制度规定都是人的伦理思想及其实现不断自觉的过程与必然结果。自由人自觉联合的实践是人与自然、人与社会之间相互作用、相互转化的过程，促使主客体摒除现存的局限性而达到更高的统一。人与整个世界正是在不断和谐统一的历史进程中形成了紧密的生存论关联，人在实践中也就产生了以共同生存的世界为基础的伦理性关系。马克思看到人类实际的自觉性，并进一步指出良性伦理社会的构建要依靠人对现实的革命实践。他强调人类应当跳出"麻木"的理性批判社会，在"思辨终止的地方"走向批判与建构共存的现实社会，正视自身自由全面发展的伦理诉求，通过自由人的联合而建立伦理共同体。

马克思认为，对自由人联合这一伦理共同体的建构是不断完善的历史过程，并将随着资本的全球性扩张、无产阶级的历史性觉醒而逐渐廓清现实的人的伦理困境，指明未来社会的人的自由之路。人的自由与社会伦理相得益彰，人的自由全面发展依靠社会伦理实践的不断自觉，而人的自由意识的觉醒则对社会伦理的发展发挥积极作用。在整个人类社会发展的历史中，社会伦理的进展是阶级性与历史性相统一的过程。恩格斯在《反杜林论》中就明确提出，"我们拒绝想把任何道德教条当做永恒的、终极的、从此不变的伦理规律强加给我们的一切无理要求，这种要求的借口是，道德世界也有凌驾于历史和民族差别

之上的不变的原则"[1]。他认为,"道德始终是阶级的道德"[2]。每个历史发展阶段
都沉积了各具时代特色的伦理道德观,这些伦理道德观是社会整体运行的产
物,并带有鲜明的阶级属性。在资本主义社会,资产阶级意识形态占据统治地
位,其所规定形成的自我意识、利己、自由和享乐等伦理观念带有抽象普遍的
人性论色彩,脱离具体的生产方式和伦理结构来抽象地宣扬"人是目的"和"人
的权利",不过是个人主义的虚伪假象。无产阶级意识则逐渐实现由自发到自
觉自为的转换,随着无产阶级在社会生产中逐渐解放自身的劳动和社会意识,
他们面对资产阶级的压迫也逐渐由被"规训"发展到抵抗和革命。因而,整个
社会伦理形态呈现总体变动的发展趋势,社会伦理道德观也随阶级地位和阶级
意识的变化而改变。恩格斯从历史向度阐释伦理思想的流变性和生成性,但这
并不是排斥伦理道德价值的共性,马克思的伦理思想不是相对主义。[3]意识形
态的变化是以物质生产和经济社会发展为基础的,"一切以往的道德论归根到
底都是当时的社会经济状况的产物"[4]。在物质利益生产和社会经济发展基础上
产生的伦理道德思想具有一定的共性,都是对当下社会经济状况的反映。这种

---

1 《马克思恩格斯文集》第9卷,人民出版社,2009,第99页。

2 《马克思恩格斯文集》第9卷,人民出版社,2009,第100页。

3 有学者认为马克思的伦理思想是相对主义,且存在两种观点:"规范的相对主义"和"元伦理的相对
主义"。"规范的相对主义"的观点以美国的马克思主义研究者R.G.佩弗为代表,在《马克思主义、道德与社
会正义》一书中指出"因为所有的道德都是相对的,所以那些被称作非道德的只不过是一种偏离的道德"(参
见 [美] R.G.佩弗:《马克思主义、道德与社会正义》,吕梁山、李旸、周洪军译,高等教育出版社,2010,
第294页),他认为马克思的伦理思想中包含着个人相对主义的内容,指出不同时代、民族才形成不同的道德
规范,当不同道德主体间产生分歧时,没有一种道德规范能成为调和的准则,这并不符合马克思伦理思想的
本意。马克思、恩格斯提出道德阶级性的用意是否定用个人权力意志来左右人的道德自由。面对道德分歧时,
马克思指出一切道德都是当下社会经济的产物,必须通过变革现有的社会关系以实现人的道德自由。"元伦理
的相对主义"的观点否认"道德进步",认为不存在可以评价道德标准的另一种更加进步的道德准则,显然违
背了历史唯物主义的进步观。"马克思主义者否认存在客观的、被人们普遍接受的道德标准作为解决道德分歧、
达成道德共识的手段,这是因为从他们的历史唯物主义出发,任何道德问题的解决都不能仅仅依靠'道德'
本身,而必须从道德得以产生的物质根源出发,所以人们并非无法实现道德上的一致,但是这种一致不是通
过提出道德标准而实现的,而是归根结底需要依赖于物质现实的变革"(参见杨松:《马克思主义伦理观是相
对主义吗?》,《哲学研究》2017年第3期)。

4 《马克思恩格斯文集》第9卷,人民出版社,2009,第99页。

伦理思想中的共性具体表现为对自由、平等和民主等价值的追求，只是资产阶级和无产阶级对这些伦理价值原则的理论解读和现实践行存在根本区别。资产阶级哲学中的自由、平等与民主等价值观总是回避对现实生产条件的把握，当谈及人性困境的化解时，往往反对并阻止诉诸革命的根本途径，从而陷入理论与现实相分离、相脱节的局面，而无产阶级伦理思想是依据现实条件、并不断在现实实践中生成的价值理念。

人类共同价值集中彰显了马克思追求自由个性和全人类自由解放的价值观。马克思指出"人把自身当做现有的、有生命的类来对待，因为人把自身当做普遍的因而也是自由的存在物来对待"[1]。"普遍的""自由的"强调的正是人性共同的价值趋向所在，它是人的生命存在及历史发展的核心命脉，所呈现的本源性依据足以使其成为重建人类共同价值秩序的参照系。人类共同价值理念立足于马克思对自由人性的内在关切，是对当前中国发展面临的时代机遇与外部挑战、世界发展现实图景和普遍困境的战略判断和理论回应。当今世界各国在全球化过程中交往日益紧密，其根本目的是实现共同利益最大化。中国在日益深化的全球化进程中渴望贡献自身的独特力量，致力于缓解全球化时代的精神危机和重构人类社会的价值共识，却也遭受逆全球化等消散人类共同价值浪潮的冲击。共同价值是共同利益协同的精神坐标，人类社会在谋取最大化利益、推动共同价值建设的同时也遭遇到发展中的共同问题。其中，人的生存与发展问题是困扰全人类的根本问题，自然灾害、粮食安全、流行性疾病等日益增多的全球性问题威胁着人的生存与发展，呼唤人类凝聚共同价值以应对发展危机。针对这一共同价值实现进程的共同机遇与挑战，2013 年，习近平总书记作了题为"顺应时代潮流促进世界和平发展"的主题演讲，指出"这个世界，和平、发展、合作、共赢成为时代潮流"[2]。"世界的命运必须由各国人民共同掌

1《马克思恩格斯文集》第 1 卷，人民出版社，2009，第 161 页。
2《习近平谈治国理政》第一卷，外文出版社，2018，第 272 页。

握。各国主权范围内的事情只能由本国政府和人民去管,世界上的事情只能由各国政府和人民共同商量来办。这是处理国际事务的民主原则,国际社会应该共同遵守。"[1] 共同价值旨在突出各国人民自身的自由选择权和彼此间的自由交往,反映了马克思"普遍的""自由的"生命活动在当代的现实映照,即在不断拓展的全球舞台上促进共同利益最大化,实现人类生存发展的共同价值,维系人生命活动的自由本性,进而趋向全人类的自由解放。

如何促进共同利益最大化以实现人类生存发展的价值需求?中国主张树立全人类共同价值理念以使各国在全球化过程中处于平等和自由的地位,提高个体在全球化中的自主参与意识,在全面广泛的全球交往中显现人的自由本性。"全人类共同价值在承认世界文化和文明多样性以及承认不同民族、不同地域和不同国家人们存在不同价值观的基础之上,追求全人类价值的最大同心圆和最大公约数。"[2] 共同价值理念凸显一定的普遍性,反映世界各个国家、民族和地区的人民利益与需要,超越了多层次的宗教、阶级、阶层、党派等具体主体界限的价值信仰、价值理想、价值标准和价值取向。共同价值的主体是全人类,人类历史总体的价值理想成为共同价值的终极旨趣,建设共同价值是为了满足整个人类的根本需要,不仅包括当代各国人民的现实利益需求,也关涉未来人类的价值存续。唯物史观认为,社会存在决定社会意识,随着社会生产力和生产关系的历史演进与不断发展,人的生存和发展的价值需要也发生变化。而不同国家的社会结构和政治制度程度有别,共同价值对人民的满足程度也存在差异,因而共同价值在不同国家就呈现出具体多样的形式与内容。但全人类对共同价值的本质内涵具有一定的共识,对多样价值共存的尊重和包容是共同价值理念的基本准则。共同价值在当代社会的重构,必须建立在对现实的个体参与人类命运与共的历史发展实践的自觉领悟基础上,个体的生产和生活实践

1《习近平谈治国理政》第一卷,外文出版社,2018,第274页。
2 孙春晨:《全人类共同价值是构建人类命运共同体的伦理基础》,《马克思主义与现实》2022年第1期。

在资本逻辑的支配下经历了被现代社会的异化以及共同价值的抽象之后，最为关键的历史任务在于探求与共同价值形成有机统一的实践张力。"'共同价值'重要论述是在尊重世界多样性、尊重各国历史、尊重各国文化的基础上提出来的，其目的是通过倡导和彰显'共同价值'重要论述，深化国与国之间的互信，增加国与国之间的交流，创造国与国之间新的利益结合点。"[1] 共同价值理念彰显了中国式现代化道路制度优势的精神品格：承认共同价值的历史性和具体性。

共同价值理念是中国特色社会主义制度的产物，倡导共享、共建的价值观，极力催发共同价值内在的生成性机能，在批判性反思普世价值观念的同时致力在全球范围内突出共同价值与人类生存共识的内在关联。普世价值是资本主义制度的推手，强调价值的普遍一致和绝对同一。[2] 共同价值之所以符合马克思主义伦理价值思想，不仅在于共同价值以马克思主义理论为立论根据，还因为其在建设过程中对普世价值及其意识形态渗透给予的正面回应。普世价值是西方资产阶级意识形态的价值命题，其目的是在全世界推广资本主义经济制度模式，形成"自由、平等、博爱、人权"等价值观念，强调绝对的普遍性。当今时代，以美国为首的西方资本主义国家将普世价值作为"价值观外交"的主要手段，认为人类意识形态将终结于资本主义，背离了历史唯物主义对人类自由本性的表述和判断。"共同价值是指世界各民族在共同利益、共同

---

1 穆斐、赵彦璞、陈旻：《习近平总书记关于全人类"共同价值"的重要论述初探》，《毛泽东邓小平理论研究》2018 年第 10 期。

2 共同价值和价值共识不同于普世价值。笔者赞成共同价值也赞成价值共识，但是共同价值或价值共识是一种历史性的存在。不存在一种与康德所阐释的"普世伦理"相类似的普世价值，也不存在那种适合一切时代、一切条件的普世价值。人们通常谈论的自由、民主、平等和人权等价值并不是普世价值。如平等这一观念是近代以来最重要的观念，而平等在古代表现为非正义，不平等才是正义。马克思认为，平等不仅在不同时代具有不同内容，在不同阶级具有不同要求，而且平等观念本身也是一定历史阶段的产物。如在古代社会，人们的不平等比任何平等受重视得多。所以笔者赞成有共同价值和价值共识的存在，但这两者都具有历史性，而不是永恒不变的。

需求、共同发展的基础上形成的'共善',是一种新的普遍性。"[1]共同价值摒弃普世价值鼓吹的个人价值至上等理论局限,以现实的个人及其感性实践为依托来显示人类共同价值理念是不可逆转的人类社会价值结构运行趋势,阐明个人价值与人类共同价值的辩证统一特质。在新时代背景下塑构共同价值,必然与传统社会中依靠强制性手段实现价值共识的过程根本不同,理应在回应现代社会中"普世价值"或价值分化的两个极端价值困境中予以反思和重整,促使共同价值的形成与人内在的自由本质和自觉实践相契合。共同价值从人类当前的共同问题和现实利益需要出发,将人类主体作为价值主体,势必以实现每个个体的全面发展和全人类的自由解放为根本目的。共同价值理念的澄清并逐步清除普世价值在世界范围内的消极影响,对捍卫马克思的人类整体价值具有重要意义。

(二)人类共同价值的伦理指向[2]

习近平总书记从构建人类命运共同体的宏阔视角提出:"和平、发展、公平、正义、民主、自由,是全人类的共同价值,也是联合国的崇高目标。目标远未完成,我们仍须努力。"[3]共同价值的生成发展与人类命运共同体的有效建构相辅相成,共同价值作为内蕴集体行动逻辑的科学价值共识具有实践维度的"建构效应"——人类命运共同体价值目标的确立与践履,其能够推动人类命运共同体从一种创新性理念发展为建构性实践。何谓人类命运共同体的价值目标?人类命运共同体的价值目标指向现代社会通过现实构建人类命运共同体所能达成的美好生活状态,这一美好状态在当今世界集中表现为共同价值所呈现的理性化世界图景。共同价值表征的理性化世界图景之所以能够成为人类命

---

1 丁立群、黄佳彤:《人类命运共同体、共同价值与人类文明新形态》,《理论探讨》2022年第3期。
2 参见徐苗、刘同舫:《共同价值的"建构效应":走向人类命运共同体》,《求是学刊》2022年第5期。
3 《习近平谈治国理政》第二卷,外文出版社,2017,第522页。

运共同体的价值目标，主要原因有二：一是在国际秩序和全球治理体系中掌控绝对话语权的西方发达资本主义国家为巩固其特权利益在世界范围内强制推行"零和博弈"思维、奉行强权政治、实行霸权主义政策等，致使"和平、发展、公平、正义、民主、自由"的美好生活构想在当今世界依旧处于未实现的状态；二是共同价值在现实世界的真正建构与实现，不仅符合马克思主义关于人类社会发展的科学预想，而且总体表征着现实生活中人与自身、社会以及自然之间矛盾与冲突的消解，意味着人的异化现状的消除以及人与自然、人与社会的和谐共存。

"当今世界，各国相互依存、休戚与共。我们要继承和弘扬联合国宪章的宗旨和原则，构建以合作共赢为核心的新型国际关系，打造人类命运共同体。"[1]人类共同价值建设是一个历史过程，而构建人类命运共同体正是对这一历史进程方向的有效倡议，在真实平等公正的交往环境中体现人类共同价值实现的实践依据和生存论奠基，彰显全球伦理观念和价值形态得以创生的建构性力量。"建构性世界观"不是凭空产生的，是在中国特色社会主义实践不断拓展和深化中得出的结论，是满足当前世界各国人民共同利益的现实需要和解除发展窘境的哲学思维，构建人类命运共同体正是践行"建构性世界观"的有效方案。"建构性世界观"撼动了资本主义的霸权地位和普世价值的理论基石，在构建人类命运共同体的互联互通中谨守"和平、发展、公平、正义、民主、自由"的价值内核。

"建构性世界观"与人类共同价值体现了"和平""发展"的人类生存性的价值需要。"和平""发展"是当今世界的时代主题，这要求世界各国加强对话合作，在和平中谋发展、在发展中促和平，以便为人类生存和发展的持存性提供保障。中国历来是重视和平、关注发展的国家。"中华民族是爱好和平的民

1　习近平：《携手构建合作共赢新伙伴　同心打造人类命运共同体——在第七十届联合国大会一般性辩论时的讲话》，《人民日报》2015年9月29日。

族。消除战争，实现和平，是近代以后中国人民最迫切、最深厚的愿望。走和平发展道路，是中华民族优秀文化传统的传承和发展，也是中国人民从近代以后苦难遭遇中得出的必然结论。"[1]面对积淀于中国人民内心深处的和平与发展信念以及在现实世界不断涌现的全球性问题，人类命运共同体理念及其指导下的建构实践应运而生，并成为推进人类社会实现和平与发展目标的主要动力。立足于构建人类命运共同体的战略目标，中国以负责任的大国形象积极承担新全球化时代全球治理重任，主动摒弃我赢你输、赢者通吃的零和思维，坚定维护世界和平、促进共同发展、打造伙伴关系、支持多边主义的决心，积极塑造有利于新兴市场国家和广大发展中国家参与全球性问题治理、投身新型国际关系构建、实现全面综合发展和提升综合国力的新机遇和新平台，整体上推动了世界和平与发展事业的进步。针对世界百年未有之大变局且新冠肺炎疫情全球性肆虐等交织叠加的复杂形势，中国率先垂范，走在国际疫情防控斗争的第一线，"秉持人类命运共同体理念，及时透明发布疫情信息，毫无保留分享防控、治疗经验，尽己所能为各方提供援助，与世界各国携手开展科研攻关"[2]；提倡世界各国应当凝聚在联合国旗帜之下，认清历史发展大势、顺应时代进步要求，积极践行多边主义外交，坚定维护以联合国为核心的国际体系，聚焦构建人类命运共同体，推动实现了全球范围内更深层度上的团结与合作、和平与发展。

"建构性世界观"与人类共同价值契合"公平""正义"的国际社会关系发展价值需要。"公平""正义"伴随全球化进程的深入推进而逐渐凸显其道德规范的价值要义，对塑造世界范围内的社会关系具有引导意义。"公平""正义"只有奠基于现实的生活实践和全球性的发展境遇，才能确证其价值，这决定了

---

1 《习近平谈治国理政》第一卷，外文出版社，2018，第247页。

2 旷思思：《为打赢疫情防控全球阻击战注入强大信心和力量——国际社会高度评价抗疫国际合作的中国贡献》，《红旗文稿》2020年第8期。

两种价值的建构性特质。"公平""正义"是人类社会共同的美好生活理想，其作为人类命运共同体的价值目标以"每个人的自由而全面发展"为核心，致力于推动世界各国人民共享发展成果、共担治理责任，在国际合作中实现权利平等、机会平等和规则平等。追求和实现以人民为主体的公平正义是世界各国人民的共同期待，但在现存的国际关系体系中却充斥着诸多不公平和非正义的社会现象。现存国际秩序与全球治理体系主要由西方发达资本主义国家所掌控，内在嵌入资本主义利益诉求与价值理念，外在表征对公平正义、合作共赢等价值目标之虚假追求。面对这种实际状况，中国基于人类命运共同体的构建实践，以实现人类社会真正意义上的公平与正义为价值目标，坚定秉持共商共建共享的全球治理观，着力实现国际关系的民主化、法治化与合理化，推动建立更加科学合理的国际交往机制和全球治理体制，坚决反对某些发达国家利用经济、军事等强劲手段对其他国家尤其是后发国家进行发展制裁、安全威胁等不当行为，强调大国之间不仅要和平共处、平等交往，在国际社会中发挥模范引领作用，而且要自觉照顾"弱小"，尊重与支持扩大发展中国家在国际事务中的代表性和发言权等，以真正实现人类社会整体共生共存和共建共享的目标诉求。总体而言，中国以马克思主义公平正义观为指导，在理论层面倡导作为当代世界"正确义利观"的人类命运共同体理念，致力于塑造新型国际关系、革新全球治理观念，从而促进以人民为主体的公平正义理念逐渐现实化。在实践层面切实构建有利于实现世界公平正义的体制机制，并在推进"一带一路"等具体国际性倡议中积极吸引多国参与，倡导世界各国以开放包容、平等协商的方式解决国际合作中的利益冲突，为在现实世界真正实现公平正义的美好生活理想贡献了中国智慧和中国力量。

"建构性世界观"与人类共同价值孕育"民主""自由"的世界政治秩序建设的价值需要。"民主""自由"是在现代世界中获得普遍性认同的核心价值，其具体指向社会主义中国倡导的人民民主以及个人与共同体相统一的自由，而非受制于资本逻辑的资本主义式的自由民主。如有学者指出："自由、平等、民主作为一种观念性的价值范畴,是对各种形式的自由、平等、民主共同要求的抽象……我们对自由、平等、民主的历史诠释虽然不能忽视这些共同点与共同规定,但更应重视社会中具有不同的自由观、平等观、民主观的阶级对自由、平等、民主的各自不同的具体要求。"[1]不同国家间之所以能够跨越制度差别而产生广泛联系,得益于国家自身政治制度的民主化高度发展,国家间彼此尊重制度差异,在交往中争取自身利益的同时不干涉他国正当利益,维护自身行动自由的同时不妨碍他国自由。"和平文化观主张价值评价从二元对立转为'多元主体',尊重文化多样性和文化差异,彼此借鉴,和谐共存,化繁为简,倡导回归人类生命最初的本真,人与自然和谐,人与人之间命运与共,实现目的性与规律性的统一,在共同追求人类进步的过程中画出同心圆,通过不同民族、国家、文化和区域间的对话协商,培养共识、实现合作共赢,在实践中致力于促进不同文化能够基于自身特色地生长与发展,达到各美其美、美美与共。"[2]但当今世界,西方资本主义大国集团仍然在政治秩序话语规则的制定和解释中享有绝对优势,并在外交实践中打着民主与自由的旗号阻碍其他国家的民主进程和自由发展。这种资本主义国家意识形态在政治秩序中的现实执行实际上是否定历史进步性的传统冷战思维在作祟,目的在于维护和巩固资本主义世界的历史主导地位。尽管不同国家、地区共同参与世界政治秩序建设的意识正在增强、多极格局正在形成,但西方资本主义大国、强国集团仍然掌握着政治秩序的规则制定权和解释权,在现实外交中打着"民主""自由"的旗号阻碍其他国家的民主进程和自由发展。福山认为,资本主义自由民主制是历史发展的最终结果,但同时指出现代科学技术尤其是生物技术的发展导致的人性改

1　林剑:《关于普世价值问题的辨与思》,《马克思主义研究》2019 年第 1 期。
2　王荣华、马场善久主编:《人类命运共同体的愿景与实践:第十届"池田大作思想国际学术研讨会"文集》,世界知识出版社,2021,第 253 页。

变有可能终结这一制度。针对福山的以上说法，有学者明确指出，"该观点合理地揭示了现代科学技术发展对政治秩序变迁的重要影响，但与此同时却回避了生产关系对人性及政治秩序的影响，因而，不可能全面地揭示政治秩序变迁的原因"[1]。人性中对技术的追求所揭示的内在否定性并不意味其对自由的回避，而是体现了人在生产实践中的自由需要，因而现代科学技术的进步不会彻底改变人的自由本性。福山的错误在于，把人性与实践设置为二元对立的观点，把人性自由理解为超感性的实体，赋予"民主""自由"以实体化本体的绝对同一性，进而为资本主义意识形态辩护。只有彻底抛弃资本主义抽象人性论与实践二元对立的理论桎梏，才能建立符合历史现实的本体论观点，才能最终使生存实践论和实践哲学的构建理路解脱资产阶级哲学的枷锁，成为与人的发展普遍联系正向适应的行动力量。西方的政治制度在一定程度上体现了"民主""自由"的价值，也曾在世界政治秩序中发挥过积极作用，其持续性创造活动仍不可或缺。中国在外交实践中将"民主""自由"的价值理念传播到国际政治、经济、文化、军事等全方位的交往中，倡导"和而不同"，强调"多样带来交流，交流孕育融合，融合产生进步"[2]，在经济全球化的浪潮下，在意识多元化的洪流中，依然尊重和维护不同国家依据自身情况进行发展道路与制度模式的自由选择。

面对西方资本主义世界自诩人类历史终结于自由民主制的政治妄想，中国坚持以人民为中心的理论自觉和实践自觉，深入推动中国特色社会主义民主政治建设，统筹社会各方力量以发展社会主义民主、保证人民享受真实且充分的民主权益；坚持推进改革开放向纵深发展，积极宣扬人类命运共同体理念以便为实现人的自由全面发展累积必备的物质条件和智识基础。在树立中国特色社

---

1 肖迎春、高兆明：《科技、人性与自由民主制：福山自由民主制思想中的人性论》，《浙江社会科学》2018 年第 3 期。

2 习近平：《携手构建合作共赢新伙伴　同心打造人类命运共同体——在第七十届联合国大会一般性辩论时的讲话》，《人民日报》2015 年 9 月 29 日。

会主义制度自信的基础上，中国秉持相互尊重、开放包容、合作共赢的心态在外交实践中将民主和自由的价值理念融入国际政治、经济、文化等全方位的交往合作中；在政治上，尊重和维护不同国家依据自身情况进行发展道路和制度模式的自由选择；在经济上，引领和推动世界各国共创更加开放、包容、普惠、平衡、共赢的经济全球化；在文化上，承认世界文明多样性和推崇不同文明之间自由平等化的交流互鉴。中国推崇具有社会主义底色的民主和自由之价值理念并将其制度化、法治化的现实举措，助推中国人民成为真正意义上的国家主人、切实享有民主和自由权利；同时，在西方自由民主全球性衰退的总体情势下，一定程度上重塑了国际社会关于民主和自由价值理念的认知，推动了世界范围内人民民主和人民自由事业的建设与发展。

中国所倡导的共同价值以"和平、发展、公平、正义、民主、自由"的规范化内涵集中彰显了人类命运共同体发展进程中的阶段性价值目标，并指引人类命运共同体建构实践在重构全球治理体系、构建新型国际关系以及推动建设经济全球化的进程中对这一阶段性价值目标予以切实地践履，进而引导人类社会不断趋向实现全人类总体解放和人类个体自由全面发展的根本价值愿景。

（三）人类共同价值的实践生成 [1]

"和平、发展、公平、正义、民主、自由"是人类共同价值的基本内涵，体现人的自由本性和人类自由解放的根本价值目标。所有历史阶段价值规范的原则要素都是从人的自由发展内在逻辑衍生出来并从人与人之间不断扩大的生产与交往实践关系变动中得到持续昭彰的。建设共同价值是为了化解摆在人们面前的全球化时代价值分化和精神失落的危机，凝聚人类协同并进的伦理力量来协助政治治理完成人类社会的整合，满足整个人类的根本需要。共同价值建

---

[1] 参见徐苗、刘同舫：《共同价值的"建构效应"：走向人类命运共同体》，《求是学刊》2022 年第 5 期。

设的主体是全人类，它依靠全人类的共同实践，而构建人类命运共同体是达成价值共识的必经之路。回顾整个人类历史进程，从在以"人的依赖关系"为特质的传统共同体中人们对绝对一致的价值共识的强调，到现代社会以"物的依赖性"为基础的价值分化和机械统合，都局限于人的生存发展与价值共识之间的内在深层矛盾，即个体多样实践与价值共识间的冲突。构建人类命运共同体的倡议则从马克思主义伦理思想关于人的自由发展观点出发，立足于人的感性实践，通过激发人的实践自由自觉地趋向价值共识，使价值共识成为内在于人的生命存在和实践发展的本质力量，继而推动全人类的共同价值建设。共同价值在实践向度的理论主要表现为推动人类命运共同体主体解放进程的不断深入。共同价值能够推动人类命运共同体主体获得解放的根据在于，其立足于"人类社会"的哲学立场，强调在尊重世界文明多样性的基础上，致力于在更高的"共同性"水平之上凝聚全人类的智识力量，维护人类整体的共同利益和推动人类命运共同体的构建，从而能够在全世界范围内厚植与积淀追求人类解放所必需的物质基础和必备的共性认知。

在积淀推动人类命运共同体主体解放所必需的物质基础方面，共同价值作为综合反映各个民族、国家和地区的合理性文化价值诉求以及全人类共同利益的科学价值共识，是在承认世界各国正当性发展诉求、尊重全球文化多样性的基础上提出的，其指导下的人类命运共同体和"一带一路"实践等物质性活动能够规范地带领经济全球化主体共同参与国际分工和世界市场，共同应对世界经济发展不平衡的挑战和共同面对内在构成日趋复杂及影响程度不断加深的全球性问题等，在实现生产要素于全球范围内自由流动和优化配置的基础上进一步推动全球生产力发展，为人类解放创造与提供必要的社会物质基础。共同价值在积淀人类解放所必要的物质条件方面主要发挥一种间接性作用，即作为人类社会意识具体化、现实化表现的共同价值必须有效指导某种"改造世界"的物质性活动才能将自身内在的创造性活力有效地转化为外在的生产效力。譬如，共同价值所引领指导的人类命运共同体建构实践致力于形塑愈加公正合理的全球治理体系和"分布式"的世界秩序结构，引领全球化进程的参与者共担全球性问题的责任、共建裨益于国际社会合作的新机制与新环境，有效"拓展了国际分工关系范围，使分工成果共享得以更广范围更大程度实现，客观上构成共享'集体力'的世界版"[1]，这助益于人类社会厚植自身解放所必需的社会物质基础。此外，以共同价值为科学理论指引的"一带一路"建构实践是"源于中国，属于世界"的新型国际公共性产品，为广大发展中国家推进自身现代性事业提供了相对开放包容的环境和平等公正的机遇，整体上推动了全球生产力的发展。

在厚植推动人类命运共同体主体解放所必要的共性认知方面，共同价值的建构意义主要体现为彰显马克思主义人类解放思想和超越现代性范式内隐匿的个人主义价值意向。对于前者而言，"从最广泛的意义上来说，人的发展是人类的最终目标，与其他方面的发展或目标相比，它应占绝对地位"[2]，所有历史阶段价值规范的原则要素衍生于人的自由发展的内在逻辑，并从人与人之间不断扩大的生产与交往实践关系变动中得以持续彰显。共同价值是中国坚持马克思主义在意识形态领域根本指导地位的前提下，基于当代世界发展的实际境况对人类社会未来图景的具体创生，内在蕴藏着世界各国共命运、同进步、齐发展的目标取向，并在指导"改造世界"的物质性活动中切实发挥了营造和平环境、发展共同利益、凝聚全球共识、推进文明进程等正面作用，因而其是对马克思主义人类解放思想所着力追求的实现人自由全面发展之根本价值目标的真正彰显。马克思认为人应当把自身当做现有的、有生命的类来对待，把自身当

1　余金成：《马克思"集体力"思想与人类命运共同体建构》，《当代世界与社会主义》2019年第1期。在马克思、恩格斯的视域中，"集体力"是指受社会分工制约的不同个人在共同活动中所产生的一种社会力量——成倍增长的生产力（参见《马克思恩格斯文集》第1卷，人民出版社，2009，第538页）。

2　[意]奥尔利欧·佩奇：《世界的未来——关于未来问题一百页》，王肖萍、蔡荣生译，中国对外翻译出版公司，1985，第125页。

做普遍的因而也是自由的存在物来对待[1]，这里的"普遍""自由"正是指向人性共同的价值趋向，在本质上与共同价值的内涵实指相一致。对于后者来说，共同价值是饱含大国担当、正义精神和共赢理念的中国在遵循社会意识发展规律的前提下提出的，这一科学价值共识有机融合了"核心理念纠偏""基本范式矫正""坚持底线伦理""尊重和发掘传统"等人类理念、智识和策略层面的诸多合理成果，[2]契合人类社会共同体发展趋势和全人类共同利益需求，并且为人类整体所共建共享，其能够凭借规范合理的伦理内容、客观真实的共同形式等有效地消解和超越相对主义的道德价值难题、普世主义的价值同质化偏执以及全球价值观念分化冲突等隐匿个人主义取向的价值认知困境，助力共同价值及其依循的以实现人的自由全面发展为最高境界的人类解放思想在当代世界得以广泛持久地传播，获得愈加普遍深切、自信坚定的世界性认同，进而在全世界范围内形塑和深化共同追求人类解放的价值共识。

基于人类解放所必需的物质基础和共性认知这两个维度探讨全人类共同价值的"历史效应"，并采取一种"应然"视角论证和阐明中国在世界范围内倡导和宣扬全人类共同价值何以能够推动人类命运共同体主体解放进程不断深入具有必要性。全人类共同价值能否真实有效地在"实然"维度切实发挥其在理论、实践以及历史向度所内蕴的"建构效应"，需要充分关注全人类共同价值的国际传播及其全球性认同的积淀这一关键环节。因为人类社会的不断发展或者说人类解放进程的深入推进需要全球化的多元主体在达成基本认知共识的基础上共同参与、同向发力，这就提醒我们在理论维度明晰全人类共同价值"建构效应"的同时，应当关注全人类共同价值在世界范围内的创新阐释、国际传播以及全球性认同等现实性问题，注重建构全人类共同价值国际弘扬的话语体

---

1 参见《马克思恩格斯文集》第 1 卷，人民出版社，2009，第 161 页。

2 参见袁祖社：《道德共识与人类共同价值建构——后全球化时代人类公共性实践及其集体行动的逻辑》，《学术研究》2020 年第 6 期。

系及其传播机制。

在整个人类发展史上，价值观念建设从自发到自觉是一个"建构"意义的显明过程，表现为同质存在—解构—建构的发展样态。传统社会是以人的依赖性为基本特征的关系结构，未分化的关系结构需要一种精神力量来统摄社会成员间的关系、整合社会发展力量，集体意识价值应运而生，并塑造传统意义上的社会共同体。集体意识价值往往被社会成员视为稳固的价值信仰，在人的生活各方面具有至高无上的价值规范力量。传统社会共同体内的集体意识价值被称为价值主体间强制的价值共识，它忽视人的私人生活和价值主体的个体性与差异性，价值共识成为传统社会机构的内在要素，维持价值主体间的完全一致性。随着现代生产方式的兴起和社会结构的确立，传统社会的集体价值共识必然预示共同体的解构命运。现代社会是以"物的依赖性"为特征的结构形态，[1]社会发展力量的整合已不再完全依靠共同体成员相对一致的价值信仰，往往是通过不同领域功能的分化及相互补给来实现的。只有个人生活和权利得到充分肯定，人才能从传统社会共同体权力意志的束缚中摆脱出来。然而，依托于强

---

[1] 马克思曾在《1857—1858 年经济学手稿》中提出人类社会发展的"三大形态"论断，"人的依赖关系（起初完全是自然发生的），是最初的社会形式，在这种形式下，人的生产能力只是在狭小的范围内和孤立的地点上发展着。以物的依赖性为基础的人的独立性，是第二大形式，在这种形式下，才形成普遍的社会物质变换、全面的关系、多方面的需要以及全面的能力的体系。建立在个人全面发展和他们共同的、社会的生产能力成为从属于他们的社会财富这一基础上的自由个性，是第三个阶段"（参见《马克思恩格斯文集》第 8 卷，人民出版社，2009，第 52 页）。依循马克思关于人类社会发展的"三形态"理论，笔者认为，现代社会仍处于以"物的依赖性"为特征的结构形态阶段，因为从当今世界生产力发展现状来看，实现人自由全面发展的生产力高度发达、物质财富极大丰富等前提性条件尚未形成，在生产力较为发达的资本主义国家中，劳动者依旧将自身的劳动力作为商品出卖给资本家以获取生活资料，其和资本家之间的关系现实表现为物与物的依赖关系，且二者之间存在贫富差距；在生产力发展程度相对较低的发展中国家，政治、经济和文化等领域的现代化是其基本追求，而广大人民群众为了满足物质生活需要困囿于资本、劳动之中，并未获得全部生活领域的真正解放。"人要在政治解放、经济解放、劳动解放、文化解放等多维度解放所创造的社会物质文化成熟的条件下，把握与超越外部自然限度，并通过全面颠覆资本逻辑，消除资本主义的私有制，消灭国家，并以新的机构取代现行的市民社会体系和国家，在全面深刻的社会变革基础上实现'人自身的解放'，即实现人的自由而全面的发展"（参见刘同舫：《自由全面发展：人类解放的最高境界与必然归宿》，《江汉论坛》2012 年第 7 期）。从马克思关于人类解放的角度看，现代社会并不完全具备促进人的自由全面发展的条件，未能实现"人自身的解放"，因而现代社会依然处于以"物的依赖性"为特征的发展进程中。

权政治的资本主义社会的价值形态在国际公共生活中发挥强制作用，其直接后果是价值领域的分化，又妄图通过细化国际分工体系和突出资本优势力量来实现社会的整合与价值共识的重塑，使人类价值陷入片面的共识。人类命运共同体思想及其指导下的构建实践则能把握人类生存发展价值的历史联系，助力于创造一种既保持相对独立性又体现开放包容的共同价值。

人类命运共同体思想对人类共同价值的历史性把握正是在广泛的全球性实践中进行的，这是对人与世界关系的规律总结和时代回应，内在渗透人类自由实践的本质力量。人的世界性和世界的属人性是辩证统一的，实践活动促成人与世界关系的改变，也不断生成人与世界的普遍联系，"这种活动、这种连续不断的感性劳动和创造、这种生产，正是整个现存的感性世界的基础"[1]。马克思承认实践活动是人与世界存在的根本依据，也就意味着人与世界的存在是由实践不断"建构"的，离开实践，人就无法生存，世界就沦为"无人"的抽象存在。人的生命存在和发展具有非同一性与矛盾性并存的实质内容，这决定了人是极其复杂的矛盾统一体。海德格尔在分析"存在者"存在的生活世界中作出了一个假设："'世界'本身就是此在的一个建构要素。"[2]追根溯源，现存世界是"此在"存在的起点，也是"此在"建构的源头，整个世界从原初的自然无机界，发展成为一种为人而存在、浸润人的丰富关系的复杂世界。人的自由意识与实践不断扩大延伸，不断认识现实条件、矛盾并寻求解决的生活方式，构成人之为人、世界之为世界的奥秘和真实根据。人类命运共同体思想正是对人与世界现实存在方式和未来去向的整体把握，对人的生存特性和生命活动自由本性的深刻传扬。这一思想认识到现存世界的复杂关系和存在于其中的人的矛盾状态，认为内在于人生存本质的矛盾性和非同一性不可能在当前的历史阶

---

1 《马克思恩格斯文集》第 1 卷，人民出版社，2009，第 529 页。

2 [德] 马丁·海德格尔：《存在与时间》（修订译本），陈嘉映、王庆节译，生活·读书·新知三联书店，2014，第 61 页。

段实现一劳永逸的统一状态，指出人的全部生活和一切需要必须在世界范围内、在整个世界的关系存在中得到审视和构建。

人类命运共同体思想对人类共同价值的现实趋近也是在广泛的全球性实践中完成的，即在人类命运共同体的构建实践中同时实现共同价值[1]。不同社会历史发展阶段凝结成一定的共同价值，这些共同价值在人类实践中不断被传播和认同从而生成价值共识。以往相对狭隘的人类实践所塑造的共同价值必然带有一定的历史局限，并与当今世界日益拓展的全球性实践所追求的人类共同价值存在代沟，而人类命运共同体思想则在现实实践中推动人类共同价值在新时代实现创生发展。人类命运共同体思想是关于人类社会发展的新理念，其植根于承认既有价值共识的现实可能性又有追求更高层次共同价值的未来建构性。这一构建实践既充分肯定全球化发展中推崇的民主、自由等价值共识，又在更高层次上提出民主、自由等价值应是超越国家界限的具有全球性意义的共同价值，其符合当今全球化发展进程的现实要求，也充分彰显了将自我价值构造与人类共同价值建设统一于国际社会交往实践中的"双重建构"意义。于中国发展和价值构造而言，所有的建构性实践主张都秉持以人民为中心、为人民服务的根本价值原则，致力于实现中华民族伟大复兴的宏伟目标，通过广泛的交往交融将外来的优良成果转化成为一种为我国人民服务的资源。于国际交往和共同价值建设而言，中国始终奉行共商共享共建的现实主张，发挥中国特色社会主义的制度优势和强大的改革创新生命力，在国际社会中建构并维护自身话语权；自觉反思西方所制造"中心—边缘"世界格局的价值形态，秉持融合思维、

1　关于人类命运共同体与人类共同价值之间的关系，有学者认为人类命运共同体是共同价值的基础，应该在构建人类命运共同体的基础上来谈共同价值，当然还有一种相反的观点。笔者认为不能够绝对化，人类共同价值和人类命运共同体之间，从时间维度来说，是先有共同体再有共同价值，或者先有共同价值，再按照共同价值来构建共同体都有可能性。两者应该是一个相辅相成、交往共生的关系，人类共同价值坚决维护人类历史发展根本依靠人的建构性实践不断创造，人类共同价值或者人类命运共同体在一个历史性的时间过程中，逐渐通过不同的价值主体之间的交往而形成共生的关系。

实践理性和共生逻辑，推动基于实践关系理性的建构人类社会共同繁荣的价值秩序，促进不同国家、地区在自主选择发展道路的基础上自由自觉地参与国际事务，集中力量和智慧为全人类共同面临的困境提供有效解决方案，保障全人类共同的利益和价值追求。

人类共同价值在不同时代、不同社会形态中的内涵与形式有别，但是任何国家都具有共同的终极价值向往和实践信条，即实现人的自由解放与全面发展的理想追求。构建人类命运共同体展示了全球未来发展的美好图景，孕育着一种"建构性世界观"。这一"建构性世界观"将思想的锋芒对准新时代全球化的发展境遇和世界历史进程的新形势，在日趋宽广的全球性实践中建构全人类的价值信念，推进建设人类共同价值，并提出一系列合乎现实逻辑的具体方案和措施以促使人类共同价值的凝聚、认同和践履，彰显了不同思想文化和伦理体系共同在场的人类社会共同价值理想。阐发"建构性世界观"是当代中国马克思主义研究建构性取向的时代要求与历史使命。

分论六
人类命运共同体的"建构性"路径[1]

构建人类命运共同体思想，是习近平总书记着眼人类发展要求和世界前途趋势提出的中国理念、中国方案，其得到国际社会的高度评价和普遍响应，成为中国引领时代潮流和人类文明进步方向的鲜明旗帜。人类命运共同体将持久和平、普遍安全等价值理念熔铸于一炉，有力地回应了人类社会普遍关切的安全、发展和秩序问题，为世界擘画了光明未来和全新的发展方向，在辩证分析人类社会生存发展的命运问题时彰显中国方案的"建构性"特征。"人类命运共同体构建的出发点不是寻找统一的社会制度、同质化的文明形态"，它寻找的是多样化的文明形态，不尽相同的社会制度及其特殊性的国情。[2] 人类命运共同体在充分认识人类社会发展规律的基础上，以马克思主义的理论方法为指导，提出关于中国社会的现代化建设和人类社会整体发展相融合的"建构性"路径。当前，人类命运共同体的重大理念和构建实践越来越得到国际社会的赞赏和认同，在化解人类生活生存的复杂危机、促进全球范围内的合作共赢上取得切实成效。但人类社会发展规律的长期性、阶段性以及"建构性"思维方法的复杂性和延展性表明，构建人类命运共同体作为世界各国携手合作的社会实

---

1 参见刘同舫：《将构建人类命运共同体思想落到实处》，《红旗文稿》2018 年第 21 期。
2 参见邵发军：《推动构建人类命运共同体的理论内涵与实践路径研究》，人民出版社，2021，第 123 页。

践，是一个长期的历史过程，需要锲而不舍地探索与努力，使之不断向广度和深度拓展，从而实现人类社会和平、安全、发展、包容、美丽等美好愿望。

一、力促增信释疑而达成普遍深度共识

人类命运共同体的"建构性"路径旨在探索实现中国方案的国际社会共识和认同，促使人类命运共同体思想达成全球范围的深度共识，即唤起全人类的"命运共同体"意识。近年来，从中国倡议到国际共识，"人类命运共同体"理念已经并且持续产生日益广泛而深远的国际影响。2017 年 2 月 10 日，联合国社会发展委员会将"构建人类命运共同体"理念写入"非洲发展新伙伴关系的社会层面"决议。2017 年 3 月 17 日，联合国安理会通过关于阿富汗问题的第2344 号决议，"构建人类命运共同体"理念首次被载入安理会决议。2017 年 3月 23 日，联合国人权理事会通过关于"经济、社会、文化权利"和"粮食权"两个决议，"构建人类命运共同体"首次被载入联合国人权理事会决议。2018年 3 月 23 日，联合国人权理事会第 37 届会议呼吁，各国共同努力，构建相互尊重、公平正义、合作共赢的新型国际关系，不断推动构建人类命运共同体，这是在联合国文件里第一次同时将"构建新型国际关系"和"构建人类命运共同体"的中国理念涵盖其中。"构建人类命运共同体"理念在国际社会引起的积极反响意味着其所隐含的"建构性"思维方式和价值理念也备受重视，日益在世界范围内形成广泛的价值共识。

人类命运共同体思想的国际社会共识尚在形成当中，全球化过程中多元复杂的价值观念以及现实生产发展中的利益冲突为"构建人类命运共同体"这一全球共识的"建构"之路带来冲击与挑战。世界范围内还存在不少发展中国家和发达国家对中国提出的人类命运共同体思想充满警惕和猜忌，因此，凝聚全球共识，不断提高人类命运共同体的国际认知度、认可度和认同度的工作任重

道远。"人类命运共同体理念对于当前全球时空环境中物质环境和观念环境变化趋势的精准把握是其国际认同得以形成的重要前提，而且'人类命运共同体'国际认同的形成离不开'倡导''示范''嵌入'等干预机制的影响。未来，积极创设'人类命运共同体'国际公共议程，深入推动共建'一带一路'高质量发展，增强人类命运共同体理念在'国际社会结构'中的'嵌入'度是提升人类命运共同体理念国际认同度的重要方向。"[1]为最大限度凝聚共识、增进理念认同，需要围绕人类命运共同体思想进行深入研究，挖掘其价值内核、理论资源和现实意义，为全人类共同面临的生存发展与务实协作问题奠定思想基础，并为维系人类社会长期稳定繁荣的前途命运注入新的精神动力，将这一创新思想打造成为中国特色的对外话语体系，在革新全球治理和稳定世界秩序的宏大舞台上发出中国声音，真正实现构建人类命运共同体的普遍深度共识。

（一）改善宣传策略以增信释疑

大力宣扬人类命运共同体思想，力促增信释疑，是推进构建人类命运共同体达成深度共识的重中之重。在宣传途径上，通过加强顶层交流以及民间多样化文化互动，构建社会多元主体参与宣传的信息平台和传播场景，加强宣传的力度和广度，促使人们在参与宣传中成为价值理念的传播者和反馈者，促进人类命运共同体在世界范围内产生"共情"，并在国际社会的广阔空间中达成不同主体之间"同频共振"的互动式效果，推动人类命运共同体成为舆论宣传与传播的制高点；在宣传策略上，要改善宣传对策，根据宣传对象的差异性和具体需求进行针对性地精准宣传，最大限度地增信释疑，达成普遍共识。

宣传途径是达成构建人类命运共同体普遍深度共识的主要渠道，必须遵循舆论宣传与话语表达同步呈现的行动逻辑，抓住关键时间节点和重要场合，利

---

[1] 蔡文成、牟琛：《论人类命运共同体国际认同的形成机理——以国际规范扩散为分析视角》，《社会主义研究》2021 年第 6 期。

用重大国事活动和大型国际交流机会，有针对性地主动设置和聚焦具有影响力的对外传播议题与内容，既要构建核心层、中间层和外围层三维一体的话语形态合力共存的格局，展示马克思主义基本立场和中国特色的方法和理论的核心层话语，设立"一带一路"等推动式发展工作的中间层话语，同时呈现对全人类社会具有普遍积极意义的外围层话语；又要注重加强国际政治高端对话，不失时机地宣扬人类命运共同体思想，提升人类命运共同体的国际话语权和引导力。

习近平总书记曾在演讲中提到："这个世界，各国相互联系、相互依存的程度空前加深，人类生活在同一个地球村里，生活在历史和现实交汇的同一个时空里，越来越成为你中有我、我中有你的命运共同体。"[1]这是中国第一次向世界传递对人类前途和命运走向的时代判断。2015 年 9 月，习近平总书记再次阐述和传播人类命运共同体思想，发表了题为《携手构建合作共赢新伙伴同心打造人类命运共同体》的讲话。同年 11 月，习近平总书记提出，"欢迎周边国家搭乘中国发展'快车'、'便车'，让中国发展成果更多惠及周边"[2]。2017 年 1 月，习近平总书记强调，构建人类命运共同体就是"让和平的薪火代代相传，让发展的动力源源不断，让文明的光芒熠熠生辉"[3]。同年，在瑞士达沃斯论坛上，习近平总书记首次全面系统地提出了共同构建人类命运共同体的倡议。利用关键时间节点进行顶层设计与国际传播，基于已有的话语资源，深化与更新价值理念的表现形态，彰显人类命运共同体思想在政治价值、文明价值和实践价值等维度的重要成果和话语导向，使得人类命运共同体思想在国际社会的认知度和曝光率不断攀升，并在 2018 年被载入联合国相关决议，影响深远。除了依托官方传播渠道，还要充分利用民间力量，集聚人类命运共同体构

1《习近平谈治国理政》第一卷，外文出版社，2018，第 272 页。

2 习近平：《论坚持推动构建人类命运共同体》，中央文献出版社，2018，第 277 页。

3《习近平谈治国理政》第二卷，外文出版社，2017，第 539 页。

建的多元主体，调动各国民众的参与积极性，借助民间的各种跨文化交流活动，在建立不同参与主体对话机制的过程中深化共识，推行"一个世界、多种声音"的传播理念，促进不同区域形成传播"和声"和"共振"的联动协同效应。

在宣传策略上，要根据对象的差异性和具体需求区别性地制定传播目标与重点，动态调整宣传工作内容和方式，避免出现"一概而论"和"等量齐观"的臆断，展开有针对性的精准宣传以减少疑虑、消除偏见，并针对宣传对象进行内容上适当的个性化表达，促使其特殊的表达和评价思想反作用于宣传主体，推动宣传主体与对象形成双向互动交流，最大限度培育与增强人类命运共同体的国际认同基础，促进世界各国的积极合作与自觉践履。善于运用讲故事的方式，注重讲事实、讲形象、讲感情、讲道理的统一，因为讲事实才能说服人，讲形象才能打动人，讲感情才感染人，讲道理才能影响人，在讲故事的同时要尊重人的认识与接受规律，按照从理性到感性的模式，从而增强我们宣传工作的说服力和话语权。[1]

发达资本主义国家对构建人类命运共同体怀有一定的戒备心理，这应当归结于意识形态领域斗争的长期性与尖锐性。苏联解体只是终结了美苏两极争霸的对立格局，却并未终结潜藏于深层次的意识形态对立。中国在取代苏联成为世界头号社会主义国家的同时，也接棒了苏联作为西方世界最大假想敌的位置。在关涉中国的各种问题上，西方国家通常带有先入为主的意识形态判定。究其根本，这种思维误判源于西方大国对其全球霸权统治的坚定维护，他们认为新兴大国势必会挑战守成大国，中国实力的不断增强必定挤压他们的生存空间，争夺他们自身的发展利益。西方国家预设了"中国崛起""中国威胁"的对抗逻辑，认为中国的复兴会以牺牲别国利益为代价、会阻滞别国发展之路、会抢占别国的发展空间与地位。由此，人类命运共同体也被他们解读为中国在

1　参见李君如：《人类命运共同体：中国人的世界梦》，人民日报出版社，2020，第228页。

新时代寻求国际霸权的手段，成为他们污蔑和攻击中国是"异质国家"的工具，进而将其标榜为所谓21世纪的"殖民主义"，甚至打上了各国必须警惕的"新修昔底德陷阱"的烙印。发达国家的戒备心理和大肆抹黑，实质是试图将其文明史中早已形成的与资本生产逻辑互为支撑的一些公共价值原则和道德律例充当为普世价值，否认人类命运共同体作为全人类共同发展的思想产物，很大程度上削弱了人类命运共同体在国际社会的认同基础，阻碍了中国方案和中国智慧在全球化进程中的基本利益诉求和话语权力。因而，在传播人类命运共同体时必须重点阐释"四不"特征——不触动各方既得利益、不争夺发展主导权、不挑战国家主权、不建立"势力范围"：人类命运共同体超越国家主义，寻求各国利益合作的最佳契合点和最大公约数，奉行正确的义利观，打造的是"开放、包容、普惠、平衡、共赢"[1]的利益共同体，既不触动各方既得利益，也不争夺发展主导权；同时人类命运共同体抛弃"霸权主义"，奉行以尊重和承认各国独立主权为基础的新国际权力观，打造"对话不对抗、结伴不结盟"的政治共同体，既不挑战国家主权，也不建立"势力范围"。针对发达国家的无端误解和价值偏见，重点阐释人类命运共同体的"四不"特征，既有利于打消猜忌戒备心理，真正顺应一国经济利益的增长以及国际战略的落实离不开多方合作的时代趋势，也能够显露人类命运共同体思想立足于现实的共同人性、厚植人类共同价值需求所具有的实践思维意义，击碎"国强必霸"的惯性思维，揭穿"中国威胁论"的虚假性。

人类命运共同体思想在不同国家、地区的认同感和共识度存在差异，相应要求实现创新宣传策略以推动形成针对性的话语凝聚认同上的共识。不同于西方发达国家，不少发展中国家对人类命运共同体喜闻乐见，是推进人类命运共同体在发展中国家稳步构建的助推器，但部分发展中国家及其民众存在观望的

---

1 习近平：《决胜全面建成小康社会　夺取新时代中国特色社会主义伟大胜利——在中国共产党第十九次全国代表大会上的报告》，人民出版社，2017，第59页。

心理状态。一方面，周边邻国对人类命运共同体是否具有霸权性仍存有质疑，对是否决定参与构建人类命运共同体道路保持观望。近代以来，西方国家推行的暴力侵略和殖民统治打破了古老东方的和谐安定，影响了亚洲文明的自主发展，以残忍的客观事实在部分邻国的历史记忆中烙上了"国强必霸"的定式思维，再加上受西方国家蓄意鼓吹的"中国威胁论""新殖民主义"等话语的影响，以印度为代表的部分邻国仍在观望人类命运共同体是否具有霸权性。另一方面，部分发展中国家对中国经济以及人类命运共同体思想是否具有长期延续性与稳定性保持疑虑。相对于老牌发达国家数百年的资本积累，新中国经济的快速发展得益于改革开放征途的开启，而这一持续40多年的发展水平能否"乘风破浪"而一路"高歌猛进"，有些国家存在疑虑，尤其是2008年金融危机对世界经济包括中国经济造成的重大创伤以及甚嚣尘上的"中国崩溃论"更是加重了猜疑心理的情绪，他们"甚至开始猜忌自身对中国经济是否具有过度依赖性，并最终担心它们在其中的机遇与利益"[1]。这部分发展中国家的踌躇心态归根结底是对中国发展道路尤其是经济实力和现实难题存在担忧。故而，要着力强调人类命运共同体在推动经济发展、缩小经济差距、扩大经济总量、改善物质民生等方面的发展前景，突出主体国家发展与全人类共同前进、命运相连的必然要求和根本价值，为观望者注入参与信心。当前诸多发展中国家存在经济发展相对缓慢，人民生活水平较低的普遍问题，而人类命运共同体的重要目标就是要支持发展中国家反对贸易保护主义，"坚定不移发展全球自由贸易和投资，在开放中推动贸易和投资自由化便利化"[2]，打造全新的经济治理体系，转变广大发展中国家被动卷入全球化浪潮为主动融入人类共谋发展前途的世界历史运行轨道，推动发展中国家实现经济持续增长和提高人民幸福生活水平，促使他们在发挥主体力量共同参与的实践中达成共识

---

[1] 陈鑫：《"人类命运共同体"国际传播的困境与出路》，《宁夏社会科学》2018年第5期。

[2] 习近平：《论坚持推动构建人类命运共同体》，中央文献出版社，2018，第406页。

和价值认同。

无论是发达国家的恶意抹黑还是发展中国家的驻足观望，归根到底都是由于国际社会对人类命运共同体缺乏充分的了解与认知，尤其是伴随中国综合国力的增强和在国际社会中整体地位的提升，发达国家立足于私有财产、致力于从利益矛盾与文明冲突入手，营造一种中国发展与世界之间背道而驰的阶级对立假象。在这一现实的国际环境中，发挥宣传思想工作之于达成共识的载体和平台力量，成为实现人类命运共同体在世界范围内的广泛认识和认同的现实基础和必要条件。通过各种交流活动加大宣传力度、实施精准宣传，将人类命运共同体思想和实践取向嵌入世界各国的共同利益和共同价值的认知框架中，展示中国方案的真实面貌与深层内蕴，增信释疑、凝心聚力，推动构建人类命运共同体设想在世界范围内达成深度共识。

（二）厚植战略互信以强化共识

全球化进程中频发的人类危机是利益分歧扩大化的后果，是部分主体国家在谋求自身发展利益时对全人类共同发展诉求的战略误判；而构建人类命运共同体则倡导建立起以人类共同利益为基础、不挑战他国利益底线为前提的战略互信。"战略互信"在词源上由战略和互信组成，其中战略是定位，互信是实质，其最终落脚点在于管控利益分歧、化解其衍生争端，实现相互尊重与合作共赢。有学者认为，"战略互信是国家和国家之间或国家与国际组织等主要非国家行为体间为了减少因彼此战略意图、战略能力和重要行为产生的错误判断，降低双方在重大利益上的冲突风险，而在双边关系关键领域采取的共同持久努力以及由此形成的关于对方的积极预期"[1]。战略互信追求的是心理归属以及理性自觉层级，强调在相互承认与心理趋同的基础上建立一种彼此信任关系，即

---

1 刘庆：《"战略互信"概念辨析》，《国际论坛》2008 年第 1 期。

凝聚双方或多方力量共同参与建设，为世界发展注入创新活力、营造良好合作环境，进而提升合作质量和整体利益发展的信任关系，且这种彼此信任关系具有全局性、根本性和长远性的战略意义。

作为一种"积极预期"，战略互信是维持良好国际关系的黏合剂，也是国家之间互利合作的基础。但当今国际社会"猜疑和误解比比皆是，培育信任是一个充满挫折、需要善意和坚韧的过程。尤其是大国之间，信任往往是稀有产品"[1]。人类命运共同体究其根本就是在寻求一种合作共赢的共生关系，这一目标的实现需要在全球范围内培育和建立战略互信，促使国与国之间在彼此信任的基础上做出各种战略上的正向研判。国家或国际战略互信涉及主体间性的关系问题，与主体国家的心理、利益和制度密切相关，因此，心理、利益、制度构成了如何厚植人类命运共同体战略互信问题的三个关键向度。

第一，相互强化的心理态度是战略互信生发的根基，这一向度强调的是各国领导人要有建立构建人类命运共同体战略互信的强烈意愿和信任心理。在相互理解与认同的基础上，达成构建人类命运共同体的同一情感，发挥信任心理在突破传播过程与认同结果中的认知障碍和共识困境的作用。在国际社会秩序和全球治理的层面上，对不同主体国家的认知和信任欠缺进行有效的心理甄别，理清不同国家的认知差异与参与主体之间的互馈关系，进而倡导各文明主体在全球一体化中互构正向的积极心态，在人类命运共同体的构建主体之间形成信任心理，各构建参与国及其政府相向而动，形成持之以恒的共同意志，相信各种具体构建行为符合自己的意愿。在建立战略互信的实践层面上，发挥信任心理在促进不同国家对人类命运共同体思想认知过程中的积极作用，促使他们秉持认知过程合规律性与预期效果合目的性的统一自洽，进而以开放心态开展互助合作，扩大合作领域，深化合作空间。而当国家政治领袖的脚步迈向人

1　朱立群：《信任与国家间的合作问题——兼论当前的中美关系》，《世界经济与政治》2003 年第 1 期。

类命运共同体，形成情感互通与心理认同时，将对培育人类命运共同体战略互信有着重大影响。"在伟大领袖们的脚步声中，我们可以听到历史的滚滚雷声。"[1] 这一"历史的滚滚雷声"不仅会在国内产生影响，也可能响彻在国家与国际事务之中。各国领导人如果缺乏作为基础性合作的精神状态，难以催生共同性的立场和意识，不可能真正生成人类命运共同体战略互信在全球范围时间化和空间化的实践域和发生场。

第二，合作共赢的利益共享是战略互信深化的中介，这一向度强调的是从相互强化的心理态度延伸至深层级心理归属的工具性效用。现实利益问题往往是最具关键性的因素，人们"在日常生活中产生出来的东西都处于日常生活利益的影响之下"[2]，各国对构建人类命运共同体能关注到什么程度、究竟怀有多大热情，往往取决于彼此战略利益的评估及实现之中。在全球化的推进过程和人类的现代生活世界中，具有现代社会特征的利益互惠和功能依赖成为战略互信的主要形式，能否处理好各国利益尤其是核心利益问题决定了战略互信建立的成败以及其发展的限度，实现各国在全球范围的利益集合成为深化人类命运共同体战略互信关系的核心内容。随着全球生产力的发展与世界市场的拓延，日益深化与推进的全球化历史进程使得各国关系空前紧密，为利益交集的空间化提供了实践场域，也成为国家间建立人类命运共同体战略互信的必要条件。在构建人类命运共同体上，中国一再强调始终坚定不移地走和平发展道路，奉行和平共处五项基本原则，中国绝不称霸，也绝不威胁和恶意损害任何国家的正当利益。国际社会信任的建立不是基于某个国家或特权组织的主观愿望，而是在借鉴以往历史的发展经验与人类共同的利益联结和价值追求上趋向互信合作的实践关系。如果各国都能以"绝对收益"与非"零和博弈"为主要目标，必定能凝聚共时态的正向价值研判，从而形成构建人类命运共同体的战略互

---

1 [美] 理查德·尼克松：《领袖们》，施燕华、洪雪因、黄钟青等译，海南出版社，2012，第1页。

2 洪汉鼎：《理解与解释——诠释学经典文选》，东方出版社，2001，第95页。

信，反之则会缺乏战略互信，[1]从而陷入人类共同利益之间理论原则与现实实践的双向耦合困境。

第三，长期有效的制度安排是战略互信增强的抓手，这一向度强调的是建立有效的合作机制为进一步维护和增强战略互信提供制度保障，推使国际关系制度化、规范化，促使国家承诺更具可信度[2]。拓展合作空间，建立全方位、多领域、多层次的合作机制需要遵循从点到线再到面的发展路径，要破除约束战略融合、建构互信的体制壁垒，以及创新多维度合作实践的制度模式，注重加强不同组织形式和领域业态的有效管理，促进各种合作组织和创新实践协调运行，为激发信任实践提供创新动能。目前在"一带一路"倡议下各种双边和多边对外合作机制逐渐健全，基本形成了覆盖亚、欧、非的合作格局。接下来，还应以上海合作组织为关键点，完善上海合作组织与欧亚经济联盟、东亚峰会、东盟以及亚洲相互协作与信任措施会议等跨区域的合作机制；以澜湄合作机制为着力点，加强澜湄合作机制与东盟、大湄公河次区域经济合作、湄公河委员会等机制的区域内合作；以亚投行为经济生长点，加强亚投行与亚开行、世界银行等机制在金融领域内的合作；以"16+1合作"机制为抓手，加强"16+1合作"机制与欧盟的合作及其制度完善；以中阿合作论坛部长级会议为契机，完善与中阿合作论坛部长级会议与阿盟、海湾阿拉伯国家合作委员会的合作机制；以中非合作论坛为圆点，加强中非合作论坛与非盟的合作机制。[3]

战略互信与价值认同具有内在的同构性，战略互信是认同的产物，是经认同后达成的确信与共识，只有在充分认同的基础上才能建立战略互信。在认同以及相互强化的心态基础上，实现合作共赢的利益共享以及长期有效的制度安

---

1 参见牛新春：《中美战略互信：概念、问题及挑战》，《现代国际关系》2010年第3期。

2 参见刘庆：《"战略互信"概念辨析》，《国际论坛》2018年第1期。

3 参见刘传春、刘宝平：《"一带一路"倡议下的中国对外合作机制建设：进展、问题与对策》，《西安交通大学学报（社会科学版）》2019年第2期。

排，能够推动世界各国在人类命运共同体的建构上做出正向研判并彼此信任，厚植战略互信以强化共识。对于不同国家和文明形态的互动关系而言，在广泛参与构建人类命运共同体的过程中能够形成主观认知与客观实践相契合的共识性信任。

二、分步骤推进人类命运共同体构建

不断扩大人类命运共同体思想的影响力和感召力，推动人类命运共同体思想落地生根、开花结果，需要稳扎稳打、循序渐进地推进构建人类命运共同体。为此，应在做大利益蛋糕、夯实命运共同体的现实基础上，在空间维度上遵循由近及远和由点及面的构建路径。有学者从宏观视角提出了构建人类命运共同体的"三部曲"，即"首先是命运自主，各国走符合自身国情的发展道路；其次是命运与共，互联互通；最后是命运共同体，塑造共同身份——共同使命——共同归宿的三位一体"[1]。笔者认为，我们应该在时间维度上规划不同时期的阶段性目标，并分步骤、有序推进人类命运共同体的构建，秉持客观现实与发展目标相统一的基本原则，运用坚定自信与反思自我相结合的理论方法，坚持思想阐释与实践推进相促进的逻辑要义，从而充分发挥这一具有全局性和世界性视域发展理念的巨大历史进步作用。

（一）协调生产扩大与利益分配的关系

伴随全球化进程的深入展开，如何实现全球生产力的持续发展以及物质利益的正当分配成为时代难题，生产力的不足是造成利益分配格局弊端的根源，而利益分配的不公则制约生产力的发展。在如何实现发展以及如何分配发展成

---

1 王义桅：《人类命运共同体：新型全球化的价值观》，外文出版社，2021，第100页。

果这一世界性问题上，目前依然是西方国家建构的"中心—边缘"[1]关系结构占据主导地位，这一结构体系将世界分为中心和边缘两大区域，中心区域拥有对边缘区域的强势掌控权，呈现出显著的排他性、非正义性和不平等性，其实质是在人类现实生存中设置藩篱，构筑事实上的"主奴关系"，纵容少数国家和利益集团大肆获取全球化成果，以维护发达国家自身垄断地位的利益分红机制。"中心—边缘"体系长期将广大发展中国家置于生产和价值链末端，不但难以弥合经济发展的差距，反而进一步拉大了发达国家与发展中国家之间的发展鸿沟，加剧全球各地区之间的发展失序与落差，带来愈加严重的全球性经济结构紊乱及秩序失衡。

国际分工的深刻改变正在以不可逆的客观趋势影响甚至调整当前世界经济发展格局及其利益分工机制。20 世纪 90 年代以来，伴随社会生产总过程国际化的不断深入，国际分工模式上演了从"产品"走向"要素"的巨变，这一演变直接将参与国际分工的比较优势变为"要素"而不再是"整件"，从而大大提升了那些在价值链特定环节和阶段具有比较优势的国家参与国际分工的范围与能力。不同于传统国际分工模式，生产要素在全球范围的优化配置改变了各国要素资源禀赋的结构状况，这就意味着任何国家的某一个或几个优势环节都是整条生产链的组成部分，国家与国家之间形成相互依赖的共生合作关系，他们"共同决定和改变着全球产出增长能力和红利创造能力，经济全球化红利创造由此具有了'变和博弈'的特征"[2]。国际社会分工的扩大在反映了不同国家之间利益差异的同时也彰显出共同推进生产力发展的趋势，全球要素分工下产生的是开放型经济模式，这一经济模式强烈呼唤利益分配规则的重新调整。在

---

[1] 相对而言，"发达国家"和"不发达国家"的分类更强调国家作为相对独立的个体性以及最终呈现出来的发展结果，而"中心—边缘"这一分类模式更强调各个国家共存于世界的整体性和联系性，但这种整体性和联系性又是以边缘国家依附于中心国家而存在的，侧重描述这种发展结果出现的原因。

[2] 戴翔、张二震：《"人类命运共同体"理念引领下的新时代经济全球化》，《江苏行政学院学报》2018 年第 1 期。

经济全球化日趋复杂和全球现代性问题愈益凸显的情势下，任何国家都难以唯自身利益和社会生产至上而"一枝独秀"，只有各国以更加公平的方式共享创造的利益红利，才能有助于激发双方的产出活力，释放产能绿灯，走上发展的快车道，并由此形成循环往复的正向反馈作用机制，最终有利于做大利益蛋糕以及共享发展利益。

生产力发展与利益分配的协调问题构成全球化深入推进阶段的现实课题，也是构建人类命运共同体必须破解的时代命题。为适应时代发展趋势，构建人类命运共同体必须协调好生产扩大与利益分配的关系，建立广泛而稳定的利益联系，推动形成发展成果共享的利益共同体。"'思想'一旦离开'利益'，就一定会使自己出丑。"[1]利益是人类实践活动的基本动力，"人们奋斗所争取的一切，都同他们的利益相关"[2]。共同利益是构建人类命运共同体的基础，如果不能做大共同利益蛋糕，完善利益分配机制，实现发展成果共享，便很难将人类命运共同体参与主体"拧成一股绳"。但全球经济发展的不均衡性决定了不同主体之间的利益关联互有差异，利益被边缘化的国家和地区极易滋生极端国家主义、民族主义等不利于人类命运共同体构建的逆反思潮，而少数发达国家则极易恪守自身利益优先、保守排他的固定思维，松散的利益联系难以使人类社会结成休戚与共的"攻守联盟"。推动构建人类命运共同体，需要跳出个别民族、国家等单一主体利益的藩篱，超越不同国家尤其是发达国家在全球市场化进程和国际社会秩序中肆意独断的利益观与利益差异格局，遵循人类整体利益至上的思维，站在人类整体利益的角度思考问题，只有以主体国家自身利益发展与人类共同利益相融合的发展实践为基础，才能真正实现全人类利益的合作共享与长远发展。

对如何创造性运用实践平台推动生产扩展、实现合作共赢问题的时代回

---

1 《马克思恩格斯文集》第1卷，人民出版社，2009，第286页。
2 《马克思恩格斯全集》第1卷，人民出版社，1965，第82页。

答，是构建人类命运共同体的实践主题。当前中国着力推进的"一带一路""亚投行"等，都是人类命运共同体整体框架下的重要实践平台与利益调整机制。"一带一路"倡议提出以来，在各方共同努力下经历从无到有、由点到面的建设，取得了举世瞩目的阶段性成果。互联互通的架构布局基本形成，"一带一路"朋友圈遍布五大洲，一大批合作项目落地生根，"一带一路"赢得了国际社会的高度赞誉。与"一带一路"相得益彰的"亚投行"自2016年设立以来，目前成员国已达到100多个，其推进了亚洲以及"一带一路"沿线地区基础设施等的建设，促进了中巴经济走廊、中俄黑河大桥等一批跨境基础设施示范项目的实施。在全球凝心聚力共建人类命运共同体之际，必须深入拓展"一带一路"国际合作新空间，充分发挥"一带一路""亚投行"对资本、人力、管理、技术等生产要素和资源的配置功能，持续释放各参与国的合作潜力，在发达国家和发展中国家之间搭建起经济桥梁，刺激沿线国家经济增长，为人类命运共同体的参与主体带来更多现实利益，让参与民众有更多实实在在的获得感；密切各参与主体之间的经济往来，减轻以至消除利益分歧和利益争端，逐步将由欧美等西方国家主导的"中心—边缘"体系变为"平行网络"体系，变发展的"零和对抗"模式为"合作共赢"模式，始终将发展人类共同利益的主张与符合各国人民根本利益的需要结合起来，推动形成稳定而均衡的利益共同体。

要素分工强烈呼唤国际利益分配关系的变革以及公正合理的世界经济秩序。构建多元主体平等参与，打破"中心—边缘"结构体系，实现去中心化，抹去绝对权威与"主奴"地位差异的人类命运共同体，成为在总揽人类社会高度依存现状的基础上，主动顺应国际分工新潮流，化解社会风险，实现和平与发展时代主题的必然要求。人类命运共同体不是"零和博弈"的战场，国际力量的悬殊及其相互博弈导致利益分配格局的失衡，而新兴国际组织的出场和活动以及新型国家关系规则的整合必定会对既得利益的国家形成冲击并受之抵抗，因而中国的崛起也将被视为威胁。中国在推动实现人类命运共同体和面对诸多"威胁论"中明确划定自身利益的合理范围，调整好维护利益的方式，"增进利益共赢的联动，推动构建和优化全球价值链，扩大各方参与，打造全球增长共赢链"[1]，在扩大生产的同时分好利益蛋糕，将社会生产发展与人民幸福生活密切关联起来，妥善处理生产与分配中的质量、速度和效益之间的内在张力，是人类命运共同体这一世界合奏交响乐的主旋律。

（二）处理好长远目标和阶段性目标的关系

作为一种新型文明观与实践范式，人类命运共同体冲破意识形态藩篱、突破社会制度对立、超越发展水平差异，以关怀现实人的命运及其走向为出发点，致力于建设"持久和平、普遍安全、共同繁荣、开放包容、清洁美丽的世界"[2]，其伟大意义已经超越了人类社会发展史上任何一种共同体类型。站在世界历史的高度，构建人类命运共同体是马克思"真正的共同体"的当代选择，是为最终实现每个人的自由而发展架构的现实通道和关键环节，也是对"建设一个怎样的世界、怎样建设这个世界"这一时代之问的科学回应。从时间维度上看，推动人类命运共同体从"自在"状态走向"自为"状态，必定是一项长期任务，在实现转变的过程中，必然会遭遇发达国家适应与否的质疑与阻挠，而中国则需要对此予以战略性的回应，如何阐释"命运共同体"思想、确立"全球发展伙伴关系"和协作共赢思维面临复杂多变的全球局势，需要经历一个分步骤达成的发展进程，其是长远性和阶段性的辩证统一。当前人类命运共同体的构建尚处于起步阶段，需要进一步丰富人类命运共同体的理论内涵，强化顶层设计，将构建人类命运共同体的整体目标分解为各阶段性目标，厘清各阶段的构建思路、重点难点和构建路径，积极促成参与主体之间达成各种短期的阶

---

1 习近平：《中国发展新起点　全球增长新蓝图——在二十国集团工商峰会开幕式上的主旨演讲》，《人民日报》2016 年 9 月 4 日。

2 习近平：《决胜全面建成小康社会　夺取新时代中国特色社会主义伟大胜利——在中国共产党第十九次全国代表大会上的报告》，人民出版社，2017，第 58—59 页。

段性共同目标。基于发生学的逻辑进路，怎样推进构建人类命运共同体成为发展"真正的共同体"理念的现实旨归，是人类命运共同体"建构性"思维现实生发的路径，至少包含共同体身份的认同、政策措施的制定、国际规则制度的建立以及各国政府的责任实施这几个关键性发展步骤和阶段性目标。

构建人类命运共同体是不同参与主体在世界融合中共同"生活"的辩证过程，关键在于国与国之间、人与人之间的身份认同。在认同的过程中实现角色身份的转化与重构，这是培育人类命运共同体主体的基础性目标。各成员国要从根本上改变自我身份认知，从排他性单个身份认知转向共生性集体身份认知，切实将自身视为人类命运共同体成员，创建属于人类命运共同体的共同身份。在角色身份的正向转化过程中，"自我—他者的界线变得模糊起来，并在交界处产生完全的超越。自我被'归入'他者""把自我和他者合为同一种身份"[1]。当人类命运共同体身份认同得以内化并转为理性化的集体自觉和全球思想时，"一群国家就会认为它们同属于'我们'之列。到那个时候，这个群体的成员之间在涉及整个团队事务的时候就不会再各自寻求自我利益了"[2]。从"类哲学"的视角来看，实现集体身份认同，本质上就是要生成自觉的"类主体"，这就需要创造属于中国的"思想自我"，建立"有理说得出"和"有理说得清"的中国式现代化新道路自主原创话语体系以唤醒人的"类思维"，从而建立民族国家之间的文化认同和权力认同。"国之交在于民相亲"，广大民众是人类命运共同体价值传播的符号译码者和达致身份认同的信息反馈者，加强政府与群众之间的良性互动，推进身份认同的空间延展，承认并达成各国人民之间的价值认同和能力认同，有利于进一步强化共同体意识，为促使主体间的差异性生活方式和矛盾关系达成辩证统一确立现实根基。

能否制定真实有效、互利互惠的政策，将决定参与主体之间是否能够达成

1　[美]亚历山大·温特：《国际政治的社会理论》，秦亚青译，上海人民出版社，2000，第287页。
2　[美]亚历山大·温特：《国际政治的社会理论》，秦亚青译，上海人民出版社，2000，第301页。

相对一致的目标，进而决定人类命运共同体能否真正得到落实。因此，要优化以政策为纽带的利益联合机制，针对合作各方的利益需求找准利益结合点，加快出台促进双方利益增长的经济、军事、文化和外交政策，推动局部及阶段性共同目标的达成。"中国始终坚持维护世界和平、促进共同发展的外交政策宗旨，致力于推动构建人类命运共同体。"[1]人类命运共同体不是单一形态和单一内容的共同体类型，而是涉及国家、国际组织和民众等多元行为主体，拥有实体空间和虚拟空间的双重存在空间，覆盖经济、政治、文化、生态、安全、网络等众多领域的复合型共同体。主体在制定政策措施时要避免"只见树木不见森林"的局部思维，把平面化的深度模式转变为符合人类根本利益诉求和国际社会运行秩序更新需要的公共性价值尺度，为国际社会多维领域的发展方向提供新的理论范式。人类命运共同体各向度之间本就存在相互渗透、相互交织的联动式依存状态，传统安全问题与非传统安全问题"交叉感染"，经济金融问题可能演化为政治社会问题，社会问题又可能演化为极端主义问题，[2]各种捆绑效应和"病灶"转移扩散时有发生。因此，共同体主体在政策制定时树立综合性和联动性思维方式，努力做好各种举措间的相互补充和协调尤为必要。

人类命运共同体思想是马克思主义中国化的理论成果，在完善全球治理体系和更新国际秩序中贡献了独特的理论价值，因而必须依循这一价值理论重新规划全球治理新格局。"秩序是一种均衡状态，而这种均衡状态既可能以自然均衡的形式出现，也可能以创制的方式获得。"[3]设置普遍有效的约束规则，完善信用监督体制，是维持共同体运作长效性、促进共同体行动一致性的制度保障，也是构建人类命运共同体的阶段性目标之一。在当前国际秩序下建立隶属

1 习近平：《高举中国特色社会主义伟大旗帜　为全面建设社会主义现代化国家而团结奋斗——在中国共产党第二十次全国代表大会上的报告》，《人民日报》2022 年 10 月 26 日。

2 参见于洪君：《树立人类命运共同体意识　推动中国与世界良性互动》，《当代世界》2013 年第 12 期。

3 张康之、张乾友：《论复杂社会的秩序》，《学海》2010 年第 1 期。

命运共同体的全球共同规范，一方面必须打破"国家中心主义"逻辑，提高共同体规则覆盖的普遍性及其运行的公正性，避免利益结盟下的规则压制，明确所有成员的行动底线和责任，不允许出现偏离共同体规则的"法外之物"和"特殊个体"。另一方面要对共同体涉及的政治、经济、文化和生态等领域的现有规则制度进行适度调整，整合关联性职权部门，裁剪制度冗余，抑制制度碎片化趋势，以制度的正向联动为共同体的构建释放活力。自觉遵守与评估监督是相伴相随、相得益彰的，完善国际社会信用监督体制，落实对逃避责任的共同体成员的失信惩罚，能够有效保障共同体规则运行的有效性和持久性，避免其变成符号化的存在。人类命运共同体思想内蕴的和平发展价值是其方法论与价值论相统一的唯物史观思想映现，成为应对时代困境和现实矛盾的思想指南。

以长远目标和阶段性目标相统一的视角深入构建人类命运共同体，有赖于各国政府紧密结合国情和世情发展需要的实践展开。"大道至简，实干为要。"[1]无论是前提性的身份认同、关键性的措施制定还是保障性的规则设置，最终都依赖于各国政府的实际行动。作为主要行为主体，各国政府应积极树立担当意识和责任意识，坚持权责均衡原则，平衡好本国责任与世界责任、本国利益与整体利益之间的关系，遵照总体布局和长远目标有节奏地实现构建人类命运共同体的各项目标。面对全球性问题，世界各国应当联合行动，分清轻重缓急，展开针对性的标本兼治举措。中国政府紧紧围绕如何实现关乎人类命运的共同诉求而坚定维护国家主权和安全等发展利益，推动实现世界和平与共同繁荣，正如习总书记所指出的："我们要加强在重大国际问题以及地区热点上的协调沟通，共同行动，推动热点问题的政治解决，携手应对自然灾害、气候变化、传染病疫情、恐怖主义等全球性问题。既要联合发声，倡导国际社会加大投入，也要采取务实行动，推动解决实际问题，注重标本兼治、综合施策，从根

---

1 《习近平谈治国理政》第二卷，外文出版社，2017，第541页。

源上化解矛盾，为国际社会实现长治久安作出贡献。"[1] 只有当凝聚的意识、综合的措施、完善的规则真正付诸实际行动并产生正面效应，形成联动的良性态势时，社会才能实现持续共赢、健康稳定的发展，人类命运共同体的长远目标才能实现。

人类命运共同体的"建构性"路径是理论构想与特定布局融合互促的实践进路，并非局限于周边共同体或国家之间政治、经济等公共领域，其具有高度的开放性和创造性空间，在长期发展目标的设定中蕴含开展多领域、多层次、多范围深化实践的要求。作为一种极具全局性和世界性的发展目标，人类命运共同体绝不是社会历史进程中的短暂现象，其具有强劲的生命力，这也决定了构建人类命运共同体绝非朝夕之功，其构建过程必定会在人类文明发展史中谱写出一曲长期且艰难的奋斗赞歌，但"我们不能因现实复杂而放弃梦想，不能因理想遥远而放弃追求"[2]。精准把握社会脉搏，坚持秉承人类共同发展价值旨归，通过处理好长远目标和阶段性目标、整体目标和局部目标之间的关系，稳扎稳打、循序渐进地迈出构建人类命运共同体的坚实步伐，是世界各国与世界人民理应承担的历史使命和奏响的时代之声。

（三）统筹"近与远"及"点与面"的关系

构建人类命运共同体的实践路径是中国化与全球化相统一的历史进程，既涉及全球治理方案和国际秩序规范的规定过程，又关乎人类共同价值和话语体系的时代更新，蕴含固有性与自由性、秩序性与否定性辩证统一的空间特征。在空间维度上，构建人类命运共同体要遵循由近及远、由点到面的构建路径，从周边入手，在地理区域上不断外推，逐步向外扩散和辐射，形成从构建周边

---

1 习近平：《坚定信心　共谋发展——在金砖国家领导人第八次会晤大范围会议上的讲话》，《人民日报》2016 年 10 月 17 日。

2 习近平：《决胜全面建成小康社会　夺取新时代中国特色社会主义伟大胜利——在中国共产党第十九次全国代表大会上的报告》，人民出版社，2017，第 58 页。

命运共同体到与广大发展中国家携手构建命运共同体再到与发达国家共建命运共同体的由易到难的纵向路线，既实现空间维度共同体的整合与联动，又达到共同体自身协同发展的内在要求。

周边命运共同体是人类命运共同体构建的首选议项和优先对象，对维护周边地区国家安全、利益稳定发展具有重要意义。地理位置上，中国与周边国家存在共生的地缘关系；历史发展上，中国与周边国家存在大量相似的文化和价值因素，在经济、政治和文化等领域交流频繁，相互之间的共同利益远超过分歧与矛盾，为周边地区国家率先形成共同体意识和实践提供了现实可能。中国与周边国家始终命运与共，相互间的关系状况是彼此兴衰的"晴雨表"，良善互动的周边关系能促进共同发展，而恶化对抗的周边关系则会导致共同衰落。中国对周边国家的"共同体"理念始终围绕共同安全和利益发展的目标相向而行，将维护周边地区和平发展关系作为周边外交的重要目标。习近平总书记曾明确要求："把中国梦同周边各国人民过上美好生活的愿望、同地区发展前景对接起来，让命运共同体意识在周边国家落地生根。"[1]周边国家和地区是人类命运共同体倡议和建设的始发地，周边命运共同体是走向全球人类命运共同体的"奠基石"和"实验田"，同时也是实现"中国梦"和"两个一百年"奋斗目标的战略依托和前提保障。

在周边命运共同体的构建上，中国始终坚持"亲诚惠容"的外交理念，积累了诸多妥善处理区域分歧的有益经验，建立了一些行之有效的区域性合作机制以及分歧化解机制。具体而言，中国构建了与东盟的"合作框架"；建设了"亚洲基础设施投资银行""丝路基金"等主要抓手；提出了"新亚洲安全观"；通过"一带一路"倡议建设了印缅孟经济走廊、中蒙俄经济走廊等；还将丝绸之路经济带建设与周边国家的政策对接，比如与哈萨克斯坦的"光明之路"对

1《习近平谈治国理政》第一卷，外文出版社，2018，第299页。

接、与土库曼斯坦的"强盛幸福时代"对接、与斯里兰卡的"马欣达愿景"对接、与蒙古的"草原之路"对接等,[1] 深度挖掘了推动周边命运共同体构建的新动力,释放了周边地区经济社会发展的新潜能。中国在亚洲具有较强的区域影响力和号召力,并且在处理周边外交事务中发挥着积极的引导力量,争取维护周边地区长期发展的历史机遇,因此周边命运共同体的构建难度较小,易于产出重大阶段性成果。中国同周边国家构建命运共同体蹄疾步稳,如作为人类命运共同体构建典范的"中巴命运共同体",山水相连的友好邻邦的"中越命运共同体",牢不可破的"中老命运共同体",高度互信的好朋友、肝胆相照的好伙伴的"中柬命运共同体"等周边国家共同体正在如火如荼展开,"中国—东盟命运共同体"等周边区域共同体也在积极建设中。中国的周边共同体理念一定程度上能够破除西方发达国家对中国与周边国家的分离策略,为人类命运共同体的全球性推广提供范式。但构建周边命运共同体不是同步呈现的统一格局,而是一个循序渐进的长期过程,在数代人的持续奋斗和不懈推进中,终将建成中国与周边国家共谋发展的"系统工程"。接下来我国将在周边命运共同体的建构与巩固中继续发挥"中轴"作用,在经济上积极探索区域合作新架构,建立开放型经济格局,扩展亚洲经济发展共同空间,推动实现周边国家经济一体化;在安全上抛弃冷战思维,加强安全对话和沟通,建立集体安全机制,推广亚洲安全观,重点加强海洋安全合作;在文化上积极推动亚洲各国间的人文交流,构筑民心相通的交往桥梁,塑造共同的亚洲观念和亚洲意识。

在发展中国家共同体的构建上,中国以构建周边命运共同体为重点和突破口,积极主张与其他地区的发展中国家共建命运共同体,加强"南南合作"。"南南合作"是构建人类命运共同体系统工程中的基础性项目,"中非命运共同体"就是其中的典范和样板。中国与非洲存有相似的历史遭遇与共同的发展任

---

1 参见梁昊光:《人类命运共同体的实践路径》,《人民论坛》2017 年第 28 期。

务，具有共同构建中非命运共同体的深厚感情基础和现实基础。中国注重人类命运共同体"建构性"思维是对发展中国家利益的合理表达，并为广大发展中国家提供了发展经验和治理智慧，给广大发展中国家创造了发展的历史机遇和条件。习近平主席在 2018 年举行的中非合作论坛北京峰会中强调："中国是世界上最大的发展中国家，非洲是发展中国家最集中的大陆，中非早已结成休戚与共的命运共同体。我们愿同非洲人民心往一处想、劲往一处使，共筑更加紧密的中非命运共同体，为推动构建人类命运共同体树立典范。"[1] 近年来，中非坚持"真实亲诚"的正确义利观，基于"一带一路"倡议推行了"中非十大合作计划"，各个项目顺利推进，取得了丰硕的合作成果，呈现出合作内容丰富、合作方式灵活、合作前景光明的显著特征。中国在构建发展中国家命运共同体中坚持合作式"建构性"战略，积极采取措施为其他发展中国家解决现实生存发展问题，在帮扶过程中实现建构路径的扩展。广阔的非洲大陆是构建新型治理体系和革新世界秩序的重要舞台，中非命运共同体的构建能够为全球范围内的"南南合作"以及人类命运共同体构建目标的最终实现贡献中国与非洲人民的共同智慧和力量。[2] 除了中非命运共同体，中阿、中拉等也携手追梦：中阿利益和命运共同体、中拉命运共同体也在逐步推进和建设中。随着构建人类命运共同体以及相关国际组织活动的推展，发展中国家受到的不平等待遇和生存困境越来越受到国际社会的关注。通过谴责发达国家对发展中国家的剥削实质、揭示国家秩序中的不合理、不公正因素，表明资本在当今全球化体系中不断扩张的逻辑依然活跃并从发展中国家中榨取剩余价值。中国推动发展中国家命运共同体的构建能够削弱发达国家对发展中国家合法权益的侵占与剥削，维持发展中经济社会的稳定健康发展。

1　习近平：《携手共命运　同心促发展——在 2018 年中非合作论坛北京峰会开幕式上的主旨讲话》，《人民日报》2018 年 9 月 4 日。

2　参见黄昭宇：《中非命运共同体建设进入新阶段》，《现代国际关系》2018 年第 8 期。

相对于周边国家以及广大发展中国家，中国与欧洲大部分发达国家在历史渊源与现实发展道路上截然不同，呈现为两大风格迥异的文明类型，这使得中欧命运共同体的构建难度增大。但全球化时代下，世界性生产的一体化以及各种力量的结构性重组，为中欧关系的转型提供了交集和机遇。"一带一路"倡议东起中国西接欧洲，为中欧铺筑了一条横贯东西、共谋发展的桥梁。在中欧命运共同体的构建上，中国提倡"一带一路"国际合作就是要实现"五通"——"政策沟通、设施联通、贸易畅通、资金融通、民心相通"[1]。"五通"不是简单的物理空间连通，而是意味着"通"的内在共同性和关联性，表征中欧之间聚焦共同利益、坚持优势互补、创造共同财富的内在相关性。"一带一路"倡议已经引领了中欧寻求合作、发展、创新的潮流，开启了中欧共同发展的引擎。"'一带一路'倡议，超越了亨廷顿的文明冲突论中的中心主义思维路径依赖，以共建共享共荣的原则处理不同文明之间多样化关系，摒弃主观妄想与狂想的偏见思维模式，质别于西方霸权主义极端的政治输出理念，过滤掉价值观念的有色渗透，'一带一路'参与国根据自身文明与文化禀赋实际情况，结合本国发展的现实性需求，取长补短，扬长避短，共发展同进步。"[2]2013年习近平主席访问德法和欧盟时，提出要构建中欧"和平、增长、改革、文明"四大伙伴关系，有效改变了中欧的对话方式，促进了中欧在全球层面的积极互动，为中欧命运共同体的构建营造了良好的氛围。在中欧命运共同体的构建路径中，中国必须秉持大国外交准则和对外话语方略，向欧洲国家展示人类命运共同体鲜明的中国底色和实践力量。面对新一轮科技革命的发展契机，中欧只有排除差异性干扰、寻求共同性利益、彼此结成命运共同体才能更好地满足各国人民对美好生活的向往和追求。

---

1 习近平：《决胜全面建成小康社会　夺取新时代中国特色社会主义伟大胜利——在中国共产党第十九次全国代表大会上的报告》，人民出版社，2017，第60页。

2 邵发军：《推动构建人类命运共同体的理论内涵与实践路径研究》，人民出版社，2021，第154页。

在构建中欧、中非、中美、亚欧等多层次的命运共同体的整体规划下，应当以构建周边命运共同体为重点和突破口，再转向难度相对较大的亚非、亚欧等命运共同体的构建，逐渐打通各区域、各层次共同体之间的沟通壁垒，最终形成涵盖全人类的命运共同体。构建不同区域和范围的命运共同体并不是机械地、程序化地展开，而是要密切关注现实问题和发展需要以保持人类命运共同体构建理念与现实实践之间的张力，既尊重各国各地区发展实情的差异，又遵循共同命运的原则，实现世界人民福祉的整体增进和各方利益的最大公约数。

三、完善国际机制与促动国际关系良序发展

人类命运共同体的构建是一项涉及多元角色主体的国际性事务与实践过程，国家和国际组织在这一过程中分别承担不同的角色和责任。国际关系随着人类历史的演变而不断变更，反映出各国在参与国际事务中由于全球交往模式、利益分配格局的变化而不断调整应对策略与实践路向，尤其是主权国家愈来愈意识到在国际组织中寻求代表性与话语权的重要地位。在人类命运共同体的国际组织实践中，要处理好国际机制的"破"与"立"的问题，提升创新国际组织规则的能力，完善组织机构和运行机制，为构建人类命运共同体奠定扎实的组织保障和制度保障；在人类命运共同体的主权国家实践中，要处理好国家之间关系结构的"显"与"隐"的问题，以制度性与话语权等公共产品促进良好国际关系的建构，致力于构建大国引领下的新型国际关系，按照能力差异承担相应治理责任，形成一种"共同但有区别的责任"共同体。

（一）完善组织机构和运行机制

从起源上看，国际组织是与主权国家相伴而生的，主权国家一经产生，相互之间利益矛盾协调的需要成为国际组织产生的原动力。不同于主权国家，国

际组织关注全球性宏观事务，其主要通过发挥协商和调节功能以实现国际社会的稳定发展与推进人类文明演进的"善治"。国际组织本质上是国家之间达成协议实现合作以控制和消除威胁人类社会健康发展的共同隐忧，其对国家的行为主权具有一定的约束性和限制性，而这一权限来源于国与国共同约定的在部分程度上和部分领域内国家主权的有限让渡。例如，世界贸易组织对发生于成员国之间的贸易争端的管辖权，欧盟各成员国对自身货币主权的放弃等，都是国家让渡部分经济主权以维持国际组织效能性的充分表征。正如有学者明确指出的："国际组织是以管理单个主权国家所不能及的公共问题为己任的，它的存在本身反映了主权妥协的事实，即国家把曾经包揽而现在无力管理的事务逐步地转让或让渡到集体的、共同协商的国际组织手里……在许多特定问题领域的决策、声明和立法上会对国家主权的行使构成外在的规范限制。"[1]因此，国家主权的让渡限度与国际组织效能性发挥的程度之间的平衡关系就成为一个必要的考量事项。但无论两者之间的变量结果如何，国际组织和国家主权之间决不是非此即彼的对立关系，因为国际组织在根本上秉持了促进世界整体稳定的共生发展观，包括改善主权国家之间的共生关系、改良国际社会的共生秩序以及优化全球化推进的共生结构等内容。伴随全球化进程的不断推展，两者之间越来越交织成相互作用、相互影响、相互制约的统一体：主权国家的国际行为受制于国际组织，但国际组织的作用也取决于主权国家的执行力度，两者并非"零和博弈"而是双赢的共生关系。共同推进人类社会的稳定发展，是两者在全球意识不断增强的时代中的显著标识。

构建人类命运共同体是关乎全人类共生发展的理论课题，是一项需要多个国家共同参与、相互协作的国际性实践工程，必然与共生发展结构中的主体性、价值性和发展观等问题密切相关。人类命运共同体的"建构性"路径所依

---

1 苏长和：《非国家行为体与当代国际政治》，《欧洲》1998 年第 1 期。

附的载体——国际组织必须遵照相应的运行机制对各参与主体的行动进行组织、沟通和协调，以其共享性和包容性促进国际合作，这也是人类命运共同体构建的广阔平台。在各种国际组织中，"《联合国宪章》是人类命运共同体的基石"[1]，人类命运共同体所蕴含的共同价值理念是对《宪章》宗旨和原则的传承和创新。因此，发挥联合国在国际性事务中的核心作用和主导地位成为完善国际组织的前提，在此基础上才能确保联合国的各项决议有效施行，将联合国长期积累的全球治理成功经验运用到人类命运共同体的构建上，统一协调各国行动以避免陷入无组织、无秩序状态。欧盟、亚太经合组织、东盟、非盟、上海合作组织、金砖国家等区域性国际组织，以及相继建立的亚洲基础设施投资银行、国家国际发展合作署等新兴组织机构，也有效推动了"一带一路"倡议和人类命运共同体的理念传播和构建实践，维护了区域性地带的和平与发展。非政府国际组织虽然对主权国家的制约性和限制性非常有限，但也发挥着不可忽视的作用。其一，非政府国际组织以灵活多样的方式为国际社会提供大量信息，为国际交流提供多种发展契机，丰富了人类社会活动领域，扩宽了人类命运共同体的建构路径；其二，非政府国际组织凭借跨国网络信息平台和基础性联通对话优势，能够协助政府组织落实构建人类命运共同体的相关决策，将建设命运共同体的种子撒向民间、撒向大众。有学者认为，非政府国际组织是连接政府间国际组织和民众的桥梁，[2]而非政府组织在促进命运共同体实践中的作用需要建立广泛统一的国际战线与完善的制度予以保障和维护。

国际组织着眼于功能性合作，其发展本身就体现了人类命运共同体意识的不断增强。随着世界整体化以及全球交往的不断加深，国际组织在推进人类命运共同体实践方面的角色地位将进一步提升。但当前国际组织及其运行机制也存在不少问题，需要不断完善。总体来看，国际组织在推进人类命运共同体构

1　张贵洪：《联合国与人类命运共同体》，《当代世界与社会主义》2018 年第 1 期。

2　参见孙海泳：《境外非政府组织因素对中国外交的影响及其应对》，《国际展望》2018 年第 1 期。

建中呈现出参与程度参差不齐、方式多元无序、进度协调不够、效率普遍偏低等问题。在复杂的国际关系结构中，合作共赢是"显性"常态，但也存在不同组织间的差异性力量比权量力的"隐性"特征。从西方发达国家推行的国际组织和维持的国际关系角度看，无论是政治、伦理、生态还是意识形态等领域中形成的世界交往和国际关系形式都不重视历史的客观性，一切交往行为都指向少数国家的囊中利益。中国在推动构建人类命运共同体时需要遵循"突出重点、主次分明"的原则，有针对性地调整对外策略，在合作基础上采取针锋相对的战略措施，通过提供制度性的国际公共产品扩大中国的国际话语权，对态度明朗和行动积极的国际组织，应当明确责任部门，实时跟踪合作动态，设置对接理念，改进合作方案；对仍在观望或实质进展缓慢的国际组织，适时顺势推介"一带一路"等各项倡议及其发展成果，加大引导力度，通过展示项目成果发挥榜样示范作用形成督促与联动效应。为了解决构建进度错位问题，实现区域协调共建以及海陆并进构建，急需适当培育一些新的海上国际组织，促使国际组织的地区分布和海陆分布趋于均匀；[1] 注重把握国际组织和运行机制制定环节中生成的问题和现实规律，防止把战略措施理论化和把理论视为战略措施的双重失当做法。

影响和制约国际组织功能发挥的因素多种多样，除了人类命运共同体多维度、多领域构建本身的难度以及国际社会的无政府状态等，国际组织本身的运行机制以及国际制度的合理性问题也是急需关注的重要原因，只有合理有效的运行机制和国际制度才能为人类命运共同体的落实提供交往规范和实践路径。构建人类命运共同体不仅需要成立和完善由多主体参与的实体组织，明确组织的原则、目标和阶段性任务，同时也要配套建立组织章程和内部制度，配备相应的人员、场地和物资，完善组织成员之间的沟通、协调和联动机制；建立施

---

1 参见王维伟：《国际组织对"一带一路"建设的参与》，《现代国际关系》2017年第5期。

加压力与促进和谈并行的处置机制、对话协商机制、文化交流机制和利益协调机制，积极促进构建兼具制度规范力、道德约束力的全球交往关系体系与国际秩序。

国际组织的产生源自人类对和平与发展的追求，是各国人民参与全球治理的重要渠道。国际组织与主权国家的关系问题是国际社会发展不容忽视的课题，国际组织的成立意味着主权国家之间的交流实践愈加组织化、有序化，而主权国家的权义观则塑造着国际组织机制的运行取向，影响全球治理体系的变革趋势。面对现代性问题不断涌现的境况，人类命运共同体的各参与主体需要积极探讨国际组织健康发展与全球善治的良性互动关系，进一步发展与完善国际组织及其运行机制，将人类命运共同体思想的时代性构建逐渐落实到国际组织和国际制度的实际运行中，在完善国际组织和机制运行中将传统大国"零和博弈"的发展思维转变为共同合作的共赢范式，既增进不同主权国家的权益，又关注国际社会权力配置及其和解的现实问题，从而为人类社会的美好未来奠定坚实的组织保障和制度保障。

（二）着力构建大国引领的新型国际关系

勇于承担共同责任是构建命运共同体的重要保障。人类命运共同体的各参与主体应当基于共同需要，按照各自能力分别承担相应的治理责任。部分大国因具有经济、文化、外交等诸多方面的优势，应当在全球事务中主动承担更大的责任，发挥牵引作用。美国、俄罗斯、日本、欧盟等世界主要大国和政治联盟具有强大的政治经济能量，理应在构建人类命运共同体的实践中发挥举足轻重的作用，承担更为迫切、重大的责任。然而，国际社会中共同责任意识的构建面临种种困境：多元主体利益关系的困境、民主正义价值共识的困境以及规则机制的困境等，诸多困境归根究底是有些发达资本主义国家处于严重缺位状态，缺乏共同治理的责任担当所造成的。有学者明确指出，人类命运共同体的提出实现了对传统西方国际关系理论的三大超越：一是从国际到人类，以整体之"合"超越时空之"分"；二是从关系到共同体，超越"自我—他者"的西方思维，也超越"由己及人""由近及远"的中国古代天下思想；三是从理论到理念，近代西方理论从君权神授到天赋人权、社会契约，到罗尔斯正义论、哈贝马斯的交往理论后就难以超越；人类命运共同体激活的是东西方文明轴心时代的利他主义，并上升到普遍的利他主义高度。[1] 构建人类命运共同体的实践努力祛除"西方中心论"的霸权性思维，促使以往各国在交往中产生相互否定、排斥的思维转向共生、对话的状态，基本扭转发达国家与发展中国家、群体与个体之间的"二元对立"交往结构，倡导构建多样并存的话语中心并突出大国关系对于构建全新国际关系的推动作用。因此，必须着力构建新型国际关系尤其是大国关系，发挥大国的牵引和推动作用，着力推进建立在能力差别之上的责任共担机制，真正建立起"治理—责任"共同体。

新型国际关系是一条超越旧国际关系的交往新路，是中国对国际关系新模式的积极探索，具有全新的内涵体系。[2] 具体而言，第一，相互尊重是新型国际关系的逻辑起点。从根本上破解强权政治逻辑，坚持国家不分大小、强弱、贫富一律主权平等，不因制度、宗教、文明的差异而包容互鉴，尊重各国选择发展道路的自主权利，反对恃强凌弱，以大欺小，这是国际关系民主化的出发点，也是各国平等交往和良性互动的前提。第二，公平正义是新型国际关系的伦理价值，是国际关系合理化与法治化的行为准则。"公平"之要是"公心"，构建新型国际关系必须要确保责任主体的广泛性，全球化发展中契机与危机并存，人类命运共同体的实践经验表明，只有超越个体国家和民族狭隘的利益

---

1 参见王义桅：《人类命运共同体：新型全球化的价值观》，外文出版社，2021，第38—39页。

2 关于新型国际关系的内涵与特征，学界进行了详细且深入的阐释。尽管学者们论述的视角有所不同，但"相互尊重""公平正义""合作共赢"是其公认的构建新型国际关系不可或缺的三大基本内容（参见郭树勇：《新型国际关系：世界秩序重构的中国方案》，《红旗文稿》2018年第4期；刘建飞：《新型国际关系基本特征初探》，《国际问题研究》2018年第2期）。

圈，才能正确处理国家发展的自由程度与承担责任之间的对等关系，同时明确资源禀赋和发展水平各异的国家享有平等的发展权利与机会，缩小南南之间、南北之间的发展差距，推动全球化均衡发展；"正义"之要是正确的义利观，人类命运共同体思想寻求多种话语的包容互鉴和多重规则的共同遵守，为塑造新型国际关系提供正义性的价值判断与行为标尺，能够最大程度对多重价值和语境进行理性审视并有序实施。在"命运共同体"正义价值的主导下，建立新型国际关系需要超越纯粹的物质主义取向和"弱肉强食"的丛林法则，辩证把握"道义"与"功利"的关系，主张"达则兼济天下"，将增进自身利益与为其他国家提供与分享发展机遇统一起来，实现强弱守望相助、贫富共同发展。[1]

第三，合作共赢是新型国际关系的核心理念，也是国际交往新模式的主题和主旋律。在相当长的时期内，国家之间交往的主题是竞争甚至是恶性竞争，合作从属于竞争并时常导致对抗和冲突。从国际关系模式的转型与创新角度看，中国的国际交往和参与行为诞生于对当代世界历史规律的认识与中国特色社会主义外交实践的结合，旨在彻底清除冷战思维的余绪与西方传统的"零和博弈"关系定式，表达了对国际互动、合作模式的全新探索。新型国际关系就是要实现国际关系的转型和质变，重新搭筑"竞合"架构，寻求竞争与合作的正向互动，以合作为主旋律，超越"零和博弈"的旧思维，维持国际合作的可持续性，臻于"美美与共"的国际交往新境界。

新型国际关系的构建离不开新型大国关系的构建，能否切实运筹好大国关系，搭建总体稳定、均衡发展的大国关系框架，直接影响到新型国际关系以及人类命运共同体的构建。构建人类命运共同体强调尊重主权国家在国际社会中坚持自身发展道路、维护特殊利益观念与话语权力的平等地位，推动以占取私利和抢占权力为主要目的的关系模式转向有效沟通、合作共赢的互动方式。在

1　参见宋效峰：《新型国际关系：内涵、路径与范式》，《新疆社会科学》2019 年第 2 期。

国际关系上，中国一向高度重视中美、中俄、中欧等大国关系的发展。

第一，主动塑造中美关系走向。中美关系是全球关注的热点问题，两国关系的走向直接关涉人类命运共同体的发展前景。中国和美国既是全球两个最大的经济体时刻影响着世界经济发展动向，又作为社会主义和资本主义的典型代表而成为国际政治的关注焦点，两者的关系关涉国际关系的发展与塑造，也是人类命运共同体构建的"双刃剑"。如果中美关系陷入对抗状态，构建人类命运共同体将遭受重重阻力，如果"中美两国合作好了，就可以做世界稳定的压舱石、世界和平的助推器"[1]，成为人类命运共同体的重要推动力。面对中美关系格局，中国始终强调"一个中国"的主权原则，坚持命运共同体的理念，以"不冲突不对抗、相互尊重、合作共赢"为内容主动塑造中美关系走向，转变传统大国对抗或结盟的发展思维与现象，尊重彼此核心利益和重大关切，加强在地区和全球问题上的沟通，妥善处理各种敏感问题，避免陷入"冷战陷阱"，积极推进两国关系的稳定健康发展，为构建新型国际关系率先垂范。

第二，深化中俄全面战略协作伙伴关系。俄罗斯是中国周边最大邻国，中俄关系是国际关系中最稳定的因素，也是新型大国关系的样板和典范。当前，中俄共建命运共同体的战略互信根基稳固，各项决策和项目顺利落实，双方不断提升人类命运共同体构建的战略协调与务实合作，坚定支持对方发展复兴、维护核心利益、自主选择发展道路和社会政治制度的各项权利。[2]中俄相互倚重、共抗强权的合作方式为维护双方自主发展道路和核心利益关切提供重要支撑，在 2019 年中俄建交 70 周年之际，双方还共同签署了《中华人民共和国和俄罗斯联邦关于发展新时代全面战略协作伙伴关系的联合声明》，这标志两国关系进一步提质升级，开启了在更高水平和更大程度上共同构建人类命运共同体的新时代。中俄大国关系的发展奠定了中国与周边其他国家改善关系和友好

1 《习近平谈治国理政》第一卷，外文出版社，2018，第 279 页。
2 参见左凤荣：《大国关系良性互动与新型国际关系构建》，《当代世界》2019 年第 10 期。

合作的主基调。

第三，加强中欧高水平合作。欧盟是当今世界最重要的政治联盟，中国积极培育中欧合作增长点，多方拓展中欧合作新空间，共同打造中欧和平、增长、改革、文明四座桥梁，提升中欧全面战略伙伴关系的全球影响力。随着"一带一路"倡议和人类命运共同体构建进程的拓展，中欧高水平合作的动力也不断增强。2019 年 3 月，中意双方签署了共建"一带一路"合作谅解备忘录，意大利成为第一个与中国签署此类文件的西方大国；同年 3 月，法国总统马克龙指出，"法方关注并重视'一带一路'倡议……愿同中方进一步密切战略沟通与协作，发挥法中全面战略伙伴关系的引领作用，共同维护多边主义，促进世界和平与繁荣"[1]；同年 9 月，德国总理默克尔访华时表示将进一步加大对华投资，不断扩展双边关系等。中国一贯支持欧洲一体化建设，并期待欧盟作为一支独立的力量在人类命运共同体构建上发挥积极作用。

构建新型大国关系是打造人类命运共同体的重要抓手，也是人类命运共同体建设的重要内容。构建人类命运共同体的各参与主体应当着力构建以相互尊重、合作共赢的伙伴关系为核心的新型大国关系，避免任何民族国家间的意识形态对抗以及对政权合法性的相互猜忌攻击，诉诸对话、合作来解决自身生存和发展问题，进一步密切与大国在国际重要事务上的对话、交流和协商，搭建高层互动、人文交流的多层次合作平台，以重大合作项目为纽带，推动信息、技术、资源的互通共享，推动政治、经济、文化的有机互动；依托大国普遍参与形成的强大政治、经济和文化向心力，推动构建人类命运共同体的思想及其实践成为一种新的时代风尚，注重发挥大国在推动世界各国达成共同利益意识和发展命运上的示范作用，并吸引各层次主体向构建人类命运共同体的浪潮汇聚。

---

1 《习近平会见法国总统马克龙》，《人民日报》2019 年 3 月 26 日。

（三）塑造与传播中国的大国新形象

中国式现代化道路应当如何逐步在历史和现实中掌握大国命运？最为关键的实践指向是塑造与传播中国的大国新形象。国家形象是国际社会通过国家行为、国家宣传、国家担当等对国家认识与评价的抽象表征，是一个国家综合实力的展现。中国作为世界大国的发展之路已然进入稳定期，大国形象成为国家利益的重要组成部分。积极塑造并传播大国新形象，与发达国家进行有效沟通和互促共进，为发展中国家的现代化提供有益经验，成为中国式现代化道路砥砺前行的应然之举。

第一，塑造具有超越性的共存思维。以中国式现代化道路的共存性思维超越多重现代性与有限全球化，展现中国开放包容的大国新形象。中国式现代化新道路的展开和不断完善，需要我们保持原创能力和开放心态。包容性价值取向来源于中华文明的生机与活力，其在不断生发和革新的过程中，更新并推动了中华文明的现代化进程，彰显了中国人民不断开放的文化心理特质。中华优秀传统文化中内蕴的社群、合作和包容观念，突出人的活动与社会生产之间的协调下，在当代社会依然具有重要的启示意义，对于审视由西方主导的文化层面的全球现代化进程具有参考价值，为人类文化探索共存与发展方式提供价值指引。

但中国的崛起遭受了西方资本主义国家的抵制，持续受到此起彼伏的反全球化浪潮的影响。各国对提升发展水平的追求实际上加快了诸多竞争要素在全球范围内的流动，生成了一种主张国家主体个体化和自身实践独特化的多重现代性，既呈现了各国现代化制度的创建过程和文明特性的展现过程，也显示出不同国家在全球化过程中进行自我调适的可能性。然而，当全球性危机爆发时，发达国家试图收回自身国际主权以避免承担大国责任，从而造成全球化发生方向性转变，即逐渐转变为有限的全球化，这一行动无疑会对中国式现代化发展带来冲击和负面影响。

中国唯有着眼于长远，守住核心利益的底线，拉长包容性的半径，才能勾画出更大的同心圆。坚持和发展这种"长远目光"和"包容半径"的原则，要求我们在优化开放的方式中追求更加均衡、稳定的现代化，既要避免过度轻信西方发达国家作出的表面"承诺"，也要避免过于恐惧其"阴谋"的威胁。通过构建自身的哲学社会科学的理论体系为共存性思维方法论提供有效智识，为世界的历史叙事构筑一整套开放包容的新思维范式和表达方式，展现中国的大国担当和理论自信。

第二，提升"让世界读懂中国"的战略高度。在世界话语体系中"让世界读懂中国"，塑造中国文明和谐的大国新形象。百年来，中国共产党领导中国人民成功开创了中国式现代化道路，充分展示了中国自主选择发展道路的正确性和社会主义制度的优越性，彰显了中国崛起与世界发展的关系在大国命运中的关键地位。"中国奇迹"的发生是否表明中国已经或即将步入发达国家的行列？对这一问题的回答不仅事关中国自身崛起的后续走向和现代化道路的未来发展，而且事关国际社会对中国式现代化新道路的效用性和借鉴意义的评价。

中国式现代化道路充分证明：社会主义中国有能力塑造有利于现代化发展的世界秩序和外部环境，有实力化解全球化带来的多元挑战和负面效应，有信心为后发现代化国家创设合理的借鉴范式和发展蓝本。事实上，中国在经济和贸易方面的确实现了稳健的进展，但要在其他领域实现均衡发展仍然面临着诸多复杂挑战。面对发展不平衡不充分的问题，处于现代化新道路上的中国不仅注重物质上的现代化，还强调精神上的现代化；不仅实现了经济持续发展，还始终力图减少发展导致的负面影响，积极提倡"绿水青山就是金山银山"，总体上致力于实现现代化的均衡发展。

中国式现代化道路的全方位、均衡化发展仍需深入，中国的世界影响力要转变为有效的塑造力还需持续探索。对于外部世界而言，国际社会不仅寄希望于中国式现代化新道路对现存世界秩序和获利体系的革新，更期待在与中国的交往中分享更大的利益。西方资本主义国家将中国的崛起视为霸权和威胁，主要由于其在主观认知方面的狭隘心态。但从应对策略上讲，中国人理应更好地讲出"中国故事"，让世界读懂中国的现代化新道路，这也是中国掌握大国命运、通往大国之路必须经受的考验。

中国式现代化道路已经在世界范围内产生了实质性影响，但在话语权意识、话语体系建构上并未取得可与现代化建设成就等量齐观的成果和地位。为了避免借用西方话语来解释自身而导致"中国特色"的神秘化和抽象性，未来必须把"让世界读懂中国"的任务提升到一个战略高度。在了解西方国家主导的话语体系基础上建构中国自身科学的话语体系，与世界大国之间建立起形式多样、内容连续的对话机制。不仅要让世界了解中国式现代化道路的历史经验，还要在对话中将中国经验背后的理论体系和文明观念呈现出来，推动世界读懂中国，展现文明和谐的中国对世界的塑造力。

第三，加强人的观念现代化。在中国式现代化道路中提升人的现代化素养，高扬大格局、宽视野的大国新形象。中国式现代化道路在掌握大国命运的进程中不会一帆风顺。中国坚持走具有自身特色的现代化发展道路，是保障国家安全、实现持续性发展以及维系新型大国关系的必然抉择。中国意识到并致力于在扩大交往和深化对话中，展示中国式现代化道路的真实内涵与价值意蕴。

外部世界对中国式现代化道路的民族成就和世界影响有一定程度的感知与认同，但对其成就和影响的内在依据与必然逻辑并不真正了解。这与西方发达国家在和广大发展中国家交往过程中，往往急于建立自身话语体系，证明自身文明优越的行为密切相关，而这一行为无疑增加了不同话语之间相互调适的成本。大国之间的交往是一个涉及本土社会和本国民众多方主体，需要人们广泛参与、互动与调适的系统工程，这对大国新形象传播主体的素养提出了现代化的要求。外部世界并不会主动依照中国的本土情况修改自身的交往规则和行为意志，其更多是力图否定和阻碍中国的崛起，甚至拒绝相互调适，体现出单方面的不信任和排斥。

要想避免国际社会的外部排挤，中国需要在现代化道路中主动实现最为内核的人的观念现代化，提升作为现代化事业主体的人的现代化水平。中国式现代化道路的持续发展包括经济发展、社会稳定和制度引导三重维度，而可持续的思想解放则是发展和崛起的深层密钥，它是中华文明与中国特色社会主义理论体系深度融合的思想结晶，是中国式现代化道路持续发挥世界影响力的内在支撑。中国应该且必须更有效率、更可持续地解放思想，不断更新和保持社会主体的创造活力，增强人民的国际视野和国际理解意识，勇于理解和包容新的国际规则，在大国关系的处理过程中坚持长期交互交往的耐心，彰显大国胸襟和人类情怀。

中国式现代化道路是历史的必然选择和人民的创新成果，体现了中国对世界现代化普遍规律的深刻把握，彰显了中国式现代化道路自身的特殊意义。从现代化道路的历史进程来看，作为文明古国、文明大国的中国之所以生生不息，同其始终保持自身文明逻辑与发展逻辑休戚相关，大国之间的有效沟通和新型关系的建立对于人类未来社会的建构具有关键性的战略意义。

从中国持续崛起的未来战略上看，中国式现代化道路在文明国家和人类文明新形态的创造中必将承担远大使命，注定要在质疑和困顿中坚持并拓展自己。这不仅是对中国现代化道路百年探索的肯定和接续，也是对全新的人类社会现代化道路的开创与发展。在全球化深入发展的新时代，经济的高质量发展决定了优质的国际交往和精神追求成为必然趋势，顺应趋势的中国式现代化道路必将继续展现创造人类文明新形态的思想穿透力和实践辐射力。

"真正的共同体"以实现人自由发展的人文关怀为价值旨归，人类命运共同体思想倍显追求全人类共同利益和长远利益的人文情怀，且在构建过程中始终遵循人类社会发展的基本规律，顺应人类进步的历史潮流，为人类社会实现共同发展绘制了蓝图、指明了方向，对世界的和平发展具有战略指导意义。中国作为人类命运共同体思想及其建构实践的首倡国，应当在坚定遵循习近平新时代中国特色社会主义思想的前提下，与时俱进、开拓创新、锐意进取，携手其他参与主体将人类命运共同体的各项"建构性"路径落到实处，做到力促增信释疑而达成普遍深度共识、分步骤推进人类命运共同体构建、完善国际机制与促动国际关系良序发展、合理变革国际旧秩序、全力塑造国际新秩序，不断塑造与传播中国的大国新形象，为人类和平与发展的伟大事业奠定坚实基础。

结　语
人类命运共同体的价值超越[1]

推进全球化的历史实践必然要求我们更加深刻地理解和把握全球化的科学内涵、独特性质以及发展趋势。当前学界理解、把握全球化的理论方式主要还是源自西方发达资本主义国家的理论话语，其他区域、国家引介和传播西方理论话语固然在一定程度上有助于推动本地区、本国关于全球化问题的研究，但其本质是由资本概念支撑的抽象统治性表达。在全球性的资本统治实践中，多元丰富的现实世界被瓦解成片面的虚幻世界，具体的人的生命存在被抽象成单向度的存在物。随着各种全球化危机的爆发，西方理论话语日趋明显地暴露出自身的潜藏危机，西方学界也始终未能提出令人信服的全新理论话语来应对全球化的实践困境以指导全球化的历史进程。

任何一种思想的价值只有在与现实的"碰撞"中才能被激活和迸发出来。人类命运共同体思想的生命力和当代意义就在于它处在理论与实践的矛盾结合点上并试图破解这一难题。全球化的实践结果与理论原则相背离的当前状况，使得习近平总书记提出的"人类命运共同体"思想备受全球关注，这一思想不仅彰显其巨大的感召力，而且汇聚全新的价值意蕴。21世纪以来，经济全球化、社会信息化极大解放和发展了社会生产力，也实现了社会生产总过程的全

---

1 参见刘同舫：《人类命运共同体的价值超越》，《光明日报》2017年9月23日。

球化。整个世界市场不再是某些霸权国家的"附属品"和廉价的原料供给地与商品倾销场，而是成长为非单一主体决定的、拥有一定自主性的市场体系，这既为人类的和平与发展创造了前所未有的历史机遇，也带来了前所未有的现实挑战。因此，重视人类命运共同体思想的研究，首先是回答全球化实践问题的需要，即在打造人类命运共同体的过程中把握历史机遇，洞悉全球化发展的根本趋势，化解各种威胁和挑战，推动人类和平与发展进入新的历史阶段。

打造人类命运共同体是一个复杂渐进的历史过程，也是促进世界范围内人类解放所面临的艰巨任务。21 世纪的经济全球化实践需要全新的思想命题，需要理论界进行深度研究并予以回答。马克思的唯物史观，尤其是世界历史理论所揭示人类社会运动的基本规律，为我们考察分析人类命运共同体提供了经典性解释框架。在这个解释框架下，人类命运共同体思想的实质是一种合作共赢的全球治理理念，是对传统全球治理体系的时代性反思和历史性建构，它的价值意蕴体现为对当前资本主义全球化治理在经济、政治、文化三个层面上的超越。

第一，打造人类命运共同体是对资本主义经济全球化道路的历史性超越。资本主义经济全球化是资本逻辑主导世界经济格局的异化史，这必然导致周期性的全球经济危机。2008 年爆发的国际经济金融危机表明，缺乏规范的资本市场难以支撑起世界经济繁荣的大厦，结果出现富者愈富、穷者愈穷的局面，有违资本主义国家自身所宣扬的公平正义之追求。马克思的世界历史理论指出，资本主义生产方式开拓了世界市场，推动了国际分工和交换的发展，使一切国家的生产和消费都具有世界性，但这并不意味着人类的真正解放，而仅仅只是为人类的真正解放创造了前提条件。因为随着人们的活动范围扩展到全球，他们也会越来越受到全球市场力量的支配，美国次贷危机的爆发导致一些边陲角落的企业遭遇破产，资本推动的世界市场运作所造成的全球化危机难以根除，根本摧残人存在本质和生存方式的本真力量。因此，走向真正的人类解放，必须坚持符合社会发展规律的人类共同价值对全球资本市场的规范引导。倡导人类命运共同体在关切人类利益整体发展问题时提出的价值意识，在构建人类命运共同体的历史进程中，必须超越西方国家一元现代化的历史道路，也就是要求命运共同体的成员在交往过程中坚持"合作共赢"的价值原则，在追求本国利益时兼顾他国合理关切，在谋求本国发展中促进各国共同发展，打造兼顾效率和公平的全球经济规范格局，增进人类共同利益。人类命运共同体的构建必将超越资本主义经济全球化的历史过程，形成生活逻辑驾驭资本逻辑的合作发展的国际经济新秩序。对于资本逻辑来说，其本性就是资本的增殖，就是利润至上。这是造成西方资本主义全球化困境的根本所在，所谓"见物（资本）不见人"。对于构建人类命运共同体来说，在当前阶段借助资本推动生产力的发展是必须，但是这种发展不能受缚于资本逻辑，还必须有一种共享发展的逻辑，一种使生活变得更加美好的逻辑。这正是人类命运共同体不同于西方资本主义全球化的地方，它是"见物又见人"的发展思路。

第二，打造人类命运共同体是对全球治理体系霸权化道路的系统性超越。在美国等资本主义国家的主导下，全球治理体系一直朝着霸权主义的方向演变。虽然资本主义生产方式的变化带来了经济全球化，历史性地建构了全球市民社会，确立了符合其特殊利益需要的国际社会交往秩序和全球治理体系，但却没有相应形成民主化、法治化和合理化的全球善治秩序。以具有高度逐利性的资本作为治理全球的主要手段，不仅不可能真正实现世界的和平有序发展，反而会带来全球性的发展危机，如经济危机、环境危机、生态危机和资源危机等。在全球治理视域下，打造人类命运共同体，就必须超越资本逻辑所构筑的不平等的国际秩序，完全摆脱霸权主义道路，一方面坚持多边主义，不搞单边主义，奉行双赢、多赢、共赢的新理念；另一方面坚持民主协商，倡导以对话解决争端、以协商化解分歧，反对结盟对抗。构建人类命运共同体实质上提出了变革国际政治秩序的中国方案，按照这一方案，中国将与其他国家共同营造合作共赢的全球治理模式,利益共享、责任共担,从而形成公平合理的全球性有机公共生活,使个体主体作为全球公共生活中的社会成员在参与全球化发展进程中实现自身能力的全面发展。

第三,打造人类命运共同体是对西方文化中心主义的辩证性超越。文化的多样性本是世界的原生态和常态,也裨益于人类文明的发展。但一直以来的现实是,各种文化中心主义,特别是西方文化中心主义总是有形无形地对其他文化体系进行压制和威胁,使得文化的多样性价值被日益削弱。经济全球化和全球治理的霸权化,使得文化的发展呈现"文化殖民"的不合理状态,作为强势文化的西方文化常常将自身的文化价值观强加于其他国家,并且标榜自己代表了"进步"和"文明",而给对方贴上"落后"和"愚昧"的标签。从辩证法的角度来看,普遍性存在于特殊性之中,共性存在于个性之中,马克思、恩格斯所说的"世界文学"正是由多种"民族和地方的文学"形成的,而"文学"是当时社会意识和思想文化的主要表现形式,揭露了文化多样性对保存人本源性的生存方式和维持人类社会持续进步的动力作用。中国传统文化仍然处于实现创造性转化和创新性发展进程当中,并在此过程中实现本体论维度的转换,即推动中国人民将追求实现自由的历史置于人类命运与共的实践场域中,但中国传统文化的现代转变不同于西方文化从本体论到认识论维度的转变,决定了其在世界范围内的现实文化实践也无需追寻西方文化凝结普世性价值的轨迹。打造人类命运共同体,必须在文化维度上充分关注人类文化多样性的价值,着眼于全人类的文化进步而非个别性的文化进步,反对西方文化中心主义。

以"世界历史的眼光"审视全球化,全球化实质上是"人类世界共同体化"的过程,是各民族的历史发展与资本主义大工业首创的"世界历史"相衔接的过程,也是"狭隘地域性的个人为世界历史性的、真正普遍的个人所代替"的过程。马克思唯物史观的世界历史理论要求我们在考察世界历史时,必须立足于物质生产及其交往活动,也要求我们在构建人类命运共同体的过程中,拥有强劲的历史行动力，以经济的发展带动政治和文化齐头并进，从而历史性地改造和超越资本主义生产方式。人类命运共同体必将在具有现实紧迫性的全球化实践中彰显其深层的价值意蕴。

附　录

附录一
启蒙理性及现代性：马克思的批判性重构 [1]

启蒙理性是一个多维度的现代性课题，它既是崇尚理性权力、重塑理性权威的思想史命题，也是推动现代社会改变生活方式、制度结构和文化形态的历史力量。启蒙理性为近现代社会发展奠定了一套全新的宇宙论、生存论和价值论，开创了崭新的世界秩序，即资本主义世界体系。这种奠定和开创完全是一项现代性的设计，理性与资本的结合在其中扮演着决定性的角色，并逐渐成为"必然性"的代名词，充分显示出人类社会实践重新建构世界秩序以克服机运、摆脱偶然性的欲望与能力。但随着启蒙理性自我解放过程中隐含的自我毁灭因素的凸显以及资本逻辑对启蒙理性自我分裂的推动，启蒙理性逐渐自我逆转、蜕变为现代性矛盾的重要因素，陷入"多重隐忧"之中，引起了灾难性的社会危机，由此导致的反思和批判启蒙理性成为现代人制衡现代性的重要力量。然而，启蒙理性是纠合了资本逻辑和现代性的复杂领域，对启蒙理性的批判不能仅仅停留在自身的领域之内，企图通过调校启蒙理性或者对启蒙理性采取全面否定的方式来解决根本问题是行不通的；而是需要既从内在的思想史视域来加以检审，又从外在的历史社会结构视角来规定和把握。对启蒙理性的批判内含了对资本的批判、对现代性的批判和对极端反启蒙的批判。批判启蒙理性是为

---

1 本文发表在《中国社会科学》2015 年第 2 期。

启蒙理性寻找出路的立足点，马克思主义超越现当代哲学对启蒙理性的批判路径，将对启蒙理性的批判转化为实践批判、社会批判和资本批判，从而能够在肯定现代性的同时克服现代性的缺陷，为以启蒙理性为核心的现代社会向更高形态的发展找寻到努力的方向和可靠的救赎道路。

一、启蒙理性兴起的双重考察

理解世界历史的发生与展开，必须把握"启蒙运动"这一关键性的转折点。西方之所以成为今日的西方，成为在全球化时代被接纳或被拒斥的"西方中心主义"的西方，主要就在于启蒙运动以来的发展。启蒙运动的发展是对既有世界秩序和精神秩序的变革，它既是"生产方式和交换方式的一系列变革的产物"[1]，也是人类价值理念秩序的断裂与重构，并被认为是对人类公开运用理性以摆脱自身不成熟状态过程的标识。在《答复这个问题："什么是启蒙运动？"》一文中，康德就指出："要有勇气运用你自己的理智！这就是启蒙运动的口号。"[2]启蒙哲人坚信，运用不断生成与进步的理性，能够消除种种错误的认识、祛除迷信和无知，使人类获得关于自然、社会和自身的真理性认识，并消除人类社会固有的一切弊病，由此启蒙理性成为衡量世界万事万物的标准。诚如恩格斯所述："在法国为行将到来的革命启发过人们头脑的那些伟大人物，本身都是非常革命的。他们不承认任何外界的权威，不管这种权威是什么样的。宗教、自然观、社会、国家制度，一切都受到了最无情的批判；一切都必须在理性的法庭面前为自己的存在作辩护或者放弃存在的权利。思维着的知性成了衡量一切的唯一尺度。"[3]

---

1 《马克思恩格斯文集》第 2 卷，人民出版社，2009，第 33 页。

2 [德] 康德：《历史理性批判文集》，何兆武译，商务印书馆，1990，第 23 页。

3 《马克思恩格斯文集》第 9 卷，人民出版社，2009，第 19—20 页。

启蒙理性是"与对神的敬畏、对权威的崇拜相对立，与自发的情感、主观的感受相对立的人的明智的判断、独立的思考和自我选择的能力"[1]。这种理性能力表面上是对古希腊理性主义精神的复活，其代表人物也大多是熟稔古代哲学思想的近代理性主义哲学家，如培根、笛卡尔、霍布斯、卢梭、洛克等，而实质上是对古代理性主义的背离与重构。因为启蒙理性是在资本主义运动瓦解封建社会和唯名论革命摧毁中世纪神学基础的过程中萌生的"自我筹划"能力，根植于其中的"自我肯定""自我创造"等现代性因素是古代理性主义所不具备的。因此，必须从社会历史需求和思想史逻辑相结合的视角对启蒙理性的兴起作溯源式的考察，从源头上还原启蒙理性的本真面目。

（一）启蒙理性兴起的社会历史需求

从社会历史发展的角度看，启蒙理性的出现是新时代、新秩序的需求及其在观念上的表现。人们不再承认超自然的权威、不再敬畏传统秩序，只相信自身的理性判断、只服从真理性的认识，一切事物都无法超越理性的审视。由此，启蒙理性摧毁了一切旧秩序、旧理念，将理性推向了权力的顶峰，把人推向了表征现代性理念的自主自治的位置。这表明，启蒙理性的兴起是资本主义生产方式运动的产物，是以思想斗争的形式表现出来的资产阶级政治革命，表征着资产阶级冲破封建主义的旧市民社会和中世纪神权政治的束缚以掌握自身命运的过程。

对于这一资本主义的解放方式，马克思认为："政治解放同时也是同人民相异化的国家制度即统治者的权力所依据的旧社会的解体……旧的市民社会直接具有政治性质，就是说，市民生活的要素，例如，财产、家庭、劳动方

---

1 甘绍平：《启蒙理性·传统理性·非理性主义·当代合理性》，湖北大学哲学研究所《德国哲学》编委会编：《德国哲学论文集》第 11 辑，北京大学出版社，1991，第 123 页。

式，已经以领主权、等级和同业公会的形式上升为国家生活的要素。"[1]由此造成在旧的市民社会即封建社会之中形成了一个个分离的、特定的等级秩序，封建社会的个体隶属于每个特定的等级秩序，与国家整体分离开来，这种特定社会组织的生产生活条件具有等级政治性质，使得封建社会个体的特定的活动和地位变成了个体的普遍的活动和地位。对于封建社会而言，"等级不仅建立在社会内部的分离这一主导规律上，而且还使人同自己的普遍本质分离，把人变成直接与其规定性相一致的动物。中世纪是人类史上的动物时期，是人类动物学"[2]。

资产阶级政治革命推翻了旧有的统治权力和秩序，摧毁了"一切等级、同业公会、行帮和特权，因为这些是人民同自己的共同体相分离的众多表现。于是，政治革命消灭了市民社会的政治性质"[3]。正所谓"资产阶级在它已经取得了统治的地方把一切封建的、宗法的和田园诗般的关系都破坏了。它无情地斩断了把人们束缚于天然尊长的形形色色的封建羁绊"[4]，资产阶级政治革命把直接具有政治性质的旧的市民社会分割为原子式的独立个体，由此个体得以从原先的特定的社会组织中解放出来，与国家整体建立了普遍关系。在此基础上，"公共事务本身反而成了每个个体的普遍事务，政治职能成了他的普遍职能"[5]。政治革命激发了人民在封建社会被分散的政治精神，从而引发了反思自身的理性需求，焕发了投身公共政治的激情。换言之，在一切等级和固定的因素烟消云散之后，在一切神圣的因素被亵渎之后，人民需要用冷静的、理性的眼光重新审视他们的生活地位和相互关系。虽然在康德看来，即便一场革命能够推翻神权和绝对王权的统治，也绝不可能完全实现思想方式的真正变革，但国家事

1　《马克思恩格斯文集》第 1 卷，人民出版社，2009，第 44 页。
2　《马克思恩格斯全集》第 3 卷，人民出版社，2002，第 102 页。
3　《马克思恩格斯文集》第 1 卷，人民出版社，2009，第 44 页。
4　《马克思恩格斯文集》第 2 卷，人民出版社，2009，第 33—34 页。
5　《马克思恩格斯文集》第 1 卷，人民出版社，2009，第 45 页。

务被提升为人民普遍事务的政治事实提出了对人民进行理性启蒙和引导人民自我启蒙的历史任务，可以说，公共领域、公共自由的出现必然要求人民充分运用自身的理性能力对公共事务作出判断。正是在这个意义上，康德坚决要求"在一切事情上都有公开运用自己理性的自由"和"必须永远有公开运用自己理性的自由"[1]资产阶级政治革命开创的新世界需要人们大胆运用自己的理性，推崇人的自我解放和自我实现，号召人们勇于创造自己的历史，这无疑正是启蒙理性兴起的社会历史要求。

我们也必须看到启蒙理性兴起带来的巨变。启蒙理性的出现进一步推动了资本主义的发展，一方面，其与资本的结合几乎成了无坚不摧的绝对力量，奔袭全球，击溃了一切地方的和民族的自给自足和闭关状态，使各个国家的物质和精神生产、消费都成为世界性的，把一切民族都卷入到世界历史中来，并"使农民的民族从属于资产阶级的民族，使东方从属于西方"[2]，形成了"西方中心主义"的世界观；另一方面，其与科学技术的结合推动了西方工业文明的迅猛发展，极大地膨胀了人类控制自然、掌握自身命运的野心，甚至于认为工具理性能够完全解决人类的道德与宗教、自由与正义等所有问题，导致了工具理性的凸显与价值理性的遮蔽，从而埋下了启蒙理性危机的隐患。

（二）启蒙理性兴起的思想史逻辑

从思想史的视域看，启蒙理性是中世纪晚期神学家邓斯·司各脱和威廉·奥卡姆发起的唯名论革命的结果。唯名论革命是一场针对中世纪经院学者普遍持有的实在论的革命，它将一种源自柏拉图流经奥古斯丁直至托马斯·阿奎那的必然的、等级的存在论破除殆尽，进而把偶在论作为新的存在论与新的世界逻辑，由此彻底清除了事物自身具有必然性规定的自然目的论观念。偶在

---

[1] [德] 康德：《历史理性批判文集》，何兆武译，商务印书馆，1990，第25页。
[2]《马克思恩格斯文集》第2卷，人民出版社，2009，第36页。

论的世界观使人类失去了"存在链条"中的尊贵地位，成为大地上无所依靠的原子式个体，迫使人们唯有依托自身理性去理解和掌控自然，并建构合乎理性的世界新秩序，这就是康德所谓的"人为自然立法"的思想史背景。

古代理性主义者认为，理性是"作为宇宙之本源和世界之灵魂的一种本体论意义上的实体，是'内在于现实中的本质性的结构'，或者说，'世界的客观的秩序原则'；同时又是指人们'对于这样一种客观秩序进行反思的努力或能力'"[1]。人们之所以能够对世界秩序进行理性的反思，就在于人的理性与世界秩序都源自同一个最高的存在。理性——无论是赫拉克利特的"逻各斯"还是阿那克萨哥拉的"心灵"，无论是柏拉图的"理念"还是新柏拉图主义的"太一"，甚至斯多葛学派的"世界理性"——被认为是支配世界和人自身的本源，支配世界万物发生发展的总体性结构，世界是在理性支配下的链条秩序，自然、社会和人自身都是理性的展现，所以人的使命就是理解和把握世界的理性结构，将自己融进理性秩序中，为实现理性的目标而奋斗。这种理性结构是巨大的、"链条"式的存在，具有理智和审美的特质。世界在这一必然主义的存在论图景中呈现出由上而下的、严密的、连续的等级秩序，最高的一环是终极实在、终极原因，也就是神的存在，人是巨大"存在链条"中的一个环节。世界是一个审美的和谐整体，任何环节的缺失都将破坏世界秩序的协调一致。

然而，司各脱和奥卡姆的唯名论革命摧毁了这一"存在链条"。在奥古斯丁、安瑟伦和阿奎那等基督教神学家那里，古希腊的存在论还依然占据着支配地位。特别是中世纪的经院哲学家通过诠释柏拉图的"理念论"，对世界持一种实在论的存在论，认为共相高于殊相，共相是真实存在的，世界是神的理性范畴的展示，经院哲学家"体验、相信和断言的并不是殊相的终极实在性，而是共相的终极实在性。他们以三段论逻辑来阐明这种体验，这种逻辑被认为

1　甘绍平：《启蒙理性·传统理性·非理性主义·当代合理性》，湖北大学哲学研究所《德国哲学》编委会编：《德国哲学论文集》第 11 辑，北京大学出版社，1991，第 127 页。

对应着或反映了神的理性。创世本身便是这种理性的体现，人作为理性的动物和神的形象处于受造物的顶峰，受一种自然目的和神启的超自然目标的指引"[1]。可是，司各脱和奥卡姆极力推崇"全能"是神的最重要性质，并提出唯意志论的神学观念，强调上帝的意志先于理性，上帝在创造世界的过程中具有绝对自由，事物的存在纯粹只是因为上帝的意愿；人类居住的世界仅仅是上帝的恩典行为，是上帝偶然的意志选择的结果，根本不存在如古希腊存在论所主张的"存在链条"。"我们这个世界只是上帝在无数的可能世界中偶然选中并造出来其中一个，他完全可以有其他也许是更好的选择。这样一来，由强调理智的优先性所导致的上帝与其造物之间的必然性关联打破了，两者之间的关系乃纯粹偶然的；造物即宇宙万物并非充满了上帝赋予的有机的、必然的理智秩序，而是偶在的。"[2]唯意志论神学彻底割断了肇源于古希腊存在论的因果链条，使得世间万物的存在成为偶然的、个体性的事件，认为共相实际上不存在，共相的名称只是纯粹的符号，这种存在论层次上的革命就是唯名论革命的实质。

面对这一偶然的、个体主义的存在论语境，以共相存在为基础的自然目的论也就不再成立，但这并不代表世界是混乱无序的。因为既然神是纯粹的、主动的意志或力量，世界是由神的意志所决定的持续不断的运动，那么神的意志就具有机械因果性。[3]"人应当如何生活"的设想不再是要求作为个体或群体的人在"存在链条"中规范自己的心性、实现自己的德性，相反，摆脱了存在链条束缚的人类是自由的，具有自我创造的意志自由，能够运用自己的理性来研究神的意志的形式和结构，即研究自然和社会的运作逻辑。人们相信通过人的

---

[1] [美] 米歇尔·艾伦·吉莱斯皮：《现代性的神学起源》，张卜天译，湖南科学技术出版社，2012，第22页。

[2] 林国基：《神义论语境中的社会契约论传统》，上海三联书店，2005，第73页。

[3] 参见 [美] 米歇尔·艾伦·吉莱斯皮：《现代性的神学起源》，张卜天译，湖南科学技术出版社，2012，第48页。

理性的发现或发明可以如上帝创世般"无中生有"地建构合乎理性的社会。培根的"知识就是力量"、笛卡尔的人是"自然的主人和所有者"以及康德的"绝对律令"等，正是启蒙理性在这一思想史背景中兴起的证明。

启蒙理性肇兴于唯名论革命之后的思想史语境，旨在解决中世纪世界秩序崩塌所留下的问题，其重构世界秩序的雄心所彰显出来的理性之光确实在不断地推动现代世界的迅猛发展，但"理性万能论"以及漠视价值理性、崇拜工具理性的畸形理性观，也确实导致人变成手段而不再是目的。启蒙理性在反对宗教神话与迷信精神的过程中逐渐塑造了自身的神话，但也使其面临着自我毁灭的危险。

二、启蒙理性的光亮与阴影

在"古今之变"的视域下，启蒙运动既是一场现代性的多维度的历史运动，也是一种社会发展方向和人类价值理念的"总体转变"，集中体现在社会制度组织转型、生存价值理念重估和个体精神气质重塑等方面。"在这场运动中，社会层面的变化导致了新的知识价值理念的形成，浸润在此种新形式的价值理念结构中的'现代人'，其心性结构、实存样式逐渐地发生了变化。"[1] 启蒙运动及其所孕育的启蒙理性，不仅通过与资本主义工业和科学技术的结合创造了"比过去一切世代创造的全部生产力还要多，还要大"[2] 的生产力，而且通过更新欧洲思想的自我理解，全面改变了人类的生存样式。在某种意义上说，启蒙理性之光的力量确实无与伦比，启蒙运动以来的变化似乎都在应验启蒙哲人所持有的绝对理性主义信条——随着理性的不断生成和进步，人类最终能够自如地拥有和掌控自然，为自身构建理想的世界。

1　刘同舫：《中国语境的现代性及其现实意义》，《天津社会科学》2010 年第 1 期。

2　《马克思恩格斯文集》第 2 卷，人民出版社，2009，第 36 页。

随着现代性的急剧开展，人们也逐渐觉察到启蒙之光的阴影。价值理性的失落、工具理性的张扬、反理性思潮的出现等悲剧性的历史现实一次次地反讽美好的启蒙理性设计。启蒙理性并不是"全知全能全善"的上帝，并不能绝对拥有真理，也不能拥有绝对真理，但启蒙理性却恰恰要充当真理，充当一种"新的宗教"。所以，20 世纪初以来的所有哲学思潮——无论是现象学式的存在主义，还是以法兰克福学派为代表的批判理论，无论是结构主义、后结构主义还是技术批判主义、后现代主义——几乎都在批判启蒙理性的绝对话语霸权，揭示启蒙之光的阴影。

（一）启蒙理性的光亮：建构合理性的现代世界

迄今为止，尽管人们对于"现代性的本质"有着诸多歧异见解，但对于"启蒙理性"作为现代性核心理念的理解，则基本形成共识。在西方社会"走出中世纪"、摆脱当时占支配地位的神权政治体制和神学式文化的过程中，正是启蒙理性之光"从根本上清除基督教的二元论之超自然形态，力求建立内在的—理性的世界解释，使所有生活领域变成一个自在的有机组织"[1]，从而指引着人类摆脱宗教神学与封建社会的双重压迫。

在社会制度组织层面，启蒙理性使世界秩序斩断了此岸与彼岸的关联，并以抽象的个人主义和社会契约论为理论基础论证了现代国家的建构原则，所谓"真理的彼岸世界消逝以后，历史的任务就是确立此岸世界的真理"[2]。启蒙哲人一方面通过对宗教神学的批判，提出天赋人权是人与生俱来而不可剥夺的权利，令人们明确地意识到自身作为一个理性个体所拥有的自由权利，即摆脱神以及其人间"代理"对人的统治而自我做主，如狄德罗所说："没有一个人从自然得到了支配别人的权利。自由是天赐的东西，每一个同类的个体，只要享有理性，

---

1 刘小枫：《现代性社会理论绪论——现代性与现代中国》，上海三联书店，1998，第176页。
2 《马克思恩格斯文集》第 1 卷，人民出版社，2009，第4页。

就有享受自由的权利。"[1]另一方面则通过对神权体制的批判，彻底击溃了"君权神授"的国家建构理念，阐述了"政教分离"的世俗政治原则，提出了"主权在民"的社会契约论，改变了过去一部分人对另一部分人进行奴役统治的状况，成就了以"平等主权参与者"为基础的民主社会架构。据此，现代性重构了人类社会的制度组织，推动了现代民族国家的崛起和政治制度的进步，打破了封建制的经济秩序，促进了大工业生产和自由市场经济的扩张，使得"在后封建的欧洲所建立起来的而在 20 世纪日益成为具有世界历史性影响的行为制度与模式"[2]比任何古代的秩序类型更具有活力，也更加注重自由、民主和平等。

在生存价值理念层面，启蒙理性冲破基督神学的思想牢笼，重估了关涉现代个体和群体安身立命的价值理念，突出人的个性、主体性和自我意识，强调把价值实质还原为主体的意识，自由和平等理念被指认为现代性最重要的原则。启蒙运动之前，由于宗教的神圣纽带作用，个体都被系于以神为本体的具有连续的、封闭的、等级的有机整体之中，个人失去了独立和自由，只能在宗教的客观价值理念中生存，人们被束缚于他律的自在的价值秩序，如尼采所抨击的："'道德世界秩序'意味着什么？意味着：有一个神的意志一劳永逸地存在，它规定人可以做什么、不可以做什么；一个民族、一个个人的价值，是根据他们顺从神的意志的多少来衡量。"[3]但通过唯名论革命对古代世界图景的摧毁以及启蒙运动对宗教的猛烈批判，启蒙理性开辟了对人类价值理念秩序的重新建构，人们"把自己理解成新的，也就是把自己理解成自我发源的、彻底自由的和有创造性的，而不仅仅由传统所决定，或由命运或由天意所主宰"[4]，从

1　北京大学哲学系外国哲学史教研室编译：《十八世纪法国哲学》，商务印书馆，1979，第 427 页。

2　[英] 安东尼·吉登斯：《现代性与自我认同：现代晚期的自我与社会》，赵旭东、方文、王铭铭译，生活·读书·新知三联书店，1998，第 16 页。

3　吴增定：《〈敌基督者〉讲稿》，生活·读书·新知三联书店，2012，第 172 页。

4　[美] 米歇尔·艾伦·吉莱斯皮：《现代性的神学起源》，张卜天译，湖南科学技术出版社，2012，第 7 页。

而形成了平等的、自由的、个体主义的世界图景。在这种世界图景中价值被主体化，康德的绝对律令取代了客观价值理念的绝对性，天赋平等自由的现代性理念剥夺了封建等级理念的正当性，使得每个个体或群体捍卫和追求属于自身的权利具有天然的合理性。

在个体精神气质层面，启蒙理性重塑了现代个体的精神气质和生存样式，形成了舍勒和西美尔所论及的"现代人"类型。中世纪封建社会向现代资本主义社会的历史转变过程既是宏观维度的社会制度组织、生存价值理念的转换，也是微观维度的个体精神气质、存在样式的更新。在封建主义的文明秩序中，人们在生活理想上受到宗教伦理和贵族道德的宰制，从而在人的心性结构中，禁欲主义的生存样式占据中心地位，宗教伦理始终在行为层面压抑人们对现世生活的功利主义享受，人们则习惯于从充满权欲、专横和奴性的文明中满足自身的现世追求。但在现代资本主义文明秩序中，随着"世界的除魅"即世界的理性化，上帝的神圣启示不再作为人类世俗生活的价值标尺，生命的爱欲转而朝向一种权力意志的自我肯定，享受现世生活被当成天经地义，并导向无限的赢利欲与旺盛的工作欲，力图通过持续性的、理性的资本主义方式的企业活动来获取再生性的利润，形成了一种强调无止境自我创造的资本主义精神气质。这种资本主义精神气质体现了启蒙理性改造自然与社会的伟大理想，推动了人类社会向合乎理性与合乎目的性相统一的方向发展，这是我们必须充分肯定的。

启蒙理性所开创的现代性作为一场"总体转变"，在构建社会制度组织层面更加趋向世俗化和理性化，实现了合理性的目标；在更新人的价值理念和精神气质方面更加趋向自治化和感性化，实现了主体化的目的，这些都在促使现代社会走向更加人道、文明的世界历史道路，显示了启蒙理性之光的巨大力量和伟大贡献。但是，随着启蒙理性自身所秉有的内在矛盾的凸显，其光亮也受到了难以避免的遮蔽，从而留下了无限的历史阴影。

（二）启蒙理性的阴影：走向反理性的神话世界

启蒙运动以来，人类普遍相信理性的力量，认为凭借理性之光不仅能够走出黑暗的中世纪时代，而且能够绝对合理地重新建构自然和社会秩序。现代性是合理性或者说理性化的建构过程，它旨在用启蒙理性的设计来构筑全新的世界秩序。这一理性设计在资产阶级政治革命中也确实发挥了巨大的作用，促使人类历史从宗教神学的统治秩序中挣脱出来，实现了世界秩序的除魅化、世俗化和科学化，推动了人类在物质和精神生活领域的极大进步。然而，现代性并不是没有崎岖与挫折的光明大道，启蒙理性之光也并非只有光亮。伴随着内在的理性自身分裂机制和外在的资本逻辑增殖冲动的作用，现代性所带来的危机正在不断地敲击启蒙理性的幻梦，催促着人们正视启蒙理性自身的内在矛盾。

第一，从大众理性走向精英理性。启蒙运动倡导人民对自身秉有的自然理性的运用，"启蒙运动就是人类脱离自己所加之于自己的不成熟状态。不成熟状态就是不经别人的引导，就对运用自己的理智无能为力"[1]。启蒙理性具有全人类性，是一种大众理性，是以对天赋的自然理性的开发来确定、彰显人的目的和价值。但是，启蒙理性的发展却背离了这种美好的初衷，从大众理性走向了精英理性。启蒙之后的现代社会虽然比中世纪世界更加自由、平等和民主，然而不同的个体或群体的生存始终要受到政治体制、经济和社会条件的限制，也要受到各种自然禀赋条件与不同社会地位深刻而持久的影响。因此，由于个体偶在性的差别以及实际教养、实际权力和实际资产的极大差异，理性的权力被把持在那些有资本、有地位以及资质、素养较高的精英群体手中。在理性与权力交织成的统治网络中，精英们打着"真理""中立""客观""正当""合理性""社会正义"等旗号骗取大众的信任，实行自身的制度、法制和规则程

---

1 [德] 康德：《历史理性批判文集》，何兆武译，商务印书馆，1990，第23页。

序。在《德意志意识形态》中，马克思、恩格斯就已深刻地剖析了这一将为资产阶级利益辩护的"意识形态"视为"普遍理性"的行为。启蒙理性从大众理性蜕变成精英理性，形成了支撑精英统治的政治合理性和价值合理性，这种精英合理性是一种新的更加隐蔽的社会等级制度的精神基础，是资本逻辑的统治力量在理论意识上的实现。恩格斯敏锐地指出了启蒙理性的这一局限："当法国革命把这个理性的社会和这个理性的国家实现了的时候，新制度就表明，不论它较之旧制度如何合理，却决不是绝对合乎理性的。理性的国家完全破产了。"[1]"总之，同启蒙学者的华美诺言比起来，由'理性的胜利'建立起来的社会制度和政治制度竟是一幅令人极度失望的讽刺画。"[2]在启蒙时代，人将理性置于精神和信仰之上，试图以理性准则来评判世界和探求历史运动规律，否定历史性存在及其对现实的意义，导致现实的人与自身历史存在的过程相脱离，人不再具有原初的历史性和完整的现实性。

第二，从科学理性走向工具理性。如果说在政治经济制度层面启蒙理性产生了从大众理性到精英理性的蜕变，那么在知识价值理念层面则发生了从科学理性向工具理性的转化。科学是启蒙理性批判宗教神学的强有力武器，费尔巴哈曾指出，近代哲学从宗教精神中创立了"纯粹人性的、自由的、自我意识的、博爱的、无所不包的、无处不在的、普遍的、有独立思考能力的科学精神"[3]，这种新创立的科学精神使得"否定性的宗教精神遭到贬谪，把它从世界统治的宝座上推下来，把它拘禁在处于历史急流彼岸的那个狭窄领域之内，而自己则成为世界的原则和本质，成为新时代的原则"[4]。从费尔巴哈的观点看，科学

---

1 《马克思恩格斯文集》第9卷，人民出版社，2009，第272页。
2 《马克思恩格斯文集》第9卷，人民出版社，2009，第273页。
3 [德] 路德维希·费尔巴哈：《费尔巴哈哲学史著作选》第1卷，涂纪亮译，商务印书馆，1978，第15页。
4 [德] 路德维希·费尔巴哈：《费尔巴哈哲学史著作选》第1卷，涂纪亮译，商务印书馆，1978，第15页。

理性是涵盖了价值理性与工具理性的现代理性主义精神。但是，科学理性在运用于社会实践的过程中破坏了其自身的价值理性追求。一方面，自笛卡尔通过"主体性哲学"确立主客体二分的原则以来，世界成为主体的客观对象物，是没有意义的物质存在，只有通过理性之光的观照、规整与重构，才能成为有意义的世界，由此科学理性对于主体而言是一种认识、改造和控制世界的工具性存在，科学理性变成理性的工具化，工具理性成为科学理性的本质；另一方面，由于科学理性运作的社会条件受制于资本逻辑的宰制，而资本出于自我增殖的冲动，需要将客体化的世界和人类都视为材料、工具来加以利用，因此在资本逻辑增殖冲动的支配下，科学理性的发展必然转变为企图对外部自然和人的内部自然的全面支配与利用，从而异化为工具理性。工具理性虽然能够给人类带来巨大的物质财富，但按照工具理性组织起来的极权化的政治经济体制、工业化的机器大生产和各种物化的社会结构将使得人类不得不屈从于一种异化秩序的统治，人反而没能成其为人。

第三，从工具理性走向"反理性"。启蒙理性一旦蜕变为工具理性，人也就不可避免地成为工具性对象，成为理性的手段而不再是理性的目的，从而造成对人的价值理性的排斥，甚至完全否定一切未能得到工具理性证明的价值或规范，使工具理性走向压抑人类发展的"反理性"。在资本逻辑的推动下，工具理性的支配领域一再扩大，确实产生了如哈贝马斯所言的"自主化的工具理性的扩张"导致"生活世界的内在殖民化"："我们错误地将来自工具理性的标准应用于生活世界的问题中，以及应用于那些完好地存在于它们自己的社会领域的制度中。"[1]资本逻辑主宰下的工具理性膨胀为"总体性"，成为了控制人类世界的绝对权力。启蒙理性本来期望通过主体的觉醒与解放走出一条从"神话"到"启蒙"的道路，但在其瓦解了宗教秩序的同时，却没有形成新的价值理性，

---

1 [英] 尼格尔·多德：《社会理论与现代性》，陶传进译，社会科学文献出版社，2002，第136页。

反而是在资本逻辑和理性分裂机制的支配下，演化为日益片面化、绝对化的工具理性，工具理性凭借其巨大的技术效益和经济效益不断自我神圣化、自我绝对化，形成工具理性主导的"天命"秩序，最终蜕化为"反理性"，启蒙理性自身成为不容置疑的启蒙神话。如同神话已经实现了启蒙一样，启蒙也一步步深深卷入神话，而启蒙为了粉碎神话，汲取了神话中的一切因素，启蒙理性之光也随之消融在无边无际的黑暗之中。

启蒙理性作为现代性秩序的支撑理念，当今全球文明的许多观念要素都是由启蒙理性奠基的，其伟大贡献不可磨灭，而我们时代的许多问题也在启蒙理性中有其根源。正是在理性的自我分裂机制和资本逻辑的作用下，启蒙理性不断损害人的主体性价值，给人类社会带来了生存和发展的危机。

三、启蒙理性的蜕变与现代性危机的产生

启蒙理性作为兴起于西方资本主义社会的思想形态，在西方社会"走出中世纪"、改变人的生存形态的过程中具有关键作用，但同时也给西方社会带来了巨大危机，并借助资本的全球化将危机扩散至全世界，启蒙所推崇的理性发生了蜕变。而启蒙理性蜕变所带来的社会危机是以"现代性问题"的形式凸显出来的。现代性作为涵盖了世界图景、生产方式、价值理念、个体心性结构等的"总体转变"，既给人类社会的发展与进步带来了巨大的成就，却也由于其本身固有的内在局限与矛盾使人类社会陷入了多重的"现代性隐忧"之中。如吉登斯指出："现代性是一种双重现象。同任何一种前现代体系相比较，现代社会制度的发展以及它们在全球范围内的扩张，为人类创造了数不胜数的享受安全的和有成就的生活的机会。但是现代性也有其阴暗面，这在本世纪变得尤为明显。"[1]

---

1 [英] 吉登斯：《现代性的后果》，田禾译，译林出版社，2011，第6页。

尽管现代性的发展促进人们的理智和实践能力得以飞跃，推动人们对现代社会制度及其秩序化安排的共同认同，但现代性所勾画的世界只是符号和象征的世界，并不具备真实的生活世界的意义，人的多样个性与客观世界的一切都将被瓦解和平面化。

启蒙理性的现代性方案在 17 世纪末 18 世纪初的"古今之争"中不断遭到质疑。源自培根、笛卡尔、伏尔泰等现代哲学家的新知识观、新时间观对人类持有一种线性的发展观念，主张现代优于古代、现代人优越于古代人，即便作为完美典范的古希腊人与现代人相比也还不够成熟，它不过是人类的童年。而乔纳森·斯威夫特、约翰·德莱顿、卢梭则对这种现代主张持质疑的态度，坚决捍卫古典思想的权威，如卢梭在其《论科学与艺术》一文中认为，科学与艺术不但没能"敦风化俗"，使人类更加完善，反而是让人类变得更加伪善与羸弱，"科学研究都更会软化和削弱勇气，而不是加强和鼓舞勇气"[1]。德国社会学家乌尔里希·贝克强调，启蒙理性的现代性方案导致了"风险社会"的形成。在贝克的社会理论中，"风险社会"概念描述的是现代性社会制度的性质，是从社会机体结构的角度挖掘现代性危机的潜能，反映现代性社会秩序的风险程度。显然，贝克侧重于从制度层面来描述"风险社会"。笔者认为，集中体现现代性危机的"风险社会"实质上是启蒙理性蜕变带来的世界与人自身的危机，应包括以下四个方面：制度上的极权主义危机、环境上的生态危机、价值理念上的虚无主义危机以及精神气质上的怨恨心态危机。[2] 现代性危机比政治、经济和生态等单个领域的发展困境具有更为深层的精神、价值和信仰的危害，直接体现在现代社会的集体主义、工具主义对人的精神和思维的迫害，造成人们

---

1 [法] 让—雅克·卢梭：《论科学与艺术》，何兆武译，上海人民出版社，2005，第 49 页。

2 笔者在此更突出"风险"一词所体现的危机是"人造危机"的特别含义。"风险的相对概念不是稳妥，而是危险。风险与危险的差异在于：风险取决于人的决断，它引致的损害亦是由人的决断决定的；危险则是先于人的行为决断而给定的，引致的损害亦是由外在因素决定的。"（参见刘小枫：《现代性社会理论绪论——现代性与现代中国》，上海三联书店，1998，第 49 页）

对现实的颓靡和理想的失落，最终可能导向价值虚无主义，整个人类社会的运行过程与社会关系也可能陷入新的"异化"状态。

（一）极权主义社会的显现

自古希腊罗马至中世纪时期，人类主要是从自然、神、上帝等"存在链条"的创造者那里获得存在的价值和人生的意义，但启蒙运动以后，人类通过反抗宗教神学彻底清除了其生存价值的神义论根据，进入"上帝死了"的偶在论时代，呈现出"价值真空"的境遇。对于这一"价值真空"的填补，启蒙了的"现代人"诉诸人类权力意志的自我创造以及自由的、解放的历史未来，从而论证自身的存在正当性。"我们的日常生活、学习和工作都被组织在这个通向未来的时间之流中，没有这个目的论的时间叙事，我们就不知道我们生活、工作和学习的意义。"[1]然而，由于启蒙理性具有高度的普遍性和同一性，往往声称所构建的理论体系具有无所不包的、客观的、必然的性质，能够用来解释世间的一切，且其所张扬的主体性也体现了理性独断宰制一切的性质。因此，启蒙理性的历史目的论叙事带有不容置疑的垄断性和强制性。这样，一旦走向美好未来的社会建构之途被权力精英、财富精英和知识精英等所把持，所有与精英们设定的历史目的及其实现途径不相符合的人和物都会有被排斥、被压制，甚至被消灭的危险，启蒙理性的历史目的论叙事反而成了制度上极权主义的合法性论证。在启蒙运动推动下，以追求普遍的自由、平等、人权、博爱的法国大革命转变为一场专制暴行，恰恰印证了霍克海默和阿道尔诺的观点。

（二）全球生态危机的泛滥

在古代和中世纪世界中人与自然是相统一的，但这种人与自然的和谐关系

---

[1] 汪晖：《死火重温》，人民文学出版社，2000，第5页。

被启蒙运动打碎并重建。作为一种主体理性，启蒙理性将自我从世界中抽身出来，预设为自明性的绝对前提，笛卡尔的"我思故我在"、康德的"人为自然立法"就是其体现，而由此建构起来的主客体对立的二元论关系模式使得自然界成为失去生命的物理世界、资源世界，自然是"有用"之物，对自然的征服与使用是理性的目标。在资本逻辑的推动下，启蒙理性进一步表现为客观的、可计算的工具理性形式，它将事物的价值都转化为"交换价值"，把世间万物都对象化为"资源"，成为粉饰资本统治秩序的意识形态，这必然导致生态危机：一方面是无止境地追求剩余价值，理性征服自然世界的欲望不断引诱、刺激人的贪欲和占有欲；另一方面是工具理性所主导的生产主义、经济主义的发展模式成为现代社会的生活基础，由征服世界所诱发的消费主义、享乐主义的生活模式成为现代社会的生活主轴。这样，以工具理性表现出来的"生产力"最大限度地开发、利用自然资源和不断地向自然界排放各种废弃物，造成全球化生态危机。理性与资本相结合所形成的经济发展的扩张主义必将致使启蒙理性的美好社会构想淹没在全球生态危机的泛滥之中。正如有论者所指出的："以前人们往往比较注意在马克思那里有对资本主义'第一重矛盾'，即资本主义生产无限扩大趋势与劳动人民有支付能力需求相对缩小之间的矛盾的分析，而实际上马克思还有对资本主义'第二重矛盾'，即资本主义生产无限扩大的趋势与自然界承载能力有限性之间的矛盾的探讨。"[1]一旦理性与资本主导的现代性生产逻辑突破了世界的生态底线，那么资本主义所构筑的文明世界就有可能被埋葬。

（三）虚无主义危机的威胁

价值上的虚无主义危机是现代性危机在人类精神层面的表现，是启蒙理性

---

[1] 陈学明：《资本逻辑与生态危机》，《中国社会科学》2012 年第 11 期。

走向工具理性、逆转为反理性的必然结果。按照马克斯·韦伯的区分，价值理性侧重对人类的伦理道德、宗教艺术等实质性价值的表达，认可道德理性在人类社会实践中的主导性，坚持对永恒价值的信仰；工具理性则注重对生产制作的可计算性、精确性等纯粹理性的表达，认可普遍性、可操作性等形式理性标准。然而，在资本逻辑、消费主义、科技力量等因素的推动下，工具理性逐渐淹没价值理性而成为启蒙理性的主流。在马克思看来，这一转变表征的正是资产阶级在现代历史上的作为："它使人和人之间除了赤裸裸的利害关系，除了冷酷无情的'现金交易'，就再也没有任何别的联系了。它把宗教虔诚、骑士热忱、小市民伤感这些情感的神圣发作，淹没在利己主义打算的冰水之中。它把人的尊严变成了交换价值，用一种没有良心的贸易自由代替了无数特许的和自力挣得的自由。"[1]道德品质在以工具理性为核心价值理念的现代社会中失去了主导性的地位，"使用价值""交换价值"凌驾于道德责任、道德意义之上，一切神圣的因素都被纳入市场体系之中，贴上价格标签，成为商品。只要在经济上是有效益的，在道德上就是正当的，这无疑是价值理念的"本末倒置"。无论资本逻辑抑或科技力量都无法对人类的生存价值给予奠基，由此，一方面，价值的客观来源无从谈起，导致价值设定依赖于个体的不同感受，陷入价值主观主义；另一方面，工具理性的僭越将一切原有的价值逻辑转化为商业逻辑，导致个体安身立命的根基被抽空，生活缺乏理念上的凭靠，陷入价值虚无主义。列斐伏尔就曾指出："虚无主义深深地内植于现代性，终有一天，现代性会被证实为虚无主义的时代，是那个无人可预言'某种东西'从中涌出的时代。"[2]虚无主义的肆虐割裂了现代性与后现代主义的逻辑关联，忽视了后现代主义独特的思维方式以及在现代社会的思想和文化领域呈现的价值取向。

---

1 《马克思恩格斯文集》第 2 卷，人民出版社，2009，第 34 页。

2 Henri Lefebvre, *Introduction to Modernity*, Trans by John Moore, Verso, 1995, p.224.

（四）怨恨心态的滋生

在对怨恨心态的社会学考察中，德国社会学家马克斯·舍勒指出，怨恨心态是个体或群体的生存性价值比较的结果，怨恨心态的滋生源自两方面的因素：个体或群体在实际权力、实际资产和实际修养等方面出现极大差异，某种平等的政治权利或其他权利受到社会的广泛承认[1]。事实上，滋生怨恨的两个因素正是资产阶级的政治革命和启蒙理性的平等理念。一方面，政治革命消灭了旧市民社会的政治性质，将束缚于特殊等级中的人民解放出来，形成了原子式的平等个体，平等个体在政治领域都是国家主权的平等参与者，但在市民社会中却是不平等的私人。政治国家"以自己的方式废除了出身、等级、文化程度、职业的差别"，而"国家根本没有废除这些实际差别，相反，只有以这些差别为前提，它才存在"[2]。另一方面，根据理性的形式原则，天赋人权和自由平等是人人生而有之的不可剥夺的自然权利，启蒙理性极力倡导自由、平等、人权的现代性价值理念，而且这种价值理念在启蒙之后早已深入人心。当个体或群体在市民社会的实际地位与其在政治国家的虚幻地位不相符合时，怨恨心态往往就会在这种生存性的比较中凸显滋生，如舍勒所说，"群体的与宪政或'习俗'相应的法律地位及其公共效力同群体的实际权力关系之间的差异越大，怨恨的心理动力就会越聚越多"[3]。不同社会系统和结构中的权力关系表现出稳定程度的截然不同，在现代社会中，群体的怨恨心理对实际权力的挑战一定程度上影响权力实施的自由空间，虽然怨恨心理可能会对权力关系的稳定性造成一定负面影响，但同时也为现代人的社会认知方式展现新的视野。

1　参见［德］马克斯·舍勒：《价值的颠覆》，罗悌伦、林克、曹卫东译，生活·读书·新知三联书店，1997，第13页。

2　《马克思恩格斯文集》第1卷，人民出版社，2009，第30页。

3　［德］马克斯·舍勒：《价值的颠覆》，罗悌伦、林克、曹卫东译，生活·读书·新知三联书店，1997，第12页。

启蒙理性所开启的"现代性"在给人类社会带来"多重隐忧"的同时也令自身陷入了饱受质疑的"现代性危机"之中，即便为现代性辩护的哈贝马斯也不得不将现代性说成是"未完成的方案"，以区别于现代社会的历史进程，认为现代历史过程是对现代性方案的歪曲和异化。现代社会历史发展中形成的社会危机及其导致的灾难性后果与启蒙理性的现代性方案密不可分，而历史进程中显现的对现代性方案的误解、歪曲，彰显出现代性方案的致命缺陷。因此，在后现代主义者看来，"反启蒙"是一项名正言顺的后现代事业。

四、启蒙理性的后现代境遇

近代以来，启蒙理性一直是西方社会最高的精神权威，也是整个资本主义社会发展成就的显著标志。然而，启蒙理性的现代性方案却导致西方社会乃至全球都陷入巨大的社会危机之中，世界大战、极权主义、种族屠杀、局部战争、生态危机等局部的或全球性的灾难彻底击溃了启蒙理性的合法性根基，全面动摇甚至摧毁了启蒙运动所张扬的理性至上的现代性理念。启蒙理性从 20 世纪上半叶以来就不断受到越来越严厉的质疑与批判，其中最尖锐的质疑和批判来自后现代论者。

20 世纪 60 年代，西方学术界兴起了一股"后现代性"思潮，这股思潮在 20 世纪 80 年代达到兴盛，并在各个人文社会科学领域急剧扩张，刮起了一股坚决要与启蒙理性的现代性运动及其种种理念相决裂的旋风。后现代主义者赋予现代性诸多必须予以鞭挞、批判的标签：理性主义、逻各斯中心主义、基础主义、普遍主义、绝对主义、总体主义、人本主义、本质主义等，但归根结底是要反对启蒙理性奠定的现代社会秩序。在后现代主义者看来，现代性秩序就是一个充满危机的霸权主义或精英主义秩序，它是现代社会种种危机与灾难的总根源，反启蒙就是对启蒙理性及现代性的批判，就是要推翻尚带有乌托邦色彩的现代性秩序。"这样的精英秩序也许是世上最后的神秘祭仪，在我们这些被末日灾难和极权主义吓得心惊胆战的人心中，它们已经不再有位置了。"[1]"我们可以，而且应该抛弃现代性，事实上，我们必须这样做，否则，我们及地球上的大多数生命都将难以逃脱毁灭的命运。"[2]后现代主义是现代性发展的必然产物和持续发展的结果，是现代性对自身的解码和重新编辑，后现代主义是对现代性的批判与现代性自我修正过程的交叉统一，但却以极具反叛性的政治话语和思维重构现代性的叙事方式，为现代社会的发展打开新的视角。

与现代性针锋相对是后现代性的自我定位，"如果说后现代主义这一词汇在使用时可以从不同方面找到共同之处的话，那就是，它指的是一种广泛的情绪而不是任何共同的教条"[3]，一种人类可以而且必须超越现代性的情绪。后现代性作为一种倡导多元主义的文化社会秩序构想，从其出现伊始就将自身定位为对现代性的质疑、批判和超越，定位为对启蒙理性的解构实验。这种对启蒙理性的怀疑、批判与超越贯穿于整个后现代性的论述中，虽与 20 世纪上半叶的非理性或反理性思潮颇有渊源，但还不至于激进地陷入"非理性"或"反理性"的盲目处境，而更多的是对启蒙理性阴影的指控及其统治合法性的否定。后现代性是一种否定性的思潮，其对启蒙运动、对现代性的批判是否定的，其思想的力量不在于提出什么观念，而在于反对什么观念，不在于建构更加自由平等的秩序，而在于揭露秩序背后的隐性统治。尽管后现代性的否定主义给现代性贴上了许多标签，但最关键的则是反对以下三种肇端于启蒙运动以来的支撑性理念：作为话语霸权主义的理性中心主义、作为西方中心主义的普遍主义和作

1　[美] 伊哈布·哈山：《后现代的转向——后现代理论与文化论文集》，刘象愚译，时报出版社，1993，第 83 页。

2　[美] 大卫·格里芬编：《后现代科学——科学魅力的再现》，马季方译，中央编译出版社，2004，第 19 页。

3　[美] 大卫·格里芬编：《后现代科学——科学魅力的再现》，马季方译，中央编译出版社，2004，第 20 页。

为人类中心主义的主体主义。

（一）反对作为话语霸权主义的理性中心主义

作为现代性的理论基础，启蒙理性与近代以来的全球现代化成就有着密切的关系，后现代性对于现代性的批判最重要的就是解构启蒙运动以来的理性中心主义。在后现代论者看来，启蒙运动的理性中心主义完全是绝对主义的话语霸权、宏大叙事，这种理性中心主义的话语霸权源自柏拉图主义，但直到启蒙运动才达到顶峰，所以要超越现代性就必须拒斥作为话语霸权的理性中心主义。美国哲学家理查德·罗蒂（Richard Rorty，1931—2007）就认为，海德格尔和杜威抱有的信念值得肯定——"希腊人的'智慧'追求为人类一大错误，这种智慧的意义是，一种凌驾一切之上的知识系统可一劳永逸地为道德和政治思考设定条件"[1]。后现代性论者认为，两千多年哲学史的"诸神之争"已表明启蒙理性无法为人类实践提供真理性的知识，其所设计的现代性方案的合法性依据也不是来自真理，而是来自理性中心主义的话语霸权，是"宏大叙事"压制了"小叙事"建构出来的权威。"如果没有一种观点能够为所有哲学家所信服，那么在某一时期某一种观点占据了统治地位只能是出于霸权主义；如果哲学家们不能就知识基础问题达成一致，而又试图让哲学充当全部知识的基础，那么这只能说明哲学在利用自己的特权在知识中推行一种霸权主义。"[2]后现代性要求打破"宏大叙事"的权威，张扬一直以来受到压抑的"小叙事"，解构"大写主体"，尊重在多样性、差异性的文化政治斗争中崛起的"小写主体"。如果说现代性宣告"上帝死了"，那么后现代性则宣告"人也死了"，当然，这里的"人"是抽象意义上的人，是指忽视、贬斥、压抑人的情感和意志的"理性主体"。后现代性论者通过打破同一性、提倡多样性、拒绝虚假共识、激活现实

---

1 [美] 理查德·罗蒂：《哲学和自然之镜》，李幼蒸译，商务印书馆，2011，第10页。
2 姚大志：《后现代主义与启蒙》，《社会科学战线》2005年第1期。

分歧，为"小写主体"的"小叙事"正名，打破了启蒙理性的话语霸权主义，"后现代主义的轮廓至今仍不清楚，但其中心经历——理性的死亡似乎宣告了一项历史工程——现代性的终结"[1]。

（二）反对作为西方中心主义的普遍主义

启蒙理性在理论层面追求绝对的、适用于任何时空的普遍真理，在实践层面则希望通过普遍真理的指导实现全人类的解放，在尘世建构一个自由平等的天国，启蒙理性及其所开创的西方资本主义现代化模式曾被认作是达到这一"尘世天国"的最可靠路径。近代西方资本主义的现代化发展模式的确建构出了全新的世界体系，使得西方世界在经济发展、政治文明、科技创新、文化生产等各个领域都占有压倒性的优势，"西方的道路就是我们的道路""西方的今天就是我们的明天""西方的就是普遍的"等意识形态牢固地笼罩住人们的思想，从而造成种种特殊的、源自西方的发展理念、利益诉求、政治观念，甚至其人生意义都被视为历史发展中的"普世价值"强加给其他区域的个体、族群或民族国家。也正是依托这种普遍主义或文化帝国主义话语权，形成了种族、政治、价值、思维等不同层面的"西方中心主义"，而"西方中心主义"的背后实质上还是启蒙理性主义的话语霸权在发挥作用。后现代性的出场既然要批判理性中心主义，自然也要毫不留情地批判作为西方中心主义的普遍主义。既然启蒙理性的真理只不过是权力叙事，那么其所谓的普遍性道路就更不过是权力的制造、理性的僭越。在后现代性论者看来，以"西方"为中心建构出来的资本主义世界体系，人为地强制构筑了"前现代"与"现代"、"文明"与"野蛮"、"先进"与"落后"等一系列二元对立的秩序框架，只有打破这一框架，才能激活宗教、种族、性别、职业等特殊性的多元身份话语。任何其他的非西

---

[1] 转引自王治河：《扑朔迷离的游戏——后现代哲学思潮研究》，社会科学文献出版社，1993，第10—11页。

方的特殊性主体如果要作为独立的价值世界存在下去，就必须"像现代西方那样进入普遍性与特殊性的辩证法，在文化和政治的逻辑中，将现代性变成自我认识和自我表述的语言——不是把它作为'普遍性'的规律，作为一种一成不变的形式，而是用这种材料和语言讲出自己的故事，塑造一个生活世界和价值世界的自我形象，表达一种集体的意志和富有感染力的理想"[1]。利奥塔倡导的"异教主义政治学"，罗蒂宣扬的"种族中心主义"，福柯论证的"真理政治学"，都是对普遍主义、文化帝国主义、西方中心主义批判路径的寻求。

（三）反对作为人类中心主义的主体主义

消解"中心"、解构"主体"是后现代性的目标之一，因此，反对和解构作为人类中心主义的主体主义是后现代性的题中应有之义。在德里达看来，自柏拉图以来的西方哲学都在追求"中心""基础"和"本源"，并且将这些"中心""基础"和"本源"当作先验的、自明的现象加以维护，但这些"中心"都是由理性建构的，是虚幻的、根本不存在的。德里达的解构主义以及后现代性的种种论述就是要消解"中心"，达到"去中心化"的目的。现代性张扬人性解放和人的主体精神，使得人类的世界观从以"自然"或"神"为中心转向以"人自身"为中心，主张人为自然立法，人为自身确立道德责任，人靠自己解放自己。这种人类中心主义的实质正是启蒙运动提出的主体主义，人从"存在链条"中抽身出来，凸显于世间万物之上，成为自主的、自我构成的主体，成为自然和社会的主人，从而形成了主客体分离的二元论局面。然而，后现代性论者认为主体主义的二元论世界观导致了全球性的生态危机，因为它"为现代性肆意统治和掠夺自然（包括其他所有种类的生命）的欲望提供了意识形态上的理由。这种统治、征服、控制、支配自然的欲望是现代精神的中心特征之

---

1 张旭东：《全球化时代的文化认同：西方普遍主义话语的历史批判》，北京大学出版社，2006，第24页。

一"[1]。虽然现代世界已经不再是古代的"存在秩序"，但世界还是一个有机的、整体的结构，世界如果不包含于我们，我们便不完整，我们如果不包含于世界之中，世界也不完整。人类作为全球生态系统的一个物种，不能凌驾于其他物种之上，而是要融入生态系统之中。"后现代人世界中将拥有一种在家园感，他们把其他物种看成是具有其自身的经验、价值和目的的存在，并能感受到他们同这些物种之间的亲情关系。借助这种在家园感和亲情感，后现代人用在交往中获得享受和任其自然的态度这种后现代精神取代了现代人的统治欲和占有欲。"[2]后现代人的交往理论、文化实践与现代人之间的彻底决裂，与现代工业生产方式、社会意识形态的严峻分裂，旨在对现代社会的工具理性和系统思维进行最为深刻的批判。

后现代性以其极具反叛性的思维、话语和主张向启蒙神话和资本主义制度刺出了锋利一剑，打破和消解了启蒙理性的桎梏，向人们展示了掩盖在理性、文明、自由之下的另一种面相，从而促使人们积极深入地展开对启蒙运动和资本主义体系的历史性反思。在某种程度上，后现代性的反启蒙和解构现代性是有意义的，其所倡导的异质、多元和个性开启了人类思想的新视域，给人类的社会实践注入了新鲜活力。然而后现代性的批判同时也具有不可忽视的问题，作为一种否定主义的思潮，它解构理性、消解"中心"，将"真理"还原为叙事的霸权，把评判事物的标准——善恶、是非、对错、意见与真理悬置起来，从另一个角度推进和延续了现代性的虚无主义，再一次陷入了现代性的悖论之中。后现代性对现代性的资本主义文明体系的批判只是采取了局部救治和改良的方案，没有从根本上质疑和改变现实的资本主义制度，所以其对现代性的批判仅仅是文化上的翻新，而不可能是实践上的革命。对于马克思来说，批判启蒙理性和现代性并不是要简单否定其全部思想，而是要寻找超越资本主义现代

---

[1] ［美］大卫·雷·格里芬编：《后现代精神》，王成兵译，中央编译出版社，2011，第23—24页。

[2] ［美］大卫·雷·格里芬编：《后现代精神》，王成兵译，中央编译出版社，2011，第38—39页。

化发展模式的路径，真正实现人类的自由和解放。

五、马克思的启蒙理性批判路径

后现代性思潮无疑是当今世界上最激烈的反启蒙思潮之一，其反启蒙的批判路径揭示了启蒙理性的矛盾与困境，所给出的后现代解决方案也为现代社会的发展与进步注入了新鲜活力。然而，启蒙理性的矛盾与困境的根源并不在于理性自身，而在于理性背后的"物质的生活关系"[1]这一本质性领域的矛盾，但因后现代性对启蒙理性、现代性运动、资本主义文明体系的批判路径注重于消解理性中心、解构宏大叙事等，没有从根本上质疑、批判和解决本质性领域的矛盾，这就注定后现代性的批判路径不可能获得成功。而马克思主义的批判之所以能够超越后现代性及当代哲学对启蒙理性和现代性的批判，就在于它"不是为批判而批判，而是为某种社会（基础、制度）的以及文化（观念）的变革开辟道路"[2]，从而将对启蒙理性的批判转化为实践批判、社会批判和资本批判，最终实现对现代性弊端的克服。

从马克思人类解放理论的视域来看，对启蒙理性及现代性运动的批判不能停留于意识形态层面，"批判的武器当然不能代替武器的批判，物质力量只能用物质力量来摧毁"[3]。只有深入批判启蒙理性存在论基础，才能命中启蒙理性蜕变的要害；只有根本克服启蒙理性异化的缺陷，才能为启蒙理性及现代性找寻到出路。而马克思的唯物史观强调，不是社会意识决定社会存在，而是社会存在决定社会意识。包括理性在内的一切意识观念的存在论基础都是活生生的现实生活，是"物质的生活关系"。因而，对启蒙理性的批判必须转向深入探

---

1 《马克思恩格斯文集》第2卷，人民出版社，2009，第591页。

2 程广云：《后现代：走向"多元"的现代性》，《哲学研究》2005年第5期。

3 《马克思恩格斯文集》第1卷，人民出版社，2009，第11页。

究"物质的生活关系"，并依照当前的历史语境转变为对资本逻辑及资本主义生产关系的批判。

（一）对启蒙理性及现代性的批判转向为对"物质的生活关系"的探究

从马克思的视域来看，对于启蒙理性及现代性的批判必须超出启蒙主义的视界，直抵启蒙思想体系的本源性根基。只有对本源性根基的批判才是真正本质性的批判。这种自觉的批判路径对于马克思来说是"一以贯之"的。在对"犹太人问题"的研究中，马克思即认为，鲍威尔虽然致力于宗教批判和政治批判，但由于受到自由主义思想体系的限制，其批判混淆了政治解放和普遍的人的解放，还只是落在启蒙理性主义的泥沼内，囿于由霍布斯等现代政治哲人所开启的现代性视域内。马克思认为，要解决"犹太人问题"——实质上是现代性问题的体现——必须将批判向纵深推进，完成对现代国家的根本性批判。这就决定了马克思和鲍威尔不同的批判理路，他在吸取了鲍威尔长处的基础上，将对现代性的批判推进到全新的理论境域。面对启蒙理性开启的现代性历史处境，青年马克思确实表现出了天才者的敏感与深邃，他不是去探求与鲍威尔的一致性方面，而是密切关注着自身与鲍威尔的分歧，并将其分歧上升到政治哲学理念的高度。马克思一开始就把鲍威尔的批判路径看作"矛盾体"，因为鲍威尔"提供了一些条件，这些条件并不是政治解放本身的本质引起的。他提出的是一些不包括在他的课题以内的问题，他解决的是一些没有回答他的问题的课题"[1]，并将其解释为"毫无批判地把政治解放和普遍的人的解放混为一谈"[2]的现代性批判。鲍威尔论证"犹太人问题"的出发点，遵循的是启蒙理性所开启的现代性原则，这一原则将"现代国家"作为最高的统治秩序，认为其所达到的秩序形态就是人的自由状态所能达到的限度。但马克思指出，鲍威尔

1《马克思恩格斯文集》第1卷，人民出版社，2009，第25页。

2《马克思恩格斯文集》第1卷，人民出版社，2009，第25—26页。

"批判的只是'基督教国家',而不是'国家本身',他没有探讨政治解放对人的解放的关系"[1]。鲍威尔没有超越现代性的原则来看待问题,这与后现代性的批判立场具有相似性。马克思超越现代性立场,坚持要深刻理解"政治解放与人的解放"的关系,必须探讨"现代国家"本源性、基础性问题,即要探讨启蒙理性及现代性的本源性问题。只有将"现代国家"还原到其本质性领域,才能透彻地把握现代性统治秩序的特点与局限,洞悉启蒙理性的真正界限,也才能由此重新奠定人类自由的基础。这一本质性领域、本源性基础是什么呢?马克思通过阐述宗教与政治的复杂关系、论述公民权与人权的分离原则,探讨了"现代国家"的本源性、基础性问题。他指出:"封建社会已经瓦解,只剩下了自己的基础——人,但这是作为它的真正基础的人,即利己的人。因此,这种人,市民社会的成员,是政治国家的基础、前提。"[2]市民社会成员及其所生活的领域——"物质的生活关系"就是现代政治国家的基础。在《〈政治经济学批判〉序言》中,马克思明确指出:"我的研究得出这样一个结果:法的关系正像国家的形式一样,既不能从它们本身来理解,也不能从所谓人类精神的一般发展来理解,相反,它们根源于物质的生活关系,这种物质的生活关系的总和,黑格尔按照18世纪的英国人和法国人的先例,概括为'市民社会'。"[3]马克思以原创性的方式回答了启蒙理性及现代性的本原问题,开辟了一条鲜明的批判路径。

(二) 对"物质的生活关系"本质性领域的性质及其与理性、宗教、文化等领域关系的探究

在马克思看来,无论是理性、政治、宗教抑或是文化、道德、艺术诸如此

---

[1] 《马克思恩格斯文集》第1卷,人民出版社,2009,第25页。
[2] 《马克思恩格斯文集》第1卷,人民出版社,2009,第45页。
[3] 《马克思恩格斯文集》第2卷,人民出版社,2009,第591页。

类的意识形态领域都不具有绝对的自主性。自启蒙运动以来，意识形态的各类形式被划分为各种相对独立的文化领域，并被认为具有天然的自治性，甚至将"从这些不同的思想中抽象出'思想'、观念等等，并把它们当做历史上占统治地位的东西，从而把所有这些个别的思想和概念说成是历史上发展着的概念的'自我规定'"[1]。这使得政治、宗教、文化、道德都成为不相统属的领域，彼此之间的论题只存在交叉，而不存在层次。马克思则与这种哲学方式、哲学理念相决裂："我们判断这样一个变革时代也不能以它的意识为根据；相反，这个意识必须从物质生活的矛盾中，从社会生产力和生产关系之间的现存冲突中去解释。"[2] 马克思只将"物质的生活关系"这一带有存在论性质的领域指认为"绝对自主的"领域，这种自主不只是在物质生活的领域上的自主，毋宁说它是政治、宗教、文化和道德等所谓的自主领域的更深层次的基础。对马克思来说，所谓启蒙理性是自主的、道德价值是自在自为的各种命题并非不言而喻；只有在人们忽视了事物的核心、对作为一切事态根源的"物质的生活关系"视而不见的时候，这些命题才会被认为是理所当然的。尽管一个人可以在各个"自主性领域"中是具有自由决断能力的个体，但"物质的生活关系"始终向他提出作为一个人不能回避和忽视的物质、金钱、世俗的问题，这些问题不仅涉及霍布斯所言的惧怕暴死而力求保存生命的生存欲望，而且从根本上涉及黑格尔所述的获取承认的生命欲望，以及实现自身自由的终极理想。

马克思对"物质的生活关系"这一领域的探究消解了理性、政治与宗教等的"自主性"神话，重新奠定了理性、政治、宗教等领域的本源性基础。从"物质的生活关系"来看待人的本质和人的理性，表明历史的和现实的实践是孕育理性的土壤，使得启蒙理性无法凌驾于历史与实践之上，突破和超越了对人的理性的先验哲学式的理解。社会实践的不断生成替代了抽象的理性逻辑对人的

---

1 《马克思恩格斯文集》第 1 卷，人民出版社，2009，第 553 页。

2 《马克思恩格斯文集》第 2 卷，人民出版社，2009，第 592 页。

本质的规约，呈现出历史与现实的多样性，消除了理性中心主义的观念。并且由于"物质的生活关系"是不断生成变化的，因而理性对现实的改造必须遵循一定的限度，但"物质的生活关系"毕竟具有一定的运动规律与目标，把握规律、实现目标又要求理性能够具有超前的洞察力。在马克思看来，理性面对"物质的生活关系"领域需要保持一定的、适当的平衡。

（三）将对启蒙理性及现代性的批判转化为对资本主义生产关系的批判

近现代以来的"物质的生活关系"的集中体现就是作为"社会生产过程的最后一个对抗形式"[1]的"资产阶级的生产关系"，启蒙理性及现代性的存在基础也是由资本主义的生产方式所界定的。所以，对启蒙现代性及其所承诺的解放图景的批判不能停留于意识形态层面，只有深入批判并超越资本主义的生产方式，才能真正解释与克服启蒙现代性的工具主义、虚无主义、霸权主义以及生态污染等危机。后现代性对现代性的批判虽然刚强猛烈，最终却与现代性形成共谋关系，原因在于其批判的核心始终瞄在理性中心主义，瞄在意识形态层面的话语争夺，没有深入到培育启蒙理性的资本主义生产方式中。启蒙现代性不仅是理性力量的体现，更是资本逻辑的霸权体现，只有将批判深入到现代性背后的"物质的生活关系"，才不会重新陷入现代性的怀抱。在笔者看来，马克思的批判分为三个层面。

一是解剖"商品拜物教"。在《资本论》开篇的第一章，马克思即指出："资本主义生产方式占统治地位的社会的财富，表现为'庞大的商品堆积'，单个的商品表现为这种财富的元素形式。因此，我们的研究就从分析商品开始。"[2]商品表面看似简单，内里实则古怪，充满了形而上学的奥妙和神学的怪诞。因为由资本主义生产方式所支配的商品生产过程把私人劳动的社会属性反映成劳

---

1 《马克思恩格斯文集》第 2 卷，人民出版社，2009，第 592 页。

2 《马克思恩格斯文集》第 5 卷，人民出版社，2009，第 47 页。

动产品的物性，反映成物的社会属性，将劳动者同劳动的社会关系，劳动者之间的社会关系都当成劳动者之外的物与物的社会关系，彻底掩盖了人与人之间的关系，这种普遍的错觉形成了现代资本主义社会的"商品拜物教"。事实上，在前资本主义社会那里，人与人之间关系是显在的、直接的人身依附关系，封建等级秩序天然不可侵犯，人与人之间天然不平等，"存在链条"思想正是这一社会现实的观念反映；而在资本主义社会，表面上推翻了天然不可侵犯的封建等级秩序，形成了人人自由平等的现代世界，实质上人与人之间的关系被隐蔽的、伪装的商品拜物教方式所掩盖，这也正是启蒙现代性各种观念的思想根基。

二是批判"资本逻辑"。"资产阶级生存和统治的根本条件，是财富在私人手里的积累，是资本的形成和增殖；资本的条件是雇佣劳动。"[1]资本的出现完全改变了世界的面貌与运作逻辑，使得整个社会的生产与再生产都变成资本的自我繁殖。资本逻辑的运作以资本的形成、保全和增殖为目标，在支配劳动的同时也支配了劳动者，资本的主体性支配了理性的主体性。人的理性主体性是由资本逻辑所塑造出来的，一旦产生必然遵循资本逻辑利己主义的、自私自利的运转规律，而且不断为资本及资产阶级的存在提供合法性辩护。马克思多次将资本家称为"人格化的资本"[2]，其所表征的正是资本作为一种物的社会关系反过来统治和支配着人自身，资本的物化逻辑支配了人的自由自觉的发展逻辑。

三是扬弃"资本主义私有制"。"商品拜物教"和"资本逻辑"导致现代社会不断出现巨大危机，而资产阶级对其危机束手无策。从应对周期性的经济危机来看，"资产阶级用什么办法来克服这种危机呢？一方面不得不消灭大量生

---

1 《马克思恩格斯文集》第2卷，人民出版社，2009，第43页。
2 《马克思恩格斯文集》第5卷，人民出版社，2009，第269页。

产力，另一方面夺取新的市场，更加彻底地利用旧的市场"[1]。不触动和扬弃资本主义制度、资产阶级私有制，应对启蒙现代性种种危机的举措就都不可能从根本上解决问题。根本的解决之道只能是彻底摧毁资本的统治，也就是要改变资本主义制度为社会主义制度，改变资本主义私有制为社会主义公有制，不再把"有用性"当作价值的标准，不再把工具理性当作理性本身，不再把对自然的猎取当作生存的手段，从而切断资本逻辑运转的社会条件，重建人与自然、人与人之间的和谐关系。

启蒙理性是一个现代性课题，是资本主义文明体系的思想根基，对启蒙理性的反思与批判同时就是对现代性和资本主义生产方式的反思与批判。启蒙给近现代社会带来了非凡的成就，这是不可否认的，但同样不可否认的是，它也给社会带来了各种各样的危机和灾难。所以，"反启蒙""反现代性"必须也应当被看成是启蒙及现代性本身不可或缺的重要部分，没有"反启蒙""反现代性"的制约，启蒙和现代性就无法克服和超越自身制造的迷信与危机。反思和批判启蒙理性是全球化时代政治哲学发展的重大理论主题，也是推进马克思主义政治哲学发展的重大理论课题。

马克思一生的理论构思另辟蹊径地展开了对启蒙理性及现代性的批判，其直抵问题本质的批判路径超越了现当代诸多西方哲学家以及各类后现代思想流派的批判方式，将对启蒙现代性的批判最终转变为对资本主义生产方式的批判，将对启蒙现代性种种弊端的克服转化为对资本主义私有制的扬弃。在马克思所描绘的历史发展的三大形态中，从第二大形态向第三大形态飞跃的过程，所揭示的正是人类从以资本主义为代表的现代性生存方式向一种能够克服现代性缺陷的社会主义生存方式的转变，这为以启蒙理性为核心的现代社会向更完善形态的发展探寻到了一条全新的救赎道路。

1《马克思恩格斯文集》第 2 卷，人民出版社，2009，第 37 页。

附录二
马克思唯物史观叙事中的劳动正义 [1]

　　劳动正义问题是关涉人的生存方式和社会价值的重大议题，在多维学科视野中具有重要的地位。劳动正义伴随着人的存在方式的变迁和社会结构的变动而呈现出不同的形式，这种形式上的多样与劳动观念上的差异密切相关，其实质反映出正义诉求背后不同阶级之间的利益关系。劳动正义问题对人的自由本质和劳动力量的深层关怀始终深嵌于历史发展之中，而在资本主义主导的生产方式和社会关系中，"资本正义"与劳动正义之间的矛盾是资本主义社会发展的重大挑战。马克思唯物史观的构建与其对劳动正义问题的阐发紧密关联，他抓住了资本主义时代劳资关系的轴心，并从人类劳动本质出发，通过审视劳动方式和劳动关系的历史演变来为探讨劳动正义以及其他正义性问题提供真实的起点。[2] 马克思唯物史观叙事中的劳动正义思想，既在政治哲学层面揭示了资

---

1 本文发表在《中国社会科学》2020年第9期。

2 学界对马克思劳动正义思想的研究成果主要集中在对马克思正义理论的解读中。"塔克—伍德命题"是马克思正义理论研究中的经典论题，针对这一问题，学界大都认为马克思肯定一般的正义理念，但谴责资本主义社会的抽象正义观，并基于此对劳动正义问题展开了不同视域的阐释。有学者立足于道德哲学批判的视域，揭秘马克思的劳动正义与其人性正义论的关系（参见李长成：《马克思的市民社会正义批判思想探论》，《伦理学研究》2019年第1期）。有学者从政治经济学批判的视角阐释马克思的劳动正义思想在其正义体系中的理论地位（参见房广顺、司书岩：《论马克思恩格斯正义思想的深刻内涵》，《马克思主义研究》2019年第2期）。有学者基于法哲学批判视角，探索马克思劳动正义思想与权利正义、分工正义等正义观的内在关系（参见欧阳英：《马克思的权利观、正义观与生产力观》，《哲学研究》2019年第8期）。还有学者从意识形态批判的维度切入，肯定马克思劳动正义在其整个社会正义价值中的根本意义（参见毛勒堂：《马克思的劳动正义思想及其当代启示》，《江汉论坛》2018年第12期）。学界立足马克思的正义观视域来解析劳动正义思想，准确

本主义时代私人生活与公共领域在正义观念上的矛盾，又在世界历史的理论层面阐明了将人的劳动前提建立在既有秩序之上的资本逻辑及其现实展开。生产过程中劳动与资本关系的形式转换在资本逻辑支配下显露出诸多难题：劳动正义赖以存在的合法性根据是什么？劳动正义与现实生产领域的正义原则和社会结构性正义主题的关系如何？从传统生产领域的劳动方式到技术性劳动形态的转变对重新理解劳动正义问题和全球社会公共生活方式有何意义？这些难题成为理论研究面临的新挑战。探寻和明确劳动正义问题要立足于彰显人存在的自由本质需要，扬弃资本主义社会中劳动与现实生命发展相对立的抽象原则。

一、马克思唯物史观叙事中劳动正义的层级结构

马克思以"现实的人"为历史出发点，开启了以"人类社会"或"社会化的人类"为理论立足点的唯物史观叙事。他在对黑格尔理性思辨和费尔巴哈人本主义历史观的批判与超越中明确了历史的本质，肯定了物质生产劳动之于人的现实存在及其全部生活的基础性地位，创立了唯物史观的基本叙事方式和思维逻辑。在马克思的唯物史观叙事中，"现实的人"如何以劳动的方式存在是逻辑起点，劳动对人类本质的规定性贯穿于整个逻辑进路之中，实现劳动自由与正义并推动其转化为人类解放的现实力量构成了逻辑归宿。马克思始终将劳动正义视为考察人类社会历史正义与否的根本尺度，在唯物史观的叙事框架中呈现了以物质生产活动为基础的劳动关系和社会关系，将劳动正义与生产正义、社会正义的关系问题置于现实的物质生产实践中加以考察。马克思的唯物

定位了劳动正义在马克思正义思想框架中的历史地位，对于彰显马克思批判思维中劳动正义的逻辑进路和时代意蕴具有积极意义。但马克思的批判思维和方法基于人类社会的总体发展逻辑，其正义论具有历史唯物主义根基，其劳动正义思想属于历史唯物主义正义观的视域范畴。笔者认为，唯有从唯物史观叙事中深究马克思劳动正义思想的发展脉络，才能在更深层次上透视其具体展开的历史语境，进而理清马克思在批判中建构的思维方法。

史观与其劳动正义思想的展开具有叙事上的一致性，旨在揭示人类劳动与现实的人的生存方式、人类社会形态的深层关联，表征为劳动正义的逻辑先在性、围绕生产正义的总体展开、以社会正义的主题为参照的三重结构。

马克思将人的现实生存境遇同超越现实的价值追求关联起来，在历史进程中彰显出劳动正义在人与世界关系中的逻辑先在性。马克思在确证劳动正义逻辑先在性地位的基础上，明确了"现实的人"的劳动在具体生产领域的总体展开，体现了对生产领域和社会公共生活中正义性思想的观照。因此，马克思的劳动正义思想的三重结构呈现为由内及外、相互设定的层级结构。

马克思的劳动理论是其阐发劳动正义思想的基石，他立足于人独特的存在方式，在人类劳动与社会历史的互动中，深刻把握人类存在的劳动根基。马克思在唯物史观叙事中澄明人的内在规定，通过确证劳动的本质地位来为人的内在超越性提供可能。他在对黑格尔和费尔巴哈历史观的批判中揭示了"现实的人"的根本立足点，确定了以人的现实活动为主体的历史观。在《1844年经济学哲学手稿》中，马克思重审了黑格尔以"自由精神"为主体而循环行进的历史观，扬弃了其唯心史观所依托的思辨形式，肯定了其辩证法的否定性原则所蕴含的推动性与创造性力量，并将其辩证法本质的载体还原为现实中的人及其实践活动。马克思指出，"整个所谓世界历史不外是人通过人的劳动而诞生的过程，是自然界对人来说的生成过程"[1]。然而，此时马克思仍在人所谓"类"劳动的视野下理解人的存在本质。直到《关于费尔巴哈的提纲》，马克思在反思费尔巴哈将人的感性存在与其实践活动相分离的历史观中，摒弃简单抽象的哲学推演方法，在哲学变革的高度上将人的劳动阐释为对象性的感性活动，即体现了人对自然能动关系的物质生产实践，并进一步指出，"环境的改变和人的活动或自我改变的一致，只能被看做是并合理地理解为革命的实践"[2]，由此

---

1 《马克思恩格斯文集》第1卷，人民出版社，2009，第196页。
2 《马克思恩格斯文集》第1卷，人民出版社，2009，第500页。

确认了人的实践在人与世界关系中的核心地位。《德意志意识形态》的完成标志着以生产逻辑为基础的唯物史观的形成，表明马克思的理论叙事重心已由"实践"向"物质生产"过渡。马克思将物质资料生产方式视为唯物史观的基础，提出了"生产关系""交往方式"和"所有制形式"等劳动范畴，着重从物质生产劳动的具体方式认识社会历史与结构的客观规律，揭示了人类劳动实践的社会条件限制和社会关系规定。

马克思在澄清"现实的人"与其社会关系问题的基础上明晰了劳动的正义性思想价值。他在阐述"现实的人"的存在本质时揭示了人在生存、生产过程中对正义的需要，认为"现实的人"是"从事活动的，进行物质生产的，因而是在一定的物质的、不受他们任意支配的界限、前提和条件下活动着的"[1]存在物，"现实的人"在来源和存在方式上都体现出受动性与能动性的双重特征，展现于自然与社会的双重维度。当人在社会交往中扩大物质生产劳动时，其存在方式就会被各种社会关系所限定，人通过实践创造新的社会关系，显现出人在诸多社会关系中对正义的需要。人对正义的需要在实现自身生存发展中逐层显示出来，即从通过物质生产劳动满足"生活的第一需要"，发展为从事复杂多变的实践活动以实现自身独特生存方式延展的需要，进而在劳动的推动下产生更新、更高级的需要。在分析人的自然存在需要与社会存在需要的相互关系时，马克思认为人的自然存在需要只有在社会存在框架中才能真正实现，他犀利地指出现代市民社会中实现人的生存需要的结构性矛盾，即个人在社会公共生活中热衷于追求自身的权益而与他人陷入利益冲突时，"每个人都互相妨碍别人利益的实现，这种一切人反对一切人的战争所造成的结果，不是普遍的肯定，而是普遍的否定。关键倒是在于：私人利益本身已经是社会所决定的利益，而且只有在社会所设定的条件下并使用社会所提供的手段，才能达到；

1《马克思恩格斯文集》第 1 卷，人民出版社，2009，第 524 页。

也就是说，私人利益是与这些条件和手段的再生产相联系的"[1]。在马克思看来，物质生产是劳动本质力量发展的必然要求，而劳动逐利性则是资本主义发展的必然结果并阻碍劳动能力的真正发展，这一指认隐含着马克思对正义价值问题的思考——如何超越自然人纯粹利己需要以满足社会共同体普遍需要。尽管他并未直接论述劳动正义的理论内涵与实现方案，但已经提出人能够且需要按照社会规定的正义尺度和价值进行劳动。马克思的劳动正义，是以"现实的人"的劳动实践及其需要为出发点来规定正义理念的存在依据和价值旨趣，蕴含了对劳动活动与交往过程中主体自由及其相互间公平、和谐正义价值的诉求。[2]劳动正义在任何时代对人与社会的发展都是重要的理论和实践课题，构成了人与人的社会关系的合理性前提，是马克思政治哲学视域中的特殊范畴。我们不仅需要依靠政治经济学、社会学和法学等予以技术性分析，而且需要从哲学的理论高度予以整体把握。只有劳动正义才能接近人的本质诉求和现实需要，使劳动成为人自身创造历史的实践过程。

随着马克思对"现实的人"的存在方式与物质生产劳动的深入分析，劳动正义的逻辑先在性地位在唯物史观的理论叙事中愈渐凸显，这既是唯物史观理论成熟的表征，也是促使人在现实社会生产中领会到自身劳动的本质力量的历史必然。马克思的劳动正义思想经历了抽象批判与现实超越的深层推进过程。他在批判抽象正义观念中划清了现实劳动的正义性与唯心主义、人本主义抽象正义观的原则界限，反对黑格尔从抽象的实践理念分析市民社会的运行机制，摒弃了以抽象的方式批判抽象的思维方法，并在深究社会生产力与生产关系变革的维度上解剖了费尔巴哈强调人生幸福的人本主义正义观，最终在物质生产领域指认"劳动"为市民社会的主要内容。通过对人的存在的辩证理解，马克

---

1 《马克思恩格斯文集》第 8 卷，人民出版社，2009，第 50 页。
2 参见毛勒堂：《劳动正义：一个批判性的阐释》，《上海师范大学学报（哲学社会科学版）》2016 年第 5 期。

思将人的劳动理解为有限性与无限性的内在统一，认识到劳动正义对人存在发展的本质力量。马克思认为，人总是在具体的历史条件下才能从事劳动，而劳动的本质力量使人拥有不断超越历史规定、营造自我发展空间、逐步走向解放道路的根本动力。马克思将劳动正义视为一种本质力量，其促使人在历史发展中彰显超越的本性，进而使人"认识到产品是劳动能力自己的产品，并断定劳动同自己的实现条件的分离是不公平的、强制的，这是了不起的觉悟，这种觉悟是以资本为基础的生产方式的产物，而且也正是为这种生产方式送葬的丧钟"[1]。劳动创造了社会发展所需的物质产品以及生产过程中的社会关系，工人在劳动实践中的分工、劳动产品的社会流动体现了人与人之间的社会关系的物化，社会关系的总和以生产关系为主要形式，成为人证明自身存在的基本方式，劳动充当人与自然界的纽带，劳动正义则构成人化自然以及社会生产组成的生活世界。马克思对劳动正义与具体社会生产关系的分析表明，劳动作为人的本质力量在现实社会生活与物质生产领域具有复杂多变性。

　　马克思在唯物史观的理论基础上揭开了历史向世界历史行进的一般过程，阐明了社会生产力普遍发展的历史动力，在世界历史的宏大叙事中重新审视人与世界的关系，澄清劳动本质的复杂性，挖掘劳动正义性价值的存在根据。人与世界的关系主要表现为人与自然、人与人的社会关系两个层面。在人与自然的关系层面，"人们生产自己的生活资料，同时间接地生产着自己的物质生活本身"[2]。生产劳动使得人在自然存在中超越自身、在与自然的矛盾关系中达成内在统一，使人与世界在世界历史进程中结合为动态的否定性统一关系。在人与人存在的社会关系层面，马克思强调从人的社会关系角度来省思人的存在，在社会关系中考察人与世界的关系，突出劳动把人、自然、社会三者辩证统一起来的实践本质。马克思阐释了劳动作为人的存在方式的基础地位，并在交往

1《马克思恩格斯文集》第 8 卷，人民出版社，2009，第 112 页。
2《马克思恩格斯文集》第 1 卷，人民出版社，2009，第 519 页。

范围日益扩大的世界历史进程中，从劳动正义出发反思人生存于现实生活世界结构中的深层根据问题：劳动正义如何在具体的物质生产活动和社会生活实践中确证自身的逻辑先在性地位？笔者认为，马克思在唯物史观理论叙事中所体现的劳动正义思想始终与生产正义、社会正义的主题密不可分，并在唯物史观的发展中澄明了劳动正义在与生产正义、社会正义"共在"层级结构中的逻辑先在性地位。

在马克思的唯物史观叙事中，生产正义处于"现实的人"存在方式的核心层级，生产正义原则是劳动正义价值的具体化，在总体展开中体现了劳动正义的需要。[1] 马克思认为，正义是处于持续创生中的运行原则，劳动正义作为人本质的存在方式和价值追求，内在规定了人感性地确证自身存在过程的现实性。人在现实的物质生产过程中逐渐认识到劳动正义的需要，但这种自我认识致使人在生产领域中的劳动正义诉求与私利欲望之间的矛盾更加复杂，人既意识到劳动正义能够契合人本质的存在而推动人走向自由解放，又在具体的劳动活动中为满足自身生存和发展需要，而不断展开扩张性的物质生产。在人类物质生产的历史中，生产方式的变革和生产关系的调整构成了正义原则的决定性因素，生产正义成为马克思探寻正义原则经济根源和制度前提的新向度。马克思指出，劳动正义需要在经济领域表现为生产正义原则，揭示了生产正义之于人的存在和社会发展的动力之源。在马克思看来，物质生产"是一切历史的基本条件"[2]，人领会到物质生产劳动逐渐确证了自身存在的合理性，围绕生产总

---

1 劳动正义和生产正义是马克思劳动正义思想结构中两个不同位阶的基础范畴，彼此既相互联系又相互区别。其中，劳动正义更为根本，指"人是目的不是手段"的劳动最原初的基质性正义和"有意识的自由的活动"正义；生产正义是劳动正义的具体呈现和展开，是第一性物质生活生产和由之产生的第二性精神生活生产的现实化"生活的生产"正义。换言之，"劳动正义"是就马克思的劳动类本质的意义上而言，从根本上与劳动的异化性非正义区隔开来；"生产正义"是就马克思政治经济学批判论域的"生产、分配、交换、消费"结构中的物质生产环节而言的生产性正义，即生产、分配、交换、消费各环节虽然有时两两互为前提而又始终彼此依存，但生产最终起着决定性作用，由"生产、分配、交换、消费"结构中所产生出来的正义问题归根结底是一种生产性正义。（参见《马克思恩格斯文集》第8卷，人民出版社，2009，第5—21页）

2《马克思恩格斯文集》第1卷，人民出版社，2009，第531页。

体展开的方式来表征生活状态，这种生产方式"是他们表现自己生命的一定方式、他们的一定的生活方式。个人怎样表现自己的生命，他们自己就是怎样。因此，他们是什么样的，这同他们的生产是一致的"[1]。马克思充分肯定生产在展现人类力量上的核心作用，在"生产什么""怎样生产"的问题上凸显了正义性原则，认为生产方式决定生产正义原则的内容和实质，唯有生产方式的正义才能确保生产关系的正义，使人在把自然关系变更为属人关系的生产中明确正义范畴的规定性，即生产正义作为现实变化的层级既塑造着多重矛盾关系构成的正义的存在状态，又从根本上回应了渗透于人本质力量的劳动正义需要。

在马克思看来，生产正义推动了社会正义主题的形成，折射出劳动正义价值在社会正义主题中的体现程度，肯定劳动正义内蕴的共产主义正义观。唯物史观的社会正义主题旨在通过构建正义的社会关系而走向"自由人联合体"，潜在肯定了人之发展需要的内在动力，依托以生产方式变革为推动力的构建逻辑展现社会正义的内涵指向。唯物史观揭示了个体利益与普遍利益的内在冲突，主张只有重构正义的生产方式才能培养人对现实正义的自主认识。马克思认为，生产正义是人类意识对社会关系的反映，决定着社会正义的内容和形态的变迁，由变革生产方式而确立起来的社会正义必定在一定历史时期形成总体的层级结构，即形成社会共同体的正义秩序与基本遵循，社会关系的正义发生变革必定产生影响生产方式及其正义尺度的力量。"马克思从社会发展阶段上肯定了'正义'存在的社会形态性，即是某一生产方式下的正义，但作为'生产方式下的正义'绝不是马克思所追求的社会正义，他所追求的社会正义是人类解放视域下的社会正义。"[2]唯物史观叙事基于社会形态理论来把握社会正义存在的历史背景，借由生产正义的现实动力中介与劳动正义的根本价值诉求形

---

1 《马克思恩格斯文集》第 1 卷，人民出版社，2009，第 520 页。
2 牛小侠：《马克思双重向度"社会正义观"的当代阐释及意义》，《吉林大学社会科学学报》2018 年第 4 期。

成了双向辩证的呼应式层级结构。

马克思的劳动正义思想具有由内及外的层级结构划分，也指向相互对照的多样层级性发展。马克思立足于"现实的人"及其存在方式的理论视域，在唯物史观的理论叙事中将劳动视为人的生存根基，使劳动的正义性诉求成为人类历史前进的内在动因，并在阐释人与世界的现实关系中形成了人、自然和社会"三位一体"的矛盾性结构，其在现实的社会历史进程中表现为劳动正义、生产正义和社会正义深度耦合而成的系统性正义层级结构。在这一结构中，劳动正义作为基始层次，体现了人本质力量的正义需要；生产正义是劳动正义的核心层级，塑造了人类社会现实发展方式的正义原则；社会正义是劳动正义的表层结构，生产正义则衍生出人与社会整体关系的正义规范。以劳动正义为基点的层级结构与唯物史观的理论叙事框架具有内在逻辑的一致性，马克思在分析人类劳动形式演变的过程中，夯实了其正义思想历史性观念的唯物主义基础，实现了正义思想从劳动本质维度向生产领域、社会整体结构的深入探进。在物质生产领域的核心层次，生产方式与生产关系的复杂矛盾性必定使得劳动正义范畴带有多样性现实特征。随着生产方式的正义问题延展到社会关系的总体层次，马克思转而从社会存在的视角求索现实正义的深层根据，在肯定生产正义为社会正义必要条件的同时，强调基于物质生产发展来获取伦理、政治、文化等领域所滋生的正义观念，促使这些正义观念为社会正义总体的存在提供合理性论证，从而为走向"自由人联合体"指认正义性存在方式的基础。

二、马克思对劳动"非正义性"的前提批判与历史解构

马克思唯物史观的创立与其对异化史观的扬弃是同一历史过程，劳动异化是异化史观的建构基础，构成了马克思批判资本主义社会中非正义性劳动生产的理论切入点。生产正义和社会正义问题集中表现在资本主义社会中。

在资本主义社会中，人的本质被遮蔽，劳动活动产生异化，非正义劳动成为人形成劳动自觉意识的主要障碍。马克思既高度评价资本主义社会运作中劳动的历史动力作用，更在对异化劳动的解密中阐明"资本正义""经济正义"支配下非正义劳动生产的存在形式与危害，呈现了资本主义私有财产的制度根源和理论前提，从劳动异化和私有制的关系视角打开了劳动正义问题的解答思路。

马克思将资本主义社会视为考察人的生存方式和劳动过程的主要场域，根据生产正义和社会正义在资本主义社会的现实表征，辩证地阐发了劳动的双重属性。马克思肯定生产正义对社会正义的奠基作用，认为物质生产劳动在资本主义社会充分发挥了人的本质力量，肯定"资产阶级在它的不到一百年的阶级统治中所创造的生产力，比过去一切世代创造的全部生产力还要多，还要大"[1]。但他同时指出，资本主义生产方式并未彰显人的本质力量，明晰了资本主义主导的生产正义、社会正义与劳动正义之间的矛盾。在马克思看来，资本主义的生产方式推动劳动从体现劳动者本质力量的实践活动转变为资本增殖所需的生产要素，将"活劳动"置换成积累剩余价值的手段，促进资本的扩大再生产，在这一过程中资本与生产之间的非正义交换暴露无遗。资本主义生产方式促使现实生产能力和劳动者的自由生产意识获得一定程度的解放，然而，虽然劳动生产率得到提升，劳动者却面临每况愈下的生存困境。在对资本主义生产过程的批判中，马克思意识到劳动成果与产品所有权的分离是资本剥削劳动的必然结果，指认这一后果是资本主义社会中劳动"非正义性"的体现，即人类劳动被动融入资本增殖的同一过程，成为达致资本主义社会正义与生产正义的条件。

在《1844 年经济学哲学手稿》中，马克思将研究对象从人类劳动转换到

1《马克思恩格斯文集》第 2 卷，人民出版社，2009，第 36 页。

资本主义社会中的"异化劳动",发现"异化劳动"背后的"现实的人"的存在样态的异化,认为"异化劳动"是对人本质力量的颠倒和异化,在资本主义社会表现为工人阶级的劳动异化。马克思从劳动产品、劳动活动、人自身的"类本质"以及社会关系的四个维度阐述了劳动异化问题,其中,在论述工人与资本家的社会关系时,他指出"一个人同他人相异化,以及他们中的每个人都同人的本质相异化"[1]。在资本主义社会制造的劳动异化中,资本家也被无形地异化为虚假的主体,其实质是将自身抽象化为资本(物)的支配权力。马克思从"经验事实"的维度分析劳动异化的必然性,解构了"异化劳动"的非正义表征。他将资本主义生产方式置于历史的发展逻辑中进行考察,针砭整个资本主义社会关系的"事实正义性"表象,即"只要与生产方式相适应,相一致,就是正义的;只要与生产方式相矛盾,就是非正义的"[2]。资本家以与资本主义生产方式相匹配的资本主义社会正义观为雇佣劳动制度的合理性辩护,将不符合资本增殖的生产视为非正义劳动,而在马克思看来,真正的劳动"非正义性"是资本家对工人劳动的剥削所导致的。

马克思在反思资本主义生产方式过程中解构了由"资本正义"所引致的劳动"非正义性",认为未能彰显正义的劳动在现实生产领域是"资本正义"逻辑强行压制劳动力发展的必然后果。资本主义在缔造劳动生产与资本增殖相统一的历史过程中创造了劳动自觉依附于资本的"正义"规则,将资本主义工厂幻化为"温和监狱"的"正义"社会图景。伴随对生产领域物质基础和经济根源研究的推进,马克思在资本主义生产关系中把握了"资本正义"与资本生产劳动"非正义性"之间的历史同构性,生产正义问题通过生产力发展与资本增殖的相互依存得以显现。资本逻辑在资本主义生产方式中证实自身增殖的"天然正义",即资本获取的生产增殖得益于其本身生发的价值而非源于劳动力的

---

1 《马克思恩格斯文集》第 1 卷,人民出版社,2009,第 164 页。
2 《马克思恩格斯文集》第 7 卷,人民出版社,2009,第 379 页。

创造，从而创设出社会生产与劳动无关的"资本正义"。生产力的产生和增长是依附于资本主义生产方式的动力要素，生产劳动在保证资本增殖的过程中确证了"资本正义"的理论基础。"资本正义"的实现饱含对物质财富和剩余价值的极度贪婪、对劳动者物质生产劳动能力的霸权统治以及对个人与社会关系的抽象颠倒，物质生产在加深资本普遍"正义"的同时也裹挟着强制性话语，企图使整个社会生产领域在潜移默化中接受资本逻辑的宰制。人的劳动不是天生采取雇佣的形式并依靠于资本，而是在物的关系笼罩下逐渐形成对"资本正义"的推崇和对资本抽象统治的趋附。马克思发现："劳动所生产的对象，即劳动的产品，作为一种异己的存在物，作为不依赖于生产者的力量，同劳动相对立。"[1]"资本正义"并非资本家天生的幻想，而是"异化劳动"的产物，"资本正义"一经产生就会以法权的形式确认劳动能力与劳动条件相分离的正当性，进而将物质生产规定为与"资本正义"相一致的"劳动正义"，这种忽视了人本质力量的劳动无法真正实现生产力水平的高度发展。

马克思在解剖"资本正义"中将研究的触角深入到经济生活领域，从资本主义经济领域的"正义"现象入手，解构了现实生产中的非正义因素。"资本正义"和劳动"非正义性"之间的关联依随物质生产力的发展而逐步凸显为"经济正义"与劳动"非正义性"的必然关联。在经济利益的驱动下，资本逻辑从对生产资源的暴力掠夺转化到对经济活动和金融资源的隐性掌控。资本逻辑逐渐将"资本正义"的目的寄托于经济利益领域，将追求经济利益的最大化、合法化的"经济正义"视为资本"天然正义"的实现。资本逻辑宰制下的经济利益增长成为生产力发展水平的判定标准，经济生产与交换的最终目的是实现利润增长。人类生产劳动是决定社会结构和生产方式的基础，而资本逻辑主导的"经济正义"理念彻底颠覆了劳动之于社会整体发展的根基地位，必定造成劳

---

[1]《马克思恩格斯文集》第 1 卷，人民出版社，2009，第 156 页。

动正义与"经济正义"相背离，无法带来经济利益的劳动被视为对"经济正义"原则的违背。马克思认为，在资本主义"经济正义"的社会关系中，生产劳动最初以占有和获取基本生存资源为目的，劳动正义本质上符合人自由本性的正义价值，但以物质利益和经济效益至上的"经济正义"致使追逐物质财富成为首要目的，社会关系被嵌入经济体系之中，根本体现人自身价值的劳动方式被遮蔽，劳动演化成单纯追求经济利益的现实力量，其"非正义性"的现实表征逐渐扩散，"而这首先又只有通过异化的形式才有可能"[1]。工人在生活中遭受的种种压迫都根源于劳动异化，劳动的非正义性正是反映了劳动异化与社会现实的正义要求之间矛盾，即非正义终将导致政治权力与现实利益的抗衡。因为对于资产阶级而言，物质生产之外的一切劳动都是非正义的，人的"类本质"以及人与人关系的异化在生产劳动的异化中逐步工具化。

在揭示资本主义社会中劳动的非正义性时，马克思展开了对资本主义社会生产方式中的抽象"经济正义"观和现实经济利益关系的双重批判，并对资本主义社会总体关系及其"正义"原则进行深度批判，认为资本生产中劳动的"非正义性"始终与体现人本质力量的"劳动正义"相违背，因此，必须挖掘出深藏于经济利益和社会整体关系中的"合理性"存在根由。在分析经济利益关系时，马克思指责资产阶级政治经济学借用"经济事实"掩盖"社会现实"的企图，揭露经济运行中以物质利益为量化标准来规定劳动运作的非正义实质。针对资产阶级经济学家对资本生产的辩护，马克思通过剖析资本主义经济活动方式和生产关系，创造性地把握了限制资本主义生产力发展的根源——资本本身，即资本增殖固化了经济发展的模式，最终导致非正义的劳动。

马克思从资本主义私有制的根源处对劳动的"非正义性"进行了前提性批判。他指出，资本主义生产关系中使资本价值得以保存和实现增殖的正义尺

---

1 《马克思恩格斯文集》第 1 卷，人民出版社，2009，第 205 页。

度，以及经济生活中人们所渴求的自由、平等的正义秩序，都是资本主义私有制伪造的虚假"外衣"，都要依靠私有制和资本力量共同构筑的"锁链"才能获得保证。马克思在《资本论》中着力批判了资本主义制度，深刻透视资本主义私有制度下劳动的"非正义性"及其对人的否定力量。正如马克思在分析资本主义生产剥削方式时所指出的："从资本主义生产方式产生的资本主义占有方式，从而资本主义的私有制，是对个人的、以自己劳动为基础的私有制的第一个否定。但资本主义生产由于自然过程的必然性，造成了对自身的否定。这是否定的否定。"[1]资本主义在私有制基础上所建立的经济运行规律，开启了对劳动力无情的压制和奴役的历史进程。马克思认为，资本主义制度本身带有剥削的非正义属性，资本主义剥削的形成根源于私有制内生的普遍性社会关系，进而明确了资本主义制度建基于阶级对立式思维的实质，而剥削的秘密隐藏于生产劳动的合法性支撑之下，"资本主义生产过程在本身的进行中，再生产出劳动力和劳动条件的分离。这样，它就再生产出剥削工人的条件，并使之永久化"[2]。马克思批判了资本主义制度的剥削本性及其不断衍生的消极力量，认为私有制度所安排的社会关系遮蔽了劳动的正义性价值需要。他从制度根源上对资本主义劳动的非正义因素所展开的批判，在唯物史观的叙事中是关于历史前提的批判。他将资本主义社会生产置于人类历史演进的过程中，指明资本主义生产方式在私有制度支配下无法克服的必然矛盾及其所昭示的暂时性、阶段性的历史"正义性"。

三、劳动关系悖论的求解与劳动正义的实现

马克思在对资本生产劳动"非正义性"进行历史解构和前提批判时，澄明

---

1 《马克思恩格斯文集》第5卷，人民出版社，2009，第874页。

2 《马克思恩格斯文集》第5卷，人民出版社，2009，第665—666页。

了"资本正义""经济正义"在现实生产过程中的剥削实质。马克思对资本逻辑支配下劳动方式的剖析涵盖经验事实和社会历史现实的双重维度,体现了逻辑与历史相统一的研究方法。马克思所解析的劳动正义问题,归根结底旨在揭秘劳动能力与劳动所得之间的悖论:一是从劳动与资本的外在关系分析"资本正义""经济正义"与劳动正义的异质性矛盾;二是从劳动内部运行的关系探求劳动能力与劳动所得的分立式冲突,并在此过程中从劳动自由和人的自由发展的高度求解劳动关系的悖论,得出资本主义生产方式中劳动关系非正义的阶级性和暂时性特质,明确劳动正义才是真正体现人本质力量的价值诉求。马克思阐明了实现劳动正义所面临的现实障碍,澄清了劳动正义具有符合人类劳动自由本性和现实劳动动态生成的双重特质,以唯物史观的立场和方法扬弃现实的劳动关系困境,为实现劳动正义奠定基础。

在唯物史观的视域中,劳动关系是社会生产关系中最基本的组成,劳动关系必然涉及劳动与资本、劳动者与资本持有者之间的关系。马克思对资本主义生产方式中"资本正义""经济正义"和劳动"非正义性"内容的阐发,实质上体现了其对劳动与资本关系的深刻理解,证实了生产力发展未能破除"资本正义""经济正义"对劳动正义诉求的压制,进而从这一历史困境中揭示了劳动与资本的固有矛盾。在马克思看来,生产力的发展致使资本主义生产方式的社会化模式得以巩固,构建了迎合社会生产需要的正义价值体系,掩盖了生产过程中的非正义性实质,抹杀了劳动在生产过程中的正义诉求。资本主义生产方式致力于发掘并极力占有劳动能力,强行催动人的劳动价值与经济利益的增殖需要相一致。资本主义以物质利益为"正义需要"置换了劳动正义的价值理念,它们强调资本生产劳动的巨大能量,以"自由""解放"为诱饵将劳动者引向资本的扩大再生产中,以规避审视和质问劳动能力与个人所得之间的关系及其正义问题。资本自身的生产使得劳动的物质利益组成逐渐成为资本主义生产链的重要一环,而劳动正义却被资本积累与经济增长的价值所吞噬,使得资本与劳动能力的交换演变为固定的经济关系。马克思在分析劳动与资本关系的变化中指出，"历史的过程使在此以前联系着的因素分离开；因此，这个过程的结果，并不是这些因素中有一个消失了，而是其中的每一个因素都跟另一个因素处在否定关系中：一方面，是自由的工人（可能性上的），另一方面，是资本（可能性上的）"[1]。尽管劳动与资本之间的关系形式发生了变化，但资本占有劳动的实质未变，只不过在劳动与资本之间将产生"否定性"的对抗关系，劳动所具有的一切生产力均化为资本的内生力量，劳动正义的社会需要也被资本的"物性"及其统治强力所遮蔽。

马克思从交往关系的维度探析资本主义生产关系，洞悉了资本主义社会的本质以及剩余价值生产过程中劳动与资本的深层矛盾。马克思认为劳动与资本关系的矛盾形式已在剩余价值生产中从资本对劳动的直接占有转变为商品、货币和资本对劳动关系的颠倒。马克思着重从交换和分配领域揭露剩余价值剥削劳动的独有方式。他认为，资本主义生产方式在交换领域通过劳动与资本的市场结合生成了更强劲的生产力，劳动与资本的交换关系在表面上遵循着正义原则，但实际上"工人在把自己出卖给资本家以前就已经属于资本了。工人在经济上的隶属地位，是通过他的卖身行为的周期更新、雇主的更换和劳动的市场价格的变动来实现的，同时又被这些事实所掩盖"[2]。劳动者遵循着资本持有者所制定的以平等、自由为核心要义的"正义规则"，在交换地位上已然具有先在的非正义性。而资本持有者正是利用劳动生产剩余价值的潜能，才将货币转化为能够再次购买劳动力特殊商品的资本。在分配领域中，马克思指出，资本家将劳动等同于一般商品而支付劳动力价值，无视劳动能力的"使用价值本身具有成为价值源泉的独特属性"[3]，劳动与资本的冲突在分配领域表现为资本迫

1　《马克思恩格斯文集》第 8 卷，人民出版社，2009，第 156 页。

2　《马克思恩格斯文集》第 5 卷，人民出版社，2009，第 666 页。

3　《马克思恩格斯文集》第 5 卷，人民出版社，2009，第 195 页。

使劳动不断创造剩余价值的强制剥削。劳动与资本关系的实质在于凭借简单商品交换的"正义原则"抹平了劳动者与资本持有者在现实交往中可能存在的非正义性。

劳动与资本的外部关系促进马克思对劳动内部关系进行省思。他洞察到劳动能力与劳动所得之间的深层矛盾。马克思以资本主义生产方式为参照，对比劳动自由理想中的正义价值，从劳动能力的开掘、劳动客观条件的初始持有和劳动成果的实际获取等层面深思劳动内部关系的正义性。在劳动能力层面，他肯定劳动能力在彰显劳动正义性中的基础地位，认为劳动能力的正义性标志着人对自身生活的合理预期和自由选择，同时客观分析了资本主义生产中劳动能力自由选择的限度，即"这里所谓自由，一方面，是指工人支配他作为商品的劳动能力，另一方面是指他不支配任何别的商品，一贫如洗，没有任何实现他的劳动能力的对象条件"[1]。在现实的资本主义生产过程中，雇佣劳动作为一般劳动活动与获取价值增殖的二重性，使得劳动正义既要履行实现人本质力量的天然职责，又要满足资产阶级对它的"正义"需要，即只有生产出剩余价值的劳动才称得上"正义"。资本所有者强行占据劳动的客观条件，致使劳动者为了生存必须出卖劳动力，从而被迫放弃了自身对劳动能力的支配和交换自由的权利，这一有限的自由构成了资本主义非正义劳动关系的基石；在劳动客观条件层面，资本家在资本原始积累中对劳动客观条件暴掠攫取，否定了劳动者对劳动客观条件的初始持有，将"大量的人突然被强制地同自己的生存资料分离，被当做不受法律保护的无产者抛向劳动市场"[2]，劳动者在客观条件的限定中被迫从事依附于资本的雇佣劳动；在劳动成果层面，马克思认为雇佣劳动关系中的劳动成果完全由资本持有者操控，劳动客观条件和生产资料的私有性无法确保劳动者的自由权利与机会，资本主导的分配机制必定将劳动者的权利排除在

---

1 《马克思恩格斯全集》第32卷，人民出版社，1998，第42页。

2 《马克思恩格斯文集》第5卷，人民出版社，2009，第823页。

外，最终造成劳动能力与劳动所得之间不可调和的矛盾。

化解劳动关系悖论是马克思观照人类历史和劳动自由的理论主题，最终旨在求解劳动关系悖论中确定真实的劳动正义价值。马克思将劳动视为人的本源性存在方式，将劳动正义置于充实人的现实的生存意义、提升人的生命质量的优先地位，而劳动关系悖论归根究底是劳动与劳动者之间的对立。马克思认为，资本、商品对劳动能力、劳动的客观条件、劳动交换以及劳动成果所得的全面支配，使劳动者的权利在生产的各个环节处于绝对"失语"状态，这与劳动者通过生产过程发挥自身潜能和维护自身权利的诉求相违背。劳动既包含了对人的自由解放的承诺，又隐藏着戕害人性的倾向，体现劳动者本质力量的劳动活动具有促进人的自由的积极意义，而依附于资本逻辑所衍生的生产劳动则具有压制自由的弊病，劳动的双重悖论使得劳动关系的理论叙事变得复杂多样。

马克思从契合人自由本性的劳动活动出发，把劳动关系阐明为"现实的人"的存在及其在人类历史进程中自我实现程度的真实反映，在反思现实劳动关系中把握劳动正义价值。唯物史观自创立起就以实现劳动正义价值为重要关切。马克思肯定物质生产劳动是人类劳动的基本方式，物质生产劳动本质上决定了人的总体生活样态。他认为"劳动不仅在范畴上，而且在现实中都成了创造财富一般的手段"[1]，无论是社会生产和经济发展的问题，还是伦理道德和哲学思辨的难题，都离不开对劳动的现实把握。在马克思看来，劳动构造了现实的社会历史，人与世界之间通过劳动建立起基本价值关系。唯物史观关注人的本质存在及其自我实现，并在历史进程中追求劳动的自由和解放。真正观照人的主体性、体现人文关怀的劳动解放，才是劳动状态和劳动关系正义性的真实表征和价值诉求。

1《马克思恩格斯文集》第 8 卷，人民出版社，2009，第 28 页。

　　将劳动正义奠基于人的本质存在方式，把劳动的解放阐释为劳动正义的价值诉求，构成了马克思唯物史观叙事中最基本的理论关怀。马克思在洞察资本主义劳动方式和劳动关系中确立了实现劳动正义的两个基本方面：一是"解蔽"并深刻透视社会历史中实现劳动正义所面临的现实障碍，二是基于共产主义的正义价值理想探求实现劳动正义的路径。马克思认为，劳动解放的实现与对现实劳动异化、自由丧失和物质贫乏的克服是同一过程，尽管人在本质上是自由劳动创造的存在，但现实中诸多束缚人本质力量的异质性关系总是构成人生存状态无法割裂的部分。人的劳动创造了资本生产和社会所需要的价值，但其社会权利却没有得到保障，而资本的无限积累和雇佣工人贫困的加剧在生产扩张中形成了固定的结构性关系，工人所获劳动报酬只能在资本主义生产需要所容许的范围内进行调整，创造财富与滋生贫困之间的对立成为困扰劳动正义的顽固"病灶"，阻碍了人对劳动正义问题的觉醒。马克思从资本主义生产过程分析贫困的致因，认为资产阶级想方设法延长工作日，鼓励雇佣工人之间的竞争以加剧劳动强度，导致工人创造的价值与其所得财富成反比。立足于对资本逻辑和私有制的批判，马克思进一步追究无产阶级贫困问题的根源，指出私有财产及其滋生的权力关系是造成贫困问题的根本原因，"尽管私有财产表现为外化劳动的根据和原因，但确切地说，它是外化劳动的后果"[1]。只是想单纯改变劳动与资本之间的不合理关系，根本无法改写工人在劳动关系中的被动地位和贫困境遇的历史。马克思将克服贫困问题、实现劳动正义的路径聚焦于消灭资本主义私有制，提出消灭私有制是践行共产主义劳动正义观的首要关切，必须消除私有制的经济根基和政治法权依附，通过对异化现象的批判向人们展示自由解放的境界，使人在对现状的反省中形成将自我意识贯彻到革命、批判的实践中去的思维，达到人对自身本质的"真正占有"。

　　1《马克思恩格斯文集》第 1 卷，人民出版社，2009，第 166 页。

四、劳动生产形态的转变与劳动正义问题的重置

立足于劳动正义性问题的探析，马克思说明了劳动方式和劳动关系的理论性质与原则。随着唯物史观的发展，马克思从世界历史和全球化的角度对劳动方式与劳动关系的变化提出了新的见解。资本主义生产的扩展加速了人类历史的整体性发展，马克思认识到资本主义生产方式在世界历史阶段中的作用，明确了资本与技术进步的合流及其对劳动生产形态和劳动关系变更的影响，并以此为着眼点揭示了人类社会在世界历史进程中发展的客观规律。马克思从人类社会形态和社会关系总体的变动中，反思劳动主体及其性质的变化，确认了技术性劳动生产形态与知识性经济生产关系的实质内容，从而对资本逻辑支配劳动的状态展开深刻批判，探讨了扬弃资本逻辑主导的历史条件。在马克思的世界历史理论观照下，劳动正义问题从与资本的直接对立关系中转换到劳动中的"知识产权"领域，劳动正义价值如何实现的问题在资本主义全球化时代被搁置，对劳动正义问题的重构仍然归诸资本主义私有财产法权制度之内。

纵观马克思的世界历史理论，技术进步及其与资本的融合改变了劳动能力的基本构成和劳动生产形态。马克思承认资本主义生产扩张开启了世界历史的客观事实，认为资本主义寻求剩余价值的生产方式和逐利性在世界历史演化中没有改变，为了实现以世界市场为基础的生产方式的全面社会化，资本主义通过扩张资本的生产方式和制度手段实现了与科学技术的结合。资产阶级在世界历史进程中逐渐意识到，要想获取更多剩余价值，必须克服不同民族主体参与全球生产格局的界限，深切感受到科学技术在生产过程中对克服生产限制、攫取物质利益的强大效用。在世界历史发展进程中，资本持有者为了使生产资源在世界范围内实现最优配置以获取财富积累最大化，必定倾力推动科学技术的发展，以此重塑劳动能力的技术构成，并在技术进步中创造新的劳动生产形

态。马克思在对"异化劳动"批判中逐渐阐释了技术性劳动的思想，他建构了科学技术的对象化、异化及其扬弃的理论叙事，澄清了技术性劳动在资本掌控的世界历史中逐渐被视为人的"类本质"并引导人发展的逻辑。随着资本与技术的联合，技术进步成为劳动能力的主要构成，技术性劳动成为人本质力量和"类本质"活动的集中体现，技术性劳动生产自然被粉饰为解放人的力量。

随着世界历史的发展，劳动生产形态的新特点在于技术进步成为人与自然关系的中介力量，这种新特征在深层次上指向技术进步中全球劳动关系的变化。技术进步通常表现为人类改造自然和社会生产能力的增强，"在给定的技术背景下，技术系统效能的增加，可以很容易被解释为人的能力的增加，以确保该系统所施加的实际行为与人的目标一致"[1]。技术进步中的生产方式旨在塑造社会生产与人的劳动解放需求相一致的模式，倾向于将与生产效率、经济效益相一致的客观价值作为劳动能力与技术效能发展的测量标准。马克思对生产劳动中的工业扩展和技术进步进行深入分析，指出劳动中技术因素比重的提升会增强劳动者在生产过程中的组织力量，劳动者在反省资本剥削中积蓄了抵制能力，但工人的对抗性运动却无法从根本上改变资本对劳动的抑制关系。尽管资本增殖与技术进步是同一个历史过程，都旨在为世界历史的发展提供物质支撑，但资本对技术仍具有绝对先在的控制权，技术进步中劳动关系形式的变化依然隶属于资本逻辑扩张下的生产范围。技术进步对人力、技能等可变资本的要求不断提升，催促劳动者为获取文化、知识和技能来提高自身劳动生产力而投入更多的精力、时间等成本。资本主义生产过程在改变劳动能力构成的同时，实现了资本积累方式的更新，资产阶级通过购买高科技含量的机器提高劳动生产率，以获取更多剩余价值进而扩大再生产。

资本通过与技术进步的结合实现了对劳动关系愈加隐秘化的控制，造成并

1　吴国林、程文：《技术进步的哲学审视》，《科学技术哲学研究》2018 年第 1 期。

加深了劳动关系中资本积累和劳动收益的分化，扩展了资本对劳动能力的剥削空间。资本主义生产方式具有生产物质商品与阶级剥削的天然二重性特征：确立了劳动与所有权相统一的"正义"规则，即资本家对工人劳动过程及其产品拥有绝对所有权；构造了劳动力为资本增殖服务的非正义关系。资本主义生产过程的展开促使劳动力愈益成为生产剩余价值的依附力量，而技术进步在生产过程中发挥主要推动作用。技术进步通过缩短生产过程中损耗的社会必要劳动时间而改变了资本的有机构成，使得不变资本中的知识信息因素相应增加。技术对资本扩张的加持粉饰了资本主义生产方式的内在矛盾，营造资本逻辑自我消化和调节矛盾的能力不断提升的假象，其中，最主要的特征体现在其所确立的内在组织机制对经济生活的制度安排与执行产生的影响。技术进步确立了对"技术—经济"活动系统的自组织机制功能，其所确立的组织机制深刻形塑了独特的分配制度和"正义"标准。"正义"制度关注经济主体投入生产劳动过程中的正义诉求，在其中"占统治地位的只是自由、平等、所有权和边沁"[1]。技术进步确立了生产过程中"正义"原则的自由特质，通过提高劳动的技术构成来确证劳动方式对"自由"本性的诉求，致使劳动者"自主"成为经济生产过程中的"生力军"而丧失支配生活的自由权益，从而强化了"经济正义"的合理性。

资本通过与技术的结合而确立了新的生产组织方式，这种生产组织方式将人的劳动所创造的价值主要归功于技术进步，以助推劳动方式的变革来实现与所有权相对等的"正义"关系，最终诱导劳动主体在"资本正义""经济正义"环境中放弃了对劳动正义的诉求，其实质是对劳动正义问题的消极搁置。技术进步促进了劳动生产力的提高，技术性劳动生产模式推动劳动服务于资本增殖和经济增长的目的，使得劳动正义与"资本正义""经济正义"之间的冲突得

---

1 《马克思恩格斯文集》第 5 卷，人民出版社，2009，第 204 页。

到"消解"。但其背后隐藏着对技术权力的盲目崇拜。拒斥人性的现实冲突和劳动生成过程中的矛盾,反映了追捧技术性劳动能力为"终极实在"的过程论思维局限,势必造成对劳动生产价值的颠覆,导致劳动正义问题的实质内容被消极搁置。正义价值冲突关系的"消解"前提是劳动的技术构成与劳动方式的解放程度、社会生产的需求相一致,即劳动正义的诉求在资本主义生产方式制造的正义价值形态中得以"实现"。但"资本正义"价值形态归根究底是追求物质利益诉求的观念反映,本身包含深层的内在悖论:"资本正义"以劳动的历史性、矛盾性为生产基础,却企图在生产过程中摒弃和遗忘劳动的历史性、矛盾性,坚信技术进步能够激发劳动的无限活力以建立摆脱生产有限性的世界。技术进步中生产领域的正义价值形态通过技术权力建构了解决一切难题和挑战的终极意义,以资本主义主导的生产领域的正义价值涵盖并超越了所有正义价值目标,妄图在生产过程中实现不同领域的正义价值观念的统一,把人的生存本性与物质生产世界的普遍联系割裂开来,把劳动的工具性与目的性分离开来,忽视劳动作为一个整体的关系性存在,瓦解了劳动关系、社会关系与人的存在方式之间的密切关联,造成以劳动正义作为评价生产过程的尺度向被动接受生产方式抽象评判的转变。

技术进步中劳动生产形态和劳动关系的改变及其对劳动正义问题的搁置,根本原因在于对技术权力来源的忽视,而在技术权力与劳动权力的关系视域中审视劳动正义必然引起对劳动正义问题的重置。技术进步通过提高劳动的技术构成提升了生产效率,掩盖甚至否定了劳动作为满足人基本生存需要的根基地位,但在摧毁劳动的历史性和矛盾性后却并未确立技术性劳动的根基地位。生产过程中的劳动能力与体现劳动者生存需要的本质力量相背离,致使生产领域的劳动正义问题隐匿未彰。劳动是整个生产过程中的基本动力,技术性劳动的无限"活动性"及其对传统劳动局限的克服伴随技术的不断进步而愈益突显,但作为"活动性"范畴的技术性劳动所内含的本体论设定却被刻意"遗忘"。与一般的经济生产活动不同，技术进步中的劳动生产具有天然的不确定性，"不确定性即由于信息缺乏而使得准确预期某事的不可能性或区分相关或不相关数据的不可能性"[1]，技术发展预期的"不可能性"表明技术难以掌握生产需要的发展趋势。技术性劳动方式虽然展示出在物质生产上的强劲功能，但仍无法使劳动的本性得到充分释放，它事先设定了劳动过程与资本增殖、经济增长目的相一致，终将因抑制劳动自由发展而以无效告终。技术性劳动是劳动特殊的存在形态，其存在根基和载体是劳动本身，技术进步中的劳动正义依存于劳动本真正义理念的表达，但技术性劳动方式与生产关系是资本主义生产方式的附庸，孕育于其中的劳动正义理念被强制与经济生产过程的价值需要相契合，实际上体现了劳动能力与劳动所有权在全球化生产领域内产生了新的分离形式。马克思在分析资本主义生产方式时指出"异化劳动"与私有财产形成了相互作用的关系，即劳动在私有财产的关系中被异化为工人的生产和资本家的所得。在世界市场中，劳动正义的问题被放大为世界范围内的生产、分配与劳动者所有权的实现问题。

在资本逻辑主导的当今全球化社会和技术性劳动关系中，全球性的资本积累和贫困分化在各主体国家之间形成了以"知识产权"为核心议题的新的等级形式。"知识产权"问题事关劳动财产和所有权的主要问题，在全球化以及技术创新时代显得尤为突出。为了与劳动能力和劳动所得之间正义关系相呼应，应对"知识产权"给予制度形式的保护。但保护"知识产权"的制度仍然为资本逻辑所掌控，就变成保护资本持有者的利益，而非维护劳动能力与劳动所得的对等，便违背了劳动正义的价值本义。马克思在阐发劳动能力与所有权分离中说明了私有财产的起源问题，认为私有财产是"劳动借以外化的手段，是这

---

1 Frances J. Milliken, "Three Types of Perceived Uncertainty about the Environment: State, Effect, and Response Uncertainty", *Academy of Management Review*, Vol.12, No.1, 1987.

一外化的实现"[1]，同时指出私有财产是劳动外化的产物，证明劳动的对象化给劳动者在生产领域带来了有限的所有权。"知识产权"是劳动者在一定时期对其成果的所有权，其现实特质及制度安排源于私有财产和私有权理论，在技术性劳动为主的全球化时代，"知识产权"与劳动正义性问题产生密切关联。而在资本逻辑施行支配强权的语境中，资本持有者为了掠夺更多利益，抑制劳动者发出的抗议，从制度层面确定知识生产权力的独占性和成果占有的排他性，实际上是采取资本主义私有财产权的方式、利用技术的高效率来应对知识生产中劳动与资本之间的利益冲突。罗尔斯认为，正义的主题表现为"社会主要制度分配基本权利和义务，决定由社会合作产生的利益之划分的方式"[2]，即对"知识产权"的制度设计旨在化解现实的利益冲突，但寄生于资本逻辑关系中的"知识产权"制度本身就是资本持有者的利益主张及其理性选择，知识从产出到转化为现实生产力的过程涉及创造者、传播者和使用者等多方权利主体，不同权利主体力量的悬殊必然导致制度设计向强势的利益主体倾斜，反而造成利益的多元分化和冲突，导致了不同主体国家对知识生产中强权倾向的制度惯性和路径依赖，这种全球范围内"知识产权"制度的非正义性在现实的劳动正义问题上必将造成难以弥合的鸿沟。

在资本主义社会历史结构中审视劳动正义及其内部关系的演变问题，是马克思唯物史观叙事所包含的基本思想。马克思在唯物史观的建构中阐明了劳动正义、生产正义和社会正义的层级结构，对全部资本主义社会的基石即资本的人格化与资本逻辑主体性提出质疑，敏锐地洞悉资本主义生产结构的内在矛盾及其造成的劳动"非正义性"问题，揭露以资本主体为基点、建立在物质利益有用性上的正义价值尺度的弊端，指责"资本正义""经济正义"原则否定劳动正义本真内涵的内在局限。马克思在批判资本主义社会生产过程中体现的劳

---

1 《马克思恩格斯文集》第1卷，人民出版社，2009，第166页。
2 [美] 约翰·罗尔斯：《正义论》，何怀宏、何包钢、廖申白译，中国社会科学出版社，2009，第6页。

动正义思想，是以"现实的人"的本质存在及其生存方式为理论前提，并基于此确立了社会生产生活中劳动的正义性规范；反对颠倒劳动与资本主客体地位而把物质利益视为立法准则，指出其后果在于劳动规范基础的缺失。马克思劳动正义思想中内蕴解放的叙事、对美好未来社会生活的构想、物质生产走向的规范力量以及对现实社会存在的批判等向度，向我们展现了解读正义思想的重要问题域和研究生长点。解决劳动正义性问题的关键在于探寻以何种方式通达正义性的规范基础，从而揭示资本主义强权话语对人类劳动正义与交往自由的扭曲，最终将劳动正义问题的化解归本于人的劳动本身，这构成马克思正义价值理想的根本前提和本真意义。我们只有在对劳动正义的不断追求中，才能免于资本生产逻辑所制造的异化劳动的消极影响，一以贯之地保持人的本质力量的自我超越性。虽然社会生活中的劳动正义，在不同的生产发展阶段都带有局限性，但在现代社会，我们应该坚持以劳动正义的原则扬弃资本和技术力量所奠定的社会公共生活正义观念的规范基础。马克思的劳动正义思想蕴含对社会生活"理应如此"的价值诉求，是从理想的价值状态出发批判现实社会并超越现存状况的实践哲学，促使人们在全球化发展的现代社会中挖掘和培植劳动正义的规范资源并形成价值共识，最终促进人们在社会交往中实现"自由联合"和团结协作。

附录三
当代中国马克思主义的哲学境界 [1]

习近平新时代中国特色社会主义思想是当代中国马克思主义，蕴含深厚的哲学基础，它对世界历史出现的新情况、新特点和新问题进行敏锐把握和科学研判，创造性回答了"构建何种意义的当代马克思主义"以及"如何构建当代马克思主义"的深层问题。在对世界市场扩张、国际交往深化以及全球治理体系变革等现实形势的深刻洞悉中，习近平新时代中国特色社会主义思想体现出将世界历史转变与哲学思想变革相统一的历史观；在解答"时代之问"上展现出中国特色社会主义制度的显著优势，显现了对现实问题的规律性认识与实践活动的创造性探索相统一的方法论；对"中国之问"与"时代之问"之间深层关联的厘清，以及对现实问题与理论生成过程之间内在逻辑的把握，展露出体系意识与创造"人类文明新形态" [2] 并举的世界观；在社会历史的实践进程中始终保持对现实把握的总体性视野和超越性旨趣，饱含着哲学使命与哲学意义深度融合的时代价值。习近平新时代中国特色社会主义思想蕴含的大历史观，要求在世界历史的宏观视野中形成现实问题与实践遵循自觉结合的方法论，并促使具有积极建构性的世界观在方法论的展开过程中得以澄明，并发展了马克思主义的价值论。从历史观、方法论、世界观和价值论四个维度阐发当代中国马

---

1 本文发表在《中国社会科学》2021 年第 9 期。

2 习近平：《在庆祝中国共产党成立 100 周年大会上的讲话》，人民出版社，2021，第 14 页。

克思主义达致的哲学境界，不仅高度契合中国共产党对马克思主义理论精髓与实践走向的充分自觉，而且推动了当代中国马克思主义固有的理论属性与实践特色在新时代背景下的透彻展开和深化发展。

一、世界历史的转变与历史观的生成性变革

随着世界历史和全球化进程的总体发展与阶段性变化，中国人民的前途命运与人类社会的整体走向更加密切交织，对新历史阶段的发展方向和现实路径的精准把握构成了当代中国马克思主义的时代课题。党的十八大以来，中国共产党系统阐述了新时代发展当代中国马克思主义的基本取向，即在新的历史条件下探索理论与实践融合统一的新方式。在这个前提下，形成了包含习近平经济、生态文明、外交、法治和强军思想等在内的新理念，构成了习近平新时代中国特色社会主义思想的重要组成部分。新理念既明确了认识和反思现存世界的基本态度，又提供了自觉解读和把握时代精神的叙事理路，体现出中华民族历史发展与世界历史转变相互交汇、人类历史的现实演进与历史观的生成性变革彼此融合的辩证意义。中国共产党在广泛参与世界历史的进程中把握其现实转变的深层原因，并将这种转变理解为历史视野中的"现实"与现实意义上的"历史"有机统一的过程，体现了历史观的生成性意蕴。历史观的生成性特质强调在实践中求解现实问题。习近平新时代中国特色社会主义思想内含的历史观以马克思的世界历史理论为思想依据，基于长远性和整体性的世界历史发展趋势，贡献了破解当前世界发展困境和未来世界治理秩序的"中国方案"，彰显了对世界历史转变的真知灼见和对未来世界历史走向的深邃洞察。

唯物史观确证了世界历史现实生成和演进的客观性与实践性意蕴。在当代中国马克思主义的理论视域中，世界历史的进程包含了人类历史整体性的存在状态、活动方式以及追求自由的路径。经济、生态文明、外交、法治和强军思

想作为习近平新时代中国特色社会主义思想的重要组成部分，是中国共产党基于中国社会的阶段性发展来反省世界历史的内在规律和发展趋向所生成的理论成果。习近平经济、生态文明、外交、法治和强军思想聚焦于相关的现实领域所表达的思想观点和展开的实践活动，形成了各领域自身特有的理论系统，并在逻辑和现实的双重意义上对领域内的基本论题与主要任务进行了解答。这些领域自身子系统的完成与中国特色社会主义整体理论系统的形成相互规定，子系统在整体系统中获取了更为完整的现实意义，同时确证了中国特色社会主义建设实践在当代世界历史中持续生成的统一性旨趣，彰显了习近平新时代中国特色社会主义思想对现实生活中具体领域发展的系统性自觉，并彰显出更高层次的历史观的系统性发展。

在新时代，推进当代中国马克思主义的发展必须将思想观念与具体实际相结合，审视处于不断变化中的人类社会。面对世界历史转变带来的冲击以及把握这一现实转变的新要求，中国共产党在践行新时代的历史使命中展现出哲学思维的变革伟力与创新发展的实践魄力，为推动世界历史的发展提供了全新的理论智慧和实践方案。习近平总书记基于理论与实践相结合的方法论，深入洞察世界历史的发展规律，阐发了关于经济、生态文明、外交、法治和强军思想以及其他各领域的重要论述，其中蕴含的哲学范畴和基本观点，为理解现存的世界历史框架提供了理论导向。从理论的形成过程和思想的阐述方式来看，习近平新时代中国特色社会主义思想所阐述的范畴、观点和思维都清晰可见创新与变革的基本理路。经济思想强调"新发展理念""高质量发展"和"现代化经济体系"等范畴，突出全面深化改革和社会主要矛盾转换等新论断，注重把握经济全球化的历史潮流，力图"让发展成果惠及更多国家和民众"[1]，使发展国内经济与构建新型经济全球化的战略需要逐渐融合，为推动经济发展提供

---

[1] 习近平：《开放合作　命运与共——在第二届中国国际进口博览会开幕式上的主旨演讲》，《人民日报》2019年11月6日。

理论指引；生态文明思想强调"美丽中国"的范畴，深刻阐发"两山论""绿色发展"等新理念，立足于人类历史的宏观视野探索人与自然和谐相处的模式，揭示全人类创造更高层次生态文明的历史意义；外交思想包含"一带一路"国际合作、构建"人类命运共同体"等新思路，澄明了中国特色社会主义进入新时代对世界交往和世界历史发展的重大意义；法治思想强调坚持中国特色社会主义法治道路与全面推进依法治国深度融合的核心要义，形成了国家治理体系建设与全球治理体系变革相联结的发展图式；强军思想强调"党的绝对领导""军民融合"和"政治建军"等范畴，致力于打造人民军队的新风貌，创造性地提出和平必须以强大实力为后盾，能打赢才能有力遏制战争，才能确保和平的论断，在关键历史节点将激发人民军队战斗力与维护世界和平的使命关联起来。这些涉及不同领域的思想论述自成一体，又相辅相成、相得益彰，具有严密的理论脉络，达到了历史逻辑与实践逻辑相统一的理论高度，反映了中华民族历史发展与世界历史转变的密切联系。

习近平新时代中国特色社会主义思想形成与发展的重要动因和基本线索在于对世界历史转变的深刻洞见，构建了将世界历史的现实转变进程与历史观相统一的叙事方式。马克思指出，"整个所谓世界历史不外是人通过人的劳动而诞生的过程，是自然界对人来说的生成过程"[1]。这蕴含了深刻的生成性历史观，展露出双重生成性进路：人的主体性力量的历史性生成和从自然史向人类史的生成进程。当代中国马克思主义体现了马克思主义世界历史理论与现实的世界运行形势的深度结合。习近平总书记在纪念马克思诞辰200周年大会上的讲话中指出，"学习马克思，就要学习和实践马克思主义关于世界历史的思想"[2]，强调马克思、恩格斯关于在生产和交往方式不断扩展和完善，推动历史向世界历史转变的预言已然成为现实。从习近平总书记对经济、生态文明、外交、法

---

1 《马克思恩格斯文集》第1卷，人民出版社，2009，第196页。

2 习近平：《在纪念马克思诞辰200周年大会上的讲话》，人民出版社，2018，第22页。

治和强军思想的阐释中可以发现，他对世界历史伴随现实环境和条件的变化而不断转变的情势保持敏锐洞察力，也反映了他对现实世界历史转变中衍生的困境和危机的科学预判。"人类交往的世界性比过去任何时候都更深入、更广泛，各国相互联系和彼此依存比过去任何时候都更频繁、更紧密"[1]，这意味着世界历史的转变已深刻嵌入全球性问题的产生与蔓延、人类生产与交往方式的变化之中。习近平总书记将世界历史的大变革和大调整视为"百年未有之大变局"，强调这一转变是辐射经济、政治、社会、文化、军事和外交等各领域的体系性变局，涉及人类社会存在与发展的未来走向。在把握世界历史的现实变化中，习近平新时代中国特色社会主义思想将世界历史理解为通过人类的生产与交往活动而不断化解人类生存和发展矛盾的生成过程，彰显了历史观的生成性变革思维和开放性理论视野。

习近平新时代中国特色社会主义思想对世界历史转变的哲学洞见彰显了回应"时代之问"的世界眼光。在新中国成立70周年之际，习近平总书记曾指出，"我们的国家发生了天翻地覆的变化，中华民族迎来了从站起来、富起来到强起来的伟大飞跃。无论是在中华民族历史上，还是在世界历史上，这都是一部感天动地的奋斗史诗"[2]，展现了中国的持续快速发展为推动世界历史进步贡献的伟大力量。将中华民族历史的变化与世界历史的整体转变视为人类历史发展的同一过程，体现了中国共产党以世界历史的转变与中华民族历史发展的深层关联为契机来判定时代方位、提出"时代之问"的融合性视野。"时代之问"的提出依托于对世界历史转变中蕴含深刻矛盾的捕捉。在2018年亚太经合组织工商领导人峰会上的主旨演讲中，习近平总书记回顾了近代以来世界历史的运行轨迹，揭示了保护主义、单边主义等路径是以谋取少数人利益为目的的资本扩张过程，其结果只会加剧世界经济的不确定性和风险性，同时在生产

1　习近平:《在纪念马克思诞辰200周年大会上的讲话》，人民出版社，2018，第22页。
2　《习近平谈治国理政》第三卷，外文出版社，2020，第326页。

力的普遍发展中也孕育出与资本主义制度相抗衡的内在力量。面对世界历史的转变，习近平总书记指出，"一个时代有一个时代的问题"[1]。当社会生产总过程的全球化发展逐渐突破资本扩张的狭隘诉求时，世界历史的转变将获得更大的发展空间，中华民族的历史演进也将迎来更多的发展机遇。习近平总书记在洞悉世界历史发展新契机的基础上判定中国特色社会主义进入了新时代，并针对新时代面临的世界性问题提出了新的思想论断，其中蕴含对世界历史转变与世界体系塑造之间关系的研判，在不断解答"时代之问"中体现了中国发展进入新的历史方位给世界发展带来的信心和希望。习近平总书记在党的十九大报告中总结过去五年的工作时表示："我国国际影响力、感召力、塑造力进一步提高，为世界和平与发展作出新的重大贡献。"[2] 中国对世界作出贡献的核心在于发挥中国治理对世界体系的"塑造力"，重构资本主义主导世界历史进程中形成的全球治理体系，为人类共同面临的生存和发展问题提供科学的解答方案。

习近平新时代中国特色社会主义思想始终贯穿着把握世界历史转变和未来世界历史发展走向这一主线，在理论逻辑上，彰显了真理性与现实性相统一的历史哲学的生成性意义。马克思、恩格斯在《德意志意识形态》中系统阐释了世界历史理论，为解答"历史之谜"和揭示世界历史发展规律而形成的唯物史观，内在蕴含逻辑与历史相统一的历史观。马克思认为，人类历史活动的发展"并不是在他们自己选定的条件下创造，而是在直接碰到的、既定的、从过去承继下来的条件下创造"[3] 马克思的世界历史理论为当代中国马克思主义发展提供了理论支撑，并成为中国共产党应对时代课题的智慧源泉。习近平总书记所阐述的经济、生态文明、外交、法治和强军思想，既是中华民族应对时

---

1 《习近平谈治国理政》第三卷，外文出版社，2020，第 456 页。
2 中共中央党史和文献研究院编：《十九大以来重要文献选编》上，中央文献出版社，2019，第 5 页。
3 《马克思恩格斯文集》第 2 卷，人民出版社，2009，第 470—471 页。

代问题的新治理思路，又是构成世界历史未来走向的支撑力量。习近平新时代中国特色社会主义思想对世界历史理论与中国发展的深层关系的深刻揭示，充分体现了对马克思的世界历史理论的继承与发展。"中国作为国际资本主义的生存条件，在世界历史中经历了资本主义发展阶段，因而产生了工人阶级——共产党的社会阶级基础。这就造成了历史发展的普遍规律在中国实现的独特方式"[1]，中国始终在与其他国家的联系互动中探索并确证自身的发展道路。中国共产党深刻认识到世界历史转变过程中人类社会得以发展的历史前提，在世界历史中注重把握不同民族发展的客观规律性与人民主体能动性的关系，努力推动世界历史向促使人类整体与个体在更为开放、宽阔的范围内获取自身话语权普遍表达和自由发展的方向转变，展现了在批判性继承人类以往历史的过程中把握未来总体发展趋势的大历史观。历史是从昨天走到今天再走向明天，历史的联系是不可能割断的，人们总是在继承前人的基础上向前发展的，中国共产党对新时代历史方位的判定，正是基于深刻地历史性审思。当代中国马克思主义蕴含的历史观以世界历史进程中产生的生产和交往方式为基础，通过具体生成的总体性过程呈现人的世界历史性生存和发展的新境遇，并在现实扩展的世界交往中发挥习近平经济、生态文明、外交、法治和强军思想的作用，以把握世界历史发展的未来走向。

习近平新时代中国特色社会主义思想将世界历史的现实转变视为时代契机，展露出深植于现实社会发展进程的生成性特质。在实践逻辑上，中国在历史实践中从被动卷入现代化到主动追求和创造性构建自身的现代化道路，在世界历史的发展中把握前进的方向，促使现实的人的社会性存在转变为历史中的世界性存在，并在此基础上开创"人的自由全面发展"的全新境遇。各个国家的历史实践都是民族性与世界性的有机统一，"在世界交往中得到了充分发展

---

1 刘奔、任洁：《历史发展规律的普遍性和各民族发展道路的特殊性》，《教学与研究》2007年第3期。

的民族特色，本身就是世界历史的规定"[1]，在当代世界历史进程中，中国推动全世界各民族在解决共同性问题中构建"互利共赢"的人类文明。当代中国马克思主义将世界历史的转变与历史哲学的生成性变革相统一，对人类社会的共同生存和发展需要做出时代性阐发，昭示了理解人类的共同性存在与人类社会整体生存智慧的大历史观。习近平总书记在阐释这一大历史观的基本思想观点和原则时强调，我们理应从世界和中国发展的大历史视野中认识当代中国社会发展的现实，"只有在整个人类发展的历史长河中，才能透视出历史运动的本质和时代发展的方向"[2]。习近平新时代中国特色社会主义思想在辩证把握世界历史的转变中体现了对历史观的丰富和发展，其旨在将人类社会共同生存的既成状态、现实发展和未来走向之间的逻辑关系置于时空交织的纵横关联中，既从世界历史的横向转变维度解释中华民族作为世界文明史的重要组成部分所发挥的独特作用，即"世界上没有一个民族能够亦步亦趋走别人的道路实现自己的发展振兴"[3]；又从世界历史的纵向转变维度把握人类社会总体发展的阶段和形态，指出"尽管我们所处的时代同马克思所处的时代相比发生了巨大而深刻的变化，但从世界社会主义 500 年的大视野来看，我们依然处在马克思主义所指明的历史时代"[4]。当代中国马克思主义揭示了洞悉世界历史转变与推动历史观的生成性变革和开放性发展的辩证统一关系，不仅注重从历史的阶段性特征出发阐释人类社会的普遍规律与趋势，而且突出在生成过程中的社会历史对既定世界历史框架的决定作用，拓展了人类社会发展的选择空间，推动人类社会多元发展模式的构造，为历史观的生成性和开放性发展构建了历史科学性与价值规范性相统一的基本路向。

---

1 刘奔、曹明德：《从观念的历史叙述到现实的历史叙述——论文化比较研究的方法论问题》，《哲学研究》1996 年第 1 期。

2 习近平：《在纪念马克思诞辰 200 周年大会上的讲话》，人民出版社，2018，第 7 页。

3 习近平：《在纪念孙中山先生诞辰 150 周年大会上的讲话》，人民出版社，2016，第 5 页。

4 《习近平谈治国理政》第二卷，外文出版社，2017，第 66 页。

二、规律性认识与创造性实践的方法论融合

当代中国马克思主义彰显了历史发展进程中人类社会的存在状态，不断深化对中国共产党执政规律、社会主义建设规律和人类社会发展规律的认识，确立了解决时代问题的基本思路和实践方法，蕴含着历史的认识方法与实践方式相统一的方法论，展现了强烈的问题意识和问题导向。《中共中央关于全面深化改革若干重大问题的决定》明确表示："要有强烈的问题意识，以重大问题为导向，抓住关键问题进一步研究思考，着力推动解决我国发展面临的一系列突出矛盾和问题。"[1]问题意识和问题导向是捕捉与解答现实问题的精要所在，真正把握并解决问题需要从哲学高度对现实问题进行反思和批判，并诉诸指导全面深化改革开放的具体实践。在习近平总书记的问题意识思维中，现实问题呈现出由基本问题、重大问题、关键问题和突出性问题等不同维度所构成的结构层次。中国共产党将对现实问题的剖析与对中国式现代化道路发展规律的不懈探索是同一个过程，不断创造性地认识现实问题的复杂结构，科学把握中国特色社会主义建设事业的历史经验和发展规律，昭示问题的现实指向与全球意义，确立了在人类不断拓展和深化的交往实践中合理阐释并解决现实问题的基本原则。逐层阐析并逐个破解问题的过程是将世界的发展、人类文明的进步等共同问题置于人的感性实践中予以解决。在精准把握维护世界各国利益和促进共同发展的基础上，根据时代主题的变化而掌握现实问题的全球性和民族性特征，进而在问题导向中表达对主体实践的要求。习近平总书记对共产党执政规律、社会主义建设规律和人类社会发展规律辩证关系的认识的深化，以及将"三大规律"统一于相互联系和共促发展的历史进程，形成了在实践中认识、

---

1 中共中央文献研究室编：《十八大以来重要文献选编》（上），中央文献出版社，2014，第497页。

探索和解决现实问题的辩证思维方式。

当代中国马克思主义的发展逐渐确立了创造性实践原则和解决现实问题的新方向：以问题倒逼实践的方式向问题导向与实践创新相结合的方法论推进，在中国特色社会主义改革和发展实践中突出系统性的辩证思维方法。在世界历史进程渐趋复杂的情势下，中国共产党逐渐认识到既要从现实问题出发把握历史规律并求索解决策略，又必须促使自身理论与现实世界紧密结合。当代中国马克思主义体现了人民实践活动的主体性和创造性，从全人类不断扩展的实践领域中揭示现实问题的规律，展现出系统性的哲学境界。关于习近平经济、生态文明、外交、法治和强军思想等重要论述，科学回答了当代中国面临的重大现实问题，将中国共产党在时代中推动理论和实践发展的问题意识与问题导向进一步具体化，同时也促进了对现实问题生发规律的科学认识和系统把握。对现实问题的规律性认识与实践的创造性要求紧密相连，体现在中国共产党的新时代实践具备自我超越的创造性意义。从现实问题中把握矛盾转化及问题解决的整体方法与辩证思维，彰显出习近平新时代中国特色社会主义思想作为指导现实实践的理论体系的科学性，以及作为现实实践过程中不断超越现存状态方法论的系统性。

问题是时代的声音。对新时代所面临的诸多现实问题的深刻认识和观照构成了习近平新时代中国特色社会主义思想的理论特质。习近平新时代中国特色社会主义思想之所以能把握新时代的历史方位和实践路向，关键在于对问题意识的高度自觉和坚持贯彻，既致力于解决现实中凸显的问题，又对可能产生的新问题保持高度敏锐的洞察力。首先，确立了新时代需要解决的基本问题，即"新时代坚持和发展什么样的中国特色社会主义"以及"怎样坚持与发展中国特色社会主义"的问题。其次，对"八个明确"和"十四个坚持"的阐述体现了对经济、生态文明、外交、法治和强军等领域存在的重大问题的关注，强调"解放和发展社会生产力是社会主义的本质要求，是中国共产党人接力探索、着力解决的重大问题"[1]，重大问题构成了坚持和发展中国特色社会主义这一基本问题的重点内容。再次，强调在实践中抓住关键问题，以顺应世界普遍交往的发展趋势。习近平总书记在推进"一带一路"建设工作5周年座谈会上指出，要"解决好重大项目、金融支撑、投资环境、风险管控、安全保障等关键问题"[2]，这些关键问题体现了中国共产党在实践中对现实问题的透彻分析和精准把握。最后，洞察了阶段性发展的突出问题。基于经济社会发展不同历史时期的全局性、战略性和特殊性，在发展链条中聚焦当下社会现存的突出问题，如社会生产发展中不平衡不充分的矛盾、全面深化改革和脱贫工作中"两不愁三保障"的落实难题以及全球治理中发展空间不平衡等问题。这些国内问题与全球性问题紧密相连、相互渗透，是全球化所引发的世界性问题在中国的具体呈现和直接结果。全球性问题表现为在世界各国不同程度存在的普遍性问题、在不同民族和地区相互缠结的复杂性问题以及威胁人类生存而必须解决的迫切性问题等，它们在加深全球治理难度的同时也加剧了中国发展与治理的风险，使得完善全球治理和促进共同发展的必要性日益凸显。习近平总书记把解决中国现实问题定位为应对全球性问题与促进人类社会文明发展的历史性契机，根据人类生存安全的需要、社会生产发展的程度和时代主题来发掘并诊断中国现实问题的结构层次及其相互转化的条件，顺应了在相互理解和交往的世界历史中谋求发展的时代潮流。从世界历史的发展过程看，这些现实问题共同构成了新时代必须妥善解决问题的整体内容。在发现问题中揭示对客观规律的认识和预判，体现了习近平新时代中国特色社会主义思想所蕴含的鲜明问题意识以及对现实问题生成的本质和规律的逐层揭示。

习近平总书记对新时代现实问题的总体把握和分层审视，呈现出不同层次的问题之间相互交织的关系结构，揭示了问题系统中清晰的逻辑脉络和本质规

1　习近平：《在纪念马克思诞辰200周年大会上的讲话》，人民出版社，2018，第18页。

2　《习近平谈治国理政》第三卷，外文出版社，2020，第488页。

律，在确立新时代历史方位的同时，提出坚持和发展中国特色社会主义的"八个明确"的理论认识和"十四个坚持"的实践方针，说明了新时代面临的现实问题实质上具有一定的交织性。习近平总书记在考察脱贫攻坚工作面临的突出问题时将其与解放和发展社会生产力的重大问题相结合，在积极参与和构建世界交往方式关涉的经济、生态文明、外交、法治和强军等领域的关键问题上注重将其与中国特色社会主义发展道路的基本主题相联系，并强调党的自身建设在层次鲜明的"问题群"中所具有的根本地位与作用。当代中国马克思主义在实践中不断发展和成熟的标志是形成了对现实问题的规律性认识。问题意识反映在现实问题的结构把握上，体现为对现实问题本质规律的深刻揭示。基于习近平总书记通过实践揭示问题生发的客观规律和提出解决问题的根本方法，可以反观现实问题之间的结构层次：核心问题、中介问题和外层问题及其相互印证和逻辑展开，呈现出由内而外、层级有序的三层问题系统，其中内在层次对外在层次具有基础性意义，外在层次对内在层次具有应用性价值。在习近平总书记的叙事逻辑中，坚持和发展中国特色社会主义这一基本问题处于核心层次，核心问题具有基础性和先在性，是认识和解决其他问题的依据。习近平总书记在"不忘初心、牢记使命"主题教育工作会议上的讲话中强调，"'守初心、担使命，找差距、抓落实'是一个相互联系的整体，要全面把握，贯穿主题教育全过程"[1]，党的领导是各项事业取得胜利的根本保证，这要求我们将整治党内存在的突出问题置于结构的核心位置；中介问题是由核心问题推导而来，是核心问题与外层问题之间的过渡环节，体现国家发展全局的战略意义在经济社会重要领域的全面敞开，习近平总书记强调的重大问题和关键问题都发挥中介性作用，主要涉及全面深化改革开放事业中需要解决的重大问题；外层问题是中介问题继续推导的结果，属于中国特色社会主义理论在实践中与世界交往经

---

[1] 习近平：《在"不忘初心、牢记使命"主题教育工作会议上的讲话》（2019 年 5 月 31 日），《求是》2019 年第 13 期。

验相联系的层面，事关"国家安全"和"大国外交"等问题。这三层问题紧密相连、环环相扣，形成了具有严密逻辑的有机整体，展现了习近平总书记对现实问题结构的总体性把控与规律性认识，即基本问题、重大问题、关键问题和突出性问题在特定的时代环境和客观条件下可以相互转化，其转化隐含了对不同问题域的顶层设计和改革方式的规律性探索。

习近平新时代中国特色社会主义思想所展现的现实问题的三层结构和本质规律共同揭示了新时代党和国家发展面临的新形势："既解决老问题，也察觉新问题；既解决显性问题，也解决隐性问题；既解决表层次问题，也解决深层次问题"[1]，在把握和化解问题的过程中深化对中国特色社会主义建设和改革的历史、理论与实践三重逻辑相互贯通的整体性认识，显现出以实践为前提和出发点的深刻而敏锐的问题意识。中国共产党始终重视论述与发挥新理念、新论断和新思路的实践性，并在实践过程中深化对现实问题结构的规律性认识，彰显了当代中国马克思主义关于解释世界与改造世界之间相互贯通的深层哲学智慧，并致力于发掘新的现实问题、构建新的生产与发展方式来解释世界的历史自觉。然而，要达到"改变世界"的思想高度需要反复求索。"问题在实践中产生，也要在实践中解决。实践、认识、再实践、再认识，是认识事物的客观规律，是解决问题的根本法则。"[2]中国共产党在认识现实问题和把握其结构性规律的过程中展现了通过实践来解决问题的思维逻辑。现实问题产生于人类实践中主观需要与现存状态的矛盾和纠结，只能解决于实践活动中。唯有增强问题意识和坚持问题导向，才可能在鲜活的实践进程中提出现实问题和认识时代课题。在理论与实践的相互作用中不断生成的问题意识，促使中国共产党在实践经验中勇于正视时代问题，通过分析与解答时代问题来变革

1　中共中央党史和文献研究院等编：《习近平关于"不忘初心、牢记使命"论述摘编》，中央文献出版社、党建读物出版社，2019，第194页。

2　中共中央党校组织编写，何毅亭主编：《以习近平同志为核心的党中央治国理政新理念新思想新战略》，人民出版社，2017，第227页。

思维、深化实践。中国共产党在发现问题的同时持续求解对问题"何以存在"以及"如何解决"的认知和判定，体现了中国共产党依靠创新性实践解决现实问题的实践观点。

问题意识根源于人民主体的创造性实践。习近平新时代中国特色社会主义思想体现了将人民群众引导进入社会实践领域的基本理路，形成了作为历史主体的人民通过创造性实践活动展开和丰富全部人类历史过程的现实路径。习近平总书记深刻把握中国人民特有的主体性与其实践的创造性之间的联系，高度评价中国人民在推动社会历史发展中所具有的创造性力量。习近平总书记强调，"尊重人民主体地位和首创精神"[1]，昭示人民主体共同创造历史是必然选择。对人民主体实践的创造性认识及要求贯穿于当代中国马克思主义理论与实践相统一的历史进程中。习近平总书记指出，中国特色社会主义建设的多项改革举措来自于人民群众的发明创造，应当将人民主体创造的原创性成果的实践经验予以总结和推广，为未来坚持和加强实践的创造性指明方向。在经济领域，"鼓励引导支持基层探索更多原创性、差异化改革，及时总结和推广基层探索创新的好经验好做法"[2]；在生态文明领域，主动引导应对气候变化的国际合作；在外交领域，积极推动构建人类命运共同体的实践路径；在法治领域，形塑并发展推进改革与施行法治相统一的实践思维；在强军和科技领域，"加快研发具有自主知识产权的核心技术，更多鼓励原创技术创新，加强知识产权保护"[3]。习近平总书记对具体领域的社会实践要求，旨在凸显作为历史前提的人民主体开展契合自身本质力量的实践需要，进而创造有益于人类社会发展进步的伟大历史。

---

1 习近平：《在纪念马克思诞辰 200 周年大会上的讲话》，人民出版社，2018，第 17 页。

2 习近平：《紧密结合"不忘初心、牢记使命"主题教育 推动改革补短板强弱项激活力抓落实》，《人民日报》2019 年 7 月 25 日。

3 习近平：《贯彻新发展理念推动高质量发展 奋力开创中部地区崛起新局面》，《人民日报》2019 年 5 月 23 日。

　　习近平总书记秉持问题意识与问题导向的实践思维，立足于推进社会历史发展的实践方法，将求索人类社会存在和发展遭遇的问题，包含于对现实实践的应然追问中，确立了"改变世界"的实践方法。这一探寻事物发展规律及其未来走向的过程必然包含对既定的、现成的客观世界的问题意识发掘，以及对人与世界总体的持续性存在关系的实践探索。对现实问题的规律性认识与创造性实践要求相统一的思维方式强调从实践出发反观问题本身，习近平总书记在讲话中多次强调以"实践证明"为依据，坚信中国共产党和人民群众只有通过深入开展的经验活动才能真正把握问题的本质。他始终坚持"深入观察世界发展大势，深刻体察中国特色社会主义伟大实践"[1]，在思维与现实存在的辩证互动中达到实践探索与问题意识相统一，其哲学思维在反映现实中突出了实践的基础性地位，承认只有从现实实践前提出发才能促使实践思维和方法在问题中不断生成。习近平总书记强调，"要解释现实的社会问题，开什么处方治什么病，首先要把是什么病搞清楚"[2]，中国共产党对现实问题的变革意识是凭借对问题域的改变来实现的，而问题域的改变必须依托于创造性的实践，问题意识的产生以现实问题存在的本质规律为基本尺度。对现实问题的本质规律性认识体现了从内在结构上理解中国问题与全球性问题的共通性，展露出其问题意识和问题导向的世界性意义，在历时性维度实现由国家或地区的狭隘性向世界历史性转变；在共时性维度共建问题解决的合理秩序和良好环境，使中国在攻克自身发展难题中为突破全球性问题提供独特经验和针对性措施。因此，问题结构的本质规律性和实践的创造性是新时代的现实问题与改革发展得以统一的客观条件，现实问题结构变动的规律为实践的主体性和创造性生成提供基石，主体实践的创造性发展为问题域的转变提供动力支持。现实问题结构的规律与创造性的实践要求相互渗透的过程，极大增强了现实生活不同领域的实践之间的

1　习近平：《在党的十九届一中全会上的讲话》（2017 年 10 月 25 日），《求是》2018 年第 1 期。

2　习近平：《一个国家、一个民族不能没有灵魂》，《求是》2019 年第 8 期。

张力和开放性空间，体现了其从问题与现实的相互关系出发把握人类社会的方法论意义。

三、体系意识与形态构建相互推进的世界观

在马克思主义的理论视野中，人与世界之间的矛盾及其产生的认识关系、实践关系和历史关系等，总是展开于具体的历史条件和社会实践框架之中。中国共产党在具体的历史条件下激发人民主体的创造性活动，促使人民敞开自我超越的实践空间并逐渐实现自身主体性的发展和解放，总体上表现为体系意识与"人类文明新形态"构建相互推进的过程。体系意识的树立与贯彻表征为中国共产党在主动参与全球交往和治理中把握系统整体关系的同时，建构具体领域思想论述的体系。当代中国马克思主义紧密结合新时代的创造性实践，从全球视野出发重新审视和理解中国社会发展的各个领域，形成了突破传统建构性理论的体系意识，是颇具中国特色的实践经验和马克思主义世界观的时代表达。当代中国马克思主义的体系意识深刻诠释了"改变世界"的世界观意义，在哲学层面上形成了当代中国马克思主义理论体系的概念框架和解释原则，这对于进一步深化中国特色社会主义话语体系和治理体系的建构具有深远意义。体系意识的构建与运用以对新时代的省思为立足点，注重阐发新时代的社会发展实践与人类文明逻辑之间的辩证关系，整体上彰显出将时代性关切落实到现实发展中的哲学意旨。在认识论维度，积极的体系意识是对人的现实生存方式的能动反映；在辩证法维度，体系意识的现实化能够促使人的社会发展实践达成批判性与建构性的统一。习近平总书记对经济、生态文明、外交、法治和强军思想的体系化要求，精准地把握和满足了新时代破解中国社会现实难题和世界治理体系困境的理论需要，符合马克思主义思维变革的精神实质。人类社会是不断发展进步的，世界工业化进程催生了现代工业文明，同时也呼唤新的社

会文明形态，新的文明形态的构建是社会生产方式变革的必然产物。习近平总书记在庆祝中国共产党成立 100 周年大会上的讲话中指出，中国特色社会主义"创造了中国式现代化道路，创造了人类文明新形态"。"人类文明新形态"以构建人类命运共同体为契机达成当代社会存在和发展的基本共识。习近平新时代中国特色社会主义思想通过对现代人类社会生存与发展的整体环境和实践要求的自觉反思，反映了推动现实的个人将自身思维意识、行动策略融入新时代整体变革浪潮中的根本旨趣。其推动新时代和新世界不断扬弃旧的体系并构建新的框架，促使中国特色社会主义事业的世界观不断生成并彰显积极的建构性意义。这种新的世界观的出场，历经对中国特色社会主义道路、制度和国家治理体系的建立与健全过程，以及在参与完善全球治理体系的过程中对人类文明形态的积极探索，形成了体系意识与"人类文明新形态"构建相互推进的进程，充分表明人民主体的实践活动所具有的世界观的建构性意义。

体系意识与"人类文明新形态"构建的相互推进，体现了当代中国马克思主义的发展路径。习近平总书记对经济、生态文明、外交、法治和强军思想的体系化阐述，以实践为基本视野把握马克思主义理论体系的时代要求，强调从总体上把握人类社会的生存、发展和价值等向度，对每一领域与环节内容的阐释都深刻贯穿和透显着强烈的体系意识，不仅回应了"人类文明新形态"构建的现实要求，而且为当代中国马克思主义理论体系的形成和发展提供了扎实的理论生长点。体系意识在构建人类命运共同体的时代契机中与"人类文明新形态"构建融合为相互推进的统一过程。"推动构建人类命运共同体，推动共建'一带一路'高质量发展，以中国的新发展为世界提供新机遇"[1]。中国特色社会主义在创造"人类文明新形态"过程中既开创了中国马克思主义的理论体系建构路径，同时又为世界社会主义建设注入生机，彰显了促使新时代人类社会整体

---

[1] 习近平：《在庆祝中国共产党成立 100 周年大会上的讲话》，人民出版社，2021，第 16 页。

发展的理论与实践严密结合的系统性意义。体系意识与"人类文明新形态"构建的相互推进过程也形成了一个层次清晰、逻辑严密的系统，基于整体性视角把握事物和现实运动的普遍联系，并探寻发展的最佳结合点和突破点，其系统的科学性意义在马克思主义世界观和方法论的理论视野下得到具体展开，是马克思主义基本原理与当代中国实践密切结合的理论成果，为当代中国马克思主义理论体系的建立与完善指明了方向。

习近平新时代中国特色社会主义思想对中国新发展阶段的深刻把握，反映在中国共产党正确处理整体与部分之间关系的过程中。习近平总书记在经济、生态文明、外交、法治和强军等领域的思想是中国特色社会主义建设的历史逻辑、理论逻辑和实践逻辑的辩证统一，彰显了中国特色社会主义制度和国家治理体系的优越性。"一个国家选择什么样的国家制度和国家治理体系，是由这个国家的历史文化、社会性质、经济发展水平决定的。"[1] 中国特色的国家治理体系是在新时代特定的历史条件下创立和发展的，根本上是一种系统完备、逻辑缜密的科学体系。在经济领域，强调"全面贯彻新发展理念，加快改革开放步伐，加快建设现代化经济体系"[2] 的基础性地位，指出中国"将积极参与全球治理体系改革和建设，推动国际政治经济秩序朝着更加公正合理的方向发展"[3]，将中国自身经济体系的建立纳入全球治理体系的完善中；在生态文明领域，强调"要加快构建生态文明体系，做好治山理水、显山露水的文章"[4]，从而为社会历史发展提供生态文明维度的规律性认识，在促进生产力解放的同时形成人与自然关系的良性发展模式；在外交领域，指出应当"坚持独立自主的和平外交政策，坚持互利共赢的开放战略，不断拓展同世界各国的合作，积极

1《习近平谈治国理政》第三卷，外文出版社，2020，第119页。

2 习近平：《深入学习贯彻党的十九届四中全会精神　提高社会主义现代化国际大都市治理能力和水平》，《人民日报》2019年11月4日。

3《习近平谈治国理政》第三卷，外文出版社，2020，第437页。

4《贯彻新发展理念推动高质量发展　奋力开创中部地区崛起新局面》，《人民日报》2019年5月23日。

参与全球治理，在更多领域、更高层面上实现合作共赢、共同发展"[1]，以提升中国在复杂的国际形势中处理国际关系的境界与能力；在法治领域，要求"加快形成完备的法律规范体系、高效的法治实施体系、严密的法治监督体系、有力的法治保障体系，形成完善的党内法规体系"[2]，并推动各个体系交互促进、协同发展，为辩证地把握党的领导与依法执政、依宪执政之间的关系提供了实践遵循；在强军领域，明确了"建立健全中国特色社会主义军事政策制度体系"，提出了"创新军事战略指导制度，构建联合作战法规体系，调整完善战备制度"的建构要求，以有效提炼并掌握军事领域的根本规律、价值和方法。习近平总书记对不同领域思想体系建设的要求和实践表明，以历史与现实条件为前提的思想发展历程，本质上是对人类社会总体生成过程及其意义的切实领会。

习近平总书记系统把握不同领域思想体系的建立与整个思想体系建构之间的辩证统一关系，体现出以实践为基点把握自成一体的范畴、环节与思想整体关系的体系意识。体系意识整体上呈现在对新时代不同领域和各个部分理论层次的阐释与论证过程中，显现出当代中国马克思主义的能动反映论。习近平总书记明确表示发展当代中国马克思主义要秉承辩证唯物主义和历史唯物主义的世界观，"深刻认识实现共产主义是由一个一个阶段性目标逐步达成的历史过程，把共产主义远大理想同中国特色社会主义共同理想统一起来"[3]，将马克思主义世界观具体落实到实现中国特色社会主义共同理想的现实发展与建设道路中。经济、生态文明、外交、法治和强军等主要领域思想体系的建立，为当代中国马克思主义整个思想体系的建构奠定了理论着力点。经济、生态文明、外交、法治和强军领域思想体系的建设问题，不仅关涉社会历史发展的实践导

---

1 习近平：《在纪念马克思诞辰 200 周年大会上的讲话》，人民出版社，2018，第 22 页。
2 《习近平谈治国理政》第二卷，外文出版社，2017，第 119 页。
3 习近平：《在纪念马克思诞辰 200 周年大会上的讲话》，人民出版社，2018，第 16—17 页。

向，而且是其整个思想体系建构的重要构成部分，只有厘清各部分思想体系之间的关系，才能明晰整体思想体系建构的方向。习近平新时代中国特色社会主义思想的体系建构为各领域、各层次的思想体系建立提供了理论制高点和话语保障，为区分各领域思想体系及其与其他领域建立关系提供基本依据。习近平总书记在纪念马克思诞辰 200 周年大会上的讲话中指出，"马克思主义极大推进了人类文明进程，至今依然是具有重大国际影响的思想体系和话语体系"[1]，马克思主义对世界的改造和对中国的影响，主要得益于其思想体系和话语体系在历史中的作用。中国共产党在历史的具体实践中开创了当代中国马克思主义思想体系的建构历程，这一过程饱含了中国共产党发挥马克思主义思想力量的体系意识。习近平总书记多次强调将促进国家治理体系现代化和推动全球治理体系变革紧密结合起来，表明其思想中充盈的体系意识既符合马克思主义哲学的基本要求，又展现了当代中国马克思主义在动态生成的体系之中把握时代精神的理论自觉。

新的历史方位要求我们把握时代课题，凝聚"人类文明新形态"构建的合力。中国特色社会主义理论体系伴随新时代的实践进程得到进一步发展和完善。探索当代中国马克思主义的发展路径以提升自身的国际话语权，加速了"人类文明新形态"构建的过程。作为推动世界交往方式与国际秩序变革的建设性方案，构建人类命运共同体成为中国解决人类文明发展中的共性问题、促进人类社会共同发展的重要指导方针，提倡世界各国将自身的发展与人类社会整体进步深度结合起来并置于广泛的共同实践中，在构建过程中为人民打造全新的生存状态和实践方式，构成了塑造和引领"人类文明新形态"构建的历史选择与时代契机。中国特色社会主义进入新时代，中国共产党创立并发展了层次严密、内在统一的全新思想体系，为国际政治经济秩序的调整和完善贡献了

---

[1] 习近平：《在纪念马克思诞辰 200 周年大会上的讲话》，人民出版社，2018，第 11 页。

独特经验与思想智慧。针对人类社会巨大而深刻的变化及其实践发展中的新特征，习近平总书记提出"人类命运共同体"理念，有力回应了人类社会和未来世界发展走向的重大课题。"人类命运共同体"是关于全球治理体系未来走向的全新理论阐述，越来越受到全球的普遍关注并在历史实践进程中得到反复确证。"一带一路"国际合作推动了"人类命运共同体"的现实落地，习近平总书记在推进"一带一路"建设工作5周年座谈会上总结到，"我们同'一带一路'相关国家的货物贸易额累计超过5万亿美元，对外直接投资超过600亿美元，为当地创造20多万个就业岗位"[1]，这表明"一带一路"的实践在现实中为人类命运共同体构建的广泛推行提供了重要引擎。"凝聚各方共识，规划合作愿景"[2]正由期冀转化为现实，人类命运共同体的现实构建超越了现代资本主义主导的文明形态，以开放式的共同实践为确立文明形态转型的范式、凝结实践合作的共识创造可能。

构建人类命运共同体的现实进程为"人类文明新形态"开拓了崭新的实践方式、奠定了全新的实践基础。"人类命运共同体"的新理念、新思路是对人类社会生存与发展方式高瞻远瞩的创新性成果，实质是对人类实践方式的当代重构，开掘了一种以实践空间的拓展为基本理路的建设性力量，同时为"人类文明新形态"构建的实践方式开创了多元可能性。中国特色社会主义以新时代中国社会的主要矛盾转化和现实问题叠加为问题导向，以构建满足人民美好生活向往的理想状态为价值旨趣，体现了中国共产党将人民主体性、社会历史总体性和实践探索性融为一体的建构性路向。习近平总书记明确指出，人类社会仍然处于马克思主义经典作家所指明的以物的依赖性为基础的人的独立性生存和发展阶段，人的生存和发展方式集中体现在经济社会和技术社会两个层面上。在经济社会层面，表现为对生产关系发展的阶段性特质

---

1 《习近平谈治国理政》第三卷，外文出版社，2020，第486—487页。

2 《习近平谈"一带一路"》，中央文献出版社，2018，第218页。

的重视，指出在新时代推动我国经济社会发展"要勇于全面深化改革，自觉通过调整生产关系激发社会生产力发展活力"[1]，对全球生产关系的协调需借助于构建人类命运共同体的实践来创新发展方式和增长动能，"让世界经济走上强劲、可持续、平衡、包容增长之路"[2]。在技术社会层面，展示为对社会生产力和科技发展的高度关注，强调对全球生产关系和经济政治秩序的调整必须依托于社会生产力的发展与变革。无论是对经济社会中生产关系维度的重视，还是对技术社会中生产力维度的推崇，都反映出重新认识社会存在的实践基础。构建人类命运共同体所彰显的实践方式在具体历史中表现为人民主体的创造性与历史过程的合目的性的统一，展现了人们在建构性实践中实现自身主体性的全面发挥与按照自身能动意识来认识并改造客观世界相统一的过程，形成了以理想的建构蓝图来规划现实的实践进路。这一新的实践方式注重把握主体建设力量与客观历史条件之间的张力，以达到主体性建设的理想性与现实性的和谐统一，为"人类文明新形态"构建奠定了新的实践基础，注入了思想动力，也为构建未来人类社会的生存和发展方式提供了全新方向。习近平总书记在多次讲话中表明，"新时代坚持和发展中国特色社会主义，根本动力仍然是全面深化改革"[3]。这确定了"人类文明新形态"构建的实践指向：在全面深化改革的实践中充分吸收全球生产的历史经验成果，同时通过不断拓展的历史实践处理好中国特殊性与世界普遍性的辩证关系，促进人与世界和谐关系的生成，在实践根基上尊重既有共识、扩大现有共识以及达成未来共识。

体系意识与"人类文明新形态"构建在相互推进的动态过程中展现出当代中国马克思主义建构性意义的世界观。习近平总书记强调，"我们要坚持用马

1　习近平：《在纪念马克思诞辰 200 周年大会上的讲话》，人民出版社，2018，第 18 页。

2　习近平：《论坚持推动构建人类命运共同体》，中央文献出版社，2018，第 379 页。

3　习近平：《在党的十九届一中全会上的讲话》（2017 年 10 月 25 日），《求是》2018 年第 1 期。

克思主义观察时代、解读时代、引领时代，用鲜活丰富的当代中国实践来推动马克思主义发展"[1]，这意味着对马克思主义基本原理的具体理解和实际运用必须随时代变化及其差异特性而赋予新的含义，表现为新时代的体系意识与"人类文明新形态"构建相互推进的全新世界观。中国特色社会主义社会建设的成就融入人类社会历史进程中，能够"提升人类共同性水平、维护全人类的共同利益"[2]。这就显示了体系意识与"人类文明新形态"构建之间的内在关联：体系意识的自觉为"人类文明新形态"构建奠定了根基，"人类文明新形态"构建在不断深化的体系意识中得以广泛推行；"人类文明新形态"构建的演进为推动体系意识的建构提供了新的理论方向，体系意识的历史命运只有在文明形态发展到较高程度才能彰显自身优势。体系意识与"人类文明新形态"构建的内在关联通过人类命运共同体的实践进入彼此确证、相互推进的历史进程，形成了融为统一整体且彰显建构性意义的世界观，这一全新世界观的形成是对马克思主义世界观和传统建构理论的重大突破与创新。习近平总书记从对现实发展需要的研判到建构性实践导向的认识有其发展的必然逻辑，在当代具体实践中洞悉整个人类社会的基本趋势和持续发展的可能，体现了促使历史主体的价值需要转化为新时代发展内在动力的理论选择，彰显了以面向世界历史的宏大视野审视社会现实并把握时代脉络的建构性原则，这一原则在关切人类发展命运的理性自觉中又创新和丰富了体系意识与"人类文明新形态"构建相互推进的世界观意义。

四、哲学使命与哲学意义融会贯通的时代价值

当代中国马克思主义将追求中华民族的伟大复兴和执守人民现实幸福视为

---

1 《习近平谈治国理政》第三卷，外文出版社，2020，第76页。

2 刘同舫：《构建人类命运共同体对历史唯物主义的原创性贡献》，《中国社会科学》2018年第7期。

自身的历史使命，这一使命与维系人类文明赓续的历史任务密切相连，在一种开放的境遇中把握人与世界和谐关系的生成，体现了中国共产党探求人类社会共同存在和发展方式的哲学使命。哲学作为人类思想史上的精华，肩负着时代赋予的在认识世界中改变世界、在改造旧理论中创造新思想的使命。当代中国马克思主义正是在改造一切旧的社会生产方式和治理体系中承担了为新时代打造全新的发展格局提供思想武器的哲学使命。当代中国马克思主义面临双重哲学使命：一是促使自身实现现代化重构与世界性突破，即推动中国特色社会主义现代化建设实现理论现代化在哲学层面的转型，在世界性的理论框架和话语系统中生成直接应对现代化潮流的独创性理念，同时逐渐形成世界性哲学发展的视野并展开对现代化实践的哲学重建，从而促使全人类共同探索世界历史未来发展的走向；二是回应新时代要求拓展世界性视野以完成中国现代化任务的历史使命，中国在世界范围内以现实实践为依托而形塑的重构世界性哲学的目标，包含着创新和发展当代中国马克思主义的内在要求，即必须深刻阐明中国式现代化道路的历史实践与世界历史的辩证关系，进而为新时代中国式现代化道路的创新发展构建完整的哲学叙事范式。当代中国马克思主义的哲学使命使得自身的历史观、方法论和世界观的意义得到进一步凸显，才能将对社会有机体的透视与对人类社会整体的历史说明有机结合。中国共产党始终围绕人类社会整体文明进步的基本命题，结合马克思主义经典论断将"时代之问"转换为自身的现实课题，并将现实课题置于"两个大局"中予以反思与追问，彰显了其构成中国特色社会主义理论体系内核的哲学意义，也体现了其在新时代坚持与发展马克思主义的价值观意蕴。习近平新时代中国特色社会主义思想对哲学使命的认识与履行，依托于在不断深化的实践中寻求世界的辩证统一，其过程势必展现思想依次递进和丰富深化的哲学意义，哲学使命与哲学意义形成了彼此映照、相辅相成的深层关联。中华民族的伟大复兴和中国特色社会主义道路在世界历史中除了受到生产方式和交往秩序等共同因素的必然影响，也势必受到各民族文化和现实境况等个性因素的塑造，这决定了哲学使命与哲学意义之间融会贯通的过程必定蕴含具体性和多元性的现实取向。哲学使命与哲学意义的内在融贯开启了一种全新的思想境域，它昭示着创造和改变世界的实践活动确证人类命运与共的本质意识的前提依据，厘定了基于新时代历史方位的生存境遇和与之相伴映现的价值旨趣。对时代价值的确立，为马克思主义的新时代阐释和发展开辟了全新理路，在根本上确保人民作为现实实践主体和价值中心地位，从而揭示中国社会历史的发展是紧密围绕这一价值中心辩证展开的历史进程。

哲学使命与哲学意义的融会贯通不仅构成了新时代中国特色社会主义理论和实践共同发展的哲学基础，而且为马克思主义在新时代中国的发展提供新的思想活力。立足于中国特色社会主义建设进程中的理想性与现实性、个体性与社会性之间的辩证运动，当代中国马克思主义对现实生存和普遍交往的过程进行整体性考察，对"建设新世界"的伟大壮举进行系统性指导，展示了统摄各领域和多方面的逻辑结构。习近平总书记关于经济、生态文明、外交、法治和强军思想等方面的科学论述，从不同领域和视角回答了新时代坚持和发展中国特色社会主义的相关问题以及需要完成的现实任务，总体呈现出内涵丰富、逻辑严整的科学系统。新时代所面临的新任务显示了哲学使命与哲学意义在现实历史中的契合，是对新时代中国共产党价值追求的辩证认识。从中国共产党确证的现实任务中省思哲学使命与哲学意义的深层结合，能够在总体上把握未来世界和历史的变化与发展趋势，使得当代中国马克思主义在指导人类社会未来发展中显露出系统的开放性和多元性。

习近平新时代中国特色社会主义思想内含丰富的使命观和实践论旨趣，明确了当代中国理应担负起的历史使命，蕴含了理解中国特色社会主义实践生成过程的哲学使命思维。党的十八大以来，中国共产党多次郑重申明马克思主义在当代社会呈现的新特征以及亟待完成的历史使命，"我们所做的一切都是为人民谋幸福，为民族谋复兴，为世界谋大同"[1]。中国共产党在履行自身发展的时代任务时始终秉持为人类社会整体进步贡献力量的自觉意识，以实现中国治理与全球治理相行并进的"辩证综合"。哲学使命体现于中国特色社会主义的时代任务中，也依附于当代中国马克思主义历史使命的推进中，显现出治国理政的丰富内容与实践导向辩证统一的使命观。在经济领域，"必须看到，决胜全面建成小康社会的艰巨任务、实现中华民族伟大复兴的历史使命，对我们党提出了前所未有的新挑战新要求"[2]，明晰了实现中国特色社会主义经济发展的基本使命指向；在生态文明领域，"生态环境是关系党的使命宗旨的重大政治问题，也是关系民生的重大社会问题"[3]；在外交领域，"我们应该志存高远、敢于担当，着眼本国和世界，着眼全局和长远，自觉担负起时代使命"[4]，以民族复兴和国家发展为根本使命推动大国外交的实践进程；在法治领域，"要以严格的执纪执法增强制度刚性，推动形成不断完备的制度体系、严格有效的监督体系，加强理想信念教育，提高党性觉悟，夯实不忘初心、牢记使命的思想根基"[5]；在强军领域，习近平总书记阐述了坚定的使命意识对于军队建设发展的关键作用，认为"全面提高我军加强党的领导和党的建设工作质量，为实现党在新时代的强军目标、完成好新时代军队使命任务提供坚强政治保证"[6]。这些领域的历史任务，不仅凸显了党在推进国家治理发展上的宏大叙事，而且反映了当代中国马克思主义将其哲学使命融入实践的崭新境界。

当代中国马克思主义的哲学使命与一般哲学使命的不同之处在于，它是贯穿于新时代历史使命和现实任务展开全过程的基本线索，能够通过超越现状、

1《习近平会见联合国秘书长古特雷斯》，《人民日报》2018年4月9日。

2《习近平谈治国理政》第三卷，外文出版社，2020，第71页。

3《习近平谈治国理政》第三卷，外文出版社，2020，第359页。

4《习近平谈治国理政》第三卷，外文出版社，2020，第435页。

5《习近平谈治国理政》第三卷，外文出版社，2020，第549页。

6《习近平谈治国理政》第三卷，外文出版社，2020，第383页。

面向未来的思维方式与实践方法来展示自身。习近平总书记所阐述的经济、生态文明、外交、法治和强军等领域的历史任务中蕴含着探求人类解放以及人与世界相处模式等深刻哲学命题的使命。这一哲学使命与历史任务的相互确证，构成社会现实展开的双重维度，是改变现实、改造世界实践活动的价值旨趣的凸显。习近平总书记对中华民族伟大复兴和人类社会持续进步的历史任务的自觉认识与实践遵循彰显了独特的哲学使命观。在引领中国发展和民族复兴层面，习近平总书记提出，"全面建成社会主义现代化强国、实现中华民族伟大复兴，是新时代中国共产党的历史使命"[1]，以加强治国理政来推动中国现代化进程，提升人民的物质生活水平和精神境界，在根本上契合马克思主义关于人类解放的价值诉求。在促进人类社会发展层面，习近平总书记指出："中国共产党人和中国人民完全有信心为人类对更好社会制度的探索提供中国方案。"[2]面对"世界百年未有之大变局"，习近平总书记科学揭示了不同发展道路之间更为和谐的相处方式，开辟了将中华民族复兴之路与人类文明持续发展之路共融同行的新局面。习近平总书记对中国与世界共同发展历史任务的深刻把握，将关涉人类解放的哲学话语内嵌于对现实生活的规范性价值诉求中，蕴含着超越人类现存实在趋向应然解放状态的价值指向，在实践进程中凝结人与世界和谐共生的统一关系，这在根本上继承和践行了马克思主义的哲学使命。

当代中国马克思主义紧紧围绕实现中华民族伟大复兴和为人民谋福祉的历史任务展开，在对人民群众追求美好生活的需要的深层关切中展现出追寻自由和解放的哲学意义。人的解放和自由全面发展以及人与世界的和谐关系是人类社会的永恒主题。中国特色社会主义的实践指向符合人的生存和发展需要的方式，它基于现实的实践过程理解人类解放以及人与世界关系等问题，既代表了中国共产党和中国人民探索方式的特色和优越性，又体现了中国特色社会主义

---

1 习近平：《在党的十九届一中全会上的讲话》（2017年10月25日），《求是》2018年第1期。

2 习近平：《在庆祝中国共产党成立95周年大会上的讲话》，人民出版社，2016，第14页。

实践与人的本质内在相关的价值意义。"中国特色社会主义道路是当代中国大踏步赶上时代、引领时代发展的康庄大道"[1]，中国共产党致力于对中国发展道路的进一步整合，逐渐汇集形成了"八个明确"的核心要义和"十四个坚持"的基本方略，它们来源于社会生活的诸多领域，逐渐汇合并构成了有机统一的新时代社会发展理论。在中国共产党所凝练的价值共识的引领下，中国人民形成了维护中国式现代化道路发展的自信和自觉，呈现出推动世界历史性生成和发展的宏大视野与思想活力。中国特色社会主义的理论与实践将一切益于拓展人类自由和解放的力量凝聚起来，在世界交往中以平等、宽容的态度和"合作共赢"的原则协调处理与"他者"的关系，并切实将这种原则意识与信念落实为人们自觉的生活方式和价值观念。

习近平新时代中国特色社会主义思想的哲学使命与哲学意义在深入开展中国特色社会主义的建设实践中融会贯通、相互生成，是当代中国马克思主义的真理光芒与其时代价值相统一的必经环节。价值与真理的辩证统一是人类社会进步的内在条件，也是马克思主义哲学的基本原理。"真理原则与价值原则的根本一致性和总体上的统一性，总是在人们的具体的历史活动中实现并表现出来的。真理和价值之间具体的历史的统一，突出地表现为二者的相互贯通、相互引导和检验标准的一体化。"[2]哲学使命与哲学意义相互生成的过程揭示了当代中国马克思主义的哲学思维，即思想的真理性透过现实实践彰显出与之相统一的价值性。这既是对中国共产党领导的中国社会发展理论与实践的经验总结，也是对中国特色社会主义进入新时代做出真理性把握的内在要求，形成了在认识历史总体规律和基本趋势的基础上展开客观实践的价值性指向。在习近平总书记的思想阐释中，哲学使命与哲学意义在对共产党执政规律、社会

---

1 《习近平谈治国理政》第三卷，外文出版社，2020，第184页。
2 萧前、李秀林、汪永祥主编：《辩证唯物主义原理》（第三版），北京师范大学出版社，2012，第314页。

主义建设规律和人类社会发展规律的深化认识中相互融合，植根于中国与世界之间愈益开放性的实践活动中。习近平总书记坚信，"在实践中求真知，在探索中找规律，不断形成新经验、深化新认识、贡献新方案"[1]。追求人的解放以及实现人与世界和谐共处的哲学使命并非单纯的主观对象性活动，追求哲学使命中显现契合人类生存与发展真实需要的哲学意义也并非指向主体对客体的消融，两者需要通过实践的现实生成和变革来推动。习近平总书记对中国与世界共同发展的基本规律的探索和整体认识，是基于其对规律的科学运用而达到现实实践成效的肯定，是遵循历史客观规律与发挥人民主体性自觉高度统一的过程，从而揭示了当代中国马克思主义的真理性和价值性的统一在哲学使命与哲学意义中的融会贯通。

　　哲学使命与哲学意义的融合对当代中国马克思主义发展的作用在于促使其内含的时代价值得到明确界定和深刻彰显。当代中国马克思主义兼具理想性与现实性的双重维度，它们之间的相互设定与互促关系在新时代中国社会主义现代化建设实践中充分显现。中国共产党对当代中国马克思主义的理解和建构诉诸现实的实践范式，将其与中国特色社会主义建设实践经验和理论体系关联起来，为确证当代中国马克思主义理想性和现实性的双重维度奠定了基础。哲学使命与哲学意义的融会贯通展现的是当代中国马克思主义的实践论与价值论的深度结合，使其成为推动当代中国马克思主义的理想性与现实性在新时代实现内在统一的"集大成者"。新时代明确了中国社会主要矛盾的历史性变化，从而超越了脱离实践的纯粹理性思维而赋予当代中国马克思主义以具体、丰富的现实性维度。现实性维度总是以鲜活的形式与理想性维度保持适度张力，探寻二者之间的连接点成为构建当代中国马克思主义的主要路向。哲学使命与哲学意义相互融贯的过程，促使中国社会着力建立与人民群众本质力量相一致的存

1　习近平：《在庆祝海南建省办经济特区30周年大会上的讲话》，人民出版社，2018，第7页。

在方式和社会状态的路径得以澄明，廓清了新时代构建人们对美好生活需要的价值旨趣，使当代中国马克思主义关于人的全面自由发展的理想性维度与建立高度发展的生产实践的现实性维度达到具体的、历史的统一。

立足于新时代中国特色社会主义发展阶段所面临的新形势及人民日益增长的美好生活需要，中国共产党带领全国人民深化中国式现代化道路的建设实践，逐渐形成了新的思想观点和实践范式，不断拓展和丰富了当代中国马克思主义理论体系。思想观点的转变推动实践范式的变革，习近平总书记对世界历史和全球趋势的理性认识，包含了对现实问题深层结构的规律性认识和整体性把握，促使作为人们的内在本质力量的实践主体性从社会生活中生发出来。在从问题意识与问题导向、实践范式与思维变革、体系意识与"人类文明新形态"构建相互融合的过程中，内蕴于习近平新时代中国特色社会主义思想中的历史观、方法论、世界观和价值论的哲学境界不断彰显出来，这种哲学境界通过现实实践的确证展示出宏大的哲学视野与思想的真理性和科学性，使实践因具有哲学真理力量的指引而凸显其超越现存境况的价值性意蕴。中国式现代化道路的理论阐释与实践指向澄明了当代中国马克思主义的哲学境界，向人们昭示了在人与世界相互作用的张力关系中寻求辩证共存的中国智慧。发掘当代中国马克思主义的哲学境界具有深刻的启示性意义：深入学习习近平新时代中国特色社会主义思想，必须立足于更高的哲学立场，以探寻中国特色社会主义建设的理论与实践和当代中国马克思主义的内在关联及其整合思路，在掌握具体的理论体系与思维方法的基础上领悟、贯通并运用其中的真理和智慧，使其真正内化为人的自由和解放的本质意识与推动社会发展的现实动力。

附录四
笔者学术成果要目

一、主要著作

1.《马克思人类解放思想论》，人民出版社，2022。（独著）

2.《历史哲思与未来想象》，社会科学文献出版社，2022。（独著）

3.《青年马克思政治哲学思想研究》（第二版），中国社会科学出版社，2022。（第一作者）

4.《马克思主义的时代表达》，中国人民大学出版社，2021，"十三五"国家重点出版物出版规划项目。（独著）

5.《马克思人类解放思想史》，人民出版社，2019。（独著）

6.《马克思的哲学主题》，人民出版社，2017。（独著）

7.《马克思的哲学立场》，人民出版社，2017。（独著）

8.《技术的当代哲学视野》，人民出版社，2017。（独著）

9.《马克思人类解放理论的演进逻辑》，人民出版社，2011。（独著）

10.《理想与现实之间的人类解放境界》，人民出版社，2013。（独著）

11.《马克思的解放哲学》，中山大学出版社，2015。（独著）

12.《青年马克思政治哲学思想研究》，中国社会科学出版社，2018，入选

"国家哲学社会科学成果文库"。（第一作者）

13.《马克思对个性解放的探索之路》，广东人民出版社，2015。（第二作者）

14.《马克思的晚年岁月》，人民出版社，2022。（第一译者）

15.《自由与平等——从孟德斯鸠到托克维尔的法国政治思想》，中山大学出版社，2018。（第二译者）

16.《青年马克思——德国哲学、当代政治与人类繁荣》，中山大学出版社，2017。（第一译者）

二、期刊论文

1.《当代中国马克思主义的哲学境界》，《中国社会科学》2021 年第 9 期。（独撰）

2.《马克思唯物史观叙事中的劳动正义》，《中国社会科学》2020 年第 9 期。（独撰）

3.《构建人类命运共同体对历史唯物主义的原创性贡献》，《中国社会科学》2018 年第 7 期。（独撰）

4.《启蒙理性及现代性：马克思的批判性重构》，《中国社会科学》2015 年第 2 期。（独撰）

5.《马克思人类解放理论的叙事结构及实现方式》，《中国社会科学》2012 年第 8 期。（独撰）

6.《西方马克思主义的理论性质与中国意义》，《中国社会科学》2010 年第 5 期。（独撰）

7.《人类解放的进程与社会形态的嬗变》，《中国社会科学》2008 年第 3 期。（独撰）

8. "Enlightenment Reason and Modernity: Marx's Critical Reconstruction",

《中国社会科学》英文版 2016 年第 3 期。（独撰）

9."The Course of Human Emancipation and the Evolution of Social Forms"，《中国社会科学》英文版 2008 年第 3 期。（独撰）

10.《以唯物史观理解中国式现代化理论》，《哲学研究》2023 年第 3 期。（独撰）

11.《马克思主义哲学面向实践的方式》，《哲学研究》2021 年第 12 期。（独撰）

12.《马克思主义哲学研究中的三重解释张力及其认知变化》，《哲学研究》2019 年第 9 期。（独撰）

13.《技术可选择还是现代性可选择？——对芬伯格现代性理论前提与内在矛盾的批判》，《哲学研究》2016 年第 7 期。（独撰）

14.《从显性到隐性的主奴辩证法——〈精神现象学〉与〈1844 年经济学哲学手稿〉关系注解》，《哲学研究》2014 年第 1 期。（独撰）

15.《激进民主的理性重建与技术转化的微政治学——芬伯格的技术政治学评析》，《哲学研究》2008 年第 8 期。（独撰）

16.《政治解放、社会解放和劳动解放——马克思人类解放思想再探析》，《哲学研究》2007 年第 3 期。（独撰）

17.《中国奇迹"奇"在哪里？——访浙江大学马克思主义学院院长刘同舫教授》，《马克思主义研究》2020 年第 4 期。（独撰）

18.《列宁的辩证唯物主义和历史唯物主义思想及其当代意义》，《马克思主义研究》2010 年第 12 期。（独撰）

19.《在应对当代各种社会思潮的挑战中发挥马克思主义的威力》，《马克思主义研究》2010 年第 3 期。（独撰）

20.《海德格尔面向思的教育及其理论困境》，《教育研究》2016 年第 12 期。（第二作者）

21.《康德道德观及其对现实道德教育困境的开解》,《教育研究》2014 年第 4 期。(独撰)

22.《罗尔斯教育公正理论情结及方法论原则批判》,《教育研究》2012 年第 1 期。(独撰)

23.《人类解放视域中的教育价值合理性探析》,《教育研究》2010 年第 8 期。(独撰)

24.《论"各种关系回归于人自身"对"人的解放"主题的开解》,《马克思主义与现实》2022 年第 4 期。(独撰)

25.《马克思文本解读的价值反思与方法论自觉》,《马克思主义与现实》2021 年第 3 期。(独撰)

26.《〈莱茵报〉时期马克思对古典自由主义的批判》,《哲学动态》2022 年第 8 期。(第二作者)

27.《马克思早期共产主义的构思逻辑——对〈1844 年经济学哲学手稿〉"私有财产和共产主义"一节的解读》,《哲学动态》2013 年第 12 期。(第二作者)

28.《英国文化马克思主义:人道主义与结构主义之辩》,《哲学动态》2011 年第 9 期。(第二作者)

29.《哲学作为一种救赎方式——马克思〈博士论文〉的政治哲学思想解读》,《哲学动态》2009 年第 3 期。(第二作者)

30.《人类文明新形态的内在依据:生产方式的创新性发展》,《北京大学学报(哲学社会科学版)》2023 年第 1 期。(独撰)

31.《马克思政治经济学如何引入历史性观念》,《武汉大学学报(哲学社会科学版)》2022 年第 6 期。(第一作者)

32.《公共危机治理中社会动员的功能边界和优化策略》,《武汉大学学报(哲学社会科学版)》2020 年第 3 期。(第二作者)

33.《共同富裕的历史唯物主义审视》,《浙江大学学报(人文社会科学版)》

2022 年第 1 期。（独撰）

34.《〈德意志意识形态〉是否具有完整性?》,《浙江大学学报（人文社会科学版)》2021 年第 5 期。（第二作者）

35.《理想主义的限度与超越——基于马克思对〈斯考尔皮昂和费利克斯〉自我评价的考察》,《浙江大学学报（人文社会科学版)》2020 年第 3 期。（第一作者）

36.《对理性从坚定到怀疑——〈莱茵报〉时期马克思遭遇"物质利益难题"的前后》,《浙江大学学报（人文社会科学版)》2019 年第 1 期。（第二作者）

37.《重思"解释世界"与"改变世界"的经典命题》,《四川大学学报（哲学社会科学版)》2022 年第 3 期。（独撰）

38.《中国共产党百年历程中的哲学智慧》,《四川大学学报（哲学社会科学版)》2021 年第 3 期。（独撰）

39.《人类命运共同体对全球治理体系的历史性重构》,《四川大学学报（哲学社会科学版)》2020 年第 5 期。（独撰）

40.《马克思主义哲学中国化 70 年及其历史贡献》,《四川大学学报（哲学社会科学版)》2019 年第 4 期。（独撰）

41.《卢卡奇对实证主义方法的双重批判及其内在冲突》,《自然辩证法研究》2020 年第 3 期。（第二作者）

42.《怨恨的滋生与技术合理性秩序的建构》,《自然辩证法研究》2009 年第 2 期。（独撰）

43.《社会学视野中的网络犯罪与综合治理》,《自然辩证法研究》2006 年第 2 期。（独撰）

44.《网络文化：技术与文化的联姻》,《自然辩证法研究》2004 年第 7 期。（独撰）

45.《技术进步与正义困境》,《社会科学战线》2021 年第 5 期。（独撰）

46.《21世纪马克思主义研究的多重张力及其进路》,《江海学刊》2022年第2期。(独撰)

47.《技术进步中正义困境的生发与消解》,《江海学刊》2021年第4期。(独撰)

48.《从继承到建构:马克思以解放为轴心的哲学革命》,《江海学刊》2016年第3期。(独撰)

49.《"中国化时代化的马克思主义为什么行"的深意》,《教学与研究》2022年第11期。(独撰)

50.《技术进步中的劳动正义困境及其现实效应》,《教学与研究》2021年第12期。(独撰)

51.《穿越幻象:齐泽克意识形态批判及其解放态度》,《教学与研究》2018年第11期。(第一作者)

52.《论分析马克思主义对马克思正义观的误读性重构》,《国外社会科学》2022年第2期。(第二作者)

53.《百年马克思主义中国化的发展动力》,《国外社会科学》2021年第1期。(独撰)

54.《海德格尔对马克思劳动观的误读》,《国外社会科学》2020年第3期。(第二作者)

55.《新工业革命与意识形态消失论》,《天津社会科学》2017年第2期。(第一作者)

56.《马克思对资本逻辑的批判及其边界意识》,《天津社会科学》2015年第5期。(第二作者)

57.《马克思主义历史哲学:在史学与哲学之间》,《天津社会科学》2013年第2期。(第二作者)

58.《马克思文化解放的维度及其政治旨趣》,《天津社会科学》2011年第3

期。（独撰）

59.《中国语境的现代性及其现实意义》，《天津社会科学》2010 年第 1 期。（独撰）

60.《网络文化的精神实质》，《天津社会科学》2005 年第 6 期。（独撰）

61.《马克思对鲍威尔的批判角度及其哲学定位》，《学术研究》2016 年第 6 期。（第二作者）

62.《人性问题与马克思的人性解放意蕴》，《学术研究》2013 年第 2 期。（独撰）

63.《马克思人类解放理论的理想性与现实性》，《学术研究》2009 年第 3 期。（独撰）

64.《意义、真理与二值原则——后现代视野中实在论与反实在论之争》，《学术研究》2006 年第 3 期。（独撰）

65.《中国现代化实践对"历史终结论"的终结及其意义》，《社会科学研究》2019 年第 6 期。（第二作者）

66.《鲍德里亚消费异化批判的视角及其理论局限》，《社会科学研究》2018 年第 5 期。（第二作者）

67.《从欧洲到全球：马克思理论视域的拓展》，《社会科学研究》2016 年第 1 期。（第二作者）

68.《文化革命：列斐伏尔日常生活的解放方案》，《社会科学研究》2015 年第 1 期。（第二作者）

69.《马克思博士论文中的哲学拯救与宗教批判》，《社会科学研究》2012 年第 5 期。（第一作者）

70.《思想分歧何以成为马克思与卢格走向决裂的根源》，《山东社会科学》2021 年第 4 期。（第二作者）

71.《中华民族发展史进程中的当代中国马克思主义创新》，《思想理论教育

导刊》2022 年第 11 期。（独撰）

72.《高校思想政治理论课的功能及其实现》，《思想理论教育导刊》2021 年第 12 期。（独撰）

73.《实现宏伟目标必须统筹好发展与安全的关系》，《思想理论教育导刊》2021 年第 1 期。（独撰）

74.《在比较中彰显中国特色社会主义道路的优越性》，《思想理论教育导刊》2020 年第 4 期。（独撰）

75.《思想政治理论课教学亟须解决的五个问题》，《思想理论教育导刊》2019 年第 7 期。（独撰）

76.《在挑战当代社会思潮中发展马克思主义》，《中国社会科学内部文稿》2009 年第 5 期。（独撰）

77.《在守正创新中推进新时代中国教育高质量发展》，《高等教育研究》2021 年第 10 期。（独撰）

78.《在走好群众路线中推动党史学习教育常态化长效化》，《红旗文稿》2022 年第 8 期。（独撰）

79.《坚决打赢疫情防控的人民战争》，《红旗文稿》2020 年第 6 期。（独撰）

80.《将构建人类命运共同体思想落到实处》，《红旗文稿》2018 年第 21 期。（独撰）

81.《科学优于人文？——对"第三种文化"本质与边界观的质疑》，《自然辩证法通讯》2021 年第 10 期。（第二作者）

82.《文化背后隐性系统的存否——福柯自科学话语分析而始的回答》，《自然辩证法通讯》2019 年第 6 期。（第二作者）

83.《科学与文化样态的关联：福柯对科学权力性的消解》，《自然辩证法通讯》2016 年第 4 期。（第二作者）

84.《工具与文化之间的数学品格——模式观的数学本体论下对数学意义的

探讨》，《自然辩证法通讯》2013 年第 1 期。（第二作者）

85.《现代技术文化之拯救与超越——以海德格尔的技术文化观为基点》，《自然辩证法通讯》2010 年第 3 期。（第二作者）

86.《版面费：学术自由的悖论》，《自然辩证法通讯》2009 年第 4 期。（独撰）

87.《构筑科学与人文的和谐》，《自然辩证法通讯》2008 年第 1 期。（独撰）

88.《怨恨对技术合理性的反叛》，《自然辩证法通讯》2007 年第 3 期。（独撰）

89.《现代教育技术化发展倾向的反思》，《自然辩证法通讯》2006 年第 1 期。（独撰）

90.《论技术与思想的内在关联性》，《自然辩证法通讯》2005 年第 3 期。（独撰）

91.《技术的边界与人的底线——技术化生存的人学反思》，《自然辩证法通讯》2004 年第 3 期。（独撰）

92.《在康德与马克思之间的理论纠结——利奥塔后现代主义哲学及其特质》，《浙江学刊》2021 年第 6 期。（第二作者）

93.《恩格斯晚年所作序言对社会主义称谓的思考》，《浙江学刊》2018 年第 2 期。（第二作者）

94.《市民社会研究范式的历史转换》，《浙江学刊》2015 年第 6 期。（独撰）

95.《海德格尔对马克思人的学说的三个误判》，《广东社会科学》2019 年第 1 期。（第二作者）

96.《象征交换：鲍德里亚超越符号消费社会的解放策略》，《广东社会科学》2016 年第 4 期。（独撰）

97.《哲学的命运与无产阶级的救赎》，《广东社会科学》2013 年第 6 期。（第一作者）

98.《马克思论证世界历史总体性的维度》，《学术界》2022 年第 9 期。（独撰）

99.《哈维对"空间解放"的构思及其价值审视》，《学术界》2021 年第 8 期。

（第二作者）

100.《超越"中西文化之争"：从"比较式对话"到"合作式对话"》，《学术界》2020 年第 4 期。（第二作者）

101.《马克思对古典自由主义的反思与建构——基于〈黑格尔法哲学批判〉的考察》，《学术界》2019 年第 1 期。（第一作者）

102.《从风险社会到命运共同体：基于现代性理论的审视》，《学术界》2018 年第 3 期。（第二作者）

103.《构建人类命运共同体：人类共同利益的生成逻辑与实践指向》，《南京社会科学》2022 年第 10 期。（独撰）

104.《中国共产党现代化事业的百年历程与经验》，《北京师范大学学报（社会科学版）》2021 年第 4 期。（第二作者）

105.《人类共同价值建设的伦理旨趣与中国方案》，《重庆大学学报（社会科学版）》2023 年第 1 期。（独撰）

106.《马克思主义哲学作为"看家本领"的逻辑必然》，《重庆大学学报（社会科学版）》2021 年第 5 期。（第一作者）

107.《资本逻辑的内在张力及其解放方案》，《哈尔滨工业大学学报（社会科学版）》2023 年第 1 期。（独撰）

108.《论海德格尔对马克思"人的规定"的误判》，《华中科技大学学报（社会科学版）》2020 年第 6 期。（第二作者）

109.《人类命运共同体：全球化发展的公正逻辑》，《华南师范大学学报（社会科学版）》2019 年第 3 期。（第二作者）

110.《新时代社会主要矛盾背后的必然逻辑》，《华南师范大学学报（社会科学版）》2017 年第 6 期。（独撰）

111.《托克维尔的人道主义及其马克思哲学审视》，《华南师范大学学报（社会科学版）》2017 年第 2 期。（第二作者）

112.《精神魅力与学术尊严中的哲学人生——刘同舫教授学术访谈录》，《华南师范大学学报（社会科学版）》2015年第2期。（第一作者）

113.《马克思论证"人类解放何以可能"的维度》，《华南师范大学学报（社会科学版）》2015年第2期。（独撰）

114.《西方马克思主义辩证法的理论特色及其局限》，《华南师范大学学报（社会科学版）》2014年第6期。（第二作者）

115.《人的解放与福柯的反抗权力策略》，《华南师范大学学报（社会科学版）》2013年第5期。（第一作者）

116.《马克思市民社会范畴的逻辑演进》，《华南师范大学学报（社会科学版）》2012年第4期。（独撰）

117.《马克思主义中国化进程与党的执政理念演进》，《华南师范大学学报（社会科学版）》2011年第5期。（独撰）

118.《人的本质解放：马尔库塞的艺术与审美之解放美学》，《华南师范大学学报（社会科学版）》2011年第1期。（第一作者）

119.《拉克劳、墨菲的激进多元民主与人类解放》，《华南师范大学学报（社会科学版）》2009年第2期。（独撰）

120.《科学技术的发展与人类解放的进程——基于恩格斯〈自然辩证法〉的新思考》，《华南师范大学学报（社会科学版）》2009年第6期。（第一作者）

121.《马克思主义基本问题的辨与思》，《南京师大学报（社会科学版）》2021年第1期。（独撰）

122.《恩格斯对哲学基本问题的认识及其当代价值》，《南京师大学报（社会科学版）》2019年第4期。（独撰）

123.《马克思对西方传统正义观的辩证批判》，《福建师范大学学报（哲学社会科学版）》2021年第1期。（第二作者）

124.《恩格斯思想的历史地位与伟大贡献》，《福建师范大学学报（哲学社

会科学版)》2020 年第 4 期。（独撰）

125.《马克思对近代社会契约论的价值规范性批判》，《福建师范大学学报（哲学社会科学版）》2019 年第 3 期。（第二作者）

126.《马克思学说中的哲学与马克思学说的解释框架》，《社会科学辑刊》2011 年第 1 期。（独撰）

127.《海德格尔对马克思历史观的三重误读》，《福建论坛（人文社会科学版)》2020 年第 7 期。（第二作者）

128.《全球现代性问题与人类命运共同体智慧》，《福建论坛（人文社会科学版)》2019 年第 9 期。（独撰）

129.《马克思早期的"跨越"设想及其现实走向》，《福建论坛（人文社会科学版)》2019 年第 8 期。（第二作者）

130.《"尘世"如何创造"天国"——马克思的宗教批判原则与逻辑演绎》，《福建论坛（人文社会科学版)》2016 年第 1 期。（第二作者）

131.《物化与总体性：卢卡奇延伸马克思解放思想的关键语》，《福建论坛（人文社会科学版)》2014 年第 10 期。（第二作者）

132.《马克思人类解放视域中的社会形态理论》，《福建论坛（人文社会科学版)》2012 年第 5 期。（独撰）

133.《英国新左派思想家对历史唯物主义研究的拓展》，《福建论坛（人文社会科学版)》2011 年第 5 期。（第二作者）

134.《马克思人类解放阶段论》，《福建论坛（人文社会科学版)》2008 年第 5 期。（独撰）

135.《马克思对蒲鲁东历史意识的前提批判》，《浙江社会科学》2022 年第 2 期。（第二作者）

136.《马克思主义中国化百年进程的实践理路与趋势展望》，《浙江社会科学》2021 年第 6 期。（独撰）

137.《鲍曼对"人的解放"的构思是否成立?》,《浙江社会科学》2020 年第 11 期。(第二作者)

138.《新中国成立以来关于社会主要矛盾的理论争鸣》,《浙江社会科学》2019 年第 8 期。(独撰)

139.《坚守还是修正——回应福山再论"历史终结"的争议》,《浙江社会科学》2019 年第 6 期。(第二作者)

140.《限度与超越:马克思对黑格尔哲学批判的两次飞跃》,《浙江社会科学》2018 年第 9 期。(第二作者)

141.《〈人类学笔记〉文本群内外关联性多重解读》,《浙江社会科学》2017 年第 1 期。(第二作者)

142.《重置交往理性:哈贝马斯人类解放思想的逻辑主线》,《浙江社会科学》2011 年第 8 期。(第一作者)

143.《技术发展的非人性效应及其克服》,《浙江社会科学》2005 年第 4 期。(独撰)

144.《"资本来到世间"的真实写照与资本蕴含的辩证法》,《江苏社会科学》2023 年第 1 期。(独撰)

145.《黑格尔对古典自由主义批判的辨与思》,《江苏社会科学》2020 年第 2 期。(第二作者)

146.《马克思社会主义观的真谛》,《社会主义研究》2021 年第 6 期。(第二作者)

147.《现代国家的解放限度与历史命运——马克思〈论犹太人问题〉释义》,《人文杂志》2016 年第 1 期。(第一作者)

148.《在何种意义上区分马克思文本与恩格斯文本——基于〈关于费尔巴哈的提纲〉之思》,《人文杂志》2012 年第 1 期。(第一作者)

149.《共同价值的"建构效应":走向人类命运共同体》,《求是学刊》2022

年第 5 期。（第二作者）

150.《感性个体与社会存在的分离及融合——马克思论新社会组织、私有制和个体死亡》，《求是学刊》2016 年第 1 期。（第一作者）

151.《人类命运共同体对普遍交往关系的创造性重塑》，《河海大学学报（哲学社会科学版）》2022 年第 5 期。（独撰）

152.《马克思共同体思想的现实超越性》，《河海大学学报（哲学社会科学版）》2017 年第 5 期。（第二作者）

153.《马克思〈前进报〉时期未署名文本存否辨析》，《江西师范大学学报（哲学社会科学版）》2022 年第 4 期。（第二作者）

154.《从批判性到建构性：历史唯物主义方法论的"时代转换"》，《四川师范大学学报（社会科学版）》2023 年第 1 期。（独撰）

155.《党的二十大的重大论断及其理论意蕴》，《理论视野》2022 年第 10 期。（独撰）

156.《从"文明优越"到"文明共生"——破解"西方中心论"》，《理论视野》2021 年第 2 期。（第二作者）

157.《西方现代民主的政治逻辑和理论困境——基于马克思政治哲学的批判性考察》，《中共中央党校学报》2016 年第 6 期。（第二作者）

158.《马克思的总体性叙事对辩证法形态的澄清》，《江汉论坛》2021 年第 6 期。（第二作者）

159.《马克思哲学观的自我转变及其阶段性》，《江汉论坛》2014 年第 9 期。（第二作者）

160.《自由全面发展：人类解放的最高境界与必然归宿》，《江汉论坛》2012 年第 7 期。（独撰）

161.《马克思实践人学及其当代境遇》，《江汉论坛》2010 年第 4 期。（第二作者）

162.《马克思实践人学及其政治旨趣》，《江汉论坛》2009 年第 4 期。（第二作者）

163.《论交往与人的全面发展》，《江汉论坛》2008 年第 2 期。（第二作者）

164.《多重矛盾下公共危机的治理潜能及其转化性开发》，《贵州社会科学》2020 年第 2 期。（第二作者）

165.《黑格尔哲学对马克思人类解放理论的形成意义》，《贵州社会科学》2012 年第 10 期。（独撰）

166.《唯物史观视域中的人类命运共同体与新型全球化》，《甘肃社会科学》2019 年第 4 期。（第二作者）

167.《历史深处的未来想象——马克思从〈1844 年经济学哲学手稿〉到〈德意志意识形态〉理论立场的转变》，《甘肃社会科学》2014 年第 1 期。（第一作者）

168.《习近平推动哲学社会科学体系构建的"中国特色"》，《宁夏社会科学》2021 年第 2 期。（独撰）

169.《恩格斯晚年在何种程度上推进了唯物史观》，《宁夏社会科学》2020 年第 5 期。（第二作者）

170.《马克思哲学本体论：阐释与创新》，《江西社会科学》2008 年第 1 期。（独撰）

171.《一以贯之推进党的建设新的伟大工程——基于党的建设发展历史逻辑的考察》，《中国特色社会主义研究》2019 年第 5 期。（第二作者）

172.《"中国模式"与马克思人类解放理论的现实性运用》，《中国特色社会主义研究》2009 年第 5 期。（独撰）

173.《新时代全面推进中国特色社会主义建设的战略思维——学习贯彻党的二十大精神》，《思想理论教育》2022 年第 11 期。（独撰）

174.《中国共产党的自我认识彰显与共同意志凝聚——学习〈中共中央关于党的百年奋斗重大成就和历史经验的决议〉》，《思想理论教育》2022 年第 2

期。（独撰）

175.《恩格斯对马克思主义哲学的理论贡献》，《思想理论教育》2020年第8期。（独撰）

176.《马克思主义是照亮新中国70年发展道路的理论之光》，《思想理论教育》2019年第10期。（独撰）

177.《习近平新时代中国特色社会主义思想对马克思主义哲学的继承与发展》，《思想理论教育》2018年第8期。（第二作者）

178.《中国共产党对精神生活共同富裕的科学认知与价值追求》，《探索》2022年第5期。（第二作者）

179.《人类解放理论与中国发展道路》，《探索》2012年第3期。（独撰）

180.《社会主义核心价值观的人权意蕴》，《思想教育研究》2015年第1期。（第二作者）

三、报纸文章

1.《凝聚起共同奋斗的磅礴力量》，《人民日报》理论版2022年9月9日。（独撰）

2.《积极打造人类卫生健康共同体》，《人民日报》理论版2020年4月14日。（独撰）

3.《建立践行初心使命的长效机制》，《人民日报》理论版2020年1月23日。（独撰）

4.《以重大庆典活动厚植爱国主义情怀》，《人民日报》理论版2019年10月10日。（独撰）

5.《凝心聚力的一面旗帜》，《人民日报》理论版2019年5月10日。（独撰）

6.《新时代的中国人民更加自信》，《人民日报》理论版2018年10月9日。

（独撰）

7.《在增进文化认同中坚定文化自信》，《人民日报》理论版 2018 年 4 月 25 日。（独撰）

8.《在党的领导下推进和拓展中国式现代化》，《光明日报》理论版 2022 年 10 月 17 日。（独撰）

9.《在坚持和加强党的全面领导中开创历史伟业》，《光明日报》理论版 2022 年 7 月 1 日。（独撰）

10.《以哲学创新引领时代发展——〈马克思主义哲学中国化——理论与方法〉评介》，《光明日报》理论版 2022 年 2 月 28 日。（独撰）

11.《历史主动精神的理论意蕴与实践要求》，《光明日报》理论版 2022 年 1 月 14 日。（独撰）

12.《理解中国式现代化新道路需要把握的几对重要关系》，《光明日报》理论版 2021 年 8 月 20 日。（独撰）

13.《小康目标与中国现代化进程——访浙江大学马克思主义学院院长刘同舫》，《光明日报》理论版 2021 年 3 月 26 日。（独撰）

14.《马克思主义经典著作百年研究历程与经验启示》，《光明日报》理论版 2020 年 11 月 16 日。（独撰）

15.《"绿水青山就是金山银山"理念的科学内涵与深远意义》，《光明日报》理论版 2020 年 8 月 14 日。（独撰）

16.《把握疫情防控与经济社会发展的辩证法》，《光明日报》理论版 2020 年 3 月 6 日。（独撰）

17.《继往开来开创马克思主义中国化新境界》，《光明日报》理论版 2019 年 9 月 11 日。（独撰）

18.《深刻认识改革开放的历史必然性及其实践价值》，《光明日报》理论版 2018 年 8 月 13 日。（独撰）

19.《"伟大社会革命"论的马克思主义理论逻辑》,《光明日报》理论版2018年4月3日。(独撰)

20.《文化建设的向度》,《光明日报》理论版2017年10月18日。(独撰)

21.《人类命运共同体的价值超越》,《光明日报》理论版2017年9月23日。(独撰)

22.《新时代马克思主义学院建设的多维思考》,《中国教育报》2022年1月13日。(独撰)

23.《我们的时代坐标与历史自觉》,《中国教育报》2021年1月7日。(独撰)

24.《新时代建设一流学科应抓住"两点一线"》,《中国教育报》2018年1月2日。(独撰)

25.《"虚实并举"提高教学质量》,《中国教育报》2017年9月25日。(独撰)

26.《充分汲取党百年奋斗的宝贵经验》,《中国社会科学报》2021年11月18日。(第二作者)

27.《中国式现代化新道路塑造大国新形象》,《中国社会科学报》2021年10月21日。(独撰)

28.《对马克思劳动正义问题的三重追问》,《中国社会科学报》2021年9月30日。(独撰)

29.《百年马克思主义经典著作研究进路》,《中国社会科学报》2021年1月14日。(独撰)

30.《把握社会主义现代化远景目标中的四对关系》,《中国社会科学报》2020年12月11日。(独撰)

31.《全面落实立德树人根本任务 系统提升高校思想政治工作质量》,《中国社会科学报》2020年4月2日。(独撰)

32.《学术话语体系创新的五个维度》,《中国社会科学报》2019年8月22日。(独撰)

33.《促进"留"与"流"老年人的社会融合》,《中国社会科学报》2019年7月4日。(独撰)

34.《解放构成马克思哲学轴心问题》,《中国社会科学报》2015年8月27日。(独撰)

35.《马克思文化解放的立场》,《中国社会科学报》2014年8月15日。(独撰)

36.《人类解放:〈资本论〉的第一时代主题》,《中国社会科学报》2014年1月14日。(第二作者)

37.《信仰之源与信仰的力量》,《中国社会科学报》2013年1月11日。(独撰)

38.《治学心声》,《中国社会科学报》2013年1月9日。(独撰)

39.《带着问题做研究》,《中国社会科学报》2012年6月29日。(独撰)

40.《"全民学术"是一种理念、一种品格》,《中国社会科学报》2011年12月29日。(独撰)

41.《挑战与建构:马克思主义理论发展的一个重要路径》,《中国社会科学报》2009年9月22日。(独撰)

42.《真正的民主为人民共有共用共享》,《文汇报》2021年1月20日。(独撰)

43.《学理性阐释中国道路的力作》,《学习时报》2020年9月2日。(独撰)

44.《意识形态建设研究的新探索——评〈意识形态功能提升新论〉》,《学习时报》2018年5月9日。(独撰)

45.《开创中国特色社会主义理论体系新境界》,《学习时报》2016年9月26日。(独撰)

46.《发展马克思主义重在构建当代文化认同》,《社会科学报》2018年8月23日。(第一作者)

47.《准确把握中国式现代化的三个基本问题》,《浙江日报》2022年11月7日。(独撰)

48.《坚持以系统观念奋力推进"两个先行"》,《浙江日报》2022年10月

18 日。（独撰）

49.《"历史终结论"的终结与中国制度的优势》，《浙江日报》2022 年 9 月 19 日。（独撰）

50.《团结奋斗是中国人民创造历史伟业的必由之路》，《浙江日报》2022 年 4 月 25 日。（独撰）

51.《知之深则行愈达》，《浙江日报》2020 年 3 月 20 日。（独撰）

52.《哲学社会科学的时代使命》，《浙江日报》2019 年 7 月 31 日。（独撰）

53.《精神之"强"是新时代伟大变革的重要成果》，《长江日报》2022 年 11 月 8 日。（独撰）

54.《马克思主义"行"在能指导解决中国实际问题》，《长江日报》2021 年 9 月 16 日。（独撰）

55.《中国与世界的关系如何再出发》，《新华日报》2020 年 7 月 7 日。（独撰）

四、论文转载

1.《马克思主义哲学面向实践的方式》，《新华文摘》2022 年第 9 期主体转载。（独撰）

2.《马克思唯物史观叙事中的劳动正义》，《新华文摘》2021 年第 2 期主体转载。（独撰）

3.《马克思主义哲学中国化 70 年及其历史贡献》，《新华文摘》2019 年第 21 期主体转载。（独撰）

4.《新时代社会主要矛盾背后的必然逻辑》，《新华文摘》2018 年第 5 期主体转载。（独撰）

5.《从继承到建构：马克思以解放为轴心的哲学革命》，《新华文摘》2016 年第 17 期主体转载。（独撰）

6.《启蒙理性及现代性：马克思的批判性重构》，《新华文摘》2015 年第 13 期主体转载。（独撰）

7.《马克思人类解放理论的叙事结构及实现方式》，《新华文摘》2012 年第 24 期主体转载。（独撰）

8.《西方马克思主义的理论性质与中国意义》，《新华文摘》2010 年第 24 期主体转载。（独撰）

9.《人类解放的进程与社会形态的嬗变》，《新华文摘》2008 年第 16 期主体转载。（独撰）

10.《全球现代性问题与人类命运共同体智慧》，《新华文摘》2021 年 2 期网络版全文转载。（独撰）

11.《构建人类命运共同体对历史唯物主义的原创性贡献》，《新华文摘》2018 年 24 期网络版全文转载。（独撰）

12.《马克思的总体性叙事对辩证法形态的澄清》，《中国社会科学文摘》2021 年第 10 期主体转载。（第二作者）

13.《海德格尔对马克思劳动观的误读》，《中国社会科学文摘》2020 年第 9 期主体转载。（第二作者）

14.《构建人类命运共同体对历史唯物主义的原创性贡献》，《中国社会科学文摘》2018 年第 11 期主体转载。（独撰）

15.《社会主义核心价值观的人权意蕴》，《中国社会科学文摘》2015 年第 6 期主体转载。（第二作者）

16.《马克思文化解放的维度及其政治旨趣》，《中国社会科学文摘》2011 年第 7 期主体转载。（独撰）

17.《"中国模式"与马克思人类解放理论的现实性运用》，《中国社会科学文摘》2010 年第 3 期主体转载。（独撰）

18.《拉克劳、墨菲的激进多元民主与人类解放》，《中国社会科学文摘》

2009 年第 7 期主体转载。（独撰）

19.《激进民主的理性重建与技术转化的微政治学——芬伯格的技术政治学评析》，《中国社会科学文摘》2008 年第 12 期主体转载。（独撰）

20.《政治解放、社会解放和劳动解放——马克思人类解放思想再探析》，《中国社会科学文摘》2007 年第 3 期主体转载。（独撰）

21.《网络文化的精神实质》，《中国社会科学文摘》2006 年第 1 期主体转载。（独撰）

22.《21 世纪马克思主义研究的多重张力及其进路》，《高等学校文科学术文摘》2022 年第 4 期主体转载。（独撰）

23.《马克思文本解读的价值反思与方法论自觉》，《高等学校文科学术文摘》2021 年第 5 期主体转载。（独撰）

24.《马克思唯物史观叙事中的劳动正义》，《高等学校文科学术文摘》2020 年第 6 期主体转载。（独撰）

25.《全球现代性问题与人类命运共同体智慧》，《高等学校文科学术文摘》2019 年第 6 期主体转载。（独撰）

26.《构建人类命运共同体对历史唯物主义的原创性贡献》，《高等学校文科学术文摘》2018 年第 5 期主体转载。（独撰）

27.《启蒙理性及现代性：马克思的批判性重构》，《高等学校文科学术文摘》2015 年第 3 期主体转载。（独撰）

28.《马克思人类解放理论的叙事结构及实现方式》，《高等学校文科学术文摘》2012 年第 5 期主体转载。（独撰）

29.《坚守还是修正——回应福山再论"历史终结"的争议》，《社会科学文摘》2019 年第 7 期主体转载。（第二作者）

30.《重思"解释世界"与"改变世界"的经典命题》，中国人民大学《复印报刊资料·哲学原理》2022 年第 9 期全文转载。（独撰）

31.《高校思想政治理论课的功能及其实现》，中国人民大学《复印报刊资料·高校思想政治理论课教学研究》2022年第3期全文转载。（独撰）

32.《马克思主义中国化百年进程的实践理路与趋势展望》，中国人民大学《复印报刊资料·中国特色社会主义理论》2021年第9期全文转载。（独撰）

33.《马克思主义中国化百年进程的实践理路与趋势展望》，中国人民大学《复印报刊资料·马克思列宁主义研究》2021年第9期全文转载。（独撰）

34.《马克思对西方传统正义观的辩证批判》，中国人民大学《复印报刊资料·哲学原理》2021年第5期全文转载。（第二作者）

35.《百年马克思主义中国化的发展动力》，中国人民大学《复印报刊资料·马克思列宁主义研究》2021年第5期全文转载。（独撰）

36.《马克思唯物史观叙事中的劳动正义》，中国人民大学《复印报刊资料·哲学原理》2021年第2期全文转载。（独撰）

37.《马克思主义是照亮新中国70年发展道路的理论之光》，中国人民大学《复印报刊资料·马克思列宁主义研究》2020年第2期全文转载。（独撰）

38.《马克思主义哲学中国化70年及其历史贡献》，中国人民大学《复印报刊资料·哲学原理》2020年第1期全文转载。（独撰）

39.《中国现代化实践对"历史终结论"的终结及其意义》，中国人民大学《复印报刊资料·中国特色社会主义理论》2020年第1期全文转载。（第二作者）

40.《全球现代性问题与人类命运共同体智慧》，中国人民大学《复印报刊资料·哲学文摘》2020年第1期全文转载。（独撰）

41.《新中国成立以来关于社会主要矛盾的理论争鸣》，中国人民大学《复印报刊资料·中国特色社会主义理论》2019年第11期全文转载。（独撰）

42.《思想政治理论课教学亟须解决的五个问题》，中国人民大学《复印报刊资料·高校思想政治理论课教学研究》2019年第6期全文转载。（独撰）

43.《西方现代民主的政治逻辑和理论困境——基于马克思政治哲学的批判

性考察》，中国人民大学《复印报刊资料·政治学》2017年第3期全文转载。（第二作者）

44.《技术可选择还是现代性可选择？——对芬伯格现代性理论前提与内在矛盾的批判》，中国人民大学《复印报刊资料·科学技术哲学》2016年第10期全文转载。（独撰）

45.《现代国家的解放限度与历史命运——马克思〈论犹太人问题〉释义》，中国人民大学《复印报刊资料·哲学原理》2016年第4期全文转载。（第一作者）

46.《从应然到实然：马克思社会批判的价值取向转变》，中国人民大学《复印报刊资料·马克思列宁主义研究》2015年第7期全文转载。（独撰）

47.《从显性到隐性的主奴辩证法——〈精神现象学〉与〈1844年经济学哲学手稿〉关系注解》，中国人民大学《复印报刊资料·哲学原理》2014年第7期全文转载。（独撰）

48.《康德道德观及其对现实道德教育困境的开解》，中国人民大学《复印报刊资料·教育学》2014年第7期全文转载。（独撰）

49.《马克思人类解放理论的叙事结构及实现方式》，中国人民大学《复印报刊资料·马克思列宁主义研究》2012年第11期全文转载。（独撰）

50.《科学发展观的科学性》，中国人民大学《复印报刊资料·中国特色社会主义理论》2011年第10期全文转载。（独撰）

51.《西方马克思主义的理论性质与中国意义》，中国人民大学《复印报刊资料·马克思列宁主义研究》2011年第1期全文转载。（独撰）

52.《挑战与建构：马克思主义理论发展的一个重要路径》，中国人民大学《复印报刊资料·马克思列宁主义研究》2009年第11期全文转载。（独撰）

53.《哲学作为一种救赎方式——马克思〈博士论文〉的政治哲学思想解读》，中国人民大学《复印报刊资料·哲学原理》2009年第6期全文转载。（第二作者）

54.《激进民主的理性重建与技术转化的微政治学——芬伯格的技术政治学

评析》，中国人民大学《复印报刊资料·哲学原理》2008 年第 11 期全文转载。（独撰）

55.《意义、真理与二值原则——后现代视野中实在论与反实在论之争》，中国人民大学《复印报刊资料·外国哲学》2006 年第 5 期全文转载。（独撰）

56.《虚拟实在——网络社会新范畴对传统哲学的挑战》，中国人民大学《复印报刊资料·哲学原理》2002 年第 4 期全文转载。（独撰）

57.《道德建设的全新领域》，中国人民大学《复印报刊资料·精神文明建设》2000 年第 12 期全文转载。（独撰）

58.《形而上学：语言哲学发展的轴心》，中国人民大学《复印报刊资料·外国哲学》2000 年第 6 期全文转载。（独撰）

59.《当代认识论对传统认识论的深化和突破》，中国人民大学《复印报刊资料·哲学原理》1999 年第 9 期全文转载。（独撰）

60.《百年马克思主义经典著作研究进路》，《马克思主义文摘》2021 年第 2 期全文转载。（独撰）

参考文献

一、马克思主义经典著作

1.《马克思恩格斯文集》第1—10卷，人民出版社，2009。

2.《马克思恩格斯全集》第1卷，人民出版社，1995。

3.《马克思恩格斯全集》第2卷，人民出版社，2002。

4.《马克思恩格斯全集》第3卷，人民出版社，2002。

5.《马克思恩格斯全集》第30卷，人民出版社，1995。

6.《列宁全集》第40卷，人民出版社，1986。

7.《列宁选集》第1—4卷，人民出版社，2012。

8.《毛泽东早期文稿（1912.6—1920.11）》，湖南人民出版社，1990。

9.《邓小平文选》第二卷，人民出版社，1994。

10.《邓小平文选》第三卷，人民出版社，1993。

11.《习近平谈治国理政》第一卷，外文出版社，2018。

12.《习近平谈治国理政》第二卷，外文出版社，2017。

13.《习近平谈治国理政》第三卷，外文出版社，2020。

14.《习近平谈治国理政》第四卷，外文出版社，2022。

15.习近平：《论坚持推动构建人类命运共同体》，中央文献出版社，2018。

16.习近平：《高举中国特色社会主义伟大旗帜　为全面建设社会主义现代化国家而团结奋斗——在中国共产党第二十次全国代表大会上的报告》，人民出版社，2022。

二、中文著作

1. 孙正聿：《马克思辩证法理论的当代反思》，人民出版社，2002。

2. 孙正聿：《为历史服务的哲学》，中央编译出版社，2018。

3. 郭湛：《主体性哲学——人的存在及其意义》，中国人民大学出版社，2011。

4. 陈学明等：《中国道路的世界意义》，天津人民出版社，2015。

5. 丰子义、杨学功：《马克思"世界历史"理论与全球化》，人民出版社，2002。

6. 张立文：《中国传统文化与人类命运共同体》，人民出版社，2018。

7. 赵汀阳：《天下体系：世界制度哲学导论》，中国人民大学出版社，2011。

8. 李君如：《人类命运共同体：中国人的世界梦》，人民日报出版社，2020。

9. 李君如、罗建波等：《人间正道：构建人类命运共同体》，外文出版社，2021。

10. 叶汝贤：《马克思的唯物史观》，广东高等教育出版社，2000。

11. 聂锦芳：《批判与建构：〈德意志意识形态〉文本学研究》，人民出版社，2012。

12. 贺来：《辩证法的生存论基础——马克思辩证法的当代阐释》，中国人民大学出版社，2004。

13. 韦定广：《"世界历史"语境中的人类解放主题：19—21世纪全球化与马克思社会主义理论》，人民出版社，2004。

14. 魏小萍：《追寻马克思——时代境遇下马克思人类解放理论逻辑的分析和探讨》，人民出版社，2005。

15. 王彤：《世界与中国——构建人类命运共同体》，中共中央党校出版社，2019。

16. 王义桅：《时代之问　中国之答：构建人类命运共同体》，湖南人民出版社，2021。

17. 田鹏颖、武雯婧：《天下为公——中国共产党与人类命运共同体》，社会科学文献出版社，2018。

18. 陈嘉明等：《现代性与后现代性》，人民出版社，2001。

19. 刘同舫：《马克思人类解放思想史》，人民出版社，2019。

20. 刘同舫：《历史哲思与未来想象》，社会科学文献出版社，2022。

21. 刘同舫：《马克思的哲学主题》，人民出版社，2017。

22. 刘同舫：《马克思的哲学立场》，人民出版社，2017。

23. 胡大平：《后革命氛围与全球资本主义》，南京大学出版社，2002。

24. 陈岳、蒲聘：《构建人类命运共同体》，中国人民大学出版社，2017。

25. 赵士发：《世界历史与和谐发展——马克思世界历史理论的当代研究》，人民出版社，2006。

26. 王小章：《从"自由或共同体"到"自由的共同体"：马克思的现代性批判与重构》，中国人民大学出版社，2014。

27. 张康之：《为了人的共生共在》，人民出版社，2016。

28. 张康之、张乾友：《共同体的进化》，中国社会科学出版社，2012。

29. 郁建兴：《自由主义批判与自由理论的重建——黑格尔政治哲学及其影响》，学林出版社，2000。

30. 汪行福：《走出时代的困境——哈贝马斯对现代性的反思》，上海社会科学院出版社，2000。

31. 王庆丰：《〈资本论〉的再现》，中央编译出版社，2016。

32. 郗戈：《超越资本主义现代性——马克思现代性思想与当代社会发展》，中国人民大学出版社，2014。

33. 王海锋：《历史唯物主义世界观的当代阐释》，中国社会科学出版社，2016。

34. 张战等：《构建人类命运共同体思想研究》，时事出版社，2019。

35. 刘建飞、罗建波、孙东方等：《构建人类命运共同体：理论与战略》，新华出版社，2018。

36. 王萍霞：《马克思发展共同体思想研究》，江苏人民出版社，2016。

37. 邵发军：《马克思的共同体思想研究》，知识产权出版社，2014。

38. 江时学：《人类命运共同体研究》，世界知识出版社，2018。

39. 卢德之：《论资本与共享——兼论人类文明协同发展的重大主题》，东方出版社，2017。

40. 尚伟：《世界秩序的演变与重建》，中国社会科学出版社，2009。

41. 王公龙等：《构建人类命运共同体思想研究》，人民出版社，2019。

42. 胡守钧：《社会共生论》，复旦大学出版社，2012。

43. 张旭东：《全球化时代的文化认同：西方普遍主义话语的历史批判》，北京大学出版社，2006。

44. 李爱敏：《从无产阶级国际主义到人类命运共同体：马克思主义的国际主义思想发展研究》，中国社会科学出版社，2018。

45. 卢静：《全球治理：困境与改革》，社会科学文献出版社，2016。

46. 何亚非：《选择：中国与全球治理》，中国人民大学出版社，2015。

47. 钟茂初、史亚东、孔元：《全球可持续发展经济学》，经济科学出版社，2011。

48. 何英：《大国外交——"人类命运共同体"解读》，上海大学出版社，2019。

49. 吴江：《社会主义前途与马克思主义的命运》，中国社会科学出版社，2001。

50. 陈小鸿：《论人的自由全面发展》，人民出版社，2004。

51. 徐觉哉：《社会主义流派史》，上海人民出版社，2007。

52. 薛华：《黑格尔对历史终点的理解》，中国社会科学出版社，1983。

53. 章永乐：《万国竞争：康有为与维也纳体系的衰变》，商务印书馆，2017。

54. 陈东英：《赫斯与马克思早期思想关系研究》，人民出版社，2011。

55. 鄢一龙、白钢、章永乐等：《大道之行：中国共产党与中国社会主义》，中国人民大学出版社，2015。

56. 邵发军：《推动构建人类命运共同体的理论内涵与实践路径研究》，人民出版社，2021。

57. 释清仁：《构建人类命运共同体的理论与实践研究》，人民出版社，2022。

58. 王义桅：《人类命运共同体：新型全球化的价值观》，外文出版社，2021。

59. 张飞岸：《马克思与人类命运共同体》，中国财政经济出版社，2021。

60. 刘放桐等编著：《新编现代西方哲学》，人民出版社，2000。

61. 邓纯东主编：《人类命运共同体思想研究》，人民日报出版社，2018。

62. 王列、杨雪冬编译：《全球化与世界》，中央编译出版社，1998。

63. 陈家刚编：《危机与未来：福山中国讲演录》，中央编译出版社，2012。

64. 蔡拓、杨雪冬、吴志成主编：《全球治理概论》，北京大学出版社，2016。

65. 宋涛主编：《携手构建人类命运共同体：中国共产党与世界政党高层对话会文集》，当代世界出版社，2019。

66. 陈健秋、韦绍福主编：《共同价值引论》，中共中央党校出版社，2017。

67. 卢黎歌主编：《新时代推进构建人类命运共同体研究》，人民出版社，2019。

68. 王荣华、[日] 马场善久主编：《人类命运共同体的愿景与实践：第十届

"池田大作思想国际学术研讨会"文集》，世界知识出版社，2021。

三、译著

1.[美] 塞缪尔·亨廷顿：《文明的冲突》，周琪、刘绯、张立平等译，新华出版社，2017。

2.[美] 本尼迪克特·安德森：《想象的共同体——民族主义的起源与散布》，吴叡人译，上海人民出版社，2016。

3.[美] 约翰·杜威：《人的问题》，傅统先、邱椿译，上海人民出版社，1965。

4.[美] 哈罗德·D.拉斯韦尔：《世界政治与个体不安全感》，王菲易译，中央编译出版社，2017。

5.[美] 弗朗西斯·福山：《历史的终结与最后的人》，陈高华译，广西师范大学出版社，2014。

6.[美] 弗朗西斯·福山：《政治秩序与政治衰败：从工业革命到民主全球化》，毛俊杰译，广西师范大学出版社，2015。

7.[美] 弗朗西斯·福山：《国家构建：21世纪的国家治理和世界秩序》，郭华译，学林出版社，2017。

8.[美] 弗朗西斯·福山：《大断裂：人类本性与社会秩序的重建》，唐磊译，广西师范大学出版社，2015。

9.[美] 罗伯特·基欧汉：《霸权之后——世界政治经济中的合作与纷争》，苏长和、信强、何曜译，上海人民出版社，2012。

10.[美] 丹尼尔·贝尔：《意识形态的终结：50年代政治观念衰微之考察》，张国清译，中国社会科学出版社，2013。

11.[美] 伊曼纽尔·沃勒斯坦、兰德尔·柯林斯、迈克尔·曼等：《资本主义还有未来吗?》，徐曦白译，社会科学文献出版社，2014。

12.[美] 伊曼努尔·华勒斯坦等:《自由主义的终结》,郝名玮、张凡译,社会科学文献出版社,2002。

13.[美] 伊曼努尔·华勒斯坦:《历史资本主义》,路爱国、丁浩金译,社会科学文献出版社,1999。

14.[美] 罗伯特·卡根:《历史的回归和梦想的终结》,陈小鼎译,社会科学文献出版社,2013。

15.[美] 雅克·阿达:《经济全球化》,何竟、周晓幸译,中央编译出版社,2000。

16.[美] 乔治·索罗斯:《索罗斯论全球化》,王荣军译,商务印书馆,2003。

17.[美] 罗兰·罗伯森:《全球化:社会理论和全球文化》,梁光严译,上海人民出版社,2000。

18.[美] 赫伯特·马尔库塞:《单向度的人——发达工业社会意识形态研究》,刘继译,上海译文出版社,2014。

19.[美] 赫伯特·马尔库塞:《理性和革命——黑格尔和社会理论的兴起》,程志民等译,上海人民出版社,2007。

20.[美] R.G.佩弗:《马克思主义、道德与社会正义》,吕梁山、李旸、周洪军译,高等教育出版社,2010。

21.[美] 斯塔夫里阿诺斯:《全球通史——1500 年以后的世界》,吴象婴、梁赤民译,上海社会科学院出版社,1999。

22.[美] 理查德·沃林:《海德格尔的弟子:阿伦特、勒维特、约纳斯和马尔库塞》,张国清、王大林译,江苏教育出版社,2005。

23.[美] 戴维·哈维:《后现代的状况:对文化变迁之缘起的探究》,阎嘉译,商务印书馆,2013。

24.[美] 托马斯·斯坎伦:《宽容之难》,杨伟清、陈代东译,人民出版社,

2008。

25.[美] 汉娜·阿伦特:《人的境况》,王寅丽译,上海人民出版社,2017。

26.[美] 汉娜·阿伦特:《马克思主义与西方政治思想传统》,孙传钊译,江苏人民出版社,2012。

27.[美] J.K.吉布森—格雷汉姆:《资本主义的终结——关于政治经济学的女性主义批判》,陈冬生译,社会科学文献出版社,2002。

28.[美] 彼得·卡赞斯坦主编:《国家安全的文化:世界政治中的规范与认同》,宋伟、刘铁娃译,北京大学出版社,2009。

29.[美] 彼得·J.卡赞斯坦主编:《世界政治中的文明:多元多维的视角》,秦亚青、魏玲、刘伟华等译,上海人民出版社,2018。

30.[美] 查尔斯·K.威尔伯编:《发达与不发达问题的政治经济学》,高铦、徐壮飞、涂光楠等译,商务印书馆,2015。

31.[美] 费正清编:《中国的世界秩序——传统中国的对外关系》,杜继东译,中国社会科学出版社,2010。

32.[德] 黑格尔:《精神现象学》,先刚译,人民出版社,2013。

33.[德] 黑格尔:《法哲学原理》,邓安庆译,人民出版社,2016。

34.[德] 黑格尔:《历史哲学》,王造时译,上海书店出版社,2006。

35.[德] 斐迪南·滕尼斯:《共同体与社会》,林荣远译,商务印书馆,1999。

36.[德] 马克斯·韦伯:《经济与社会》第一卷,阎克文译,上海人民出版社,2010。

37.[德] 马克斯·霍克海默、西奥多·阿多诺:《启蒙辩证法:哲学断片》,渠敬东、曹卫东译,上海人民出版社,2006。

38.[德] 尤尔根·哈贝马斯:《作为"意识形态"的技术与科学》,李黎、郭官义译,学林出版社,1999。

39.[德] 尤尔根·哈贝马斯:《现代性的地平线——哈贝马斯访谈录》,包亚明主编,李安东、段怀清译,上海人民出版社,1997。

40.[德] 马丁·海德格尔:《林中路》,孙周兴译,上海译文出版社,2014。

41.[德] 马丁·海德格尔:《存在与时间》(修订译本),陈嘉映、王庆节译,生活·读书·新知三联书店,2014。

42.[德] 马丁·海德格尔:《面向思的事情》,陈小文、孙周兴译,商务印书馆,2014。

43.[德] 罗曼·赫尔佐克:《古代的国家:起源和统治形式》,赵蓉恒译,北京大学出版社,1998。

44.[德] 莫泽斯·赫斯:《赫斯精粹》,邓习议编译,南京大学出版社,2010。

45.[德] 特奥多·阿多尔诺:《否定的辩证法》,张峰译,重庆出版社,1993。

46.[德] 多明尼克·萨赫森迈尔、任斯·里德尔、[以] S.N.艾森斯塔德编著:《多元现代性的反思:欧洲、中国及其他的阐释》,郭少棠、王为理译,商务印书馆,2017。

47.[德] 乌尔里希·贝克:《风险社会:新的现代性之路》,张文杰、何博闻译,译林出版社,2018。

48.[英] 特里·伊格尔顿:《马克思为什么是对的》,李杨、任文科、郑义译,重庆出版社,2017。

49.[英] 特里·伊格尔顿:《理论之后》,商正译,商务印书馆,2009。

50.[英] 齐格蒙特·鲍曼:《现代性与矛盾性》,邵迎生译,商务印书馆,2013。

51.[英] 齐格蒙·鲍曼:《生活在碎片之中——论后现代道德》,郁建兴、周俊、周莹译,学林出版社,2002。

52.[英] 齐格蒙特·鲍曼:《全球化——人类的后果》,郭国良、徐建华译,商务印书馆,2013。

53.[英] 齐格蒙特·鲍曼:《被围困的社会》,郇建立译,江苏人民出版社,2006。

54.[英] 齐格蒙特·鲍曼:《共同体》,欧阳景根译,江苏人民出版社,2003。

55.[英] 安德鲁·赫里尔:《全球秩序与全球治理》,林曦译,中国人民大学出版社,2018。

56.[英] 以赛亚·伯林:《自由及其背叛:人类自由的六个敌人》,赵国新译,译林出版社,2011。

57.[英] 戴维·赫尔德等:《全球大变革——全球化时代的政治、经济与文化》,杨雪冬等译,社会科学文献出版社,2001。

58.[英] 亚当·斯密:《国民财富的性质和原因的研究》上卷,郭大力、王亚南译,商务印书馆,2009。

59.[英] 大卫·李嘉图:《政治经济学及赋税原理》,郭大力、王亚南译,商务印书馆,1962。

60.[英] 安东尼·吉登斯:《民族—国家与暴力》,胡宗泽、赵力涛、王铭铭译,生活·读书·新知三联书店,1998。

61.[英] G.A.科恩:《卡尔·马克思的历史理论——一种辩护》,段忠桥译,高等教育出版社,2008。

62.[英] 汤林森:《文化帝国主义》,冯建三译,上海人民出版社,1999。

63.[英] 约翰·密尔:《论自由》,许宝骙译,商务印书馆,2019。

64.[英] 斯图亚特·西姆:《德里达与历史的终结》,王昆译,北京大学出版社,2005。

65.[英] 马丁·阿尔布劳:《中国在人类命运共同体中的角色:走向全球领

导力理论》，严忠志译，商务印书馆，2020。

66.[法] 多米尼克·奥弗莱：《亚历山大·科耶夫：哲学、国家与历史的终结》，张尧均译，商务印书馆，2013。

67.[法] 雅克·德里达：《马克思的幽灵：债务国家、哀悼活动和新国际》，何一译，中国人民大学出版社，2016。

68.[法] 科耶夫：《黑格尔导读》，姜志辉译，译林出版社，2005。

69.[法] 路易·阿尔都塞：《黑格尔的幽灵——政治哲学论文集》，唐正东、吴静译，南京大学出版社，2005。

70.[法] 孟德斯鸠：《论法的精神》，欧启明译，译林出版社，2016。

71.[法] 卢梭：《社会契约论》，李平沤译，商务印书馆，2011。

72.[日] 望月清司：《马克思历史理论的研究》，韩立新译，北京师范大学出版社，2009。

73.[加] 阿米塔·阿查亚：《美国世界秩序的终结》，袁正清、肖莹莹译，上海人民出版社，2016。

74.[加] 莎蒂亚·德鲁里：《亚历山大·科耶夫：后现代政治的根源》，赵琦译，新星出版社，2007。

75.[埃及] 萨米尔·阿明：《全球化时代的资本主义——对当代社会的管理》，丁开杰等译，中国人民大学出版社，2005。

76.[埃及] 萨米尔·阿明：《不平等的发展——论外围资本主义的社会形态》，高铦译，社会科学文献出版社，2017。

77.[匈] 卢卡奇：《历史与阶级意识——关于马克思主义辩证法的研究》，杜章智、任立、燕宏远译，商务印书馆，2011。

78.[意] 奥尔利欧·佩奇：《世界的未来——关于未来问题一百页》，王肖萍、蔡荣生译，中国对外翻译出版公司，1985。

79.[阿根廷] 劳尔·普雷维什：《外围资本主义：危机与改造》，苏振兴、袁兴昌译，商务印书馆，2015。

80.[比] 伊利亚·普里戈金:《确定性的终结:时间、混沌与新自然法则》,湛敏译，上海科技教育出版社，2009。

81.[印] 雷蒙·潘尼卡:《宇宙—神—人共融的经验——正在涌现的宗教意识》,思竹译，宗教文化出版社，2005。

82.[瑞典] 英瓦尔·卡尔松、[圭] 什里达特·兰法尔主编:《天涯成比邻——全球治理委员会的报告》,中国对外翻译出版公司组织翻译，中国对外翻译出版公司，1995。

四、中文期刊

1. 王伟光:《当代中国马克思主义的最新理论成果——习近平新时代中国特色社会主义思想学习体会》,《中国社会科学》2017年第12期。

2. 房宁:《经济全球化的本质与进程》,《中国社会科学》2003年第2期。

3. 丰子义:《马克思现代性思想的当代解读》,《中国社会科学》2005年第4期。

4. 吴晓明:《世界历史与中国道路的百年探索》,《中国社会科学》2021年第6期。

5. 刘同舫:《构建人类命运共同体对历史唯物主义的原创性贡献》,《中国社会科学》2018年第7期。

6. 刘同舫:《当代中国马克思主义的哲学境界》,《中国社会科学》2021年第9期。

7. 蔡拓:《全球治理的中国视角与实践》,《中国社会科学》2004年第1期。

8. 蔡拓、陈志敏、吴志成等:《人类命运共同体视角下的全球治理与国家治理》,《中国社会科学》2016年第6期。

9. 陈立新:《世界变局与历史观的复兴》,《中国社会科学》2021年第4期。

10.吴宏政:《21世纪马克思主义世界历史观的叙事主题》,《中国社会科学》2021年第5期。

11.马俊峰:《马克思世界历史理论的方法论意义》,《中国社会科学》2013年第6期。

12.李包庚:《世界普遍交往中的人类命运共同体》,《中国社会科学》2020年第4期。

13.张福贵:《人类命运共同体与中国文学文化自信》,《中国社会科学》2022年第5期。

14.魏传光:《马克思正义思想的历史唯物主义转向——以市民社会为核心的考察》,《哲学研究》2020年第5期。

15.韩骁:《文明视野下的全人类共同价值及其哲学意蕴》,《哲学研究》2021年第8期。

16.吴晓明:《文明的冲突与现代性批判——一个哲学上的考察》,《哲学研究》2005年第4期。

17.张瑞臣、庄振华:《黑格尔"历史终结论"考诠》,《哲学研究》2012年第10期。

18.贺来:《马克思哲学的"类"概念与"人类命运共同体"》,《哲学研究》2016年第8期。

19.侯振武、杨耕:《关于马克思交往理论的再思考》,《哲学研究》2018年第7期。

20.王新生:《黑格尔市民社会理论评析》,《哲学研究》2003年第12期。

21.冯颜利:《论全球发展公正性的权利与义务问题——从邓小平"东西南北问题"的观点看》,《哲学研究》2005年第1期。

22.刘同舫:《马克思主义哲学面向实践的方式》,《哲学研究》2021年第12期。

23. 刘同舫：《马克思主义哲学研究中的三重解释张力及其认知变化》，《哲学研究》2019 年第 9 期。

24. 杨松：《马克思主义伦理观是相对主义吗?》，《哲学研究》2017 年第 3 期。

25. 陈曙光：《世界大变局与人类文明的重建》，《哲学研究》2022 年第 3 期。

26. 张新：《论习近平关于共同体重要论述的特征和原创性贡献》，《马克思主义研究》2022 年第 4 期。

27. 孙代尧：《中国政治发展新道路对人类政治文明的贡献》，《马克思主义研究》2021 年第 12 期。

28. 林伯海：《论全人类共同价值与人类命运共同体的辩证关系》，《马克思主义研究》2021 年第 11 期。

29. 代金平：《超越资本逻辑：社会主义基本经济制度的创新与发展》，《马克思主义研究》2021 年第 5 期。

30. 周文：《人类命运共同体的政治经济学意蕴》，《马克思主义研究》2021 年第 4 期。

31. 孙迪亮：《党的百年历史成就和经验的唯物史观底蕴》，《马克思主义研究》2021 年第 11 期。

32. 陶富源：《福山"历史终结论"的历史观剖析》，《马克思主义研究》2020 年第 9 期。

33. 贺钦：《中国特色社会主义道路对发展中国家的启示》，《马克思主义研究》2008 年第 2 期。

34. 余京华：《历史唯物主义之辩证批判立场及其当代启示》，《马克思主义研究》2012 年第 9 期。

35. 陈曙光：《人类命运与超国家政治共同体》，《政治学研究》2016 年第 6 期。

36. 吴志成、刘培东：《中国共产党坚持天下胸怀的理论与实践》，《政治学研究》2022 年第 3 期。

37. 张献生：《多党合作制度在中国国家治理中的基本作用》，《政治学研究》2017 年第 4 期。

38. 白钢、潘迎春：《论坚持党的领导、人民当家作主和依法治国的有机统一》，《政治学研究》2010 年第 1 期。

39. 陈晨新：《国内"全球治理"研究述评》，《政治学研究》2009 年第 1 期。

40. 程恩富、谢长安：《"历史终结论"评析》，《政治学研究》2015 年第 5 期。

41. 丁立群：《人类命运共同体：唯物史观时代化的典范——当代全球化的建设性逻辑》，《哲学动态》2018 年第 6 期。

42. 鲁品越：《"构建人类命运共同体"伟大构想：马克思"世界历史"思想的当代飞跃》，《哲学动态》2018 年第 3 期。

43. 杨永强：《资本主义全球政治规划的"狡计"——一个空间批判的视角》，《哲学动态》2022 年第 2 期。

44. 孙来斌：《人类命运共同体视域下的"两制共处"问题》，《马克思主义与现实》2022 年第 2 期。

45. 孙春晨：《全人类共同价值是构建人类命运共同体的伦理基础》，《马克思主义与现实》2022 年第 1 期。

46. 邹诗鹏：《马克思论市民社会的经济性质——基于黑格尔法哲学批判的讨论》，《马克思主义与现实》2021 年第 5 期。

47. 田毅松：《具体普遍性与无产阶级——世界历史之普遍主体的生成》，《马克思主义与现实》2021 年第 3 期。

48. 吴宏政：《马克思世界历史目的论下的"劳动自由"问题》，《马克思主义与现实》2021 年第 1 期。

49. 段虹：《从世界历史到命运共同体再到共产主义——交往关系视角的旨趣和逻辑转换》，《马克思主义与现实》2018 年第 3 期。

50. 毛勒堂:《"人类命运共同体"何以可能?——基于资本逻辑语境的阐释》,《马克思主义与现实》2018 年第 1 期。

51. 郝立新、周康林:《构建人类命运共同体——全球治理的中国方案》,《马克思主义与现实》2017 年第 6 期。

52. 张盾、刘招明:《黑格尔和马克思的"世界历史"概念》,《马克思主义与现实》2009 年第 3 期。

53. 高放:《对当今"资本主义、社会主义、共产主义"三类国家的思考》,《马克思主义与现实》2006 年第 3 期。

54. 范仓海、单连春:《全球化背景下资本主义与社会主义关系的特点》,《马克思主义与现实》2011 年第 2 期。

55. 杨宏伟、张倩:《人类命运共同体的结构及其建构》,《教学与研究》2018 年 11 期。

56. 符海平:《启蒙理性与现代性道德危机的批判性重构——基于马克思和尼采反思现代性模式的考察》,《教学与研究》2021 年第 12 期。

57. 顾海良:《人类命运共同体政治经济学初探》,《教学与研究》2022 年第 4 期。

58. 张双利:《重思马克思的市民社会理论》,《学术月刊》2020 年第 9 期。

59. 周嘉昕:《马克思著作中的"人"——基于马克思思想发展的概念史考察》,《学术月刊》2015 年第 10 期。

60. 郁建兴:《黑格尔的历史终结论》,《学术月刊》2000 年第 9 期。

61. 白刚:《〈资本论〉的世界历史意义》,《山东社会科学》2015 年第 1 期。

62. 王建军、徐越:《人类命运共同体视域下坚持独立自主:价值意蕴、逻辑必然与时代进路》,《山东社会科学》2022 年第 6 期。

63. 刘华初:《马克思世界历史思想的层次探析及其现实意义》,《广东社会科学》2022 年第 1 期。

64.韩淑梅、刘同舫:《马克思对资本逻辑的批判及其边界意识》,《天津社会科学》2015 年第 5 期。

65.邢云文:《中国式现代化道路的世界历史意义》,《天津社会科学》2022 年第 1 期。

66.侯水仙:《"中国道路"的现代化意味着什么?——论全球化语境下非西方国家的历史性突围》,《浙江社会科学》2018 年第 6 期。

67.郑维伟:《政治体制改革与政治建设:理解中国政治发展的主线》,《浙江社会科学》2018 年第 4 期。

68.肖迎春、高兆明:《科技、人性与自由民主制:福山自由民主制思想中的人性论》,《浙江社会科学》2018 年第 3 期。

69.思竹:《历史的终结与当代人的危机》,《浙江学刊》2007 年第 1 期。

70.刘小枫:《历史终结了?——从约阿希姆到柯耶夫》,《浙江学刊》2002 年第 3 期。

71.顾肃:《历史不会终结 自由民主制度需要完善——评福山的历史和政治哲学》,《浙江学刊》2011 年第 1 期。

72.梁树发:《从源头上理解马克思的世界历史理论——读〈德意志意识形态〉》,《浙江学刊》2003 年第 1 期。

73.王海稳、王威:《从"自由人联合体"到人类命运共同体:百年大党的探索与贡献》,《浙江学刊》2022 年第 2 期。

74.匡列辉:《共享资本观:构建人类命运共同体的可贵思考》,《伦理学研究》2017 年第 3 期。

75.侯惠勤:《共产主义:马克思主义哲学之魂》,《红旗文稿》2015 年第 18 期。

76.刘同舫:《将构建人类命运共同体思想落到实处》,《红旗文稿》2018 年第 21 期。

77. 王文：《美国兴衰与民主体制是两回事——访弗朗西斯·福山》，《红旗文稿》2013 年第 16 期。

78. 刘同舫：《自由全面发展：人类解放的最高境界与必然归宿》，《江汉论坛》2012 年第 7 期。

79. 仰海峰：《异化逻辑·生产逻辑·资本逻辑——马克思哲学发展中的三次重要转换》，《江汉论坛》2022 年第 1 期。

80. 何中华：《世界历史·亚细亚现象·中国道路——从马克思唯物史观的角度看》，《文史哲》2022 年第 1 期。

81. 田鹏颖、陈飞羽：《人类命运共同体的价值追求与战略选择》，《江苏社会科学》2022 年第 4 期。

82. 陈明明：《作为一种政治形态的政党—国家及其对中国国家建设的意义》，《江苏社会科学》2015 年第 2 期。

83. 颜晓峰、常培育：《人类命运共同体建设的逻辑建构与实践要求》，《南京社会科学》2018 年第 8 期。

84. 刘同舫：《构建人类命运共同体：人类共同利益的生成逻辑与实践指向》，《南京社会科学》2022 年第 10 期。

85. 王婧：《论构建人类命运共同体中中国共产党的责任担当》，《重庆社会科学》2022 年第 6 期。

86. 吴宏政、李沐曦：《马克思对黑格尔世界历史理论的改造》，《学习与探索》2021 年第 7 期。

87. 卞邵斌：《从"历史主义"到"历史的终结"——评西方学者对马克思社会历史观的诘难》，《学习与探索》2010 年第 4 期。

88. 周志强、刘骏：《人类命运共同体的三种阐释视野》，《学习与探索》2022 年第 4 期。

89. 王晓明、姜涌：《人类命运共同体对资本逻辑的审视与超越》，《社会科学战线》2022 年第 4 期。

90.黄炬、刘同舫：《唯物史观视域中的人类命运共同体与新型全球化》，《甘肃社会科学》2019 年第 4 期。

91.王小露：《"构建人类命运共同体"理念的中国政治哲学阐释》，《内蒙古社会科学》2022 年第 2 期。

92.刘小枫：《"历史的终结"与智慧的终结——福山、科耶夫、尼采论"历史终结"》，《贵州社会科学》2016 年第 1 期。

93.曲星：《人类命运共同体的价值观基础》，《求是》2013 年第 4 期。

94.叶险明：《"西方中心主义"的本体论批判——关于"西方中心主义"的三个前提性问题》，《中国高校社会科学》2017 年第 5 期。

95.李毅：《"告别革命"论三谬》，《高校理论战线》2005 年第 6 期。

96.侯惠勤：《马克思的哲学变革与我们的哲学坚守》，《思想理论教育导刊》2016 年第 1 期。

97.韦加庆、肖康康：《福山与马克思关于资本主义历史走向之辨》，《思想理论教育导刊》2018 年第 3 期。

98.于鸿君：《中国经济体制的选择逻辑及其在全球化新时代的意义》，《世界社会主义研究》2018 年第 6 期。

99.何自力：《科学认识和正确处理政府与市场关系》，《世界社会主义研究》2017 年第 1 期。

100.袁银传、杨兴圆：《马克思劳动人本思想对资本逻辑的批判与超越》，《世界哲学》2022 年第 1 期。

101.黄炬：《通往"自由人的联合体"：现代性危机的破解方案》，《宁夏社会科学》2022 年第 1 期。

102.党锐锋、李斌：《构建人类命运共同体理念对于创造人类文明新形态的原创性贡献和方法论启示》，《宁夏社会科学》2022 年第 3 期。

103. 贺银银、尚庆飞：《中国道路与"历史终结论"的终结》，《人民论坛》2021 年第 26 期。

104. 何亚非：《全人类共同价值为全球治理贡献中国智慧》，《人民论坛》2021 年第 29 期。

105. 刘铁娃：《全球治理的五要素及其内在张力》，《人民论坛》2021 年第 33 期。

106. 杨柯、杨佩卿：《人类命运共同体构想的价值意蕴》，《人民论坛》2022 年第 13 期。

107. 张一兵：《青年马克思早期市民社会话语实践的历史线索》，《福建论坛（人文社会科学版）》2021 年第 10 期。

108. 毕秋：《"市民社会"就是"资产阶级社会"吗？——〈关于费尔巴哈的提纲〉第十条再解读》，《湖南社会科学》2020 年第 2 期。

109. 胡守勇：《人类命运共同体思想的思维逻辑》，《湖南社会科学》2022 年第 2 期。

110. 肖晞、宋国新：《共同利益、身份认同与国际合作：一个理论分析框架》，《社会科学研究》2020 年第 4 期。

111. 钟慧容、刘同舫：《中国现代化实践对"历史终结论"的终结及其意义》，《社会科学研究》2019 年第 6 期。

112. 徐国民：《构建人类命运共同体国际认同提升路径探析》，《理论月刊》2020 年第 10 期。

113. 刘勇、章钊铭：《人类命运共同体理念对马克思共同体思想的继承和创新》，《理论月刊》2022 年第 2 期。

114. 董漫远：《全人类共同利益与中国的和平发展》，《国际问题研究》2005 年第 5 期。

115. 汤光鸿：《顺应历史潮流，维护全人类共同利益》，《国际问题研究》

2003 年第 2 期。

116.唐贤兴:《全球治理:一个脆弱的概念》,《国际观察》1999 年第 6 期。

117.金应忠:《论人类命运共同体的学说构成》,《国际观察》2022 年第 3 期。

118.王明国:《人类命运共同体与国际秩序转型——基于国际制度视角的分析》,《国际论坛》2022 年第 3 期。

119.门洪华:《构建新型国际关系:中国的责任与担当》,《世界经济与政治》2016 年第 3 期。

120.任天威、刘建飞:《第四次工业革命背景下的技术外交——兼论人类命运共同体理念对技术外交发展的重要意义》,《世界经济与政治》2022 年第 7 期。

121.赵景峰:《马克思的世界市场理论对经济全球化研究的指导意义》,《毛泽东邓小平理论研究》2004 年第 3 期。

122.穆斐、赵彦璞、陈旻:《习近平总书记关于全人类"共同价值"的重要论述初探》,《毛泽东邓小平理论研究》2018 年第 10 期。

123.于成文:《认识社会主义与资本主义关系的新视野》,《求实》2004 年第 4 期。

124.孙乐强:《全球化时代的资本逻辑批判:一种可能的建构方案》,《求是学刊》2020 年第 6 期。

125.贺来:《论马克思哲学研究中的两个教条及其超越》,《求是学刊》2004 年第 1 期。

126.杨博超:《人类命运共同体理念的文化底色及其国际法意涵》,《求是学刊》2022 年第 3 期。

127.徐苗、刘同舫:《共同价值的"建构效应":走向人类命运共同体》,《求是学刊》2022 年第 5 期。

128.苏立君、梁源长、何自力:《中国模式是否存在?——基于中国与西方经济发展方式的比较研究》，《长白学刊》2016 年第 5 期。

129. 陈学明、李先悦：《福山的"历史终结论"的终结说明了什么》，《马克思主义理论学科研究》2017 年第 1 期。

130. 张铭：《关于福山和他的〈历史的终结与最后之人〉——与陈启能先生商榷》，《史学理论研究》1998 年第 1 期。

131. 彭树智、刘德斌、孙宏年等：《世界历史上的文明交往》，《史学理论研究》2011 年第 2 期。

132. 袁祖社：《道德共识与人类共同价值建构——后全球化时代人类公共性实践及其集体行动的逻辑》，《学术研究》2020 年第 6 期。

133. 江华：《历史终结于资本主义还是资本主义历史的终结——福山与沃勒斯坦历史趋势论之比较》，《学术研究》2006 年第 12 期。

134. 陈理：《深刻理解把握构建人类命运共同体提出的依据、内涵和实现路径》，《当代世界与社会主义》2022 年第 1 期。

135. 何苗、高立伟：《驳外界对人类命运共同体的几种错误论调》，《当代世界与社会主义》2021 年第 4 期。

136. 王作印：《世界历史论域中的资本及其当代意蕴》，《当代世界与社会主义》2007 年第 4 期。

137. 高奇琦：《人工智能时代的人类命运共同体与世界政治》，《当代世界与社会主义》2018 年第 3 期。

138. 郑伟：《福山"历史终结论"批判三题》，《当代世界与社会主义》2006 年第 3 期。

139. 赵琦：《论人类命运共同体对西方共同体传统的革新》，《哲学分析》2022 年第 3 期。

140. 蔡文成、牟琛：《论人类命运共同体国际认同的形成机理——以国际规范扩散为分析视角》，《社会主义研究》2021 年第 6 期。

141. 孙宇伟：《福山"历史终结论"最新形态评析——以新冠肺炎疫情期间福山言论为线索》，《当代世界与社会主义》2021 年第 4 期。

142. 殷文贵：《批判与重塑：全球治理体系的内在缺陷及其变革转向》，《社会主义研究》2021 年第 5 期。

143. 张鷟：《人类命运共同体与全球治理体系的变革》，《社会主义研究》2021 年第 6 期。

144. 张金金、余金成：《经济全球化与人类命运共同体历史性生成》，《社会主义研究》2021 年第 6 期。

145. 邵发军：《现代性批判视阈下马克思的社会共同体理论研究》，《社会主义研究》2018 年第 6 期。

146. 邵发军：《马克思的共同体思想与国家治理现代化研究》，《社会主义研究》2016 年第 5 期。

147. 邵发军：《习近平"人类命运共同体"思想及其当代价值研究》，《社会主义研究》2017 年第 4 期。

148. 李艳、刘同舫：《马克思社会主义观的真谛》，《社会主义研究》2021 年第 6 期。

149. 胡华、史志钦：《构建人类命运共同体的思想溯源、时代价值与实践遵循——基于社会有机体理论的考察》，《社会主义研究》2022 年第 3 期。

150. 陶文昭：《科学理解习近平命运共同体思想》，《中国特色社会主义研究》2016 年第 2 期。

151. 石云霞：《习近平人类命运共同体思想科学体系研究》，《中国特色社会主义研究》2018 年第 2 期。

152. 郭丽兰、王东：《赫斯在多大程度上影响着马克思——赫斯与马克思早期思想关系研究》，《新视野》2013 年第 2 期。

153. 罗骞：《构建人类命运共同体：21 世纪马克思主义的重要命题》，《理论探索》2018 年第 2 期。

154. 丁立群、黄佳彤:《人类命运共同体、共同价值与人类文明新形态》,《理论探讨》2022 年第 3 期。

155. 赵坤、刘同舫:《从"文明优越"到"文明共生"——破解"西方中心论"》,《理论视野》2021 年第 2 期。

156. 丰子义:《全球化与唯物史观研究范式》,《北京大学学报(哲学社会科学版)》2005 年第 4 期。

157. 白艳、李娜、陈剑:《透析西方政治制度模式历史局限——兼论中国绝不照搬西方政治制度模式》,《理论探讨》2017 年第 5 期。

158. 赵家祥:《资本主义社会内部能够孕育和形成社会主义因素——澄清对马克思恩格斯思想的一种误解》,《北京大学学报(哲学社会科学版)》2008 年第 5 期。

159. 罗骞:《建构性政治与中国道路的建构性特征》,《中国人民大学学报》2018 年第 4 期。

160. 孙正聿:《怎样理解马克思的哲学革命》,《吉林大学社会科学学报》2005 年第 3 期。

161. 李淑梅:《超越对市民社会的直观理解与人类解放——马克思批判费尔巴哈哲学的社会政治取向》,《吉林大学社会科学学报》2016 年第 5 期。

162. 刘雪莲、夏海洋:《以共同利益推进人类命运共同体的构建》,《吉林大学社会科学学报》2022 年第 1 期。

163. 韩立新:《市民社会之于国家现代性的决定性意义》,《清华大学学报(哲学社会科学版)》2021 年第 5 期。

164. 汤沛丰:《论康德法哲学中的家庭和市民社会》,《复旦学报(社会科学版)》2021 年第 6 期。

165. 鲍金、潘虹旭:《马克思市民社会批判视域中的现代性意识形态及其问题》，《厦门大学学报（哲学社会科学版）》2021 年第 5 期。

166.刘洋：《全球现代性问题与人类命运共同体的重塑》，《厦门大学学报（哲学社会科学版）》2021 年第 6 期。

167.王梦：《构建人类命运共同体思想的符号学阐释》，《上海交通大学学报（哲学社会科学版）》2021 年第 6 期。

168.阎孟伟、朱丽君：《全球化的实质和进程与马克思的全球化理论》，《南开学报（哲学社会科学版）》2007 年第 1 期。

169.李丹：《构建人类命运共同体——中国的全球化理念与实践》，《南开学报（哲学社会科学版）》2022 年第 2 期。

170.秦龙、刘禹杉：《马克思世界历史理论与人类命运共同体的耦合——历史、理论与实践》，《南开学报（哲学社会科学版）》2022 年第 2 期。

171.高婉妮：《全球秩序重塑与人类命运共同体的构建》，《南开学报（哲学社会科学版）》2022 年第 4 期。

172.张玉堂：《个人利益和共同利益的矛盾及其协调》，《武汉大学学报（哲学社会科学版）》1999 年第 1 期。

173.刘同舫：《人类命运共同体对全球治理体系的历史性重构》，《四川大学学报（哲学社会科学版）》2020 年第 5 期。

174.刘同舫：《马克思主义哲学中国化 70 年及其历史贡献》，《四川大学学报（哲学社会科学版）》2019 年第 4 期。

175.黄炬：《构建人类命运共同体对一元现代性的超越》，《四川大学学报（哲学社会科学版）》2020 年第 5 期。

176.赵坤：《现代个体与共同体关系重建的前提及其中国智慧》，《四川大学学报（哲学社会科学版）》2020 年第 5 期。

177.符妹、李振：《构建人类命运共同体思想的"承认逻辑"：意蕴、困境及路径》，《中共中央党校学报》2018 年第 6 期。

178. 张康之：《基于构建人类命运共同体的意识形态重建》，《中共中央党校（国家行政学院）学报》2022 年第 1 期。

179. 杨洪源：《人类命运共同体思想的文明"术语革命"》，《中共中央党校（国家行政学院）学报》2022 年第 3 期。

180. 刘同舫：《人类共同价值建设的伦理旨趣与中国方案》，《重庆大学学报（社会科学版）》2023 年第 1 期。

181. 刘同舫：《资本逻辑的内在张力及其解放方案》，《哈尔滨工业大学学报（社会科学版）》2023 年第 1 期。

182. 刘仁营、肖娇：《福山放弃"历史终结论"了吗？——金融危机背景下的争论与思考》，《西南大学学报（社会科学版）》2016 年第 5 期。

183. 陈振昌：《论前工业社会的历史交往》，《西北大学学报（哲学社会科学版）》2001 年第 4 期。

184. 余金成、娄银梅：《经济危机、世界市场与确证社会主义的合理性》，《天津师范大学学报（社会科学版）》2014 年第 5 期。

185. 刘同舫：《人类命运共同体对普遍交往关系的创造性重塑》，《河海大学学报（哲学社会科学版）》2022 年第 5 期。

186. 黄炬、刘同舫：《马克思共同体思想的现实超越性》，《河海大学学报（哲学社会科学版）》2017 年第 5 期。

187. 吴耀国：《"世界历史"与"世界市场"的辩证关系——基于马克思社会批判理论中的时空维度分析》，《河南大学学报（哲学社会科学版）》2016 年第 1 期。

188. 刘同舫：《从批判性到建构性：历史唯物主义方法论的"时代转换"》，《四川师范大学学报（社会科学版）》2023 年第 1 期。

189. 罗骞：《中国特色社会主义建设实践的理论自觉——论历史唯物主义功能及其内涵的当代转化》，《江苏大学学报（社会科学版）》2012 年第 2 期。

190. 章国锋:《哈贝马斯访谈录》,《外国文学评论》2000 年第 1 期。

191. 袁祖社:《人类命运共同体思想的原创性贡献及世界性意义》,《学术界》2022 年第 7 期。

192. 刘同舫:《马克思论证世界历史总体性的维度》,《学术界》2022 年第 9 期。

193. 毛维准:《人类命运共同体理念中的责任共同体构建》,《国际展望》2022 年第 4 期。

194. 杨佩卿:《人类命运共同体视阈的全球治理体系价值旨归与变革路径》,《人文杂志》2022 年第 7 期。

195. 谢惠媛:《海外学者视野中的人类命运共同体》,《国外社会科学》2021 年第 5 期。

196. 王鑫:《全球化时代与中国:概念、语境、问题与面向——英国社会学家马丁·阿尔布劳教授访谈》,《国外社会科学》2021 年第 6 期。

197. [美] 塞缪尔·亨廷顿:《文明的冲突与世界秩序的重塑》,郭学堂、成帅华译,《国外社会科学》1998 年第 6 期。

198. [英] 扬·内德温·彼埃特思:《分期中的全球化:全球化的诸历史》,张广、周思成译,《国外理论动态》2013 年第 1 期。

199. [日] 西村博之:《历史的终结、中国模式与美国的衰落——对话弗朗西斯·福山》,禤明亮译,《国外理论动态》2016 年第 5 期。

五、报纸

1. 习近平:《高举中国特色社会主义伟大旗帜　为全面建设社会主义现代化国家而团结奋斗——在中国共产党第二十次全国代表大会上的报告》,《人民日报》2022 年 10 月 26 日。

2. 习近平:《在中华人民共和国恢复联合国合法席位 50 周年纪念会议上的

讲话》,《人民日报》2021年10月26日。

3.《习近平在第三届巴黎和平论坛发表视频致辞》,《人民日报》2020年11月13日。

4.习近平:《坚持可持续发展　共创繁荣美好世界——在第二十三届圣彼得堡国际经济论坛全会上的致辞》,《人民日报》2019年6月8日。

5.习近平:《在庆祝改革开放40周年大会上的讲话》,《人民日报》2018年12月19日。

6.习近平:《决胜全面建成小康社会　夺取新时代中国特色社会主义伟大胜利——在中国共产党第十九次全国代表大会上的报告》,《人民日报》2017年10月28日。

7.习近平:《深刻认识马克思主义时代意义和现实意义　继续推进马克思主义中国化时代化大众化》,《人民日报》2017年9月30日。

8.习近平:《共同构建人类命运共同体——在联合国日内瓦总部的演讲》,《人民日报》2017年1月20日。

9.习近平:《共担时代责任　共促全球发展——在世界经济论坛2017年年会开幕式上的主旨演讲》,《人民日报》2017年1月18日。

10.习近平:《共倡开放包容　共促和平发展——在伦敦金融城市长晚宴上的演讲》,《人民日报》2015年10月23日。

11.习近平:《推动全球治理体制更加公正更加合理　为我国发展和世界和平创造有利条件》,《人民日报》2015年10月14日。

12.习近平:《携手构建合作共赢新伙伴　同心打造人类命运共同体——在第七十届联合国大会一般性辩论时的讲话》,《人民日报》2015年9月29日。

13.习近平:《迈向命运共同体　开创亚洲新未来——在博鳌亚洲论坛2015年年会上的主旨演讲》,《人民日报》2015年3月29日。

14.习近平:《弘扬和平共处五项原则　建设合作共赢美好世界——在和平

共处五项原则发表 60 周年纪念大会上的讲话》,《人民日报》2014 年 6 月 29 日。

15. 习近平:《共同创造亚洲和世界的美好未来——在博鳌亚洲论坛 2013 年年会上的主旨演讲》,《人民日报》2013 年 4 月 8 日。

六、外文文献

1.Robert Wright, *Nonzero: The Logic of Human Destiny*, Vintage, 2001.

2.Wolfgang Hein, Suerie Moon, *Informal Norms in Global Governance: Human Rights, Intellectual Property Rules and Access to Medicines*, Ashgate, 2013.

3.Stefano Guzzini, Iver B. Neumann（ed）, *The Diffusion of Power in Global Governance: International Political Economy Meets Foucault*, Palgrave Macmillan, 2012.

4.Michael Head, Scott Mann, Simon Kozlina, *Transnational Governance: Emerging Models of Global Legal Regulation*, Ashgate, 2012.

5.Haroon A. Khan, *Globalization and the Challenges of Public Administration: Governance, Human Resources Management, Leadership, Ethics, E-Governance and Sustainability in the 21st Century*, Palgrave Macmillan, 2018.

6.Jan Wouters（ed）, *China, the European Union and Global Governance*, Edward Elgar, 2012.

7.Matteo Dian, Silvia Menegazzi, *New Regional Initiatives in China's Foreign Policy: The Incoming Pluralism of Global Governance*, Palgrave Macmillan, 2018.

8.Dick Morris, Eileen McGann, *Here Come the Black Helicopters! UN Global Governance and the Loss of Freedom*, Broadside Books, 2012.

9.Leslie A. Pal, *Frontiers of Governance: The OECD and Global Public Management Reform*, Palgrave Macmillan, 2012.

10.Finn Laursen, *The 1965 Merger Treaty: The First Reform of the Founding*

European Community Treaties, Palgrave Macmillan, 2012.

11.Laursen, F. （ed）, *Designing the European Union,* Palgrave Macmillan, 2012.

12.Olivier Costa, *The European Parliament and the Community Method*, Palgrave Macmillan, 2011.

13.Giandomenico Majone, *Is the Community Method Still Viable?* Palgrave Macmillan, 2011.

14.Alister Miskimmon, *Germany, the European Community and the Challenges of the End of the Cold War*, Palgrave Macmillan, 2007.

15.Frank Schimmelfennig, *Strategic Action in the International Community,* Palgrave Macmillan, 2006.

16.Osborne, *How to Read Marx*, W. W. Norton & Company, 2005.

17.Emanuel Adler, Michael Barnetted, *Security Communities*, Cambridge University Press, 1998.

18.Daniel Bell, *The End of Ideology*, Harvard University Press, 2000.

19.Anthony Giddens, *The Consequences of Modernity*, Ploity Press, 1996.

20.James Rosenau, *Governance Without Government: Order and Change in World Politics,* Cambridge University Press, 1992.

21.Hans J. Morgenthau, *The Dilemmas of Politics*, The University of Chicago Press, 1958.

22.Robert Biel, *The New Imperialism: Crisis and Contradictions in North/ South Relations*, Zed Books, 2000.

23.Leonid Grigoryev, Adrian Pabst, *Global Governance in Transformation: Challenges for International Cooperation*, Springer International Publishing, 2020.

24.Magdalena Bexell, Ulrika Mörth, *Democracy and Public-Private*

Partnerships in Global Governance, Palgrave Macmillan, 2010.

25.Resad Kayali, "The End of History and the European", *Marmara Journal of European Studies*, Vol.20, No.2, 2012.

26.John Milfull, "The End of Whose History？ Whose End of History？", *Australian Journal of Politics and History*, Vol.49, No.2, 2003.

27.James Rosenau, "Governance in the Twenty-first Century", *Global Governance*, Vol.1, No.1, 1995.

28.Stephen N. Smith, "Community of Common Destiny: China's 'New Assertiveness' and the Changing Asian Order", *International Journal*, Vol.73, No.3, 2018.

29.Hoang Thi Ha, "Understanding China's Proposal for an ASEAN-China Community of Common Destiny and ASEAN's Ambivalent Response", *Contemporary Southeast Asia*, Vol.41, No.2, 2019.

30.Vladimir Yakunin, "The Future of World Order: Building a Community of Common Destiny", *China Quarterly of International Strategic Studies*, Vol.3, No.2, 2017.

索　引

后　记

一轮校稿结束，落笔时忽闻窗外风声雨声，索性休憩片刻，享受短暂的怡然时光。遐想间掠过书稿撰写过程的点滴际遇，不禁提笔记下些许体悟以自勉，是为后记。

苏格拉底曾说，"未经审视的人生不值得过"。我时常追问，何为有意义的人生？尤当年岁渐长，自觉稍有进步之时屡屡反省自己，思索何为时代思想的重负，追问以己之力能够为社会、国家以及所置身的时代做些什么？将家国情怀融入血脉、镌入骨髓，应是读书人深潜于心的精神追求和责任担当。

对理论工作者而言，反思精神是站在时代前沿体悟时代发展脉络、把握时代精神与现实境遇的辩证张力、回应时代重大问题的理论自觉。这是一个最不缺乏思想的时代，从现代信息技术出场到全媒体蓬勃发展，人们一次次冲破理性局限打开新视界，各种有感而发、见解独到的思想观点在碰撞交锋中沉淀宣扬，生动谱写着时代的华章。然而，这也是最缺乏思想的时代，思想无羁的必然结果就是思想"作品"的参差不齐。我们不得不扪心反思，以扎实的学术研究和严密的逻辑论证为基础和支撑的真正思想又有多少？新时代理论工作者的使命绝不能随波逐流、急功近利地生产一批批貌似创新、实则堆砌的复制品，而应当慎重地审视一切未经前提审查的思想观点，立足时代的风口浪尖把握社会发展、研判现实问题，以敏锐的洞察力、深刻的理解力、凝练的概括力和强健的思想力把握当下、反思现实、锤炼精品，对时代重大课题做出掷地有声的理论回应，为社会发展提供风向标式的理论思想。

守正创新是推动时代发展的内在动力，也是学术研究的客观要求。如何实现研究主题与时代发展高度交融，促使理论真正成为行动的先导，破解深刻复杂的现实难题？这是我从事学术研究工作以来一直不断思考的问题。我深知，理论研究只有在与社会现实深度契合之时，才有可能充分呈现理论本身的深层内涵、根本价值和现实意义，从而发挥功效以满足指导实践、改变世界的现实期待。三十余载潜心科研的历程，我在与学术同人的交流对话中逐渐加深了对社会发展的认知，在学习研究中不断拓展研究视域、聚焦研究主题、形成研究"领地"。从技术生存问题到马克思的人类解放思想，再到构建人类命运共同体的现实命题，虽然研究论题发生了变化，但始终围绕"自由与解放"这一理论轴心对人类命运展开探究，背后深藏对国家发展的关切与对世界历史必然性的沉思。在有限的视界中强化理论对现实的解释力与感召力，尽己微薄之力为理论发展和社会进步提供智识谋略，这始终是我所秉持的内在规约。我作为一名理论工作者竭尽所能，不过是把握时代机遇应当具备的奉献品格和使命担当。

每有青年学者和年轻博士诚挚询问"如何做研究"时，首先浮现于我脑海之中的是亚里士多德在《形而上学》开篇的第一句话，"求知是人类的本性"。将求知欲内化为对学术研究的浓厚兴趣，既是学者秉持以学术为业信念的应有之义，也是学术研究工作长足发展的动力之源。妙手偶得不易，勤学善问必需。对思想困惑寻根到底的追问、深究与剖析，寻求解决之道、延伸问题领域、深化关联脉络，如此孜孜不倦沉浸于发现问题与求解问题之间，探究学以致用的方法路径，于学者而言，是真正的充实和欢愉。求知钻研如同日常生活，既有板凳十年冷的心酸，又有精品铸就成的喜悦，时而生动雀跃、时而跌宕起伏，其间尽尝喜怒哀乐。只有在认真感受、体会之后，才会在体悟充实丰富的思考乐趣之余创造出更多不负期待的惊喜杰作。

文章不是一日而成，需要经过千锤百炼。将研究思考转化为理论成果固然重要，但关键更在于成果的意义与价值，其衡量标尺在于是否提出了新问题抑或解决了旧问题。唯有在学术研究中重视"问题意识"，在生活现实与学理探究中善于发现客观事实和现象背后的矛盾及其本质，才能从解释或解决矛盾的研究中深化对问题的认识、明晰问题的解决之道。成果的质量和深度往往成为学者自身学术思维品格的真实写照，反映学术研究的思想性、严谨性和创造性，也展现学者治学之道的内蕴含养与深沉魅力。静心思考、潜心琢磨、反复斟酌，不为一时之利而焦灼，不为一时之誉而急躁，是学者从事学术研究的应有品质。学术研究的终极目的并非发表文章，而是在推敲与思考的过程中不断提升思维能力，深化自身思想认识，将研究所得内化于心、外化于行。

学问与学品不是二分存在，而本是一体。学术探究过程重在夯实学识功底、突破视界、打造精品，贵在修炼学人品格、积淀涵养、砥砺德行。当我们习以为常地以执着追求的毅力、严于律己的定力、理解至上的宽容、坦荡无私的胸襟和淡泊名利的心境面对学术研究与学术事业时，进取与乐观、严谨与果敢、真诚与谦逊、公道与正气、超然与豁达的内在修为与为人之道也必然渗透和流露于点滴生活之间，作为学者的真正快乐与价值便在求真求善的道路上自然而然得以实现。正如海德格尔所言，凡踏上思想之道路者，极少知道：是什么东西作为规定性的实事推动他——仿佛从背后战胜了他——走向这个实事。于我而言，与其说为学术理想耕耘人生，不如说在生命修行中体悟人生。

笔耕不辍，学术探索之路任重而道远；身正为范，教书育人之途培育同路人。我作为一名高校教师，尤其注重言传身教，坚持以真理追求坚定信仰，以传道授业延续学术生命，以解惑祛魅提高学习本领，以切磋砥砺厚积薄发，以严谨治学冶炼学术品格，以使命担当服务国家与社会。没有一劳永逸的得天独厚，只有脚踏实地的不矜不伐。学术生涯没有休止符，未知的精彩正向翘首期待、奋力开拓的求知者迎面走来。文末驻足省思，谨以此鞭策自己一如既往秉持以学术为志业的人生态度，回应时代主题、服务社会需求，畅享研究所得的思想充实，继续与学界同人携手奋进未完成之事业，此乃人生最大乐事。赋诗以记之：

> 校书方罢听风雨，忽忆哲人引沉思。
>
> 求真解惑岂名利，学者担当显风姿。
>
> 自省何能方报国，致力原典多探疑。
>
> 释理未明常发问，研得成果宜合时。
>
> 承继马列志弥坚，标新伟论心相期。
>
> 撰文立著当多审，守正修身作良师。

本书是国家社科基金重点项目"'人类命运共同体'思想若干基础理论问题研究"（项目批准号：16AKS003）的最终研究成果（优秀等级结项），感谢全国哲学社会科学工作办公室的资助；本书有幸入选 2022 年《国家哲学社会科学成果文库》，感谢人民出版社的推荐，感谢同行专家的肯定与支持；感谢为本书的编校和出版付诸辛劳的师长、友人、责任编辑与学生。

2023 年春　于杭州